Stelzer-Rothe (Hrsg.) | **Kompetenzen in der Hochschullehre**

Prof. Dr. Thomas Stelzer-Rothe (Hrsg.)

mit Beiträgen von
Prof. Dr. Tobina Brinker
Dr. Heike Thierau-Brunner
Prof. Dr. Reinhard Doleschal
Dr. Jürgen Flender
Prof. Dr. Katrin Hansen
Prof. Dr. Jan Jarre
OStR Dipl.-Kfm. Christian Jaschinski
Prof. Dr. Wilfried Jungkind
Prof. Dr. Sibylle Planitz-Penno
Prof. Dr. Sighard Roloff
Prof. Dr. Martina Stangel-Meseke
Prof. Dr. Thomas Stelzer-Rothe
Prof. Dr. Christian Willems

Kompetenzen in der Hochschullehre

Rüstzeug für gutes Lehren und Lernen an Hochschulen

Merkur Verlag Rinteln

das Kompendium®
herausgegeben von Christian Jaschinski

Herausgeber:

Prof. Dr. Thomas Stelzer-Rothe
Professor für BWL, insbesondere Personalwirtschaft, an der FH Südwestfalen

Autoren:

Prof. Dr. Tobina Brinker
Dr. Heike Thierau-Brunner
Prof. Dr. Reinhard Doleschal
Dr. Jürgen Flender
Prof. Dr. Katrin Hansen
Prof. Dr. Jan Jarre
OStR Dipl.-Kfm. Christian Jaschinski
Prof. Dr. Wilfried Jungkind
Prof. Dr. Sibylle Planitz-Penno
Prof. Dr. Sighard Roloff
Prof. Dr. Martina Stangel-Meseke
Prof. Dr. Thomas Stelzer-Rothe
Prof. Dr. Christian Willems

Das Werk und seine Teile sind urheberrechtlich geschützt. Jede Nutzung in anderen als den gesetzlich zugelassenen Fällen bedarf der vorherigen schriftlichen Einwilligung des Verlages. Hinweis zu § 52 a UrhG: Weder das Werk noch seine Teile dürfen ohne eine solche Einwilligung eingescannt und in ein Netzwerk eingestellt werden. Dies gilt auch für Intranets von Schulen und sonstigen Bildungseinrichtungen.

2., aktualisierte Auflage 2008
© 2005 by MERKUR VERLAG RINTELN

Gesamtherstellung:
MERKUR VERLAG RINTELN
Hutkap GmbH & Co. KG, 31735 Rinteln

E-Mail: info@merkur-verlag.de; info@das-kompendium.de
lehrer-service@merkur-verlag.de
Internet: www.merkur-verlag.de; www.das-kompendium.de

ISBN 978-3-8120-**0641**-5

Die Autoren:

- **Prof. Dr. Tobina Brinker**
  ist Leiterin der hdw-nrw Geschäftsstelle Bielefeld. Sie ist als hochschuldidaktische Mentorin in der Weiterbildung des Landes Nordrhein-Westfalen tätig. Frau Prof. Dr. Brinker ist u.a. Initiatorin des Arbeitskreises Schlüsselqualifikationen der Fachhochschulen des Landes Nordrhein-Westfalen und der Internethomepage „www.lehridee.de".

- **Dr. Heike Thierau-Brunner**
  ist nach einem Studium der Psychologie seit einigen Jahren in der Personal- und Organisationsentwicklung und im Bereich der Grundsatzfragen von Großunternehmen tätig. Sie hat u.a. als Coautorin ein Standardwerk zum Thema Evaluation verfasst.

- **Prof. Dr. Reinhard Doleschal**
  lehrt und forscht an der Fachhochschule Lippe und Höxter in Lemgo. Er leitet dort das Institut für Kompetenzförderung (KOM). Prof. Doleschal verfügt über langjährige Praxis in der betrieblichen Weiterbildung und Organisationsentwicklung. Er ist als hochschuldidaktischer Mentor in der Weiterbildung des Landes Nordrhein-Westfalen tätig.

- **Dr. Jürgen Flender**
  war nach dem Studium der Musik, Evangelischen Theologie und Psychologie als wissenschaftlicher Mitarbeiter in Forschungsprojekten und an der Universität Paderborn tätig. Er war darüber hinaus Mitarbeiter in der Hochschuldidaktik Paderborn und ist Mitglied der Forschungskommission der Arbeitsgemeinschaft Hochschuldidaktik Deutschland AHD e.V. Dr. Flender ist seit einiger Zeit als Schulpsychologe tätig.

- **Prof. Dr. Katrin Hansen**
  lehrt und forscht an der FH-Gelsenkirchen, Abt. Bocholt, im Fachbereich Wirtschaft die Fächer Management und Personalentwicklung. Sie hat mehrjährige Praxiserfahrung im Handel, in der Beratung und in der Moderation. Ihr Forschungsschwerpunkt liegt im Bereich „Entrepreneurial Diversity". In den letzten Jahren hat sie in mehreren EU-Projekten in Europa, Asien und Lateinamerika zu „Cross-Cultural Learning" gemeinsam mit Kolleginnen und Kollegen aus diesen Ländern empirisch geforscht und an zahlreichen Veröffentlichungen mitgewirkt.

- **Prof. Dr. Jan Jarre**
  lehrt und forscht an der Fachhochschule Münster im Fachbereich Oecotrophologie. Sein Forschungsschwerpunkt liegt in der Erfolgsanalyse und Erfolgsmessung in der Verbraucher-, Umwelt- und Abfallberatung. Er leitet das Institut für Praxisentwicklung und Evaluation an der FH Münster und ist als hochschuldidaktischer Mentor in der Weiterbildung des Landes Nordrhein-Westfalen tätig.

- **OStR Dipl.-Kfm. Christian Jaschinski**
  lehrt BWL, Informatik und Recht am HANSE-Berufskolleg in Lemgo sowie Wirtschaftsrecht an der FH Lippe und Höxter. Er ist Studienleiter des HANSE-Campus (Kompetenzzentrum für ausbildungsbegleitende Studien) und zeichnet ferner als Herausgeber für die Buchreihe **das Kompendium**® verantwortlich.

- **Prof. Dr. Wilfried Jungkind**
  lehrt und forscht an der Fachhochschule Lippe und Höxter in Lemgo im Fach Arbeitswissenschaft und Fabrikplanung. Er ist NLP-Practitioner und hat mehrjährige Erfahrung in Führungsfunktionen. Prof. Jungkind ist als hochschuldidaktischer Mentor in der Weiterbildung des Landes Nordrhein-Westfalen tätig.

- **Prof. Dr. Sibylle Planitz-Penno**
  lehrt und forscht an der Fachhochschule Gelsenkirchen, Abteilung Recklinghausen, im Fachbereich für Angewandte Naturwissenschaften in den Fächern Kunststofftechnik und Analytik. Als Prorektorin ist sie an der Hochschule für internationale Kontakte zuständig. Sie ist als hochschuldidaktische Mentorin in der Weiterbildung des Landes Nordrhein-Westfalen tätig.

- **Prof. Dr. Sighard Roloff**
  hat ein Studium der Mathematik mit dem Nebenfach Wirtschaftswissenschaft absolviert. Nach einer Tätigkeit als wissenschaftlicher Mitarbeiter war er bei einer internationalen Zeitschrift für Philosophie und Methodologie der Sozialwissenschaften und im Marketingbereich eines Unternehmens tätig. Prof. Roloff lehrt und forscht heute an der Fachhochschule Offenburg im Fachbereich Medien und Informationswesen.

- **Prof. Dr. Martina Stangel-Meseke**
  ist Dekanin des Fachbereichs Business Psychology an der Business and Information Technology School (BiTS) in Iserlohn. Sie lehrt und forscht in der Organisationspsychologie (insbesondere Diagnose der Lernfähigkeit von Mitarbeitern, genderfaire Personalauswahl und Trainingsevaluation). Sie ist Diplom-Psychologin und als geschäftsführende Gesellschafterin bei t-velopment in Dortmund mit den Arbeitsschwerpunkten Personalauswahl und Personalentwicklung tätig. In ihrer Habilitation hat sie das Thema Veränderungen der Lernfähigkeit bearbeitet.

- **Prof. Dr. Thomas Stelzer-Rothe**
  lehrt und forscht an der FH-SWF, Hochschule für Technik und Wirtschaft, Abteilung Hagen, im Fach Betriebswirtschaftslehre mit dem Schwerpunkt Personalmanagement. Er ist Vizepräsident des Hochschullehrerbundes Bundesvereinigung e. V. mit Sitz in Bonn und seit einigen Jahren als hochschuldidaktischer Mentor des Landes Nordrhein-Westfalen tätig.

- **Prof. Dr. Christian Willems**
  lehrt und forscht an der FH-Gelsenkirchen, Abteilung Recklinghausen, in den Fächern Werkstofftechnik, insbesondere Metallische Werkstoffe, im Fachbereich für Angewandte Naturwissenschaften. Prof. Willems hat langjährige Erfahrung als Organisationsentwickler und ist als hochschuldidaktischer Mentor in der Weiterbildung des Landes Nordrhein-Westfalen tätig.

Vorwort des Herausgebers der Reihe

Liebe Leserin, lieber Leser,

Wissenschaft und Praxis sollen einander befruchten und der Fortentwicklung des Wissens und somit dem wirtschaftlichen Erfolg zum Wohle aller dienen. Dem trägt die Buchreihe **das Kompendium** Rechnung, indem sie den Spagat zwischen wissenschaftlichem und praktischem Anspruch wagt.

Grundsätzlich ist **das Kompendium** ein idealer Wegbegleiter für Studierende sowie für Praktikerinnen und Praktiker ein Tool, das für die tägliche Arbeit und qualifizierte Weiterbildung unverzichtbar ist.

Umso mehr war es konsequent und an der Zeit, ein **Werk für Lehrende** zu schaffen, das als Handbuch und Werkzeugkasten nur dem einen Ziel dient: Anregungen und Unterstützung zu bieten für die tägliche anspruchsvolle Arbeit in der Lehre.

Ausgerichtet auf eine generelle Anwendbarkeit ist der vorliegende Band umfassend und ausgewogen in seiner Themenabdeckung, gleichzeitig interessant aufgemacht und sicherlich ein Medium, das man regelmäßig und gern nutzen wird.

Haben Sie Fragen, Anregungen oder Kritik – Lob und Tadel gleichermaßen –, lassen Sie es mich wissen. Nur so können wir die Bücher für Ihre Ansprüche weiter optimieren. Sie erreichen mich unter **info@das-kompendium.de.** Weitere Informationen auch zu anderen Bänden der Reihe finden Sie unter **das-kompendium.de.**

Ich wünsche Ihnen viel Erfolg bei der Arbeit mit diesem Buch!

Christian Jaschinski

Vorwort des Herausgebers des Buches zur ersten Auflage

Dieses Buch soll **allen** Hochschullehrenden Nutzen bringen. Wenn es um (akademische) Bildung geht, kann man nicht trennen. Lernen ist ein Vorgang, der an allen Hochschulen angestrebt wird und unteilbar ist. Die Aufsätze wurden überschaubar gehalten **und** wissenschaftlich fundiert, anschaulich und anwendungsbezogen geschrieben. Das Werk ist ein **Angebot** und möchte Hilfen bieten, den Anforderungen, die die Lehre an Hochschullehrende stellt, noch besser gerecht werden zu können als dies ohnehin schon der Fall ist. Denn dass das deutsche Hochschulwesen insgesamt schlecht sei, behauptet kein ernst zu nehmender Teilnehmer der allgemeinen hochschulpolitischen Diskussion. Besser zu werden wird jedoch generell angestrebt und ist ja auch nicht als Vorwurf zu verstehen.

Gewisse Vorbehalte gegen Bemühungen, die Hochschulen methodisch-didaktisch noch intensiver zu durchdringen, gibt es jedoch schon. Meistens geht dies einher mit einer vermuteten Hybris der Hochschuldidaktik, der unterstellt wird, sie wisse alles besser. Deshalb soll der wichtige Hinweis nicht fehlen, dass die Autoren dieses Buches zwar ausgewiesene Fachleute sind, jedoch nicht für sich in Anspruch nehmen, hier eine neue hochschuldidaktische Normschrift auf den Markt zu bringen. Die Leser und Nutzer sollten es als Chance betrachten, sich anregen zu lassen und das daraus zu entnehmen, was sie als wichtig und richtig erachten, es auszuprobieren und anschließend darüber (eventuell gemeinsam mit anderen) nachzudenken. Denn Hochschullehrende sind in der Regel beim Lehren eher Einzelkämpfer. Die Auseinandersetzung mit dem eigenen Lehrverhalten ist deshalb wichtig. Wie dies ablaufen könnte, ist in diesem Buch nachzulesen. Mut erfordern sicher alle Artikel, vor allem aber die Erfahrungsberichte, bei denen sich die Autoren mit eigenen Veranstaltungen „outen".

Das Unterfangen, sich einer derartigen Reflexion zu stellen, ist allerdings nicht einfach, sondern schwer, weil es sich beim Lernprozess um ein komplexes und kompliziertes Gefüge handelt. Dabei soll an dieser Stelle besonders darauf hingewiesen werden, dass Originalität der Hochschullehrenden ein wesentliches Element der Lehre ist. Wie auch bei (anderen) Führungskräften wird menschliche Originalität in der Regel bei Professorinnen und Professoren sogar sehr geschätzt, weil sie zutiefst menschliche Individualität zum Ausdruck bringt. Dieses Buch soll deshalb auf keinen Fall zu einer Verflachung der Lehre führen, indem ein „Einheitsbild" der Hochschullehre entsteht.

Die Autoren dieses Buches haben sich „aus dem Fenster gelehnt" und setzen sich bewusst der Kritik aus. Der Herausgeber würde sich sehr freuen, wenn die Leser Positives und Kritisches zu Ihren Erfahrungen mit dem Buch zurückmelden. Das geht am besten über das Internet (**info@das-kompendium.de**).

Ich bedanke mich im Voraus für Ihr Engagement!

Meerbusch im Herbst 2005   Prof. Dr. Thomas Stelzer-Rothe

Vorwort des Herausgebers des Buches zur zweiten Auflage

Wir haben viele sehr erfreuliche Rückmeldungen zu diesem Buch erhalten. Dafür den Feedbackgebern ein herzliches Dankeschön.

Die zweite Auflage setzt das bewährte Konzept fort und soll die Leser wiederum anregen, sich mit den Inhalten produktiv auseinanderzusetzen. Herausgeber und Autoren des Buches würden sich über eine rege Diskussion und Rückmeldung zum Buch freuen.

Dazu könnten Sie wieder das Internet nutzen (info@das-kompendium.de).

Meerbusch im März 2008

Arbeitshinweise:

- Dieses Buch bietet durch seine Struktur als Aufsatzsammlung ein hohes Maß an Abwechslung durch die individuelle Wahl der Themendarstellung. So haben die Autorinnen und Autoren auch die Bezeichnung des Geschlechts (z.B. Professorin/Professor) unterschiedlich gewählt. Es wird an dieser Stelle ausdrücklich darauf hingewiesen, dass unabhängig von der Bezeichnung immer beide Geschlechter gemeint sind, auch wenn an mancher Stelle aus Platz- oder Übersichtsgründen auf eine explizite Kennzeichnung verzichtet worden ist.

- Das Buch ist so aufgebaut, dass jedes Kapitel auf das vorherige aufbaut. Dennoch ist jeder Aufsatz in sich abgeschlossen, sodass Sie den höchsten Nutzen aus diesem Buch ziehen, wenn Sie jene Themen zuerst bearbeiten, die Ihnen am meisten „unter den Nägeln brennen".

Inhalt

1 Grundsätzliche Gedanken zum Stellenwert der Hochschullehre oder: Was ist eigentlich ein Professor/eine Professorin? _____ 21

| *Thomas Stelzer-Rothe* |

1.1	Dynamik des Hochschulwesens	21
1.2	Was ist eigentlich ein Professor/eine Professorin?	22
1.3	Dienstaufgaben in der Lehre	23
1.3.1	Was ist Hochschullehre?	23
1.3.2	Welche Rechte und Pflichten haben Professoren/Professorinnen in der Hochschullehre?	24
1.4	Wie schwer ist es, ein guter Hochschullehrer zu sein?	25
1.5	Konsequenz: Kompetenzbereiche Lehren und Lernen an Hochschulen stärken	26
1.6	Literatur und Quellen	29

2 Grundlagen der Hochschullehre aneignen _____ 30

2.1	Befunde der Lernforschung als Grundlage des Hochschullehrens und -lernens	32

| *Thomas Stelzer-Rothe* |

2.1.1	Ziele und Nutzen dieser Ausführungen	32
2.1.2	Überblick über die Lernforschung	33
2.1.2.1	Behaviorismus: Gesetzmäßigkeiten von Reizen und Reaktionen	34
2.1.2.2	Die kognitive Wende in der Lernforschung	41
2.1.3	Hirn- und Gedächtnisforschung	46
2.1.3.1	Was passiert beim Lernen im Gehirn?	46
2.1.3.2	Lernbeeinflussende Faktoren	52
2.1.4	Zusammenfassung und Konsequenzen	54
2.1.5	Literatur	57

| 2.2 | Lernvoraussetzungen | 59 |

| *Martina Stangel-Meseke* |

2.2.1	Lernvoraussetzungen und ihre beeinflussenden Faktoren: ein kritischer Diskurs auf die Effekte unseres Bildungssystems	59
2.2.2	Lernpsychologische Betrachtung des Lerners	67
2.2.2.1	Die vier Lerndimensionen des Lerners	67
2.2.2.2	Lernmotivation	69
2.2.2.2.1	Unterschiede in den Lernmotivationen	69
2.2.2.2.2	Lernformen und ihre Beziehung zu verschiedenen Formen der Lernmotivation	71
2.2.2.3	Bedingungen für selbstbestimmtes motiviertes Lernen	72
2.2.3	Diagnose der Lernvoraussetzungen Studierender	74
2.2.3.1	Der Begriff Studierfähigkeit und seine wesentlichen inhaltlichen Bestimmungen	75
2.2.3.2	Studierfähigkeitstests	77
2.2.3.2.1	Studierfähigkeitstests in deutscher Sprache	78
2.2.3.2.2	Studierfähigkeitstests in englischer Sprache	80
2.2.3.3	Brauchbarkeit von Studierfähigkeitstests	82
2.2.3.4	Tests zur Diagnose des Lernverhaltens Studierender	84
2.2.3.4.1	Lernstrategie-Inventar	84
2.2.3.4.2	Halb-Test	84
2.2.3.4.3	Fragebogen zum selbstgesteuerten Lernen	87
2.2.3.4.4	Inventar zur Erfassung der Lernstrategien im Studium (LIST)	88
2.2.3.5	Lehrevaluation als indirektes Instrument der Lernverhaltens-Diagnose	90
2.2.3.5.1	Fragebögen zur Evaluation von Lehrveranstaltungen durch Studierende	91
2.2.3.5.2	Trierer Inventar zur Lehrevaluation (TRIL)	93
2.2.3.5.3	Das Heidelberger Inventar zur Lehrveranstaltungs-Evaluation (HILVE)	94
2.2.3.6	Fazit zu Kapitel 2.2.3	95
2.2.4	Konsequenzen für die akademische Lehre	96
2.2.5	Literaturverzeichnis	105

2.3 Grundlagen der Kommunikation in der Hochschullehre 114
| *Reinhard Doleschal* |

- 2.3.1 Lesehinweis 114
- 2.3.2 Einführung in das Thema Kommunikation in der Hochschule 115
- 2.3.3 Definitionen und theoretische Zugänge zur Kommunikation 116
- 2.3.3.1 Definitionen 116
- 2.3.3.2 Sprachphilosophische Theorien 118
- 2.3.3.3 Soziologische Theorien 120
- 2.3.3.4 Psychologische Theorien 124
- 2.3.3.5 Weitere psychologische Kommunikationskonzepte (Exkurse) 130
- 2.3.3.6 Systemtheorien 133
- 2.3.4 Fazit: Kommunikative Kompetenz in der Hochschule 135
- 2.3.5 Literaturverzeichnis 138

2.4 Grundlagen des Konfliktmanagements in der Hochschullehre 140
| *Christian Willems* |

- 2.4.1 Vorbemerkungen und Fragestellungen 140
- 2.4.2 Konfliktbegriff und Motivation der Studierenden 142
- 2.4.3 Erarbeitung von Grundlagen des Konfliktmanagements (Fachkompetenz) 144
- 2.4.4 Elemente zur Entwicklung von Methoden-, personaler und sozialer Kompetenz 146
- 2.4.4.1 Schlüsselqualifikationen – Kompetenzen für Innovation und Führung 146
- 2.4.4.2 Psychologische Grundlagen des (Konflikt-)Managements 147
- 2.4.4.3 Ziele, Zeit- und Selbstmanagement 147
- 2.4.4.4 Gesundheit und Fitness, Stressbewältigung, Burn-out-Syndrom, Mobbing 148
- 2.4.4.5 Soziale und personale Kompetenzentwicklung 148
- 2.4.4.6 Selbstorganisiertes lebenslanges Lernen, Lernen lernen, Lernen in Systemen 148
- 2.4.4.7 Umgangsformen und Bewerbung 149
- 2.4.4.8 Grundlagen der Kommunikation 149
- 2.4.4.9 Visualisierung und Medieneinsatz 149
- 2.4.4.10 Präsentationen und Vorträge 149

2.4.4.11	Gespräche, Besprechungen und Verhandlungen, Konfliktgespräche	150
2.4.4.12	Führung, Führungsbegriff und Führungsstile	150
2.4.4.13	Verhalten als Mitarbeiter	150
2.4.4.14	Verhalten als Vorgesetzter	151
2.4.4.15	Mitarbeiterauswahl	151
2.4.4.16	Grundlagen und Begriffe der Gruppen- und Teamarbeit, Teamführung	151
2.4.4.17	Moderation von Gruppen und Teams	152
2.4.4.18	Moderationstechniken für Problemlösung und Entscheidungsfindung	152
2.4.4.19	Prozessmoderation, Praxistransfer und Prozessbegleitung	152
2.4.4.20	Projektmanagement	153
2.4.4.21	Innovationsmanagement	153
2.4.4.22	Qualitätsmanagement	153
2.4.4.23	Existenzgründung, Marketing und Betriebswirtschaftslehre	153
2.4.5	Konzeption aktivierender Lehrveranstaltungen zum „Konfliktmanagement"	154
2.4.5.1	Aktivierende Lehre	154
2.4.5.2	Einzelne Lehrveranstaltungen zum Konfliktmanagement	157
2.4.5.3	Die Lehrveranstaltung Projektmanagement	158
2.4.5.4	Das Projektstudium	158
2.4.6	Voraussetzungen, Kompetenzen, Aus- und Weiterbildung, Fazit	158
2.4.7	Literatur und Quellen	159
2.4.8	Arbeitshilfen zu ausgesuchten Themen	160

3 Didaktik der Hochschulen verstehen _____ 168

3.1 Didaktik der Hochschullehre _____ 170

| *Jürgen Flender* |

3.1.1	Einleitung	170
3.1.1.1	Didaktik als professionelle Anforderung	171
3.1.1.1.1	Was ist Didaktik?	171
3.1.1.1.2	Alle Lehrenden handeln didaktisch	173
3.1.1.1.3	Professionelles didaktisches Handeln gewinnt an Bedeutung	174
3.1.2	Der didaktische Handlungsspielraum	175

3.1.2.1	Voraussetzungen und Ziele der Lehrenden	175
3.1.2.2	Voraussetzungen und Ziele der Studierenden	179
3.1.2.3	Lehr- und Studienbedingungen	180
3.1.2.4	Gesellschaftliche Anforderungen	181
3.1.3	Ebenen und Modelle des didaktischen Handlungsspielraums	181
3.1.3.1	Lehr-Lern-Episoden	181
3.1.3.2	Lehrveranstaltungen	182
3.1.3.3	Module, Studiengänge, Studiengangs-Systeme	182
3.1.3.4	Klassische Modelle des didaktischen Handlungsspielraums	182
3.1.4	Lehr-Lern-Ziele	184
3.1.5	Inhalte	187
3.1.6	Sozialformen	188
3.1.7	Methoden	189
3.1.8	Medien	190
3.1.9	Verlauf	192
3.1.10	Didaktische Rahmenmodelle und ihre zentralen Dimensionen	194
3.1.11	Erschließung des didaktischen Handlungsspielraums	198
3.1.12	Erweiterung des didaktischen Handlungsspielraums	200
3.1.13	Zusammenfassung und Ausblick	201
3.1.14	Literatur	202

3.2	**Grundlagen der Methodik**	**206**
		Christian Jaschinski
3.2.1	Einordnung in den Gesamtzusammenhang	206
3.2.2	Abgrenzung und Begriffsbestimmung	207
3.2.3	Entwicklung von beruflicher Handlungskompetenz	208
3.2.4	Methodische Grundbegriffe	213
3.2.4.1	Handlungsmuster und Aktionsformen	214
3.2.4.2	Sozialform	218
3.2.4.3	Modellierung der Veranstaltung	221
3.2.4.4	Medieneinsatz	224
3.2.4.5	Methodische Großformen	225
3.2.5	Literatur	226
3.2.5.1	Quellen	226
3.2.5.2	Vertiefende Literatur und Links	226

| 3.3 | Aktivierende Lehrmethoden in der Hochschullehre: Überblick und Fallbeispiele | 227 |

| Tobina Brinker/Jan Jarre |

3.3.1	Aktivierende Lehrmethoden – aktives Lernen	227
3.3.2	Überblick über aktivierende Lehr-/Lernmethoden	229
3.3.2.1	Rolle Lehrender – Rolle Lernende	231
3.3.2.2	Aufbau einer aktivierenden Lehreinheit	233
3.3.2.3	Vorbereitung, Durchführung und Nachbereitung	236
3.3.3	Elemente aktivierender Lehrmethoden	237
3.3.3.1	Impulse	237
3.3.3.2	Fragen	238
3.3.3.3	Bilder	239
3.3.3.4	Gespräche	241
3.3.3.5	Kartenabfrage	244
3.3.3.6	Entscheidungsspiel	245
3.3.3.7	Zweiergruppen und Lernpartnerschaften	246
3.3.3.8	Schneeballreferate	248
3.3.4	Institutionelle Unterstützung aktivierender Lehrmethoden	250
3.3.4.1	Prüfungen	250
3.3.4.2	Stundenplanung und Kreditpunkte	251
3.3.4.3	Schlüsselqualifikationen	252
3.3.5	Literatur	255

4 Umsetzung bewältigen — 256

| 4.1 | Die Evaluation der Mietrechtsberatung der Verbraucher-Zentrale Nordrhein-Westfalen | 258 |

| Jan Jarre |

4.1.1	Einleitung	258
4.1.2	Aktivierende Lehre und seminarspezifische Rahmenbedingungen	259
4.1.3	Ziele der Lehreinheit	261
4.1.4	Seminarablauf und Einsatz von aktivierenden Methoden	262
4.1.4.1	Einstiegssituation: Partnerinterview	262
4.1.4.2	Motivation durch Verantwortung: Merksätze und Projektaufträge	264
4.1.4.3	Pro-und-Kontra-Debatte	266

4.1.4.4	Anekdoten und Zitate	267
4.1.4.5	Vorbereitung von Teamarbeit: „Der schwebende Stab"	268
4.1.4.6	Lernpartnerschaften und Gruppenarbeit	269
4.1.4.7	Mitarbeit in der angewandten Forschung	271
4.1.4.8	Seminarevaluation	273
4.1.5	Zusammenfassung: Mehr Motivation und Lernerfolg durch aktivierende Lehre	275

4.2	Teamgesteuerte, projektorientierte Lehrveranstaltung mit Total Quality Management – ein Erfahrungsbericht über Theorie und Realität	277

| Sibylle Planitz-Penno |

4.2.1	Grundlegung	277
4.2.2	Die Ausgangsbedingungen	277
4.2.3	Evaluation und Resumee	285
4.2.4	Literatur	286

4.3	Unternehmensgründung im Team ein neuer Ansatz zur Einführung in die BWL	287

| Katrin Hansen |

4.3.1	Konzept-Überblick	287
4.3.2	Lernziele	288
4.3.3	Theoretischer Hintergrund von Gründungsprozessen	296
4.3.4	Evaluationsinstrumente	304
4.3.5	Literaturhinweise	307
4.3.6	Internet-Einstiegsquellen	307

5	**Erfolge nachweisen**	**308**
5.1	Prüfungen in der Hochschullehre	310

| Sighard Roloff |

5.1.1	Prüfungen in der Hochschullehre	310
5.1.1.1	Prüfungskriterien	310
5.1.1.2	Störfaktoren	312
5.1.2	Prüfungsvorbereitung	313

5.1.2.1	Lernzielorientierung	313
5.1.2.2	Klausurschwierigkeit	315
5.1.2.3	Hinweise zur Prüfungsvorbereitung	320
5.1.3	Prüfungserstellung	321
5.1.3.1	Erstellung von Klausuraufgaben	321
5.1.3.2	Erstellung der Musterlösung	323
5.1.3.3	Zuordnung von Punkten (Leistungsmessung)	324
5.1.3.4	Notenvergabe (Leistungsbewertung)	326
5.1.4	Prüfungsdurchführung	326
5.1.4.1	Prüfungsorganisation	327
5.1.4.2	Prüfungsabnahme	329
5.1.5	Prüfungskorrektur	332
5.1.5.1	Punktvergabe (Leistungsmessung)	332
5.1.5.2	Notenvergabe (Leistungsbewertung)	333
5.1.6	Prüfungsstatistik	335
5.1.6.1	Aufgaben- bzw. Prüfungsschwierigkeit	336
5.1.6.2	Aufgabentrennschärfe	337
5.1.6.3	Notenverteilungsanalyse	338
5.1.6.4	Gütekriterien	340
5.1.7	Prüfungsabschluss	340
5.1.8	Fazit	341
5.1.9	Literaturverzeichnis	342

5.2 Evaluation an Hochschulen 343

| *Thomas Stelzer-Rothe/Heike Thierau-Brunner* |

5.2.1	Warum ist Evaluation so wichtig?	343
5.2.1.1	Begriffliche Einordnung	343
5.2.1.2	Evaluation an Hochschulen und gesetzliche Rahmenbedingungen	344
5.2.2	Einteilungsgesichtspunkte für Evaluationsstudien	346
5.2.2.1	Evaluationsziele	347
5.2.2.2	Evaluationsbereich	349
5.2.2.3	Evaluationsobjekt	350
5.2.2.4	Ort der Evaluation	352
5.2.2.5	Evaluationsmodell und Evaluationsmethoden	354
5.2.2.6	Evaluationsnutzung und Rolle des Evaluators	356

5.2.3	Evaluationsstandards	358
5.2.4	Konsequenzen für zukünftige Evaluationsversuche	359
5.2.5	Literatur	361

6 Gemeinsames Lernen ermöglichen — 364

6 Vom Leidbild zum Leitbild – Fachbereiche als Lernende Organisation — 366

| Wilfried Jungkind/Christian Willems |

6.1	Einführung	366
6.2	Lernende Organisation, Veränderungsprozesse, Reaktionen der Akteure	367
6.3	Chancen und Risiken gezielter Organisationsentwicklung in Fachbereichen	371
6.4	Ermittlung von Ist- und Zielzustand, Fragestellungen	375
6.4.1	Moderierter Workshop	375
6.4.2	Zukunftswerkstatt	376
6.4.3	SWOT-Analyse	377
6.4.4	Fragestellungen und Ziele	378
6.5	Organisationsentwicklung mit Hilfe des Szenariomanagements	379
6.5.1	Ausgangssituation	379
6.5.2	Leitbild und Verpflichtung	384
6.5.3	Projekte	385
6.5.4	Veränderung der Aufbauorganisation	387
6.5.5	Informationsmanagement	388
6.6	Weitere Beispiele für Produkt-, Fachbereichsklima- und Fachbereichskulturentwicklung	388
6.6.1	Schlüsselqualifikationen und die AG SQ	389
6.6.2	Orientierungseinheit (OE)	390
6.6.3	fan.aktiv-Förderverein und Alumni-Netzwerk	391
6.6.4	Professoren/-innen- und Mitarbeiter/-innen-Workshops	391
6.6.5	Personal- und Persönlichkeitsentwicklung, Beratung und Coaching	391
6.7	Evaluation und Nachhaltigkeit	391
6.8	Literatur und Quellen	393

7   Erkenntnisse und Handlungsempfehlungen für die Hochschullehre im Überblick: Abschließende Thesen für einen produktiven Dialog _____ **394**

| *Thomas Stelzer-Rothe* |

Stichwortverzeichnis 397

Lehren und Lernen an Hochschulen

1 | Was ist ein Professor/eine Professorin?

Grundlagen der Hochschullehre aneignen
- Kenntnis der Lerntheorie
- Lernvoraussetzungen der Studierenden
- Grundlagen der Kommunikation
- Grundlagen des Konfliktmanagements

Didaktik der Hochschulen verstehen
- Grundlagen der Didaktik
- Grundlagen der Methodik
- ausgewählte aktivierende Methoden

Umsetzung bewältigen
— Erfahrungen: Beispiele von Lehrveranstaltungen

Erfolge nachweisen
- Prüfungen in der Hochschullehre
- Evaluation der Lehre

Gemeinsames Lernen ermöglichen
— Hochschule als Lernende Organisation

Reflektieren, Entscheidungen überdenken und gegebenenfalls neu treffen!

Lehren und Lernen an Hochschulen

Grundsätzliche Gedanken zum Stellenwert der Hochschullehre oder:
Was ist eigentlich ein Professor/eine Professorin?

Prof. Dr. Thomas Stelzer-Rothe

Lehre, worauf es ankommt,
nicht, was ankommt.

Thomas Stelzer-Rothe

1.1 Dynamik des Hochschulwesens

Die Hochschullandschaft verändert sich und wie es scheint, in letzter Zeit mit wachsender Geschwindigkeit. Damit verbunden sind Chancen und Risiken, die alle Hochschulen betreffen. Nicht nur im Zusammenhang mit der Einführung der Bachelor- und Masterstudiengänge (vgl. dazu Kiemle 2003) wird eine besondere **Veränderungsdynamik** deutlich und über die Qualität der Hochschulen heftig diskutiert. Die Bemühungen, die nicht zuletzt in der studentischen Veranstaltungskritik ihren Niederschlag finden, zeigen, dass sich der Stellenwert der Lehre gegenüber der Forschung erhöht hat oder zumindest erhöhen soll. Dabei werden Hochschullehrer wesentlich stärker als in der Vergangenheit mit ihren **Lehrqualitäten** hinterfragt.

Schon werden Stimmen laut, dass insbesondere die Universitäten als Stätten der Forschung gefährdet sind, weil sich parallel zu den Bemühungen, die Lehre weiter in den Vordergrund zu rücken, die Forschung aus der Universität in externe Forschungseinrichtungen zurückzieht. Das **humboldtsche Bildungsideal,** bei dem die Lehre aus der Forschung heraus bestritten wird, wäre dann in Frage gestellt und Hochschule würde sich mit Schule vermischen, wie Bildung mit Ausbildung (vgl. dazu Mittelstrass 2004, S. 8).

Es wäre abwegig, die Lehre zu Lasten der Forschung zu stärken, und gar absurd, die Forschung zu Gunsten der Lehre zu opfern. Die aus der Forschung geschöpfte Lehre ist das Fundament qualitativ hochwertiger Hochschullehre. Auch die Fachhochschulen, die ihrerseits Grundlagenforschung und anwendungsbezogene Forschung in die Lehre einfließen lassen, würden verarmen, wenn man die Lehre zu Lasten der Forschung stärken würde. Das Ziel kann es deshalb nicht sein, sozusagen das Paradigma Hochschule durch das der Schule zu ersetzen.

Der internationale Wettbewerb und die besonderen Bedingungen des Hochschulstandortes Deutschland, der zur Erhaltung seiner Wettbewerbsfähigkeit aufgrund der Rohstoffarmut am Tropf eines funktionierenden Bildungssystem hängt, verlangen es jedoch, dass für beide Bereiche weiter die Frage gestellt wird, wie sie optimiert werden können. Gegenstand dieses Buches ist deshalb das Thema des Lehrens und Lernens an Hochschulen. Es berührt die eine Seite des Problems, nämlich die weitere **Professionalisierung** der Lehre und des Lernens. Das Buch wäre falsch verstanden, wenn es als Plädoyer für eine einseitige Entwicklung der Lehre aufgefasst würde.

Wer sich frühzeitig und rationell um eine Optimierung seiner Lehre kümmert, wie auch immer die Lösung dann aussieht, hat **mehr Zeit für Forschung**. Das müsste ein überzeugendes Argument sein und zwar für alle Hochschulen.

1.2 Was ist eigentlich ein Professor/eine Professorin?

Die Antwort auf die in der Überschrift gestellte Frage ist vielleicht sehr einfach. Ein Professor/eine Professorin ist das, was er/sie daraus macht. Das garantiert das Grundgesetz (Art. 5 Abs. 3 GG):

> *„Forschung und Lehre sind frei."*

Also, wird man einwenden können, kann niemand vorschreiben, was in der Lehre zu tun ist. Diese Ansicht wird auch hier vertreten. Die Geschichte lehrt, dass es wichtig ist, im Grundgesetz die Freiheit der Forschung und Lehre zu verankern. Eine Gesellschaft, die das freie Denken an Hochschulen verbietet, hat es schwer, sich weiterzuentwickeln. Das gilt für alle Hochschulen.

Die in der einschlägigen Rechtsliteratur geführte Auseinandersetzung, ob z.B. Fachhochschulen unter die Bestimmungen des Art. 5 Abs. 3 GG fallen, soll an dieser Stelle nicht weiter ausgeführt werden. Die herrschende Meinung bezieht die Fachhochschulen in den Geltungsbereich des Art. 5 Abs. 3 GG ein (vgl. dazu Waldeyer 2000, S. 171 ff.).

Was das Professorenamt ausmacht, lässt sich vielfältig differenzieren (vgl. zum Folgenden Scheven 1996, S. 334 ff.). Im korporationsrechtlichen Sinn ist unter einem „Hochschullehrer [...] der akademische Forscher und Lehrer zu verstehen, der aufgrund der Habilitation oder eines sonstigen Qualifikationsnachweises mit der selbstständigen Vertretung eines wissenschaftlichen Fachs in Forschung und Lehre betraut ist" (BVerfGE 35, 79 126 f.). Professoren sind demnach, vereinfacht ausgedrückt, die **hauptberuflich** als Beamte oder Angestellte im Sinne ihrer Dienstaufgaben (§ 43 HRG) tätigen Professoren oder Professorinnen an Hochschulen.

Funktionell betrachtet wird das Professorenamt dadurch bestimmt, dass der Professor in seiner Hochschule in Wissenschaft und Kunst, Forschung und Lehre die ihm obliegenden Aufgaben in dem zu vertretenden Fach selbstständig wahrnimmt. Wichtig ist, dass dem Professor hierbei die **umfassende und selbstständige Vertretung** des Faches obliegt. Damit unterscheidet er sich von der Lehrbefugnis anderer Lehrender (z.B. Privatdozenten, Hochschuldozenten). Diese lehren nicht umfassend. Aus der Selbstständigkeit der Professoren folgt, dass sie nach Maßgabe des Auftrages der jeweiligen Hochschule die Freiheit in allen Fragen des Gegenstandes, Inhalts und der Methoden von Forschung und Lehre **(Wissenschaftsfreiheit)** für sich in Anspruch nehmen können. Ausnahmen sind im Bereich der Fachhochschulen der öffentlichen Verwaltung zu sehen, die wegen des besonderen Ausbildungsauftrages anders einzuordnen sind (vgl. dazu Scheven 1996, S. 341). Alle Besonderheiten, die für das Professorenamt im dienstrechtlichen Sinne umgesetzt werden, gehen auf diesen Grundsatz der Freiheit zurück. Diese abstrakt funktionelle Beschreibung schlägt sich konkret in der Ausgestaltung des Dienstverhältnisses, etwa in der Berufungsvereinbarung, nieder. Daraus folgt, dass es zweckmäßig ist, der **Berufungsvereinbarung** ein besonderes Augenmerk zu schenken. Gegenstand dieser Vereinbarung ist in der Regel Umfang und Art der Lehrtätigkeit in bestimmten Studiengängen und Studienabschnitten, interdisziplinäre Forschungsvorhaben, die Leitung wissenschaftlicher Einrichtungen, Kliniken oder Abteilungen, Weiterbildung, Prüfungen sowie dienstrechtliche Modalitäten wie Residenzpflicht und Nebentätigkeiten.

1.3 Dienstaufgaben in der Lehre

Professoren sind als Beamte und nicht unerheblich auch als Angestellte (auf die hier aber nicht separat eingegangen wird), wie soeben gezeigt, in einen differenzierten rechtlichen Rahmen eingebunden. Aus diesem Grund ist es sinnvoll, ein genaueren Blick auf die Rechte und Pflichten von Hochschullehrern in der Lehre zu werfen. Dazu wird allerdings zunächst der Begriff der Hochschullehre abgegrenzt.

1.3.1 Was ist Hochschullehre?

Die Lehre gehört zu den Zentralaufgaben von Professoren:

> *„Die Hochschullehrerinnen und Hochschullehrer nehmen die ihrer Hochschule jeweils obliegenden Aufgaben in Wissenschaft und Kunst, Forschung, Lehre und Weiterbildung in ihren Fächern nach näherer Ausgestaltung ihres Dienstverhältnisses selbstständig wahr." (§ 43 Abs. 1 Nr. 1 HRG)*

Alle Professoren im Geltungsbereich des HRG haben **Lehraufgaben.** Dies ergibt sich aus dem Hinweis, dass § 44 Abs. 1 Nr. 2 HRG von allen Professorinnen und Professoren eine pädagogische Eignung verlangt. Lediglich wenn Forschungsfreiräume genutzt werden, ist es möglich, dass der Hochschullehrer von den Aufgaben der Lehre zeitweise freigestellt ist (vgl. hierzu und zum Folgenden Thieme 1994).

Was die Lehre nun genau ist, ist leider (oder zum Glück) nirgends definiert. Unter Lehre kann aber nach herrschender Auffassung sicher verstanden werden, dass es sich um **Lehrveranstaltungen** handelt, die in der Hochschule durchgeführt werden. Dazu gehören Vorlesungen, Übungen, Seminare, Kolloquien, Exkursionen und die an Fachhochschulen häufig so genannten seminaristischen Übungen. Letztere verbinden Elemente der Vorlesung mit denen der Übung. Wesentlich ist, dass der Professor oder die Professorin auf dem Gebiet der Wissenschaft oder Kunst Informationen vermittelt. Adressaten sind grundsätzlich die Studierenden der Hochschule. Dazu gehören auch Veranstaltungen für wissenschaftliche Mitarbeiter und bereits im Beruf befindliche Hörer im Rahmen der Weiterbildung. Ebenfalls zur Lehre können die Doktorandenkollegs gezählt werden, selbst wenn die Doktoranden nicht mehr an der Hochschule eingeschrieben sind, da es sich darum handelt, den Nachwuchs zu fördern.

Nicht zur Lehre gehört der nicht wissenschaftliche Unterricht, wie z. B. der schulmäßige Unterricht eines Professors für Medizin an einer Krankenpflegeschule. Die dort vollbrachten Aufgaben sind in der Regel Nebentätigkeiten. Ausnahmen sind möglich, wenn diese Aufgaben der Hochschule als eigene Aufgabe zugewiesen sind (vgl. dazu § 2 Abs. 9 HRG).

1.3.2 Welche Rechte und Pflichten haben Professoren/Professorinnen in der Hochschullehre?

Professorinnen und Professoren müssen Lehren und dürfen Lehren. Sie haben aus der bereits erwähnten grundgesetzlich geschützten **Lehrfreiheit** (Art. 5 Abs. 3 GG, unterstützt durch § 43 HRG) heraus einen Anspruch darauf, Lehrveranstaltungen abzuhalten, sofern diese Teil des unter der Verantwortung der Hochschule stehenden Unterrichtsprogramms sind (vgl. zum Folgenden vor allem Thieme 1994, S. 31 ff.). Aus diesem Anspruch kann das Recht abgeleitet werden, dass der Professor seine Veranstaltungen selbstständig und ohne Genehmigung oder Beschlüsse akademischer Gremien ankündigen darf. Die Themen werden von ihm selbst ausgewählt. Eine Obergrenze für das Recht, Veranstaltungen abzuhalten, gibt es nicht. Er kann jedoch die Uhrzeit und einen bestimmten Hörsaal nur insoweit bestimmen, als dies technisch überhaupt möglich ist, Hörsäle zu der bestimmten Zeit zur Verfügung stehen und nicht Kollisionen mit anderen Lehrveranstaltungen eintreten.

Vollständige Freiheit besteht weiterhin nur insofern, als die Organe der Hochschule Studienpläne aufstellen und den gesamten Lehrstoff in Teilgebiete aufteilen, die für Professoren verbindlich sind (§ 3 Abs. 3 Satz 2 i.V.m. § 11 Abs. 2 HRG). Ebenso haben die Organe das Recht der Typenbildung (z.B. Oberseminar, Anfängerübung, Praktikum). In diese **Veranstaltungstypen** hat der Professor seine Lehrveranstaltungen bei Bedarf einzuordnen.

Grundsätzlich besteht die Verpflichtung, die eigenen Lehrveranstaltungen, die der Professor ankündigt, innerhalb der Vorlesungszeit **persönlich** abzuhalten. Fällt eine Veranstaltung aus, so ist die Frage differenziert zu betrachten, ob eine Nachholpflicht besteht. Ist der Ausfall wegen der Wahrnehmung einer vorrangigen dienstlichen Aufgabe zu Stande gekommen (z.B. die Abnahme einer Prüfung), besteht keine **Nachholpflicht.** Ist die Ursache in einer nachrangigen Pflicht zu sehen, ist die Veranstaltung erneut anzubieten. Dazu gehören z.B. die Wahrnehmung einer freiwillig übernommenen dienstlichen Aufgabe und natürlich private Verhinderungsgründe.

Grundsätzlich hat der Professor die Pflicht, seine Veranstaltungen selbst abzuhalten. Zulässig ist die **Übertragung von Aufgaben** innerhalb einer Übung in Anwesenheit des Professors. Dazu gehört auch der Einsatz von Assistenztätigkeiten in der Vorlesung und im Praktikum.

Eine häufig gestellte Frage ist die, ob der Professor sich zur Verfügung halten muss, wenn keine **Hörer** vorhanden sind. Grenzen, die gelegentlich als Untergrenze genannt werden, sind niemals geltendes Recht gewesen. So kann also eine Veranstaltung nicht deshalb ausfallen, weil nur ein oder zwei Studierende anwesend sind. Es kommt auf die spezifische Situation an. Wenn etwa die besondere Form der Veranstaltung darauf angewiesen ist, dass eine bestimmte Mindestzahl von Studierenden anwesend sein muss, wäre ein Ausfall der Veranstaltung bei zu geringer Teilnehmerzahl denkbar. Außerdem ist die sonstige Belastung des Professors als Entscheidungsgrund heranzuziehen. Es wäre dann zu überlegen, ob ihm die Durchführung der Veranstaltung zuzumuten ist. Das gilt auch bei Hörerschwund im Semester.

Störungen sind zunächst kein Grund, eine Veranstaltung abzubrechen. Ist die Konzentrationsfähigkeit auf Seiten des Lehrenden oder der Lernenden nicht mehr gegeben, die Veranstaltung somit sinnlos, kann ein Abbruch in Erwägung gezogen werden. Grundsätzlich sind zunächst zumutbare Bemühungen erforderlich, die Störung zu beseitigen. Falls Gesundheit und Kleidung in Gefahr geraten (etwa bei einem Bombardement von Eiern und Tomaten), ist es zulässig, die Veranstaltung auszusetzen. Dies trifft auch den Fall, dass Studierende die Veranstaltung zu einer politischen Kundgebung umfunktionieren.

1.4 Wie schwer ist es, ein guter Hochschullehrer zu sein?

„Die Scholaren sollten den Vortrag des Lehrers nicht mit Fragen unterbrechen."
(Roellecke 1996, S. 10)

Das Bild, in dem das reine Vorlesen oder die freie Rede eines auf dem **Lehrstuhl** über seinen Studierenden sitzenden Professors den zentralen Bestandteil eines Studiums ausmachte, ist in die Jahre gekommen. Nun muss nicht das, was in der Vergangenheit gemacht wurde, falsch sein, nur weil es schon so lange praktiziert wurde. Der Professor, der in der Lage ist, seine Studierenden durch einen engagierten Vortrag zu begeistern und zu eigenen Lernbemühungen zu bewegen, ist sicher aufgrund der Fülle der zu vermittelnden Inhalte mehr denn je gefragt und sein Tun auch lerntheoretisch begründbar (siehe Kapitel 2). Sollte es dem Leser dieses Buches gelingen, diesem Ideal zu entsprechen, könnte er es eigentlich aus der Hand legen. Er ist vielleicht **der geborene Hochschullehrer.** Wenn sich der Autor aber recht entsinnt, war es sogar bei den Professoren mit der größten Reputation im eigenen Studium und auch in den vielen Berichten von Kommilitonen nicht so, dass die Vorlesungen immer dem Anspruch eines begeisterten und begeisternden Hochschullehrers gerecht werden konnten. Wahrscheinlich wäre der Anspruch auch deutlich überzogen und vollkommen unrealistisch. Leider können wir uns auch nicht darauf verlassen, dass sich Studierende immer hoch motiviert – am besten intrinsisch – den Inhalten des Faches widmen und das Vorgetragene aufsaugen wie ein Schwamm.

Wer Lernen optimieren will, sollte sich um **Erfolgsbedingungen** und zuverlässige Wege kümmern, Lernenden die Möglichkeit zum Lernen zu eröffnen. Erfolgreicher Hochschullehrer zu sein oder zu werden, ist deshalb schwer, weil **Lernen ein komplexer Vorgang** ist, auf den die Lernenden selbst, der Lehrende und die Umfeldbedingungen einwirken. Die Beherrschung dieser Situation ist nach allem, was bis heute in der Lernforschung ergründet wurde, nicht einfach. Wer die Lehr-Lern-Situation in der Hochschule banalisiert und/oder so tut, als ob das Thema Lehre im Vorübergehen erledigt werden könnte, liegt sicher falsch. Das schließt nicht aus, dass es Personen gibt, die „von Natur" aus (im Sinne bereits entwickelter Fähigkeiten, die für das Lehren günstig sind) besser mit der Situation zurechtkommen, und solche, die sich notwendige Kompetenzen erst noch aneignen müssen. Zum Glück lassen sich die Fähigkeiten zu einem hohen Grade erlernen. Voraussetzung dafür ist, dass man die Bereitschaft hat, an den Fähigkeiten zu arbeiten, ausreichend Gelegenheit erhält, die notwendigen Kenntnisse zu erwerben und anschließend reflektiert auszuprobieren. Zur Botschaft dieses Buches gehören beide Aspekte, nämlich der **Erwerb** der Kenntnisse und die **Anwendung** mit anschließender Reflexion.

Die vielleicht wichtigste Frage ist bisher noch gar nicht angesprochen worden, dies soll aber hiermit sofort nachgeholt werden: Welche **Maßstäbe** sollen eigentlich herangezogen werden, um zu beurteilen, wann gute Lehre vorliegt? Um es vorwegzunehmen, der Autor zieht sich aus der Affäre, indem er eine eindeutige Antwort schuldig bleibt. Falls jetzt Enttäuschung eintritt, sei darauf hingewiesen, dass die bereits erwähnte Lehr-Lern-Situation derartig komplex ist, dass jeder Versuch, hier Eindeutigkeit zu erzielen, wissenschaftlich sehr problematisch ist. Es führen eben viele Wege nach Rom. Ein Rezeptbuch Lehren und Lernen an Hochschulen wäre da genau der falsche Weg. Unterschiedliche Studierendengruppen und unterschiedliche Lehrende mit ihren jeweiligen Eigenschaften beeinflussen die Situation nachhaltig. Einfache Aussagen, was generell richtig oder falsch ist, sind nicht haltbar. Trotzdem kann jeder Lehrende und Lernende z. B. darüber nachdenken, wie erfolgreich seine Veranstaltung war. Um diesen Prozess zu unterstützen können Hochschullehrer dieses Buch nutzen, weil es Informationen zu dem Thema systematisch vermittelt.

1.5 Konsequenz: Kompetenzbereiche Lehren und Lernen an Hochschulen stärken

Konsequenz der bisher dargestellten Gedanken könnte sein, dass sich die in der Hochschullehre Tätigen um den Kompetenzbereich Lehren und Lernen noch intensiver kümmern, als sie dies ohnehin schon tun. Dieses Buch stellt deshalb **Kompetenzbereiche,** die für die Lehre als wichtig erachtet werden, systematisch dar (vgl. S. 20). Grundlegend sind dabei die Erkenntnisse der Lerntheorie, die mit aller Vorsicht bei der Verwertung von Forschungsergebnissen wichtige Hinweise auf die Art und Weise geben, wie der Lernort Hochschule gestaltet werden könnte. Darüber hinaus werden zunächst Inhalte angesprochen, bei denen es primär um die Persönlichkeit des Lehrenden und der Lernenden sowie um deren **Interaktion** geht (Lernvoraussetzungen der Studierenden, Kommunikation, Konfliktmanagement).

Anschließend werden Grundlagen der Methodik und Didaktik behandelt, die ganz sicher zum **Werkzeugkasten** eines Lehrenden gehören. Ein weiteres Kapitel setzt sich mit besonders aktivierenden Lernmethoden auseinander, wobei neue Wege beschrieben werden, Studierende an Lehrveranstaltungen zu beteiligen. Dies soll bereits ein Hinweis auf lerntheoretische Erkenntnisse sein, die die Aktivität des Lernenden wesentlich stärker in den Vordergrund stellen als in der Vergangenheit.

Da letztlich die erfolgreiche **Umsetzung** entscheidend ist, behandelt der darauf folgende Abschnitt des Buches („Umsetzung bewältigen") die konkrete Überführung der genannten Erkenntnisse in die Praxis (Beispiele konkreter Lerneinheiten). Da wie bereits erwähnt viele Wege „nach Rom" führen, sollte der Leser die Beispiele nicht dogmatisch sehen, sondern als willkommene Gelegenheit, darauf zu schauen, wie andere Hochschullehrer Veranstaltungen durchführen und die Ergebnisse für sich selbst reflektieren. Es ist vielleicht auch ein Anreiz, den einen oder anderen Kollegen oder die eine oder andere Kollegin in der Veranstaltung zu besuchen.

Immer bedeutsamer wird, wie bereits erwähnt, die Überprüfung des Erfolges der Lehr-Lern-Bemühungen. Deshalb befasst sich der Abschnitt **„Erfolge nachweisen"** mit Prüfungen und Evaluation. Das Thema Evaluation erlangt nicht nur aus theoretischer Sicht Bedeutung, weil es natürlich darauf ankommt, die eigenen Bemühungen für eine langfristig gute Lehre zu überprüfen, sondern auch im Zusammenhang mit gesetzlichen Vorgaben, die die Einführung der neuen internationalen Bildungsabschlüsse Bachelor und Master betreffen. Selbst wenn man dieser Entwicklung kritisch gegenübersteht, wird man nicht umhin kommen, sich mit dem Thema auseinander zu setzen, da die Hochschulen gefordert sind, eigene Evaluationen zu initiieren und internationale Vergleichbarkeit herzustellen.

Über diesen individuellen Ansatz hinaus scheint es notwendig zu sein, sich auch um Kollegien insgesamt zu kümmern und damit die Grenze zur **Organisationsentwicklung** zu überschreiten, also kollektive Ansätze zu verfolgen („Gemeinsames Entscheiden ermöglichen"). Die Begründung dafür liegt darin, dass es schwer sein wird, nur auf individuellen Veränderungen basierende Prozesse in Hochschulen einzuleiten. Mehr denn je ist es gefragt, gemeinsam Eckpfeiler einzuziehen, also innerhalb des Kollegiums für gemeinsam getragene Veränderungen zu sorgen, um schneller reagieren und nachhaltiger handlungsfähig werden zu können.

Das ist nicht als Einschränkung der Freiheit der Lehre und Forschung zu verstehen. Individualität, Kreativität und Originalität sind nach wie vor tragende Bestandteile des Hochschulwesens. Jedoch wird die Vereinbarung gemeinsamer Rahmenbedingungen oder Strategien für die Entfaltung der eigenen Leistungsfähigkeit begünstigend wirken. Dies gilt übrigens auch für die in Zusammenarbeit mit der Hochschulverwaltung durchgeführten Projekte, die genauso reibungslos ablaufen sollten, wenn die Wettbewerbsfähigkeit der Hochschulen erhalten werden soll. Dabei scheint es überaus sinnvoll zu sein, sich mit der im Rahmen der Freiheit von Forschung und Lehre stehenden Entwicklung der Hochschule insgesamt auseinander zu setzen und Lösungsansätze anzubieten.

Alle Bemühungen, die um das Thema Hochschullehre kreisen, dürfen und sollen nicht zu einem Einheitshochschullehrerbild führen. Hochschullehre lebt genauso wie die Hochschulforschung davon, dass **Originale** tätig sind und nicht einzelne DIN-Format-Hochschullehrer. Deshalb wird ganz bewusst auf die Darstellung eines Hochschullehrerprofils verzichtet, das Eigenschaften formuliert, die gewichtet ein Bild des idealen Professors oder der idealen Professorin ergeben. Auch eine implizite Botschaft in diese Richtung wäre falsch. Den Hochschullehrer/die Hochschullehrerin gibt es nicht. Das würde der Lehre das nehmen, was bei allen methodisch-didaktischen Kompetenzen wohl nach wie vor ein entscheidender Faktor ist, nämlich die auf der eigenen Originalität aufbauende persönliche Beziehung zwischen Lehrendem und Lernenden.

Ein Profil wäre auch aus anderen sachlichen Erwägungen heraus schwer, da die Hochschullandschaft mit ihren jeweiligen Hochschultypen zum Glück viel zu facettenreich ist, als dass daraus ein Bild des Hochschullehrers oder der Hochschullehrerin erwachsen könnte. Ein Typus wäre sogar eher fatal und würde genau dem entgegenstehen, was Hochschulen ausmacht, nämlich der **Vielfalt** von Personen, Überzeugungen und Ideen. Der Leser des Buches sollte also selektiv das in Anspruch nehmen, was er für sich als Entwicklungsfeld entdeckt hat. Übrigens ist das auch der Grund, warum der Herausgeber des Buches es überhaupt für möglich hält, ein Buch zu schreiben, was von allen Professorinnen und Professoren unabhängig vom Hochschultypus gelesen werden kann. Darüber hinaus ist es sicher auch für die lesenswert, die Hochschullehre nachhaltig unterstützen, nämlich für Mitarbeiterinnen und Mitarbeiter in der Hochschullehre, für die die spezifischen Bedingungen des Umfeldes Hochschule Geltung haben.

Die Botschaft des Buches lautet, dass jeder an seinen Kompetenzen arbeiten kann und sein eigenes Profil entwickelt und durch seine Originalität die Hochschullehre befruchtet. Dann sind Hochschulen das, was im Rahmen der Freiheit von Forschung und Lehre ihren konstitutiven Kern ausmacht, nämlich Einrichtungen, an denen das noch nicht Gemachte gemacht und das noch nicht Gedachte gedacht werden kann. Im Idealfall schöpft der Lehrende dann einerseits aus seiner eigenen Forschung und andererseits aus den Erfolgserlebnissen, die er durch gelungene Lehre erhält. Dies überträgt sich in aller Regel auf Studierende, sodass der Nutzen gelungener Hochschullehre für alle Seiten greifbar wird. Das ist kein Plädoyer für flache Spaßveranstaltungen, sondern für eine Hochschullehre, die auf beiden Seiten **langfristig Freude am Lernen** vermittelt und so auf allen Seiten die Leistungsfähigkeit erhält bzw. sogar befördert.

1.6 Literatur und Quellen

BVerfGE (Sammlung der Entscheidungen des Bundesverfassungsgerichts)

Grundgesetz für die Bundesrepublik Deutschland (GG) 1949: Vom 23. Mai 1949 (BGBl. S. 1). Zuletzt geändert durch Gesetz vom 26. Juli 2002 (BGBl. I S. 2863).

Hochschulrahmengesetz (HRG) 1999: In der Fassung der Bekanntmachung vom 19. Januar 1999 (BGBl. I S. 18). Zuletzt geändert durch Artikel 1 des Gesetzes vom 27. Dezember 2004 (BGBl. I S. 3138).

Kiemle, C. 2003: Hochschulabschlüsse nach dem „Bologna-Prozess" im Vergleich zu angloamerikanischen Bachelor- und Mastergraden = Schriften zur wissenschaftlichen und künstlerischen Berufsausbildung. Band 9. Hrsg. v. Präsidenten des Hochschullehrerbundes.

Mittelstrass, J. 2004: Universität und Universalität. In: FAZ v. 13.1.2004, S. 8.

Roellecke, G. 1996: Die Geschichte des deutschen Hochschulwesens. In Flämig, C. u. a. (Hrsg.): Handbuch des Wissenschaftsrechts. Band 1. Berlin u.a., S. 4–36.

Scheven D. 1996: Professoren und andere Hochschullehrer. In: Flämig, C. u.a. (Hrsg.): Handbuch des Wissenschaftsrechts. Band 1. Berlin u.a., S. 325–371

Waldeyer, H.-W. 2000: Das Recht der Fachhochschulen. Sonderdruck der erweiterten Neubearbeitung Mai 2000 aus: Hailbronner/Geis (Hrsg.): Kommentar zum Hochschulrahmengesetz.

Thieme, W. 1994: Die dienstlichen Aufgaben der Professoren. Bonn.

2

Lehren und Lernen an Hochschulen

Was ist ein Professor/eine Professorin?

Grundlagen der Hochschullehre aneignen
- Kenntnis der Lerntheorie
- Lernvoraussetzungen der Studierenden
- Grundlagen der Kommunikation
- Grundlagen des Konfliktmanagements

Didaktik der Hochschulen verstehen
- Grundlagen der Didaktik
- Grundlagen der Methodik
- ausgewählte aktivierende Methoden

Umsetzung bewältigen
- Erfahrungen: Beispiele von Lehrveranstaltungen

Erfolge nachweisen
- Prüfungen in der Hochschullehre
- Evaluation der Lehre

Gemeinsames Lernen ermöglichen
- Hochschule als Lernende Organisation

Reflektieren, Entscheidungen überdenken und gegebenenfalls neu treffen!

Lehren und Lernen an Hochschulen

Grundlagen der Hochschullehre aneignen

Überblick zu Kapitel 2

Nachdem grundsätzliche Überzeugungen vorgetragen wurden, wird im zweiten Kapitel ein Fundament zur Hochschuldidaktik dargestellt, das auf diesen Gedanken aufbaut. Wenn es an Hochschulen um eine Optimierung des Lernprozesses geht, muss die **Lerntheorie** ein Fundament der weiteren Überlegungen darstellen. Obwohl es dabei unmöglich ist, eine geschlossene Theorie des Lernens vorzulegen, sind doch wichtige gesicherte Erkenntnisse zum Lernen seit langem vorhanden und in neuester Zeit bahnbrechende Fortschritte in der Lernforschung gemacht worden, die als Basis der weiteren Ausführungen dienen können.

Darüber hinaus werden **Lernvoraussetzungen** der Studierenden systematisch dargestellt. Dazu gehört auch die Frage, wie man an Hochschulen Studierfähigkeit ergründen und den Erfolg von Lehrveranstaltungen evaluieren kann. Das Kapitel ist in diesem Punkt sehr stark mit dem vorangegangenen Thema Lerntheorie und dem später folgenden Kapitel Evaluation vernetzt, die ebenfalls auf die entsprechende Thematik eingehen. Der Leser könnte das Kapitel zur Evaluation vorziehen und sich anschließend wieder mit dem Kapitel Lernvoraussetzungen befassen. Diese Vorgehensweise ist jedoch nicht zwingend.

Es schließen sich zwei Kapitel an, die vor allem unter dem Stichwort „**übergreifende Kompetenzen**" oder „**Schlüsselqualifikationen**" gefasst werden können. Dazu gehört zunächst das Kapitel Kommunikation und das Thema Konfliktmanagement. Beide Themen behandeln Kompetenzen, die nicht nur an deutschen Hochschulen, sondern gesamtgesellschaftlich immer wichtiger zu werden scheinen. Auch hier gilt wie für alle anderen Kapitel, dass der Leser sich genau die Informationen und Empfehlungen heraussuchen sollte, die für ihn wichtig sind. Die Botschaft ist sicher nicht, dass den Professorinnen und Professoren an den Hochschulen in der Bundesrepublik Deutschland entsprechende kommunikative Fähigkeiten oder Kompetenzen des Konfliktmanagements fehlen.

2.1 Befunde der Lernforschung als Grundlage des Hochschullehrens und -lernens

Prof. Dr. Thomas Stelzer-Rothe

Der Mensch kann nichts besser und tut nichts lieber als lernen.
Manfred Spitzer

2.1.1 Ziele und Nutzen dieser Ausführungen

Wäre es nicht schön, wenn der Leser das ganze Buch in einen **(Nürnberger) Trichter** einfüllen, etwa in der Mitte des Kopfes ansetzen und dann den Inhalt in seinen Kopf gießen könnte? Wenn man den Autor dieses Aufsatzes fragt, antwortet er: Ja und Nein. Aus Zeitgründen würde man wohl gerne das eine oder andere noch schneller lernen als bisher und der Gedanke an den Trichter ist verführerisch. Allerdings geht dabei die Lernfreude verloren, die wichtig ist. Menschen wollen lernen und tun es normalerweise mit Freude, sonst wären sie lange ausgestorben. Übrigens ist der Nürnberger Trichter kein adäquates Bild für das, was beim Lernen passiert. Lernen ist weit davon entfernt, ein passiver Vorgang zu sein. Das hat die Lernforschung sicher herausgefunden und dieser Beitrag wird die Zusammenhänge darstellen, was beim Lernen passiert, und darüber hinaus die Bedeutung von Aktivitäten auf Seiten des Lernenden deutlich machen.

Leider gibt es das Phänomen, dass die Freude am Lernen verloren geht. Wer Kinder in der Schule beobachtet, weiß, dass die natürliche **Lernfreude** in den ersten Jahren dramatisch reduziert werden kann. Eine schnelle Schuldzuweisung an „die Lehrer" ist zu einfach. Das Gefüge, dem sich der Lehrer, in welcher Lernsituation auch immer, gegenübersieht, ist komplex.

Die **Ausgangsfragen** zur Optimierung der Hochschullehre sind folgende:
- Wie lernt der Mensch und
- was könnte ein Hochschullehrer bzw. eine Hochschullehrerin dabei tun,
- um Lernprozesse zu optimieren?

Das sind die zentralen Themen dieses Aufsatzes. Zum Thema gehört damit, Hinweise zu geben, wie **Bedingungen** optimiert werden könnten, unter denen Lernprozesse ablaufen. Andererseits können auch Faktoren genannt werden, die Lernen eher behindern oder sogar unmöglich machen. Antworten auf diese Fragen kommen seit einiger Zeit verstärkt aus der Hirnforschung, die gewaltige Fortschritte gemacht hat, seit es mit Hilfe bildgebender Verfahren (Magnetresonanztomographie) möglich ist, Hirnaktivitäten darzustellen, entsprechend auszuwerten und daraus Schlussfolgerungen zu ziehen (vgl. dazu Spitzer 2007, S. 37 ff.).

In hochschuldidaktischen Seminaren wird dabei immer wieder die Frage gestellt, was man denn als Lehrender tun soll, wenn dies oder jenes im Lernprozess zu beobachten ist. Das ist die Frage nach Rezepten oder noch einfacher ausgedrückt der Versuch, in die **Trickkiste** zu greifen. Die Realität ist jedoch viel zu kompliziert und komplex, als dass es möglich wäre, ein Rezeptbuch zu schreiben, das generell wirksam ist. Trotzdem ist es möglich, sich **Gebrauchsanweisungen** zum Thema Lernen bzw. noch genauer zum Thema Gehirn anzuschauen und zu reflektieren. Dabei spielt neben den älteren gültigen Erkenntnissen der Lernforschung, die zunächst dargestellt werden, die neuere Gehirnforschung eine entscheidende Rolle. Aus diesen Ansätzen ist in den letzten Jahren das Arbeitsgebiet der **Neurodidaktik** (vgl. Friedrich und Preiß 2002, S. 64 und Preiß 1998) entstanden, das sich um die Zusammenhänge von Gehirn und Didaktik kümmert und versucht, Aussagen zum Thema gehirngerechtes Lernen abzuleiten.

Nicht nur die Freude am Lernen kann verloren gehen. Auch das Lehren kann zur Qual werden. In einer kürzlich durchgeführten Befragung unter den Hochschullehrerinnen und Hochschullehrern an Fachhochschulen in Nordrhein-Westfalen ist an vielen Stellen deutlich geworden, dass Lehren als große Belastung empfunden werden kann (vgl. dazu Knobloch und Stelzer-Rothe 2003). Das **Burn-out-Syndrom** infolge permanenter als Stress empfundener beruflicher Situationen kommt vor allem in Bereichen vor, die folgende Gemeinsamkeiten aufweisen: Die Angehörigen dieser Berufsgruppen haben

- mit Menschen zu tun,
- auf deren Kooperation sie angewiesen sind,
- welche oft nicht entgegengebracht wird.

Nicht-Kooperation bedeutet für die Hochschullehre, dass das Ziel der Stoffvermittlung nicht erreicht wird oder die Bereitschaft nicht geweckt wird, sich intensiv mit bestimmten Themen weiterhin auseinander zu setzen. Aus dem langfristigen Erleben dieser Situation kann eine **psychische Erschöpfung** resultieren, die von Kopfschmerzen über Schlafstörungen und Müdigkeit bis hin zu Magen- und Verdauungsbeschwerden führen kann (vgl. dazu o.V. 2004, S. 13). Wenn Sie wollen, können Sie diesen Aufsatz und natürlich auch die anderen Aufsätze des Werkes als Burn-out-Prophylaxe benutzen.

2.1.2 Überblick über die Lernforschung

Die erste Erkenntnis vieler, die sich mit Lernforschung befassen, ist wohl die, dass es nicht ganz einfach ist, Lernen einigermaßen systematisch darzustellen. Die Forschungsansätze sind vielfältig, eine einheitliche Lerntheorie existiert nicht (vgl. Edelmann 1996, S. 16). Der Autor wagt die These, dass bezogen auf das Thema Lernen noch mehr erforscht werden kann und muss als bereits erforscht worden ist. Das Problem, dass noch keine geschlossene Theorie des Lernens vorliegt, kann jedoch natürlich nicht Anlass sein, das Thema nicht weiter zu verfolgen. Vorsicht ist allerdings geboten. Auch, wenn es vielleicht nicht so scheint, das Thema hat viel **Zündstoff** in sich. Schon die Frage, in welchen Zeiträumen Lernen besonders gut gelingt, kann ideologischen Ärger verursachen. Wenn die Forschung heute zu der Aussage gelangt, dass Kleinkinder in den ersten drei Jahren besonders viel lernen und diese Phase überaus wichtig für den Rest des Lebens sei, kann sich daraus eine heftige gesellschaftliche Diskussion über mögliche Erwerbstätigkeit von Männern und Frauen ergeben. Genauso verhält es sich mit Erkenntnissen zum Thema Lernen, wenn wir an Hochschulen denken. Wenn bestimmte traditionelle Formen der Hochschullehre durch die Lernforschung in Frage gestellt werden, steckt Sprengstoff in der Forschung. Auch das wird den Autor nicht abhalten, die als wesentlich erachteten Aussagen zum Thema niederzuschreiben. Bei allem scheint jedoch Vorsicht angeraten zu sein, da sich im Laufe der Zeit die eine oder andere „sichere" Erkenntnis (nicht nur) der Lernforschung im Nachhinein als höchst fragwürdig herausgestellt hat.

➤ Worum geht es eigentlich beim Thema Lernen?

Lernen umfasst alle Verhaltensweisen, die aufgrund von Erfahrungen zustande kommen (vgl. dazu Lefrancois 2003, S. 3).

Wenn der Leser dieses Buches liest, dass das Gehirn etwa zwei Prozent des Körpergewichtes umfasst, aber 20 Prozent der Energie verbraucht, und er dies auch nach einiger Zeit noch wiederholen kann, hat er etwas gelernt. Ob er diese Information behalten kann, wird sich zeigen. An späterer Stelle soll z.B. geklärt werden, welche Bedingungen das Behalten fördern können. Mit Lernen sind nicht Reifungsprozesse gemeint, d.h. die im Laufe der Reifung auftretenden Verhaltensmöglichkeiten (vgl. Edelmann 1996, S. 5). Dazu gehört z.B. die motorische Entwicklung des Kleinkindes im ersten Lebensjahr (das so genannte Gehen*lernen*). **Lerntheorien** versuchen, Kenntnisse über das Lernen zu systematisieren und zusammenzufassen (Lefrancois 2003, S. 4 ff.). Die aus der Forschung entstandenen Theorien des Lernens sollen deshalb im Folgenden kurz dargestellt werden.

2.1.2.1 Behaviorismus: Gesetzmäßigkeiten von Reizen und Reaktionen

Die ersten auf Introspektion (Untersuchung eigener Gefühle und Motive) beruhenden Bemühungen der Lerntheorie und Lernforschung (z.B. Titchener 1898) führten aufgrund ihrer beschränkten und etwas unsystematischen Ansätze nicht allzu weit (vgl. zum Folgenden vor allem Lefrancois 2003, S. 16 ff. und S. 209 ff.). Der vielen Lesern wahrscheinlich bekanntere **Beginn der Lernforschung** verbindet sich mit dem Namen des russischen Forschers Pawlow (1849–1936) und seinem berühmten Experiment mit einem Hund. Die zugehörige Forschungsrichtung geht auf die von außen beobachtbaren Aspekte des Verhaltens (Behavior) zurück und wurde entsprechend von einem ihrer Begründer (Watson 1913) als Behaviorismus bezeichnet (vgl. auch Guthrie 1952, Thorndike 1913).

Ziel des Behaviorismus war es, **Gesetzmäßigkeiten** im Verhalten aufzuzeigen. Dabei geht es um die Beziehungen zwischen den verschiedenen dem Verhalten vorausgehenden Reizen (Bedingungen), den Reaktionen (Verhalten) und den Konsequenzen (Belohnung, Bestrafung oder neutrale Effekte). Entsprechend werden die diesem Prinzip unterliegenden Lernvorgänge auch als Reiz-Reaktions-Lernen bezeichnet. Um hier das Reiz-Reaktions-Lernen deutlich zu machen, zunächst zwei Beispiele, die einerseits die Prinzipien verdeutlichen sollen, andererseits trotz aller kritischen Einwände die praktische Bedeutung unterstreichen (vgl. zum Folgenden vor allem Heineken und Habermann 1994, S. 35 ff.).

Beispiel 1	Ein leitender Angestellter kommt morgens in sein Büro und geht mit der gut gefüllten Aktentasche an seiner Sekretärin vorbei. Aus der Erfahrung weiß die Sekretärin, dass der Chef die Aktentasche nur mitbringt, wenn viel Arbeit ansteht. Die Tatsache, dass die Aktentasche gut gefüllt ist, verstärkt den Eindruck der Sekretärin.
	Falls die Sekretärin ohnehin ein wenig gestresst ist und der neuerliche Arbeitsanfall nur schwer zu bewältigen ist, wird sicher eine gewisse Form von „Alarmreaktion" auftreten. Möglicherweise wird sich der Puls der Sekretärin erhöhen, manchmal erzeugt eine derartige Situation auch ad hoc Magendrücken oder sogar Magenschmerzen.
Beispiel 2	Wenn sich zwei Menschen unterhalten, könnte der eine von beiden ab und zu nicken oder durch „Mhm"-Reaktionen die Aussagen des anderen kommentieren.
	Beide Formen der nonverbalen Reaktion (Nicken und „Mhm") werden im Allgemeinen dazu führen, dass der jeweilige Gesprächspartner seine Ausführungen umso lieber fortsetzt. Falls der Zuhörer aus dem Fenster schaut, wird die Bereitschaft des Gesprächspartners wohl eher zurückgehen, die Ausführungen fortzusetzen.

Das erste Beispiel soll die Zusammenhänge der **klassischen Konditionierung** verdeutlichen, die Ivan Pawlow (vgl. auch Watson 1913) beschrieben hat. Das zweite Beispiel soll dazu beitragen, die Bedeutung der operanten Konditionierung zu veranschaulichen. **Operante Konditionierung** wird auch als Konsequenzenlernen (vgl. Heineken und Habermann 1994, S. 40ff.) oder instrumentelles Lernen (vgl. dazu Edelmann 1996, S. 107ff.) bezeichnet und vor allem mit den Namen Thorndike und Skinner in Verbindung gebracht (vgl. dazu Thorndike, 1913 und Skinner 1938).

▶ Was passiert beim klassischen Konditionieren?

In seinem mittlerweile fast zum Allgemeinwissen gehörenden Experiment lässt Pawlow, unmittelbar bevor seine Hunde Fleischpulver auf die Zunge bekommen, eine Glocke ertönen. Nach einigen Wiederholungen zeigt sich, dass die Hunde schon Speichel absondern (Speichelsekretionsreflex), bevor das Fleischpulver auf die Zunge gelegt wird. Nicht das Fleisch (der unkonditionierte Reiz) führt zu einer Speichelabsonderung (unkonditionierte Reaktion), sondern der Ton (der konditionierte Reiz).

Allgemein dargestellt, kann man das Reiz-Reaktions-Lernen, das auch als **Signallernen** bezeichnet wird, durch folgendes Schema wiedergeben (nach Pawlow).

2 Grundlagen der Hochschullehre aneignen

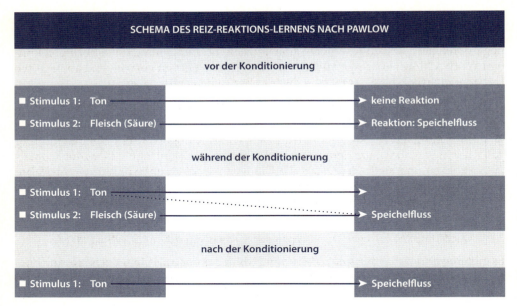

(Quelle: modifiziert nach Edelmann 1996, S. 66)

Infolge der Berührung (Kontiguität) und des häufig damit verbundenen Aufbaus einer Signalfunktion des Reizes, der ursprünglich neutral war, kommt es zu einer **Substitution des Reizes** (Reizersetzung). Der Reiz, der zunächst neutral war, kann nach Abschluss der Konditionierung die gleiche oder eine ähnliche Reaktion auslösen wie der Reiz der ursprünglichen Reiz-Reaktions-Verbindung. Motivation, Absicht, Bewusstsein und ähnliche Einflussfaktoren spielen bei diesem Vorgang keine Rolle. Der Organismus verhält sich weitgehend reaktiv. An einem weiteren Beispiel kann dies nochmals im Zusammenhang mit emotional-motivationalen Reaktionen verdeutlicht werden (vgl. dazu Edelmann 1996, S. 66 f.).

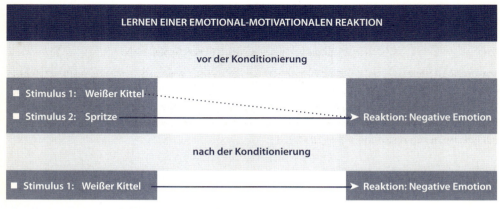

(Quelle: modifiziert nach Edelmann 1996, S. 67)

Grundlagen der Hochschullehre aneignen

Klassische Konditionierung kann verlockend wirken, da man sich den Vorgängen nicht ohne weiteres entziehen kann. Wer auf das Wort Mathematik oder Intelligenztest negativ reagiert, wird nur schwer seine normale Leistungsfähigkeit einbringen können. Noch schlimmer ausgedrückt, wer beim Thema Lernen vorwiegend an negative Erlebnisse zurückdenkt, wird es schwer haben, lebenslang zu lernen.

Dass das Lernprinzip manchmal **seltsame Blüten** treibt und genau in die falsche Richtung gehen kann, zeigt folgendes Beispiel:

Beispiel
„Der Zahnarzt Dr. Karies überlegte sich, wie er Kinder während der Behandlung ablenken konnte, um deren Angst zu reduzieren. Er gab ihnen daraufhin Comics zu lesen und stellte fest, dass die Kinder tatsächlich entspannter waren. Jahre später liest er allerdings in einem Wissenschaftsmagazin den Leserbrief eines ehemaligen Patienten, den er als Kind behandelt hat: ‚Nach all den Jahren kann ich es immer noch nicht ertragen, mir Comics anzusehen.'"

(Quelle: http://www.regiosurf.net/supplement/lernen/lernnh.htm [20. Februar 2004])

Es gibt Regeln, an die man sich halten kann, wenn das auch als Signallernen bezeichnete Reiz-Reaktions-Lernen eingesetzt werden soll. Diese beziehen sich auf den Aufbau, den Abbau und die Veränderung erworbenen Reiz-Reaktions-Lernens.

REGELN DES SIGNALLERNENS (REIZ-REAKTIONS-LERNEN)	
A | Regeln für den Aufbau des Signallernens	
Regel 1:	➤ Signalreiz kurz vor dem natürlichen Reiz anbieten
Regel 2:	➤ Signalreiz und natürlichen Reiz als Paar wiederholt und langfristig anbieten
B | Regeln für den Abbau unerwünschten Signallernens	
Regel 3:	➤ Natürlicher Reiz und Signalreiz dürfen nicht gleichzeitig auftreten
C | Regeln für die Veränderung erworbenen Signallernens	
Regel 4:	➤ Signalreiz mit einem Reiz in Verbindung bringen, der natürlicherweise zu einer Reaktion führt, die derjenigen Reaktion entgegengesetzt ist, die durch den Signalreiz ausgelöst wurde

(Quelle: Heineken und Habermann 1994, S. 33)

➤ Die Gültigkeit des klassischen Konditionierens

Fragt man nach der Gültigkeit des Reiz-Reaktions-Lernens, allgemein auch Lernen durch Kontiguität (Kontiguität = zeitliches Zusammenfallen) genannt, in der Form der klassischen Konditionierung, sind vor allem Lerneffekte zu nennen, die sich auf **physiologische Aspekte** beziehen (vgl. dazu und zum Folgenden Schermer 2002, S. 45). Dabei können Regulationsprozesse sowohl des vegetativen Nervensystems als auch des zentralnervösen Nervensystems betroffen sein. Unter anwendungsbezogenen Fragestellungen sind also vor allem emotionale und psychosomatische Probleme tangiert. Klassische Konditionierung lässt sich vom einfachen Lebewesen bis hin zum Menschen sicher nachweisen. Sie stellt damit ein sehr grundlegendes Prinzip einfacher Anpassung des Organismus an sich ändernde Umweltbedingungen dar. Die Unzulänglichkeit des Ansatzes wird allerdings spätestens dann deutlich, wenn die Problemlösung eine aktive Auseinandersetzung verlangt. Die Lernforschung musste deshalb noch viele weitere Wege beschreiten, um das Lernen beim Menschen erklären zu können.

Wenn man an die konkrete Gestaltung von Lernprozessen denkt, können – wie wir später noch genauer sehen werden – die mit dem Signallernen verbundenen Prinzipien durchaus eine entscheidende Rolle erlangen. Zum Beispiel sind Signale für die Motivation der Lernenden bedeutsam und nicht zu unterschätzen. Die Reflexion der Signale, die ein Lehrender oder seine Umgebung setzt, ist deshalb wichtig, weil sonst die Gefahr besteht, den Lernprozess insgesamt zu gefährden. Das ist übrigens ein Plädoyer für **geregelte faire Feedbackprozesse** für alle, die Menschen führen. Dazu gehören neben Führungskräften auch alle (Hochschul-)Lehrer und (Hochschul-)Lehrerinnen. Wer seine Wirkung kennt, kann mit seiner Wirkung Impulse geben – positiv und negativ. Die Wirkung des Einzelnen auf andere ist allerdings nicht einheitlich. Das ist letztlich ein weiteres Argument für zielgerichtete offene Kommunikationsprozesse im Lehr-Lern-Prozess, bei denen jeder seinen Weg reflektieren und finden kann.

Fazit: Wer die gesicherten Erkenntnisse der klassischen Konditionierung an Hochschulen berücksichtigen will, könnte regelmäßige faire Feedbackprozesse zum Lehr-Lern-Prozess ermöglichen. Dabei könnte sowohl die Wirkung aller Beteiligten im Prozess als auch der Lernumgebungsbedingungen untersucht werden. Zu beachten ist, dass es sich hier um **subjektive Faktoren** handelt, die sich nicht dazu eigenen, die Qualität der Lehre an sich in den Blick zu nehmen.

➤ Was passiert beim operanten Konditionieren?

Thorndike hatte sich Ende des 19. Jahrhunderts als Erster mit dem Prinzip des „**Lernens am Erfolg**" oder „**Lernen durch Versuch und Irrtum**" in Forschungen auseinander gesetzt (Thorndike 1913). Er hatte ein Versuchstier in einen Käfig gebracht. Die Tür des Käfigs war durch einen verdeckten Mechanismus zu öffnen. Das Ziel, sich aus dem Käfig zu befreien, wird durch Ausprobieren einer Anzahl von Reaktionen erreicht. Die erfolgreiche Verhaltensweise wird beibehalten und in vergleichbaren Situationen wieder angewendet (vgl. zum Folgenden vor allem Edelmann 1996, S. 108 ff.). Skinner (vgl. dazu Skinner 1938) wartete nicht wie Thorndike ab, bis die Versuchstiere zufällig Erfolg hatten. Bei ihm hatten die Tiere die Chance, in der so genannten **„Skinner-Box"** minimale Verhaltensänderungen in Richtung Endverhalten sofort zu verstärken. Skinner unterscheidet zwischen Antwort- und Wirkverhalten. Beim Antwortverhalten antwortet der Organismus auf Reize. Beim Wirkverhalten wirkt er selbst auf die Umwelt ein. Das erste Prinzip wurde oben als klassische Konditionierung beschrieben. Die Konditionierung des Wirkverhaltens („operant behavior") wird von Skinner als operante Konditionierung bezeichnet. Die von ihm dargelegten Beobachtungen erklären im engsten Sinne kein Lernen. Er beschreibt die (experimentellen) Bedingungen für die Veränderung der **Auftretenswahrscheinlichkeiten** eines Verhaltens (vgl. auch Schermer 2002, S. 53 f.).

Lernen nach dem Prinzip der operanten Konditionierung (Edelmann 1996 spricht von instrumentellem Lernen) besagt, dass ein vom Lernenden spontan gezeigtes Verhalten beibehalten oder abgelegt wird. Je nachdem, ob angenehme oder unangenehme Konsequenzen auftreten oder ausbleiben, lassen sich vier Arten von Verhaltensfolgen unterscheiden, die in der folgenden Abbildung dargestellt werden.

ARTEN VON FOLGEN FÜR EIN VERHALTEN		
Wert der Konsequenz	**Aufgetretene Konsequenz**	**Ausgebliebene Konsequenz**
angenehm	Belohnung Verhaltensaufbau durch angenehmen Reiz	Vorenthaltene Belohnung Verhaltensabbau durch Entzug des angenehmen Reizes
unangenehm	Bestrafung Verhaltensabbau durch unangenehmen Reiz	Vermeidung von Bestrafung Verhaltensaufbau durch Entzug des unangenehmen Reizes „negative Verstärkung"

(Quelle: Heineken und Habermann 1994, S. 43)

Sowohl beim Auftreten einer positiven als auch beim Ausbleiben einer negativen Konsequenz kommt es zu einer **Verstärkung** des Verhaltens, nämlich zum einen durch Belohnung („positive Verstärkung") und zum anderen durch Vermeidung der Bestrafung („negative Verstärkung") (vgl. dazu und zum Folgenden Heineken und Habermann 1994, S. 43). Zu einer Abschwächung kommt es, wenn nach einem bestimmten Verhalten ein unangenehmer Reiz gesetzt wird oder eine angenehme Konsequenz vorenthalten wird.

Wer Verhalten verstärken will, sollte die folgenden Gesichtspunkte beachten:
- Die Belohnung muss unmittelbar nach dem Verhalten erfolgen.
- Die Belohnung muss konsequent und regelmäßig erfolgen.

➤ Die Gültigkeit der operanten Konditionierung

Das Modell der operanten Konditionierung ist von der Lernpsychologie bereitwillig und umfassend angenommen worden. Teilweise wurde Lernpsychologie mit dieser Position sogar gleichgesetzt (vgl. dazu Schermer 2002, S. 80). Allerdings ist auch immer wieder deutliche Kritik an Skinner geübt worden. Dazu gehört der Hinweis von Westmeyer (1976) auf die wissenschaftstheoretischen Schwächen von Skinner. Bei der Übertragung tierexperimenteller Befunde auf den Menschen zeigen sich deutliche Schwächen der Positionen, die Skinner vertritt. Diese sind vor allem in der Vernachlässigung innerorganismischer und speziell kognitiver Variablen zu sehen. Bei der geäußerten Kritik geht es nicht so sehr um die bereits oben dargestellten und immer wieder replizierten Befunde, sondern um deren **Universalitätsanspruch.** So fehlt der Umweltbestimmtheit des Verhaltens bei Skinner eine angemessene Theorie der Umwelt. Die zu verändernde Umwelt wird nicht auf ihre eigenen vom Verhalten unabhängigen Gesetzmäßigkeiten untersucht. Diese sind jedoch im Prozess relevant (vgl. dazu Schermer 2002, S. 81 und Scheerer 1983, S. 130). Entwicklungspsychologische Forschungen belegen überdies, dass qualitative Unterschiede im Entwicklungsverlauf eine einfache Übertragung der Ergebnisse auf den Menschen verhindern.

Jenseits dieser Kritik, die sehr ernst zu nehmen ist, stellt sich die Frage, was die vorsichtige Verarbeitung der operanten Konditionierung für den Lernort Hochschule bedeuten könnte. Hochschule scheint für einige Studierende ja nicht gerade der Ort intensivster Freude zu sein. Es wäre also denkbar, Ansätze der positiven Verstärkung zu finden. Dazu ist es erforderlich, seine Studierenden zu kennen bzw. kooperative Lernprozesse bei den Studierenden zu initiieren, bei denen das **Prinzip einer positiven Verstärkung** umgesetzt werden könnte. Adameit (Adameit u.a. 1983, S. 329, zitiert in Edelmann 1996, S. 157) weist auf diesen Zusammenhang hin und nennt seine goldene Regel:

„Positives sehen und verstärken"

Anders ausgedrückt könnte man verallgemeinernd die These wagen, dass der (Hochschul-)Lehrer eine

„Atmosphäre des Gelingens"

schaffen sollte, bei der der Lerner aufgrund seiner Motivation häufig positive Verstärkung erfährt (vgl. dazu auch Stelzer-Rothe 2000). Dass dies nicht so ohne weiteres bei Massenveranstaltungen geht, sollte klar sein. Weiter unten wird die Frage im Zusammenhang mit Faktoren wieder aufgegriffen, die das Lernen positiv beeinflussen. Dass nicht jeder immer zum Erfolg kommen wird, ist auch verständlich. Bevor man zum Ergebnis kommt, endgültig von erfolglosen Lernern zu sprechen, sollte das auf Skinner basierende Prinzip der positiven Verstärkung jedoch seine Chance gehabt haben.

Fazit: Wer die gesicherten Erkenntnisse der Forschung zur operanten Konditionierung im Lernprozess berücksichtigen will, könnte dafür sorgen, dass Studierenden mit Hilfe eigener **intensiver Anstrengung** (!) **kontinuierliche Erfolgserlebnisse** ermöglicht werden. Das sollte nicht etwa durch permanente Senkung der Anforderungen, sondern durch die Findung einer individuellen Lernstrategie (z.B. Lerngeschwindigkeit, Methoden, Medien) geschehen. Das ist ein Hinweis darauf, dass Studierende selbst etwas über Lernen lernen sollten (vgl. dazu Stelzer-Rothe 2000, S. 131 ff.), um erfolgreicher zu werden.

2.1.2.2 Die kognitive Wende in der Lernforschung

Obwohl der Behaviorismus seine Bedeutung hatte und immer noch hat, so ist er doch nicht ausreichend, um die Gesamtheit dessen, was unter Lernen verstanden wird, zu erklären. Die Reiz-Reaktions-Erklärung reicht nach Ansicht der so genannten Kognitivisten nicht aus. Für sie ist das Zwischenglied zwischen dem Reiz und der Reaktion interessant und Gegenstand der Untersuchung (vgl. Mietzel 2002, S. 193).

Beispiel: Was wäre, wenn der Hund bei Pawlow gelernt hätte, dass er nach Darbietung des Klingelreizes Futter erwarten durfte? Dann wäre die rein mechanische Erklärung mit Hilfe von Reizen und Reaktionen nicht mehr allgemein gültig.

Tolman hat diese neue Sichtweise in Versuchen mit Ratten aufgezeigt (vgl. dazu Mietzel 2002, S. 194 und Tolman 1932). Die kognitive Komponente ist darin zu sehen, dass **Verhalten zweckdienlich** sein soll und sein kann. Es ist darauf ausgerichtet, ein bestimmtes Ziel zu erreichen. Verstärkungen, die Skinner unterstellte, haben eine andere Funktion. Sie liefern den Anlass, vom Gelernten Gebrauch zu machen.

Allgemein ausgedrückt kann man sagen, dass der Kognitivismus sich mit den Themen Wahrnehmung, Problemlösen durch Einsicht, Entscheidungsprozesse, Informationsverarbeitung und Verständnis auseinander setzt (vgl. dazu vor allem Lefrancois 2003, S. 95 ff.). Bei all diesen Prozessen spielt das **Bewusstsein** (also die Kognition) eine zentrale Rolle. Die entsprechenden Ansätze gewannen ab etwa 1960 in der Lernforschung eine bedeutendere Rolle. Kognitives Lernen kann demnach, einfach ausgedrückt, als Informationsaufnahme und -verarbeitung aufgefasst werden. Diese Beschreibung weist auf zwei Merkmale hin (vgl. dazu Edelmann 1996, S. 8):

1. Die jeweilige im Lernprozess befindliche **Person ist aktiv** beteiligt.
2. Das Ergebnis derartiger Lernprozesse sind **Strukturen** und nicht relativ isolierte Verbindungen, die zwischen Reizen und Reaktionen aufgebaut werden oder zwischen Verhalten und Konsequenz.

Neben Ausubel (1974), Neisser (1974) und Anderson (1983) hat vor allem der Ansatz von Bruners **entdeckendem Lernen** eine besondere Bedeutung gewonnen und macht exemplarisch deutlich, wo die entscheidenden Unterschiede zwischen dem klassischen Reiz-Reaktions-Lernen und einem auf Kognition aufbauenden Lernprozess liegen.

Bruner geht davon aus, dass es unmöglich ist, einem jungen Menschen alles das beizubringen, was er braucht, um im späteren Leben erfolgreich zu werden (vgl. zum

Folgenden vor allem Edelmann 1996, S. 214 ff.). Aus diesem Grund kommt es darauf an, Menschen die Fähigkeit zu vermitteln, Probleme selbstständig lösen zu können. Ziel ist der selbstständige und spontane Denker, der nach Abschluss der Ausbildung alleine weiterkommen wird (vgl. dazu Bruner 1973, S. 16). Seine Ideen lassen sich in vier Punkten zusammenfassen.

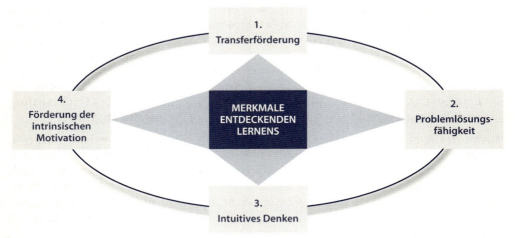

- **Transferförderung:**
  Wenn jemand gelernt hat, Texte übersichtlich zu gliedern und Abbildungen sauber zu zeichnen, wird er auch später in der Lage sein, etwa einwandfreie Arbeitsmappen zu führen. In diesem Zusammenhang wurde später der Begriff des exemplarischen Lernens eingeführt, der sich auf die Fähigkeit zum allgemeinen Transfer bezieht. Dabei geht es um das Erlernen von allgemeinen Begriffen („general ideas"). Später auftauchende Lerngegenstände werden dann als Sonderfälle des ursprünglich erlernten Begriffes erkannt.

  > **Beispiel:** Hat ein Schüler erkannt, dass die Bewegungen niederer Tiere von äußeren Reizen abhängig sind, so kann er eine Reihe von Erscheinungen dieser Regel zuordnen: Schnecken reagieren auf Licht und Schatten. Die Schwärmdichte von Heuschrecken ist abhängig von der Umgebungstemperatur.

- **Problemlösungsfähigkeit:**
  Im Prozess des entdeckenden Lernens selbst werden Techniken des Problemlösens entwickelt, die gleichzeitig eine positive Einstellung gegenüber dem entdeckenden Lernen aufbauen. Im besten Fall lernt der Lernende, wie man lernt.

- **Intuitives Denken:**
  Intuitives Denken tritt im Zusammenhang mit entdeckendem Lernen auf und ist eher bildhaft und konkret. Es zielt auf die Erfassung des Problems in seiner Gesamtheit und ermöglicht neuartige Lösungen. Intuition ist in vielen Lebensbereichen eine wichtige Erkenntnisquelle. Bruner geht davon aus, dass Intuition ein wesentliches Merkmal ist, um produktiv zu denken und Probleme lösen zu können (vgl. dazu Edelmann 1996, S. 217).

- **Förderung der intrinsischen Motivation:**
  Entdeckendes Lernen fördert nach Auffassung von Bruner die so genannte intrinsische Motivation. Im Unterschied zur extrinsischen Motivation, die von außen kommt (Belohnung), ist die intrinsische Motivation das Interesse an der Sache als solche. Das Problem, etwa ein Kind zu einer effektiven kognitiven Aktivität zu bewegen, liegt zum größten Teil nach Bruner darin, es von der unmittelbaren Kontrolle durch Belohnungen und Bestrafungen der Umwelt zu befreien (Bruner 1973, S. 21). Entdeckendes Lernen bildet nach Bruner intrinsische Bedürfnisse heraus, mit der Umgebung fertig zu werden. Diese These ist verführerisch. Würde sie stimmen, ergäben sich erhebliche Konsequenzen für die Organisation von Lernprozessen. Die These wird später im Zusammenhang mit der aktuellen Lernforschung nochmals aufgegriffen, da sie durch die aktuelle Hirnforschung und die Produktion körpereigener Hormone (Dopamine) bestätigt wird.

Damit an einem Beispiel deutlich wird, was **entdeckendes Lernen** sein kann, hier eine Graphik, die das Gesagte veranschaulichen soll. Der Satz des Pythagoras lässt sich sicher mathematisch abstrakt sehr schön ableiten. Entdeckend mit Papier und Schere geht es allerdings auch (vgl. zum Folgenden Hühold 1998, S. 395). Der Leser schaut sich die folgende Graphik am besten selber an und entdeckt „seinen" Pythagoras selbst, indem er sich vorstellt, zunächst nur die Karten oberhalb des in der Graphik sichtbaren Striches und eine Schere zu haben.

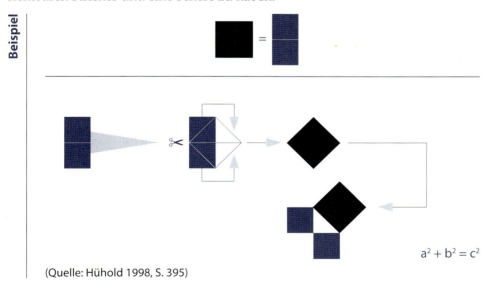

(Quelle: Hühold 1998, S. 395)

Es gibt nicht wenige, die aus dem Beispiel sogar die genaue mathematische Formel ($a^2 + b^2 = c^2$) ableiten können. Voraussetzung ist allerdings ausreichend Zeit und Geduld. Neben der Entdeckung an sich verbirgt sich im Erfolg dieses Beweises von Pythagoras auch eine Zuhilfenahme vieler Lernkanäle, die bei erfolgreicher Verarbeitung in einen Hauptkanal des entdeckenden Lernens münden (vgl. dazu Hühold 1998, S. 395). **Kreatives entdeckendes Lernen** zu gestalten ist nicht leicht, sondern schwer. Entdeckendes Lernen braucht in der Vorbereitung sehr viel Zeit. Wer sich darauf einlässt, wird jedoch feststellen, dass es sowohl dem Lehrenden als auch dem Lernenden viel (Lern-)Freude bereiten wird und die Behaltenseffekte beeindruckend sind.

Noch deutlicher als die ersten Ansätze der kognitiven Lernforschung lässt sich der so genannte **Konstruktivismus** von den Behavioristen abgrenzen. Im Kern behauptet die konstruktivistische Sicht in der Lernforschung Folgendes:

Lernen auf der Basis des Konstruktivismus bedeutet, dass Wissen durch eine interne und subjektive Konstruktion von Ideen und Konzepten entsteht.

Die Betonung der subjektiv bedeutsamen selbstständigen Konstruktion grenzt den Konstruktivismus vom oben dargestellten Kognitivismus ab, weil gesetzmäßige Vorgänge des Lernens negiert werden (vgl. zum Folgenden vor allem Reimann-Rothemeier und Mandl 1996, S. 41 ff.). Lernen ist damit nicht mehr ein reiner Informationsverarbeitungsprozess, sondern die **individuelle Konstruktion** von Wissen im sozialen Kontext. Auf den Punkt gebracht könnte man sagen, dass der Konstruktivismus

vom Primat der Instruktion (Lehren) zum Primat der Konstruktion (Lernen)

übergeht. In der Konsequenz bedeutet dies, dass der Lehrende noch weiter in den Hintergrund tritt und **vom Tutor zum Coach** oder Trainer wird.

Um pädagogischen Konstruktivismus noch greifbarer zu machen, werden im Folgenden die **Prozessmerkmale des Lernens** aus konstruktivistischer Sicht dargestellt.

(Quelle: modifiziert nach Reimann-Rothemeier und Mandl 1996, S. 41 ff.)

Ganz neu sind die Ideen des Konstruktivismus nicht. Die Anfänge, die sich mit dem Konstruktivismus in Zusammenhang bringen lassen, reichen recht weit zurück. Bereits Dewey (1981) hatte sich für eine Gestaltung des Lernprozesses eingesetzt, die „verständiges Lernen" fördert. Handlungs- und erfahrungsorientierte Methoden wie das **Lernen am Projekt** sind demnach wichtig für den Lernerfolg. Kerscheinsteiner (1854 bis 1932) plädierte im Kontrast zu den bekannten „Buchschulen" für das Konzept der **„Arbeitsschule".** Beim Lernen muss der Lernende selbstständig tätig sein und mit authentischen Situationen konfrontiert werden (vgl. zum Konzept der Reformschule Kerscheinsteiner 1907). Ähnlich argumentiert Wagenschein (1973), der sich mit seinem „Epochenunterricht" ebenfalls für ein entdeckendes Vorgehen engagiert. Der Epochenunterricht basiert auf einem genetischen Ansatz. Jedes Lehren geht danach von Problemstellungen aus, die zum Nachdenken anregen, Fragen provozieren und letztlich zum selbstständigen (Nach-)Forschen motivieren (vgl. dazu Reimann-Rothemeier und Mandl 1996, S. 43).

▶ Die Gültigkeit der kognitiven Ansätze

Kognitives Lernen wie das von Bruner beschriebene entdeckende Lernen lässt sich in der Realität tatsächlich beobachten – wie der Leser vielleicht oben sogar selbst entdeckt hat. Das Problem liegt wieder in der allgemeinen Gültigkeit. Behavioristische Theorien sind nützlich, wenn es um die Vorhersage von spezifischen Verhaltensweisen geht. Sie sind jedoch weniger nützlich für die Erklärung höherer kognitiver Prozesse. Kognitive Theorien sind andererseits nicht für die Erklärung spezifischen Verhaltens geeignet. Der Bereich, den kognitive Lerntheorien erklären, ist der der **Wahrnehmungsprozesse,** der **Entscheidungsprozesse** und der des Gebrauchs **kognitiver Strategien**. Wie so häufig liegt also die Antwort auf die Frage, was stimmt, darin, dass man die Problemstellung differenziert angehen und anschließend die entsprechende Entscheidung treffen muss.

Sicherlich kritisch im Alltag des Lehrenden ist einzuwenden, dass man nicht immer das Rad neu erfinden kann. Entdeckendes Lernen braucht Zeit, die selbst bei exemplarischem Vorgehen nicht immer gegeben ist. Eine geschickte **Mischung** aus verschiedenen methodisch-didaktischen Ansätzen, die sinnvolle (!) Aktivität beim Lernenden erzeugt, ist häufig die beste Lösung.

Eine Schwierigkeit des Konstruktivismus ist sein eingebauter **Relativismus.** In seiner radikalen Form, in der jegliche Bedeutung konstruiert wird, ist Lehren und Unterrichten weder nötig noch möglich (vgl. dazu Reimann-Rothemeier und Mandl 1996, S. 43). Selbst in einer gemäßigten Form des Konstruktivismus, bei dem Anregungen und Unterstützungen zulässig sein sollen, kann sich die Freiheit des Lernens als problematisch erweisen. Es besteht die **Gefahr der Beliebigkeit,** das Abdriften von Lernprozessen in Bereiche, die in der konkreten Situation einer Hochschulausbildung nicht relevant sind. Vor dem Hintergrund von Standardisierung von Bildungsabschlüssen und Vergleichbarkeiten (Bachelor und Master) ist eine vollkommene Adaption von konstruktivistischen Ideen in eine Hochschule völlig undenkbar. Völlige Freiheit im Lernprozess kann außerdem schlicht und einfach den Lernenden vor allem am Anfang überfordern und den Lernerfolg schmälern. Darüber hinaus wird nicht jeder Lernende das Rad neu erfinden können, sodass gezielte Hinweise letztlich den absoluten Lernerfolg positiv beeinflussen werden.

Fazit: Kognitiv geprägtes Lehren und Lernen soll Lernen durch **aktives Handeln und Denken** ermöglichen. Der daraus abgeleitete Grundsatz heißt Handlungsorientierung. Dabei regt, wie bereits bei der klassischen Konditionierung erwähnt, die günstige Lernatmosphäre das Lernen an. Handlungsorientierung manifestiert sich im entdeckenden Lernen nach Bruner. Kognitive Lerntheorien können nicht alles erklären und sind nicht das Ende aller behavioristischen Theorien, wenn es etwa um die Erklärung spezifischen Verhaltens geht.

Seine ganz besondere Ausformung erhält handlungsorientiertes Lernen durch Ansätze des Konstruktivismus. Der Blickwinkel geht vom Lehrenden auf den Lernenden über. Er steht im Mittelpunkt der Überlegungen, weil der Ausgangspunkt, dass Lernen sich nur beim Lernenden zeigen kann, als Basis aller weiteren Überlegungen verstanden wird. Radikale konstruktivistische Ansätze sind sicher mit definierten Zielvorgaben im Lernprozess unvereinbar. So sind letztlich **Instruktion und Konstruktion** in der Praxis des Lehrens und Lernens wohl keine Gegensatzpaare, sondern sinnvolle pragmatische Ergänzungen.

2.1.3 Hirn- und Gedächtnisforschung

Wie soeben dargestellt, haben kognitive und konstruktivistische Ansätze in der neueren Lernforschung eine bedeutsame Rolle eingenommen. Der Schritt vom Behaviorismus zum Kognitivismus geht einher mit dem Blick in die „Black-Box", also in das menschliche Gehirn. Wer heute Lernforschung betreibt, hat faszinierende Möglichkeiten, mit Hilfe moderner Verfahren stückweise die Black-Box zu öffnen. Aktuelle Lernforschung ist **Gehirnforschung.** Die theoretische Fundierung der Gedanken, die mit dem Thema Lernen zu tun haben, soll konsequenterweise im Folgenden durch Ergebnisse der Hirnforschung und konkret verwendbare Hinweise für Lehrende abgerundet werden.

2.1.3.1 Was passiert beim Lernen im Gehirn?

Wie viel Prozent des Körpergewichts macht (ungefähr) das Gehirn aus? Wie viel Energie verbraucht es? Die Antworten auf diese beiden Fragen stehen auf Seite 34. Wenn der Leser dieser Zeilen sich an die Antworten erinnern kann und es nicht schon vorher wusste, hat er beim Lesen dieser Zeilen sicher etwas gelernt (die Antworten lauten übrigens 2 Prozent und 20 Prozent).

Um zu verstehen, was beim Lernen passiert, ist es erforderlich, sich mit dem Aufbau des Gehirns zu befassen. Das menschliche Gehirn besteht aus ungefähr **20 Milliarden Neuronen.** Diese sind mit ca. 10.000 anderen Neuronen verbunden. Aus diesem unüberschaubaren Netzwerk heraus wird alles Denken, Lernen, Fühlen und Handeln hervorgebracht (vgl. zum Folgenden vor allem Beck 2003), so das Dogma der heutigen Neurobiologie. Damit ist das Gehirn das komplexeste Gebilde des Universums.

Zum Glück ist es auch extrem anpassungsfähig. Früher nahm man an, dass sich das Gehirn ab der Geburt kaum noch verändert (vgl. Spitzer 2007, S. 94). Heute weiß man, dass sich das Gehirn den Bedingungen und Gegebenheiten der Umgebung zeitlebens anpasst. Man spricht in diesem Zusammenhang von Neuroplastizität. Die Lebenserfahrung des Menschen macht es zu einem einzigartigen Gebilde (vgl. dazu ausführlich Spitzer 1996). Der Begriff **Neuroplastizität** wird auf einige Veränderungen im Gehirn bezogen. Am längsten bekannt ist die Plastizität der Neuronen.

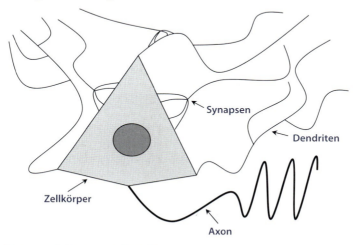

(Quelle: modifiziert nach Spitzer 2007, S. 42)

Neurobiologisch betrachtet besteht Lernen in der Entstehung bzw. Veränderung der Stärke der einzelnen **synaptischen Verbindungen** zwischen den Neuronen.

Jedes Neuron weist weite baumartige Verzweigungen auf (Dendriten) und einen langen Fortsatz (Axon). An den Dendriten und an den Zellkörpern des Neurons enden die Axone anderer Neuronen. Die entstehenden Verknüpfungen sind die Synapsen.

Der oben erwähnte Hund bei Pawlow hat neurobiologisch formuliert die Verbindungen zwischen dem Input „Glocke" und dem Output „Speichelfluss" neu geknüpft (vgl. Spitzer 2007, S. 94 f.). Die Entdeckung der Veränderung der **Synapsenstärke** als Grundlage des Lernens ist mittlerweile zweifelsfrei nachgewiesen. Mit anderen Worten, wer etwas erfolgreich wiederholt, kann seine Synapsen stärken, wer lange nicht an dem Gelernten arbeitet, trägt dazu bei, dass sich Synapsen wieder verkleinern.

Der Nachweis gelingt übrigens mittlerweile so gut, weil man dem Gehirn bei der Arbeit zuschauen kann. Dafür stehen zwei Verfahren zur Verfügung, die unterschiedlich arbeiten, aber beide ein funktionales **Neuroimaging** ermöglichen. Dabei handelt es sich um die Positronenemissionstomographie und die funktionelle Magnetresonanztomographie. Beide Verfahren erlauben es, die Aktivitäten des Gehirns darzustellen und zu beobachten, an welchen Stellen des Gehirns sich etwas verändert (vgl. dazu Spitzer 2007, S. 37 ff.).

Die spannende Frage ist die, wie das **Wissen** der Welt in unseren Gehirnen **verankert** wird. Das hat bereits Generationen von Forschern beschäftigt (vgl. dazu z.B. Oeser 2002 und Markowitsch 2002). An den folgenden Punkten entlang soll die Antwort auf die Frage erhellt werden (vgl. zum Folgenden Beck 2003):

(1) Lernen bei kleinen Kindern
(2) Lebenslanges Lernen
(3) Regelbildung im Gehirn
(4) Lernen durch Tun
(5) Lernen mit Struktur
(6) Übungen und Lernen
(7) „Oberkellnergedächtnis" und lebenslanges Lernen

(1) Lernen bei kleinen Kindern

Oben wurde dargestellt, dass die Verbindung zwischen einzelnen Neuronen neurobiologisch gesehen das Lernen abbildet. Um die Synapsen zu bilden, müssen bereits kleine Kinder möglichst viele und möglichst eigene Erfahrungen sammeln. Allerdings brauchen sie Halt in Form von Orientierunghilfen. Sie brauchen Vorbilder und innere **Leitbilder,** an denen sie ihre Entscheidungen ausrichten können. Es liegt auf der Hand, dass dies nicht gelingen kann, wenn Bildung in der Welt der Kinder keinen Wert hat oder Kinder keine Gelegenheit erhalten, sich an der Gestaltung dieser Welt zu beteiligen (passiver Medienkonsum). Das Gleiche gilt für das Thema Reizüberflutung, Verunsicherung oder Verängstigung. Wichtig ist in diesem Zusammenhang, dass Kinder eine emotionale Bindungsbeziehung brauchen. Störungen stellen eine erhebliche Belastung dar und haben Destabilisierung neuronaler Verschaltungen zur Folge.

Fazit: Das Beste, was man für ein Kind tun kann, ist, es sorgfältig zu beobachten und die Fragen, die es stellt, erschöpfend und eindeutig zu beantworten.

(2) Lebenslanges Lernen

Lebenslanges Lernen ist wie bereits erwähnt nicht nur möglich, sondern der Normalfall. Aber **Erwachsene** lernen anders. Kinder und junge Erwachsene lernen schneller. Erwachsene haben die Möglichkeit des Lernens durch **Analogiebildung.** Interessant ist, die besonders erfolgreichen Lernfelder von jüngeren und älteren Menschen zu vergleichen (vgl. Spitzer 2007, S. 281 ff.). Bahnbrechende Entdeckungen in Mathematik und Physik werden von jungen Leuten gemacht, große Leistungen in der Sozialwissenschaft werden von 40- bis 50-Jährigen vollbracht. Junge Leute sind eher in der Lage, schnell zu lernen, rasch umzulernen, haben eine größere Verarbeitungskapazität. Diese Eigenschaften sind förderlich für die angesprochenen Fächer Mathematik und Physik, allgemeiner ausgedrückt für technische Zusammenhänge. Im Bereich der **sozialen Interaktionen** können wir mit steigendem Alter immer besser lernen. Im Gegensatz zu den technischen Gegebenheiten verändern diese sich nicht so schnell. Das ist der Grund, warum ältere Menschen in den Sozialwissenschaften die besseren Leistungen vollbringen. Anders gesagt, wir werden selten von Zwanzigjährigen regiert und die Nobelpreisträger für Physik sind im Schnitt jünger als die Friedensnobelpreisträger.

Fazit: Jüngere und ältere Menschen lernen anders und anderes. Es gibt **Zeitfenster,** in denen bestimmte Formen des Lernens besonders gut gelingen. Es ist gut, wenn Menschen verschiedenen Lebensalters miteinander zusammenleben, weil sie ihre **Kompetenzen** sinnvoll **kombinieren** könn(t)en – übrigens auch an Hochschulen, was schon Wilhelm v. Humboldt (vgl. dazu Humboldt, W. v. zitiert bei Spitzer 2007, S. 283) erkannte:

> *„Der Gang der Wissenschaft ist offenbar auf einer Universität, wo sie immerfort in einer großen Menge und zwar kräftiger, rüstiger und jugendlicher Köpfe umhergewälzt wird, rascher und lebendiger."*

(3) Regelbildung im Gehirn

Lernende lernen das Allgemeine nicht abstrakt, sondern dadurch dass **Beispiele** verarbeitet werden. Die Beispiele dienen dazu, neuronale Landkarten zu entwerfen. Einzelerfahrungen werden zunächst im Hippocampus, einem Bereich im Zentralhirn, gespeichert. Von dort werden sie an die Großhirnrinde weitergegeben, zusammengefasst und mit anderen Einzelerfahrungen endgültig abgespeichert. Allerdings durchlaufen nur bestimmte Vorgänge den Hippocampus: Worte, Namen, Zusammenhänge, räumliche Orientierung, nicht aber Bewegungsabläufe. Lernen erfolgt sinnvollerweise am Beispiel und nicht durch Instruktion und Predigen. Wichtig ist allerdings die regelhafte Wiederholung der Beispiele. Weder in der Schule noch an Hochschulen geht es darum, stumpfsinnige Regeln auswendig zu lernen.

Fazit: Etwas überspitzt ausgedrückt kann man sagen, dass Lerner Beispiele brauchen, richtige und gute Beispiele. Auf die Regeln kommen die Lernenden sehr häufig selber (vgl. dazu Spitzer 2007, S. 78).

(4) Lernen durch Tun

Im Zusammenhang mit dem Thema entdeckendes Lernen wurde bereits erwähnt, dass das eigene Tun eine große Bedeutung hat. Durch die Erkenntnisse der Hirnforschung wird mittlerweile eindrucksvoll bestätigt, dass Lernen dann besonders gut gelingen kann, wenn eigenes Tun im Spiel ist. Dabei ist es wichtig, dass die Lernenden es immer wieder tun, und zwar mit den verschiedensten Menschen. Wer glaubt, dass bloßes Zuhören oder Zuschauen genügt, sollte am Ende einer Vorlesung testen, was von dem Vorgetragenen bei den Studierenden wirklich angekommen ist. Die Ergebnisse sind normalerweise sehr ernüchternd. So kann ein Vortrag zwar mitreißend und anschaulich sein und die Studierenden dazu bewegen, sich nach der Veranstaltung mit den angesprochenen Themen auseinander zu setzen. Damit wäre ein sehr wichtiges affektives Lernziel erreicht. Der eigentliche Lernvorgang zu den Inhalten vollzieht sich aber erst nach der Veranstaltung. Das ist letztlich ein Plädoyer für **problem- und handlungsorientierte Veranstaltungen,** bei denen der Stoff induktiv erarbeitet wird. Kritisch einzuwenden ist allerdings, dass selbst die beste handlungsorientierte

Veranstaltung gelegentlich langweilig werden kann, wenn nicht für ausreichende Abwechslung gesorgt ist. Darüber hinaus sind die Massenveranstaltungen, denen sich Hochschullehrer in vielen Fällen ausgesetzt sehen, nicht gerade die besten organisatorischen Voraussetzungen für induktive Vorgehensweisen. Das ist auch ein Hinweis darauf, dass handlungsorientiertes Lernen bei den Studierenden akzeptiert sein muss. Der Studierende, der nicht versteht, warum der Professor nicht einfach die Inhalte deduktiv vom Overheadprojektor aus vorträgt, weil das vermeintlich schneller geht, hat ein Problem. Hochschullehrer müssen sich also darum bemühen, die Dinge im Vorfeld zu erläutern, um **Akzeptanz** zu erzielen. Wenn das Verfahren einmal läuft, werden die Studierenden in der Regel selbst merken, dass sie besser vorankommen.

Fazit: Problem- und Handlungsorientierung in Verbindung mit induktiven Vorgehensweisen sind als Grundlage **aktiver Lernprozesse** nach den Erkenntnissen der Hirnforschung eine gute und sinnvolle Grundlage für erfolgreiches Lernen.

(5) Lernen mit Struktur

Konstruktivistisches Lernen kann überfordern. Wer noch keinerlei Orientierung über ein bestimmtes Themengebiet hat und/oder die grundlegenden Begriffe noch nicht kennt, der wird im Zweifel von den vielen Fakten „erschlagen". Die radikale Form des konstruktivistischen Lernens kann zu einem vollkommenen Desaster führen. Das Gehirn schützt sich vor **Reizüberflutung**, indem es Wichtiges von Unwichtigem trennt und Kategorien bildet (vgl. zum Folgenden Spitzer 2007, S. 75 ff.).

Beispiel | Das kann man sich leicht verdeutlichen, wenn man sich vorstellt, man würde alle im Leben erblickten Tomaten im Gehirn abspeichern. Es wäre schnell überfordert, würde es die einzelnen Informationen speichern, denen ein Mensch ausgesetzt ist. Mit anderen Worten, das Gehirn wäre schnell voller Tomaten. Das wäre unbrauchbarer Datenmüll. Wichtig ist zu wissen, was Tomaten im Allgemeinen sind und was man mit ihnen machen kann.

Durch **Kategorienbildung** wird das Gehirn sinnvoll entlastet. Das betrifft natürlich nicht alles, was uns an Speziellem begegnet. Wichtige persönliche Ereignisse werden bei Bedarf sehr wohl gespeichert, weil sie individuell wichtig sind.

Fazit: Nur dadurch dass wir von Einzelheiten abstrahieren können und Kategorien bilden können, wird unser Gehirn in die Lage versetzt, sinnvoll zu agieren und uns letztlich handlungsfähig zu machen. Im Zweifel ist eine Hilfe zur Bildung von Kategorien bzw. Hinweise, diese selbst zu entdecken, für den Lernenden wichtig.

(6) Übungen und Lernen

Die vielfach zur Veranschaulichung dessen, was im Gehirn abläuft verwendeten Darstellungen, die zwischen dem Ultrakurzzeit-, Kurzzeit- und Langzeitgedächtnis unterscheiden, sind sicher hilfreich, um den allgemeinen Vorgang zu beschreiben, der Lernen zu Grunde liegt. Sie machen normalerweise deutlich, dass Aktivität gefordert ist, um Informationen langfristig abzuspeichern. Wie bereits angesprochen wurde, arbeitet unser Gehirn aber nach dem Prinzip der neuronalen Vernetzung. Was dauerhaft verfügbar sein soll, muss immer wieder abgerufen und wiederholt werden, damit die Synapsen gestärkt werden. Insbesondere dann, wenn Lerninhalte miteinander verknüpft sind, muss eine **Wiederholung** des bereits Gelernten stattfinden.

Beispiel: Wer die Grundlagen von Bilanzen im 2. Semester lernt und nach dem 4. Semester den Schwerpunkt Rechnungswesen belegt, ohne sich zwischendurch mit den Inhalten zu beschäftigen, darf sich nicht wundern, wenn er so gut wie nichts mehr abrufen kann.

Lernsysteme werden uneffektiv, wenn sie nicht ausreichend Gelegenheit zur Wiederholung bieten. Im Zweifel muss dies der Studierende selbst tun, wenn er die Zusammenhänge zwischen neuronaler Vernetzung und Abrufbarkeit verstanden hat.

Fazit: Wer dauerhaft Informationen verfügbar machen will, muss die Dinge immer wieder ansprechen, damit sie verfügbar bleiben. Kurz und gut: **Übung macht den Meister.**

(7) „Oberkellnergedächtnis" und lebenslanges Lernen

Was eben angesprochen wurde, soll nochmals aufgegriffen werden. Wer für eine Klausur lernt und die Klausur geschrieben hat, kann häufig schon einen Tag später das Gelernte nicht mehr abrufen. Das liegt daran, dass viele Studierende nicht kontinuierlich lernen und zum Zeitpunkt der Klausur die Themen schon mehrfach wiederholt haben. Das wird übrigens sogar vielfach belohnt, weil die gelernten Inhalte nie wieder im Studium erscheinen. So stellt sich die Frage, was Studierende eigentlich am Ende des Studiums gelernt haben (sollen).

Wenn Prüfungen in den Studienablauf eingebaut werden, die integrativ zurückliegende Lerngebiete miteinbeziehen, werden Studierende ihre Strategien verändern und **langfristiger lernen,** statt sich auf Punktejagd für das Abladen von Detailwissen in einzelnen Klausuren zu begeben. Eine wichtige Erkenntnis ist übrigens, dass der Hippokampus dabei als Lehrer des Kortex dient. Die zunächst im Hippokampus vorübergehend gespeicherten Informationen werden im Tiefschlaf an den Kortex gesendet (vgl. dazu Spitzer 2007, S. 123 ff.). Wer ca. 8 Stunden schläft, hat gute Chancen, das Gelernte im Schlaf zu verarbeiten. Wer permanentes **Schlafdefizit** hat, wird irgendwann gar nichts mehr lernen können.

Fazit: Wer nach dem Oberkellner-Prinzip lernt, sorgt dafür, dass das Gelernte schnell wieder aus dem Gedächtnis verschwindet. Wenn ein Tisch abgeräumt worden ist, vergisst ein Oberkellner alles, damit Platz für die nächsten Gäste da ist. Langfristiges Abspeichern ist gefordert und sollte sich in der Organisation des Studiums niederschlagen. Das könnte durch **integrative Prüfungen** passieren, die mehr als nur ein Semester abprüfen.

2.1.3.2 Lernbeeinflussende Faktoren

Die Voraussetzungen, die Lernen hat, lassen sich vereinfacht in der folgenden Abbildung darstellen.

(Quelle: Stelzer-Rothe 1999, S. 133 ff.)

➤ Motivation

Die Abbildung zeigt, dass Lernen ohne Motivation nicht möglich ist. Dabei ist die Unterscheidung zwischen der so genannten intrinsischen und extrinsischen **Motivation** von Bedeutung (vgl. dazu Heckhausen 1972, S. 194). Wenn wir etwas Neues lernen, erleben wir ein Glücksgefühl. Das Gehirn belohnt uns mit dem körpereigenen Opiat Dopamin. Das System ist nachhaltiger als jede äußere Belohnung (extrinsische Motivation). Was Bruner in seinem System des entdeckenden Lernens beschrieben hat, lässt sich hirnbiologisch sicher nachweisen. Das Erlebnis erfolgreichen unbelasteten Lernens scheint aber bei vielen Studierenden nicht mehr vorhanden oder verschüttet zu sein. Genau genommen besteht die Möglichkeit, dass beim Lernen Angst und Stress im Spiel sein können (Klausurangst, Furcht vor einer Blamage o. Ä.). Wenn sich Lernen mit negativen Signalen verknüpft (klassische Konditionierung), wird nicht nur der Hippocampus für das Speichern der Informationen benutzt, sondern der so genannte **Mandelkern.** Der sorgt für die Ausschüttung von Cortisol. Und das wiederum beeinträchtigt die Funktion des Hippocampus. Im Extremfall führt die latente Ausschüttung von Cortisol zu einer Schrumpfung des Hippocampus und zu einer nachhaltigen Beeinträchtigung des Lernenden. **Angst ist ein schlechter Lehrmeister.**

Nun kann man nicht immer und schon gar nicht sofort zu Beginn eines Lernprozesses davon ausgehen, dass die Studierenden „bei der Sache" sind. Aus diesem Grunde ist es hilfreich, wenn der Lehrende die Bedeutsamkeit des zu lernenden Inhaltes erläutert. Warum könnte es sinnvoll sein, das Folgende zu lernen, wäre die entsprechende Einstiegsfrage in eine Veranstaltung. Das wird normalerweise die **Einsicht** in die Sinnhaftigkeit erhöhen, sich die nächste Zeit mit den Inhalten auseinander zu setzen und aufmerksam zuzuhören. Wer als Studierender übrigens immer wieder feststellt, dass das, was er lernen soll, für ihn keinen Sinn macht, könnte zur Erkenntnis gelangen, das falsche Fach zu studieren. Selbstreflexion ist also auf allen Seiten angesagt.

Neben der Einsicht in den Sinn des zu Lernenden sollte der Lehrende darauf achten, dass er die **Aussicht** auf erfolgreiches Lernen zu Beginn seiner Veranstaltung deutlich macht. Das könnte z.B. der Hinweis auf Hilfsmittel sein, die dem Lernenden beim Lernprozess zur Verfügung stehen oder eine gute, für den Studierenden einsichtige Strukturierung der Veranstaltung. Nachvollziehbare Struktur gibt Mut, die Dinge anzugehen. Das ist die Idee des „**Roten Fadens**".

➤ Aufmerksamkeit

Alles das nützt nichts, wenn der Studierende nicht aufmerksam bleibt. Vielfach unterschätzt sind die äußeren Bedingungen des Lernens. Das fängt bei der Raumtemperatur an, die nicht zu hoch sein sollte. Viele wissen, dass z. B. Föhn, Smog und Schwüle auf den Körper wirkt. Als Faustregel gilt, dass die Raumtemperatur ca. 2 – 4 Grad unterhalb der normalen Raumtemperatur sein sollte (vgl. dazu Hühold 1998, S. 327). Gut gelüftet sollte der Raum natürlich auch sein. Das klingt banal. Der Autor vermutet allerdings, dass nicht nur er selber, sondern auch der eine oder andere Leser in überheizten, schlecht belüfteten Räumen lernen sollte, aber nicht konnte. Wer Lernen professionell organisieren will, muss sich um die **Umgebung** kümmern.

Was als schön empfunden wird, ist wohl Geschmackssache. Schon eher ist es möglich zu sagen, was die meisten Menschen als hässlich empfinden. Räume, in denen Lernen stattfindet, sollten die notwendigen Voraussetzungen dafür bieten, dass die meisten den Raum nicht als ausgesprochen ungemütlich empfinden. Es ist ein Rätsel, warum es so viele Lernorte gibt, die nicht eine angenehmere Lernatmosphäre haben. Dies ist in Zeiten knapper Kassen sicher keine leichte Aufgabe, jedoch ist die Lernumgebung an sich eher ein Stiefkind.

Ganz sicher wird die Aufmerksamkeit nicht dadurch gefördert, dass in einer Veranstaltung ein permanenter **Lärmpegel** vorhanden ist. Die Entwicklung der letzten Jahre zeigt, dass die eine oder andere Veranstaltung schon dadurch nachhaltig beeinflusst wird, dass eine Reihe von Studierenden sich mehr oder weniger laut unterhalten. Lernen wird zur Farce. Dass der Lehrende selbst wohl auch unter dem Lärm leiden wird, lässt sich nicht leugnen. Wer sich für Lernen verantwortlich fühlt, sollte also mit den Studierenden Vereinbarungen treffen, das unkontrollierte Reden in einer Veranstaltung zu unterlassen. Selbstverständlich muss es zulässig sein, in Phasen, in denen Studierende selbst in Zweier- oder Dreiergruppen tätig werden, Reden zu können, um einen Austausch zu ermöglichen. Wichtig ist, dass Studierende und Lehrende hier Absprachen treffen, die im Laufe der Veranstaltung immer wieder überprüft werden, womit wir wieder beim Thema der operanten Konditionierung angekommen sind. Die Steuerung dieser Prozesse verlangt sicher gelegentlich eine gewisse Überwindung, ist jedoch im Sinne eines erfolgreichen Lernprozesses unumgänglich. Hilfestellungen hierzu bieten die Kapitel Kommunikation und Konfliktmanagement.

Zu den klassischen **Lernhemmern** gehört eine ungünstige Pausenregelung. Da Lernen eine gewisse Nachwirkzeit hat, ist eine Pausenregelung, die eine Veranstaltung nach ca. 45 Minuten zehn Minuten unterbricht, durchaus sinnvoll. Ansonsten besteht die

Gefahr einer Überlappung von Lernzielen. Weder das zunächst angestrebte Lernziel noch das Lernziel danach wird erreicht.

Im Tagesablauf gut geplanter Lernprozesse sind sicher noch weitere und längere Pausen nötig, damit Lernen gelingt. Der Magen braucht nämlich eine Menge zusätzlichen Blutes, das uns dann leider im Gehirn fehlt. Eine **Mittagspause,** die dem Magen Zeit bietet, das Essen zu verarbeiten, ist sicher notwendig, um das allseits bekannte „Suppenkoma" zu vermeiden.

In den meisten Fällen werden die entsprechenden Pausen eher zu gering angesetzt, weil man vielleicht auch früher fertig zu sein scheint. Leider hat das mit einer guten Lernplanung nichts zu tun. Eine 30-minütige Mittagspause ist für die meisten Menschen zu wenig, um anschließend wieder erfolgreich zu lernen, wenn man, was man tun sollte, tatsächlich ein glukosehaltiges Mittagessen zu sich nimmt, um das Gehirn mit Nahrung zu versorgen. Die Gehirnzellen gewinnen ihren Energiebedarf zu nahezu 100 Prozent aus Glukose und Sauerstoff (vgl. Hühold 1998, S. 326). **Nervennahrung** ist also gefordert. Glukose ist Bestandteil des Haushaltszuckers, Baustein der längerkettigen Kohlenhydrate (Stärke, Glykogen) und kommt in den meisten Früchten sowie im Honig vor.

Nicht zu unterschätzen sind so genannte **Interferenzen** im Lernprozess. Hierunter ist zu verstehen, dass das Behalten von gelerntem Material insbesondere dann beeinträchtigt wird, wenn nachfolgend aufgenommenes Material eine hohe Ähnlichkeit aufweist (so genannte **retroaktive Interferenz**) bzw. umgekehrt (**proaktive Interferenz**) (vgl. dazu Markowitz 2002, S. 159). Lernt man beispielsweise eine Liste mit Tiernamen und dann eine zweite ebenfalls mit Tiernamen, so fällt es vergleichsweise schwer, diese anschließend wiederzugeben. Lernt man hingegen eine Liste mit Tiernamen und dann eine mit Handwerksberufen, so ist dies leichter. In der Praxis des Lernens könnte sich dies niederschlagen, indem Veranstaltungen, die unmittelbar aufeinander folgen, thematisch nicht zu viele Gemeinsamkeiten aufweisen sollten.

2.1.4 Zusammenfassung und Konsequenzen

Lernen hat viele **Facetten.** Klassische und operante Konditionierung sind geeignet, bestimmte auch beim Menschen gelernte Verhaltensweisen zu erklären. Die in der kognitiven Wende vollzogene Hinwendung zu einem aktiven, vom Lernenden beeinflussten Lernen schlägt sich in dem von Bruner dargestellten Lernprinzip des entdeckenden Lernens nieder. Der für die kognitive Lerntheorie zutreffende Bereich ist der der Wahrnehmungsprozesse, der Entscheidungsprozesse und der Gebrauch kognitiver Strategien. Auch dieser Ansatz kann keine Allgemeingültigkeit für sich beanspruchen. Der Konstruktivismus geht noch weiter und führt eine neue Sichtweise ein, indem er vom Primat der Instruktion (Lehren) zum Primat der Konstruktion (Lernen) übergeht. In Systemen mit externen Vorgaben sind radikal konstruktivistische Ansätze nicht denkbar.

Lerntheoretisch sind sie jedoch tatsächlich interessant, weil sie einen gewissen Endpunkt darstellen, der bei der reinen **Vermittlungsdidaktik** beginnt und **über** die handlungsorientierte Didaktik zur Autodidaktik führt. Die hirnbiologische Forschung lässt vermuten, dass diese Richtung sehr gut vertretbar ist und es an der Zeit ist, sich über die Konsequenzen für die Hochschulen in Deutschland Gedanken zu machen. Fest steht, dass der Bildungsstandort Deutschland eine Atmosphäre braucht, in der Lernen etwas durch und durch Positives ist. **Lernen** sollte (wieder) **Freude** machen. Damit ist nicht ein weiterer Beitrag zur Spaß- und Fungesellschaft gemeint. Aber ein Land wie die Bundesrepublik Deutschland, das davon lebt, dass gut ausgebildete Menschen hochwertige Produkte herstellen, kann es sich nicht leisten, Bildungssysteme vorzuhalten, die die Erkenntnisse der gesicherten Lernforschung nicht in ausreichendem Maß berücksichtigen.

Um die Lerntheorien nochmals auf den Punkt zu bringen und ihren jeweiligen Charakter zu verdeutlichen, werden in der folgenden Übersicht Kernfragen des Lehrens und Lernens kurz gegenübergestellt.

\multicolumn{4}{c}{LERNTHEORIEN UND KERNFRAGEN DES LEHRENS UND LERNENS IM ÜBERBLICK}
Kategorie	Behaviorismus	Kognitivismus	Konstruktivismus
Hirn ist ein	passiver Behälter	informations-verarbeitendes „Gerät"	informationell geschlossenes System
Wissen wird	abgelagert	verarbeitet	verarbeitet
Wissen ist	eine korrekte Input-Output-Relation	ein adäquater interner Verarbeitungsprozess	mit einer Situation operieren zu können
Lernziele	richtige Antworten	richtige Methoden zur Antwortfindung	komplexe Situationen bewältigen
Paradigma	Stimulus-Response	Instruktion	Konstruktion
Strategie	lehren	beobachten und helfen	kooperieren
Lehrer ist	Autorität	Tutor	Coach, Trainer

(Quelle: modifiziert nach Baumgartner und Payr 1994, S. 110)

Wer nach konkreten Konsequenzen fragt, sollte sich die an den Hochschulen angebotenen Bedingungen anschauen. Große Hörsäle mit hunderten von Studierenden, die Vorträgen lauschen, sind lerntheoretisch so gut wie nicht begründbar. Wenn es dennoch gelingt, so viele Studierende zum Ziel zu führen, sind auch die Ziele zu hinterfragen. Wer als Studierender ein Sammler- und Jägerdasein führen darf und sich von Schein zu Schein hangelt, ist durchaus in der Lage, formelle, kurzfristig ausgerichtete Prüfungen erfolgreich zu absolvieren oder mit Hilfe von „Geheimtipps" die Examensklausur zu erraten, um die entsprechenden Themen kurzfristig auswendig zu lernen. Nach wenigen Tagen wird er das Gelernte wieder vergessen haben.

In der Konsequenz bedeutet all dies die weitgehende **Abschaffung der Vorlesung** (im Sinne des Vorlesens), was konfliktbeladen ist. Nur wer die Logik der oben dargestellten Forschungsergebnisse wirklich verinnerlichen kann (hier wird nicht behauptet, dass man dies zwangsläufig muss), wird sich dieser Forderung anschließen können. Andernfalls wird sich möglicherweise **Entsetzen** einstellen. Bevor der Leser jetzt das Buch entrüstet aus der Hand legt und sich ärgert, es jemals gekauft zu haben, schlägt der Autor vor, den im Vorwort angedeuteten Rat umzusetzen, es ganz zu lesen, **Vorschläge auszuprobieren** und dann weitere Entscheidungen zu treffen.

An ihre Stelle treten Veranstaltungen, die die Lernenden fordern, sich aktiv am Lernprozess zu beteiligen, wenn nicht gar ihn – wenigstens zeitweise – weitgehend selbstständig zu steuern. Übrigens ist das kein Plädoyer für eine Senkung der Anforderungen, damit möglichst alle irgendwelche Ziele erreichen. Der Studierende, der mit Freude lernt, will gefordert werden und das lässt die Anforderungen eher steigen.

Man wird vielleicht einwenden, dass es die klassische Vorlesung schon gar nicht mehr gibt (– stimmt das wirklich?). Selbst bei aktivierenden Elementen in Großveranstaltungen kommt der Einzelne jedoch nicht selten zu kurz und scheitert spätestens bei der Klausur, obwohl er möglicherweise unter anderen Bedingungen erfolgreicher gewesen wäre. Das macht nachdenklich, wenn wir **Bildungsreserven** wecken wollen und wohl auch müssen, um weiter konkurrenzfähig zu bleiben.

Um es an dieser Stelle nochmals zu betonen: Die Studierenden dürfen nicht aus der Verantwortung genommen werden. Wer an einer Hochschule studiert und erhebliche Steuergelder verbraucht, muss sich darüber klar werden, was er will. Es kann nicht darum gehen, den Spieß umzudrehen und immer dann, wenn der Studierende nicht erfolgreich ist, dem jeweiligen Hochschullehrer die Schuld zuzuschieben. Studierende sind gefordert, sich Ziele zu setzen und diese zielstrebig zu verfolgen. Hochschullehrer könnten durch die Organisation professioneller Lernprozesse dazu beitragen, dass dies gelingt. Das ist ein weiterer Grund, sich mit Lernforschung zu befassen.

Der Grundsatz, dass alle zur gleichen Zeit das Gleiche lernen, hat ausgedient. Lernen ist ein individueller Vorgang und verlangt nach individuellen Lösungen. Eine radikale Ad-hoc-Veränderung des Hochschulsystems wäre jedoch organisationstheoretisch und -praktisch garantiert der falsche Weg. Das würde alle Beteiligten überfordern. **Aktivierende Methoden,** die Studierende in die Verantwortung für den Lernprozess nehmen und ihnen (wieder) den Weg zur Lernfreude weisen, sind gefordert. Der Nürnberger Trichter bildet nicht das ab, was Menschen ausmacht. Denn:

Der Mensch kann nichts besser und tut nichts lieber als lernen!

2.1.5 Literatur

Adameit, H. u.a. 1983: Grundkurs Verhaltensmodifikation. Ein handlungsorientiertes einführendes Arbeitsbuch für Lehrer und Erzieher. Weinheim

Anderson, J.R. 1983: The architecture of cognition. Cambridge

Ausubel, D.P. 1974: Psychologie des Unterrichts. 2 Bände. Weinheim

Baumgartner, P. und Payr, S. 1994: Lernen mit Software. Innsbruck

Bruner, J.S. 1970: Der Prozeß der Erziehung. Düsseldorf

Ders. 1971: Entwurf einer Unterrichtstheorie. Düsseldorf

Ders. 1973: Der Akt der Entdeckung. In: Neber, H. (Hrsg.): Entdeckendes Lernen. Weinheim

Dewey, J. 1981: The later works, 1925–1953. Illinois

Edelmann, W. 1996: Lernpsychologie. Weinheim

Friedrich, G. und Preiß, G. 2002: Lehren mit Köpfchen. In: Gehirn und Geist. Heft 4/2002. S. 64–70

Guthrie, E.R. 1952: The psychology of learning. New York

Heckhausen, H. 1972: Förderung der Lernmotivation und der intellektuellen Tüchtigkeiten. In: Roth, H. (Hrsg.): Begabung und Lernen. Stuttgart

Heineken, E. und Habermann, T. 1994: Lernpsychologie für den beruflichen Alltag. Heidelberg

Hühold, J. 1998: Wunderland des Lernens. Lernbiologie, Lernmethodik Lerntechnik. Bochum

Kerscheinsteiner, G. 1907: Grundfragen der Schulorganisation. Leipzig

Knobloch, T. und Stelzer-Rothe, T. 2003: Erfolgsfaktoren an Fachhochschulen in Nordrhein-Westfalen. Teil 1: Ermittlung der Erfolgsfaktoren. Bonn. Unveröffentlichte Forschungsergebnisse des Hochschullehrerbundes Nordrhein-Westfalen

Markowitsch, H.-J. 2002: Dem Gedächtnis auf der Spur. Darmstadt

Mietzel, G. 2002: Wege in die Psychologie. Stuttgart

Neisser, U. 1974: Kognitive Psychologie. Stuttgart

Lefrancois, G.R. 2003: Psychologie des Lernens. Berlin u.a.

o.V. 2004: Burnout – ausgebrannt und weggeworfen? In: Die kaufmännische Schule. Heft 2/2204. S. 13–16

Oeser, E. 2002: Geschichte der Hirnforschung. Darmstadt

Preiß, G. 1998: Beiträge zur Neurodidaktik. Herbolzheim

Ratey, J.J. 2001: Das menschliche Gehirn. Düsseldorf und Zürich

Reimann-Rothemeier, G. und Mandl, H. 1996: Lernen auf der Basis des Konstruktivismus. Wie Lernen aktiver und anwendungsorientierter wird. In: Computer und Unterricht. 1996. Heft 23. S. 41–44

Scheerer, E. 1983: Die Verhaltensanalyse. Berlin

Schermer, F.J. 2002: Lernen und Gedächtnis. Stuttgart

Skinner, B.F. 1938: The behavior of organism. New York

Spitzer, M. 1996: Geist im Netz. Heidelberg

Ders. 2007: Lernen. Gehirnforschung und die Schule des Lernens. Heidelberg und Berlin

Stelzer-Rothe, T. 2000: Lernen lernen. In: Pepels, W. (Hrsg.): Schlüsselqualifikationen im Marketing. Köln. S. 131–165

Thorndike, E.L. 1913: The psychology of learning. New York

Titchener, E.B. 1898: Postulates of a structural psychology. In: Psychological Review.1898/7. S. 449–465

Tolman, E.C. 1932: Purposive behavior in animals and men. New York

Vester, F. 2001: Denken, Lernen, Vergessen. Was geht in unserem Gehirn vor, wie lernt das Gehirn und wann lässt es uns im Stich? München

Wagenschein, M. 1973: Verstehen Lehren. Genetisch – sokratisch – exemplarisch. Weinheim

Watson, J.B. 1913: Psychology as the behaviorist views it. In: Psychological Review. 1913/20. S. 157–158

Westmeyer, H. 1976: Grundlagenprobleme psychologischer Diagnostik. In: Pawlik, K. (Hrsg.): Diagnose und Diagnostik. S. 71–101

2.2 Lernvoraussetzungen

Prof. Dr. Martina Stangel-Meseke

> „Der Geist heftet sich aus Trägheit oder Gewohnheit an das, was ihm leicht zugänglich oder angenehm ist. Diese Angewohnheit setzt unserem Wissen immer Schranken und keiner machte sich je die Mühe, seinen Geist ganz zu entfalten und ihn so weit zu führen, wie er zu gehen **vermöchte**."
>
> (François La Roche-Foucault, 1630-1680)

2.2.1 Lernvoraussetzungen und ihre beeinflussenden Faktoren: ein kritischer Diskurs auf die Effekte unseres Bildungssystems

Die Notwendigkeit zu lernen, begleitet uns ein Leben lang. Sie nimmt ihren Anfang, wenn wir mit unserem ersten Lidschlag die Welt begreifen lernen, prägt unser gesamtes Dasein und endet, wenn wir unsere Augen zum letzten Mal schließen. Lernen ist oft mit Mühe verbunden – wer kann schon von sich sagen, er sei immer gerne zur Schule oder zur Universität gegangen? So will selbst das Lernen gelernt sein, wie es der französische Autor François La Roche-Foucault formulierte.

Das Thema **„Lernen lernen"** bzw. selbstgesteuertes Lernen ist seit den 1980er Jahren im Berufsbildungsbereich ein relevantes Thema. In diesem Kontext wurde intensiv über eine bildungspolitische Prioritätenverschiebung diskutiert: Es ist zu erwarten, dass als Reaktion auf globale Organisationen und dem damit verbundenen beruflichen Anforderungswandel das individuelle Erwerbsleben von Arbeitnehmern von der beruflichen Erstausbildung an durch eine **ständige Weiterqualifizierung** geprägt sein wird. Es geht um die Vermittlung von Schlüsselqualifikationen (Stangel-Meseke 1994), insbesondere um Wissen darüber, wie man neues Wissen erwirbt, also um **Lernkompetenz.**

Das gilt in gleicher Weise für die allgemein bildenden Schulen: Neben der Vermittlung eines Basiswissens geht es vor allem um die **Vermittlung eines Allgemeinwissens,** das die Lernenden befähigt, sich gezielt aus dem gesellschaftlich verfügbaren Wissensfundus diejenigen Fachkenntnisse und Wissensinhalte anzueignen, die sie für ihre beruflichen Planungen und biografischen Ziele als wichtig erachten. Einige Vorschläge zur Umsetzung hat schon der Bundeselternrat vor 20 Jahren gemacht (Presseinformation des Bundeselternrates, 05.07.2002). Heutige Neurodidaktiker weisen darauf hin,

- dass Schüler zum eigenen Problemlösen angeregt werden müssten,
- dass sie im Selbstversuch die Grenzen von Erfolg und Misserfolg selbst ausloten müssten,
- dass das Gehirn nicht mit zu vielen Reizen überflutet werden dürfe (mittleres Niveau der Gehirnaktivierung ist am effektivsten) und
- dass klare Standards und Grenzen als Orientierung der Lerner/Schüler zu setzen seien (Schnabel 2002, S. 35).

Dasselbe Bildungsziel ist gleichermaßen für die Universität und Fachhochschule zu postulieren. Die Entwicklung individueller Lernkompetenz verlangt andere Bildungsformen als einen auf Wissensakkumulation ausgerichteten Lehr-Lern-Prozess. Bildungsreformen müssen deutlicher denn je darauf abzielen, Personen zum individuellen konstruktiven Umgang mit Anforderungen, Wissen und Qualifikationen zu befähigen. Diese Forderung geht konform mit der Forderung des damaligen Bundespräsidenten Roman Herzog (April 1997), der mit seiner vielbeachteten Rede „Aufbruch ins 21. Jahrhundert" einen neuen Aufbruch in der Bildungspolitik forderte, um in der kommenden Wissensgesellschaft bestehen zu können (1997, S. 249). In dieser bildungspolitischen Reform gehe es primär um die „Inhalte unseres Bildungswesens", über die Roman Herzog zu einem öffentlichen Diskurs aufrief (1998, S. 71).

Allein durch die Forderung nach einer **individuellen Lernkompetenz** wird allerdings nicht das grundlegende Problem gelöst, was sowohl an Schulen als auch an Hochschulen gelernt wird, und damit, welche Faktoren Lernvoraussetzungen von Personen, sei es im schulischen oder hochschulischen Sektor, beeinflussen. Die Ergebnisse aus der Schulqualitäts- und Bildungsforschung sind hierzu nicht gerade ermutigend.

Die **Schulqualitätsforschung** in den letzten 25 Jahren zeigt zwei Grundmuster, nach denen Lehrer auf die Ansprüche und Voraussetzungen ihrer Schüler reagieren (Lönz 1998). Diese beiden Muster lassen sich eindeutig der Gruppe der effektiven, guten Lehrer und der Gruppe der weniger effektiven Lehrer zuordnen. So fassen Mitglieder der weniger wirksamen Gruppe ihre Arbeit folgendermaßen auf: „Wir sind Erzieher, die hart daran arbeiten, die Bedürfnisse der Schüler zu berücksichtigen. Dies bedeutet, Rücksicht auf ihre Gesamtsituation zu nehmen und nicht mehr von ihnen zu erwarten, als sie tatsächlich können." Die Mitglieder der effektiven Gruppe sehen ihre Aufgabe entsprechend anders: „Wir sind Personen, die beim Unterricht die Bedürfnisse unserer Schüler berücksichtigen. Dies bedeutet, wir fordern unsere Schüler heraus, wir verlangen von ihnen harte Arbeit und das absolut Beste, was sie können" (Lönz 1998). Die zuletzt dargestellte Position wird ebenso von Hogeforster (zitiert in Kahl 2003a, S. 79) vertreten, der gemäß dem skandinavischen Vorbild darauf hinweist, dass die Besonderheit eines jeden Schülers geachtet werden müsse und eine Maxime darin bestünde, den Einzelnen zu fördern. Ebenso sei in diesem Kontext wichtig, „kulturelle" Änderungen im schulischen Kontext vorzunehmen. So sei beispielsweise ein Vertrauensklima unabdingbar. Ferner müsse Schülern die Chance gegeben werden, Erfolge zu erleben. Noch krasser wird diese Forderung von dem deutschen McKinsey-Chef Jürgen Kluge vertreten, der fordert, dass Schule nicht demütigen solle, sondern Schüler entlassen solle, die später etwas wagten (zitiert in Kahl 2003b, S. 61).

Die Antwort auf die Frage nach **Kriterien einer guten Schule** (Spiewak und Kerstan 2002, S. 32) lautet gemäß dem führenden empirischen Bildungsforscher in Deutschland, Rainer Lehmann, dass Schulen mit klaren Zielen Kompetenzen der Schüler aufbauen müssen, die überprüft und miteinander verglichen werden können. Um einen höheren Lernerfolg bei den Schülern zu erzielen, muss im Unterricht jeder Schüler nach seinen Fähigkeiten gefördert werden. Das bedeutet, dass der Unterricht individueller abgehalten werden muss. Die Schulen brauchen diesbezüglich mehr Freiheit. Mit dieser Freiheit geht gleichermaßen eine größere Verbindlichkeit, z.B. durch gemeinsame Abschlussprüfungen einher. Schüler sollen so gezwungen werden, breiter und intensiver zu lernen. Ferner sei eine Neugewichtung bezüglich der Tugenden Leistungsbereitschaft, Verlässlichkeit und Pünktlichkeit bei Lehrern wie Schülern nötig, da diese Werte bei vielen Lehrern stark in Frage gestellt wurden. Gruber, Mandl und Renkl (2000, S. 139–156) zeigen auf, dass **träges Wissen** nicht nur ein tägliches Problem sei, sondern dass tatsächlich eine Kluft zwischen Wissen und Handeln in Form von Transferproblemen, sowohl für die Schule als auch für die Hochschule, festzustellen sei.

Die Studien **PISA** (Programme for International Student Assessment) und **PISA E** haben den Bildungsnotstand in Deutschland sehr deutlich ins öffentliche Interesse gerückt. Aufgrund der PISA-Ergebnisse ist sowohl in Fachkreisen (Heiderich und Rohr 2002; Terhart 2002; Weiss 2002, S. 31–59) als auch in der weiteren Öffentlichkeit (Bölsch 2002, S. 96–123; Fahrholz, Gabriel und Müller 2002) eine rege Debatte über die **Qualität des deutschen Bildungswesens** entfacht worden. Angeregt durch diese Debatten folgten bildungspolitische Reformen und Änderungen, so das neue Schulgesetz. In diesem sind zahlreiche Reformen verankert, wie die Vorverlegung des Einschulungsalters, das Abitur nach zwölf Jahren mit einheitlichen Klausuren, der Ausbau der Ganztagsgrundschulen, die Aufhebung der Schulbezirke, die Einführung von Kopfnoten, Lernstudios für Schulen in sozialen Brennpunkten, Sprachtests für Vierjährige und ergänzend dazu Lernstandserhebungen sowie mehr Freiheit für die Schulen und Sprachförderungen bereits im Kindergarten. Die Intention dieser Reformen zielt auf die Realisierung gleicher Startbedingungen für Kinder ab, wobei das pädagogische Leitbild insbesondere auf die individuelle Förderung des Kindes ausgerichtet ist (Hallberg 2007). Was die wissenschaftliche Diskussion um die PISA-Ergebnisse angeht, ist festzuhalten, dass der Verdienst der PISA-Studie darin besteht, dass ein internationales Gremium pädagogischer Psychologen eine Testbatterie mit hoher Messgenauigkeit entwickelte, deren Ziel eine länderübergreifende, weltweite Standardisierung der Messwerte in Bezug auf die betrachteten Basiskompetenzen „Lesekompetenz", „mathematische Grundbildung" und „naturwissenschaftliche Grundbildung" ist.

Weiss (2002, S. 31–59) kritisiert, dass die bisherigen PISA-Studien die Begriffe Intelligenz und Intelligenzquotient nicht berücksichtigen. Er weist darauf hin, dass die im PISA-Bericht zusammengefassten Ergebnisse aus einem sehr engen Betrachtungswinkel stammten, der die Erfahrung von hundert Jahren Psychometrie bewusst ignoriere und ggf. eine schlechte Beratung für Maßnahmen im Bildungssystem darstelle. Die **Aussagekraft und Vergleichbarkeit der PISA-Daten** wäre weit größer (Weiss 2002, S. 31–59), wenn in der Studie auch ein Intelligenztest eingesetzt und der fachlichen Diskussion mit den differenziellen Psychologen nicht aus dem Wege gegangen werde. Man könne vermuten, so Weiss (2002, S. 31–59), dass der Intelligenzquotient mit den in der PISA-Studie erfassten drei „Basiskompetenzen" genauso hoch korreliere, wie die drei (messfehlerbereinigt) untereinander. Weiss verweist ferner darauf, dass es fehlgeleitet sei, die Ergebnisse in dem offiziellen Bericht „PISA 2000" nur einer oberflächlichen Analyse zu unterziehen und Sachverhalte wie Intelligenzquotient, soziale Siebung und die Existenz von Genen auszuschließen oder zu tabuisieren. Die

Forderung von Weiss besteht darin, eine komplexe Betrachtung der vorliegenden PISA-Ergebnisse anzuschließen, da nur diese zu den richtigen politischen Schlüssen führen könne. Bildung, so Weiss (2002, S. 31–59), habe nicht nur eine messbare Qualität, sondern werde von der Bevölkerung erworben, die in ihrer Bildungsfähigkeit verschieden sei. Verschiedenheit basiere nicht nur im Schulsystem, in der Bildungspolitik, in der sozialen Herkunft und in den Ursachen sozialer Ungerechtigkeit, sondern ist auch schon in Bezug auf die Lernfähigkeit gegeben. Erst wenn man diese Verschiedenheit der genetischen Ausstattung ins Kalkül ziehe, könne man sagen, dass sozialer Auf- und Abstieg stärker oder schwächer ist, als man erwarten dürfte, oder Bildungsleistung schlechter, als sie sein sollte. Wenn, so die Sicht von Weiss (2002, S. 31–59), die PISA-Berichterstatter darauf verwiesen, dass das Niveau der kognitiven Voraussetzungen das Lernmilieu bestimme, sei mit diesem Niveau der kognitiven Voraussetzung die Intelligenz gemeint, die mit Hilfe des Intelligenzquotienten gemessen werden könne.

Sicherlich ist Weiss´ Kritik berechtigt, die darauf verweist, die PISA-Ergebnisse einer komplexen Betrachtung zu unterziehen. Leider ist seine Sichtweise eine stark kognitivistische, die zu sehr und einseitig dem Intelligenzkonstrukt verhaftet ist sowie der nicht abgeschlossenen Anlagen- und Umweltdebatte zur Intelligenz. Dass weder die Diskussion um das Intelligenzkonstrukt noch die Diskussion darum, was „Lernfähigkeit" sein soll, im wissenschaftlichen Kontext beendet ist, zeigen ferner die Diskussionen der psychologischen Diagnostiker, die der reinen Psychometrie verhaftet sind (s. hierzu Guthke, Beckmann und Wiedl 2003, S. 225–232; kritisch: Stangel-Meseke 2005). Darüber hinaus bleiben weitere intendierte methodische Entwicklungen in Bezug auf die Erhebungsverfahren bei den PISA-Studien in Zukunft abzuwarten. Für die PISA-Studie 2009, die sich wiederholt auf die Lesekompetenz der Schüler fokussiert, kündigte das Deutsche Institut für Internationale Pädagogische Forschung (DIPF) bereits an, innovative computergestützte Testformate zu entwickeln. Das DIPF sieht in dieser Erweiterung traditioneller Testmethoden die Chance einer effizienten Leistungserfassung durch die Nutzung lebensnaher Testszenarien mit dynamischen und interaktiven Aufgaben. So setzen die an dieser geplanten PISA-Studie involvierten Wissenschaftler darauf, dass längsschnittliche Trendanalysen besonders interessante Ergebnisse bezüglich der Kompetenzentwicklung und der Bedingungsfaktoren über die vier Erhebungszyklen seit 2000 erwarten ließen. Von Bedeutung seien hier die institutionellen Kontextfaktoren des Lehrens und Lernens auf Klassen-, Schul- und Systemebene. So könnte PISA 2009 als ein kontinuierliches, internationales Instrument des Bildungsmonitorings aussagekräftige Indikatoren über einen Zeitraum von neun Jahren zur Verfügung stellen (Graudenz 2007).

Während die Diskussion von Weiss eher auf methodisch-kritischem Niveau erfolgt, sehen andere die Ursachen für das schlechte Abschneiden der bundesdeutschen Schülerschaft in der PISA-Studie vor allem in formalen Aspekten, wie eine zu geringe Anzahl an Lehrern, sowie im Fehlen pädagogischer Angebote. Außerdem verweisen die aktuellen Ergebnisse der OECD-Studie PISA 2006 laut Rumpf (2007) darauf, dass in Deutschland große Leistungsunterschiede zwischen den Schulen bestehen. Jugendliche in gegliederten Schulsystemen schneiden im Durchschnitt weder besser noch schlechter ab als Jugendliche in Systemen mit nur einem Schultyp. Das Elternhaus spielt für den Schulerfolg eine große Rolle. Für Migrantenkinder und Jugendliche mit Migrationshintergrund wurde eine deutliche Benachteiligung durch das deutsche Schulsystem herausgestellt. So ist hier der Leistungsabstand gegenüber einheimischen Schülern über die sozioökonomischen Effekte hinaus deutlich höher als in anderen Ländern mit vergleichbarem Migrantenanteil (www.oecd.org/pisa2006).

Bielski und Gleser (2003) stellen dar, dass eine mögliche Ursache für die schlechten Ergebnisse der PISA-Studie darin bestehen könnte, dass **seitens der Schülerschaft eine mangelnde Anstrengungsbereitschaft** bestünde (Bielski und Gleser 2003, S. 251). Einen empirischen Beleg für diese Vermutung der beiden Autoren stellt beispielsweise die Studie von Zinnecker, Behnken, Maschke und Stecher (2002) dar: Eine Befragung von 6392 Jugendlichen in Nordrhein-Westfalen ergab, dass Lernen und die damit verbundenen Anstrengungen unter Jugendlichen nicht beliebt seien.

Bielski und Gleser (2003, S. 251) folgend, haben die Ergebnisse der **PISA-Studie** ebenso eine hohe **Relevanz für die universitären Lehrer.** In wenigen Jahren werden die Universitäten mit einem Teil der Personen aus den getesteten Altersjahrgängen konfrontiert werden bzw. umgehen müssen. In Deutschland gibt es derzeit ca. 1,8 Millionen Studierende an Universitäten und Fachhochschulen (Statistisches Bundesamt 2001, S. 390).

Nach einem Bericht des Hochschul-Informations-Systems (HIS) betrug der Anteil der Studienberechtigten des Jahrgangs 2002, der bereits ein Studium aufgenommen oder sicher geplant hatte, 73 % (BMBF-Pressemitteilung vom 09.02.2004). Insgesamt nehmen etwa 28 % eines jeden Altersjahrgangs ein Studium auf (Weegen 2001, S. 167–182). Die **Brutto-Studierquote,** die sich aus der unmittelbaren zuzüglich der geplanten Studienaufnahme von Studienberechtigten ergibt, liegt sogar bei über 65 % (Dürrer und Heine 1999). Das heißt, dass ein großer Teil der deutschen Schüler ein Studium aufnimmt oder sich damit beschäftigt, ein Studium zu einem späteren Zeitpunkt zu beginnen. Da strukturelle Begebenheiten im Bildungssystem sich zumeist über viele Jahre entwickelt haben (dazu Dalin 1999), ist zu vermuten, dass eine Durchführung der PISA-Studie schon vor vier oder fünf Jahren keine wesentlich anderen Ergebnisse bezüglich der Leistungsfähigkeit des deutschen Bildungssystems erbracht hätte. Gemäß dieser Annahme muss davon ausgegangen werden, dass die heutige Studentengeneration, wäre in ihrer Schulzeit das Messinstrument der PISA-Studie eingesetzt worden, ein vergleichbares Leistungsbild abgegeben hätte. Hinweise in diese Richtung gibt die Mitte der 1990er Jahre durchgeführte TIMSS-Studie, in der die mathematischen Fähigkeiten bundesdeutscher Schülerinnen und Schüler einem internationalen vergleichenden Test unterzogen wurden (hierzu Baumert, Lehmann, Lehrke, Schmitz, Clausen, Hosenfeld, Köller und Neubrand 1997; Klieme, Neubrand und Lüdtke 2001, S. 191–237). So konstatiert Baumert (zitiert in Kerstan 2003, S. 75), dass der Leistungsabfall heutiger Schüler bei Mathematik-Aufgaben bei den Aufgaben festzustellen sei, die ein tieferes Verständnis erforderten.

Vor diesen negativen Ergebnissen ist es kaum verwunderlich, dass jede Gelegenheit, das Lernen durch neue Lerntechniken zu vereinfachen, bereitwillig ergriffen wird, so beispielsweise die Unterstützung des Lernens durch **interaktive, multimediale Lernsysteme.** Der Reiz multimedialen Lernens liegt für viele in dem hehren Versprechen, das Lernen mache nun endlich einmal Freude! Verlage und Multimedia-Produzenten machen sich diese Erwartung geschickt zunutze und bringen ganze Produktlinien heraus, die mit dem Begriff „Edutainment", einem Neologismus, der sich aus den englischen Begriffen „education" und „entertainment" zusammensetzt, bezeichnet werden. Anspruchsvolle Personen betonen demgegenüber die herausragenden Präsentations- und Interaktionsmöglichkeiten des Lernmediums Computer. Mit dem Computer lassen sich beispielsweise dynamische Prozesse veranschaulichen, die mit herkömmlichen Lernmedien nur schwer vermittelbar wären. Ferner wird im Einsatz der Computer die Chance gesehen, **offenes Lernen** zu fördern. Die pädagogisch-didaktische Komponente des offenen Lernens ist die, dass Lehren gegenüber Lernen zunehmend in den Hintergrund tritt, da Lernen heute als „aktiver, selbstregulierender Prozess des Erwerbs von Wissen und Fertigkeiten" (Schreiber 1998) verstanden wird. Dem Lernenden soll ein größeres Ausmaß an Selbststeuerung, Eigeninitiative und Selbstverantwortlichkeit übertragen werden. Diese Forderung geht auch konform mit der Neurodidaktik, die darauf verweist, dass kein Gehirn dem anderen gleicht und Personen in ihrem Lernverhalten höchst individuell sind (Schnabel 2002, S. 35). Aus bildungspolitischer Sicht bedeutet offenes Lernen den freien Zugang zu allen Bildungsangeboten. Von den Schulen wird gefordert, dass sie sich verstärkt gegenüber der Umwelt öffnen. Zum Beispiel könnten sie ihren Schülern via Internet den direkten Kontakt zu Schülern anderer Länder ermöglichen. In Unternehmen kann offenes Lernen bedeuten, dass sich die Mitarbeiter jederzeit am Arbeitsplatz oder in „Lernstudios" mit Hilfe der Lernprogramme fortbilden können.

Auch die deutschen Fachhochschulen und Universitäten versuchen, Möglichkeiten des offenen Lernens für sich zu entdecken. So konnte die Arbeit in universitären Verbundprojekten (Löthe 2000) Folgendes aufzeigen: Der Einsatz, die Anpassung und ggf. die Entwicklung von Informations-, Kommunikations- und Technologie-Medien (im Folgenden: IKT-Medien) muss stets in die jeweiligen **Entwürfe spezifischer Lernarrangements** eingebunden werden. Dieser Aspekt stellt allerdings nach wie vor sowohl ein hochschuldidaktisches als auch ein projektstrategisches Problem dar, da die nötigen Kompetenzen der Studierenden nicht vorhanden sind. So müssen in den primär fachlich oder fachdidaktisch definierten Lehrveranstaltungen parallel die nötigen Fertigkeiten zur **Nutzung der neuen Medien** vermittelt werden. Die ersten Erfahrungen des Verbundprojektes mit IKT-Medien, die auf reflektierten Beobachtungen beruhen, zeigen Folgendes auf:

- Die Studierenden, die Lehrveranstaltungen unter Nutzung von IKT-Medien besuchen, stellen eine Minderheit dar. Diese Studierenden bringen eine offene Einstellung gegenüber diesen Medien mit. Prinzipiell ist festzuhalten, dass alle am Verbundprojekt beteiligten Studierenden einsehen, dass Information und Kommunikation sowie Internet relevant für ihren zukünftigen Beruf sind. Der durch die aktuellen Prüfungs- und Studienordnungen geregelte Studienbetrieb entmutigt jedoch die große Mehrheit der Studierenden. Es erscheint ihnen derzeit einfacher und effizienter für die Prüfungsvorbereitung zu sein, das Studium ohne ein Engagement in der Nutzung von IKT-Medien zu absolvieren.
- Die Lernmöglichkeiten für Studierende im unsystematisch gewachsenen Internet werden durchgehend (trotz Suchmaschinen und sonstiger Hilfen) überschätzt. Die-

se Überschätzung bezieht sich zum einen auf die Inkohärenz dieser Informationen und zum anderen auf die mangelnden Recherche-Fähigkeiten der Lernenden.

Fazit des Verbundprojektes zu IKT-Medien ist, dass, wenn in Seminargruppen Techniken der IKT eingeführt und angewendet werden, bei den beteiligten Studierenden von selbst der Wunsch nach Ausweitung und Virtualisierung bezüglich Ort und Zeit entsteht. Dies zeigt, dass auch die Gesamtinnovation von IKT an der Hochschule induktiv vorzugehen hat und diese Innovation eher als langfristiger Prozess zu betrachten ist.

Die bisherigen aufgeführten Betrachtungen verdeutlichen, dass sich Schwierigkeiten ergeben, überhaupt Lernvoraussetzungen von Individuen festzustellen. Scheinbar scheitert man schon daran, die **Komplexität der die Lernvoraussetzungen beeinflussenden Faktoren** in ihrer Gänze darzustellen. Die Einflussfaktoren beziehen sich sowohl auf Bedingungen unseres sozialen Milieus, unseres Schul- und Bildungssystems und die dort gestellten Lernarrangements, als auch auf die Konsequenzen vorherrschender Migrationspolitik mitteleuropäischer Länder und klassischer Einwanderungsländer, wie Kanada, Australien und Neuseeland. Sie beziehen sich ferner auf die Qualifikation der Lehrenden, denen Lerner ausgesetzt sind. Entwicklungspsychologisch betrachtet unterliegen wir von klein auf ständigen Lernprozessen, d. h., wir lernen Neues hinzu, verarbeiten dieses Neue mit schon Bekanntem und sind im Laufe unserer Sozialisation in der Lage, dieses Wissen zu verändern. Wollte man also – gemäß diesen Überlegungen – die Faktoren der Lernvoraussetzungen eines einzelnen Individuums identifizieren, müsste man dessen individuelle Sozialisation einschließlich der erfolgten Bildung als Einzelfall verfolgen und konsequenterweise mit psychometrischen Messverfahren belegen.

Wenn auch nicht auf alle Entwicklungsstufen eines Individuums fokussierend, könnte man sagen, dass die **neuen Tendenzen der Organisation für wirtschaftliche Zusammenarbeit und Entwicklung (OECD)** in die Richtung der Überprüfung des Wissens von Lernenden und Lehrenden der gesamten Bevölkerung avancieren. Weltweit sollen die Kompetenzen der Erwachsenen untersucht werden. Dies ist damit begründet, dass jegliche Erkenntnisse über die in Zukunft entscheidenden Kompetenzen fehlten – so Andreas Schleicher, der bei der OECD die Abteilung für Analysen und Bildungsindikatoren leitet (zitiert in Kahl, 2003c, S. 29). Die **Globalbefragung** soll nach **drei Altersgruppen** differenzieren:

1. Bei den **20- bis 35-Jährigen** soll an bisherige PISA-Ergebnisse angeknüpft werden. Insbesondere sollen folgende Fragen beantwortet werden: Wie entwickeln sich die bereits früher getesteten 15-Jährigen weiter? Welches Wissen erwerben sie nach dem Übergang von der Schule zur Hochschule oder im Beruf? Wovon hängt der spätere Erfolg ab?
2. Vor der Überlegung, dass das Wissen der **35- bis 50-Jährigen** Rückschlüsse darauf zulässt, welche Kompetenzen in der Arbeitswelt heute gefragt sind, sollen folgende zwei Fragen beantwortet werden: An welches Wissen knüpfen Personen an, die mitten im Beruf stehen? Welche Länder haben dabei Defizite?
3. Eine dritte Überlegung, die durch die PISA-Studie beantwortet werden soll, basiert darauf, zu eruieren, welche Erfahrungen bei den **über 50-Jährigen** in der gewandelten Arbeitswelt noch von Nutzen sind. Hier sollen insbesondere Ergebnisse dazu gewonnen werden, in welchen Ländern bereits lebenslanges Lernen verwirklicht ist.

Was die Kriterien angeht, die in der **PISA-Studie für die gesamte Bevölkerung** geprüft werden sollen, werden, wie in der PISA-Studie für Schüler, die zwei wesentlichen Basiskompetenzen „literacy" (Lesen und der Umgang mit Informationen) und das „selbstständige Problemlösen bei Erwachsenen" untersucht. Ferner werden zwei weitere Basiskompetenzen in den Blick genommen: interpersonale Kompetenzen und intrapersonale Kompetenzen. Die OECD versteht unter interpersonaler Kompetenz die „Fähigkeit zum Austausch und zur Zusammenarbeit", während sie unter intrapersonaler Kompetenz den „Antrieb" versteht, „lebenslang weiterlernen zu wollen". Geeignete Messverfahren zur Erfassung der vier hier genannten Basiskompetenzen für Erwachsene werden derzeit in einem Expertenteam, das die OECD für PISA aufgebaut hat, konzipiert. Diese Konzeptionsphase dauerte bis Ende 2004 an, sodass ggf. im Jahr 2010 erste Ergebnisse dieses PISA-Projektes vorliegen könnten. Damit bleibt auch offen, ob die erfolgsversprechenden Kompetenzen heute eher unter dem Begriff „weiche Qualifikationen" (Schlüsselqualifikationen) wie Problemlösen, Zusammenarbeit und Lernlust zu finden sind. Ferner plant die OECD ab 2010 einen internationalen Vergleich über Ergebnisse der Hochschullehre, der mehr Aussagen als die bisherigen internationalen Hochschulrankings ermöglichen soll. Über diesen Plan wollen die Bildungsminister im Januar 2008 beschließen. So wie in den OECD-Schulstudien Lesefähigkeit oder Mathematikkenntnisse von Schülern einer bestimmten Altersgruppe getestet werden, so soll auch bei Studierenden zukünftig vergleichend erfasst werden, was sie an ihrer jeweiligen Hochschule gelernt haben. Über die teilnehmenden Universitäten an dem Hochschul-PISA können Vergleichslisten veröffentlicht werden, aus denen ersichtlich wird, wo die einzelnen Länder mit der Qualität ihrer universitären Ausbildung stehen. Die OECD-Forscher intendieren aufgrund der unterschiedlichen Lehrpläne an den Hochschulen, sich bei dieser geplanten Studie auf übertragbare Qualifikationen wie kritisches Denken und Analysefähigkeit zu konzentrieren. Faktenwissen wird allenfalls in wirtschaftswissenschaftlichen oder technischen Studiengängen betrachtet, da es hier einen hohen Anteil an Übereinstimmungen bei den Hochschulen gibt (vgl. http://bildungsklick.de/a/56957/ab-2010-pisa-fuer-universitaeten, Datum 26.11.07).

Der hier erfolgte Diskurs verweist tendenziell darauf, dass letztlich kein abschließender Stand zu Lernvoraussetzungen erwachsener Personen besteht. Daher wird in **Kapitel 2.2.2** das Thema „Lernvoraussetzungen Studierender" aus verschiedenen Perspektiven beleuchtet. Die Ausführungen werden sich darauf konzentrieren, einen Zugang zu den Lernvoraussetzungen Studierender dadurch zu erhalten, dass wesentliche Dimensionen des Lerners sowie individuelle Aspekte der Lerner identifiziert und beschrieben werden. So sollen mit Blick auf die **lernpsychologischen Befunde** Determinanten herausgestellt werden, die das Lernverhalten und letztlich die Lernvoraussetzungen Studierender beeinflussen, wobei der Fokus der wissenschaftlichen Betrachtung und der exemplarisch dargelegten empirischen Befunde auf der „Lernmotivation" liegt. In **Kapitel 2.2.3** wird eine Übersicht über derzeit vorhandene **Diagnoseinstrumente** zum Lernverhalten Studierender vorgestellt. Je nachdem, welche Lerndimension dem Lernen schwerpunktmäßig zugrunde gelegt wird, werden unterschiedliche diagnostische Verfahren eingesetzt. So werden in diesem Kapitel drei inhaltliche Stränge betrachtet:

> 1. stark kognitiv ausgerichtete Verfahren (Tests zur Studierfähigkeit),
> 2. sowohl kognitiv als auch volitional ausgerichtete Verfahren (Verfahren zur Diagnose der Lernstrategien) und
> 3. Instrumente zur Lehrevaluation an Hochschulen, die generell Dimensionen des Lernverhaltens der Studierenden in Abhängigkeit vom Lehrverhalten der Dozenten prüfen.

Aufbauend auf den vorherigen Kapiteln werden im abschließenden **Kapitel 2.2.4 Umsetzungsstrategien** für eine die Lernvoraussetzungen Studierender berücksichtigende Lehre an Hochschulen skizziert.

2.2.2 Lernpsychologische Betrachtung des Lerners

Die Literatur zum Thema „Lernverhalten" führt zu Begriffen wie „Lerner" bzw. „Psychologie des Lerners". Nach Hofer, Pekrun und Zielinski (1993, S. 221–275) zeichnen sich Lerner allgemein dadurch aus, dass sie bevorzugt Situationen aufsuchen, die sich durch Unbekanntheit, Überraschung, Inkongruenz und Komplexität auszeichnen.

Huber (1996, S. 70–85) diskutiert das Konstrukt **Ungewissheits- und Gewissheitsorientierung als Persönlichkeitsmerkmal des Lerners.** Während manche Personen sich absichtlich Situationen mit ungewissem Ausgang aussetzen, um Neues über sich oder diese Situation herauszufinden (ungewissheitsorientiert: U-O-Lerner), neigen andere dazu, sich von solchen Situationen fernzuhalten. Letztere sind eher daran interessiert, ihre vorhandenen Einschätzungen von sich und der Umwelt konstant zu halten (gewissheitsorientiert: G-O-Lerner), anstatt sie wiederholten Überprüfungen auszusetzen. In Untersuchungen von Huber (1996, S. 70–85) konnte in Bezug auf das Konstrukt G-O und U-O Folgendes herausgestellt werden: Die U-O-Gruppe präferiert in allen Stichproben kooperative Situationen mehr als die G-O-Gruppe. Umgekehrt sieht es bei den Präferenzen für kompetitive und individuelle Lernsituationen aus.

Lerner unterscheiden sich vor allem durch das **Leistungsmotiv.** Nach Heckhausen (1974, S. 547–573) entwickelt sich dieses Motiv in dem Maße,

- in dem man Ergebnisse seiner Tätigkeit als Erfolg oder Misserfolg klassifiziert,
- diese auf eigenes Tun zurückführt und
- zwischen Fähigkeit und Anstrengung als Ursachen unterscheidet.

Als wichtiges, das Verhalten des Lerners bestimmendes Motiv, wird das Streben nach Identität und Selbstverwirklichung angenommen. Lerner streben danach, sich über die Zeit als eigenständige, kompetente und insgesamt positiv bewertete Person wahrzunehmen (Haußer 1983; Meyer 1984). Dieses Motiv kann Triebfeder für Lernbereitschaft sein, allerdings auch die Ursache für den Widerstand gegen Lernen.

2.2.2.1 Die vier Lerndimensionen des Lerners

Für die Betrachtung der Psychologie des Lerners werden vier voneinander abhängige Lerndimensionen als wichtig erachtet: (1) Motive, (2) Kognitionen, (3) Gefühle, (4) Verhalten (Hofer, Pekrun und Zielinski 1993, S. 221–275):

1. Unter **Motiven** wird verstanden, dass Lerner über Vorstellungen darüber verfügen, was ihnen wichtig ist, was ihnen Freude macht.

2. **Kognitionen** werden als Oberbegriff für die vielfältigen Arten von Wissen, Denken und intellektuellem Können eines Lerners aufgefasst, mittels deren er gedanklich mit seiner Umwelt umgeht. Dazu gehört das Wissen über die erzieherische und sonstige Welt, genauso wie das Wissen über die eigene Person. Dieses Wissen über die eigene Person ist das **Selbstkonzept** und wird als hierarchisch aufgebaute Wissensstruktur aufgefasst.

   Ein Bereich des Selbstkonzepts gründet sich auf **Wissen über die eigene Person in pädagogischen Situationen.** Aus der Rückmeldung über die Qualität seiner Leistungen, aus den Konsequenzen seines Verhaltens und aus Informationen von anderen Personen (Feedback) erhält der Lerner Aufschluss über seine Stärken und Schwächen. Vermutlich stellt das Selbstkonzept des Lernenden deshalb eine Bedingung für erfolgreichen Wissenserwerb dar, weil es eine Voraussetzung für motiviertes Verhalten ist (vgl. Meyer 1984). Ein **positives Selbstkonzept** erleichtert Lernern motivationsgünstige Ursachenzuschreibungen und positive Leistungserwartungen. Als motivierend wird ein Zuschreibungsmuster angesehen, dass bei Erfolg interne, stabile Ursachen heranzieht, bei Misserfolg externe und variable Faktoren. Von den Zuschreibungen hängen die Erwartungen über den Ausgang eigener Leistungsbemühungen ab. Personen werden auch in Zukunft nur dann Lernerfolge erwarten, wenn sie ihre Erfolge auf stabile, interne Faktoren (Begabung) zurückführen, nicht jedoch, wenn sie dafür variable Faktoren verantwortlich machen (Anstrengung oder Glück).

3. Unter der Lerndimension **Gefühle** werden überdauernde Stimmungen und Gefühlsbereitschaften wie Zuversicht, Selbstbewusstsein, Fähigkeit zu Mitleid usw. gefasst, die unter Umständen von Lehrern/Dozenten explizit angestrebt werden. Ebenso fallen darunter Gefühle wie Minderwertigkeit und Angst, die als unerwünschte Nebeneffekte von Erziehung und/oder dem Einfluss von Lehrern/Dozenten auftreten. Erlebnisse werden meist dann als Gefühlserlebnisse bezeichnet,
   - wenn sie auf einem Lust-Unlust-Kontinuum eingeordnet werden können,
   - wenn es zu bestimmten Ausdrucksformen und Gedanken kommt und
   - wenn bestimmte vegetative Reaktionen feststellbar sind.

   Leistungsbezogene Gefühle stellen einen großen Teil der Lerngefühle dar. Leistungssituationen zeichnen sich dadurch aus, dass der Lerner entweder erfolgreich ist oder nicht. Erfolge rufen im Allgemeinen positive, Misserfolge negative Gefühle hervor. Ferner ist relevant, ob der Lerner seinen Erfolg auf seine eigenen Fähigkeiten und Anstrengungen zurückführen kann (internale Attribution), oder ob er seinen Erfolg als von externen Faktoren (Zufall, Glück) abhängig betrachtet (externale Attribution). Die internalen bzw. externalen Beschreibungen haben wiederum Einfluss darauf, was sich der Lerner an Leistung zutraut.

4. Unter **Verhalten** wird Folgendes verstanden: Lerner nehmen zu ihrer Umwelt aktiv Stellung, sie wirken auf sie ein. Sie versuchen so, ihre Ziele zu erreichen, ihre Interessen durchzusetzen. Objektiv registrierbares Verhalten wird hier aufgefasst als Konsequenz von Informationsverarbeitungsprozessen und von Wissen um Verhaltensmöglichkeiten.

Die Abhängigkeit der hier aufgezählten Lerndimensionen soll an einem einfachen Beispiel verdeutlich werden.

Beispiel
Die Wahrnehmung von Ähnlichkeit und Leistungsdruck in einer Personengruppe (Kognitionen) kann dazu führen, dass sowohl eine hohe Anstrengungsbereitschaft (Motive) als auch Ängste (Gefühle) erlebt werden, die ihrerseits ein Pendeln zwischen Anstrengung und Vermeidung (Verhalten) zur Folge haben können.

2.2.2.2 Lernmotivation

Was die wissenschaftliche Diskussion um die mit Lernen verknüpften Dimensionen angeht, besteht nach wie vor Unklarheit darüber, was unter **Lernmotivation** zu fassen ist. Die meisten Autoren legen in ihrer Definition der Lernmotivation den Fokus auf beabsichtigtes bzw. absichtliches Lernen. Während einige Autoren den Zweck des Lernens in einem Lernzuwachs bzw. besserem Verständnis der Person sehen, heben andere den Zweck des absichtlichen Lernens in eher abstrakterer Form hervor, nämlich als antizipierte, mit dem Lernen (mehr oder weniger direkt) verknüpfte Folgen, die erreicht oder verhindert werden können. Die Definitionen verweisen darauf, dass es eine mehr oder weniger klare Absicht gibt, als Ergebnis eigener Tätigkeit Lernzuwachs zu erreichen (so beispielsweise Heckhausen und Rheinberg 1980, S. 7–47; Pekrun 1993, S. 87–98; Wegge 1998).

Da das Thema „Lernmotivation" einen hohen Stellenwert in der Diskussion um Lernen bzw. Lernverhalten einnimmt, werden im Folgenden verschiedene Aspekte zur Lernmotivation beleuchtet.

2.2.2.2.1 Unterschiede in den Lernmotivationen

Laut Schiefele und Rheinberg (1997, S. 251–301) sind Unterschiede in der Lernmotivation auf
- die Dauer und die Häufigkeit von Lernaktivitäten,
- die Art bzw. Qualität der vom Lernenden jeweils ausgeführten Lernaktivitäten und
- den Funktionszustand des Lernenden während der Ausführung der Lernaktivitäten

zurückzuführen.

> ➤ **Dauer und Häufigkeiten der Lernaktivitäten**

Laut Helmke und Schrader (1996, S. 39–53) fördert eine positiv bzw. hoch ausgeprägte Lernmotivation die Dauer bzw. die Zeit, die eine Person für die nötige Lernhandlung investiert. Eine höhere **Ausdauer** beim Lernen führt in der Regel zu besseren Leistungen, sodass die Ausdauer eine leistungsvermittelnde Rolle hat. Allerdings wirken im experimentellen Setting auf den Zusammenhang zwischen Lernzeit (Ausdauer) und Lernleistung in einer Gruppe von Lernenden zahlreiche Größen ein:
- die Gruppenzusammensetzung im Hinblick auf die Fähigkeiten und das Vorwissen der Lernenden,
- die in der Beobachtungssituation zur Verfügung gestellte Lernzeit,
- die zur Erreichung des Lernzieles benötigte Lernzeit,

- die Art dieser Lernaufgabe und
- der darauf basierende spezifische Verlauf der Lernkurven für verschiedene Aufgaben.

Wird die **Lernzeit** als Prädikator für Lernerfolg hinzugezogen, kann festgehalten werden, dass die (aktiv genutzte) Lernzeit eine der stärksten Prädikatoren des Lernerfolgs und damit ein wichtiges Bindeglied für den Erfolg und die Effektivität des Lehrens und Lernens im Kontext der Schule und der Universität ist (Helmke und Schrader 1996, S. 39–53; Helmke und Weinert 1996, S. 71–176). Die universitäre Studie konnte aufzeigen, dass für individuelles Lernen umso mehr Zeit investiert wird, je höher das Anspruchsniveau und Fachinteresse ist, und umso weniger, je kompetenter die Studenten sich einschätzten. Für kooperatives Lernen zeigten sich sogar konträre Determinationsmuster, die ggf. damit erklärt werden konnten, dass kooperatives Lernen in Gruppen einen multithematischen Anreizcharakter aufweist.

➤ Art bzw. Qualität ausgeführter Lernaktivitäten

Aufgrund zahlreicher Befunde ist es plausibel, dass die Art und Qualität der vom Lernenden eingesetzten **Lern- und Aufgabenstrategien** eine zwischen Lernmotivation und Lernleistung vermittelnde Größe ist. Schiefele und Rheinberg (1997, S. 251–301) unterscheiden drei Arten von Strategien:

1. **Unbewusst wirksam werdende Handlungstendenzen, die den Schwierigkeitsgrenzen der Motivation unterliegen:**
   Mit zunehmender Schwierigkeit einer Handlung (z.B. unerwartete Hindernisse) ist eine nahezu automatisch gesteuerte Zunahme der Anstrengung einer Person zu beobachten (schnellere Handlungsausführung etc.).
2. **Volitionale Strategien:**
   Wird das zu behebende Handlungshindernis aufgrund eines Misserfolges der Bemühungen der Person bewusst, kommen willkürlich einsetzende Handlungsstrategien ins Spiel, die volitionalen Strategien, die zur Überwachung und Steuerung eigener Handlungen geeignet sind. Diese Strategien werden eingesetzt, wenn die auszuführende Tätigkeit emotionalen Differenzen der Person widerspricht, sich innere oder äußere Hindernisse im Handlungsvollzug ergeben (z.B. Unlust, die Notwendigkeit der Verfolgung anderer Ziele) oder wenn mögliche Nachteile eines Misserfolges zu groß erscheinen, um sich auf eine unwillkürliche Handlungssteuerung verlassen zu können. Leider liegen zu dieser Strategie noch keine Ergebnisse für unterschiedlich stark motivierte Lernende vor.
3. **Kognitive/metakognitive Strategien; Strategien zum Management der beim Lernen benötigten Ressourcen:**
   Kognitive Lernstrategien beziehen sich auf die Auseinandersetzung mit einem Lerngegenstand (z.B. Wiederholung des Lernstoffes, Erstellung von Zusammenfassungen). Metakognitive Lernstrategien dienen der Planung, Überwachung und Kontrolle der Lernsequenz (Setzen von Lernzielen, Formulieren von Verständnisfragen etc.). Strategien zum Management der Ressourcen beim Lernen sind z.B. effektive Zeitplanung, störungsfreies Lernen.

➤ Funktionszustand des Lernenden

Funktionszustand bedeutet, dass Unterschiede der Lernmotivation auf die jeweiligen Emotionen des Lernenden, die Verfügbarkeit kognitiver Ressourcen und bestimmte Zustände der Person einwirken. Die Ergebnisse der Interessenforschung (Schiefele und Schreyer 1994, S. 1–13; Schiefele 1996) zeigen, dass **interessenbasierte (intrin-**

sische) **Motivationszustände** insbesondere tiefer gehende Verstehensprozesse beim Testlernen fördern können. Dieser leistungsförderliche Effekt beruht vermutlich auf einer Erhöhung der Aktivation des Lernenden bzw. auf einer hiermit einhergehenden Veränderung der Arbeits- und Gedächtniskapazität und der Nutzung spezifischer Verstehensprozesse.

Pekrun (1997, S. 796–801) berichtet über Untersuchungen, in denen mögliche Auswirkungen zahlreicher Emotionen in Lern- und Leistungssituationen analysiert wurden. Insbesondere positive Emotionen zeigten erwartungsgemäß positive Zusammenhänge zu Motivations- und Interessemaßen und Anstrengungs- bzw. Leistungsindikatoren. So konnte Konrad (1996, S. 39–47) in einer Untersuchung mit Studierenden des Lehramtes einer pädagogischen Hochschule nachweisen, dass intrinsisch motivationale Orientierungen, ebenso wie emotionale Empfindungen, in bedeutsamer Weise mit dem Erleben von Selbststeuerung verknüpft sind.

2.2.2.2.2 Lernformen und ihre Beziehung zu verschiedenen Formen der Lernmotivation

Die interindividuell differierenden Lernformen der Studenten werden mit den Begriffen **„Lernstrategie"**, **„Lernstil"** und **„Lernorientierung"** beschrieben (Schmeck 1988; Friedrich und Mandl 1992, S. 3–54; Krapp 1993, S. 291–311; Wild und Klein-Allermann 1995; Wild 2000, S. 117–195). Was den Aspekt der Lernstrategien und der Lernmotivation angeht, besagt die von Pintrich (1989, S. 117–160) aufgestellte These, dass unterschiedliche Qualitäten des Lernens mit unterschiedlichen Arten motivationaler Orientierung gegenüber dem Lernen verknüpft sind.

In diesem Zusammenhang hat sich die Unterscheidung zwischen intrinsischer und extrinsischer Lernmotivation als nützlich erwiesen (Deci und Ryan 1993, S. 223–238; Amabile, Hennessy, Hill und Tighe 1991).

- **Intrinsische Lernmotivation** meint, dass sich ein Lerner Mühe beim Lernen gibt, da die Beschäftigung mit den Inhalten bereits an sich als belohnend wahrgenommen wird (hohes Studieninteresse, positiv-anregende Erlebnisqualität bei der Beschäftigung mit den Lerninhalten).
- **Extrinsische Lernmotivation** bedeutet, dass ein Lerner sich vor allem deshalb beim Lernen anstrengt, da er die mit einem erfolgreichen Lernen verbundenen Gratifikationen anstrebt (informelle Anerkennung durch den Dozenten, gute Noten).

Es wird angenommen, dass Lerner ihr Lernen auf dem Hintergrund ihrer Lernmotivation gestalten: Personen mit einer ausgeprägten extrinsischen Motivation setzen vor allem auf prüfungstaktische ökonomische Lernstrategien, während Personen mit einer hohen intrinsischen Lernmotivation oder einem hohen fachlichen Interesse weit häufiger tiefenorientierte Lernstrategien wählen. Schiefele und Schreyer (1992; 1994, S. 1–13) stellten den Zusammenhang von motivationaler Orientierung und der Nutzung von Lernstrategien in einer Meta-Analyse zu vorliegenden empirischen Studien zusammen. Die intrinsische Lernmotivation korreliert mit der Verwendung neutraler, tiefer gehender Lernstrategien, während die extrinsische Lernmotivation nur mit dem Einsatz oberflächlicher Lernstrategien assoziiert ist. Dieses Ergebnis steht in Übereinstimmung mit Studien bei deutschen Studenten (Schiefele, Wild und Winteler 1995, S. 181–188; Wild und Krapp 1993): Nicht nur intrinsische motivationale Orientierungen, sondern auch ein hohes inhaltliches Studieninteresse beeinflussen die **tiefenorientierten Lernstrategien** positiv. Die Ergebnisse verweisen darauf, dass ein intrinsisch motiviertes und an inhaltlichen Interessen geleitetes Lernen mit anspruchsvollen Formen des Wissenserwerbs einhergeht. Ein extrinsisch motiviertes Lernen dagegen, ist durch das Auswendiglernen des Prüfungsstoffes charakterisiert.

Was die **Beziehung individueller Lernstrategien und Lernerfolg** angeht, kann Folgendes konstatiert werden: Bisher ist ein direkter Nachweis, dass bestimmte Ausprägungen der Lernmotivation zu besseren Lernleistungen führen, wenn vom Lernenden bestimmte Lernstrategien häufiger eingesetzt werden, nur in wenigen Studien gelungen (Rheinberg und Donkoff 1993, S. 117–123; Schiefele 1996). Die Sichtung vorliegender Literatur liefert ferner keine deutlichen Belege dafür, dass es eine enge Beziehung zwischen tiefenorientierten Lernstrategien und Studienerfolg gibt. Zwei Studien im deutschsprachigen Raum (Wild und Krapp 1993; Wild und Schiefele 1994, S. 185–200; Schiefele, Wild und Winteler 1995, S. 181–188) ergaben für deutsche Studenten: Studierende mit elaborierten, anspruchsvolleren Lernstrategien erhielten in Klausurnoten und Diplomprüfungen nur geringfügig bessere Beurteilungen als ihre Kommilitonen. Insgesamt liegen derzeit zu wenig Befunde vor, die eine abschließende Bewertung des Zusammenhangs zwischen Lernstrategien und Leistungsbeurteilungen zulassen.

Mit Bezug auf die von Decy und Ryan (1985; 1993, S. 223–228) entwickelte Selbstbestimmungstheorie der Motivation verweist Wild (1996, S. 54–96) darauf, dass glaubhaft kommunizierte, positive **Leistungsrückmeldung** einen besonderen Beitrag zum Erleben fachlicher Kompetenzen und damit zur Entwicklung intrinsischer Motivation leistet. Somit sind adäquate Leistungsrückmeldungen eher förderliche Faktoren in der Entwicklung intrinsischer Lernmotivation und damit der verstärkten Nutzung tiefenorientierter Lernstrategien.

2.2.2.3 Bedingungen für selbstbestimmtes motiviertes Lernen

Prenzel (1996, S. 11–22) beschäftigt sich mit den **Bedingungen für selbstbestimmtes motiviertes Lernen.** Er stellt sechs Varianten der Lernmotivation vor (Prenzel 1992, S. 331–352; 1995, S. 58–66) und zeigt, wie Lernsituationen im Studium gestaltet werden können, um selbstmotiviertes und interessiertes Lernen zu ermöglichen. Die sechs Varianten der Lernmotivation sind analytisch zwei Dimensionen zugeordnet: Die eine Dimension betrifft das Vorhandensein inhaltsspezifischer Anreize, die in der Sache selbst oder in der darauf bezogenen Tätigkeit von der lernenden Person wahrgenommen werden. Die andere Dimension betrifft das Ausmaß an Selbst- und Fremdbestimmung beim Lernen.

CHARAKTERISTIKA DER SECHS LERNVARIANTEN

Vorhandensein inhaltsspezifischer Anreize			Ausmaß an Selbst- und Fremdbestimmung beim Lernen		
Amotiviert	**Extrinsisch**	**Introjiziert**	**Identifiziert**	**Intrinsisch**	**Interessiert**
Zustand ohne Lernmotivation, z.B. chaotische, gleichgültige bis apathische, hilflose Zustände	Lernen erfolgt durch äußeren Druck und fremdmotiviert	Lernzwang durch Verinnerlichung externaler Bekräftigungssysteme	Motiviertes Lernen in Bezug auf Inhalte oder Tätigkeiten, die (für die Person) in sich wenig reizvoll sind, aber als subjektiv wichtig erachtet werden (selbstbestimmt motiviertes Lernen)	Motiviertes Lernen durch wahrgenommene Anreize in der Sache oder in den Tätigkeiten (autotelisches, in sich motiviertes Lernen)	Motivationale Tendenz, sich über die aktuelle Situation hinaus mit einem Gegenstand epistemisch oder lernend auseinander zu setzen
Person ist gänzlich unklar, wie sie eine Situation unter Kontrolle bringen kann	Person lernt, um in Aussicht gestellte Bekräftigungen zu erlangen bzw. um drohende Sanktionen zu vermeiden	Person zwingt sich selbst zum Lernen, weil sie sich sonst schlecht fühlt, daher handelt sie nicht ganz fremdbestimmt, aber keineswegs ganz selbstbestimmt	Person sieht, dass Tätigkeiten oder Inhalte konform mit eigenen Zielen sind bzw. das Realisieren selbstgesetzter Ziele ermöglichen	Person stellt neugierige Fragen, erkundet und beschäftigt sich mit Problemen	Person ist vom Gegenstandsbereich so fasziniert, dass sie ihn aus freien Stücken erneut aufsucht und weiter erschließen möchte

(Quelle: in Anlehnung an Prenzel 1996, S. 11–22)

Zahlreiche Befunde weisen darauf hin, dass Motivationsvarianten mit starker Ausprägung auf der Selbstbestimmungsdimension (identifiziertes, intrinsisch motiviertes und interessiertes Lernen) sich günstig auf kognitive Prozesse beim Lernen auswirken (verstärktes Elaborieren, tieferes Verarbeiten). Sie unterstützen konzeptionelles Lernen und Verstehen und wirken sich nicht zuletzt förderlich auf die erzielten Lernleistungen aus (Schiefele 1996). Ebenfalls durch Studien gut belegt sind die Auswirkungen auf emotionale Prozesse beim Lernen. Während Formen **fremdbestimmt motivierten Lernens** von Angst und Unlusterlebnissen begleitet werden, zeichnen sich die **selbstbestimmten Motivationsvarianten** durch emotional positive Erlebnisqualitäten aus. Projekte in der betrieblichen Erstausbildung unterstützen den Ansatz von Prenzel, da dieser Ansatz zu Erkenntnissen führt, die bei der Gestaltung motivationsunterstützender Lernumgebungen zu berücksichtigen sind. Leider steht ein empirischer Beleg zu Prenzels Ansatz für die Gestaltung motivationsunterstützender Lernbedingungen noch aus. Die folgende Abbildung zeigt zusammengefasst die **relevanten Aspekte der Lernmotivation**.

Die lernpsychologischen Ausführungen, die sich hier insbesondere auf die Lernmotivation beziehen, verdeutlichen, dass der Stand der Wissenschaft sehr heterogen ist und viele einzelne Untersuchungen zu je verschiedenen Aspekten der Lernmotivation erfolgten. Die Wirkzusammenhänge der berichteten Aspekte sind sicherlich als multikausal anzunehmen, dabei werden sowohl personale als auch situationale Aspekte der Lernsituation eine sich wechselseitig beeinflussende Rolle einnehmen.

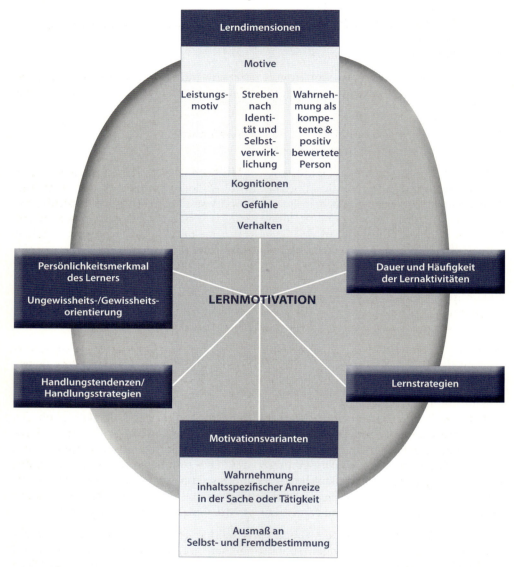

2.2.3 Diagnose der Lernvoraussetzungen Studierender

Wenn schon die lernpsychologische Betrachtung des Lerners ein facettenreiches Bild ergibt und erste Aspekte aufzeigen kann, die die Lernvoraussetzungen Studierender beeinflussen, ist es kaum verwunderlich, dass unterschiedliche Ansätze bestehen, Aspekte eines Studierendenverhaltens zu diagnostizieren und darüber Auskünfte über Lernvoraussetzungen der Studierenden zu erhalten.

Beschäftigt man sich mit der Diagnose der Lernvoraussetzungen Studierender im universitären Kontext, sind gleichermaßen drei thematische Schwerpunkte tangiert:
- die Thematik **Studierfähigkeit,**
- die Thematik **Diagnoseinstrumente** zur Erhebung der Lernvoraussetzung Studierender,
- die Thematik **Lehrevaluation.**

Im Folgenden werden diese drei Stränge skizziert, um zu einem Bild zu kommen, das vielfältige Ansatzpunkte zur Diagnose der Lernvoraussetzungen Studierender bietet.

2.2.3.1 Der Begriff Studierfähigkeit und seine wesentlichen inhaltlichen Bestimmungen

Heldmann (1984) legte mit Unterstützung des Hochschulverbandes empirische Ergebnisse einer Umfrage zur Studierfähigkeit mit 1300 Hochschullehrern aus insgesamt 27 Fachdisziplinen der deutschen Universitäten vor. Die aus dieser Pilotstudie gewonnenen Aussagen der Hochschullehrer sollen u.a. dazu beitragen, einen Konsens über den Hochschulzugang in der Gesellschaft zu finden. Unter Studierfähigkeit fallen personale, formale und materiale Bildungsvoraussetzungen (Heldmann 1984, S. 19). Die Basis der Studierfähigkeit sind allgemein bildende Inhalte, die im Fachunterricht vermittelt werden. Unverzichtbar sind als personale und formale Elemente Ausprägungen der Persönlichkeit, allgemeines Interesse sowie geistiges und soziales Engagement, Formen geistigen Tätigseins, Ausbildungsinteresse und das Vorhandensein elementarer Techniken des wissenschaftlichen Arbeitens.

Studierfähigkeit wird als das Ergebnis eines kontinuierlichen Entwicklungsganges verstanden, der über Jahre hinweg den Schüler an bestimmte Formen des Erarbeitens herangeführt, ihn für das Erwerben geistiger Erfahrungen und Kompetenzen aufgeschlossen und ihn mit dem Sachanspruch der einzelnen Fächer ständig konfrontiert hat.

Neben der Bereitschaft zu intensivem Einsatz im Studium und der Fähigkeit des genauen und sorgfältigen Arbeitens sind es vor allem geistige Fähigkeiten und Merkmale einer starken Persönlichkeit, die für die Studierfähigkeit als wichtig erachtet werden. Die **personalen Voraussetzungen** der Lern- und Leistungsbereitschaft, des Denkvermögens und des Ausbildungsinteresses sind nach Auffassungen der Hochschullehrer bei Studienanfängern tatsächlich vorhanden. Sie umschreiben **allgemeine Befähigungen, die für die Studierfähigkeit von zentraler Bedeutung sind.**

Im Bereich **formaler und kategorialer Voraussetzungen,** die eher den Arbeitstechniken und den Arbeitshaltungen zuzuordnen sind, zeigen sich nach Einschätzung der Hochschullehrer dagegen bei den Studienanfängern erhebliche **Defizite.** Diese liegen vor allem
- in der Vertrautheit mit elementaren Arbeitstechniken,
- in Kenntnissen der Methoden der Geistes-, Sozial- und Naturwissenschaften,
- in der Arbeitsqualität,
- im Ausdrucksvermögen,
- in der Technik der schriftlichen Darstellung,
- in der Präsenz des Wissens,

- in der Selbstständigkeit und Motivation,
- in der Ausdauer und Belastbarkeit sowie
- im Differenzierungsvermögen.

Heldmann (1984, S. 19 ff.) räumt an dieser Stelle ein, dass die Schuld an diesen unzureichend vermittelten Voraussetzungen nicht den weiterführenden Schulen zuzuschreiben sei, sondern der politischen Öffentlichkeit, die programmatischen Setzungen den Vorrang vor dem individuellen Bildungsschicksal junger Menschen gegeben habe, die im Vertrauen auf die Ehrlichkeit dieser Vorgaben in weiterführende Bildungswege eingetreten seien. Mit der Aufnahme des Studiums mussten diese jungen Menschen aber erfahren, dass sie nicht die entsprechenden Voraussetzungen mitbrächten. Dies ist umso dramatischer, da die universitäre Bildung nicht auf die wissenschaftlichen Standards verzichten kann, wenn sie weiterhin ihren gesellschaftlichen Auftrag erfüllen soll.

Die in der Pilotstudie von Heldmann (1984) befragten Hochschulprofessoren gaben des Weiteren an, dass vier Fächer unabhängig von den Fächerprofilen der Universitäten in allen Fachdisziplinen von den Befragten als unentbehrlich bzw. nützlich erachtet wurden, nämlich Deutsch, Englisch als erste Fremdsprache, Mathematik und eine weitere Fremdsprache.

Die durch die Leistungskriterien und Fächerprofile umschriebene Studierfähigkeit entwickelt sich in einem langjährigen und kontinuierlich verlaufenden Prozess anspruchsvollen geistigen Arbeitens, während der Schulzeit vor allem in den klassischen Unterrichtsfächern (u.a. Deutsch, Fremdsprachen, Mathematik, Geschichte). Grundkurse und Leistungskurse in weiterführenden Schulen leisten dabei einen gleichwertigen Beitrag zur Studierfähigkeit. Während die Grundkurse ein hinlängliches Maß an Allgemeinbildung sicherten, dienten die Leistungskurse vornehmlich der Vorbereitung auf wissenschaftliches Arbeiten. Für das Studium sei es besonders wichtig, dass Grundlagenkenntnisse vorhanden seien, dass die Strukturen und Zusammenhänge des Unterrichtsfaches verstanden würden und dass im Unterricht weniger Meinungen über die Fakten vorgetragen würden, sondern diese selbst Gegenstand des Unterrichts seien. Ferner sollte sich der Unterricht in Zusammenarbeit mit benachbarten Leistungskursen vornehmlich der Vermittlung der Strukturen des wissenschaftlichen Erkennens und Arbeitens in den jeweiligen Schwerpunktbereichen widmen.

Aus den Noten des Reifezeugnisses lässt sich entnehmen, welche Studienschwerpunkte von der Schule auf der Grundlage der Fähigkeiten und Interessen des Studienanfängers zu empfehlen sind. Ferner soll die Universität die Möglichkeit erhalten, die Studienanfänger, soweit erforderlich, im Blick auf bestimmte fachspezifische Erfordernisse zu überprüfen. So forderte der Deutsche Hochschulverband (1993), dass eine Unterstützung der Autonomie der Hochschulen derart erfolgen müsse, dass die fachlichen Anforderungen an die Schulbildung für ein Studienfach durch die Universitäten selbst zu formulieren und festzulegen seien. So, die Prognose des Deutschen Hochschulverbandes, könnten die Universitäten ein erhöhtes Maß an Verantwortung für den Studienerfolg übernehmen und gleichermaßen verstärkt studiengangsspezifische Profile entwickeln. Die Fachdisziplinen der Universitäten müssen ihre inhaltlichen Eingangsvoraussetzungen realistisch, d.h. für die Schüler erreichbar, definieren und bekannt machen. Der Studienplan kann nur auf einem definierten für alle einheitlichen Eingangsniveau aufgebaut werden. Während des Grundstudiums muss eine kontinuierliche Leistungsüberprüfung stattfinden. Das Ziel ist, dem Studienanfänger zu ermöglichen, Defizite frühzeitig in eigener Verantwortung zu beseitigen oder das Studienziel zu korrigieren.

Mit Blick auf die hier skizzierten Befunde der Pilotstudie von Heldmann (1984) und der heute aktuellen Forderung, dass Universitäten demnächst ihre Studierenden selber auswählen sollen (s. hierzu die Vorschläge von Trost und Haase 2005), soll im Folgenden ein Überblick über aktuelle Studierfähigkeitstests gegeben werden.

2.2.3.2 Studierfähigkeitstests

Laut Trost (2003) ist es empfehlenswert, mit dem Terminus **„Studierfähigkeitstests"** (Scholastic Aptitude Tests) die Gruppe von Testverfahren zu belegen, die intellektuelle, für erfolgreiches Studieren relevante Fähigkeiten messen (s.a. Deidesheimer Kreis 1997). Es lassen sich zwei Arten von Studierfähigkeitstests differenzieren: allgemeine Studierfähigkeitstests und studienfach- bzw. studienfeldspezifische Studierfähigkeitstests.

- **Allgemeine Studierfähigkeitstests** dienen dem Zweck, intellektuelle Fähigkeiten zu erfassen, die für akademische Ausbildungsgänge relevant sind.
- **Spezifische Studierfähigkeitstests** prüfen Fähigkeiten, die für die Bewältigung bestimmter Studiengänge oder Studienfelder besonders bedeutsam sind.

Das Grundkonzept der Studierfähigkeitstests beruht auf einem einfachen Repräsentationsschluss: Typische Anforderungssituationen des Studiums sollen in einer „en-miniature-Situation" abgebildet werden.

> **Beispiel**
> - Aufnehmen und Verarbeiten von Lehrbuchtexten
> - Interpretieren von Informationen, die grafisch oder tabellarisch dargeboten werden

Je besser die Person den Test bearbeitet, mit den dort repräsentierten Anforderungen zurechtkommt, desto höher ist die Wahrscheinlichkeit, dass sie in der Folgezeit auch die tatsächlichen Studienanforderungen ähnlicher Art bewältigt. Bei den spezifischen Studierfähigkeitstests wird die Fachnähe dadurch verstärkt, dass die betreffenden kognitiven Funktionen anhand von Inhalten geprüft werden, die typisch sind für den Lernstoff des jeweiligen Studiums.

> **Beispiel**
> Beispielsweise kann das Verstehen und richtige Interpretieren von Lehrbuchtexten in einem Studierfähigkeitstest für die medizinischen Studiengänge mittels eines Textes aus der Physiologie, in einem Test für die wirtschaftswissenschaftlichen Studiengänge mittels eines Textes aus der Volkswirtschaftslehre erfasst werden.

Damit wird zugleich geprüft, wie weit der/die Testbearbeiter/-in in der Lage ist, sich in die Terminologie und in die Darstellungsformen der betreffenden Fächer hineinzudenken. Fachliches Vorwissen ist auch hier nicht erforderlich. Alle Informationen, die zur Lösung der Testaufgaben benötigt werden, sind im Aufgabenmaterial enthalten.

2.2.3.2.1 Studierfähigkeitstests in deutscher Sprache

Im deutschen Sprachraum ist seit den 70er Jahren eine Vielzahl von allgemeinen und spezifischen Studierfähigkeitstests entwickelt worden. Diese Tests wurden benötigt, um auf objektive Weise Fähigkeiten zu prüfen, die zur Bewältigung der Anforderungen der jeweiligen Studiengänge besonders relevant sind und ferner eine gewisse zeitliche Stabilität besitzen.

> ➤ **Allgemeine Studierfähigkeitstests**

Der erste Studierfähigkeitstest war der **„Auswahltest der Studienstiftung" (ATS)**, der in einem mehrstufigen Auswahlverfahren für Bewerberinnen und Bewerber um ein Stipendium in der Studienstiftung des deutschen Volkes durchgeführt wurde. Der ATS besteht aus einem Verbalteil mit 80 Aufgaben sowie einem quantitativen Teil mit 30 Aufgaben und dauert ca. 3 Stunden (Trost 1980). Ergebnisse zur Evaluation des ATS finden sich bei Trost (1986).

Der **„Test der akademischen Befähigung" (TAB)** ist auf die Erfassung der Leistungsfähigkeit der Gesamtheit der Absolventen der Sekundarstufe II zugeschnitten. Der TAB umfasst sieben Aufgabengruppen: vier verbale (Textverständnis, Fehleranalyse, Sprachensysteme, fremdsprachliches Leseverständnis), zwei quantitative (mathematisches Grundverständnis, Diagramme und Tabellen) und eine figurale (figurale Relationen). Er besteht aus 123 Aufgaben, für die eine Bearbeitungszeit von 3,5 Stunden angesetzt ist. Die Elemente des TAB waren über viele Jahre Bestandteil eines Auswahlverfahrens für die Zulassung zur staatlichen Fachhochschule für Forstwirtschaft in Rottenburg/Neckar. Daten zur Evaluation dieses Tests sind z.B. bei Hitpaß, Ohlsson und Thomas (1984) sowie bei Trost und Freitag (1990) dokumentiert.

Die so genannten **„Reihungstests"** (siehe Abb. auf S. 79) stellen eine Mischform aus Elementen eines allgemeinen Studierfähigkeitstests und Elementen spezifischer Studierfähigkeitstests dar. Sie bestehen aus einem allgemeinen Teil, der für die Zulassung zu allen in die Auswahlverfahren einbezogenen Studiengängen eingesetzt wird, und jeweils spezifischen Aufgabengruppen für die einzelnen Studienfelder. Die Reihungstests werden seit Mitte der 1990er Jahre für die Zulassung zu mehreren Fachhochschulen in Österreich und in Liechtenstein verwendet. Die Durchführungsdauer beträgt insgesamt 2,5–3 Stunden. Evaluationsstudien wurden von Hell (1998) und Hormes (2000) bereits vorgelegt.

➤ Struktur der „Reihungstests"

Allgemeiner Teil	
Quantitatives Problemlösen	(24 Aufgaben, 45')
Figuren-Reihen	(36 Aufgaben, 18')
Wort-Analogien	(24 Aufgaben, 12')

Technisch orientierte Studiengänge	Wirtschaftlich orientierte Studiengänge	InterMedia	Information and Communication Engineering
Funktionale Beziehungen (24 Aufgaben, 60′)	Analyse wirtschaftlicher Zusammenhänge (24 Aufgaben, 65′)	Sprachstile (30 Aufgaben, 25′)	Formale Systeme (24 Aufgaben, 60′)
Technisches Verständnis (24 Aufgaben, 50′)	Diagramme und Tabellen (24 Aufgaben, 60′)	Perspektiven (24 Aufgaben, 15′)	Sprachensysteme (24 Aufgaben, 60′)
		Figuren entdecken (24 Aufgaben, 60′)	

(Quelle: Trost 2003)

▶ Spezifische Studierfähigkeitstests

Im deutschen Sprachraum sind für sechs Studienfelder und drei Studiengänge spezifische Studierfähigkeitstests entwickelt worden. Exemplarisch werden für die Studienfelder Ingenieurwissenschaften, Naturwissenschaften, Rechtswissenschaften und Wirtschaftswissenschaften (hier auch für Fachhochschulen) die spezifischen Studierfähigkeitstests vorgestellt.

- Für das Studienfeld Ingenieurwissenschaften liegt ein knapp 4 Stunden dauernder **„studienfeldbezogener Beratungstest Ingenieurwissenschaften"** vor. Seine Aufgabengruppen sind: Textverständnis, Flussdiagramme, Diagramme, funktionale Beziehungen, technisches Verständnis und Raumvorstellung. Evaluationsstudien zu diesem Test werden von Blum, Hensgen und Trost (1985), Brandstätter (2001) sowie Trost und Freitag (1990) vorgelegt.
- Der **„studienfeldbezogene Beratungstest Naturwissenschaften"** besteht aus einem allgemeinen Teil mit drei Aufgabengruppen (Textverständnis, mathematisches Grundverständnis, Diagramme), die von allen Interessenten für naturwissenschaftliche Studiengänge bearbeitet werden. Der spezifische Teil setzt sich aus jeweils zwei Aufgabengruppen für Biologie (biologisches Verständnis), Mustererkennung, Chemie (qualitative Stoffanalyse, Strukturen vergleichen) und für Physik (funktionale Beziehungen, physikalisches Verständnis) zusammen. Die Test-Gesamtdauer liegt bei ca. 3,5 Stunden. Ergebnisse der Evaluationsstudien sind bei Blum, Hensgen und Trost (1985), Brandstätter (2001) sowie Trost und Freitag (1990) dargestellt.
- Der dreieinhalbstündige **„Beratungstest für den Studiengang Rechtswissenschaft"** besteht aus zehn Aufgabengruppen (Indizien, Fälle und Normen, Fallbewertung, Fehleranalyse, Satzkorrektur, Inferenz, Argumentation, Textverständnis, Diagramme und Tabellen sowie Normdeutung). Daten zur Evaluation enthalten die Berichte von Blum, Hensgen und Trost (1985), Brandstätter (2001) sowie Trost und Freitag (1990).

- Neun Aufgabengruppen umfasst der **„Beratungstest für das Studienfeld Wirtschaftswissenschaften"**: Analogien, Kalkulation, Textverständnis, Fehleranalyse, Marktmodell, Informationsanalyse, Formalisierung, Inferenz sowie Diagramme und Tabellen. Der Test dauert 3,5 Stunden. Ergebnisse aus Evaluationsstudien finden sich bei Blum, Hensgen und Trost (1985), Brandstätter (2001) sowie Trost und Freitag (1990).
- Seit dem Jahr 1999 wird in Baden-Württemberg zweimal jährlich ein **„Studierfähigkeitstest für wirtschaftswissenschaftliche Studiengänge an Fachhochschulen"** durchgeführt. Sieben Fachhochschulen berücksichtigen die Ergebnisse dieses Tests bei der Auswahl ihrer Studierenden. Das neue baden-württembergische Hochschulgesetz legt fest, dass bei örtlicher Zulassungsbeschränkung 40 % der Studienplätze nach dem Ergebnis eines von der Hochschule durchgeführten Eignungsfeststellungsverfahrens (hier des Studierfähigkeitstests) vergeben werden. Der „Studierfähigkeitstest wirtschaftswissenschaftlicher Studiengänge an Fachhochschulen" besteht aus fünf Aufgabengruppen: Textverständnis (Bearbeiten der Texte), Sprachgefühl, Textverständnis (Bearbeiten der Aufgaben), schlussfolgerndes Denken und Diagramm-Analyse. Die Bearbeitungszeit für den Gesamttest beläuft sich auf ca. 3,5 Stunden. Für diesen Test stehen Daten aus Bewährungskontrollen zur Prognosekraft noch aus, da noch nicht genügend Zeit bis zum Erheben aussagefähiger Kriterien des Studienerfolgs verstrichen ist.

Derzeit gibt es im deutschen Sprachraum eine beträchtliche Anzahl von Studierfähigkeitstests mit einer großen Breite an Aufgabentypen. Für neuere methodische Studien siehe die aktuellen Publikationen von Hell, Trappmann und Schuler (i. Dr.). Es ist zu erwarten, dass solche Tests weiterentwickelt werden und sich gerade als attraktive Auswahlinstrumente für private Hochschulen und Fachhochschulen eignen. So existieren bereits von wissenschaftlichen Instituten Angebote von Testdiagnostikern, fachspezifische Studierfähigkeitstests für die Zulassung von Bachelor- und Master-Studiengängen zu entwickeln.

2.2.3.2.2 Studierfähigkeitstests in englischer Sprache

Die breiteste Verwendung finden Studierfähigkeitstests in den **USA**. Allgemeine Studierfähigkeitstests sind fester Bestandteil der Auswahlverfahren für die Zulassung zu den allermeisten Colleges sowie zu praktisch allen Graduate oder Professional Schools. Daneben gibt es für bestimmte Graduierten-Studiengänge – insbesondere für die Studiengänge Medizin, Rechtswissenschaft und Wirtschaftswissenschaft – spezifische Studierfähigkeitstests. Diesen Tests haben sich auch ausländische Bewerber/-innen zu unterziehen, wenn sie an amerikanischen Hochschulen studieren wollen. Einige der US-amerikanischen Studierfähigkeitstests werden auch in Kanada bei der Zulassung zur Einrichtung des tertiären Bildungsbereiches eingesetzt.

In **Großbritannien** haben sich Studierfähigkeitstests nie auf breiter Front durchgesetzt. Die Zulassungsentscheidungen beruhen vor allem auf einer Bewertung der Leistung in der Sekundarstufe, auf Empfehlungsschreiben der Schule und auf Interviews. Wenige Hochschulen, wie Oxford und Cambridge, führen schulstoffbezogene Auswahltests durch. In jüngster Zeit hat jedoch eine Debatte über die mögliche Einbeziehung allgemeiner Studierfähigkeitstests in das Auswahlverfahren bei der Zulassung zu britischen Universitäten eingesetzt (Whetton, McDonald und Newton 2001).

Dagegen spielen bei der Zulassung zu den Hochschulen **Australiens** Studierfähigkeitstests eine bedeutende Rolle. In mehreren Staaten wird ein allgemeiner Studierfähigkeitstest, der „Australian Scaling Test" verwendet.

In **Israel** ist seit Anfang der 80er Jahre ein Studierfähigkeitstest Bestandteil der Auswahlverfahren für die Zulassung zu allen Universitäten. Das Testergebnis wird kombiniert mit dem Abgangszeugnis aus der Sekundarstufe sowie mit den Ergebnissen externer schulstoffbezogener Kenntnistests. Der Studierfähigkeitstest wird in sechs verschiedenen Sprachen angeboten, um den Immigranten aus allen Teilen der Welt gleiche Chancen zu bieten, darunter auch in Englisch.

➤ Allgemeine Studierfähigkeitstests

Der amerikanische **„Scholastic Aptitude Test" (SAT)** ist Eigentum des College Entrance Examination Board (College Board) mit Sitz in New York. Der Test wird in jährlich mehreren neuen Versionen vom Educational Testing Service in Princeton, New Jersey, entwickelt, der die Organisation der Durchführung und die Auswertung vornimmt. Der SAT besteht aus zwei Teilen: dem **SAT I („Reasoning Test")** und dem **SAT II („Subject Test")**. Der Reasoning Test dauert knapp drei Stunden und enthält folgende Aufgabengruppen: Verbalteil (Satzergänzung, Wort-Analogien, kritisches Lesen), einen Mathematik-Teil (Aufgaben aus Arithmetik, Algebra, Geometrie und Wahrscheinlichkeitsrechnung), logisches Schlussfolgern (Operieren mit neu definierten Symbolen). Der Subject Test besteht aus verschiedenen Tests von jeweils einer Stunde Dauer, die das Wissen in bestimmten Schulfächern und die Fähigkeit, dieses Wissen anzuwenden, prüfen. Die Bearbeitung des Reasoning Tests ist bei der Zulassung zu jedwedem College-Studiengang erforderlich. Bei den Subject Tests ist jeweils nur die Teilnahme an den für den gewünschten Studiengang relevanten fachbezogenen Kenntnistests Voraussetzung für die Bewerbung.

Der wichtigste allgemeine Studierfähigkeitstest, der in den Vereinigten Staaten bei der Zulassung zum Graduierten-Studium nach dem Collegeabschluss verwendet wird, ist die **„Graduate Record Examination" (GRE),** die aus

1. einem allgemeinen Test („General Test"), der „entwickelte verbale, quantitative analytische Fähigkeiten" prüft,
2. einem Aufsatz („Writing Assessment"), der die „Leistung im kritischen Schlussfolgern und analytischem Schreiben" prüft und
3. einer Reihe von acht studienfachbezogenen Wissenstests („Subject Tests")

besteht, 93 Aufgaben umfasst und 1,5 Stunden dauert.

Ein etwas anders konzipierter Studierfähigkeitstest ist der **„Queensland Core Skills Test" (QCS).** Er ist Teil des Verfahrens zur Hochschulzulassung im australischen Bundesstaat Queensland. Die Testaufgaben sind von übergreifenden Lernzielen hergeleitet, die in der Sekundarstufe 2 erreicht werden sollen. Der Test besteht aus drei Teilen: Er umfasst 100 Mehrfachwahl-Aufgaben, 20 Aufgaben, zu denen die

Bearbeiter kurze Antworten einzutragen haben, und einer „Writing Task" zu einem vorgegebenen komplexen Thema, das in beliebiger Prosa- oder Poesieform bearbeitet werden kann. Insgesamt dauert der QCS 7 Stunden.

➤ Spezifische Studierfähigkeitstests

Spezifische Studierfähigkeitstests sind die erwähnten „Subject Tests". Sie prüfen jedoch vor allem schulstoffbezogenes Wissen und sind deshalb nicht als Studierfähigkeitstests im engeren Sinne zu bezeichnen. Im englischen Sprachraum gibt es drei verbreitete spezifische Studierfähigkeitstests. Sie werden an den meisten Universitäten der Vereinigten Staaten, zusätzlich zur „Graduate Record Examination", bei der Zulassung zum Graduierten-Studium der Wirtschaftswissenschaft, der Rechtswissenschaft und der Medizin verwendet.

- Der „**Graduate Management Admission Test**" **(GMAT)** besteht aus zwei „Analytical Writing Assessment Essays" zu zwei verschiedenen Themen sowie aus einem Mathematikteil und einem Verbalteil, beide mit Mehrfachwahl-Aufgaben. Die Aufgabengruppe „Analytical Writing Assessment Essays" besteht aus Assessment I und II. Der Mathematikteil setzt sich aus zwei Aufgabengruppen, dem Problemlösen und dem „Data Sufficiency" zusammen. Der Verbalteil umfasst eine Aufgabengruppe Satzkorrektur und kritisches Schlussfolgern sowie Textverständnis. Der GMAT wird von einigen selektiven Universitäten in nicht englischsprachigen Ländern gefordert, wenn sie Kurse in englischer Sprache anbieten bzw. wenn sie einen Teil des Studiums als Auslandsstudium in einem angelsächsischen Land vorsehen (so z.B. die Wissenschaftliche Hochschule für Unternehmensführung Koblenz).
- Der „**Law School Admission Test**" **(LSAT)** umfasst ca. 75 Aufgaben sowie einen Aufsatzteil und dauert etwa 2,5 Stunden. Die Aufgaben beziehen sich auf die Aufgabengruppen „Logical Reasoning" (Arguments), Analytical Reasoning (Games), Reading Comprehension and Writing Sample.
- Der „**Medical College Admission Test**" **(MCAT)** besteht aus vier Testteilen: Zwei Testteile prüfen Wissen in naturwissenschaftlichen Fachgebieten („Physical Science"; „Biological Science"). Zudem sind zwei Aufsätze zu schreiben („Writing Sample"; „Verbal Reasoning").

2.2.3.3 Brauchbarkeit von Studierfähigkeitstests

Die Brauchbarkeit von Studierfähigkeitstests lässt sich anhand der wissenschaftlichen Gütekriterien Objektivität, Zuverlässigkeit und Gültigkeit beurteilen. Daneben sind weitere Kriterien wie Fairness, Trainierbarkeit und Ökonomie solcher Verfahren von Bedeutung (Trost 2003).

Die **Objektivität der Studierfähigkeitstests** ist in sehr hohem Maße erfüllt. Bezüglich dieses Kriteriums sind Studierfähigkeitstests anderen eignungsdiagnostischen Verfahren wie dem Interview, aber auch der Berücksichtigung von Schulnoten bei Zulassungsentscheiden deutlich überlegen.

Die **Zuverlässigkeit der Studierfähigkeitstests** ist mithin als sehr hoch zu bezeichnen (siehe Fay 1982, Beller 1993, S. 123; Donlon 1984).

Zur **prognostischen Gültigkeit von Studierfähigkeitstests** liegt eine große Zahl in- und ausländischer Studien vor. Der am häufigsten gewählte Ansatz, die Prognosekraft solcher Tests zu überprüfen, besteht in der Bestimmung der Enge des Zusammenhangs zwischen der Testleistung vor Studienbeginn und den späteren Leistungen derselben Person im Studium (z.B. Examensnoten). Stellt man die Prognosekraft von Studierfähigkeitstests der Prognosekraft anderer Instrumente bzw. Kriterien gegenüber, die ebenfalls bei der Zulassung zum Hochschulstudium herangezogen werden, so gelangt man zu den folgenden Aussagen (Trost 2003):

- Die höchste prognostische Gültigkeit kommt weltweit der Schulabschlussnote zu. Die Korrelationswerte liegen überwiegend im Bereich von 0.40 – 0.50. An zweiter Stelle rangieren generell die Ergebnisse in Studierfähigkeitstests, die in einzelnen Fällen die Schulabschlussnoten sogar an prognostischer Gültigkeit übertreffen.
- Die Kombination von Schulabschlussnote und Ergebnis eines Studierfähigkeitstests führt zu einer beträchtlichen Erhöhung der Vorhersagegenauigkeit.
- Die Ergebnisse von Auswahlgesprächen weisen eine wesentlich niedrigere prognostische Güte auf als die beiden soeben genannten Auswahlkriterien. Die ermittelten Korrelationswerte liegen überwiegend um 0.20 (Trost 1996).

Was die **Fairness** der Studierfähigkeitstests angeht, belegen einige empirische Studien, dass die Studierfähigkeitstests keine der beiden Geschlechtergruppen benachteiligen. Diese Ergebnisse beziehen sich auch auf soziale Gruppen.

Zur **Trainierbarkeit der Studierfähigkeitstests** ist festzuhalten, dass Testteilnehmer mit dem Test vertraut gemacht werden sollten, indem eine Testbroschüre bereitgestellt wird, in der die Original-Instruktionen zu den einzelnen Aufgabengruppen und Beispielaufgaben mit Erläuterung abgedruckt sind. Hilfreich ist es, eine oder mehrere komplette Testversionen zu veröffentlichen, die jeder Interessierte für sich selbst unter Ernstfallbedingungen erarbeiten kann. Untersuchungen zeigen, dass, wenn alle Testbearbeiter in dieser Weise vorbereitet sind, sich die Leistungsunterschiede keineswegs verwischen, sondern vielmehr die Studierfähigkeitstests dann eher noch besser zwischen den geeigneten und weniger geeigneten Kandidaten und Kandidatinnen differenzieren, da deren Testergebnisse nicht durch unterdurchschnittliche Vertrautheit mit der Testsituation verfälscht werden.

Die **Ökonomie** betreffend ist festzuhalten, dass die Kosten für die Durchführung und Auswertung eines einmal entwickelten Studierfähigkeitstests relativ gering sind. Die Verfahren können als Gruppentests mit großen Teilnehmerzahlen durchgeführt werden. Die Auswertung kann maschinell erfolgen. Die Kosten eines Studierfähigkeitstests sind dem Nutzen gegenüberzustellen, der deren Verwendung bringt. Die massive Erhöhung der „Trefferquote" (Anteil der tatsächlich Geeigneten unter den Zugelassenen) senkt die Zahl der Studienabbrecher und führt zu einer Steigerung der in den Prüfungen Erfolgreichen. Im Mittel werden bessere Examensnoten erzielt und die mittlere Studiendauer bis zum Ablegen des Abschlusses verkürzt. Alle diese Faktoren führen zu erheblichen Kosteneinsparungen. Der Nutzen von Studierfähigkeitstests für die Studieninteressierten liegt in einer Orientierungsfunktion, die diesen Tests neben der Auslesefunktion zukommt. Dank einer verbesserten „Passung" zwischen den Fähigkeiten der Studierenden und den Anforderungen und Angeboten der jeweiligen Studiengänge kann von einer Erhöhung der Qualität der Studienergebnisse ausgegangen werden.

2.2.3.4 Tests zur Diagnose des Lernverhaltens Studierender

2.2.3.4.1 Lernstrategie-Inventar

Das **Lernstrategie-Inventar von Metzger, Weinstein und Palmer (1995)** stellt die Stärken und Schwächen in acht maßgeblichen Lernstrategien dar. Die Autoren legen ihrem Fragebogen ein kognitivistisches Lernmodell zugrunde. Die acht Strategien heißen: sich motivieren, mit der Zeit umgehen, sich konzentrieren, mit Angst umgehen, Wissen erwerben (Wesentliches erkennen), Informationen verarbeiten, Prüfungen bewältigen und sich selbst kontrollieren.

Das Diagnostikum setzt sich zusammen aus dem eigentlichen Lernstrategie-Inventar und einem Fachbuch für Studierende an Universitäten und Fachhochschulen. Die Durchführung basiert auf einer Selbsteinschätzung und einem Selbststudium oder einer Gruppenarbeit und somit einer Kombination des Inventars und des entsprechenden Fachbuches der Autoren.

Die Testperson wird nach der Ermittlung ihrer Rohwerte für die acht Lernstrategieskalen eingeladen, diese direkt zu vergleichen (Entdeckung eventueller Lücken), um anschließend ihre Ergebnisse mit denen einer umfangreichen Norm-Stichprobe vergleichen zu können. Die Itemanalyse wird von den Autoren als befriedigend eingeschätzt. Die Norm-Stichprobe bezieht sich auf N = 2000 Personen, wobei keine Repräsentativität seitens der Autoren angestrebt bzw. dokumentiert wurde. Das Buch der Autoren enthält zusätzlich zu den acht erwarteten Strategiekapiteln ein Kapitel zum Thema „Eine schriftliche Arbeit verfassen".

Während das psycho-pädagogische Grundkonzept des Lernstrategie-Inventars für Studentinnen und Studenten als ausgezeichnet bewertet werden kann, sind die acht Strategien zu wenig zusammenhängend eingebunden und eher empiristisch als kognitionspsychologisch begründet.

2.2.3.4.2 Halb-Test

Der so genannten **Halb-Test von Stangl und Stangl (2003)** dient dazu, Wahrnehmungs- und Verarbeitungsformeln zu erfassen, die für Schüler, Studenten und Lernende generell als relevant erscheinen. Neben den beiden Sinneskanälen Sehen und Hören werden das Lesen und das Ausführen von Handlungen als Grobkategorien erfasst. Die Kategorie des Lesens berücksichtigt, dass Lernstoff heute noch überwiegend literal dargeboten wird, die Handlungskategorie berücksichtigt den konstruktivistisch-aktivistischen Aspekt des Lernens (vgl. Stangl 2003b).

Der Halb-Test besteht aus zehn Fragen mit jeweils vier Alternativen. Bei jeder Frage müssen zwei Antwort-Alternativen gewählt werden, um neben der bei jeder Frage am nächsten liegenden Wahrnehmungs- und Verarbeitungsform noch eine weitere zu evozieren. Durch diese Methode wird der von den Situationen ausgehende reaktionsspezifische Druck etwas relativiert und auch der Score der Testpersonen erhöht. Der Halb-Test liegt als Papier-Bleistift-Version und als Online-Version vor. Zur Papier-Bleistift-Version: Nach der Durchführung des Tests werden die gewählten Antworten in ein Auswertungsschema übertragen, Rohprofilwerte berechnet und in ein vorgegebenes Profilschema eingetragen. Die vier Wahrnehmungs- und Verarbeitungsformen werden zur Interpretation der Testergebnisse beschrieben:

➤ Handelndes Lernen

Manche Personen probieren lieber etwas aus. Sie bevorzugen es, wenn ihnen jemand etwas demonstriert und sie es danach selber ausprobieren können. Für solche Personen ist es günstig, einen Lernstoff mit eigenen Erlebnissen in Beziehung setzen zu können, mit anderen gemeinsam aktiv zu sein, etwa in Spielen, Experimenten oder Gruppenarbeiten. Sie bevorzugen Tests und Aufgaben, die ein eigenständiges Lernen ermöglichen. Für das Lehrpersonal gilt, solche Personen unmittelbar am Lernprozess zu beteiligen, denn sie werden rasch ungeduldig, wenn sie sich nicht bewegen und „irgendetwas tun" können.

➤ Akustisches Lernen

Diese Personen lernen am besten, wenn ihnen jemand etwas mit Worten erklärt. Sie verlassen sich auf ihre Fähigkeit, gut zuhören zu können und dabei das Vorgetragene zu behalten. Es fällt ihnen leicht, gehörte Informationen aufzunehmen, zu behalten und wiederzugeben. Sie sind in der Lage, oft auch ausführlichen mündlichen Erklärungen zu folgen. Aus Untersuchungen ist belegt, dass aber nur sehr wenige Personen diesem Typus zuzuordnen sind (weniger als 10%). Diskussionen und Frage-Antwort-Sitzungen sind für ihre Art des Lernens ideal. Am besten behalten sie den Lernstoff, wenn sie mit jemandem über diesen sprechen oder jemandem darüber Fragen stellen können. Sie prüfen sich gegenseitig gerne ab, einige sprechen den Lernstoff auf ein Tonband, das sie sich öfter anhören.

➤ Lesendes Lernen

Für diese Personen sind gute Lehrbücher mit viel Text der Idealfall, denn sie eignen sich ihr Wissen am leichtesten über schriftliche Quellen an. Sie sind in der Lage, auch komplizierte Sachverhalte allein dadurch zu verstehen, dass sie eine genaue Beschreibung davon lesen. Sie lernen am besten, wenn sie den Lernstoff mit eigenen Worten formulieren können, Prüfungsfragen schriftlich ausarbeiten oder Merktexte am Computer anfertigen. Sie fertigen zum Lernen von Texten Auszüge an, in denen sie den Inhalt mit eigenen Worten zusammenfassen.

➤ Bildliches Lernen

Diese Personen finden sich in dem neuen Lernstoff am besten zurecht, wenn dieser in Bildern, Overheadfolien, Dias, Filmen oder Videos dargereicht wird. Das Beobachten von Handlungsabläufen macht es ihnen leicht, Dinge zu behalten. Beim Lernen veranschaulichen sie sich den Lernstoff in Form von Übersichten, Graphiken oder Bildern. Komplizierte Dinge zeichnen sich solche Personen gerne auch auf, wobei sie diese häufig farbig gestalten. Ihre Notizen schmücken sie manchmal mit Bildern und Skizzen zum Stoff aus.

LEHRHINWEISE FÜR VERSCHIEDENE WAHRNEHMUNGS- UND VERARBEITUNGSFORMEN IM HALB-TEST VON STANGL UND STANGL (2003)				
Wahrnehmungsformen	Handelndes Lernen	Akustisches Lernen	Lesendes Lernen	Bildliches Lernen
Verarbeitungsformen	■ Personen probieren lieber selbst aus ■ Personen bevorzugen praktische Demonstration	■ Personen lernen am besten durch Erklären ■ Personen favorisieren gehörte Informationen und deren Wiedergabe	■ Personen eignen sich Wissen am leichtesten über schriftliche Quellen an ■ komplizierte Sachverhalte werden allein verstanden, wenn sie genau beschrieben sind	■ Personen präferieren Lernstoff, der in Bildern, Overheadfolien, Dias oder Videos gezeigt wird ■ die Demonstration von Handlungsabläufen erleichtert die Behaltensleistung
Lehrhinweise	■ Lernstoff sollte mit eigenen Erlebnissen in Beziehung gesetzt werden ■ Lernstoff sollte mit anderen vermittelt werden (Spiele, Experimente, Gruppenarbeit) ■ Einsatz von Tests und Aufgaben zum eigenständigen Lernen ■ Beteiligung der Personen am Lernprozess	■ Diskussionen sind geeignete Lehrform ■ erarbeiteter Lehrstoff sollte besprochen und anhand von Fragen vertieft werden ■ Lerner sollten sich möglichst gegenseitig prüfen ■ Lernstoff sollte auf Tonband gesprochen werden	■ Lernstoff sollte mit eigenen Worten formuliert werden ■ Prüfungsfragen sollen schriftlich ausgearbeitet werden (Anfertigen von Merktexten) ■ Erstellung von Textauszügen zum Lernen, die mit eigenen Worten zusammengefasst werden	■ Lernstoff sollte als Übersicht, Grafik oder Bild aufgearbeitet werden ■ visuelle Darstellung komplizierter Dinge, die farbig gestaltet werden ■ Lernstoff mit Bildern und Skizzen illustrieren

In der Interpretation wird darauf hingewiesen, dass die Testpersonen sich von diesem Wissen um Wahrnehmungs- und Verarbeitungspräferenzen nicht allzu viel erwarten sollten, denn beim Lernen habe man in der Regel nur selten die Möglichkeit, die Form der Darbietung des Lernstoffes zu wählen. Es wird daher hervorgehoben, dass der Lehrstoff allein einen viel stärkeren Einfluss auf die Form der Rezeption und des Lernens hat. Mit Blick auf Befunde der Psychologie erfolgt der Hinweis, beim Lernen möglichst viele Kanäle in den Lernprozess einzubeziehen, um damit die Behaltens- und Reproduktionsleistung zu erhöhen. Bei jedem Lerntyp werden auch Hinweise auf erfolgreiche Lernmethoden (aus der Sammlung der eigenen Lerntipps) gegeben, die für diesen charakteristisch sind, wobei empfohlen wird, diese gemäß der eigenen Präferenz zu betrachten bzw. anzuwenden.

Die Testaufgaben der Online-Version sind inhaltlich mit der Papier-Bleistift-Version identisch. Im Gegensatz zu den Rohwerten bei der Papier-Bleistift-Version wird hier eine in Prozent umgerechnete Verteilung der vier Kategorien als Ergebnis geliefert. Die Interpretation der vier Variablen ist in beiden Varianten identisch. Die Testdauer für beide Versionen beträgt ca. 4-5 Minuten. Bei der Online-Version erfolgt die unmittelbare Ausgabe der prozentualen Verteilung der vier Wahrnehmungs-Verarbeitungs-Präferenzen durch ein Java-Script. Eine grafische Ausgabe ist zwar bei vier Kennzahlen nicht sinnvoll, es wird jedoch nach Vorliegen einer größeren Anzahl von Online-Daten ein Vergleich mit einem Durchschnittsprofil vorbereitet. Eine solche Analyse erfordert zumindest eine weitere Automatisierung über eine Datenbank bzw. ein cgi-Script.

2.2.3.4.3 Fragebogen zum selbstgesteuerten Lernen

Der **Fragebogen von Konrad (1997)** ist ein spezifisches Forschungsinstrument zur **Untersuchung personeninterner Determinanten selbstgesteuerten Lernens** im Bereich der Pädagogischen Psychologie.

Unter selbstgesteuertem Lernen wird verstanden, dass eine Person sich selbst motiviert und das Lerngeschehen eigenständig plant, steuert und kontrolliert (Weinert 1982). Zentral ist die **Autonomie der lernenden Personen**, die sich auf verschiedene Aspekte des Lernens beziehen kann. Konrad (1997) legt den Schwerpunkt auf personeninterne Determinanten des selbstgesteuerten Lernens: Metakognitive Regulationsprozesse und deren kognitive und affektiv-emotionale Korrelate stehen dabei im Vordergrund. Nach Konrad (1997, S. 28) ist die Analyse kognitiver Bedingungen der Selbstregulation für die Ermittlung der individuellen Voraussetzungen des selbstgesteuerten Lernens entscheidend. Der Autor nimmt an, dass sich ohne Kenntnis der (meta-)kognitiven und emotionalen Verlaufscharakteristika das Bildungsziel einer selbstorganisierten Persönlichkeit kaum erreichen lässt. Der Ausgangspunkt der Überlegungen von Konrad (1997) ist die Annahme, dass die meisten selbstgesteuerten Lernprozesse von Vorgängen des sukzessiven Entwerfens und Entscheidens begleitet sind, wofür emotional-motivationale, kognitive und metakognitive Vorgänge bedeutend sind. Von besonderer Relevanz sind die metakognitiven Prozesse, die sich von den übrigen mentalen Aktivitäten dadurch abheben, dass kognitive Prozesse die Objekte sind, über die reflektiert wird.

Konkrete Angaben zur Verfahrenskonstruktion des Fragebogens liegen leider nur rudimentär vor. Der Fragebogen zu **Determinanten selbstgesteuerter Lernprozesse** umfasst 63 Items zur Erfassung personeninterner Komponenten selbstgesteuerten Lernens. Die **Items,** deren Zugehörigkeit zu den Skalen nicht aufgeschlüsselt wird, bilden folgende Komponenten ab:

1. Erleben von Selbststeuerung
2. Erfassung der Motivation
3. Erfassung von kognitiven und metakognitiven Strategien
4. Erfassung tätigkeitszentrierter Anreize
5. Erfassung von Indikatoren der Anstrengung sowie der Lernleistung (Aussagen, die sich auf das Lernen in einer konkreten Veranstaltung beziehen; Lernziele an der Hochschule; Fähigkeiten und Kenntnisse zum Erreichen dieser Ziele; emotionale Empfindungen während dieser Veranstaltungen; Selbstbeteiligung während der Vorlesung; Aussagen zum persönlichen Lernverhalten).

Für jede der personeninternen Komponenten selbstgesteuerten Lernens wird ein Beispiel-Item aufgeführt:

Beispiel

- Erleben von Selbststeuerung: „Ich habe den Eindruck, meinen Lernerfolg selbst steuern zu können."
- Motivation: „Ich erlebe mich als neugierig und wissbegierig."
- Kognitive/metakognitive Strategien: „Ich merke selbst, was ich kann bzw. was ich noch nicht kann."
- Tätigkeitszentrierter Anreiz: „Meine emotionalen Empfindungen während dieser Veranstaltung: unruhig – ruhig."

Der Fragebogen zu den Determinanten selbstgesteuerter Lernprozesse umfasst zehn **Skalen**: Intrinsische Motivation, Extrinsische Motivation, Befindlichkeit, Kontrolle, Wirksamkeit, Selbstständigkeit, Lernüberwachung, Regulation, Planung und Lernstrategien.

Der Fragebogen wurde bisher an einer Stichprobe von 191 Studierenden mit verschiedenen Studienschwerpunkten erprobt. Die deskriptiven Statistiken für die einzelnen Skalen (Mittelwerte, Standardabweichungen sowie Bandbreiten der Skalen) sind angeführt. Was die Reliabilität angeht, liegt das Cronbach's Alpha für die einzelnen Skalen zwischen .64 und .89. Das Verfahren verfügt über Augenscheinvalidität und inhaltlich-logische Gültigkeit. Eine explizite empirische Validierung wurde nicht durchgeführt, doch liefern die Ergebnisse der Untersuchungen von Konrad (1997) erste Hinweise auf die Gültigkeit der Skalen (multiple Regressionsanalysen mit metakognitiven und emotional-motivationalen Parametern sowie Indikatoren des Lernverhaltens, einfache und multiple Korrelationsanalysen). Angegeben werden Mittelwerte und Standardwerte der untersuchten Stichprobe (191 Studierende). Für die Auswertung werden die den Antworten zugeordneten Punkt-Scores separat für jede Skala aufaddiert. Spezielle Auswertungshilfen existieren nicht. Die Auswertung besteht lediglich im Aufaddieren der Punktwerte und kann relativ rasch durchgeführt werden. Das Verfahren kann als Einzel- oder Gruppentest durchgeführt werden. Parallelformen bzw. fremdsprachige Fassungen existieren nicht. Die Durchführung nimmt ca. 15 Minuten in Anspruch. Konrad (1997) konnte mit seiner Studie zum vorliegenden Fragebogen Resultate früherer Studien (Pintrich und De Groot 1990, S. 33–40) replizieren und zeigen, dass Lernende ihre Lerngeschehen vor allem dann als selbstmotiviert erleben, wenn sie zugleich über günstige motivationale Orientierungen und metakognitive Kompetenzen verfügen (Konrad 1997, S. 34).

2.2.3.4.4 Inventar zur Erfassung der Lernstrategien im Studium (LIST)

Mit dem von **Wild und Schiefele (1994)** vorgelegten **Inventar zur Erfassung der Lernstrategien im Studium (LIST)**, siehe Abb. auf S. 89, sollen Lernstrategien auf einer mittleren Generalisierungsebene zwischen Lernstilen und Lerntaktiken erfasst werden. Bei der Verfahrensentwicklung lehnten sich die Autoren eng an zwei erprobte Verfahren für die Zielgruppe „Studenten" an: **Motivated Strategies for Learning Questionaire (MSLQ;** Pintrich, Smith und McKeachie 1989; Pintrich, Smith, Garcia und McKeachie 1991) und das **Learning and Study Strategies Inventory (LASSI;** Weinstein, Palmer und Schulte 1987; Weinstein, Zimmermann und Palmer 1988,

S. 25–40). Beide Verfahren unterscheiden zwischen motivationalen und kognitiven Aspekten. LIST sollte keine Vermischung kognitiver und motivationaler Aspekte auf Skalenebene aufweisen, da nur so eine differenzierte Untersuchung der Wirkungen beider Aspekte auf die Lernleistung möglich wird. Zur Entwicklung des LIST wurden ausschließlich die kognitiven Strategiebereiche berücksichtigt.

Die zur Erhebung dieser Strategiebereiche entwickelten 96 Items unterzogen Wild und Schiefele (1994) einer Dimensionsanalyse, die zeigte, dass sich die aus den angloamerikanischen Fragebögen übernommene und adaptierte Struktur des LIST im Wesentlichen wiederfindet. Basierend auf diesen Untersuchungen an einer studentischen Stichprobe von 310 Studenten schlagen Wild und Schiefele (1994) zum weiteren Einsatz des LIST eine Version vor, die auf 77 Items reduziert wurde, die 11 Skalen enthält, die auf 4 bis 11 Items basieren.

INVENTAR ZUR ERFASSUNG VON LERNSTRATEGIEN IM STUDIUM VON WILD UND SCHIEFELE (1994)	
Skalenbezeichnung	Skalenbeschreibung
Organisation	Studientätigkeiten, die durchgeführt werden, um einen zu bewältigenden Stoff in geeigneter Weise zu reorganisieren (Erstellen von Zusammenfassungen und Gliederungen, Kennzeichnen wichtiger Textstellen, Anfertigen von Tabellen und Schaubildern)
Elaboration	Studientätigkeiten, die auf ein tieferes Verstehen des Stoffes ausgerichtet sind (z.B. „neuen Stoff" in ein Netzwerk anderer Bezüge einbetten)
Kritisches Prüfen	Studientätigkeiten, die das Verständnis für den Stoff durch kritisches Hinterfragen von Aussagen und Begründungszusammenhängen vertiefen
Wiederholen	Studientätigkeiten, die auf das Einprägen von Fakten und Regeln durch schlichtes Wiederholen gerichtet sind
Metakognitive Strategien	umfasst die Teilaspekte „Planung", „Überwachung" und „Steuerung"
Anstrengung	erfasst, inwieweit vermehrte Anstrengungen in Kauf genommen werden bzw. aktiv eingesetzt werden, um Studien- und Lernziele zu erreichen
Aufmerksamkeit	erfasst subjektiv wahrgenommene Aufmerksamkeitsfluktuationen (indirektes Merkmal einer mangelnden Aufmerksamkeitssteuerung)
Zeitmanagement	erfasst, inwieweit eine explizite Zeitplanung vorgenommen und eingehalten wird
Lernumgebung	erfasst, inwieweit eine äußere Lernumgebung geschaffen oder gesucht wird, die ein konzentriertes und ungestörtes Arbeiten ermöglicht
Lernen mit Studienkollegen	erfasst das Ausmaß kooperativen Lernens: umfasst verschiedene Formen gemeinsamer Arbeit und Formen einseitiger Inanspruchnahme von Studienkollegen
Literatur	erfasst, inwieweit bei Verständnisproblemen auf zusätzliche Literatur zurückgegriffen wird

Schreiber und Leutner (1996) nutzen die von Wild und Schiefele (1994) vorgeschlagenen 11 Skalen des LIST für die Untersuchung, ob das vorliegende Instrument auch zur **Erfassung der Lernstrategien in der beruflichen Fortbildung** geeignet ist. Dazu wurden einzelne Items geringfügig für den Kontext der Erwachsenen modifiziert und 122 Erwachsenen vorgelegt, die an verschiedenen Lehrgängen zur beruflichen

Fortbildung teilnahmen. Ziel der Untersuchung von Schreiber und Leutner (1996) war die Beantwortung der Frage, ob sich der zur Erfassung der Lernstrategien im Studium konzipierte Fragebogen von Wild und Schiefele (1994) auch zur Diagnose der von Berufstätigen eingesetzten Lernstrategien eignet. Mit den Items der vier Strategiebereiche des Fragebogens wurden daher Faktorenanalysen berechnet, um zu prüfen, inwieweit sich die von Wild und Schiefele (1994) beschriebene und auf der Basis einer Studenten-Stichprobe gewonnene Struktur des Fragebogens replizieren lässt. Die Analysen von Schreiber und Leutner (1996) ergaben zusammengefasst, dass sich der LIST aufgrund der gut reproduzierbaren Faktorstruktur und den weitgehend übereinstimmenden Ladungsmustern der unterschiedlichen Komponenten auch über den studentischen Kontext hinaus zur Diagnose der Lernstrategien eignet.

2.2.3.5 Lehrevaluation als indirektes Instrument der Lernverhaltens-Diagnose

Für den studentischen Lernerfolg ist neben der Qualität der Lehre die eigene Lernaktivität maßgeblich. **Quantität und Qualität der Lernaktivitäten** werden durch motivationale Faktoren (z.B. Ziele, Interesse) und durch kognitive Lernvoraussetzungen der Studierenden (z.B. Intelligenz, relevante Vorkenntnisse, Lernstrategien) entscheidend bestimmt (Helmke 1996, S. 181–186; Helmke und Schrader 1996, S. 39–53).

In den letzten Jahren sind in deutschsprachigen Hochschulen infolge des öffentlichen Interesses an der Qualität der Lehre und als Antwort auf ministerielle Erlasse oder gesetzliche Vorgaben Instrumente zur Beurteilung der Lehre entwickelt worden. Die folgende Abbildung enthält eine Zusammenstellung publizierter deutschsprachiger Fragebögen zur Beurteilung von Lehrveranstaltungen.

Der überwiegende Teil der Fragebögen ist für die Evaluation von Veranstaltungen vom Typ „Vorlesung" konzipiert, bei denen der Stoff ausschließlich vom Dozenten oder der Dozentin vorgetragen wird. Zur speziellen Evaluation von Veranstaltungen mit studentischen Referatsbeiträgen („Seminaren") stehen zwei Fragebögen zur Verfügung, wobei das Instrument von Diehl (2001) für sozialwissenschaftliche Fächer konzipiert ist, während der Fragebogen von Staufenbiehl (2001) eine Variante für den gesamtuniversitären Einsatz darstellt. Bei den in der Abbildung zusammengestellten Arbeiten zu Fragebögen zur studentischen Evaluation von Lehrveranstaltungen fällt auf, dass nur in drei Fällen die Möglichkeit besteht, die in einer Veranstaltung erhaltenen Evaluationsergebnisse mit Normdaten vergleichen zu können. Das Manual zum Fragebogen von Rindermann und Amelang (1994a) enthält ausführliche Tabellen zur Beurteilung individueller Skalenmittel über Standard-Normen. Deren Nutzen ist aber zweifelhaft, wenn man berücksichtigt, dass die Tabellen teilweise nur auf neun bzw. sieben Vorlesungen und Seminaren basieren. Breit dagegen ist die Datenbasis der bei Staufenbiehl (2000) abgedruckten Prozentrangnormen. Die zu den Fragebögen von Diehl (2001) existierenden Prozentrangtabellen müssen direkt beim Autor angefordert werden.

Auffällig ist, dass sich die meisten Instrumente zur Lehrevaluation oft nicht an den Kriterien orientieren, die wissenschaftlich konstruierte Tests erfüllen sollten. Zudem wird der Veranstaltungskritik oft ein fehlendes, stringentes theoretisches Konzept vorgeworfen.

DEUTSCHSPRACHIGE FRAGEBÖGEN ZUR STUDENTISCHEN EVALUATION VON LEHRVERANSTALTUNGEN (DIEHL 2003, S. 29)

Fragebogen/Inventar	Skalen	Items	Normen*
Fragebogen zur Beurteilung von Hochschulveranstaltungen Diehl und Kohr (1977)	4	40	( )
Schätzverfahren zur Beurteilung von Lehrveranstaltungen Winteler und Schmolck (1983)	10	38	( )
Heidelberger Inventar zur Lehrveranstaltungs-Evaluation Rindermann und Amelang (1994a), Rindermann (1996a)	14/15	36	SN
Marburger Fragebogen zur Akzeptanz der Lehre Basler, Bolm, Dickescheid und Herda (1995)	4	17	( )
Lehrverhaltensinventar Astleitner und Krumm (1996)	8	25	( )
Fragebogen zur Beurteilung der Lehrenden Tröster, Grundlach und Moschner (1977)	3	16	( )
Fragebogen zur Beurteilung einer Lehrveranstaltung Westermann, Spies, Heise und Wollburg-Claar (1998)	5	15	( )
Fragebogen zur Evaluation von Vorlesungen Fragebogen zur Evaluation von Seminaren Fragebogen zur Evaluation von Praktika Staufenbiel (2000, 2001)	4 5 5	17 19 20	PR PR
Fragebogen zur Beurteilung von Vorlesungen Fragebogen zur Beurteilung von Veranstaltungen und Referaten Diehl (1998, 2001)	4 6	16 30	(PR) (PR)

* SN = Standard-Normen, PR = Prozentrangnormen, ( ) = nicht publiziert

2.2.3.5.1 Fragebögen zur Evaluation von Lehrveranstaltungen durch Studierende

An der Medizinischen Hochschule Hannover wurden verschiedene **Fragebögen zur Evaluation von Lehrveranstaltungen durch Studierende** entwickelt **(FELS)**. Die theoretische Grundlage der Fragebögen ist ein Modell, das
- die Rahmenbedingungen, in denen die Veranstaltung stattfindet,
- die inhaltlich-didaktische Gestaltung der Lehrveranstaltung,
- die Motivation der Studierenden und
- die studentische Einschätzung des Dozenten

als Einflussgrößen auf die Gesamtbeurteilung einer Lehrveranstaltung betrachtet. Die größten inhaltlichen Übereinstimmungen zeigt der Fragebogen mit dem **Students Evaluation of Educational Quality (SEEQ)** (Marsh, 1982).

Das theoretische Modell wird derzeit für jede Veranstaltung getrennt mittels konfirmatorischer Faktorenanalysen geprüft, um zu einer Optimierung der Fragebogenitems beizutragen. Außerdem sollte geklärt werden, ob ein Fragebogen für alle Veranstaltungsformen, Fächer und Semester geeignet ist oder ob verschiedene Varianten sinnvoll sind (Fischer 2001a; 2001b; 2002).

Der Fragebogen zur Evaluation von Lehrveranstaltungen durch Studierende (**FELS-L**) stellt in seiner **Langfassung** derzeit das Referenzinstrument für die studentische Evaluation von Lehrveranstaltungen dar. Die vorliegende Langfassung ist für Lehrveranstaltungen konzipiert, die hauptsächlich von einer Lehrkraft gehalten werden. Es existieren aber auch Varianten, die die Veranstaltungsleitung durch zwei oder mehrere Dozenten berücksichtigen. In der Langform des Fragebogens zur Evaluation von Lehrveranstaltungen durch Studierende der Medizinischen Hochschule Hannover finden sich Fragebogenitems zur Effizienz der Veranstaltung, zum Aufbau der Veranstaltung, zur Auseinandersetzung mit dem dargebotenen Thema, zur Arbeitsatmosphäre, zur Vorbereitung der Lehrkraft sowie zu deren Engagement und zur zeitlichen Arbeitsbelastung durch die Veranstaltung. Ferner werden zusätzliche Einschätzungen zur Studienorganisation abgefragt sowie statistische Angaben zur Auswertung des Fragebogens gefordert. Jeder Fragebogenausfüller hat die Chance, seine Meinung zur Fragebogenoptimierung darzulegen.

Der Evaluationsfragebogen sollte am Ende einer Lehrveranstaltung ausgefüllt werden, wobei er je nach Thema der Veranstaltung noch durch **Zusatzmodule** (siehe Abb. auf S. 92) ergänzt werden kann.

- Das **Zusatzmodul „Behandlung von Patienten"** wurde speziell für Untersuchungskurse entwickelt. Es betont vor allem Fragen der Kursorganisation.
- Das **Zusatzmodul „Patientenvorstellung"** betont stärker die Besonderheiten von Vorlesungen oder Seminaren, in denen Patienten lediglich vorgestellt werden.
- Das **Zusatzmodul „Rahmenbedingungen"** erfragt Aspekte einer Lehrveranstaltung, die nicht zwingend durch den einzelnen Dozenten beeinflusst werden können. Besonders in praktischen Übungen ist sein Einsatz zu empfehlen, wenn es den begründeten Verdacht gibt, dass die Beurteilung der Lehrveranstaltung durch diesen Aspekt besonders stark beeinflusst wird.
- Das **Zusatzmodul „Eigene Arbeitshaltung"** erfasst den mit dem Veranstaltungsbesuch verbundenen Arbeitsaufwand und ergänzt eine Skala des Evaluationsbogens, die „Arbeitsbelastung". Der Einsatz dieses Zusatzmoduls kann bei neu konzipierten Veranstaltungen sinnvoll sein, für die noch keine Abschätzung der erforderlichen Zeitaufwände für den erfolgreichen Besuch der Lehrveranstaltung vorliegt.
- Bei fakultativen oder wahlpflichtigen Lehrveranstaltungen kann der Einsatz des **Zusatzmoduls „Teilnahmegründe"** sinnvoll sein, wenn eine Unterscheidung nach extrinsischen und intrinsischen Motiven nötig ist, um die Beweggründe für den Veranstaltungsbesuch besser einschätzen zu können.
- Das **Zusatzmodul „Erworbene Qualifikation"** ermöglicht eine Erfassung der durch die Studierenden neu erworbenen Qualifikationen nach ihrer Art.
- Das **Zusatzmodul „Späterer Nutzen"** erfragt dagegen die Einschätzung der Studierenden hinsichtlich des Nutzens der Veranstaltung für verschiedene Zielkriterien.

Die beiden zuletzt genannten Module dürften vor allem in Forschungskontexten bedeutend sein.

GRUNDLAGEN DER HOCHSCHULLEHRE ANEIGNEN | 2

ZUSATZMODULE DES FRAGEBOGENS ZUR EVALUATION VON LEHRVERANSTALTUNGEN DURCH STUDIERENDE UND BEISPIEL-ITEMS

Zusatzmodul	Beispiel-Item	Rating Sehr gut/ trifft zu			Ungenügend/ trifft nicht zu		
		1	2	3	4	5	6
Rahmenbedingungen	„Ressourcen für die praktische Ausbildung (Material, Patienten etc.) waren vorhanden."	☐	☐	☐	☐	☐	☐
Teilnahmegründe	„Ich habe die Veranstaltung besucht, um mich auf die nächste Klausur vorzubereiten."	☐	☐	☐	☐	☐	☐
	„Ich habe die Veranstaltung besucht, weil sie mich fachlich interessierte."	☐	☐	☐	☐	☐	☐
Erworbene Qualifikation	„Ich habe zu folgenden Aspekten neue Qualifikationen erworben: ..."	☐	☐	☐	☐	☐	☐
	„Einzelfakten"	☐	☐	☐	☐	☐	☐
	Informationsbeschaffung	☐	☐	☐	☐	☐	☐
	Lösen von methodischen/analytischen Aufgaben	☐	☐	☐	☐	☐	☐
Späterer Nutzen	„Ich fühle mich auf die nächste Klausur durch die Veranstaltung gut vorbereitet."	☐	☐	☐	☐	☐	☐

		Angabe in Stunden					
		>3	3	2,5	1,5	1	0
Eigene Arbeitshaltung	„Wie viele Stunden Vor- und Nachbereitung brauchen Sie durchschnittlich für diese Veranstaltung pro Woche?"	☐	☐	☐	☐	☐	☐

2.2.3.5.2 Trierer Inventar zur Lehrevaluation (TRIL)

EVALUATIONSBEREICHE UND BEISPIEL-ITEMS AUS DEM TRIERER INVENTAR ZUR LEHRVERANSTALTUNGSEVALUATION (TRIL)

		Rating Trifft überhaupt nicht zu			Trifft voll und ganz zu		
		1	2	3	4	5	6
Struktur und Didaktik	„Die Lehrziele waren klar und nachvollziehbar."	☐	☐	☐	☐	☐	☐
Anregung und Motivation	„Es hat mich motiviert, konzentriert bei der Sache zu bleiben."	☐	☐	☐	☐	☐	☐
Interaktion und Kommunikation	„Die Diskussionen der Studierenden waren produktiv."	☐	☐	☐	☐	☐	☐
Persönlicher Gewinn durch die Veranstaltung	„Die behandelten Themen waren für mich bedeutsam und relevant."	☐	☐	☐	☐	☐	☐
Anwendungsbezug	„Der Dozent hat den Stoff an lebensnahen Beispielen veranschaulicht."	☐	☐	☐	☐	☐	☐
Referate	„Die gehaltenen Referate waren strukturiert und verständlich."	☐	☐	☐	☐	☐	☐

Der **Arbeitskreis „Lehrevaluation" im Fach Psychologie (Gläßer et al. 2002)** in Zusammenarbeit mit dem Zentrum für Psychologische Diagnostik, Begutachtung und Evaluation an der **Universität Trier** (2002) legte das **Trierer Inventar zur Lehrevaluation (TRIL)** vor. Mit diesem Fragebogen zur Lehrevaluation werden Aspekte der Struktur und Didaktik erfragt, der Anregung und Motivation, der Interaktion und Kommunikation, des persönlichen Gewinns durch die Veranstaltung, des Anwendungsbezugs sowie zu dem Aspekt Referate. Ferner gibt es eine Rubrik „Weitere Fragen zur Veranstaltung" sowie eine Gesamtbeurteilung. Weitere Aspekte im Fragebogen beschäftigen sich mit den Arbeitsanforderungen, den Fehlzeiten sowie den Gründen für den Besuch der Veranstaltung. Abschließend werden offene Fragen gestellt in Bezug auf die Güte der Veranstaltung sowie deren Verbesserungswürdigkeit.

2.2.3.5.3 Das Heidelberger Inventar zur Lehrveranstaltungs-Evaluation (HILVE)

Mit **HILVE** von Rindermann und Amelang (1994a) wurde ein Instrument konstruiert, das sich auf die Erfassung der Qualität hochschulüblicher Lehrveranstaltungen (Vorlesungen und Seminare) bezieht. Das Verfahren soll die Lehre der Dozentin/ des Dozenten, Veranstaltungscharakteristika und das Verhalten der Studierenden erfassen. Das wissenschaftliche Niveau und die Qualität der Inhalte der Lehre sollen damit nicht beurteilt werden.

DIMENSIONEN DES HEIDELBERGER INVENTARS ZUR LEHRVERANSTALTUNGSEVALUATION (HILVE)	
Dimension	**Beschreibung**
1. Logischer Aufbau/ Organisation der Veranstaltung	
2. Auseinandersetzung mit dem Thema	
3. Lehrkompetenz	Überzeugungskraft des Dozenten
4. Dozentenengagement	Motivationskraft der Lehrkraft
5. Klima	Atmosphäre in der Veranstaltung
6. Interessantheit der Veranstaltung	
7. Überforderung	Stoffmenge und Geschwindigkeit der Vermittlung
8. Lernen	Effektivität der Lehre bezüglich studentischen Lernens
9. Interessantheit des Themas	
10. Referate	Qualität d. stud. Referate/Moderation durch Dozenten
11. Fleiß	Mitarbeit der Studierenden
12. Beteiligung	Aktivität innerhalb einer Veranstaltung
13. Diskussion	Vorhandensein und Produktivität von Diskussionen
14. Allgemeinbeurteilung	

Der Fragebogen beinhaltet 43 nummerierte Items (plus demografische Angaben und offene Fragen). Die Items sind insgesamt 14 Dimensionen zugeordnet (siehe Abb. auf S. 94). Die Bewertung der Veranstaltung erfolgt auf einer Notenskala von eins bis sechs.

Für die Auswertung werden die Itemscores für die einzelnen Dimensionen aufaddiert und Veranstaltungs-Mittelwerte bestimmt. Standardabweichungen geben Auskunft über die Urteilsabweichungen. Das für den Dozenten vorgesehene Feedback enthält verbale Umschreibungen sowie eine ausführliche nummerische und grafische Darstellung der Item- und Skalenwerte.

Das Verfahren ermöglicht die Erhebung von Aspekten der Lehre in universitären Lehrveranstaltungen auf den genannten 14 Dimensionen durch Hochschulverwaltungen, Hochschulinstitute, Dozenten- oder Studentengruppen. Die Ergebnisse des Fragebogens sollen Information bereitstellen, die einen Beitrag zur Optimierung der Lehre darstellen (Rindermann und Amelang 1994a, S. 11). Durch die zuverlässige Messbarkeit der Lehre soll diese auch im Vergleich zur Forschung an Bedeutung gewinnen. Bei dem Verfahren handelt es sich um einen empirisch begründeten Ansatz zur Bewertung der Lehre innerhalb universitärer Lehrveranstaltungen.

Die vorliegenden Ergebnisse sprechen für die Brauchbarkeit des HILVE für seinen angezielten Verwendungsbereich. Es wurde nachgewiesen, dass Studierende Lehrveranstaltungen einheitlich und reliabel einschätzen, sodass Lehrevaluationen als Feedback und als Qualifikationsmaß universitärer Lehre verwendet werden können. Wenn auch der Aspekt der Validierung schwierig ist, da es bisher kaum messbare Kriterien für gute Lehre gibt, wurden erste Überprüfungen in diese Richtung unternommen (Rindermann und Amelang 1994a, S. 25 ff.). Die Autoren weisen darauf hin (ebd., S. 35), dass weitere Evaluationen aus inhaltsverschiedenen Veranstaltungen vorliegen müssen, bevor Rückschlüsse auf Lehrqualifikationen von Dozenten gezogen werden können.

2.2.3.6 Fazit zu Kapitel 2.2.3

Betrachtet man die drei hier dargelegten Gruppen an diagnostischen Instrumenten, lässt sich feststellen, dass sie sich auf einem unterschiedlichen Niveau bewegen. Während die Entwicklung der Studierfähigkeitstests ein hohes methodisches Niveau aufweist, trifft dieses nur teilweise auf die Fragebögen zum Lernen von Studierenden zu. Was die methodische Auseinandersetzung mit Fragebögen zur Lehrevaluation angeht, wird diese erst seit letzterer Zeit systematisch betrieben. Zuvor kann im Rahmen der Lehrevaluation eher von einem Konglomerat von Fragen zu verschiedenen Lernsituationen gesprochen werden.

Sowohl die Studierfähigkeitstests als auch die Fragebögen zum Lernen von Studierenden basieren auf kognitivistischen bzw. metakognitivistischen Ansätzen. Die Fragebögen zur Lehrevaluation, die hier als indirektes Indiz für Lernvoraussetzungen von Studierenden im Diskurs gewählt wurde, basieren zum Teil auf theoretischen Annahmen der Bedingungen, die das Lernverhalten bzw. den Lernerfolg der Studierenden insbesondere beeinflussen.

Betrachtet man die drei hier vorgestellten diagnostischen Gruppen, ist festzuhalten, dass sie zusammengenommen kognitive, motivationale und auch emotionale Aspekte des Lernens/von Lernbedingungen berücksichtigen. Diese Feststellung geht konform mit den Erkenntnissen der Lernpsychologie (siehe Kapitel 2.2.2), wenngleich kein Instrument bisher versucht, diese drei Aspekte des Lernens zu integrieren. Ein Forschungsinstrument zur Identifikation bzw. Analyse des Lernverhaltens des Lernenden wird derzeit von Stangel-Meseke (2005) erprobt. Dabei wird Lernen als heterogenes Konstrukt aufgefasst.

2.2.4 Konsequenzen für die akademische Lehre

Mit Blick auf die hier berichteten wissenschaftlichen und empirischen Ergebnisse zu Lernvoraussetzungen von Studierenden kann Folgendes festgehalten werden: Die Vielfalt und Heterogenität des Themas Lernen von Studierenden erfordert ein multimethodales Vorgehen (siehe Abb. auf S. 97), um darüber ein adäquates Bild von den Lernvoraussetzungen von Studierenden zu erhalten.

So sollte über sorgfältig ausgesuchte und diagnostisch hochwertige Studierfähigkeitstests die allgemeine und spezifische Studierfähigkeit der Studierenden vor Studienbeginn geprüft werden. Auch wenn die meisten der bisher vorliegenden Studierfähigkeitstests sicherlich die kognitive Ebene der Studierenden berühren, ist aufgrund vorliegender Evaluationsdaten zu erwarten, dass über eine **Vorselektion zum Studium** erwartungsgemäß die Studierenden ins Studium gehen, die in der Lage sein werden, den jeweiligen Studiengang erfolgreich zu absolvieren. Ferner wird durch eine Vorauswahl zum Studium auch eine realistische Erwartungshaltung bei dem Studieninteressierten geweckt, da in der Regel die Studierfähigkeitstests realistische Arbeitsproben der späteren Studieninhalte darstellen. Es ist anzuraten, die Studierfähigkeitstests in diesem Sinne als statusdiagnostisches Vorgehen und damit als Selektionsinstrument einzusetzen.

Während des gesamten Studiums sollten Fragebögen zum Lernen der Studierenden eingesetzt werden, die diesen wiederum Hilfestellungen geben und durchaus über Selbst- und Fremdeinschätzungen korrektive Hinweise in Bezug auf ihr eigenes Lernverhalten ermöglichen. Auch über regelmäßige Lehrevaluationen ist es möglich, zumindest indirekte Hinweise zum Lernverhalten der Studierenden zu gewinnen. Beide Maßnahmen zusammenbetrachtet ermöglichen während des Studiums sowohl für Studierende als auch für Dozenten die gezielte Ableitung von Personalentwicklungsmaßnahmen. So bieten mittlerweile einige Universitäten (so vorbildhaft die Universität Konstanz) über die zentrale Studienberatungsstelle sowohl fachspezifische als auch fachübergreifende Qualifizierungsprogramme für Studierende jeglicher Fachrichtung an. Das <u>H</u>ochschul <u>D</u>idaktik <u>Z</u>entrum (HDZ) der Universitäten des Landes Baden-Württemberg unterstützt mit hoch qualifiziertem Personal und einem umfassenden Qualifizierungsprogramm Lehrkräfte dabei, ihre Kompetenzen in der Lehre weiter zu entwickeln und die organisatorischen und curricularen Bedingungen im Bereich des Lehrens und Lernens so zu gestalten, dass sich die Lehrkompetenz der Dozenten voll entfalten kann.

GRUNDLAGEN DER HOCHSCHULLEHRE ANEIGNEN | 2

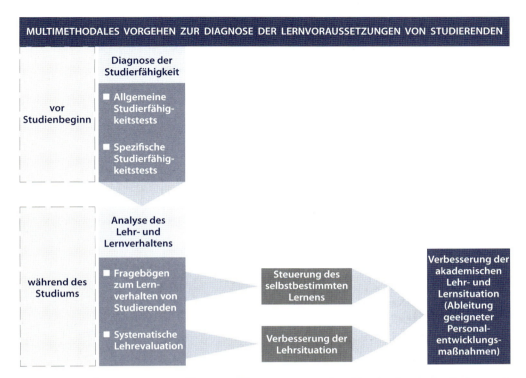

Aus dem bisher Gesagten sollen nun Konsequenzen für die akademische Lehre aufgezeigt werden, die sowohl theoretischen als auch empirischen Bezug haben.

Ausgehend von allgemeinen Teststandards entwickelte Rindermann (1998, S. 295–316) ein Modell (siehe Abb. auf S. 98), das universitäre Lehre beschreiben und Lehrerfolg erklären kann und als Grundlage zur Konstruktion von Lehrevaluationsinstrumenten dienen kann.

Das so genannte **Münchner multifaktorielle Modell der Lehrveranstaltungsqualität** basiert auf verschiedenen empirischen Studien und wurde unter Heranziehung unterschiedlicher theoretischer Annahmen entwickelt (Rindermann und Amelang 1994a, b; Rindermann 1996a, b; 1997). Zu diesen zählen Befragungen von Studierenden und Lehrenden nach Kriterien zur Beurteilung der Lehre, Auswertungen bisheriger Verfahren, sowie Berücksichtigung unterrichtsdidaktischer Theorien. Zur empirischen Überprüfung wurden Resultate statistischer Verfahren genutzt, die an verschiedenen Stichproben unterschiedlicher Universitäten und Studiengänge gewonnen wurden. Das Modell wird durch die Unterscheidung der Komponenten „Dozent", „Studierender", „Rahmenbedingung" und „Lehrerfolg" gekennzeichnet.

Erst das Zusammenspiel eines fachlich, didaktisch und kommunikativ kompetenten Dozenten, vorgebildeter, interessierter und engagierter Studenten sowie günstiger Rahmenbedingungen in Form von ausreichender Zeit, ausreichendem Platz, adäquater Anforderungshöhe und inhaltsangemessenen Veranstaltungsformen (Sturm 1994) kann Lehrerfolg mit hoher Wahrscheinlichkeit erzielen.

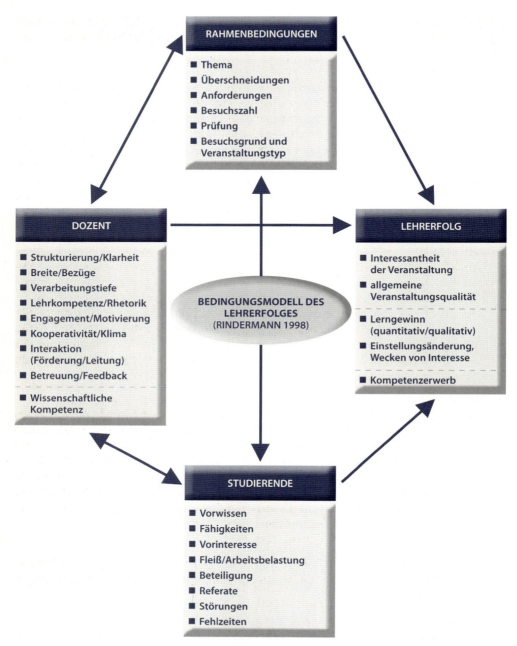

Das Münchner Modell stützt sich auf Erfahrungen mit dem Heidelberger Inventar zur Lehrveranstaltungsevaluation und stellt eine Weiterentwicklung dieser Konzeption dar (Rindermann 1997). Im Folgenden werden ausschließlich die Studentenskalen dieses Münchner Modells berichtet. Das Handeln des Dozenten stellt einen, wahrscheinlich den wichtigsten, Bedingungsfaktor des Erfolges universitärer Lehre dar

(Müller-Wolf 1977, S. 115). Hinzu müssen auf studentischer Seite Lernvoraussetzungen und studentisches Handeln kommen, die als **Studentenskalen im Münchner Modell** beschrieben sind.

- **Vorwissen:**
  Das Vorwissen der Studierenden ist das Ergebnis vorheriger Bildungserfahrung. Verfügen Studierende über zu wenig, zu viel oder zu fehlerhaftes Vorwissen, schadet dies dem Lernprozess und der Lehreffektivität (Renkl 1996, S. 175–190). Ist zu wenig Wissen vorhanden, müssen die Grundlagen erarbeitet werden oder die Themen bleiben bei fehlender intensiver Vor- und Nachbearbeitung durch die Teilnehmer unverständlich. Bei zu viel Vorbildung (z.B. Redundanz oder inhaltliche Überschneidung mit anderen Kursen) tritt Langeweile auf, was zu Störungen oder Besuchsabbruch führen kann. Das Vorwissen sollte den Dozenten bekannt sein, in diesem Falle kann er die Inhalte und Formen der Lehre in gewisser Weise adaptieren.

- **Fähigkeiten:**
  Unter Fähigkeiten wird verstanden, neue Inhalte in entsprechender Zeit verstehen und verarbeiten zu können. Neben kognitiven Fähigkeiten können auch Kompetenzen wie Kommunikationskompetenz, Organisationsgeschick oder Frustrationstoleranz relevant für den Lern- und Studienerfolg sein. Bislang wurde jedoch eher die kognitive Leistungsfähigkeit (Abiturnote; allgemeine Intelligenz) untersucht. In bisherigen Studien korrelieren die Abiturnoten nicht mit der Beurteilung der Lehre oder des selbst eingeschätzten Lernerfolges, Prüfungsresultate lassen sich aber durch sie gut prognostizieren (Daniel 1995, S. 492–499).

- **Vorinteresse:**
  Das Interesse am Thema (selbstintentionale, positive wertschätzende Zuwendung) zählt neben dem Besuchsgrund zu den wichtigsten Bias-Variablen (Rindermann 1997). Bias-Variablen sind Faktoren, die die Beurteilung der Lehre verzerren können, ohne dass sie mit den tatsächlichen Geschehnissen einer Veranstaltung zusammenhängen. Auftretende Bias-Einflüsse, die besonders in den Dozentenskalen zu kontrollieren sind, führen zu einer nicht zutreffenden Beschreibung der Lehre. Das Interesse fördert die Lernmotivation (Rheinberg 1996, S. 23–50), die Beteiligung und den Fleiß der Studierenden.

- **Fleiß:**
  Fleiß oder Arbeitsbelastung ist die Vor- und Nachbereitung einer Veranstaltung außerhalb der Kurssitzung. Diese sind unabhängig von Rahmenbedingungen (Existenz einer Prüfung etc.).

- **Beteiligung:**
  Die veranstaltungsinterne Beteiligung der Studierenden ist primär in Seminaren für den Erfolg der Veranstaltung mitverantwortlich. In Vorlesungen treten Korrelationen um 0 (Null) mit der Allgemeinbeurteilung auf, in Seminaren um $r = .50$. Die studentische Partizipation ist eine Bedingung für die Förderung höherer kognitiver Prozesse wie kritisches Denken. Die Beteiligung variiert beträchtlich mit den Rahmenbedingungen (Veranstaltungstyp, Prüfung) und einzelnen didaktischen Skalen.

- **Referate:**
  Referate und deren didaktische wie inhaltliche Qualität bilden in vielen Seminaren und Tutorien das Fundament der Lehre. Über sie wird oft der wesentliche Teil der Inhalte weitergegeben, die überwiegende Veranstaltungszeit wird durch die Referenten beansprucht. In Seminaren korreliert die Qualität der Referate mit der Allgemeinbeurteilung zu $r = .60$, und zwar abhängig vom Verhalten des Dozenten. Von ihm wird der Veranstaltungsrahmen vorgegeben, auch ist er über die Betreuung und das Feedback zu einem gewissen Teil für die Referatsqualität mitverantwortlich. Gerade an der Qualität der Referate wird jedoch von Studierenden häufig Kritik geübt, sie werden schlechter beurteilt als das Lehrverhalten der Dozenten. Deshalb sollte die Referat-Beurteilung als Lehrinventar und damit fakultativer Block vorhanden sein.

- **Störungen:**
  Unruhe und Gespräche zwischen Studierenden, Essen und Trinken, Zeitung lesen und andere Nebentätigkeiten oder fehlende Disziplin stören den Veranstaltungsablauf bis zur Unmöglichkeit, den Dozenten akustisch verstehen zu können. Das Auftreten von Störungen ist nicht unabhängig von Rahmenbedingungen (Besuchszahl, -grund, Veranstaltungstyp, Anforderungen) und von der didaktischen wie sozialen Kompetenz des Dozenten. Störungen können als Indikator für Defizite in diesem Bereich gelten.

- **Fehlzeiten:**
  Fehlzeiten können ebenfalls als Indiz für Defizite in den Rahmenbedingungen oder im Lehrverhalten des Dozenten genutzt werden. Allerdings sind diese ebenso von externen Faktoren abhängig, die nicht unter die Kontrolle der Hochschule bzw. Fachhochschule fallen.

Nenninger (1996, S. 23–34) vereint aufgrund der vorliegenden Forschungsergebnisse zur Lehr-Lern-Forschung Elemente akademischen Lernens wie Motivation, Attribution, kognitive Prozesse und Strategien sowie Überwachungsprozesse zu einer **Modellvorstellung motivierten, selbstgesteuerten, akademischen Lernens.** Selbstgesteuertes Lernen wird mit Bezug auf Knowles (1975, S. 18) „als Prozess begriffen, in dem Individuen die Initiative ergreifen, um mit oder ohne Hilfe anderer ihren Lernbedarf festzustellen, ihre Lernziele zu formulieren, menschliche und materielle Lernressourcen zu ermitteln, angemessene Lernstrategien auszuwählen und umzusetzen und ihre Lernergebnisse zu beurteilen".

Zur Erfassung kognitiver und motivationaler Komponenten für motiviertes, selbstgesteuertes Lernen werden in diesem Modell Phasen einer Lernepisode zwei wechselseitig aufeinander bezogenen Schalen zugeordnet. Die **äußere Schale** beinhaltet die Frage der Bedarfsermittlung. Ausgehend von einem vorweggenommenen Lernziel und den eingeschätzten inneren Bedingungen, wird die Feststellung eines subjektiven Defizits von Verfahrens- und Erklärungswissen erfasst.

Die **innere Schale** umfasst die Phasen Ressourcenmanagement, Sequenzierung und Implementation, in denen zunächst der Verlauf zielerreichend gesteuerter lernstrategischer Prozesse und dann die Phase der Evaluation beschrieben werden.

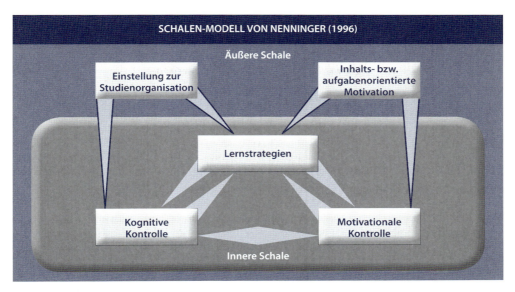

Die Evaluation beinhaltet die Diagnose und die Attribution der Zielerreichung. Die inhaltsspezifische Motivierung bezieht sich auf die Inhalte und die Aufgabenstellung im Studium. Diese wird ergänzt durch Einstellungen zur zeitlichen und räumlichen Organisation des Lernens. Die inneren Lernbedingungen werden repräsentiert über das Verfügen über Lernstrategien und deren kognitive und motivationale Kontrolle. Nenninger (1996, S. 23–34) nimmt an, dass sich die äußeren Lernbedingungen in erster Linie auf das Verfügen über Lernstrategien auswirken und in zweiter Linie auch auf deren kognitive und motivationale Kontrolle, wobei zwischen diesen drei Komponenten innerer Lernbedingungen eine gegenseitige Wechselbeziehung besteht.

Bezogen auf das von Nenninger (1996, S. 23–34) postulierte 2-Schalen-Modell bestätigt sich empirisch ein Zusammenhang zwischen motivationalen, lernstrategischen und Kontrollprozessen. Jedoch ist zwischen der stärker leistungsorientierten motivationalen Kontrolle im Lernprozess und der stärker inhaltsspezifisch geleiteten Motivierung selbstgesteuerten Lernens sorgfältig zu differenzieren.

Mit Blick auf motivationspsychologische Überlegungen sowie in Bezug auf Zielsetzungstheorien sind für die Gestaltung der akademischen Lehre folgende Konsequenzen zu ziehen (Nenninger 1996):

1. Die beabsichtigten Ziele des Dozenten müssen den Lernern explizit und damit einsichtig gemacht werden, ebenso die einzusetzenden Mittel und Methoden.
2. Problemorientierte Lehre ist unter Beachtung der verfügbaren Lernstrategien zu fördern.
3. Der Einsatz von Lernstrategien soll gemeinsam mit den Studierenden geübt und reflektiert werden.
4. Das Repertoire an Lernstrategien sowie deren Einsatz ist zusammen mit der fachinhaltlichen Kompetenz zu erweitern.

5. Eigenaktivität ist erst dann ein anzustrebendes Ziel der Lehre, wenn damit Flexibilität und zieladäquate Transferierbarkeit des Einsatzes von Lernstrategien verbunden ist.
6. Als Ziel der Lehre sind das erreichte Lernergebnis und der Lernverlauf zu berücksichtigen.
7. Je stärker die Lenkungsdimension des Dozenten zugunsten der Eigenaktivität der Studierenden zurückgenommen wird, desto stärker ist auf den Einfluss motivationaler Komponenten zu achten.

Kempas (1994) hat sich in einer Analyse der Teilnehmer eines dreisemestrigen Kurses für Dozenten der Erwachsenenbildung differenziert mit den beiden Konstrukten Ungewissheits- und Gewissheitsorientierung auseinander gesetzt und durch Beobachtungen an Studierenden sowie durch Interviews Erwartungen an die Lernsituation erschlossen. Sie kommt zu folgenden **Vorschlägen für Lehrangebote für Lerner:**

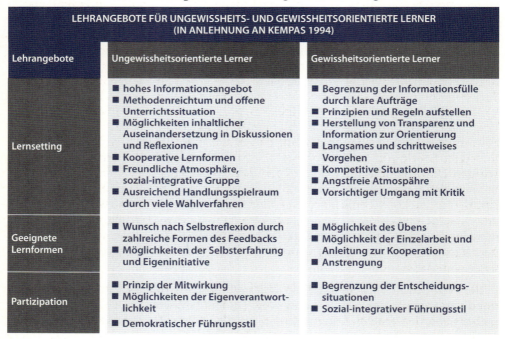

Lehrangebote	Ungewissheitsorientierte Lerner	Gewissheitsorientierte Lerner
Lernsetting	■ hohes Informationsangebot ■ Methodenreichtum und offene Unterrichtssituation ■ Möglichkeiten inhaltlicher Auseinandersetzung in Diskussionen und Reflexionen ■ Kooperative Lernformen ■ Freundliche Atmosphäre, sozial-integrative Gruppe ■ Ausreichend Handlungsspielraum durch viele Wahlverfahren	■ Begrenzung der Informationsfülle durch klare Aufträge ■ Prinzipien und Regeln aufstellen ■ Herstellung von Transparenz und Information zur Orientierung ■ Langsames und schrittweises Vorgehen ■ Kompetitive Situationen ■ Angstfreie Atmosphäre ■ Vorsichtiger Umgang mit Kritik
Geeignete Lernformen	■ Wunsch nach Selbstreflexion durch zahlreiche Formen des Feedbacks ■ Möglichkeiten der Selbsterfahrung und Eigeninitiative	■ Möglichkeit des Übens ■ Möglichkeit der Einzelarbeit und Anleitung zur Kooperation ■ Anstrengung
Partizipation	■ Prinzip der Mitwirkung ■ Möglichkeiten der Eigenverantwortlichkeit ■ Demokratischer Führungsstil	■ Begrenzung der Entscheidungssituationen ■ Sozial-integrativer Führungsstil

Ferner existieren mediengestützte Unterstützungsforen, in denen versucht wird, Lernen und Lehren an Hochschulen zu integrieren. So wurde das **Projekt „Lehridee"**, ein Kooperationsprojekt des Netzwerks hochschuldidaktische Weiterbildung der Fachhochschulen des Landes NRW mit der Hochschulbibliothek der Fachhochschule Bielefeld, ins Leben gerufen.

„Lehridee" bietet eine Fülle an Material für Lehrende: Ideen und Konzepte aus der Hochschullehre, Teilnehmerunterlagen, Präsentationen aus Workshops, Protokolle und Arbeitsvorhaben aus Arbeitskreisen, sowie kommentierte Literatur und Link-Tipps. Über das integrierte Volltextarchiv können sämtliche Materialien genutzt und als PDF-Files heruntergeladen werden. Die Seite bietet ebenso für Studierende interessante Inhalte, z.B. Informationen über Lehrmethoden und Hilfestellung zum wissenschaftlichen Schreiben. In Planung sind derzeit Diskussionsforen für die Mitglieder der Arbeitskreise des hochschuldidaktischen Netzwerks. Das Ziel des Projektes besteht zum einen in der Weitergabe von Informationen und zum anderen im Austausch zwischen Lehrenden und Lernenden (www.Lehridee.de). Ferner gilt es auch für das Lehrpersonal, sich mit den Angeboten der hochschuldidaktischen Zentren zu beschäftigen und diese Angebote im Rahmen kollegialer Austausche auch wahrzunehmen.

Kirsten (2004) verweist darauf, dass es wichtig sei, beim **Lesen und Verstehen von Fachliteratur** adäquate Techniken einzusetzen, die einem ermöglichen, effizient die Fachliteratur zu durchdringen. So nennt sie beispielsweise die Survey-Question-Read-Recite-Technik (SQ3R-Methode), die Relevanz der Wiederholung eines Lernstoffs unter Verwendung so genannter Mnemotechniken sowie eine realistische Zeitplanung (mit realistischer Abschätzung des eigenen Konzentrationsvermögens). Bei der **SQ3R-Methode** steht am Anfang der „Survey", d.h., der Lerner soll sich erst einmal einen Überblick verschaffen (Vorwort, Klappentexte, Inhaltsverzeichnis, Überschriften). Anschließend formuliert der Lerner Fragen an den Text (Question). Dabei muss berücksichtigt werden, in welchem Verhältnis der Text zu dem zu bearbeitenden Text (Question) steht. Dann wird abschnittsweise gelesen (Read): Hauptaussagen, Unklarheiten, Beantwortung gestellter Fragen, die der Lerner stellte oder ggf. neue Fragen formuliert, die entstehen. Anschließend wird das Gelesene in eigenen Worten zusammengefasst, sowie die Antworten auf die vorher gestellten Fragen (Recite). Im letzten Schritt (Review) wird geprüft, ob die Aussagen korrekt zusammengefasst wurden. Die **Mnemotechnik** ist eine Merkmethode. Mit der so genannten **Locitechnik** können sich Lerner insbesondere Gliederungen, Reihenfolgen oder Aufzählungen einprägen. Die Locitechnik läuft folgendermaßen ab: Zunächst muss sich der Lerner eine Abfolge von Orten vorstellen (z.B. Weg zur Arbeit, Körperteile etc.), deren Weg er so lange gedanklich wandert, bis sie ihm präsent sind. Dann entwickelt der Lerner zu jedem zu lernenden Stichwort ein Bild, welches wiederum mit den einzelnen Orten verknüpft wird.

In der heutigen Zeit scheint die Beschäftigung mit Lernvoraussetzungen von Individuen vergleichbar flexibel zu sein wie die Dynamik in der Wirtschaft bzw. unseren globalisierten Unternehmensumwelten. So werden schon für Grundschüler so genannten Lehrer für Schwache eingesetzt (Wiarda 2003). Die neue Idee, die insbesondere in Berlin forciert wird, lautet: Absolventen des neuen Bachelor-Studiums sollen von Berliner Schulen als **Juniorlehrer** eingestellt werden und dann, wie in Bayern, voll ausgebildete Fachlehrer unterstützen, um Schüler individuell fördern zu können. Dadurch könnten sowohl der reguläre Unterricht an der Seite des Klassenlehrers begleitet als auch eigenständig Fördergruppen und Arbeitsgemeinschaften geleitet werden.

Was klein anfing in Bezug auf eine Förderung von Lernvoraussetzungen, wird dann später medienunterstützt weitergeführt, so die Ideen, die in Bezug auf virtuelle Fachhochschulen beschrieben werden. So teilte das Bundesministerium für Bildung und Forschung in seinen Nachrichten vom 23.12.2003 (BMBF-Aktuell Nr. 244/03) mit, dass im Wintersemester 2003/04 schon rund 600 Studierende an **virtuellen Fachhochschulen** eingeschrieben seien. Die Vorteile, die hiermit verbunden sind, liegen in einer weltweiten und rund um die Uhr erreichbaren Bildungsmöglichkeit, die letztlich seitens des Individuums nur einen Computer und einen Internetanschluss erfordere. Das Studium von zu Hause sei ferner flexibel und in freier individueller Zeiteinteilung möglich. Das Bundesministerium für Bildung und Forschung fördert das Leitprojekt „Virtuelle Fachhochschule" seit fünf Jahren. Dabei wurden zwei komplette virtuelle Bachelor-Studiengänge (Medieninformatik und Wirtschaftsingenieurwesen) methodisch und didaktisch entwickelt sowie informationstechnisch realisiert. Das Projekt hat bislang im deutschsprachigen Raum ein Alleinstellungsmerkmal. Die virtuelle Fachhochschule organisiert das Studium länderübergreifend mit einheitlichen Studien- und Prüfungsordnungen. Alle Fernstudien und Weiterbildungsangebote der virtuellen Fachhochschule sind akkreditiert und bündeln die wissenschaftliche Kompetenz eines großen Verbundes staatlicher Hochschulen.

Trotz der Euphorie in Bezug auf Virtualität von Studien soll an dieser Stelle auf eine **Evaluationsstudie zu Online-Lernmaterialien** hingewiesen werden. Die Autoren Creß, Barquero und Hesse (2001) untersuchten in einer Evaluation zu Online-Lernmaterialien die Abhängigkeit zu individuellen Lernvoraussetzungen Studierender. Aus sieben Teilprojekten (244 Datensätze einer Pre-/Postbefragung), in denen die multimedialen Lernmaterialien als Ergänzung einer Präsenzveranstaltung (Vorlesung, Übung, Seminar) angeboten wurden, ergab sich folgende Befundlage: In Ergänzungsszenarien werden die Online-Materialien und ihre Interaktionsmöglichkeiten suboptimal genutzt. Sofern diese Materialien didaktisch nicht eng an die Lehrveranstaltungen angebunden waren und die Studierenden auf diese Weise (im Rahmen spezifischer Aufgaben etc.) aufgefordert wurden, sie zu nutzen, verwendeten sie diese kaum (Hiltz, 1994). Die in der Nutzung der Online-Materialien ermittelten großen Differenzen zwischen den teilnehmenden Studierenden sind u.a. durch unterschiedliche individuelle Lernvoraussetzungen zu erklären (wie Motivation zum Lernen mit Medien, Computererfahrung und Einstellung zum computervermittelten Lernen). Ebenso wurde die Bewertung der multimedial aufbereiteten Lehrveranstaltung durch individuelle Faktoren (spezifische Lernervoraussetzungen und Ausmaß ihrer Nutzung der Online-Materialien) bedingt. Dies deutet darauf hin, dass bei ungünstiger individueller Lernvoraussetzung der Teilnehmer (z.B. geringe Motivation zum Lernen mit Medien, geringe Computererfahrung, negative Einstellung zum computervermittelten Lernen) spezifische instruktionale Maßnahmen ergriffen werden sollten, um diese negativen Voraussetzungen zu kompensieren.

Trotz der derzeit proklamierten Mängel im deutschen Bildungssystem bietet unser derzeitiges Bildungssystem (Kaube 2004) eine Menge an möglichen Lernarrangements, neuerdings u.a. auch für Eltern (von Münchhausen 2004), sodass in keinerlei Hinsicht konstatiert werden kann, dass zu wenig auf die Lernvoraussetzungen von Individuen fokussiert werde.

Dies ermutigt mich zu der Aussage: „It isn´t lonely in learning space!"

2.2.5 Literaturverzeichnis

Amabile, T.M., Hennessy, B.A., Hill, K.G. und Tighe, E.M. (1991): The Work Preference Inventory: Assessing Intrinsic and Extrinsic Motivational Orientations. Waltham

Astleitner, H. und Krumm, V. (1996): Dimensionen von Lehrverhalten: Faktorenstrukturen 1. und 2. Ordnung mit Kreuzvalidierung. Empirische Pädagogik, 10, 7–26

Basler, H.-D., Bolm, G., Dickescheid, T. und Herda, C. (1995): Marburger Fragebogen zur Akzeptanz der Lehre. Diagnostica, 41, 62–79

Baumert, J., Lehmann, R. H., Lehrke, M., Schmitz, B., Clausen, M., Hosenfeld, I., Köller, O. und Neubrand, J. (1997): TIMSS – Mathematisch-naturwissenschaftlicher Unterricht im internationalen Vergleich: Deskriptive Befunde. Opladen

Beller, M. (1993): Zulassungsverfahren an israelischen Universitäten: Psychometrische und soziale Betrachtungen. In: G. Trost, K. Ingenkamp und R.S. Jäger (Hrsg.): Tests und Trends 10. Jahrbuch der Pädagogischen Diagnostik (S. 115–142). Weinheim

Bielski, S. und Gleser, C. (2003): Untersuchung zur Lern- und Leistungsbereitschaft von Schülern und Studierenden. In: Krampen, G. und Zayer, H.: Psychologiedidaktik und Evaluation IV. Neue Medien, Konzepte, Untersuchungsbefunde und Erfahrungen zur psychologischen Aus-, Fort- und Weiterbildung (S. 250–268). Bonn

Blum, F., Hensgen, A. und Trost, G. (1985): Beratungstests für Oberstufenschüler und Abiturienten. Bericht über die Erprobung der studienfeldbezogenen Beratungstests (SFT), des „Tests der akademischen Befähigung" (TAB) und des „Differentiellen Interessentests" (DIT) im Rahmen des Modellversuchs „Studien- und Studentenberatung". Bonn

BMBF-Pressemitteilung (2003): „Virtuelle Fachhochschule" auf Erfolgskurs. Zahl der Studierenden steigt deutlich an. BMBF-Aktuell Nr.244/03 vom 23.12.2003

BMBF-Pressemitteilung (2004): Trend zum Studium setzt sich fort. BMBF-Pressemitteilung Nr. 23/2004 vom 09.02.2004

Bölsch, J. (2002): Pfusch am Kind. Der Spiegel, 20, 96–123

Brandstätter, H. (2001): Korrelationen zwischen den Ergebnissen in studienfeldbezogenen Beratungstests und dem Studienerfolg an der Universität Linz im Zeitraum von 1991 bis 1999. Unveröffentlichter Tabellenband. Linz

Creß, U., Barquero, B. und Hesse, F. W. (2001): Online-Lernmaterialien in der Hochschullehre: Wie Studierende sie nutzen und beurteilen – Ergebnisse einer Evaluationsstudie. In: K. J. Jonas, P. Breuer, B. Schauenburg und M. Boos (Eds.): Perspectives on Internet Research: Concepts and Methods. [WWW document]. Available URL: http://server3.uni-psych.gwdg.de/gor/contrib/cress-ulrike

Dalin, P. (1999): Theorie und Praxis der Schulentwicklung. Neuwied

Daniel, H.-D. (1995): Der Berufseinstieg von Betriebswirten. Personal, 47 (10), 492–499

Deci, E.L. und Ryan, R.M. (1985): Intrinsic motivation and self-determination in human behavior. New York

Deci, E.L. und Ryan, R.M. (1993): Die Selbstbestimmungstheorie der Motivation und ihre Bedeutung für die Pädagogik. Zeitschrift für Pädagogik, 39 (2), 233–238

Deidesheimer Kreis Amelang, M., Bartussek, D., Brackmann, H.-J., Egli, H., Haase, K., Hinrichsen, K., Klauer, K.J., Kornadt, H.-J., Michel, L. und Trost, G. (1997): Hochschulzulassung und Studieneignungstests. Studienfeldbezogene Verfahren zur Feststellung der Eignung für Numerus-clausus und andere Studiengänge. Göttingen/Zürich

Deutscher Hochschulverband (1993): Grundsätzliche Stellungnahme des Deutschen Hochschulverbandes. 43. Hochschulverbandstag 1993 vom 25.–27. März 1993. http://www.hochschulverband.de/cms/index.php?id=117 (Zugriffsdatum 09.12.2007)

Diehl, J.M. (1998): Fragebögen zur studentischen Evaluation von Hochschulveranstaltungen. Manual und Auswertungsprogramm zum VBVOR und VBREF. Giessen

Diehl, J.M. (2001): Studentische Lehrevaluation in den Sozialwissenschaften: Fragebögen, Normen, Probleme. In E. Keiner (Hrsg.): Evaluation (in) der Erziehungswissenschaft (S. 63–90). Weinheim

Diehl, J.M. (2003): Normierung zweier Fragebögen zur studentischen Beurteilung von Vorlesungen und Seminaren. Psychologie in Erziehung und Unterricht, 50, 27–42

Diehl, J.M. und Kohr, H.-U. (1977): Entwicklung eines Fragebogens zur Beurteilung von Hochschulveranstaltungen im Fach Psychologie. Psychologie in Erziehung und Unterricht, 24, 61–75

Donlon, T.F. (Ed.) (1984): The College Board Technical Handbook for the Scholastic Aptitude Test and Achievement Tests. New York

Dürrer, F. und Heine, C. (1999): Nach dem Abitur – wird die Studienaufnahme immer mehr verzögert? HIS – Kurzinformationen, A5. Hannover

Fahrholz, B., Gabriel, S. und Müller, P. (Hrsg.) (2002): Nach dem Pisa-Schock. Plädoyer für eine Bildungsreform. Hamburg

Fay, E. (1982): Der „Test für medizinische Studiengänge" (TMS) – Ausgewählte Aspekte seiner Genese. Braunschweig

Fischer, V. (2001a): Student Evaluation of Educational Quality of Medical Courses: The construction of a multidimensional Questionnaire. Vortrag auf dem International Meeting, Berlin, 03.09.–05.09.2001

Fischer, V. (2001b): Evaluation von Studium und Lehre: Zwischenergebnisse der Implementierung und Konstruktion eines mehrdimensionalen Fragebogens an der MHH. Poster auf der 5. Tagung der Fachgruppe Methoden und Evaluation, Frankfurt a.M., 06.09.–08.09.2001

Fischer, V. (2002): Das Evaluationskonzept der Medizinischen Hochschule Hannover. Vortrag auf der Tagung „Professionalisierung in der Lehre", Hannover, 25.09.2002

Friedrich, H.F. und Mandl, H. (1992): Lern- und Denkstrategien – ein Problemaufriß. In: H. Mandl und H.F. Friedrich (Hrsg.): Lern- und Denkstrategien, Analyse und Intervention (S. 3–54). Göttingen

Gläßer, E., Gollwitzer, M., Kranz, D., Meiniger, C., Schlotz, W., Schnell, T. und Voß, A. (2002): Trierer Inventar zur Lehrevaluation. Arbeitskreis „Lehrevaluation" im Fach Psychologie in Zusammenarbeit mit dem Zentrum für Psychologische Diagnostik, Begutachtung und Evaluation (ZDiag) an der Universität Trier, 2002

Graudenz, I. (2007): PISA 2009 am DIPF. Pressemitteilung vom 02. Mai 2007. Zugriff unter http://www.dipf.de/aktuelles/pm_dipf_pisa2009_5_07.pdf (Zugriffsdatum 08.12.2007)

Gruber, H., Mandl, H. und Renkl, A. (2000): Was lernen wir in Schule und Hochschule: Träges Wissen? In: Mandl, H., Gerstenmaier, J.: Die Kluft zwischen Wissen und Handeln: Empirische und theoretische Lösungsansätze (S. 139–156). Göttingen

Guthke, J., Beckmann, J.F. und Wiedl, K.H. (2003): Dynamik im dynamischen Testen. Psychologische Rundschau, 54 (4), 225–232

Hallberg, S. (2007): Zwischenbilanz zur Schulpolitik des Landes NRW. Zugriff unter http://www.wdr.de/themen/bildung/pisa/index.jhrml?rubrikenstyle=wissen vom 03.12.2007, 09.30 Uhr (Zugriffsdatum 08.12.07)

Haußer, K. (1983): Identitätsentwicklung. New York

Heckhausen, H. (1974): Lehrer-Schüler-Interaktion. In: F.E. Weinert, C.F. Graumann, H. Heckhausen und M. Hofer (Hrsg.): Funkkolleg Pädagogische Psychologie (S. 547–573)

Heckhausen, H. und Rheinberg, F. (1980): Lernmotivation im Unterricht, erneut betrachtet. Unterrichtswissenschaft, 8, 7–47

Heiderich, R. und Rohr, G. (2002): Bildung heute. Wege aus der PISA-Katastrophe. München

Heldmann, W. (1984): Studierfähigkeit – Ergebnisse einer Umfrage. Hochschulverband, Thesen zur Studierfähigkeit und zum Hochschulzugang. Göttingen

Hell, B. (1998): Evaluation des Aufnahmeverfahrens an der Fachhochschule Vorarlberg unter besonderer Berücksichtigung der prognostischen Validität. Unveröffentlichte Diplomarbeit. Bonn

Hell, B., Trapmann, S. und Schuler, H. (in Druck): Eine Metaanalyse der Validität von fachspezifischen Studierfähigkeitstests im deutschsprachigen Raum. *Empirische Pädagogik.*

Helmke, A. (1996): Studentische Evaluation der Lehre – Sackgassen und Perspektiven. Anmerkungen zum Beitrag von Rosemann und Schweer. Zeitschrift für Pädagogische Psychologie, 10, 181–186

Helmke, A. und Schrader, F.-W. (1996): Kognitive und motivationale Bedingungen des Studierverhaltens: zur Rolle der Lernzeit. In: J. Lompscher und H. Mandel (Hrsg.): Lehr- und Lernprobleme im Studium: Bedingungen und Veränderungsmöglichkeiten (S. 39–53). 1. Aufl., Bern

Helmke, A. und Weinert, F. E. (1996): Determinanten der Schulleistung. In: F. E. Weinert (Hrsg.): Enzyklopädie der Psychologie, Band 3: Psychologie der Schule und des Unterrichts (S. 71–176). Göttingen

Herzog, Roman (1997): Aufbruch ins 21. Jahrhundert. In: Herzog, R.: Das Land erneuern (S. 235–254). Hamburg

Herzog, Roman (1998): Aufbruch in der Bildungspolitik. In: Herzog, R.: Zukunft bauen. Erziehung und Bildung für das 21. Jahrhundert (S. 67–78). Stuttgart

Hiltz, S.R. (1994): The virtual classroom. Learning without limits via computernetworks. Norwood, NJ: Ablex Publishing Corporation

Hitpaß, J., Ohlsson, R. und Thomas, E. (1984): Studien- und Berufserfolg von Hochschulabsolventen mit unterschiedlichen Studieneingangvoraussetzungen. Forschungsberichte des Landes Nordrhein-Westfalen, Nr. 3183. Opladen

Hofer, M., Pekrun, R. und Zielinski, W. (1993): Die Psychologie des Lerners. In: B. Weidenmann, A. Krapp, M. Hofer, G. L. Huber und H. Mandl (Hrsg.): Pädagogische Psychologie (S. 221–275). 3. Aufl., Weinheim

Hormes, U. (2000): Interims-Evaluation des Auswahlverfahrens an der Fachhochschule Vorarlberg. Unveröffentlichte Diplomarbeit. Bonn

Huber, G.L. (1996): Orientierungsstil und Lernverhalten von Studierenden. In: J. Lompscher und H. Mandl (Hrsg.): Lehr- und Lernprobleme im Studium: Bedingungen und Veränderungsmöglichkeiten (S. 70–85). 1. Aufl., Bern

Kahl, R. (2003a): Den Schulen Freiheit geben. Die Zeit, 41, 79

Kahl, R. (2003b): Worauf warten wir noch? Die Zeit, 29, 61

Kahl, R. (2003c): Pisa für alle. Die Zeit, 44, 29

Kaube, J. (2004): Befähigung statt Wohlfahrtsstaat. Frankfurter Allgemeine Sonntagszeitung, 29.02.04, 9, 66

Kempas, G. (1994): Lehren lernen. Auswirkungen interpersoneller Differenzen auf die Lernprozesse Lehrender. Unveröffentlichte Dissertation, Fakultät für Sozial- und Verhaltenswissenschaften an der Universität Tübingen.

Kerstan, T. (2003): Was die Schule lähmt. Die Zeit, 43, 75

Kirsten, N. (2004): Büffeln ohne Ballast. Die Zeit, 4, 67

Klieme, E., Neubrand, M. und Lüdtke, O. (2001): Mathematische Grundbildung: Testkonzeption und Ergebnisse. In: Deutsches Pisa-Konsortium (Hrsg.): PISA 2000. Basiskompetenzen von Schülerinnen und Schülern im internationalen Vergleich (S. 191–237). Opladen

Knowles, M.S. (1975): Self-directed Learning, p. 18. Chicago

Konrad, K. (1996): Selbstgesteuertes Lernen an der Hochschule: Untersuchungen von situativen und personalen Korrelaten. Zeitschrift für Pädagogische Psychologie, 10 (1), 39–47

Konrad, K. (1997): Metakognition, Motivation und selbstgesteuertes Lernen bei Studierenden. Theoretische Grundlagen und Zusammenhangsanalysen. Psychologie in Erziehung und Unterricht, 44, 27–43

Krapp, A. (1993): Lernstrategien: Konzepte, Methoden, Befunde. Unterrichtswissenschaft, 21, 291–311

Lönz, M. (1998): Fordern und Fördern. Der Angleichungslehrgang am Ruhr-Kolleg in Essen. Wege der Weiterbildung, 18, 3–4

Löthe, H. (2000): VIB Jahresbericht 2000 vom Verbundprojekt VIB (Virtualisierung im Bildungsbereich) der Pädagogischen Hochschulen des Landes Baden-Württemberg. (www.vib-bw.de)

Marsh, H.W. (1982): The use of path analysis to estimate teacher and course effects in student ratings of instructional effectiveness. Applied Psychological Measurement, 6 (1), 1982, 47–59

Metzger, Ch., Weinstein, C. und Palmer, D. (1995): Lern- und Arbeitsstrategien. Aarau

Meyer, W.-U. (1984): Das Konzept von der eigenen Begabung. Bern

Müller-Wolf, H.-M. (1977): Lehrverhalten an der Hochschule. München

Münchhausen von, A. (2004): Die großen Erziehungsberater. Frankfurter Allgemeine Sonntagszeitung, 15.02.04, 7, 53

Nenninger, P. (1996): Motiviertes selbstgesteuertes Lernen als Grundqualifikation akademischer und beruflicher Bildung. In: J. Lompscher und H. Mandl (Hrsg.): Lehr- und Lernprobleme im Studium: Bedingungen und Veränderungsmöglichkeiten (S. 23–34). 1. Aufl., Bern

Organisation für wirtschaftliche Zusammenarbeit und Entwicklung (OECD): Pisa 2006. Information unter www.oecd.org/de/pisa2006 (Zugriffsdatum 08.12.2007)

o.V.: Ab 2010 PISA für Universitäten. OECD plant internationalen Vergleich über Ergebnisse der Hochschullehre. http://bildungsklick.de/a/56957/ab-2010-pisa-fuer-universitaeten/vom 26.11.2007 (Zugriffsdatum 08.12.2007).

Pekrun, R. (1993): Themenschwerpunkt Lernmotivation: Einführung. Zeitschrift für Pädagogische Psychologie, 7, 87–98

Pekrun, R. (1997): Emotionen beim Lernen und Leisten. In: H. Mandl (Hrsg.): Bericht über den 40. Kongress der DGfP in München 1996 (S. 796–801). Göttingen

Pintrich, P.R. (1989): The dynamic interplay of student motivation and cognition in the classroom. In: M.L. Maehr und C. Ames (Eds.): Advances in motivation and achievement: Motivation enhancing environments (Vol. 6, pp. 117–160)

Pintrich, P.R. und De Groot, E.V. (1990): Motivational and selfregulated learning componentes of classroom academic performance. Journal of Educational Psychology, 82, 33–40

Pintrich, P. R., Smith, D. A., Garcia, T. und McKeachie, W. J. (1991): A manual for the use of the Motivated Strategies for Learning Questionnaire (MSLQ). Ann Arbor: National Center for Research to Improve Postsecondary Teaching and Learning, University of Michigan

Pintrich, P., Smith, D. and McKeachie, W. (1989): Motivated Strategies for Learning Questionnaire. An Arbor: National Center for Research to Improve Post Secondary Teaching and Learning, University of Michigan

Prenzel, M. (1992): Überlegungen zur Weiterentwicklung der pädagogisch-psychologischen Interessenforschung – der präskriptive Anspruch. In: A. Krapp und M. Prenzel (Hrsg.): Interesse. Lernen, Leistung (S. 331–352). Münster

Prenzel, M. (1995): Zum Lernen bewegen. Unterstützung von Lernmotivation durch Lehre. Blick in die Wissenschaft, 4 (7), 58–66

Prenzel, M. (1996): Bedingungen für selbstbestimmt motiviertes und interessiertes Lernen im Studium. In: J. Lompscher und H. Mandl (Hrsg.): Lehr- und Lernprobleme im Studium: Bedingungen und Veränderungsmöglichkeiten (S. 11–22). 1. Aufl., Bern

Presseinformation des Bundeselternrates (2002): Bildungsnotstand in Deutschland. Der Bundeselternrat nimmt Stellung: Fördern und Fordern. 05. Juli 2002 (www.bundeselternrat.de)

Renkl, A. (1996): Vorwissen und Schulleistung. In: J. Möller und O. Köller (Hrsg.): Emotionen, Kognitionen und Schulleistung (S. 175–190). Weinheim

Rheinberg, F. (1996): Von der Lernmotivation zur Lernleistung: Was liegt dazwischen? In: J. Möller und O. Köller (Hrsg.): Emotionen, Kognitionen und Schulleistung (S. 23–50). Weinheim

Rheinberg, F. und Donkoff, D. (1993): Lernmotivation und Lernaktivität: Eine modellgeleitete Erkundungsstudie. Zeitschrift für Pädagogische Psychologie, 7, 117–123

Rindermann, H. (1996a): Untersuchungen zur Brauchbarkeit studentischer Lehrevaluationen: Analysen der Validität und zu Auswirkungen ihres Einsatzes anhand des Heidelberger Inventars zur Lehrveranstaltungs-Evaluation (HIL-VE). Landau

Rindermann, H. (1996b): Zur Qualität studentischer Lehrveranstaltungsevaluationen: Eine Antwort auf Kritik an der Lehrevaluation. Zeitschrift für Pädagogische Psychologie, 10 (3/4), 129–145

Rindermann, H. (1997): Die studentische Beurteilung von Lehrveranstaltungen: Forschungsstand und Implikationen für den Einsatz von Lehrevaluationen. Tests und Trends (Jahrbuch der Pädagogischen Diagnostik).

Rindermann, H. (1998): Skalen der Lehrevaluation: Welche Aspekte sollen in universitären Lehrveranstaltungen beurteilt werden? In: G. Krampen und H. Zeyer (Hrsg.): Psychologiedidaktik und Evaluation I. Konzepte, Erfahrungsberichte und empirische Untersuchungsbefunde aus Anwendungsfeldern der Aus-, Fort- und Weiterbildung (S. 295–316). Materialien der Sektion Aus-, Fort- und Weiterbildung, Bd. 3, Bonn

Rindermann, H. (2002): Verbesserung der Lehre. Beurteilung von Lehrveranstaltungen durch Studierende. Forschung und Lehre, 9 (7), 370–372

Rindermann, H. und Amelang, M. (1994a): Das Heidelberger Inventar zur Lehrveranstaltungs-Evaluation (HILVE). Handanweisung. Heidelberg

Rindermann, H. und Amelang, M. (1994b): Entwicklung und Erprobung eines Fragebogens zur studentischen Veranstaltungsevaluation. Empirische Pädagogik, 8 (2), 131–151.

Rumpf, M (2007): OECD-Studie PISA 2006: Schülerleistungen in Deutschland im Bereich Naturwissenschaften über OECD-Schnitt. Werte für Lesen und Mathematik nicht signifikant verändert – Bildungserfolg weiter vergleichsweise stark vom Elternhaus abhängig – Große Defizite bei Migrantenkindern. http://bildungsklick.de/pm/57185/oecd-studie-pisa-2006-schuelerleistungen-in-deutschland-im-bereich-naturwissenschaften-ueber-oecd-schnitt/ (Zugriffsdatum 09.12.2007)

Schiefele, U. (1996): Motivation und Lernen mit Texten. Göttingen

Schiefele, U. und Rheinberg, F. (1997): Motivation and knowledge acquisition: Searching for mediating processes. In: M.L. Maehr und P.R. Pintrich (Eds.): Advances in motivation and achievement (Vol. 10, pp. 251–301). Greenwich

Schiefele, U. und Schreyer, I. (1992): Intrinsische Lernmotivation und Lernen. Eine Zusammenfassung theoretischer Ansätze und Metaanalyse empirischer Befunde. Gelbe Reihe, Arbeiten zur Empirischen Pädagogik und Pädagogischen Psychologie, Nr. 24. München

Schiefele, U. und Schreyer, I. (1994): Intrinsische Lernmotivation und Lernen. Ein Überblick zu Ergebnissen der Forschung. Zeitschrift für Pädagogische Psychologie, 9, 1–13.

Schiefele, U., Wild, K.-P. und Winteler, A. (1995): Lernaufwand und Elaborationsstrategien als Mediatoren von Studieninteresse und Studienleistung. Zeitschrift für Pädagogische Psychologie, 9, 181–188.

Schmeck, R.R. (Hrsg.) (1988): Learning strategies and learning styles. New York

Schnabel, U. (2002): Auf der Suche nach dem Kapiertrieb. Die Zeit, 48, 35

Schreiber, B. LZ (1998): Selbstreguliertes Lernen. Berlin

Schreiber, B. und Leutner, D. (1996): Diagnose von Lernstrategien bei Berufstätigen. Zeitschrift für Differentielle und Diagnostische Psychologie, 17(4), 236–250

Spiewak, M. und Kerstan, T. (2002): In welchen Schulen lernt man am besten? Die Zeit, 26, 32

Stangel-Meseke, M. (1994): Schlüsselqualifikationen in der betrieblichen Praxis – ein Ansatz in der Psychologie. Wiesbaden

Stangel-Meseke, M. (2005): Veränderung der Lernfähigkeit im Rahmen innovativer Personalentwicklungskonzepte – das modifizierte Lernpotenzial am Beispiel Lernpotenzial-Assessment Center. Wiesbaden

Stangl, W. (2003): Lernstrategien – Lerntypen – Lernstile. Werner Stangls Arbeitsblätter. WWW:http//www.stangl-taller.at/ARBEITSBLAETTER/LERNEN/Lernstrategie.shtml (03–11–10)

Stangl, W. und Stangl, B. (2003): HALB-Test (v 1,0 2003). www:http//www.stangl-taller.at/Stangl/Werner/Beruf/Tests/Halb

Statistisches Bundesamt (Hrsg.) (2001): Statistisches Jahrbuch 2001. Für die Bundesrepublik Deutschland (S. 390). Stuttgart

Staufenbiel, T. (2000): Fragebogen zur Evaluation von universitären Lehrveranstaltungen durch Studierende und Lehrende. Diagnostica, 46, 169–181

Staufenbiel, T. (2001): Universitäre Evaluation von Lehrveranstaltungen in Marburg: Vorgehen, Instrumente, Ergebnisse. In: E. Keiner (Hrsg.): Evaluation (in) der Erziehungswissenschaft (S.43–62). Weinheim

Sturm, M. (1994): „Die Reise ins Ich …". Selbstevaluation im Hochschulunterricht. Handbuch Hochschullehre, 1–28 (D 1.2)

Terhart, E. (2002): Nach PISA. Bildungsqualität entwickeln. Hannover

Tröster, H., Grundlach, G. und Moschner, B. (1977): Was erwarten Studierende der Psychologie von ihrer Diplomarbeit? Zeitschrift für Pädagogische Psychologie, 11, 109–122

Trost, G. (1980): Der Auswahltest der Studienstiftung. Eine Beschreibung mit Beispielaufgaben. Bonn

Trost, G. (1986): Identification of highly gifted adolescents – methods and experiences. In: K. Heller und J.F. Feldhusen (Eds.): Identifying and nurturing the gifted (pp 83–91). Bern

Trost, G. und Freitag, G. (1990): Zur Prognosekraft von Studienberatungstests bei Studierenden an Bundeswehr-Hochschulen und an zivilen Hochschulen. Unveröff. Abschlussbericht zum Forschungsprojekt „Bereitstellung einer Testbatterie zur studienvorbereitenden Beratung von Offiziersbewerbern". Bonn

Trost, G. (1996): Interview. In: K. Pawlik (Hrsg.), Grundlagen und Methoden der Differentiellen Psychologie. Enzyklopädie der Psychologie, Themenbereich C, Serie VIII (S. 463–505). Göttingen

Trost, G. (2003): Deutsche und internationale Studierfähigkeitstests. Arten, Brauchbarkeit, Handhabung. DAAD, Deutscher Akademischer Austausch-Dienst (Hrsg. der Reihe Dok und Mat, Dokumentationen und Materialien: DAAD Referat Information, Fortbildung, Info-Center), Bd. 51 (2003). Bonn

Trost, G. und Haase, K. (2005): Hochschulzulassung: Auswahlmodelle für die Zukunft: Eine Entscheidungshilfe für die Hochschulen. Essen und Stuttgart

Weegen, M. (2001): Lohnt sich ein Studium? In: W. Böttcher, K. Klemm und T. Rauschebach (Hrsg.): Bildung und Soziales in Zahlen. Statistisches Handbuch zu Daten und Trends im Bildungsbereich (S. 167–182). Weinheim

Wegge, J. (1998): Lernmotivation, Informationsverarbeitung, Leistung. Zur Bedeutung von Zielen des Lernenden bei der Aufklärung motivationaler Leistungsunterschiede. Münster

Weinert, F.E. (1982): Selbstgesteuertes Lernen als Voraussetzung, Methode und Ziel des Unterrichts. Unterrichtswissenschaft, 3, 99–110

Weinstein, C.E., Palmer, D.R. und Schulte, A.C. (1987): LASSI: Learning and Study Strategies Inventory. Clearwater

Weinstein, C.E., Zimmermann, S.A. und Palmer, D.R. (1988): Assessing Learning Strategies: The Design and Development of the LASSI. In: C.E. Weinstein, E.T. Goetz und P.A. Alexander (Eds.): Learning and Study Strategies (pp. 25–40). San Diego

Weiss, V. (2002): Bevölkerung hat nicht nur eine Quantität, sondern auch eine Qualität. Ein kritischer Beitrag zur politischen Wertung der PISA-Studie. In: Wege aus der Krise. Für ein lebensrichtiges Menschenbild. Veröffentlichung der Gesellschaft für Freie Publizistik, 18 (S. 31–59)

Westermann, R., Spies, K., Heise, E. und Wollburg-Claar, S. (1998): Bewertung von Lehrveranstaltungen und Studienbedingungen durch Studierende: Theorieorientierte Entwicklung von Fragebögen. Empirische Pädagogik, 12, 133–166

Whetton, C., McDonald, A. und Newton, P. (2001): Aptitude Testing for University Entrance. Paper presented at the 27th Annual Conference of the International Association for Educational Assessment in Rio de Janeiro, May 6-11, 2001

Wiarda, J.-M. (2003): Ein Lehrer für Schwache. Die Zeit, 52, 31

Wild, K.P. (1996): Beziehungen zwischen Belohnungsstrukturen der Hochschule, motivationalen Orientierungen der Studierenden und individuellen Lernstrategien beim Wissenserwerb. In: J. Lompscher und H. Mandl (Hrsg.): Lehr- und Lernprobleme im Studium: Bedingungen und Veränderungsmöglichkeiten. S. 54–69. Bern

Wild, K.P. (2000): Lernstrategien im Studium: Strukturen und Bedingungen. In: D.H. Rost (Hrsg.): Pädagogische Psychologie und Entwicklungspsychologie, 16 (S. 117–195). Berlin

Wild, K.-P. und Klein-Allermann, E. (1995): Nicht alle lernen auf die gleiche Weise. Individuelle Lernstrategien und Hochschulunterricht. Handbuch Hochschullehre. Bonn

Wild, K.-P. und Krapp, A. (1993): Die Bedeutung kognitiver und metakognitiver Lernstrategien für die Erklärung des Zusammenhangs zwischen fachbezogenem Interesse und Lernerfolg im Studium. Beitrag zur 4. Tagung der Fachgruppe Psychologie der DGfP, Mannheim

Wild, K.-P. und Schiefele, U. (1994): Lernstrategien im Studium. Ergebnisse zur Faktorenstruktur und Reliabilität eines neuen Fragebogens. Zeitschrift für Differenzielle und diagnostische Psychologie, 15, 185–200

Winteler, A. und Schmolck, P. (1983): Überprüfung eines Schätzverfahrens zur Beurteilung von Lehrveranstaltungen. Schweizerische Zeitschrift für Psychologie und ihre Anwendungen, 42, 56–79

Zinnecker, J., Behnken, I., Maschke, S. und Stecher, L. (2002): null zoff und voll busy. Die erste Jugendgeneration des neuen Jahrhunderts. Ein Selbstbild. Opladen

2.3 Grundlagen der Kommunikation in der Hochschullehre
Prof. Dr. phil. Reinhard Doleschal M.A.

Ich weiß nicht, was ich gesagt habe,
bevor ich nicht die Antwort meines Gegenüber gehört habe.

Paul Watzlawik

2.3.1 Lesehinweis

Mit diesem Beitrag will ich nicht das weite Feld und die vielfältigen Facetten der Kommunikation abhandeln, sondern mein Anliegen ist es, einen kleinen Ausschnitt der Kommunikation in der Hochschullehre, d.h. in Lehrveranstaltungen und Dialogsituationen zwischen Studierenden und Hochschullehrern, dem Leser näher zu bringen. Thematisiert wird einerseits die wissenschaftlich/fachliche Kommunikation zwischen Lehrer **(Dozent/Kommunikator)** und Schüler **(Studierender/Rezipient)** in unterschiedlichen Situationen und Konstellationen und unter Einsatz verschiedener Medien und zum anderen wird die soziale Kommunikation zwischen dem Lernenden und dem Fachberater bzw. Coach behandelt. Hierbei kann es sich um Alltagskommunikation, aber auch um beratende Kommunikation handeln.

In diesem Beitrag vertrete ich die Auffassung, dass es zu den professionellen Aufgaben des Hochschullehrers und der Hochschullehrerin gehört, qualifizierte (professionelle) **Kommunikationsprozesse** zu initiieren, Kommunikationsabläufe zu verstehen und zu optimieren, Kommunikationsstörungen zu beseitigen und ggf. die Grenzen des Verstehbaren aufzuzeigen. Daten, Fakten, Wissen und Argumente müssen unabhängig von der Fachdisziplin in der Hochschullehre mit einem genuinen Bildungsanspruch durch die bewusste professionelle Gestaltung von Sprechakten und dem ebenso professionellen Einsatz von neuen Medien ausgetauscht werden. Der wirkungsvolle Umgang mit Stimme, Mimik und Gestik spielt dabei ebenfalls eine wichtige Rolle. Es geht hierbei um die **Bewusstmachung** und das praktische Erleben und Erfahren dieser Sprachbestandteile.

Ich möchte insbesondere Hochschullehrern und Dozenten aus den technischen Disziplinen Ideen und Anregungen vorstellen, mit denen sie sich dem Sachverhalt der Kommunikation in der Hochschullehre nähern können, und jenen, die nach Wegen und Werkzeugen suchen, mit denen sie ihre Kommunikation in Lehrveranstaltungen und im Dialog mit Studierenden verbessern können. Wegen der Unüberschaubarkeit von Definitionen und Theorien zum Begriff Kommunikation werden im Folgenden nur die wichtigsten vorgestellt. Merten (1977) hat über 160 Definitionen ermittelt.

Ziel soll es sein, Fachwissen und Werkzeuge so aufzubereiten, dass die Hochschullehre im Bereich der kommunikativen Kompetenz damit qualitativ verbessert werden kann. Ich würde mich freuen, wenn ich mit diesem Beitrag jene erreiche, die Kommunikation bisher nur als eine Erfindung der Massenmedien hielten oder als Signalübertragung zwischen zwei PCs im Netz verstanden haben. Wenn wir uns den wirtschaftlichen und gesellschaftlichen Zustand gegenwärtig in Deutschland genau anschauen, dann können wir erkennen, dass kein Mangel an Wissen, Fakten und Informationen besteht, sondern dass wir in fast allen gesellschaftlichen Bereichen große Mühe haben, die Masse an Informationen zu entschlüsseln, zu ordnen und nachhaltig zu verteilen. Offensichtlich leiden weite Bereiche der so genannten Informations- oder Wissensgesellschaft an eklatanten Kommunikationsstörungen. Das trifft nicht nur für die politischen Akteure zu, sondern ebenso für die Hochschulen. Am gegenwärtigen Reform- und Modernisierungsprozess an den deutschen Hochschulen lässt sich gut erkennen, welche komplizierten **Kommunikationsstörungen** zwischen den Akteuren die notwendigen Veränderungen behindern. Die Verbesserung der Leistungsfähigkeit des Hochschulsystems wird nicht nur über größere finanzielle Ressourcen allein zu bewerkstelligen sein, sondern sie wird primär über das Bottleneck erfolgreicher Kommunikation erfolgen.

Durch eine exzellente Hochschullehre und **Kommunikationskompetenz** der Lehrenden können Studierende befähigt werden, in ihren späteren beruflichen Kontexten erfolgs- und verständigungsorientiert zu kommunizieren. Denn als Vorgesetzte, Teamleiter oder in anderen Führungsfunktionen wird von ihnen die Fähigkeit erwartet, Kommunikation kompetent zu beherrschen und mit Kommunikationsstörungen professionell umzugehen.

Entgegentreten möchte ich schließlich der weit verbreiteten Meinung, Kommunikationskompetenz könne man als eine wesentliche Schlüsselkompetenz so ganz nebenbei erwerben.

2.3.2 Einführung in das Thema Kommunikation in der Hochschule

Der Hochschul- und Wissenschaftsraum ist kein von der Gesellschaft isolierter Bereich. Auch er bleibt von den heutigen Erscheinungsformen und Tendenzen der Alltags- und Massenkommunikation nicht unberührt. Die Hochschule und damit Lehre und Forschung lassen sich lebenspraktisch nicht trennen von diesen Bereichen. Dies hat jedoch zur Folge, dass die Massenmedien mit ihrer **Kommunikationsgewalt** oder -macht mehr Einfluss auf den Wissenschaftsbereich ausüben als umgekehrt. Die Kommunikationsakte an der Hochschule werden immer stärker geprägt von den Massenmedien. Außerdem befindet sich der Hochschul- und Wissenschaftsbetrieb zwangsläufig im Sog der **Globalisierung.** Die Entgrenzung von Kommunikationsakten und -situationen über Kontinente, Zeitzonen und Lehrräume hinweg durch weltweite Computernetze und das Internet hat einerseits ungeahnte Möglichkeiten der indirekten (technisch-basierten) Kommunikation im Hochschulbereich geschaffen, die methodisch und didaktisch noch in den Kinderschuhen stecken (Tele-Learning und E- bzw. Blended Learning). Andererseits gibt es nach wie vor einen immensen Nachholbedarf auf dem Gebiet der direkten (face-to-face-)Kommunikation in der Hochschule. Die Kompetenzen der Aktoren sind dabei ganz unterschiedlich ausgeprägt. Selten sind sie bei Hochschullehrern oder Studierenden systematisch ausgebildet worden. Jene Kompetenzen werden für die Rolle des Hochschullehrers vorausgesetzt und sind in der Regel learning by doing erworben worden oder beruhen auf individuellen Talenten. Ebenso selten werden sie bei Berufungsverfahren als

Auswahlkriterium berücksichtigt. Spätestens nach dem ersten Lehrsemester oder der ersten Vorlesung sind die glücklich Berufenen an die Grenzen ihrer Kommunikationsfähigkeit geraten. Auf sich allein gestellt und die Schwächen möglichst geschickt überspielend hangeln sich die Betroffenen dann quälend von Semester zu Semester. Feedback ist häufig aus Angst vor der Courage nicht gerade erwünscht, könnte es doch den Makel der kommunikativen Inkompetenz offen legen. Kaschiert werden diese Einstellungen schließlich mit der wichtigeren Bedeutung der Fachkompetenz und der weit verbreiteten Auffassung, wer fachlich gut ist, der hat auch die kommunikative Kompetenz quasi nebenbei erworben (vgl. DUZ 22/2003). Die Realität an unseren Hochschulen lehrt leider meistens das Gegenteil: Wer fachlich gut ist, muss noch lange nicht der kompetente Kommunikator seines Faches und seiner ihm anvertrauten Studierenden sein. Und: Auch die Hochschule ist nicht frei von vielfältigen Kommunikationsstörungen.

Für den Aufbau einer professionellen Kommunikationskompetenz in der Hochschule und über die Hochschule hinaus muss zunächst ein Verständnis bei Hochschullehrern dafür geweckt werden, dass Alltagskommunikation zwar von Kindesalter an gelernt und praktiziert wird, es in der Hochschullehre und im Hochschulbetrieb jedoch darauf ankommt, die eigene Kommunikationspraxis und die der anderen Hochschulaktoren zu verstehen, um sie erfolgsorientiert (strategisch) oder verständigungsorientiert (Unterscheidung nach Habermas) einzusetzen. Dazu müssen wir zunächst **drei Ebenen und sechs Formen der Kommunikation** unterscheiden:

1. die mündliche (I) und die schriftliche (II) Kommunikation
2. die direkte (face to face) (III) und die indirekte (technische) (IV) Kommunikation und
3. die Massenkommunikation (V) und die (interaktive) (VI) Alltagskommunikation

Alle drei Ebenen und sechs Formen der Kommunikation werden unter der besonderen Aufgabenstellung und gesellschaftlichen Rolle der Hochschule bearbeitet. Auf ihnen sollen Hochschullehrer für die gegenwärtige und zukünftige Bedeutung der eigenen Kommunikationskompetenz im globalen Wettbewerb sensibilisiert und professionalisiert werden mit dem Ziel, dass diese Kompetenzen auch bei den Studierenden systematisch durch geeignete Lehr- und Lernformen gefördert werden können.

2.3.3 Definitionen und theoretische Zugänge zur Kommunikation

2.3.3.1 Definitionen

Die gängigen **Definitionen von Kommunikation** setzen meistens bei der lateinischen Wortwurzel „communis = gemeinsam" an und leiten daraus „Verständigung" als Ziel von Kommunikation ab (vgl. Burkart 1998, 56 f.). Laut Duden bedeutet Communicatio (lat.) Mitteilung, Unterredung bzw. die zwischenmenschliche Verständigung mit Hilfe von Sprache und Zeichen. Kommunikation ist demgemäß die Übermittlung von Informationen. Dies geschieht in Form von Zeichen mit Bedeutungsgehalt. Durch den Bedeutungsgehalt wird Sinn vermittelt. Symbole sind Träger von Sinn (Sinnbilder).

Deshalb kann man Kommunikation auch als **Austausch von Symbolen** betrachten, der Verständigung ermöglicht.

➤ Vom Zeichen zur Sprache

Aus **Zeichen** werden dann **Symbole**, wenn ihnen **Bedeutung** zugewiesen oder unterlegt wird. Aus ihnen werden Sinnträger bzw. Sinnbilder. Dies geschieht, indem der „Sender" den Zeichen Sinn verleiht, d.h. codiert. Vom „Empfänger" werden diese Zeichen in ihrem Sinn entschlüsselt, d.h. decodiert. An den beiden Begriffen Sender und Empfänger lässt sich unschwer erkennen, dass diese Bezeichnungen im Zeitalter der Massenmedien entstanden sind. Kommunikation kann sowohl aus einfachen Zeichen oder aus ganzen Zeichenkomplexen bestehen. **Zeichensysteme** bilden schließlich eine Sprache oder eine Schrift.

➤ Mündliche Kommunikation

Mündliche Kommunikation besteht aus Lauten und Lautsilben, die Bestandteil von Worten sind. Worte wiederum sind Bestandteile von Sätzen. Die Grundform der Aussage – schriftlich oder mündlich – ist der Satz (vgl. Retter 2002, S. 13).

➤ Schriftliche Kommunikation

Mit der Erfindung des Buchdrucks im 15. Jahrhundert und mit der Reformation im 16. Jahrhundert wurden die elementaren Voraussetzungen für Massenkommunikation geschaffen. Das **Lesen-und-Verstehen**-Können der Bibel wurde zu einem revolutionären Bildungsanspruch (vgl. ders., S. 13).

➤ Sinnhaftigkeit der Kommunikation

Der **Sinn einer Information** (die „Nachricht" oder die „Botschaft") wird durch die Gesamtheit der übermittelten Symbole in einem Bedeutungskontext strukturiert. In jeder übermittelten „Botschaft" sind auch Anteile der Selbstoffenbarung des Senders enthalten. Die Qualität der Botschaft und die Entschlüsselung von Zeichen durch den Empfänger ist wiederum in starkem Maße durch seine Vorerwartungen bestimmt (vgl. ders., S. 16).

➤ Alltagskommunikation

Alltagskommunikation ist der Austausch von Informationen bei unmittelbarer wechselseitiger Wahrnehmung der Kommunikanten mit relativ hoher Erwartungsgewissheit über das allgemeine Verhaltensmuster der Beteiligten aufgrund der Bekanntheit der Standards derartiger Austauschsituationen. Alltagskommunikation ist gekennzeichnet durch direkte Kommunikation (face-to-face-Situationen) bei relativ nahem Abstand der Kommunikanten (ders., S. 15).

▶ Massenkommunikation

Massenkommunikation ist jene Art der Kommunikation, bei der Aussagen öffentlich (für jedermann zugänglich), indirekt (über technische Verbreitungsmittel) und einseitig (ohne die Möglichkeit eines Rollentausches zwischen Kommunikator und Rezipienten) an ein disperses (untereinander nicht in Kontakt befindliches) Publikum vermittelt werden (vgl. Maletzke 1963, S. 32). Massenkommunikation geschieht mit Hilfe technischer Systeme (Rundfunk, Fernsehen, Presse, Internet).

▶ Verbale und nonverbale Kommunikation

Der Informationsaustausch (die Übertragung von Signalen) in der Alltagskommunikation kann **verbal** oder **nonverbal** geschehen. Beim nonverbalen Informationsaustausch handelt es sich um Botschaften (Signale der Selbstbefindlichkeiten der Kommunikanten), die durch Körperdistanz/-kontakt, Gestik, Mimik, Haltung, Ausdrucksverhalten (Qualität der Stimme, Räuspern u.a.m.) codiert werden und als solche decodiert werden müssen.

▶ Kommunikationsstörungen

Kommunikationsstörungen entstehen dann, wenn die Sinngebung des Senders und die Sinnentschlüsselung des Empfängers diskrepant oder uneindeutig sind, d.h. vom Sender mehrdeutig codiert und vom Empfänger einer Information nicht präzise decodiert werden. Kommunikationsstörungen können aber auch dann entstehen, wenn die Anzahl der präzise codierten Informationen zu schnell oder in zu großem Umfang übertragen werden, d.h., wenn eine Diskrepanz der Informationsverarbeitung entsteht.

▶ Schlussfolgerung

Nach diesen Definitionen findet Hochschullehre überwiegend im Bereich der Alltags- und Fachkommunikation statt. Durch die zunehmende Verbreitung von Techniken und Medien der elektronischen Informationsübermittlung und deren Anwendung in der Hochschullehre nimmt sie teil an der Massenkommunikation. Die Internet-Technik eröffnet mit dem so genannten Tele-Learning und E-Learning die Möglichkeit, raum- und zeitunabhängig die Trennung von Kommunikator und Rezipient zu überwinden. Hochschullehrer und Studierende können jederzeit ihre Rolle als Sender oder Empfänger wechseln. Neben der interaktiven E-Mail- und Chatroom-Kommunikation kann auch die Selbstkundgabe durch eigene Homepages erfolgen.

2.3.3.2 Sprachphilosophische Theorien

Kommunikationstheorien haben sprachphilosophische und sprachwissenschaftliche Wurzeln. Sie befassen sich mit der Semiotik, der Zeichenlehre. Die drei wichtigsten Hauptdisziplinen sind die
- Semantik (Bedeutungslehre),
- Syntaktik (Lehre von der Grammatik, Syntax),
- Pragmatik (Lehre vom Sprachhandeln).

▶ Platons Sprachphilosophie

Lange vor der Entstehung moderner Kommunikationstheorien entstand in der Antike die Rhetorik (Redekunst) als eine der bedeutendsten „Künste" (gr. techne) im öffentlichen Leben. Die Redekunst genoss als politische Rede (bei Versammlungen), als juristische Rede (vor Gericht) und als Prunkrede (bei feierlichen Anlässen) einen besonderen Stellenwert. Unter dem Begriff „techne" verstand man in der Antike das Handwerk oder ein Fach, das nach gewissen Regeln erlernbar ist. Auf die Hochschule übertragen könnten wir deshalb in diesem Sinne von „Lehrkunst" sprechen. Für Platon (427–347 v. Chr.) ist die Rhetorik eine Methode zur dialektischen Wahrheitsfindung, wobei die Theorie der Erkenntnis und interessengeleitete Praxis strikt voneinander getrennt werden.

Auf Platon gehen einige für uns heute selbstverständliche **Sprachregeln** zurück:
- die Unterscheidung zwischen wahrer und falscher Rede;
- die Unterscheidung von Substantiven und Verben (Ausgangspunkt für unsere Grammatik);
- die Unterscheidung von Wahrnehmung einer Sache hinsichtlich
    1. ihrer sprachlichen Bezeichnung (Lautgestalt),
    2. dem äußeren Erscheinungsbild der bezeichneten Sache,
    3. der inneren Form der bezeichneten Sache und
    4. der ihr zugrunde liegenden wahren „Idee" (Totalität);
- die Verteidigung der Suche nach der Erkenntnis um der Wahrheit willen (Dialektik) gegenüber interessengeleiteter Überredungskunst (Rhetorik);
- die Trennung von wahrheitsgeleiteter Theorie der Erkenntnis (Philosophie) und interessengeleiteter Praxis;
- die Vorrangstellung der gesprochenen vor der geschriebenen Sprache als Mittel der Wahrheitsfindung.

Ohne näher auf die Erkenntnis- und Sprachphilosophie von Platon einzugehen, ist für die Kommunikation in der Hochschullehre von Bedeutung, dass Worte einen Werkzeugcharakter haben. Sie müssen als Lautzeichen zu dem passen, was mit ihnen ausgedrückt werden soll (vgl. Retter 2002, S. 91). Dies ist ein sehr hoher Anspruch an den Wissenschaftler und den Pädagogen, beide Seiten in Einklang zu bringen.

Die sophistische Rhetorik bezeichnet Platon als Scheinkunst, der es nicht um Wahrheitsfindung, sondern um Manipulation geht. Er betrachtet die Sophisten als „Wortverdreher". Im Glauben ohne Erkenntnis steht Sprache im Dienst von Macht und Interesse und ist Überredungskunst. Bei der wahren Erkenntnis steht Sprache im Dienst „einer interessenfreien, vom Prinzip der Gerechtigkeit geleiteten Wahrheitsfindung, die im Dialog des Bezweifelns und Prüfens vorhandenen, aber unvollkommenen Wissens annäherungsweise möglich wird" (vgl. ders., S. 93). Platon spricht von guter Kunst als Dialektik der Wahrheitsfindung und von böser Kunst der Rhetorik als betrügerische Überredung.

Für die Kommunikation in der Hochschullehre kann daraus gefolgert werden, dass es auf die **Wahrhaftigkeit** des Dozenten und dessen **Authentizität** besonders ankommt. Dozenten sollen keine Überredungskünstler oder Manipulatoren sein. Nicht selten wird jedoch in Gesprächen mehr um den Satz als um die Wahrheit gekämpft.

▶ Aristoteles´ Sprachphilosophie

Aristoteles unterscheidet nicht zwischen Rhetorik und Dialektik. Seiner Ansicht nach korrespondieren beide miteinander. Die Dialektik und der Syllogismus als das logische Schlussverfahren bilden die Grundlage für die Rhetorik. Ihre Aufgabe ist es, Glaubwürdiges von scheinbar Glaubwürdigem zu unterscheiden (vgl. ders., S. 98).

Nach Aristoteles stehen dem Redner drei **Überzeugungsmittel** zur Verfügung:
1. die Person selbst
2. das Erzeugen von bestimmten Affekten beim Zuhörer
3. die Rede selbst

Die antike Rhetoriklehre kennt drei **Arten der rhetorischen Wirkung:**
1. Einsicht
2. Besänftigung
3. Pathos (Erlebnis, Leiden, Schicksal)

Nach Aristoteles soll der ideale Redner so sprechen, dass sich der Zuhörer ein wahres Urteil bilden kann, wobei es der Redner nicht mit der Wahrheit, sondern mit unterstellter Wahrheit, d.h. Wahrscheinlichkeit zu tun hat (vgl. ders., S. 99).

2.3.3.3 Soziologische Theorien

Als Gegenstand soziologischer Theorien wird menschliche Kommunikation danach untersucht, in welcher Art und Weise das autonome Individuum in seiner Kommunikationspraxis von gesellschaftlichen, also außer ihm liegenden Einflüssen determiniert oder beeinflusst wird.

▶ Theorie des Symbolischen Interaktionismus

In der Theorie des Symbolischen Interaktionismus von G. H. Mead wird „symbolisch" auf bedeutungshaltige Zeichen der Sprache (Symbole), die in ihrer Universalität den Ausgangspunkt für ein gemeinsames Verständnis von Kulturen, Normen und Umgangsformen bilden, bezogen. Interaktionismus wird verstanden als Austausch der Gesellschaftsmitglieder. Das Individuum ist erst aus dem Prozess der Interaktion zu begreifen (Behaviorismus, Pragmatismus, Utilaterismus) (vgl. ders., S.28).

Die wichtigsten Aussagen der Theorie des Symbolischen Interaktionismus von Mead sind:
- Die **vokale Geste** (gesprochene Worte, die in der Kindheit gelernt werden) setzt sich aus signifikanten Symbolen zusammen. Die in einer Gesellschaft oder Subkultur (z.B. auch Hochschulkultur) vorherrschenden sozialen Normen und Verhaltensregeln werden indirekt durch Übernahme der in der jeweiligen Sprache vorherrschenden Standards auf die einzelnen Individuen übertragen, ohne dass ihnen dies im Alltag bewusst wird. Sprache ist ebenso wie das nonverbale Zeichen (Mimik, Gestik) als solche ein universelles Zeichensystem. Die jeweilige Bezugsgruppe kann man nur verstehen, wenn die Bedeutungen der symbolischen Zeichen universell sind und von allen Individuen der Bezugsgruppe verstanden

werden. Durch die jeweilige Interpretation von sprachlichen Symbolen wird die Kommunikation den gesellschaftlichen Standards angepasst. Jede individuelle Kommunikationsform ist damit gesellschaftlich gelernt.

- Erst die **Rollenübernahme** (role-talking) in Form von Nachahmung und Spiel ermöglicht den Gesellschaftsmitgliedern die Kommunikation.
- **Der/das generalisierte Andere** (the generalized other) bedeutet nach Mead, dass die Identität des einzelnen Menschen nur durch die Gesellschaft als Gesamtheit von Familie, Schule, Peergroup etc. geformt wird. Die Verhaltensweisen, die vom einzelnen Individuum unbewusst im Laufe seiner Sozialisation übernommen werden, bezeichnet er als das verallgemeinerte Andere (generalized other) (vgl. Mead 1995, S.196).
- Mit dem **gesellschaftlichen Ich** (ICH/Me) und dem **individuellen Ich** (Ich/I) stellt sich der wechselseitige Bezug der Identität dar. Individuelle Identität ist gesellschaftliche und umgekehrt. Die Identitätsbildung geschieht durch eine Kettenreaktion und eine wechselseitige Pendelbewegung zwischen den Polen des Selbst. Von beiden Seiten werden Impulse und Reaktionen ausgelöst.

Auf die Hochschullehre übertragen würde dies bedeuten, dass die Identität der Hochschulmitglieder (Professoren, Studenten, Sachbearbeiter, Rektorat) durch die wechselseitigen Verhaltenserwartungen in einem permanenten Kommunikationsprozess generiert wird: ein quasi aus sich selbst heraus erzeugter evolutionärer Automatismus.

➤ Strategie der Rollengestaltung

Erving Goffman (1997) knüpft mit seiner Theorie der Kommunikation am Symbolischen Interaktionismus an und vergleicht die interagierende und kommunizierende Gesellschaft mit dem Theater. Die Gesellschaft besteht aus voneinander abgeschlossenen Schauplätzen (Bühnen) mit Ensemble, Publikum, Rollen und Dramaturgie. Je nachdem, welches „Stück" gespielt wird, verwandelt sich die Bühne und die Rollen der Darsteller. In **Goffman's Gesellschaftsbild „Theater"** gibt es aber auch den hinteren Teil der Bühne, den er als Privatheit bezeichnet, wo die Darsteller die Masken fallen lassen, vom Textbuch abweichen und aus der Rolle fallen können (vgl. Goffman 1997, S. 104 f.). Nach Goffman folgt jede Form der professionellen Kommunikation einer **Strategie der Rollengestaltung.** Übertragen auf die Lern- und Kommunikationsanlässe in der Hochschule bedeutet dies, dass Authentizität, Akzeptanz oder Kongruenz als Teile des hochschulinternen Rollenverhaltens strategisch (zielorientiert) erworben (erlernt) werden müssen.

➤ Ethnomethodologie

Garfinkel (1967) versteht in seiner Ethnomethodologie die soziale Wirklichkeit als ein Konstrukt der als „vernünftig" bezeichneten Rede- und Handlungsweisen, die dem Menschen im Alltag soziale Stabilität verleihen. Die Ethnomethodologie untersucht die Produktionsformen, Balancen, Gefährdungen und Praktiken dieser Konstrukte, die jeweils an gruppenspezifische (ethnische) Kontexte und bestimmte Methoden der situativen Bewältigung sozialer Wirklichkeit gebunden sind (vgl. Retter, S. 39). Im Blickfeld stehen die Prozeduren, mit denen die interagierenden Personen im kommunikativen Prozess sich in einer bestimmten Situation eines gemeinsamen Sinnzusammenhangs versichern. Durch die wechselseitige Wahrnehmung von Mimik und Gestik bestätigen die agierenden Personen indirekt die Vernünftigkeit ihrer Rede und die entsprechende Wertschätzung des Kommunikationspartners. Die implizite Sinnbestätigung des Kommunikationsaktes findet dabei im Unbewussten statt. Zentrale Bedeutung hat in der Ethnomethodologie der **Begriff der Indexikalität.** Unter Indexikalität sind Worte und Redewendungen zu verstehen, die von der jeweiligen Ethnie gebraucht und verstanden werden. Bezogen auf verschiedene Kontexte in der Hochschule lässt sich folgende Indexikalität feststellen:

Beispiel

- Jugendliche bzw. Studierende verwenden häufig die Worte: „cool", „mega geil", „chillen" oder auch contradiktorische Formulierungen wie „voll leer".
- Wissenschaftler sprechen von: „Relevanz" oder benutzen die Redewendung „Wenn ich Sie richtig verstehe, ...".
- Der Senatsvorsitzende benutzt die öffentliche bzw. politische Rhetorik „Ich gehe davon aus, dass ..." oder apodiktisch „Es geht nicht an, dass ....".
- Im Jargon des kollegialen Umgangs wird die Formulierung „Wie geht es Ihnen?" gebraucht oder in der Mensa ist es üblich, „Mahlzeit" zu sagen.

Eine indexikalische Situation herrscht dann vor, wenn der sprachliche Ausdruck mehrdeutig ist, er aber in seiner **Mehrdeutigkeit** von der jeweiligen Gruppe verstanden wird. Mehrdeutige Begriffe bergen natürlich die Gefahr in sich, dass sie sehr allgemein und unkonkret gehalten sind und damit zu rhetorischen Floskeln werden wie z.B. „Innovation", „Optimierung", „Quantensprung", „Reform" etc. Es handelt sich um **Wörter mit Botschaftscharakter,** die nicht weiter erklärt zu werden brauchen.

➤ Habermas´ Theorie des kommunikativen Handelns

Habermas (1995) unterscheidet in seiner Theorie des kommunikativen Handelns unterschiedliche Handlungsformen. Das „kommunikative Handeln" ist auf Verständigung oder Erfolg hin ausgerichtet, wenngleich Kommunikation auch zu Missverständnissen und Misserfolgen führen kann. Es beinhaltet jedoch immer den „Sprechakt". Habermas bezieht sich hier auf die Theorie der Sprechakte von John L. Austin (1972). Danach lassen sich performative Äußerungen („Ich bin der Meinung, dass ...") unterscheiden in lokutionäre (locutionary) und illokutionäre (illocutionary) Akte. Während **lokutionäre Äußerungen** einen Sachverhalt ausdrücken, beziehen sich **illokutionäre Akte** auf die Art und Weise, wie etwas gesagt wird. **Perlokutionäre Akte** beziehen sich schließlich auf die Wirkung des Gehörten von Äußerungen auf den Rezipienten.

Habermas unterscheidet weiterhin zwischen der Normalität von kommunikativem Handeln und pathologischen Formen der Kommunikation. Normale ungestörte Kommunikation herrscht vor, wenn Sprecher (Sender) und Rezipient (Empfänger/Hörer) eine Verständigungsbereitschaft an den Tag legen (Habermas 1995).

Auf die Hochschuldidaktik übertragen würde dies bedeuten:
- Der Dozent wählt den sprachlichen Ausdruck, der von den Studenten genau verstanden wird.
- Der Dozent formuliert den Aussageinhalt so, dass er als Erfahrung oder Tatsache wiedergegeben wird, sodass die Studenten das Wissen des Dozenten teilen können.
- Der Dozent äußert seine Intention so, dass der sprachliche Ausdruck das Gemeinte wiedergibt und ein Vertrauensverhältnis zwischen dem Dozenten und den Studenten entsteht.
- Der Dozent muss die Sprechhandlung so ausführen, dass sie anerkannten Normen entspricht, von den Studenten akzeptiert wird und Übereinstimmung entstehen kann.

Von **„gestörter" Kommunikation** kann gesprochen werden, wenn elementare sprachliche Bedingungen nicht erfüllt werden (vgl. Habermas 1995, Bd.1, S.189). Zu unterscheiden sind jedoch situativ gestörte und dauerhaft gestörte Kommunikationsbeziehungen (vgl. Retter 2002, S. 66).

Situativ bedingte Kommunikationsstörungen können verursacht sein durch
- Nichtverstehen aus akustischen Gründen oder aus Mangel an Sprachkompetenz,
- leichtfertiges oder irrtümliches Behaupten von Sachverhalten oder durch bewusstes Belügen oder Täuschen des Kommunikationspartners,
- Nichtbeachten der Kontextbedingungen, indem inadäquates oder linkisches Verhalten an den Tag gelegt wird, falsche Anreden benutzt werden, erforderliche Distanz unterschritten wird oder unerwünschte Intimität erzeugt wird,
- bewusste Infragestellung einer Tatsache, eines impliziten Geltungsanspruches (z.B. der Prüfungsordnung) oder einer impliziten Kommunikationsregel (Smalltalk).

Eine **dauerhaft gestörte bzw. systematisch verzerrte Kommunikationsbedingung** liegt dann vor, wenn
- die Fähigkeit zur Verständigung grundsätzlich in Frage gestellt ist,
- die Kommunikationsteilnehmer nur noch als Täter oder Opfer agieren,
- die Identitätsbalance der Aktoren stark gestört ist und
- zur Identitätssicherung aufrechterhalten werden muss (vgl. ders., S. 67).

Pathologische Kommunikation ist selten Ausdruck eines einmaligen Missverständnisses mit unglücklichen Folgen, sondern Ausdruck einer tief verwurzelten, chronischen sozialen Beziehungsstörung. Charakteristisch für pathologische Kommunikationsstörungen ist, dass nicht mehr nach der Bedeutung des Gesagten nachgefragt wird, sondern Bedeutung verzerrt entschlüsselt wird und die verständigungsorientierten Kommunikationsregeln systematisch außer Kraft gesetzt werden.

Situativ bedingte Kommunikationsstörungen lassen sich in der Hochschule durch eine professionelle Evaluierung, Feedbackgespräche, Beratung und intensives Training und Coaching für Lehrende und Studenten durchaus beseitigen. Schwieriger wird es bei **chronischen Kommunikationsstörungen.** Hier wird es, wenn überhaupt, nur die Möglichkeit über einen behutsamen Weg der professionellen Mediation oder der individuellen Therapie zur Beseitigung der Störungen geben. Nicht selten sind aber solche Fälle mit arbeitsrechtlichen und personellen Maßnahmen verbunden.

2.3.3.4 Psychologische Theorien

Das Erkenntnisinteresse psychologischer Theorien besteht in der Analyse psychischer Dispositionen und Strukturen, die Kommunikation bedingen, stören und fördern. Der renommierte Psychologe Karl Bühler (1879–1962) unterscheidet in seiner Sprachtheorie in Anlehnung an Platon **drei Funktionen der Kommunikation:**

1. Die Darstellungsfunktion besteht darin, dass mittels eines Symbols die Sprache einen Bezug zu den Gegenständen, Erkenntnissen und Sachverhalten herstellt.
2. Die Ausdrucksfunktion stellt mittels eines Symptoms einen Bezug zum Sender bzw. Sprecher her, indem sie dessen Befindlichkeit zum Ausdruck bringt.
3. Die Appellfunktion teilt dem Empfänger bzw. Hörer eine meist sozial relevante Nachricht mit.

Sprache ist das Werkzeug (organum), d.h. das Mittel der Kommunikation. In den fünfziger Jahren des letzten Jahrhunderts entwickelte eine ethnomethodologische Forschergruppe um Delhees ein **Sechsfunktionenschema der Kommunikation.** Die sechs Funktionen umfassen folgende Dimensionen (vgl. Delhees 1994, S. 32 f.):

1. Kommunikation stellt Sachinhalte dar.
2. Kommunikation richtet einen Appell an den Empfänger.
3. Kommunikation liefert Erläuterungen, Interpretationen, wie etwas gemeint ist.
4. Kommunikation betont die interaktive Beziehung zwischen Sender und Empfänger.
5. Kommunikation drückt die eigene Haltung zum Empfänger aus.
6. Kommunikation orientiert sich am Stil.

Auch der Hamburger Psychologie-Professor Friedemann Schulz von Thun unternimmt in seiner Theorie den Versuch, eine allgemeine Psychologie der Kommunikation zu entwickeln. Im Mittelpunkt seiner Betrachtungen stehen hierbei die Integration bestehender Kommunikationstheorien – insbesondere von Watzlawick, Delhees und Gordon – sowie Störungs- und Klärungsabläufe als Grundzüge einer anwendungsorientierten Kommunikationsanalyse.

▶ **Die Anatomie einer Nachricht**

Nach Schulz von Thun basiert die zwischenmenschliche Kommunikation auf der Grundlage des Sendens und Empfangens von Nachrichten, wobei jede Nachricht stets vier Botschaften enthält. Schematisch sieht dies so aus:

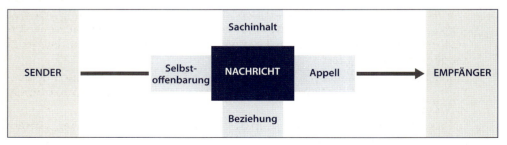

Eine Nachricht enthält nach Ansicht von Schulz von Thun stets mehr als nur die **Übermittlung von Sachinhalten** (1. Seite). Der Sender übermittelt durch eine Nachricht auch immer ein Stück seines eigenen Befindens. Dies ist die **Selbstoffenbarungsseite einer Nachricht** (2. Seite). In diesem Kontext handelt es sich sowohl um eine gewollte Selbstdarstellung als auch um eine ungewollte Selbstenthüllung. Hinzu kommt der **Beziehungsaspekt** (oder: Was ich von dir halte und wie wir zueinander stehen) (3. Seite). Während des Sendens einer Nachricht manifestiert sich die besondere Art und Weise der Beziehung zum Empfänger. Der Beziehungsaspekt einer Botschaft enthält ebenfalls zwei Seiten, eine aus der hervorgeht, was der Sender vom Empfänger hält, und eine andere, die zeigt, wie der Sender die Beziehung zu sich und dem Empfänger sieht. Der **Appell** (oder: Wozu ich dich veranlassen möchte) (4. Seite) dient dazu, den Empfänger zu veranlassen, bestimmte Dinge zu tun oder zu unterlassen.

Selten wird etwas „nur so" gesagt, fast alle Nachrichten erfüllen den Zweck, auf den Empfänger offen oder versteckt Einfluss zu nehmen. Beim versteckten Appell kann es sich jedoch auch um manipulative Wirkungen handeln.

- **Sachinhalt:** das, worüber eine Person informiert (der Inhalt der Nachricht)
- **Selbstoffenbarung:** das, was eine Person über sich kundgibt (Absichten, Gefühle u.a.)
- **Beziehung:** das, was eine Person von der anderen hält und wie sie zueinander stehen
- **Appell:** das, wozu eine Person die andere veranlassen will

Beispiel

Ein Mann und eine Frau sitzen im Auto, sie am Steuer, er als Beifahrer. Der Mann sagt zu seiner Frau (Fahrerin): „Du, da vorn ist grün!" Sie antwortet: „Fährst du oder fahre ich?"

Was der Sender dieser Nachricht über den Sachinhalt der Nachricht vermittelt, ist eindeutig:

- **Sachinhalt:** „Die Ampel ist grün"
- **Selbstoffenbarung:** „Ich bin farbtüchtig, wach und auf das Autofahren konzentriert"
- **Beziehung:** „Ohne meine Hilfe kannst du nicht Autofahren"
- **Appell:** „Gib Gas, ich habe es eilig" oder „Gib Gas, dann schaffen wir es noch"

Auf der Selbstoffenbarungsseite der Botschaft kann etwas anderes vermittelt werden. Zunächst gibt er zu erkennen, dass er farbtüchtig und wach ist und dass er sich innerlich auf das Autofahren konzentriert. Bei genauerer Untersuchung könnte man aus seiner Botschaft aber auch heraushören, dass er es möglicherweise eilig hat.

Unter dem Beziehungsaspekt dieser Nachricht könnte man aber auch heraushören, dass er es seiner Frau nicht zutraut, ohne seine Hilfe das Auto optimal zu steuern.

In diesem Fall lautet der Appell „Gib Gas, denn ich habe es eilig" oder „Gib ein bisschen Gas, dann schaffen wir es noch bei grün über die Ampel".

DAS VIER-OHREN-MODELL

Selbstoffenbarung
Was ist das für einer?
Was ist mit ihm?

Sachinhalt
Wie ist der Sachverhalt zu verstehen?

Beziehung
Wie redet der eigentlich mit mir?
Wen glaubt er vor sich zu haben?

Appell
Was soll ich tun, denken fühlen aufgrund seiner Mitteilung?

(Quelle: in Anlehnung an Schulz v. Thun 1992, S. 45)

Der Sender hat also gewollt oder ungewollt die Möglichkeit, vier Botschaften mit einer einzigen Nachricht zu übermitteln, er spricht quasi mit vier Mündern. Hinzu kommen nonverbale Botschaften (Signale) durch Mimik und Gestik. Der Empfänger hat die gleiche Möglichkeit, diese Botschaften mit vier verschiedenen Ohren zu empfangen. Er hat prinzipiell verschiedene Möglichkeiten, auf eine Nachricht zu reagieren. Deshalb ist das Empfangen einer Nachricht und deren Wirkung auf den Empfänger immer eine höchst subjektive Angelegenheit.

▶ Vereinseitigungen des Nachrichtenempfangs

Sobald die Konzentration nur auf einen Aspekt der Nachricht gerichtet ist, kommt es stets zu **Vereinseitigungen.** An weiteren Beispielen wird erläutert, wie sich das einseitige Empfangen einer Nachricht auf die zwischenmenschliche Kommunikation auswirkt.

- Sofern sich der Empfänger einer Nachricht nur auf den Sachinhalt konzentriert, erweist sich dies als Kommunikationsstörung, wenn sich das eigentliche Problem nicht so sehr in der sachlichen Sphäre befindet, sondern auf der **zwischenmenschlichen Beziehungsebene** (vgl. Schulz v. Thun 1992, S .47).

Beispiel
Sie: „Liebst du mich noch?"
Er: „Ja, weißt du, da müssten wir erst einmal den Begriff ‚Liebe' definieren, da kann man ja nun sehr viel drunter verstehen ..."
Sie: „Ich meine doch nur, welche Gefühle du mir gegenüber hast ..."
Er: „Nun, Gefühle – das sind ja zeitvariable Phänomene, darüber gibt es keine generellen Aussagen ..." usw.

An diesem Beispiel wird deutlich, dass es der Frau nicht um eine Sachauseinandersetzung geht. Der Empfänger umschifft dagegen konsequent den Beziehungsinhalt der Nachricht, indem er sich nicht von der Sachebene abbringen lässt. Es besteht also eine permanente Störung.

- Neigt eine Person jedoch dazu, das Beziehungsohr besonders extrem zu spitzen, dann kann dies ebenfalls zu erheblichen Kommunikationsstörungen führen. Der Empfänger sucht auch in beziehungsneutralen Nachrichten und Handlungen eine Stellungnahme zu seiner Person. Er bezieht alle Nachrichten auf sich, nimmt alles ganz persönlich, ist leicht angreifbar und leicht beleidigt. Solche Menschen liegen ständig auf der „Beziehungslauer" (vgl. ders., S. 51).

Beispiel
Student 1 zu Student 2: „Ich habe keine Lust auf Gruppenarbeit."
Student 2 zu Student 1: „Wenn du lieber mit einem andern eine Gruppe bilden willst ..."
Student 2 liegt auf der „Beziehungslauer" und hat daher kein Ohr für den eigentlichen Sachinhalt der Nachricht.

- Hört eine Person besser mit dem Selbstoffenbarungsohr als mit dem Beziehungsohr, so kann dies wohl für den Empfänger die seelisch gesündere Variante sein, jedoch verliert sie dadurch oft den Sinn für das Eigentliche. Man versucht aus jeder Botschaft zu ermitteln, was diese Aussage über den Gesprächspartner aussagt. Wenn diese Person angelächelt wird, fühlt sie sich ausgelacht, wird sie zu lange angeschaut, fühlt sie sich gemustert usw.

- Oder aber der Empfänger ist auf dem „Appell-Sprung": Wenn eine Person einseitig mit dem Appellohr hört, so kann dies für den Empfänger sehr störend sein, da dieser stets darauf aus ist, bei seinem Gegenüber alle Wünsche, Appelle zu erfassen: „[E]r ist meist wenig bei sich selbst, hat keine ,Antenne' für das, was er selbst fühlt" (vgl. ders., S. 59). Die einseitige **Appell-Wahrnehmung** einer Botschaft kann allerdings auch für den Sender unangenehm sein, weil dieser seine Äußerungen sehr genau formulieren muss, wenn er nicht möchte, dass der Empfänger sich ständig andient.

Beispiel
Sender: „Ist noch Kaffee in der Kanne?"
Empfänger: „Ich koche sofort noch welchen!"
oder:
Ehemann: „Das Bier ist alle."
Ehefrau: „Ich hole sofort neues."

▶ Interaktionssequenzen und Empfangsvorgänge

Zu einem vollständigen verbalen Kommunikationsakt gehört mindestens eine **Interaktionssequenz** (Sender – Empfänger – Sender). Denn was der Empfänger von einer Nachricht verstanden hat, wird erst erkennbar, wenn er selbst zum Sender wird. Kommunikationsakte muss man sich wie ein Ping-Pong-Spiel vorstellen. Es kommt deshalb darauf an zu erfassen, wie das Empfangsresultat vom Empfänger verarbeitet wird. Zu unterscheiden sind hier drei **„Empfangsvorgänge"** (vgl. ders., S.72):

1. Wie nimmt der Empfänger eine Botschaft wahr?
2. Was interpretiert er?
3. Was fühlt er?

Nach diesem Vorgang ist der Empfänger erst in der Lage, eine „Antwort" (Feedback) zu geben, er wird zum Sender. Auf diese Weise wird es dem Gesprächspartner möglich zu erkennen, welchen gewollten oder ungewollten Teil seiner Nachricht der Empfänger am stärksten wahrgenommen hat, welches Ohr er gespitzt hat.

Wenn es jedoch zu keiner Interaktion zwischen den Gesprächspartner kommt, dann kann der Empfänger in eine Zwickmühle geraten, denn er fängt an zu raten, er interpretiert, ohne ein Feedback zu geben. Hierbei kommt es zu erheblichen Störungen der Kommunikation, es führt zu einer **„selbsterfüllenden Prophezeiung"**.

> **Beispiel**
> „Jemand schaut bei seinem Nachbarn vorbei, vermutet dabei gleich: ‚Bestimmt störe ich'. Diese Einstellung beeinflusst sein Verhalten: Ohne innere Ruhe und halbherzig ist sein kurzer Besuch – es kommt keine behagliche Atmosphäre auf. Wenn sich dies einige Male wiederholt, fühlen sich die Nachbarn am Ende wirklich gestört – da sie mit dem Besuch kein erquickendes Beisammensein verbinden – der Teufelskreis einer sich selbsterfüllenden Prophezeiung hat sich geschlossen." (vgl. ders., S. 76f.)

▶ Verbale und nonverbale Nachrichten

Schulz v. Thun unterscheidet **Nachrichten** von expliziten und impliziten Botschaften sowie die nonverbalen Nachrichten und differenziert zwischen kongruenten und inkongruenten Nachrichten.

Eine Nachricht ist objektiv und ist das gesamte „Paket" der übermittelten Informationen mit allen verbalen und nonverbalen Anteilen. In ihr sind viele Botschaften gleichzeitig enthalten (Deutungen, die ich sende oder die ich empfange). Die Sinneinheit kann ein Wort, ein Satz oder eine ganze Rede sein.

Ausdrücklich formulierte (explizite) und nicht gesprochene, verborgene (implizite) Botschaften können auf allen vier Dimensionen gesendet werden.

Nonverbale Nachrichten haben nur drei Dimensionen, weil der verbalisierte Sachaspekt (Begriffe und Sätze) fehlt. Implizite Botschaften werden durch Stimme, Betonung und Körpersprache übermittelt.

> **Beispiel**
> - **Jemand weint:** Ich bin traurig (Selbstoffenbarung) – So weit hast du es gebracht (Beziehung) – Bitte schone mich oder bitte tröste mich (Appell).
>
> oder:
>
> - **Schweigen im Fahrstuhl:** Ich will mit Ihnen so eng nichts zu tun haben (Selbstoffenbarung) – Fangen Sie bloß kein Gespräch mit mir an (Appell) – Sie sind kein Gesprächspartner für mich (Beziehung).

Eine **Nachricht** ist dann **kongruent,** wenn alle Signale in die gleiche Richtung weisen, d.h., wenn sie in sich stimmig ist. Bei **inkongruenten Nachrichten** stehen die sprachlichen und nicht sprachlichen Zeichen und Symbole im Widerspruch zueinander wie z.B. eine liebevolle inhaltliche Aussage mit eisiger Stimme vorgetragen. Inkongruente Kommunikationsakte weisen häufig auf Störungen hin und können nur sehr schwer interpretiert werden.

➤ Metakommunikation

Schulz von Thun hat herausgefunden, dass synchron zu jeder ungestörten Kommunikation auch **Metakommunikation** stattfindet, d.h., die Kommunikationsabläufe werden von einer Wahrnehmungsinstanz verfolgt und überwacht. Diese prüft und vergewissert sich, ob die Nachrichten verstanden werden. Metakommunikation ist die Vergewisserung mit Hilfe von Rückfrage oder Bestätigung darüber, ob der Sprecher verstanden wird.

Kommunikation und Metakommunikation stehen in einer qualifizierenden Wechselbeziehung. Sie unterstützen sich gegenseitig bei der Interpretation von Nachrichten und Botschaften, um zu identifizieren, was denn wirklich gemeint sei. Nachrichten erhalten damit besondere Eigenschaften.

Schulz von Thun unterscheidet vier **Qualifizierungsebenen:**
1. **Qualifizierung durch den situativen Kontext**
   Wenn dem Student eine Klausur daneben gegangen ist und der Dozent sagt: „Ich bewundere Ihre Sachkompetenz", dann wird die Diskrepanz (Umkehrung des Bedeutungsinhaltes) aus dem Umfeld der Wahrnehmung deutlich.
2. **Qualifizierung durch den Tonfall**
   Der o.g. Satzgehalt kann sarkastisch variiert werden: „Bei Ihnen ist Hopfen und Malz verloren, Sie können es eben nicht besser!" oder aber lächelnd-süffisant „Sie wissen ja, beim nächsten Versuch neues Spiel, neues Glück." Übertreibungen im Tonfall können karikierend oder ironisch wirken oder aber auch förmlich oder herzlich sein wie z.B. „Ich freue mich, Sie wiederzusehen!"
3. **Qualifizierung durch Körpersprache (Mimik und Gestik)**
   Die Aussage „Es ist alles okay" kann durch Körpersprache ins genaue Gegenteil verkehrt werden wie z.B. „Ich habe die Nase voll" (Selbstoffenbarung).
4. **Qualifizierung durch die Art der Formulierung**
   Die Aussage „Ich wäre dafür, aus allen Hochschulen Klippschulen zu machen, weil die Leistungen der Studierenden ein Beweis dafür sind, dass die meisten Studierenden Nieten sind" ist vermutlich ironisch gemeint, sie gibt sich aber ernsthaft, weil sie ein bestimmtes Leistungsniveau beschreibt. Die ironische Qualifizierung der Äußerung liegt in dem Gegensatz von „Hochschule" und „Klippschule".

Aus allen vier Fällen wird deutlich, dass zur Deutung der nackten Aussage (Kommunikation) die Deutung der Mitteilung (Metakommunikation) herangezogen werden muss, um Inkongruenzen zu entschlüsseln und um den Sinn zu verstehen. Es sind aber auch Kommunikationsstrukturen vorstellbar, die ausschließlich inkongruent funktionieren, wenn A die **Inkongruenzen** von B kennt und umgekehrt. Sie sind jedoch Ausdruck von gegenseitiger Distanz, die zur Erledigung von Alltagsroutinen vielleicht noch funktioniert.

Inkongruente Nachrichten verunsichern jedoch den Empfänger, weil er mit paradoxen Aussagen konfrontiert wird. Selbst bei einer Identifizierung der Ironie bleibt offen, worauf die Aussage bezogen ist.

> **Die Bearbeitung von Kommunikationsstörungen**

Eine Bearbeitungstechnik von Kommunikationsstörungen, die meistens ohne fremde Hilfe einsetzbar ist, ist die Metakommunikation – die **Kommunikation über die Kommunikation.** Hierbei reflektieren Sender und Empfänger über gescheiterte Kommunikationsakte, indem sie über die Ursachen der Kommunikationsstörungen sprechen, d.h. „eine Auseinandersetzung über die Art, wie wir miteinander umgehen, und über die Art, wie wir die gesendeten Nachrichten gemeint und die empfangenen Nachrichten entschlüsselt und darauf reagiert haben" (vgl. ders., S. 91).

„Gute Metakommunikation verlangt in erster Linie einen vertieften Einblick in die eigene Innenwelt und den Mut zur Selbstoffenbarung" (vgl. ders., S. 92). Damit wird die Chance erhöht, aus der gestörten Kommunikationssituation herauszugelangen und unausgedrückte Spannungen freizusetzen.

Es besteht jedoch die Gefahr, „dass auf der Metaebene dieselben Fehler gemacht werden. Die Störung erfährt dann nur eine Ebenen-Verlagerung." (vgl. ders., S. 93). In solchen Fällen sollte dann ein erfahrener **Mediator** hinzugezogen werden, der darauf achtet, dass die Kommunikationsebenen sauber auseinander gehalten werden.

2.3.3.5 Weitere psychologische Kommunikationskonzepte (Exkurse)

> **Die Transaktionsanalyse von Eric Berne (1919–1970)**

Begründer der Transaktionsanalyse (TA) ist der amerikanische Psychiater Eric Berne, der mit der von ihm entwickelten Methode die Motive des Handels und der Aussagen von kommunizierenden Personen entschlüsselt, um sie besser verstehen zu können und mit ihnen besser umgehen zu können. Seine Theorie kreist um die **drei Verhaltensmuster** Eltern-Ich, Kindheits-Ich und Erwachsenen-Ich.

- Das **Eltern-Ich** enthält folgende Hauptfunktionen: Es enthält erstens jene Rollen und Verhaltensweisen, die man später als Erwachsener oder Elternteil auf die eigenen Kinder überträgt; zweitens können aufgrund der gewonnenen Erfahrungen Entscheidungen im Alltag getroffen werden. Ein „perfektes Eltern-Ich" bedeutet jedoch, dass jemand ständig seinen Vater oder seine Mutter in seinem Inneren mit sich herumträgt (vgl. Retter 2002, S. 291).
- Das **Kindheits-Ich** repräsentiert unsere Gefühle wie Freude, Wohlbefinden, kreatives Verhalten, Zärtlichkeit, Liebe etc. Das Kindheits-Ich in uns repräsentiert den Teil in uns, wie wir uns natürlicherweise als Kind verhalten würden. Unter der Kontrolle des Eltern-Ich verhält es sich aber meistens angepasst, wenngleich aggressive Impulse und Protestverhalten nicht ausgeschlossen sind. Berne hat festgestellt, dass es meistens das Kindheits-Ich ist, das erwachsene Menschen in Schwierigkeiten bringt.

- Das **Erwachsenen-Ich** ist quasi die Zentrale in der Persönlichkeit, der alle Daten und Erfahrungen zur Verfügung stehen. Das Erwachsenen-Ich wertet nicht und kennt auch kein Recht oder Unrecht.

Schon nach den ersten 2 bis 3 Lebensjahren hat ein Kind seine Lebensanschauung entwickelt. Berne unterscheidet hier **vier Anschauungs-Konstellationen:**

1. Ich bin nicht okay – du bist okay
2. Ich bin nicht okay – du bist nicht okay
3. Ich bin okay – du bist nicht okay
4. Ich bin okay – du bist okay

Obwohl in Berne´s Theorie reichlich sexistische und Frauen diskriminierende Äußerungen enthalten sind, gibt sie doch Aufschluss über grundlegende Kommunikationseinstellungen und deren Auswirkungen.

▶ Die Themenzentrierte Interaktion von Ruth C. Cohn

Die Themenzentrierte Interaktion (TZI) von Ruth C. Cohn, ebenfalls Psychologin und Kindertherapeutin, ist ein dreieckiges Strukturmodell mit den **vier Begriffen Es-Ich-Wir-Globe.** Cohn geht in Anlehnung an Freuds Psychoanalyse davon aus, dass sich überall dort, wo Menschen in einem thematisch relevanten Funktions- und Lebenszusammenhang stehen, eine themenzentrierte Kommunikation entwickeln kann. Ihnen ist bewusst, dass das Ich als Subjekt, die Gruppe als das Wir, das Thema, um das es geht, und die Außenwelt immer auf das Kommunikationsgeschehen einwirken. Da zwischen allen Punkten eine Balance hergestellt werden soll, ist dieser Ansatz insbesondere zur **Analyse von Gruppendiskussionen** sehr gut nutzbar.

▶ Das Neurolinguistic Programming (NLP)

Der NLP-Ansatz entstand zu Beginn der siebziger Jahre des letzten Jahrhunderts in den USA durch Richard Bandler und John Grindler mit der Intention der **Beeinflussung der Kommunikation** im privaten und beruflichen Kontext. Mit der NLP-Methode werden die verschiedenen Kanäle der Sinneswahrnehmung analysiert. NLP ist eine Technik, mit der subjektive Wahrnehmungs- und Erfahrungsmuster umstrukturiert werden können mit dem Ziel, die Kommunikation mit anderen Menschen grundlegend zu verbessern, Ängste oder geringe Selbstwertgefühle zu beheben und das eigene Leben positiv zu gestalten sowie persönliche Selbstverwirklichung zu erreichen. Nach der NLP-Lehre sind alle Fertigkeiten für optimale Kommunikation erlernbar. Im Zentrum des NLP steht die **Optimierung des Verhandelns, die Konfliktlösung und die Interessenwahrnehmung.**

Zwei Grundsätze werden vom NLP-Konzept besonders hervorgehoben:
1. Die **Beachtung von Gemeinsamkeiten** in der Zielsetzung gegenüber dem Gesprächspartner ist effektiver als die Betonung von unterschiedlichen Ansichten.
2. Sich in die Lage des anderen zu versetzen und dessen **Handlungsabsichten** zu erkennen ist ebenfalls effektiver als von einer Position der Stärke (oder Schwäche) aus zu agieren. Gemeint ist die Fähigkeit, im eigenen Handeln die Interessen des anderen zu berücksichtigen **(Empathie).**

Durch ein Set von Methoden und Übungen, die auf die Wahrnehmung, die Sprache und das Denken (Einstellungen und Verhalten) gerichtet sind, soll eine Intensivierung der Wahrnehmung von sozialer Umwelt und dem eigenen Körper ebenso erreicht werden wie die Untersuchung und **Umformung der persönlichen Überzeugungen** sowie die **Selbst- und Fremdbeeinflussung.** Das Modell des Neurolinguistischen Programmierens hat große Ähnlichkeit mit der Themenzentrierten Interaktion. Auch hier steht der Körper **(Neuro-Gehirn)** in einer Dreiecksbeziehung zur Sprache **(Linguistik)** und dem Denken und Lernen **(Programme)**.

Das NLP-Konzept zielt darauf ab, bislang nicht bewusste Fähigkeiten und blockierte Ressourcen freizulegen, um privat und beruflich flexibler zu werden und einen **höheren Grad der Selbstverwirklichung** zu erreichen. Mit dem Erlernen von NLP-Techniken besteht die Möglichkeit, nicht nur sich selbst zu verändern und die selbst gesteckten Ziele zu erreichen, sondern es ist auch möglich, andere Menschen im Sinne der eigenen Zielsetzungen zu beeinflussen. Dies hat den NLP-Ansatz häufig als **Manipulationsmethode** in Misskredit gebracht. Die Popularität des Verfahrens beruht weniger auf einer wissenschaftlichen Begründung als vielmehr auf den Erfolgen in Managerseminaren und Verkaufstrainings.

Die **Repräsentationssysteme** der Menschen, die so genannten Landkarten („maps"), werden durch Sinneswahrnehmungen aufgebaut und durch Sehen, Hören, Fühlen, Riechen und Schmecken repräsentiert. Die Repräsentanzformen sind demnach:
- der **v**isuelle Kanal (Was sehe ich?),
- der **a**uditive Kanal (Was höre ich?),
- der **k**inästhetische Kanal (Was fühle ich?),
- der **o**lfaktorische Kanal (Was rieche ich?),
- der **g**ustatorische Kanal (Was schmecke ich?).

Mit entsprechenden **V.A.K.O.G.–Fragen** lässt sich sehr schnell das bevorzugte Repräsentationssystem eines Gesprächspartners ermitteln. Um erfolgreich und zielgerichtet zu kommunizieren, ist ein so genanntes **kalibrieren** (sich auf den Kanal des anderen einstellen) sowie ein **Pacing** und **Leading** (sich an den Kanal des anderen angleichen und ihn führen) erforderlich. Zum Erkennen des Repräsentationssystems im Kommunikationsakt ist im NLP-Konzept die **Augenbewegung** von besonderer Bedeutung. Wandert der Blick nach oben rechts, so soll es sich um eine visuell konstruierte Vorstellung handeln, wandert er nach oben links, so soll es sich um eine visuell erinnerte, bildhafte Vorstellung handeln, geht er nach rechts außen, so soll er auditiv konstruierte Klänge oder Geräusche repräsentieren, wandert er nach unten rechts, so soll es sich um kinästhetische Empfindungen handeln, und bewegt er sich nach unten links, so soll er sich auf den inneren auditiven, digitalen Dialog beziehen. **Diese Annahmen konnten bisher empirisch-experimentell allerdings noch nicht verifiziert werden.**

Weitere Techniken des NLP-Konzeptes sind das **Ressourcen-Ankern** (Anker setzen) und das **Reframing** (den Bezugsrahmen verändern). Der geübte NLP-Anwender beginnt jeden Kommunikationsakt mit der Erzeugung eines guten Rapports mittels Pacing. Unter **Rapport** versteht man einen optimalen vertrauensvollen Kontakt und eine emotionale Kongruenz zwischen NLP-Anwender und Kommunikationspartner. Nach dem NLP-Konzept verläuft eine Kommunikation nur dann erfolgreich, wenn beide Partner sich wohl fühlen. Unsicherheit oder gar Misstrauen zerstören jeden Rapport. Unter **Pacing** versteht NLP: Erzeugung einer positiven Beziehung, Einschwingen auf den Gesprächspartner, Kontakt herstellen, eine gute Verbindung schaffen, sich in die Realität des anderen einfühlen, ihm ähnlich werden, den Gegenüber spiegeln, die Körpersprache abgleichen, aktiv zuhören, unausgesprochene Erwartungen erfüllen, emotional in die Welt des anderen gelangen, sich auf die Bedürfnisse des anderen einstellen, Gemeinsamkeiten betonen, den anderen dort abholen, wo er sich befindet, eine gemeinsame Wellenlänge finden, die „Chemie" harmonisieren (vgl. Rückerl 2001, S. 103).

2.3.3.6 Systemtheorien

➤ Watzlawicks Kommunikationstheorie

Der Palo-Alto-Forscher Paul Watzlawick gehört zu den bekanntesten kommunikativen Systemtheoretikern. In den 60er Jahren des letzten Jahrhunderts befasste er sich in verschiedenen Forschungsgruppen vor allem mit pathologischen Kommunikationsstörungen. Seine wohl bedeutendste, aber auch umstrittenste These war, dass die Schizophrenie keine unheilbare Geisteskrankheit sei, sondern eine **therapierbare Kommunikationsstörung**. Diese These hat später maßgeblich zur **systemischen Familientherapie** beigetragen. Dennoch ist die Theorie von Watzlawick bis heute sehr umstritten, da ihre empirische Basis sehr eingeschränkt ist (vgl. Schülein 1976), sie teilweise mystisch-verschwommen ist (vgl. Ziegler 1977), theoretisch ausschließlich auf dem Behaviorismus basiert (vgl. Meister 1987) und zur Konfliktlösung und zur therapeutischen Intervention offensichtlich ungeeignet ist (vgl. Girgensohn-Marchand 1996).

> Die wichtigsten **Begriffe der Kommunikationstheorie von Watzlawick** sind:
> - **Ganzheit** = Das Verhalten des Einzelnen hängt vom Verhalten aller anderen ab.
> - **Übersummation** = Die Strukturen der Interaktion innerhalb einer Gruppe sind mehr als die Eigenschaften einzelner Mitglieder.
> - **Homöostasis** = Die Beziehungen innerhalb eines Systems neigen dazu, sich in einem stabilen Gleichgewicht zu bewegen.
> - **Redundanz** = Kommunikationsprozesse enthalten in der Regel mehr Elemente, als zur normalen Decodierung erforderlich sind.
> - **Äquivalenz** = Verschiedene Anfangszustände von Kommunikation können zum gleichen Ergebnis führen.
> - **Kalibrierung** = Einstellung des Kommunikationsprozesses auf systeminterne Verhaltensstandards.
> - **Rückkopplung** = Feedback; positive oder negative Rückwirkung der Folgen eines Sachverhalts auf den weiteren Fortgang des Geschehens.

Ein weiteres Phänomen sind die **Paradoxien der Kommunikation.** Watzlawick unterscheidet hier drei Arten (vgl. Watzlawick et al. 1990, S. 174):
- die logisch-mathematischen Paradoxien (Antinomien),
- die paradoxen Definitionen (semantische Antinomien),
- die pragmatischen Paradoxien (paradoxe Handlungsaufforderungen und paradoxe Voraussagen).

Unter **logisch-mathematischen Paradoxien** sind Antinomien zu verstehen wie z.B. „Wenn A die Voraussetzung für B ist, dann ist A identisch mit B".

Eine **semantische Paradoxie bzw. Antinomie** tritt in dem Satz eines Kreters auf, der sagt: „Alle Kreter sind Lügner".

Um **pragmatische Paradoxien** handelt es sich bei Äußerungen wie „Du sollst mich lieben" oder der Aufforderung „Sei spontan".

Den eigentlichen Kern der Watzlawickschen Kommunikationstheorie bilden schließlich die **fünf pragmatischen Axiome,** die in Trainingsseminaren und Lehrveranstaltungen häufig zitiert werden, aber als absolute Aussagen untauglich sind:

1. **Man kann nicht nicht kommunizieren.**
   Wer anderen gegenüber zum Ausdruck bringt, dass er mit ihnen nicht kommunizieren will, hat bereits kommuniziert. Dieses aus Watzlawicks Theorie wohl wichtigste Axiom gilt seit Langem als umstritten. Vor allem die Verallgemeinerung seiner Beobachtung bei Schizophrenen, die nonverbal kommunizieren, wird als unzulässig betrachtet. Heute hat sich die Erkenntnis durchgesetzt, dass es sehr wohl soziale Situationen geben kann, in denen nicht kommuniziert wird, wie z.B. im Wartezimmer oder in der Straßenbahn (vgl. Retter 2002, S. 194 ff.).
2. **Kommunikation hat einen Inhalts- und einen Beziehungsaspekt.**
   Sowohl der Inhalt einer Aussage als auch die negativen oder positiven Gefühlsäußerungen sind entscheidend für die Interpretation des Empfängers. Inkongruenzen zwischen Inhalts- und Beziehungsaspekt können zu Interpretationsproblemen führen.
3. **Die (unterschiedliche) Interpunktion von Ereignisfolgen definiert die Natur der Beziehung.**
   Das eigene Verhalten wird wechselseitig als Reaktion auf das Verhalten des anderen definiert, was in einer Krisensituation zu pathologischen Kommunikationsabläufen führen kann.
4. **Unterscheidung zwischen digitaler und analoger Kommunikation.**
   Bei der digitalen Kommunikation ist die Bedeutung der sprachlichen Zeichen unabhängig vom Inhalt, den sie bezeichnen. Analog sind Zeichen, die einen direkten Bezug herstellen zum Objekt, dies gilt insbesondere für Körpersprache, Mimik und Gestik.
5. **Unterscheidung zwischen symmetrischer und komplementärer Interaktion.**
   Zwischen Eltern und Kind, Vorgesetztem und Angestelltem, Lehrer und Schüler besteht eine vertikale (hierarchische) soziale Beziehung, die komplementäre

Kommunikationsabläufe (Interaktionen) zur Folge hat. Bei Gleichrangigkeit der sozialen Position (Freunde oder Ehepartner) ist die Kommunikation in der Regel symmetrisch.

Für die Kommunikationspraxis in der Hochschule enthält die Theorie von Watzlawick durchaus interessante Aspekte, die auf den ersten Blick sehr einleuchtend erscheinen, für die Veränderung oder Verbesserung des Kommunikationsverhalten finden sich jedoch keine Hinweise. Die Umkehrung des Satzes „Man kann nicht nicht kommunizieren" führt zu der erschlagenden Aussage „Alles ist Kommunikation". Hierzu führt Retter (2002, S. 194) aus, dass es durchaus Situationen gibt, in denen Menschen intentional nicht miteinander verbal oder nonverbal kommunizieren.

▶ Nonverbale Kommunikation

In diesem Zusammenhang scheint der Aspekt der nonverbalen Kommunikation von Bedeutung zu sein. Der englische Psychologe Michael Argyle (1989) beschäftigte sich sehr eingehend mit dem Thema **Körpersprache und Kommunikation.** Unser Sozialverhalten ist nur verstehbar, wenn wir das nonverbale System entschlüsseln können. Nonverbale Signale werden teils bewusst und teils unbewusst gesendet. Sie geben Auskunft über uns an die Umwelt. Diese Signale sind sehr vielfältig, sie können von einzelnen Körperteilen (Kopfbewegung, Gesichtsausdruck, Handbewegung) oder vom gesamten Körper (Körperhaltung, Körperbewegung) ausgehen, die verbale Kommunikation durch den Tonfall begleiten oder das Erscheinungsbild (Kleidung, Schmuck) untermalen (vgl. ders., S. 337). Körpersprache wird vor allem durch Überzeugungen, Einstellungen und Emotionen gesteuert.

▶ Kommunikation und Konflikt

Kommunikation ist erfahrungsgemäß sehr störanfällig. Besonders starke und anhaltende **Störungen** münden in der Regel in einen Konflikt zwischen den Kommunikationspartnern. Diese Konflikte beruhen häufig nicht auf kommunikativen Hürden, sondern sind Ausdruck von Interessengegensätzen, unterschiedlichen Erwartungen und Vorstellungen oder labiler Machtverhältnisse. Sie werden häufig nicht offen ausgetragen und tragen so zu einer ganz bestimmten Art und Weise gestörter Kommunikation bei. Diese ist deshalb auch nicht durch Ungenauigkeit, unterschiedliche Erwartungen, Gefühlslagen oder fehlende Empathie geprägt, sondern durch **handfeste Interessensunterschiede.** Dabei gibt es horizontale und vertikale Konfliktkonstellationen, in denen der Status (hoch oder niedrig) eine wichtige Rolle spielt. Vertikale Konflikte bergen noch eine besondere Brisanz in sich, weil sie das **Selbstwertgefühl** sehr stark tangieren.

2.3.4 Fazit: Kommunikative Kompetenz in der Hochschule

Als Lehrende müssen wir uns darüber bewusst sein, dass kommunikative Kompetenz nicht allein unserem bewussten Willen unterliegt, sondern sehr stark im emotionalen Bereich einer Person verankert und von Glaubensgrundsätzen geprägt ist. Wenn wir unsere kommunikative Kompetenz verändern bzw. verbessern wollen, müssen wir unsere Einstellungen und unser Verhalten ändern. Dies wird nur gelingen, wenn wir davon überzeugt sind, dass ein verändertes Verhalten sinnvoll ist und es uns hilft, unsere Arbeit in der Hochschule besser zu gestalten. Erleichtert wird ein solcher Veränderungsprozess, wenn möglichst viele Gleichgesinnte sich bemühen, einen solchen Weg zu beschreiten. Durch ein verändertes kommunikatives Verhalten werden sich schließlich auch die kommunikativen Verhältnisse in der Hochschule verändern. Und je mehr Menschen in der Hochschule erfahren haben, dass Veränderungen im kommunikativen Verhalten Freude bereiten und nützlich sind, umso mehr wird auch zum gegenseitigen Verständnis beigetragen. Eine Hochschule wird ihrem Auftrag nicht mehr gerecht, wenn die kommunikativen Prozesse in Lehre und Forschung erstarren. Kommunikative Kompetenz ist der Schlüssel für erfolgreiches lernen, lehren und forschen.

Unter Berücksichtigung der vorgestellten Kommunikationstheorien und -konzepte muss eingeräumt werden, dass das NLP-Konzept zu den wenigen Methoden zählt, mit denen kommunikatives Handeln direkt und indirekt beeinflusst werden kann. Von daher kommt auch eine Verbesserung der kommunikativen Kompetenz in der Hochschule in den unterschiedlichsten Kommunikationssituationen nicht umhin, sich diese Methoden im Sinne einer professionellen Kommunikation nutzbar zu machen. Man muss sich jedoch darüber im Klaren sein, dass es hier um **Beeinflussung und Manipulation** geht. In Anlehnung zum Watzlawickschen Axiom „Man kann nicht nicht kommunizieren" wird von den Vertretern des NLP-Konzepts postuliert: „Man kann nicht nicht manipulieren" (Rückerl 1994, S. 126 f.). Auch hier würde der gleiche Einwand gelten wie bei Watzlawick, dass selbstverständlich ein **Nicht-Manipulieren** möglich ist. Bereits Platon (s. o.) hat sich gegenüber den Sophisten mit dem manipulativen Charakter der Sprache beschäftigt. Bei der Anwendung der NLP-Techniken soll jedoch zielgerichtet verändert werden. Vor einer laienhaften oder gar esoterischen Anwendung sei deshalb gewarnt.

Zur Verbesserung der kommunikativen Kompetenz in der Hochschule gibt es viele Ansätze im Bereich der sinnlichen, der emotionalen und der mentalen Wahrnehmung einerseits und der verbalen, paraverbalen und nonverbalen Kommunikation andererseits.

Für die hochschuldidaktische Umsetzung kommunikativer Elemente im Sinne einer aktivierenden Lehre empfehle ich folgende Bücher:

Retter, Hein: Studienbuch pädagogische Kommunikation. Bad Heilbrunn: Klinkhardt 2000

In diesem Buch werden alle wichtigen theoretischen Ansätze und angewandte Verfahren der Kommunikation zusammengefasst und kritisch kommentiert. Es enthält jedoch keine Anleitungen zur didaktischen und methodischen Gestaltung von Kommunikationskursen.

Birkenbihl, M.: Train the Trainer, Landsberg/Lech 2002

Ein Arbeitshandbuch für Ausbilder und Dozenten mit vielen praktischen Beispielen und Vorschlägen zur Lerngestaltung und zum Kommunikationstraining in der Hochschule.

Schulz, M., Gavranovic, Z., Wollenberg, S., Schulz, A.: Kommunikation aktiv. Neuwied 1999

Anwendungsbezogenes Basiswissen, Beispiele und Übungen. Leitfaden zur Kommunikation, Lernassistent, Einführung, Basiswissen, Anwendungswissen, Übungspool, Literatur zu Gesprächsführung, Reden halten, Körpersprache, Argumentation, Atemtechnik, Diskussion, Besprechung.

Schulz, M.: Kommunikation aktiv – Dozentenleitfaden. Neuwied 2000

Praktische Anregungen, Materialien, Beispiele. Leitfaden zum Einsatz von Kommunikation aktiv: Moderation von Kommunikationsseminaren im selbstorganisierten Training.

Stelzer-Rothe, T.: Vortragen und Präsentieren im Wirtschaftsstudium. Professionell auftreten in Seminar und Praxis. Düsseldorf 1999

Ein Handbuch für die Planung und Durchführung von Präsentationsveranstaltungen im Wirtschaftsstudium und für professionelles Auftreten in Seminar und Praxis mit vielen Ideen und Anregungen zu Lampenfieber, Atmung, Stimme, Kommunikationsprozesse, Körpersprache, Argumente richtig einsetzen, Visualisierung, Medien, Dauerhaftes Feedback.

Simon, W.: GABALs großer Methodenkoffer. Grundlagen der Kommunikation. Offenbach 2004

Eine Fundgrube für die Gestaltung von Kommunikationsseminaren und -übungen in der Hochschullehre.

2.3.5 Literaturverzeichnis

Argyle, M. 1989: Körpersprache und Kommunikation. 5. Aufl. Paderborn

Austin, John L.1972: Zur Theorie der Sprechakte. Stuttgart

Burkart, R. 1998: Kommunikationswissenschaft. Wien.

Bentele, G.; Beck, K. 1994: Information – Kommunikation – Massenkommunikation: Grundbegriffe und Modell der Publizistik- und Kommunikationswissenschaft. In: Jarren, O. (Hrsg.): Medien und Journalismus 1. Opladen. S. 18–50

Birkenbihl, V. F. 2002: Kommunikationstraining. München

Brehler, R. 1995: Modernes Redetraining – Sicher auftreten – überzeugend vortragen. Niedernhausen

Delhees, K. H. 1994: Soziale Kommunikation. Opladen

Franck, N. 2001: Rhetorik für Wissenschaftler – Selbstbewußt auftreten, selbstsicher reden. München

Garfinkel, H. 1967: Studies in Ethnomethodology. London (Prentice Hall)

Girgensohn-Marchand, B. 1995: Der Mythos Watzlawick und die Folgen: eine Streitschrift gegen systemisches und konstruktivistisches Denken in pädagogischen Zusammenhängen. Weinheim

Gordon, T. 1989: Die Neue Familienkonferenz. München

Ders. 1972: Familienkonferenz. Hamburg

Gripp, H. 1986: Jürgen Habermas. Und es gibt sie doch – Zur kommunikationstheoretischen Begründung von Vernunft bei Jürgen Habermas. Paderborn

Habermas, J. 1995: Theorie des kommunikativen Handelns. 2 Bde. Frankfurt/M.

Ders. 1995: Vorstudien und Ergänzungen zur Theorie des kommunikativen Handelns. Frankfurt/M.

Kreuzberger, G. 2002: Universitäres Rhetorik-Training. Grundsätze, Ziele und Methoden, in: RhetOn. Online-Zeitschrift für Rhetorik & Wissenstransfer 2/(pdf-Datei).

Lang, R.W. 2000: Schlüsselqualifikationen. München

Laborde, G. Z. 1986: Kompetenz und Integrität. Die Kommunikationskunst des NLP. Paderborn

Maletzke, G. 1963: Psychologie der Massenkommunikation. Hamburg

Mead, George H. 1986: Geist, Identität und Gesellschaft. Frankfurt

Merten, K. 1977: Kommunikation. Eine Begriffs- und Prozeßanalyse. Opladen

Noelle-Neumann, E./ Schulz, W./ Wilke, J. (Hrsg.) 1998: Das Fischer Lexikon Publizistik Massenkommunikation. Frankfurt. Stichwort „Kommunikationsprozeß"

Patzelt, Werner J. 1987: Grundlagen der Ethnomethodologie. Theorie, Empirie und politikwissenschaftlicher Nutzen einer Soziologie des Alltags. München (Wilhelm Fink)

Reese-Schäfer, W. 1994: Jürgen Habermas. Frankfurt/M.

Retter, H. 2002: Studienbuch pädagogische Kommunikation. Bad Heilbrunn

Rückerl, Th. 2001: NLP in Action, Paderborn

Schulz v. Thun, F. 1992: Miteinander reden. Bd. 1. u. 2. Reinbek

Watzlawick, P. 1978: Wie wirklich ist die Wirklichkeit? Wahn - Täuschung – Verstehen. München

Watzlawick, P.; Beavin, J. H.; Jackson, D. D. 1990: Menschliche Kommunikation. 8. Aufl. Bern

Weiss, H. 1993: Soziologische Theorien der Gegenwart. Darstellung der großen Paradigmen. Wien

Zuschlag, B., Thielke, W. 1987: Konfliktsituationen im Alltag. Göttingen

2.4 Grundlagen des Konfliktmanagements in der Hochschullehre

Prof. Dr. Christian Willems

> *Es ist nicht genug zu wissen, man muß auch anwenden;*
> *es ist nicht genug zu wollen, man muß auch tun.*
>
> J. W. von Goethe

2.4.1 Vorbemerkungen und Fragestellungen

Dem gesetzlichen Auftrag der Hochschulen folgend, Studierende durch Lehre und Studium auf berufliche Tätigkeiten vorzubereiten, die die Anwendung wissenschaftlicher Erkenntnisse und Methoden erfordern (vgl. § 32 Abs. 2 HG 2000 in Literatur zu „Allgemein"), und im Hinblick auf die im Zusammenhang mit dem Bologna-Prozess diskutierten Ansätze (vgl. Kohler 2004 in Literatur zu „Allgemein"), die **„Berufsfähigkeit" lebenslang durch den „Erwerb von Schlüsselkompetenzen"** und durch formale, (selbst-)organisierte, zielgerichtete Lernprozesse sowie Erfahrungslernen und informelles Lernen in Arbeits- und Alltagssituationen zu erhalten (vgl. Hartmann und Meyer-Wölfing 2002 und Dohmen 2001 in Literatur zu „Allgemein"), ist die Frage, ob es überhaupt sinnvoll ist, sich im Bereich der Hochschule mit „Konfliktmanagement" zu beschäftigen bzw. sich damit zu „belasten", nach Auffassung des Autors dadurch zu beantworten, dass aus Konflikten und den Möglichkeiten zu ihrer Bewältigung wichtige Erfahrungen nicht nur für die persönliche und soziale Entwicklung von Menschen – dazu gehören auch Studierende –, sondern vor allem auch für die **Entwicklung sozialer Systeme und Organisationen,** wie beispielsweise Hochschulen und Fachbereiche, gewonnen werden können (siehe hierzu auch den Beitrag in diesem Buch: Vom Leidbild zum Leitbild – Fachbereiche als Lernende Organisation). Wenn Studierende im weitesten Sinne für Führungsaufgaben vorbereitet und entsprechende Hochschullehre „berufsbefähigend" sein soll, dann muss sie sich mit dem Thema „Konfliktmanagement" auseinander setzen.

Die Literatur zum Themengebiet **„Konfliktmanagement"** mit Untergliederungen wie Konflikttheorien, Konfliktarten, Konfliktursachen, Konfliktverlauf, Konfliktbewältigung etc. ist sehr umfangreich und zeigt, welch hohen Stellenwert diese Thematik in der täglichen Auseinandersetzung von Menschen sowohl im Beruf als auch im Privatbereich einnimmt. Die in den Literaturhinweisen zu diesem Beitrag angegebenen Quellen stellen nur einen Bruchteil dessen dar, was in der einschlägigen Forschung und auf dem Markt zu diesem Themengebiet existiert. Allein in einem der Standardwerke (vgl. Glasl 2004, Literaturhinweise zu „Konflikte") sind über achthundert Literaturstellen verzeichnet.

Ziel dieses Beitrages ist deshalb nicht, diesen vielen lesenswerten Ansätzen und Theorien ein weiteres Modell zum „Konfliktmanagement" hinzuzufügen, sondern sie vielmehr vor dem Hintergrund der zentralen Frage, **wie moderne Hochschullehre** zum Thema „Konfliktmanagement" zu gestalten ist, zur inhaltlichen Gestaltung von Lehre zu nutzen.

Um die Dimension abschätzen zu können, was in Bezug auf die Thematik „Konfliktmanagement" und „Erhalt der Berufsfähigkeit" im späteren Berufs- und Privatleben heutiger Studierender notwendig und hilfreich sein wird, müssen einerseits **Szenarien** über die wirtschaftliche, gesellschaftliche und berufspolitische Entwicklung im Allgemeinen (vgl. Opaschowski 2004 in Literatur zu „Allgemein"), andererseits aber auch die daraus und aus der aktuellen persönlichen Situation der Studierenden resultierenden Entwicklungspotenziale berücksichtigt werden.

Entwicklungen wie Globalisierung der Arbeitswelt, Dominanz der Dienstleistung, Gleichwertigkeit von Leistung und Lebensgenuss, Mediatisierung des Lebens, Kinderlosigkeit, Zuwanderung sowie Überalterung führen einerseits zu sich verschärfenden Wettbewerbssituationen von Individuen, Organisationen und Kulturen – was ungeahnte Konfliktpotenziale birgt –, andererseits führen sie bereits erkennbar zu verstärkter Gesundheitsorientierung, Verantwortung und Sinnsuche.

Studierende, die im Rahmen ihres Studiums die Befähigung für ein persönlich nachhaltig befriedigendes Berufs- und Privatleben erwerben wollen und sollen, müssen Kenntnis über die Komplexität und Dimension ihrer Zukunft haben und **Kompetenzen entwickeln,** die sie befähigen, eigenverantwortlich, selbstbewusst und motiviert zukünftigen Herausforderungen zu begegnen, innovativ aus sich selbst heraus zu agieren und auf sich wandelnde Umgebungsbedingungen angemessen zu reagieren – statt Konflikten mit sich selbst und ihrer Umgebung auszuweichen bzw. darin unterzugehen.

Das Studium sollte Studierenden die Möglichkeit bieten, in der Auseinandersetzung mit sich allein, in der Gemeinschaft mit anderen Studierenden, Mitarbeitern und Professoren oder in der existierenden Privat- und Berufswelt Zukunftsfragen klar zu formulieren, daraus abzuleitende Problemstellungen und Lösungsvarianten zu generieren, diese auf ihre sozialen, ökonomischen und ökologischen Auswirkungen hin zu untersuchen, Entscheidungen zu treffen und Maßnahmen eigenständig umzusetzen.

Die anfängliche Beschäftigung mit der **Gestaltung berufsbefähigender Hochschullehre,** die Studierende durch Lehre und Studium auf berufliche Tätigkeiten, in diesem Fall die Anwendung spezieller wissenschaftlicher Erkenntnisse und Methoden für gelungenes „Konfliktmanagement", vorbereiten soll, wirft zunächst Fragen auf, zu denen im weiteren Verlauf Antworten gefunden werden sollen:

- Wie aktiviert man studienbegleitend und/oder fachintegriert mit moderner, nicht nur „frontal Theorie vermittelnder", sondern **„aktivierender Lehre"** studentisches – möglichst selbstorganisiertes – Lernen in Bezug auf die „Grundlagen des Konfliktmanagements", auf die Entwicklung von Konfliktfähigkeit und auf die aktive Bewältigung von Konflikten, ohne Studierende oder Studierendengruppen dabei tief in Konflikte zu „stürzen" – oder anders ausgedrückt – wie muss ein Lernumfeld „Konfliktmanagement" geschaffen sein, in dem Lernende eigene Wege beschreiten können, Antworten finden und verstehen?

Und daraus abgeleitet:
- Wie unterstützt man hochschulseitig Studierende bei ihrer Entwicklung zu kompetent und eigenständig handelnden, eigenverantwortlichen und konfliktfähigen Persönlichkeiten?
- Welche grundlegenden (theoretischen) Kenntnisse sollten in Bezug auf den Themenkomplex „Konfliktmanagement" beherrscht, vermittelt bzw. von Studierenden erarbeitet werden?
- Was haben die Begriffe „Konflikte", „Konfliktfähigkeit" und „Konfliktbewältigung" mit (selbstorganisiertem lebenslangen) „Lernen" zu tun und wie können sie gelernt werden?
- Was wird in Bezug auf die Thematik „Konfliktmanagement" und „Erhalt der Berufsfähigkeit" im späteren Berufsleben notwendig und hilfreich sein?
- Wie simuliert und trainiert man außerhalb der Praxis realitätsnahe Konfliktsituationen mit Praxisbezug?
- Auf welche Erfahrungen und Lernumfelder der Studierenden kann man bei der Konzeption und Umsetzung von Lehr-Lern-Situationen zurückgreifen und welche Konfliktsituationen können Studierende dort aktiv erleben bzw. bewältigen?
- Wie begleitet man Studierende z.B. hinsichtlich ihrer Team- und Konfliktfähigkeit?
- Wie überprüft man den Kompetenzerwerb hinsichtlich „Konfliktmanagement"?
- Welche Kompetenzen bzw. welche Aus- und Weiterbildung des Lehrpersonals sind für diese „spezielle" Hochschullehre notwendig?
- Welche Chancen und Risiken ergeben sich durch die Beschäftigung mit dieser Thematik?

2.4.2 Konfliktbegriff und Motivation der Studierenden

Der Konfliktbegriff (lat. confligere = kämpfen, zusammenstoßen) umfasst einerseits den innerpsychischen Bereich (Konflikte, die man selbst mit sich austrägt) und andererseits den sozialen Bereich (Konflikte zwischen Personen). Betrachtet man die **Konfliktfähigkeit eines Menschen,** so gehören beide Bereiche eng zusammen.

Für die Arbeit mit Studierenden sollten zur besseren sprachlichen Abgrenzung und aus Gründen studentischer Motivation folgende Unterscheidungen getroffen werden:
- Das „Konfliktmanagement" für Konflikte im innerpsychischen Bereich – auch intrapersonelle Konflikte genannt – sollte unter dem Begriff **„Selbstmanagement"** subsummiert werden.
- Der Begriff **„Konfliktmanagement"** wird dagegen als Führungsaufgabe im Umgang mit sozialen Konflikten verstanden, wie sie auch in Studierendengruppen auftreten.

Der Sinn und Nutzen von Konflikten wird Studierenden deutlich, wenn die Frage gestellt wird, wozu ein Konflikt gut ist und was daraus gelernt werden kann (vgl. Berkel 2002 in Literatur zu „Konflikte"):

- Konflikte machen problembewusst: Die Beteiligten erfahren, wo die Brennpunkte liegen und was sie selbst tun müssen, um sie zu entschärfen.
- Konflikte stärken den Willen zur Veränderung: Sie signalisieren, dass etwas anders gemacht werden muss, z.B. eine alte Gewohnheit aufgegeben, eine andere Einstellung angeeignet, neue Fähigkeiten erworben werden müssen.
- Konflikte erzeugen den notwendigen Druck, Probleme aktiv anzugehen: Ohne diesen Druck fehlt häufig die Kraft und Entschiedenheit, brisante Themen anzupacken.
- Konflikte vertiefen zwischenmenschliche Beziehungen: Die Parteien lernen sich besser verstehen, wissen, was ihnen wechselseitig wichtig ist, kennen ihre verletzliche Seite, finden heraus, wie sie auch unter Druck konstruktiv zusammenarbeiten können.
- Konflikte festigen den Zusammenhalt: Die in der täglichen Zusammenarbeit unvermeidlichen Reibereien werden entdramatisiert und versachlicht.
- Konflikte machen das Leben interessanter: Sie durchbrechen die Routine des Alltags, machen Beziehungen lebendig, Gespräche lebhaft und spannend.
- Konflikte geben den Anstoß, Fähigkeiten und Kenntnisse zu vertiefen: Die zunächst schwer verständlichen Ansichten der anderen Seite machen neugierig, der Sache oder dem Thema auf den Grund zu gehen und neue Einsichten zu gewinnen.
- Konflikte fördern Kreativität: Die Beteiligten erfahren, dass ein Problem oder eine Situation ganz verschieden gesehen und bewertet werden kann. Sie einmal aus einem anderen Blickwinkel – dem der Gegenseite – zu betrachten, vertieft das Problemverständnis und erhöht die Chance, eine neue, kreative Lösung zu finden.
- Konflikte lassen uns und andere besser kennen lernen: Im Konflikt erfahren wir, was uns ärgert, verletzt, zu schaffen macht, was uns wichtig ist und wie wir reagieren, wenn andere mit uns konkurrieren oder uns behindern.
- Konflikte führen zu besseren Entscheidungen: Meinungsverschiedenheiten und Kontroversen zwingen dazu, eine Entscheidung sorgfältig zu durchdenken, widersprüchliche Alternativen durchzuspielen und sich erst dann für die Lösung zu entscheiden.
- Konflikte fördern die Persönlichkeitsentwicklung: Um einen Konflikt konstruktiv zu bewältigen, muss eine Partei ihre egozentrische Sichtweise überwinden und sich in die andere Seite hineinversetzen, was ein höheres Maß an gemeinsamer Bewusstheit und moralischer Verantwortung stiftet.
- Konflikte können Spaß machen – wenn sie nicht überdramatisiert und zu ernst genommen werden. Viele Menschen betreiben riskante Sportarten, beteiligen sich an aufregenden Wettkämpfen und Spielen, unterziehen sich harten Survival-Trainings, sehen sich neugierig nervenkitzelnde Filme an – sie tun dies, weil sie Spannung und Aufregung erleben und genießen wollen. Jeder Konflikt bietet – ganz kostenlos – diese Herausforderung.

2.4.3 Erarbeitung von Grundlagen des Konfliktmanagements (Fachkompetenz)

Grundlagen (Fachwissen) zum „Konfliktmanagement" sollten in Einzel- und Gruppenarbeit aus der Literatur (vgl. dazu die angegebene Literatur zu „Konflikte") und der Alltagserfahrung erarbeitet und durch Fragen aktiviert werden:

➤ Konfliktdefinitionen und Konfliktverständnis
- Was ist ein Konflikt?
- Welche Einstellung habe ich zu Konflikten?
- Wie reagiere ich auf Konflikte?
- Wie gehe ich mit Konflikten um?
- Was ist der Unterschied zwischen einem Konflikt und einem Problem?

➤ Konfliktwahrnehmung
- Woran erkenne ich Konflikte bei mir/bei anderen?
- Was resultiert aus meiner Einstellung zu Konflikten hinsichtlich meiner Wahrnehmung, meiner Gefühlslage und meinem Verhalten?

➤ Konflikte in Systemen
- Wo treten Konflikte auf?
- Was sind intrapersonelle Konflikte?
- Was sind interpersonelle Konflikte?

➤ Konfliktarten und Konfliktpartner bei intrapersonellen Konflikten
- Was sind Annäherungs-Annäherungs-Konflikte, Vermeidungs-Vermeidungs-Konflikte, Vermeidungs-Annäherungs-Konflikte?
- Was versteht man unter dem „inneren Team"?

➤ Konfliktklassen und Konfliktpartner bei interpersonellen Konflikten
- Was versteht man unter Bedürfniskonflikt?
- Was versteht man unter Wertekonflikt?
- Was versteht man unter organisationalem Konflikt?
- Was versteht man unter Mobbing und Bossing?

➤ Konfliktentstehung und Konfliktverlauf
- Wie entwickeln sich Konflikte?
- Welche Eskalationsstufen werden in der Literatur beschrieben?

➤ Konfliktformen durch Handlungsabsichten
- Was sind Zielkonflikte?
- Was sind Bewertungskonflikte?

- Was sind Beurteilungskonflikte?
- Was sind Verteilungskonflikte?
- Was sind Interessenkonflikte?
- Was sind Beziehungskonflikte?

▶ Erscheinungsbilder von Konflikten

- Was ist ein latenter Konflikt?
- Was ist ein manifester Konflikt?
- Was ist ein chronifizierter Konflikt?
- Was ist ein institutionalisierter Konflikt?
- Was ist ein nicht institutionalisierter Konflikt?
- Was ist ein heißer Konflikt?
- Was ist ein kalter Konflikt?
- Was ist ein struktureller Konflikt?

▶ Konfliktanalyse, Konfliktbewältigung und Konfliktstrategien

- Welche Schemata zur Konfliktbewältigung existieren?
- Wie erkennt man Konfliktursachen?
- Wie lässt sich die Konfliktstruktur darstellen?
- Woran erkenne ich die Einstellungen zum Konflikthandeln?
- Wie definiere ich das Ziel der Konfliktbearbeitung?
- Welche Maßnahmen werden zur konstruktiven Konfliktbearbeitung eingeleitet?
- Wie werden diese Maßnahmen umgesetzt und kontrolliert?
- Wie wird das Konfliktergebnis von den Parteien bewertet?
- Was ist Mediation, was leistet sie und was nicht?

▶ Konfliktprävention

Wie können aufgrund der Kenntnisse zum Konfliktmanagement Konflikte auf einem niedrigen Eskalationsniveau geklärt werden?

Ziel dieser Auseinandersetzung sollte, im Sinne von „Berufsfähigkeit" der Studierenden, die Erlangung der effizientesten Form von Konfliktmanagement sein – die **Konfliktprävention.**

„Die effizienteste und eleganteste Art, mit Konflikten umzugehen, ist sie gar nicht erst entstehen zu lassen. Das setzt freilich voraus, dass man ihre Vorboten frühzeitig erkennt und den sich anbahnenden Konflikt durch eine sofortige Klärung auflöst. Das betrübliche an guter Konfliktprävention ist nur, dass sie niemand würdigt, ... Feuerwehreinsätze ... ziehen sehr viel mehr Bewunderung auf sich ... – das macht Eindruck. Doch wer nimmt Notiz von dem, der verhindert hat, dass ein Brand entstanden ist?" (Zitat, vgl. Berner 2004 in Literatur zu „Konflikte")

Konfliktprävention setzt eine Reihe weiterer Kompetenzen voraus, wobei der Begriff Kompetenzen hier nicht im ursprünglichen Verständnis für die Zuständigkeit und Befugnis eines Menschen verstanden werden soll, sondern in moderner Interpretation als ein Zusammenwirken von fachlichen, methodischen, sozialen und personalen Kompetenzen, der **Handlungskompetenz** (vgl. Hugo-Becker und Becker 1996). Dies bedeutet, dass der handlungsfähige Mensch nicht nur über Fach- und Methodenwissen und dessen Umsetzung verfügt (… er weiß, was ein Feuer ist und wie ein Feuer ausgelöst wird, welche Folgen entstehen und wie es bekämpft bzw. im Vorfeld verhindert werden muss – im Sinne Goethes „wissen und anwenden"), sondern auch darüber, welche aktive Rolle er eigenverantwortlich und engagiert in Bezug auf dieses Wissen im sozialen Umfeld einnimmt (… er reagiert nicht erst, wenn es brennt, sondern er arbeitet aktiv, im Sinne der Gemeinschaft und mit der Gemeinschaft, darauf hin, dass nichts brennen kann – „wollen und tun").

Wird „Konfliktprävention" – oder, wenn der Konflikt bereits existiert – „Konfliktbewältigung" als Handlungskompetenz im Konfliktumfeld bzw. als „Konfliktmanagement" definiert, dann muss die entsprechend handelnde Person in Bezug auf den Themenkomplex „Konfliktmanagement" neben dem erarbeiteten Fachwissen (Fachkompetenz) über geeignete Arbeitstechniken (Methodenkompetenz), Persönlichkeit (personale Kompetenz) und adäquates Sozialverhalten (soziale Kompetenz) verfügen. Die drei letztgenannten Kompetenzfelder werden unter dem Begriff **„Schlüsselkompetenzen"** zusammengefasst.

Hochschullehre, die das Thema „Konfliktmanagement" zum Inhalt hat, sollte also auch immer Elemente enthalten, die den Studierenden nicht nur die „Theorie des Konfliktmanagements" näher bringen, sondern sie auch befähigen, weitere geeignete Kompetenzen zu entwickeln, die sie sicherer im Umgang mit sich selbst und anderen Menschen machen und damit gleichzeitig zur Prävention bzw. Bewältigung von Konflikten beitragen. Für die Auswahl von Lehrveranstaltungsinhalten werden diese Elemente im Folgenden stichwortartig beschrieben.

2.4.4 Elemente zur Entwicklung von Methoden-, personaler und sozialer Kompetenz

2.4.4.1 Schlüsselqualifikationen – Kompetenzen für Innovation und Führung

Diese Auflistung dient zunächst der Einführung in das Thema „Schlüsselqualifikationen", um Studierenden einen Überblick zu geben (vgl. dazu Literatur zu „Schlüsselqualifikationen" und den Beitrag in diesem Buch: Vom Leidbild zum Leitbild – Fachbereiche als Lernende Organisation). Hier können bereits die ersten **Erfahrungen aus dem studentischen Umfeld** erfragt werden. Der Hinweis auf die Minimierung von Konfliktpotenzialen und Verbesserung beruflicher Chancen durch Beherrschung von Schlüsselkompetenzen sollte bereits frühzeitig erfolgen.

- Was sind Schlüsselkompetenzen/Schlüsselqualifikationen?
- Übersicht Kompetenzfelder/Schlüsselqualifikationen
- Persönlichkeits- und Organisationsentwicklung im Unternehmen

- Strukturen und Systeme in Unternehmen, Unternehmenskultur/-leitbild
- Lernende Organisation, Innovationskompetenz, Wissensmanagement
- Umgang mit Veränderungsprozessen, Changemanagement
- Begriff der „Wahrgenommenen Kompetenz"
- Lernwege „Wissen, Können, Wollen, Dürfen, Müssen, Trauen, Handeln, Denken"
- Erfahrung/Lebenslanges Lernen
- Veränderungskurve, Phasen der Veränderung
- Persönliche Veränderungen „er-leben" können

2.4.4.2 Psychologische Grundlagen des (Konflikt-)Managements

Menschliches Verhalten und Interaktion enthalten psychologische Komponenten. Die Kenntnis psychologischer Grundlagen dient dabei nicht dem „Psychologisieren", sondern der **verstehenden Erkenntnis von Verhalten und Interaktion** sowie Erkennen, Verstehen und Bewältigen von Konflikten (vgl. Literatur zu „Psychologische Grundlagen").

- Grundlagen der Psychologie (Information, Wahrnehmung, Gehirn, Gedächtnis, Lernen)
- Psychologische Richtungen für die Persönlichkeits- und Organisationsentwicklung
- Grundlagen der Gruppendynamik
- Grundlagen der Transaktionsanalyse
- Grundlagen der Themenzentrierten Interaktion
- Grundlagen der Gestaltarbeit
- Grundlagen des Konstruktivismus
- Grundlagen des Neuro-Linguistischen Programmierens

2.4.4.3 Ziele, Zeit- und Selbstmanagement

Ein wesentliches Kriterium, Studierende zu befähigen, eigenverantwortlich, selbstbewusst und motiviert zukünftigen Herausforderungen zu begegnen, innovativ aus sich selbst heraus zu agieren und auf sich wandelnde Umgebungsbedingungen angemessen zu reagieren – statt Konflikten mit sich selbst und ihrer Umgebung auszuweichen bzw. darin unterzugehen –, liegt in der **Stärkung ihrer Persönlichkeit** und dem sicheren Umgang mit Zielen und Zeit (vgl. Literatur zu „Zeit- und Selbstmanagement").

- Selbstsicheres Entscheiden und Gestalten persönlicher Entwicklungsprozesse
- Führung der eigenen Person (Selbstmanagementkompetenz)
- Motivation und Werte, Selbsterkenntnis
- Persönlicher Umgang mit Zeit und Zeitfressern, Arbeitstechniken
- Ziele, Zielarten, Zieldefinition, Zielorientierung
- Zielhierarchien, Gesamtzielzerlegung in sinnvolle Einzelziele
- Prioritäten erkennen und setzen, Selbstorganisation
- Aktivitäten- und Zeitplanung, Umsetzung und Kontrolle
- „Zeitmanagement", Modelle und Systeme
- Entwicklung persönlicher Ressourcen

2.4.4.4 Gesundheit und Fitness, Stressbewältigung, Burn-out-Syndrom, Mobbing

Der Erhalt der Gesundheit und das Erkennen von gesundheitsgefährdendem Verhalten sind wesentliche Säulen eines **erfüllenden Berufs- und Privatlebens**. Häufige oder längere Abwesenheit vom Arbeitsplatz durch Krankheit führt unweigerlich zu Konfliktsituationen (vgl. Literatur zu „Zeit- und Selbstmanagement").
- Reflexion von „Arbeitserlebnissen", das „Hamsterrad"
- Gesundheit und Beruf, Fitness und Wellness, Ernährung
- Das Drama-Dreieck „Firma – Familie – Freizeit", „Work-Life-Balance"
- (Familien-)systemische Einflussfaktoren
- „Managerkrankheiten" erkennen, Prävention, Stressbewältigung, Burn-out-Syndrom
- Mobbing/Mobbingsysteme erkennen und damit umgehen

2.4.4.5 Soziale und personale Kompetenzentwicklung

Dieses Element dient dazu, den sozialen und personalen Kompetenzerwerb als **persönlichen Entwicklungsprozess** zu verstehen. Konfliktfähigkeit ist Voraussetzung für persönlichen Wandel (vgl. Literatur zu „Zeit- und Selbstmanagement").
- Kontinuierliche Überprüfung und Reflexion zur Standortbestimmung
- Wahrnehmen der eigenen Persönlichkeitsentwicklung
- Persönliche Führung als lebenslanges Lernen begreifen
- Umgang mit Macht, Autorität, Vertrauen und Kontrolle
- Neue Verhaltensweisen erkunden und erkennen
- Veränderungen gestalten

2.4.4.6 Selbstorganisiertes lebenslanges Lernen, Lernen lernen, Lernen in Systemen

Menschen müssen lernen, dass ihr ganzes Leben durch Wandel geprägt ist. Frühzeitiges Erkennen von Potenzialen und Chancen hilft, die Veränderung aktiv und möglichst konfliktfrei zu gestalten und durch selbstorganisiertes Lernen zu unterstützen (vgl. Literatur zu „Lernen").
- Selbstorganisation des persönlichen lebenslangen Lernens
- Wie lernen Menschen?
- Sinnesorgane, Wahrnehmung, Gehirn und Gedächtnis, Bewusstsein, Lernen
- Lernverhalten, Lerntypen, Wahrnehmungspräferenzen
- Lern- und Kreativitätstechniken (z.B. Gedächtnis und Konzentrationstraining, Gehirn-Jogging, Suggestopädie, NLP, Mentaltraining)
- Wie organisiert man vor dem Hintergrund des eigenen Lernverhaltens seine Weiterbildung?
- Lernen in Schule, Ausbildung, Studium, Beruf, Fort- und Weiterbildung
- Lernen im sozialen Umfeld

2.4.4.7 Umgangsformen und Bewerbung

Ein Konfliktfeld, das sich als **immer währende Falle** erweist und deswegen stets im Vordergrund von „berufsbefähigender Lehre" stehen sollte, sind Fragestellungen zu Umgangsformen und Bewerbung (vgl. Literatur zu „Bewerbung").
- Selbstsicheres Auftreten in Gesellschaft, Studium und Beruf
- Stellensuche, Bewerbung, Vorstellungsgespräch, Absage
- Auftreten in der Öffentlichkeit, Selbstmarketing
- Benimm im Business
- Karriere und Karriereplanung

2.4.4.8 Grundlagen der Kommunikation

Dieses Element bildet die Grundlage für jegliche Interaktion: Konflikte sind durch mangelnde **Kommunikation** vorprogrammiert (vgl. Literatur zu „Kommunikation").
- Grundlagen der Kommunikation
- Kommunikationsmodelle und -ebenen (Watzlawick, Schulz von Thun, Satir, Berne)
- verbale und nonverbale Kommunikation
- Innere Kommunikation
- Hören, Zuhören, aktives Hinhören
- Stimme, Stimmung und Körpersprache
- Wahrnehmung und Wirkung
- Die vier Seiten einer Botschaft – das Vier-Schnäbel- und Vier-Ohren-Modell
- Feedback und Feedbackregeln – das Johari-Fenster

2.4.4.9 Visualisierung und Medieneinsatz

Die Visualisierung hilft, Zusammenhänge sichtbar zu machen, Ergebnisse zusammenzufassen und festzuhalten, viele Menschen an Prozessen zu beteiligen. Sie unterstützt die **konfliktfreie Kommunikation** (vgl. Literatur zu „Kommunikation").
- Tafel, Whiteboard
- Flipchart, Wandzeitung
- OHP, Beamer
- PowerPoint-Präsentation
- Moderationskoffer
- Metaplantechnik
- Poster

2.4.4.10 Präsentationen und Vorträge

Aus Kommunikation und Visualisierung entstehen Präsentationen und Vorträge. Im Rahmen von Konfliktmanagement kann durch gezielte Informationen und Aufklärung Missverständnissen vorgebeugt werden. Außerdem unterstützt häufiges Präsentieren und Vortragen die Stabilisierung des **persönlichen Auftritts** (vgl. Literatur zu „Kommunikation").

- Dialektik, Rhetorik und Vortragstechnik
- Präsentationen und Vorträge
- Freie Rede, Stegreifrede und Statements
- Wie stelle ich mich selbst dar?
- Körpersprache, Mimik, Gestik

2.4.4.11 Gespräche, Besprechungen und Verhandlungen, Konfliktgespräche

Wichtige Voraussetzung für Konfliktprävention und -bewältigung ist die auf den Grundlagen der Kommunikation aufbauende **Gesprächsführung** sowohl in Zweiergesprächen als auch in Gruppen (vgl. Literatur zu „Kommunikation", „Konflikte" und „Coaching").

- Gesprächsführung bei Vier-Augen-Gesprächen
- Fragetechniken
- Besprechungen, Diskussionen, Gruppengespräche
- Besprechungsmoderation
- Verhandlung und Verhandlungstechniken
- Probleme, Störungen, Konflikte
- Konstruktiver Umgang mit Konflikten
- Konfliktgespräche und Konfliktlösungen
- Coaching, Mediation

2.4.4.12 Führung, Führungsbegriff und Führungsstile

Eine Führungsrolle zu übernehmen bedeutet sowohl soziale als auch strategische **Verantwortung** zu tragen. Die Organisation, das Team und die Mitarbeiter auf der einen Seite, Qualität, Zeit, Kosten und Kunden auf der anderen Seite sind konfliktträchtig und müssen in Balance gehalten werden (vgl. Literatur zu „Führung").

- Was heißt „Führen"?
- Was ist eine „Führungskraft"?
- Potenzial zum Führen
- Führungsstile
- Sensitivität
- Interkulturelle Sensibilität
- Überzeugungs- und Durchsetzungsfähigkeit

2.4.4.13 Verhalten als Mitarbeiter

Mitarbeiter haben Rechte und Pflichten, ihr Verhalten im Unternehmen trägt entscheidend zum **Betriebsklima** und dem Unternehmensergebnis bei. Begriffe und Zusammenhänge von Konflikten, Mobbing oder Bossing sollten auch Mitarbeitern bekannt sein (vgl. Literatur zu „Führung").

- Führung der eigenen Person (Selbstmanagementkompetenz)
- Verhalten als Mitarbeiter im beruflichen Umfeld
- Einzelkämpfer, Teamkompetenz und Konfliktlösekompetenz
- Wie führe ich meinen Chef?

2.4.4.14 Verhalten als Vorgesetzter

Um sich im **Spannungsfeld „Führung"** zu behaupten, finden sich Führungskräfte zunehmend in der Rolle des Beziehungsarbeiters wieder. Der „richtige" Umgang mit den Mitarbeitern setzt eine hohe Kompetenz im Umgang mit der eigenen Persönlichkeit voraus. Führen ist (Selbst-)Entwicklung. Die Fähigkeit und die Bereitschaft zum kontinuierlichem Lern- und Reflexionsprozess sind unumgänglich (vgl. Literatur zu „Führung", „Zeit- und Selbstmanagement" und „Coaching").

- Verhalten als Vorgesetzter, Führung einzelner Mitarbeiter, Führungsstile
- Führungsinstrumente kennen und anwenden lernen (Mitarbeitergespräche, Mentoring, Zielvereinbarung, Lob und Kritik, Feedback, Mitarbeiterbeurteilung, Delegation)
- Mitarbeiterführung und -motivation, Wertetypen, Fordern und Fördern
- Die Führungskraft als Coach, Coachingkompetenz
- Entwicklung von Mitarbeiterpotenzialen, Erhalt der Berufsfähigkeit
- Beratungs- und Coaching-Techniken, (kollegiale) Supervision

2.4.4.15 Mitarbeiterauswahl

Mitarbeiterauswahl gehört zu den schwierigsten Aufgaben von Führungskräften. Falsche **Personalentscheidungen** führen zu erheblichen Problemen und Kosten für das Unternehmen – Konflikte sind unausweichlich (vgl. Literatur zu „Führung" und „Bewerbung").

- Stellenanzeigen und Stellenbeschreibungen richtig verfassen und richtig lesen
- Einstellungsgespräche
- Recruiting
- Assessment-Center
- Interne Personalauswahl (Beförderung, Versetzung)

2.4.4.16 Grundlagen und Begriffe der Gruppen- und Teamarbeit, Teamführung

Durch die Verschlankung der Unternehmen und der zunehmenden Abwicklung von Aufgaben in Projektform mittels Projektmanagement werden **Synergieeffekte** in Bezug auf Kostenminimierung, Termindruck und Qualitätsforderungen durch Gruppen- und Teamarbeit genutzt, was bei unzureichender Konfliktfähigkeit der Beteiligten häufig zu Problemen bis hin zum Scheitern der Projekte führt (vgl. Literatur zu „Führung" und „Psychologische Grundlagen").

- Grundlagen der Gruppenarbeit
- Typen in Gruppen und Teams (Belbin-Test, MBTI, DISG usw.)
- Teambildung, Rollen in Teams, Teamführung
- Phasen der Teamentwicklung, Teamuhr
- Hot Spots, Projektteams, Projektmanagement
- Möglichkeiten und Grenzen von Gruppen- und Teamarbeit
- Konflikt, Konflikterkennung und Konfliktlöseverhalten im Team

2.4.4.17 Moderation von Gruppen und Teams

Ein unerlässliches Hilfsmittel zur konfliktfreieren Bearbeitung komplexer Fragestellungen ist die Moderation, in der der Moderator die **Verantwortung für den Prozess** und die Teilnehmer die Verantwortung für den Inhalt übernehmen (vgl. Literatur zu „Kommunikation", „Führung" und „Psychologische Grundlagen").

- Was ist Moderation?
- Moderation von Kreativitäts-, Problemlösungs- und Entscheidungsprozessen
- Einzelmoderation und Prozessmoderation
- Rollen von Moderator und Teilnehmern, Regeln
- Phasen der Moderation
- Mentaltraining, Wahrnehmen und Bewerten
- Denkmuster und Einstellungen
- Methoden und Techniken der Interventionsgestaltung

2.4.4.18 Moderationstechniken für Problemlösung und Entscheidungsfindung

Das Handwerkszeug des Moderators sind Moderationstechniken, sie dienen dazu, den Moderationsprozess konfliktfrei zu strukturieren und im Fluss zu halten (vgl. Literatur zu „Technisches Management").

- Der Werkzeugkasten des Moderators
- Moderations- und Fragetechniken
- Gruppenarbeitstechniken
- Kreativität und Kreativitätstechniken
- Mind Mapping
- Methoden und Techniken der Problemlösung und Entscheidungsfindung (z.B. Problemlösungszyklen, Aufbereitungstechniken, Suchtechniken, Prognosetechniken, Bewertungstechniken)

2.4.4.19 Prozessmoderation, Praxistransfer und Prozessbegleitung

Die meisten Prozesse in Organisationen verlaufen über einen längeren Zeitraum. Damit die Verfolgung und Umsetzung von Teilschritten nicht im Alltagsgeschäft untergehen und bei Nachfrage Konflikte verursachen, hat der Prozessmoderator die Aufgabe, diesen **Veränderungsprozess** über die gesamte Zeit zu begleiten (vgl. Literatur zu „Technisches Management").

- Potenzialentwicklung im Unternehmen
- Gestaltung von Seminaren und Workshops, Vor- und Nachbereitung
- Bildungsbedarfsermittlung und Qualifizierungskonzepte
- Einzel-/Gruppen-Coaching und Supervision
- Prozessmanagement und -beratung
- Ausbildung von Inhouse-Moderatoren, -Trainern
- Moderation von Großgruppen, Open space, Zukunftswerkstatt

2.4.4.20 Projektmanagement

Eine der wichtigsten Arbeitsmethoden in Organisationen ist das Projektmanagement. Die Beherrschung des Projektmanagements sorgt dafür, dass Konflikte entweder erst gar nicht entstehen oder dass sie frühzeitig konstruktiv bearbeitet werden (vgl. Literatur zu „Technisches Management").
- Projektmanagement, Projekt und Projektorganisation, Projektleitung
- Grundlegende Projektplanungsmethoden
- Aufwandsschätzung und Preisfindung von Projekten
- Termin und Ablaufplanung (Netzplantechnik)
- Projektüberwachung und Projektsteuerung
- Projektdokumentation, Berichterstellung, Präsentation

2.4.4.21 Innovationsmanagement

Das **Überleben von Individuen und Organisationen** ist davon abhängig, inwieweit sie sich auf sich verändernde Rahmenbedingungen einstellen können. Konflikte entstehen dann, wenn die Differenz zwischen Anspruch und Erwartungen einerseits und der Realität andererseits immer größer wird. Gezielte, nachhaltige Innovationstätigkeit hilft, Konfliktsituationen vorzubeugen (vgl. Literatur zu „Technisches Management").
- Merkmale und Ablauf der Innovationstätigkeit
- Festlegung der Innovationsstrategie
- Innovationsplanung und -realisierung

2.4.4.22 Qualitätsmanagement

Mangelnde Qualität von Dienstleistungen und Produkten führt generell zu Problemen und Konflikten zwischen interagierenden Parteien. Gutes Qualitätsmanagement hilft, **Konfliktpotenziale** zu entschärfen (vgl. Literatur zu „Technisches Management").
- Qualitätsbegriff und TQM
- Qualitätsmanagementsysteme
- interne/externe Kundenorientierung
- Kundenzufriedenheit
- QM-Werkzeuge
- QM technischer Dienstleistungen, Produkte und Prozesse

2.4.4.23 Existenzgründung, Marketing und Betriebswirtschaftslehre

Eine Alternative zur nicht selbstständigen Erwerbstätigkeit in Unternehmen ist die selbstständige Ausübung eines Berufes durch Existenzgründung. Frühzeitige Auseinandersetzung mit diesem Thema kann Studierenden **Alternativen** aufzeigen und Zukunftsängste minimieren (vgl. Literatur zu „Technisches Management").
- Marketing, Marketingarten, Marketingprozess, Marketinginstrumente
- Absatz, Marktanalyse und Prognose für neue Produkte und Dienstleistungen
- Kalkulation und Optimierung der Kosten, Wirtschaftlichkeitsrechnung
- Geschäftsidee, Businessplan, Existenzgründungsseminare

2.4.5 Konzeption aktivierender Lehrveranstaltungen zum „Konfliktmanagement"

2.4.5.1 Aktivierende Lehre

Moderne Hochschullehre sollte einen hohen Anteil aktiver Beteiligung der Studierenden bei der Erarbeitung von Lehr-/Lerninhalten berücksichtigen. Diese Forderung ist auf lerntheoretische Erkenntnisse des Konstruktivismus (vgl. Watzlawick 1993 in Literatur zu „Psychologische Grundlagen") zurückzuführen. Folgende **Thesen zu Konstruktivismus und Lernen** (vgl. Thissen 1998 in Literatur zu „Psychologische Grundlagen") sollen dies verdeutlichen:

1. Es gibt eine objektive Realität.
2. Diese Realität nehmen wir als Wirklichkeit wahr.
3. Unsere Wahrnehmung der Wirklichkeit ist kein Erkennen der Realität, sondern unsere individuelle Interpretation von Reizen, die wir über unsere Sinnesorgane aus der Realität empfangen.
4. Unsere Sinnesorgane geben uns keine qualitativen Informationen über die Realität, sondern lediglich quantitative Reize.
5. Das menschliche Gehirn baut aufgrund dieser Reize und aufgrund seiner eigenen Beschaffenheit eine dynamische Konstruktion der Wirklichkeit.
6. Individuelle Konstruktionen der Wirklichkeit haben kulturelle und soziale Ähnlichkeiten.
7. Wissen ist nicht das Anhäufen von Informationen, sondern ein netzwerkartiges dynamisches Verknüpfen von Informationen zu Konstrukten der Wirklichkeit.
8. Lernen, das Wissen erzeugt, ist eine Veränderung des netzwerkartigen Konstruktes im menschlichen Gehirn.
9. Es gibt so viele Lernwege, wie es Konstrukte von Wirklichkeit gibt.

Aus diesen Thesen ergeben sich folgende **Konsequenzen für das Lehren:**

> Lernen ist nicht von außen festlegbar und planbar – aber Lernen lässt sich von außen beeinflussen und in gewissen Grenzen steuern (Tätigkeit des Lehrers / Lerntyp/Lernsystem).
>
> Lehren sollte in diesem Verständnis nicht fertige Wege und Antworten geben, sondern ein Lernumfeld schaffen, in dem Lernende eigene Wege beschreiten, Antworten finden und verstehen können: Lernen bzw. Veränderung wird erfahrbar.

Die nachfolgende Abbildung (siehe S. 155) verdeutlicht die **Schaffung motivierender Lernumfelder** noch in einem anderen Zusammenhang. Demnach erfolgt Lernen vereinfacht unter drei verschiedenen **Eingangsvoraussetzungen:**

- durch selbstbestimmte, selbstorganisierte Lernprozesse,
- durch fremdbestimmte, meist formalisierte Lernprozesse,
- durch informelles Lernen.

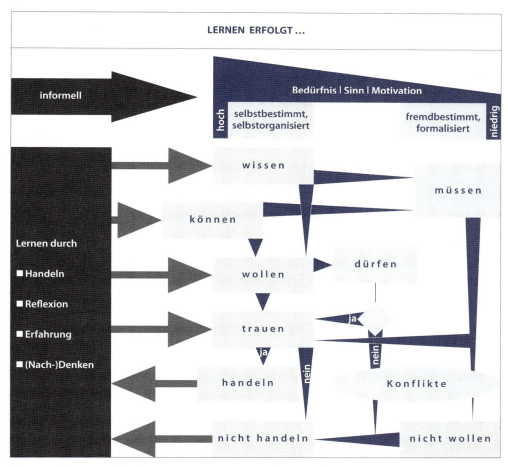

Entscheidend für den Lernerfolg bzw. -fortschritt sind die zu diesen Lernprozessen führenden **Bedürfnisse, Sinnfragen und Motive.** Immer dann, wenn keine Bedürfnisse befriedigt werden müssen und/oder die Frage nach dem Sinn der Lehr-/Lerninhalte nicht ausreichend beantwortet wird, ist die Motivation, etwas zu lernen, gering.

Selbstbestimmte, selbstorganisierte Lernprozesse haben vor diesem Hintergrund eine hohe Motivation: Sie befriedigen meistens individuelle Bedürfnisse und haben für den Lernenden einen Sinn. **Hobbys** sind ein gutes Beispiel für solche hoch motivierten Lernprozesse. In diesem Fall verfügen die Lernenden über ein bestimmtes Repertoire hinsichtlich „Wissen" und „Können". (Etwas nur zu wissen heißt noch lange nicht, es auch zu können). Damit Lernende etwas dazu lernen, müssen sie neben „Wissen" und „Können" auch lernen „wollen", sich bestimmte mit dem Lernen verknüpfte Handlungen auch „trauen", um zum „Handeln" zu kommen. Durch die Reflexion und den Vergleich des durch „Handeln Erlebten" mit dem bisherigen „Wissen", „Können", „Wollen" und „Trauen" entsteht Erfahrung, die durch „Denken" in das „Verhaltensrepertoire" zurückfließt – der Lernende hat erfolgreich gelernt.

Informelles Lernen kann ebenfalls über diesen selbstbestimmten, selbstorganisierten Lernweg erfolgen, da der Lernende frei entscheiden kann, was er mit Informationen aus seinem sozialen Umfeld anfängt.

Schwieriger und konfliktträchtiger gestalten sich Lernprozesse, die auch Anteile von **Fremdbestimmung** enthalten. Im einfachsten Fall muss ein Mensch, der in einem sozialen Umfeld etwas will, das er nicht selbst entscheiden darf, um Erlaubnis fragen bzw. verhandeln. Ist die Antwort „ja", erfolgt der Ablauf wie im Fall der selbstbestimmten Lernprozesse. Ist die Antwort dagegen „nein", kommt es zum „Nicht-Handeln" – für den willigen Lernenden entsteht ein Konflikt und er integriert diese Erfahrung ebenfalls in sein „Verhaltensrepertoire". Geschieht dies häufiger, sinkt die Motivation – der Lernende wird „sauer gefahren".

Im Fall fremdbestimmter, **formalisierter Lernprozesse,** wie z.B. im Rahmen des oft empfundenen „Müssens" von Hochschullehre, wird der Lernende immer die Frage nach dem Sinn und seiner damit verknüpften Bedürfnisbefriedigung stellen. Kann er darauf eine befriedigende Antwort finden, wird er „motiviert", erfolgt der Ablauf wie im Fall der selbstbestimmten Lernprozesse. Kann er dagegen den Sinn in Bezug auf den formal zu lernenden Stoff nicht erkennen, sinkt seine Motivation zu lernen, er „sieht es nicht ein" – es kommt zum „Nicht-Wollen" und zum „Nicht-Handeln" mit den bereits erwähnten Konsequenzen.

Nur durch die **„Erfahrung des Handelns",** also durch erfolgreiches „Er-Leben", gewinnen Lernende die Sicherheit bezüglich ihres Wissens und ihres Könnens für das spätere Leben. Klausuren, die nur erlerntes (theoretisches) Wissen abfragen, schaffen diese Erfahrung nicht. Häufig ist dieses Wissen nicht gehirngerecht gelernt und nachhaltig abrufbar, sondern nur auf den Klausurtermin bezogen verfügbar. Die anschließende Vergessensrate ist enorm. Infolge häufen sich die am Ende des Studiums entstehenden Konflikte bei Studierenden, speziell beim Übergang in die Berufspraxis: „Sie glauben zu wissen, wie etwas (theoretisch) funktioniert, aber sie können es nicht". Diese von Studierenden als Hilferuf formulierte späte Erkenntnis deckt sich mit einem häufig aus der Praxis an die Adresse der Hochschulen gerichteten Vorwurf – ein „Signal" für fehlende Berufsfähigkeit.

Eine Randbemerkung sei in diesem Zusammenhang erlaubt: Nirgendwo in der betrieblichen Praxis steht ein Vorgesetzter ein Vierteljahr vor seinen Mitarbeitern, liest ihnen, den speziellen Regeln und Gesetzen des **„Nürnberger Trichters"** folgend, die Dienstleistungs- und Produktionsabläufe des Unternehmens vor, nimmt dann eine mündliche oder schriftliche Prüfung ab und entscheidet aufgrund der einmalig erbrachten Leistung, ob der Mitarbeiter und an welchem Arbeitsplatz er die anstehende Aufgabe bearbeiten darf – Hochschule ist da oftmals anders. Die beschriebene Form der Wissensvermittlung und -überprüfung in der Hochschule steht in eklatantem Widerspruch zur späteren beruflichen Praxis – hier besteht dringender Handlungsbedarf.

Methodisch-didaktisch steht in der Hochschullehre eine große Anzahl von Lehrveranstaltungstypen zur Verfügung: Vorlesung, seminaristische Vorlesung, Seminar,

Übung, Laborübung, Praktikum, Exkursion, Projekte, Zukunftswerkstatt, Laborpraxis, Kolloquium, Tutorium, Moderation, Brainstorming etc.

Diese können zur Ausgestaltung einer vielseitigen Lehre mit verschiedenartigen **Lehrverfahren,** die aktivierend auch von Studierenden durchgeführt werden können, kombiniert werden. Zu den darbietenden Lehrverfahren gehören der Kurzvortrag, das Referat, der Videofilm, die Demonstration, die Erklärung etc. Gesprächsverfahren sind Lehrgespräche, gelenkte Unterrichtsgespräche, Studierendengespräche, Gruppengespräche, Diskussion, Kolloquium. Zu den am meisten aktivierenden Lehrverfahren zählen entdeckendes Lernen, Exkursionen, Rollenspiele, Planspiele, Fallbeispiele, Gruppenarbeit, Partnerarbeit, Experimentiergruppen, Laborarbeit, Projekte, Zukunftswerkstatt, Kreativworkshops, selbstgesteuertes, selbstständiges Lernen, Moderation und Tutorium.

2.4.5.2 Einzelne Lehrveranstaltungen zum Konfliktmanagement

Grundlagen (Fachwissen) zum „Konfliktmanagement" sollten in Einzel- und Gruppenarbeit gemäß Kapitel 2.4.3 aus der Literatur und der Alltagserfahrung über die dort angegebenen Fragestellungen erarbeitet werden. Die Einbindung von Erfahrungen aus dem Lernumfeld der Studierenden gehört dabei zum didaktischen Konzept. Das **Lernumfeld der Studierenden** setzt sich u. a. aus dem Erleben am Hochschulstandort (je nach Engagement des/der Studierenden in der Hochschule), aus früheren Schul- und Ausbildungsverhältnissen und aus dem gesellschaftlichen und familiären sozialen Umfeld zusammen.

Die **Dokumentation** des Erarbeiteten erfolgt in Form von Lernpostern, Wandzeitungen, Vorträgen etc. mit späterer Übertragung in ein Lerntagebuch. Die anschließende Diskussion der Ergebnisse ist Grundlage dafür, das Erarbeitete neu zu strukturieren und zu komplettieren. In weiteren Schritten werden Übungen zum Konfliktmanagement (vgl. z.B. Berkel 2002 in Literatur zu „Konflikte") durchgeführt und in Feedbackrunden reflektiert. Wichtig ist die anschließende Übertragung auf Alltagssituationen der Studierenden sowie deren Reflexion. Dort auftretende Konfliktfelder können in Bezug auf intra- und interpersonale Konflikte erlebt, gut differenziert und evtl. sogar bewältigt werden. Durch wiederholende **Standortbestimmung** der Studierenden und unter Zuhilfenahme ihres Lerntagebuchs erkennen sie ihren Lernfortschritt. Dieses Lerntagebuch kann in fortgeschrittenem Zustand dazu dienen, **persönliche Entwicklungsplanung** zu betreiben – ein enormer Vorteil bei der Beratung/beim LernCoaching von Studierenden.

Ergänzt werden kann diese Veranstaltung durch gezielt ausgesuchte Elemente des Kapitels 2.4.4. Hier sollten die Studierenden in die Entscheidung, welche Elemente in der jeweils aktuellen Lernsituation für sie wichtig sind, einbezogen werden. Die Überprüfung des erlernten Wissens kann in Form von Tests, Präsentationen, Hausarbeiten, Diskussionen etc., die erlernten Kompetenzen in Verbindung mit Beobachtungen und deren Dokumentation während der Lernphasen erfolgen.

2.4.5.3 Die Lehrveranstaltung Projektmanagement

Etwas aufwendiger, jedoch integrativer, ist die Verknüpfung von Fachinhalten des Studienfachs (reale Aufgabenstellungen), Konflikterleben/-reflexion und weiteren Schlüsselkompetenzen im Rahmen von Projekten in einer Lehrveranstaltung „Projektmanagement" über ein bzw. zwei Semester. Kenntnisse von „Konfliktmanagement" entsprechend Kapitel 2.4.5.2 vorausgesetzt, erfolgt das **Konflikterleben** hier direkt während der Projektphasen und kann ständig in Gruppen- bzw. Teamsitzungen reflektiert werden. Schlüsselkompetenzen, die für die erfolgreiche Durchführung der Projekte notwendig sind, enthalten die Elemente 2.4.4.3, 2.4.4.8, 2.4.4.9, 2.4.4.10, 2.4.4.11, 2.4.4.16, 2.4.4.17, 2.4.4.18 und 2.4.4.20.

2.4.5.4 Das Projektstudium

Eine ideale Möglichkeit, während des gesamten Studiums die Vorteile des Projektmanagements mit verschiedenen personalen und fachlichen Konstellationen zu verknüpfen, bietet die Ausweitung des in Kapitel 2.4.5.2 entwickelten Gedankens auf das gesamte Curriculum zu einem **Projektstudium** (vgl. Jung 2002 in Literatur zu „Allgemein"). Hier wird durch interdisziplinäres Lernen die später im Berufsleben notwendige Erfahrung von Lernen und Arbeiten in verschiedenen Kontexten am besten simuliert. Haben dann die Projekte auch noch Praxisbezug bzw. werden idealerweise noch in Verbindung mit Unternehmen an konkreten **Aufgabenstellungen aus der Praxis,** z.B. im Rahmen von Forschungs- und Entwicklungsaufgaben, durchgeführt, können Studierende sehr früh „berufsbefähigende" Erfahrungen sammeln. Aufgabe der Hochschule bzw. des Fachbereichs ist, die nötigen Rahmenbedingungen durch eine Gestaltung des Curriculums einzustellen – was vor dem Hintergrund von „Freiheit in Forschung und Lehre" sowie fehlender Akzeptanz bezüglich neuer Lehr- und Lernformen nicht immer ganz einfach sein dürfte. Die Chancen, die sich jedoch in Bezug auf die neu zu entwickelnden gestuften Bachelor- und Masterstudiengänge ergeben, sollten nicht außer Acht gelassen werden.

2.4.6 Voraussetzungen, Kompetenzen, Aus- und Weiterbildung, Fazit

Wichtige organisatorische Voraussetzungen für eine gelungene Hochschullehre im obigen Sinn sind ausreichend Moderationsmaterial (z.B. Stifte, Karten) und Wände (z.B. die Gänge der Hochschule) für die Dokumentation, Präsentation und Diskussion von Arbeitsergebnissen.

Fachbereiche und Hochschullehrer, die berufsbefähigende Lehre im oben beschriebenen inhaltlichen Rahmen durchführen wollen, sollten, je nach inhaltlicher Tiefe der Lehrveranstaltungen oder Projekte, über entsprechende **Kompetenzen und Qualifikationen** verfügen. Auch hier gilt lebenslanges Lernen im beruflichen und sozialen Umfeld als Voraussetzung für die stete Anpassung an gesellschaftliche Rahmenbedingungen – und für gute Lehre.

Angebote zur Aus- und Weiterbildung sind vielfältig und sollten zumindest im Rahmen **hochschuldidaktischer Weiterbildung** genutzt werden. Der Kompetenzerwerb, der aus der Beschäftigung und Umsetzung mit den in Kapitel 2.4.3, 2.4.4 und 2.4.5 beschriebenen Inhalten resultiert, ist sowohl beruflich als auch privat sinnvoll anwendbar. Spezielle Ausbildungen zum Prozessmoderator, LernCoach, Mediator oder Supervisor komplettieren den Kompetenzerwerb.

Diese Kompetenzen können auch wirkungsvoll bei der Entwicklung von Fachbereichen sowie befriedigender Fachbereichskulturen eingesetzt werden. Die organisationalen Vorteile, auch bezüglich konfliktfreier Gremienarbeit, liegen auf der Hand.

Statt eines Fazits schließt der Autor mit zwei Zitaten in Bezug auf „aktivierende Lehre" und „Konfliktmanagement":

Es gibt nichts Gutes, außer man tut es.

Erich Kästner

Wer als Lösung nur einen Hammer hat, für den ist jedes Problem ein Nagel.

frei nach P. Watzlawick

2.4.7 Literatur und Quellen

Berkel, K. 2002: Konflikttraining, Heidelberg

Berner, W. 2004: Konfliktprävention: Die effizienteste Form von Konfliktmanagement, Die Umsetzungsberatung, http://www.umsetzungsberatung.de/konflikte/konfliktprävention.php

Dohmen, G. 2001: Das informelle Lernen. BMBF-Bericht, Bonn 2001

Glasl, F. 2004: Konfliktmanagement, Bern

Hartmann, T.; Meyer-Wölfing, E. 2002: Lernen im sozialen Umfeld und Innovation. In: QUEM-Bulletin 5/2002, Berlin, S. 11–16

Hochschulgesetz des Landes Nordrhein-Westfalen, Ausgabe vom 14.3.2000

Hugo-Becker, A.; Becker H. 1996: Psychologisches Konfliktmanagement, München

Jung, E. 2002: Projektunterricht – Projektstudium – Projektmanagement, http://www.sowi-online.de/methoden/lexikon/projekt-jung.htm, 19.11.2004

Kohler, J. 2004: Schlüsselkompetenzen und „employability" im Bologna-Prozess. In: Schlüsselkompetenzen und Beschäftigungsfähigkeit, Positionen, Stifterverband für die Deutsche Wissenschaft e.V., Juni 2004, Essen

Opaschowski, H.W. 2004: Wohin das Land driftet, Kölner Stadtanzeiger, 28. Oktober 2004

Thissen, F. 1998: Thesen zum Konstruktivismus und Lernen, http://www.frank-thissen.de/thesen.pdf, 23.11.2004

2.4.8 Arbeitshilfen zu ausgesuchten Themen

Konflikte

Ahrbeck, B. 1997: Konflikt und Vermeidung, Berlin

Berkel, K. 2002: Konflikttraining, Heidelberg

Berner, W. 2004: Konfliktprävention: Die effizienteste Form von Konfliktmanagement, Die Umsetzungsberatung, http://www.umsetzungsberatung.de/konflikte/konfliktprävention.php

Brommer, U. 1994: Konfliktmanagement statt Unternehmenskrise, Zürich

Conrad, B.; Jacob, B.; Schneider, P. 2003: Konflikt-Transformation, Paderborn

Cooper, C.; Sutherland, V. 1998: 30 Minuten für den Umgang mit schwierigen Kollegen, Offenbach

Fehlau, E. G. 2002: Konflikte im Beruf, Planegg

Glasl, F. 2004: Konfliktmanagement, Bern

Hesse, J.; Schrader, H. C. 1995: Krieg im Büro, Frankfurt

Hugo-Becker, A.; Becker H. 1996: Psychologisches Konfliktmanagement, München

Jandt, F. 1994: Konfliktmanagement, München

Jiranek, H.; Edmüller, A. 2003: Konfliktmanagement, Planegg

Kreuzhage, S.; Brunner, S. (Hrsg.) 2003: Handbuch für den Vorgesetzten, Band 1, Konfliktecheck, Bonn

Kreuzhage, S.; Brunner, S. (Hrsg.) 2003: Handbuch für den Vorgesetzten, Band 2, Konfliktecheck, Bonn

Naumann, F. 1995: Miteinander streiten, Hamburg

Risto, K.-H. 2003: Konflikte lösen mit System, Paderborn

Waniorek, L.; Waniorek, A. 1994: Mobbing, München

Wittschier, B. M. 2002: 30 Minuten für erfolgreiche Mediation im Unternehmen, Offenbach

Schlüsselqualifikationen

Eilles-Matthiesen, C.; Hade el, N.; Janssen, S.; Osterholz, A. 2002: Schlüsselqualifikationen in Personalauswahl und Personalentwicklung, Bern

Knauf, H.; Knauf, M. (Hrsg.) 2003: Schlüsselqualifikationen praktisch, Bielefeld

Lang, R. W. 2000: Schlüsselqualifikationen, München

Meyer-Guckel, V. (Hrsg.) 2004: Stifterverband der Deutschen Wissenschaft, Schlüsselkompetenzen und Beschäftigungsfähigkeit, Essen

Orth, H. 1999: Schlüsselqualifikationen an deutschen Hochschulen, Berlin

Pepels, W. 2000: Schlüsselqualifikationen im Marketing, Köln

Psychologische Grundlagen

Berne, E. 1994: Spiele der Erwachsenen, Hamburg

Frey, D.; Greif, S. (Hrsg.) 1994: Sozialpsychologie, Weinheim

Grochowiak, K. 1995: Das NLP-Practitioner-Handbuch, Paderborn

Grochowiak, K. 1999: Das NLP-Master-Handbuch, Paderborn

Langmaack, B. 1994: Themenzentrierte Interaktion, Weinheim

Langmaack, B.; Braune-Krickau 1995: Wie die Gruppe laufen lernt, Weinheim

Metzger, W. 1999: Gestaltpsychologie, Frankfurt/Main

Miller, R. (Hrsg.) 2001: Beziehung und Interaktion, Weinheim

Perls, F. 1992: Grundlagen der Gestalttherapie, München

Riemann, F. 1993: Grundformen der Angst, München

Rüttinger, R.; Kruppa, R. 1988: Übungen zur Transaktionsanalyse, Hamburg

Stephens, J. O. 1993: Die Kunst der Wahrnehmung: Übungen der Gestalttherapie, Gütersloh

Thissen, F. 1998: Thesen zum Konstruktivismus und Lernen, http://www.frank-thissen.de/thesen.pdf, 23.11.2004

Watzlawick, P. 1993: Wie wirklich ist die Wirklichkeit?, München

Zimbardo, P. G. 1992: Psychologie, Berlin

Zeit- und Selbstmanagement

Bischof, A.; Bischof, K. 2003: Selbstmanagement, Planegg

Briese-Neumann, G. 1997: Zeitmanagement im Beruf, Niedernhausen

Felser, G. 2000: Motivationsmethoden für Wirtschaftsstudierende, Berlin

Geisselhart, R.; Hofmann-Burkart, C. 2002: Stress ade, Planegg

Goddenthow, D. W. von 2000: Neue berufliche Wege wagen, Niedernhausen

Hansen, K. 2001: Zeit- und Selbstmanagement, Berlin

Heidbrink, H. 1996: Einführung in die Moralpsychologie, Weinheim

Hütter, H. 2002: Zeitmanagement, Berlin

Janka, F. 1999: Das Coaching-Programm für Ihre Karriere, Niedernhausen

Klein, S. 2004: Die Glücksformel, Hamburg

Knoblauch, J.; Wöltje, H. 2003: Zeitmanagement, Planegg

Koenig, D.; Roth, S.; Seiwert, L. 2001: 30 Minuten für optimale Selbstorganisation, Bonn

Küstenmacher, W. T.; Seiwert, L. 2003: Simplify your life, Frankfurt

Lipson, A.; Perkins, D. N. 1990: Blockiert, Hamburg

Löhr, J.; Pramann, U. 2002: 30 Minuten für mehr Erfolg, Offenbach

Lundin, S. C.; Paul, H.; Christensen, J. 2003: Fish, Frankfurt

Michelmann R.; Michelmann, W. 1998: Effizient und schneller lesen, Hamburg

Niermeyer, R.; Seyffert, M. 2002: Motivation, Planegg

Osterhold, G.; Hansen, S. T. 2000: Erfolgsperspektiven für Manager ab 45, Niedernhausen

Parikh, J. 2000: Managen Sie sich selbst!, Niedernhausen

Plattner, I. 1992: Zeitberatung, München

Reuther, H. 2002: Berufliche Auszeit, München

Seiwert, L. 1998: 30 Minuten für optimales Zeitmanagement, Offenbach

Seiwert, L. 2001: Wenn Du es eilig hast, gehe langsam, Frankfurt

Seiwert, L. 2002: Das Bumerang Prinzip, München

Seiwert, L. 2002: Das neue 1 x 1 des Zeitmanagement, München

Seiwert, L. 2002: 30 Minuten für mehr Zeit-Balance, Offenbach

Seiwert, L.; Müller, H.; Labaek-Noeller, A. 2002: 30 Minuten Zeitmanagement für Chaoten, Offenbach

Seßler, H. 2000: Der Beziehungsmanager, Mannheim

Sprenger, R. K. 1999: Mythos Motivation, Frankfurt

Stollreiter, M.; Völgyfy, J. 2001: Selbstdisziplin, Offenbach

Vopel, K. W. 1991: Selbstakzeptierung und Selbstverantwortung Band 1–3, Hamburg

Watzke-Otte, S. 2003: Selbstmanagement, Berlin

Lernen

Arnhold, R.; Siebert, H. 1997: Konstruktivistische Erwachsenenbildung, Hohengehren

Arnold, R.; Gieseke, W.; Nuissl E. (Hrsg.) 1999: Erwachsenenpädagogik, Hohengehren

Boeckmann, K.; Heymen, N. 1996: Fachwissen vermitteln, Hohengehren

Brinker, T.; Rössler, U. (Hrsg.) 2004: Hochschuldidaktik an Fachhochschulen, Bielefeld

Calvin, W. H. 1996: Wie das Gehirn denkt, Heidelberg

Crick, F. 1997: Was die Seele wirklich ist, Hamburg

Döring, K. W.; Ritter-Mamczek, B. 2001: Lehren und trainieren in der Weiterbildung, Weinheim

Eyerer, P. 2000: Theoprax – Bausteine für Lernende Organisationen, Stuttgart

Geisselhart, R. R.; Burkart, C. 1997: Gedächtnis-Power, Offenbach

Holzer, U. M.; Eigenschink-Holzer, U. 1994: Miteinander besser lernen, Bremen

Klippert, H. 2002: Eigenverantwortliches Arbeiten und Lernen, Weinheim

Lindner, A. (Hrsg.) 2003: Stifterverband für die Deutsche Wissenschaft, Lebenslanges Lernen, Essen

Meixner, J. 1997: Konstruktivismus und die Vermittlung produktiven Wissens, Berlin

Siebert, H. 2003: Vernetztes Lernen, München

Spitzer, M. 2002: Lernen, Heidelberg

Stüwe, G., Dilcher R. (Hrsg.) 1998: „Tatort" Erlebnispädagogik, Frankfurt

Terhart, E. 2000: Lehr- Lernmethoden, Weinheim

Vester, F. 2001: Denken, Lernen, Vergessen, München

Wagenschein, M. 1997: Verstehen lernen, Weinheim

Wiegand, M. 1998: Prozesse organisationalen Lernens, Wiesbaden

Bewerbung

Au, F. von 2000: Knigge 2000, München

Beitz, H.; Loch, A. 2004: Assessment Center, München

Bürkle, H. 1999: Karrierestrategie und Bewerbungstraining für den erfahrenen Ingenieur, Heidelberg

Commer, H.; Marenbach, B. 1995: Starker Start, Düsseldorf

Derksen, K. 2004: Arbeitszeugnisse, Berlin

Dröll, D. 1989: Bewerber-Fragen zum Arbeitsplatzwechsel, Frankfurt

Dröll, D. 1994: Auf der Suche nach einer neuen Position, Frankfurt

Dröll, D.; Konstroffer, O. F. 1994: Mit Engagement und Stil, Frankfurt

Dröll, D.; Konstroffer, O. F. 1994: Die ersten 100 Tage für Ein- und Aufsteiger, Frankfurt

Duden 2004: Clever bewerben, Mannheim

Hanisch, H. 2001: Knigge für Beruf und Karriere, Planegg

Hartenstein, M.; Arnscheid, R. 2004: Eisntellungs-Tests, München

Hesse, J.; Schrader, H.-C. 2003: Die 100 wichtigsten Fragen zum Assessment Center, Frankfurt

Hesse, J.; Schrader, H.-C. 2003: Die perfekte Bewerbungsmappe für nicht perfekte Lebensläufe, Frankfurt

Hesse, J.; Schrader, H.-C. 2004: Die perfekte Bewerbungsmappe für Führungskräfte, Frankfurt

Hesse, J.; Schrader, H.-C. 2004: Die perfekte Bewerbungsmappe für Ausbildungsplatzsuchende, Frankfurt

Hesse, J.; Schrader, H.-C. 2004: Die perfekte Bewerbungsmappe für die Initiativbewerbung, Frankfurt

Ibelgaufts, R. 2000: Professionelle Bewerberauswahl, Niedernhausen

Klein, H.-M. 2002: Benimm im Business, Berlin

Leciejewski, K. D.; Fertsch-Röver, C. 2000: Assessment Center, Planegg

List, K.-H. 2002: Mein Arbeitszeugnis selbst formuliert, Regensburg

Lorenz, M.; Rohrschneider, U. 2002: Vorstellungsgespräche, Planegg

Manekeller, W.; Schoenwald, U. 1996: Die erfolgreiche Bewerbung, Niedernhausen

Nasemann, A. 1997: Arbeitszeugnisse, Niedernhausen

Neuhaus, D.; Neuhaus, K. 1995: Das Bewerbungshandbuch für Europa, Bochum

Obermann, C. 1992: Assessment Center, Wiesbaden

Pohl, E. 2002: Das Vorstellungsgespräch, Hamburg

Portner, J. 2000: 30 Minuten für perfekten Small Talk, Offenbach

Reichel, W. 1997: Vorstellungsgespräche, Niedernhausen

Ruhleder, B. 1998: 30 Minuten für exzellente Umgangsformen im Beruf, Offenbach

Staufenbiel, J. E. (Hrsg.); Brenner, D.; Brenner, F.; Giesen, B. 1997: Individuell bewerben, Köln

Vogel, H.-W. 2004: Geheim-Code Arbeitszeugnis, Regensburg

Kommunikation

Bischof, A.; Bischof, K. 2002: Besprechungen effektiv und effizient, Planegg

Boettcher, W.; Meer, D. (Hrsg.) 2000: „Ich hab nur ne ganz kurze Frage" – Umgang mit knappen Ressourcen, Berlin

Briegel, K. 2002: Souverän Moderieren, Neuwied

Edmüller, A. ; Wilhelm, T. 2002: Moderation, Planegg

Freimuth, J. 2000: Moderation in der Hochschule, Hamburg

Haberzettl, M.; Birkhahn, T. 2004: Moderation und Training, München

Klebert, K.; Schrader, E.; Straub, W. G. 1987: Kurzmoderation, Hamburg

Knechtel, P. 2003: Effektive Kommunikation und Kooperation, Bielefeld

Malorny, C. 1997: Die sieben Kreativitätswerkzeuge, München

Malorny, C.; Langner, M.-A. 1997: Moderationstechniken, München

Pink, R. 2002: Souveräne Gesprächsführung und Moderation, Frankfurt

Radtke, P. 1998: Kommunikationstechniken, München

Rischar, K. 1990: Schwierige Mitarbeitergespräche erfolgreich führen, München

Schulz von Thun, F. 1990: Miteinander Reden, Band 1, Hamburg

Schulz von Thun, F. 1990: Miteinander Reden, Band 2, Hamburg

Schulz von Thun, F. 1999: Miteinander Reden, Band 3, Hamburg

Seifert, J. W 1994: Visualisieren, Präsentieren, Moderieren, Bremen

Seifert, J. W. 1994: Besprechungsmoderation, Bremen

Simon, W. 2004: Grundlagen der Kommunikation, Offenbach

Thomann, C.; Schulz von Thun, F. 1993: Klärungshilfe, Hamburg

Vopel, K. W. 1992: Interaktionsspiele Band 1–6, Hamburg

Weisbach, C.-R. 2003: Professionelle Gesprächsführung, München

Coaching

Brinkmann, R. 2002: Intervision, Heidelberg

Eichorn-Thanhoffer, K.; Thanhoffer, M. 2002: Ich mach´s auf meine Art, Münster

Engelhardt, H. D.; Graf, P; Schwarz G. 2000: Organisationsentwicklung, Augsburg

Gehringer, J.; Pawlik, H. 2003: Training für Berater, Berlin

Knauf, H.; Schmithals, F. 2000: Tutorenhandbuch, Bielefeld

Königswieser, R.; Hillebrand, M. 2004: Einführung in die systemische Organisationsberatung, Heidelberg

Kostka, C. 1998: Coaching-Techniken, München

Merk, R. 1998: Weiterbildungsmanagement, Berlin

Prior, M. 2004: MiniMax Interventionen, Heidelberg

Rauen, C. (Hrsg.) 2004: Coaching-Tools, Bonn

Reichel, R.; Rabenstein, R. 2001: Kreativ beraten, Münster

Schwäbisch, L.; Siems, M. 1994: Anleitung zum sozialen Lernen für Paare, Gruppen und Erzieher, Hamburg

Vogelauer, W. 2004: Methoden-ABC im Coaching, München

Willke, H. 2004: Einführung in das systemische Wissensmanagement, Heidelberg

Wolters, U. 2004: Lösungsorientierte Kurzberatung, Leonberg

Führung

Anton, K.-H.; Weiland, D. 1993: Soziale Kompetenz, Düsseldorf

Bergemann, P. 2000: Der erste Führungsjob, Frankfurt

Crisand, E. 2002: Soziale Kompetenz, Heidelberg

Faerber, Y.; Stöwe, C. 2004: Karrierefaktor Mitarbeiter führen, Planegg

Frenzel, R. 2002: Das erste Mal Chef, Planegg

Goleman, D. 1996: Emotionale Intelligenz, Wien

Kreuzhage, S. (Hrsg.) 2001: Handbuch für den Vorgesetzten, Gesprächscheck, Bonn

Kreuzhage, S. (Hrsg.) 2002: Handbuch für den Vorgesetzten, Motivationscheck, Bonn

Malik, F. 2001: Führen, Leisten, Leben, Stuttgart

Schawel, C.; Billing, F. 2004: Top 100 Management Tools, Wiesbaden

Schmidt, W. 2002: Entwicklung zur Führungspersönlichkeit, Heidelberg

Sehr, M. M. 1998: Das große EQ Testbuch, Niedernhausen

Stroebe, A.; Stroebe, R. W. 2003: Motivation durch Zielvereinbarungen, Heidelberg

Stroebe, R. W. 2002: Grundlagen der Führung, Heidelberg

Stroebe, R. W. 2003: Führungsstile, Heidelberg

Wirth, B. P. 2001: 30 Minuten für bessere Menschenkenntnis, Offenbach

Witt, J.; Ulbrich, M. 2003: Das Konzept „Mitarbeiter im Dialog", Heidelberg

Wurzer, J. 1999: 30 Minuten für beruflichen Erfolg mit emotionaler Intelligenz, Offenbach

Technisches Management

Bono, E. de 2001: Bewerten, Beurteilen, Entscheiden, Frankfurt

Doppler, K.; Lauterburg, C. 2002: Change Management, Frankfurt

Fuermann, T. 1997: Prozessmanagement, München

Füser, K. 2001: Modernes Management, München

Gomez, P.; Probst, G. 1995: Die Praxis des ganzheitlichen Problemlösens, Bern

Horn, W. 1996: Innovation pragmatisch steigern, Düsseldorf

Knoblauch, J.; Frey, J.; Kummer, R.; Stängle, L. 2002: 30 Minuten für eine bessere Unternehmensfitness, Offenbach

Müller, K. 1994: Management für Ingenieure, Berlin

Schawel, C.; Billing, F. 2004: Topp 100 Management Tools, Wiesbaden

Schilling, G. 2004: Projektmanagement, Berlin

Siebert, G. 1998: Benchmarking, München

Spur, G. 1998: Technologie und Management, München

Zahn, E. 1995: Handbuch Technologiemanagement, Stuttgart

3

Lehren und Lernen an Hochschulen

Was ist ein Professor/eine Professorin?

Grundlagen der Hochschullehre aneignen
- Kenntnis der Lerntheorie
- Lernvoraussetzungen der Studierenden
- Grundlagen der Kommunikation
- Grundlagen des Konfliktmanagements

Didaktik der Hochschulen verstehen
- Grundlagen der Didaktik
- Grundlagen der Methodik
- ausgewählte aktivierende Methoden

Umsetzung bewältigen
- Erfahrungen: Beispiele von Lehrveranstaltungen

Erfolge nachweisen
- Prüfungen in der Hochschullehre
- Evaluation der Lehre

Gemeinsames Lernen ermöglichen
- Hochschule als Lernende Organisation

Reflektieren, Entscheidungen überdenken und gegebenenfalls neu treffen!

Lehren und Lernen an Hochschulen

Didaktik der Hochschulen verstehen

Überblick zu Kapitel 3

Das folgende Kapitel wird zunächst methodische und didaktische Grundlagen darstellen. Es ist als „Handwerkszeug" zu verstehen, um erfolgreiche Lehre durchzuführen. Da im ersten Kapitel darauf hingewiesen wurde, dass die Aktivität der Lernenden im Lernprozess gefordert ist, werden die grundsätzlicher gehaltenen Aussagen der beiden ersten Kapitel dieses Abschnittes durch einen Beitrag zu besonders aktivierenden Methoden ergänzt. Darin werden innovative und kreative Ansätze beschrieben, die vom „normalen" Weg der Hochschullehre abweichen, ohne ein unkalkulierbares Risiko einzugehen. Sie dienen als Denkansätze, die von jedem in der für ihn angemessenen Form abgeändert werden sollten.

3 Didaktik der Hochschulen verstehen

3.1 Didaktik der Hochschullehre

Dr. Jürgen Flender

> *Lang ist der Weg durch Lehren, kurz und erfolgreich durch Beispiele.*
>
> *Seneca*

3.1.1 Einleitung

Alle Lehrenden handeln didaktisch: Sie wählen Inhalte aus und legen fest, wie und in welcher Reihenfolge diese Inhalte bearbeitet werden, sie treffen Entscheidungen über Medien und Lehrmethoden und sie haben Vorstellungen davon, was sie bei den Studierenden erreichen wollen. Sie setzen dabei ein bestimmtes **Verständnis von Lernen** und ihrer Rolle als Lehrende/-r voraus. Bezüglich der genannten Punkte orientieren sich viele Lehrende an der Lehrpraxis, die sie selbst erlebt haben – und werden damit zwar den eigenen Ansprüchen, aber nicht immer den fachlichen Kriterien einer guten Lehre gerecht; denn die Bedingungen des Lehrens haben sich geändert.

Der vorliegende Beitrag will

- den didaktischen Spielraum bewusst machen, in dem sich Lehrende immer schon bewegen
- didaktische Entscheidungsbereiche verdeutlichen
- Kriterien angeben, die bei didaktischen Entscheidungen berücksichtigt werden können
- auf die Grenzen des individuellen didaktischen Handelns hinweisen
- dazu ermutigen, hochschuldidaktische Beratung und Weiterbildung in Anspruch zu nehmen, und
- zur Verbesserung von Rahmenbedingungen anregen.

Der Beitrag richtet sich an Lehrende, die an einer Verbesserung ihrer Lehre interessiert sind und sich dazu einen Überblick über ihre didaktischen **Handlungsmöglichkeiten** verschaffen möchten. Grundlage des Beitrags sind Ergebnisse der Allgemeinen Didaktik, der psychologischen Lehr-Lern-Forschung sowie der Hochschuldidaktik. Die Darstellung orientiert sich an der Frage, wie Lehrende ihren didaktischen Handlungsspielraum schrittweise erschließen und erweitern können.

Nach dem Bearbeiten dieses Beitrags sollten Sie in der Lage sein,

- didaktische Kompetenz als professionelle Anforderung zu beschreiben,
- den Begriff „Didaktik" zu erläutern,
- Ebenen und Bereiche des didaktischen Handlungsspielraums zu benennen,
- beispielhaft zu beschreiben, wie Lehrende sich den didaktischen Handlungsspielraum schrittweise erschließen können,
- konkrete Möglichkeiten anzugeben, wie sich der didaktische Handlungsspielraum erweitern lässt,
- eigenes didaktisches Handeln zu reflektieren,
- einzuschätzen, an welchen Stellen es sinnvoll sein könnte, hochschuldidaktische Weiterbildungs- oder Beratungsangebote in Anspruch zu nehmen.

3.1.1.1 Didaktik als professionelle Anforderung

3.1.1.1.1 Was ist Didaktik?

Der Begriff Didaktik hat sich vor allem in Deutschland etabliert. Im angelsächsischen Sprachraum wird Didaktik unter Stichworten wie „curriculum", „theory of instruction" oder auch „research on teaching" diskutiert. Hochschuldidaktische Themen sind dem Bereich „higher education" zugeordnet.

> **Alltagsverständnis**

Im Alltagsverständnis wird Didaktik häufig auf Methodik reduziert. Demnach liefert Didaktik Hinweise und Methoden zur **Gestaltung von Lehrveranstaltungen.** In extremer Form wird Didaktik dabei zur Verpackungswissenschaft für das als wichtiger erachtete Fachwissen. Lehrende, die mit einem einseitig methodenorientierten Verständnis ihre Lehre didaktisch verbessern wollen, sind häufig auf der Suche nach Rezepten und Techniken. Typische Fragen lauten:

- Wie kann ich meinen Vortragsstil rhetorisch verbessern?
- Wie kann ich das Layout meiner Folien optimieren?
- Wie kann ich die Studierenden dazu bringen, auf meine Fragen zu antworten?

Bei diesen Fragen handelt es sich um methodische Fragen, die im Einzelfall wichtig und drängend sein mögen, die in vielen Fällen jedoch Ausdruck übergreifender didaktischer Probleme sind. Aus diesem Grund ist es hilfreich, methodische Fragen wie die genannten didaktisch zu erweitern:

- Welche Funktion hat der Vortrag? Ist er (wirklich) unverzichtbar?
- Was soll sich durch eine bessere Rhetorik ändern?
- Was will ich mit dem Einsatz der Folien erreichen?
- Was hindert die Studierenden daran, sich stärker zu beteiligen?

Möglicherweise führt dies zu weiteren Fragen:

- Was verstehe ich unter Lehren und Lernen?
- Worin sehe ich meine Hauptaufgabe als Lehrende/-r, worin die Aufgabe der Studierenden?
- Was weiß ich von meinen Studierenden?
- Nach welchen Kriterien plane ich meine Lehrveranstaltungen?

Im Nachdenken über didaktische Fragen wie diese verändern sich in aller Regel auch die methodischen Ausgangsfragen.

> **Wissenschaftliche Definitionen und Ansätze**

In der wissenschaftlichen Diskussion wird Didaktik üblicherweise von Methodik unterschieden. Nach diesem Verständnis bezieht sich Didaktik auf wissenschaftliche Theorien und Forschungsergebnisse. Didaktik stellt also den Bezugsrahmen für praktische Methodenentscheidungen bereit. Bekannt geworden sind vor allem die folgenden

fünf Definitionen von Didaktik, die jeweils für eine bestimmte Forschungsrichtung stehen (ausführlich: Kron 2000, S. 42-48). Danach lässt sich Didaktik verstehen als
- Wissenschaft vom Lehren und Lernen
- Theorie oder Wissenschaft vom Unterricht
- Theorie der Bildungsinhalte
- Theorie der Steuerung von Lernprozessen
- Anwendung psychologischer Lehr- und Lerntheorien.

Die drei derzeit **wichtigsten didaktischen Ansätze** sind die lerntheoretische, die bildungstheoretische sowie die konstruktivistische Didaktik (Überblicke: Jank und Meyer 2002; Kron 2000; Peterßen 2001).

Die **lerntheoretische Didaktik** (Heimann, Otto, und Schulz 1965) orientiert sich am Leitbegriff des Lernens und ist eng mit dem Berliner Modell verbunden. Dabei handelt es sich um ein einfaches Raster zur Planung und Analyse von Unterricht, das beispielhaft den beschreibenden und auf praktische Unterrichtszwecke ausgerichteten Charakter der lerntheoretischen Didaktik verdeutlicht (vgl. 3.1.3.4).

Im Unterschied dazu orientiert sich die **bildungstheoretische Didaktik** (Klafki 1985) am Leitbegriff der Bildung, der deutlich über das Aneignen von Fakten und Informationen hinausweist. Die bildungstheoretische Didaktik lenkt die Aufmerksamkeit auf die Bildung der Persönlichkeit, insbesondere auf die Entwicklung von Selbstbestimmungs-, Mitbestimmungs- und Solidaritätsfähigkeit (vgl. 3.1.5).

Die **konstruktivistische Didaktik** schließlich betont die selbstständige Konstruktion von Wissen durch Lernende. Wissen kann demnach nicht vermittelt werden; vielmehr geht es darum, durch anregende Lernumgebungen die individuellen Prozesse der Wissenskonstruktion optimal zu unterstützen (Gerstenmaier und Mandl 1995).

> ### ➤ Arbeitsdefinition

In der hochschuldidaktischen Weiterbildung hat sich für Didaktik die folgende Arbeitsdefinition bewährt, die explizit auch den Gestaltungsspielraum der Lehrenden hervorhebt:

Didaktik ist die Wissenschaft von der **Kunst, Lehren auf Lernen zu beziehen** (Wildt 2001, S. 30 f.).

In dieser Definition kommen drei zentrale Aspekte von Didaktik zum Ausdruck:
1. Lehren bezieht sich auf Lernen. Gute Lehre unterstützt studentisches Lernen optimal.
2. Lehren auf Lernen zu beziehen, stellt eine Kunst dar. Diese Lehrkunst lebt von individueller Kreativität, Inspiration und Spontaneität und geht daher über fachliches Wissen, auch über didaktisches Wissen hinaus.
3. Gleichwohl müssen Künstler/-innen auch ihr Handwerk beherrschen; dies impliziert die Anbindung an wissenschaftliche Forschung.

Der vorliegende Beitrag bezieht sich vor allem auf die psychologische Lehr-Lern-Forschung, die mit der anwendungsorientierten Teildisziplin des Instruktionsdesigns wissenschaftlich begründete Praxishinweise im Sinne von „best guesses" für die Kunst des Lehrens bereitstellt, beispielsweise Prinzipien zur Formulierung von Zielen, zur Sequenzierung von Inhalten oder auch zur Förderung aktiven Lernens (Überblick: Reigeluth 1999a).

3.1.1.1.2 Alle Lehrenden handeln didaktisch

Alle Lehrenden handeln didaktisch. Sie lehren, beraten und prüfen innerhalb gegebener, aber veränderbarer Rahmenbedingungen. Das **didaktische „Kerngeschäft"** besteht in der
- Planung,
- Durchführung und
- Auswertung von Lehrveranstaltungen

im Hinblick auf
- Inhalte,
- Ziele,
- Methoden,
- Organisationsformen,
- Medien und
- Rückmelde-Verfahren

unter Berücksichtigung von
- eigenen Voraussetzungen und Zielen als Lehrende/-r,
- Voraussetzungen und Zielen der Studierenden sowie
- gegebenen curricularen, institutionellen und gesellschaftlichen Rahmenbedingungen.

Beispiel: Ein Lehrender, der sich mit seiner Vorlesung an seinem eigenen akademischen Lehrer orientiert und daher in 90-minütigen Vorträgen sein eigenes Fachwissen referiert, hat bei der Planung seiner Veranstaltung nicht nur Lehrinhalte ausgewählt (sein Fachwissen), sondern sich auch für eine bestimmte Organisationsform entschieden (Frontalunterricht) und eine Methode gewählt (Vortrag). Bei der Durchführung der Veranstaltung setzt er ein Medium ein (die eigene Person) und gestaltet den Ablauf der Sitzungen nach einem bestimmten Prinzip (z.B. indem er der Logik der darzustellenden Sachverhalte folgt). Dabei verfolgt er bestimmte Ziele (z.B. das Ziel, sein eigenes Wissen sachlich korrekt und möglichst vollständig wiederzugeben), und er weist zugleich den Studierenden eine bestimmte Aufgabe zu (z.B. die Aufgabe, zuzuhören und das Expertenwissen des Lehrenden zu übernehmen). Das übliche Rückmelde-Verfahren dazu lautet: „Hat noch jemand eine Frage?" Dem Lehrenden, der in dieser Weise Lehren auf Lernen bezieht, lassen sich einige typische Grundüberzeugungen („basic beliefs") unterstellen:

1. „Meine Aufgabe als Lehrender ist es, den aktuellen Stand des Fachwissens zügig, sachlich korrekt und möglichst vollständig darzustellen."
(Lehren = Präsentation von Sachverhalten).
2. „Die Aufgabe der Studierenden ist es, meine Darstellung zu verstehen und zu behalten."
(Lernen = Speichern von Fakten)
3. „Meine Lehre war dann erfolgreich, wenn die Studierenden in der Prüfung die gelernten Fakten korrekt wiedergeben können."
(Lehrerfolgskriterium = Faktenwissen zum Zeitpunkt der Prüfung)

Ähnlich wie der Lehrende im Beispiel steigen viele in ihre Lehre ein: Neben vielen weiteren Anforderungen sollen in kurzer Zeit gleich mehrere neue Lehrveranstaltungen geplant und vorbereitet werden, darunter Vorlesungen für überfüllte Hörsäle. Kein Wunder, dass Einsteiger/-innen sich zunächst auf die eigene Fachkompetenz stützen und sich in didaktischer Hinsicht an Vorbildern aus ihrer eigenen Studienzeit orientieren. Diese Vorgehensweise soll hier nicht kritisiert werden; das Beispiel soll vielmehr den didaktischen **Handlungsspielraum** illustrieren, der sich prinzipiell auch in der Vorlesung eröffnet: Auch wenn dem Lehrenden diese Veranstaltungsform vorgegeben sein mag, kann er sie in aller Regel weitaus flexibler gestalten als er glaubt. Der Vorlesende ist eben nicht an die Überzeugung gekettet, dass in einer guten Vorlesung möglichst viel Stoff in möglichst kurzer Zeit zu präsentieren ist. Er ist eben nicht daran gebunden, 90 Minuten reden zu müssen. Und schließlich mag er beizeiten auch den Glauben aufgeben, wonach eine aktive Beteiligung der Studierenden in einem überfüllten Hörsaal nicht möglich ist. Gewiss muss auf die Veränderung ungünstiger äußerer Rahmenbedingungen hingearbeitet werden (vgl. 3.1.2.3). Hinderlicher als äußere Faktoren dürften jedoch in vielen Fällen die ungeprüften Überzeugungen sein, die Lehrende in Bezug auf sich selbst und ihre Aufgaben und Möglichkeiten als Lehrende hegen. Das professionelle Selbstverständnis stellt daher einen entscheidenden Ausgangspunkt für gute Lehre dar (vgl. den einführenden Aufsatz in diesem Buch).

3.1.1.1.3 Professionelles didaktisches Handeln gewinnt an Bedeutung

Die Qualität der Lehre hat sich vom Steckenpferd Einzelner zum wettbewerbsrelevanten Kriterium entwickelt, das in Hochschul-Rankings das Bild der Hochschule mitprägt und sich in Evaluationsordnungen ebenso niederschlägt wie in Berufungsverfahren und Akkreditierungsrichtlinien (vgl. Evaluation in diesem Band). **„Exzellenz in der Lehre"** hat sich vom Lippenbekenntnis zum aktiv geforderten und unterstützten Auftrag an die Hochschulen gewandelt (Wildt 2003; Winteler und Krapp 1999). Dies wird beispielhaft an den hochschuldidaktischen Weiterbildungsprogrammen in Nordrhein-Westfalen und Baden-Württemberg deutlich.

Das Hochschulgesetz von Nordrhein-Westfalen sieht für Berufungsverfahren vor, dass die pädagogische Eignung über die Teilnahme an hochschuldidaktischen Weiterbildungsveranstaltungen nachgewiesen wird (§ 46 HG NRW). Entsprechende Angebote werden in Nordrhein-Westfalen im Netzwerk Hochschuldidaktik NRW (www.hochschuldidaktik-nrw.de) in Zusammenarbeit mit dem Netzwerk zur hochschuldidaktischen Weiterbildung an Fachhochschulen (www.hdw-nrw.de) koordiniert (Portal: www.hd-on-line.de). Die Nachfrage nach diesen Angeboten steigt, nicht zuletzt aufgrund der wettbewerbsstimulierenden Bemühungen Baden-Württembergs.

Die Landesregierung von Baden-Württemberg strebt ausdrücklich Exzellenz in Forschung und Lehre an. Sie unterstützt die Qualität der Lehre sowie die Berufschancen der Nachwuchswissenschaftler/-innen mit einem umfassenden **hochschuldidaktischen Weiterbildungsprogramm,** das sich mit seiner Struktur und seinem Gesamtumfang von 200 Stunden an internationalen Standards orientiert und damit bundesweit Maßstäbe setzt (Webler 2003). Die enorme Nachfrage nach dem Baden-Württemberg-Zertifikat zeigt, dass Nachwuchswissenschaftler/-innen sehr wohl bereit und in der Lage sind, ihre ungleich aufwendigere Qualifizierung für die Forschung durch eine gezielte Qualifizierung für die Lehre zu ergänzen.

In hochschuldidaktischen Weiterbildungsprogrammen werden die Lehrenden als Experten/-innen ihres eigenen Lernens ernst genommen. Selbststudium und learning-by-doing bleiben daher wichtige Bestandteile didaktischer Weiterbildung, die verbunden sind mit Workshops, Praxisprojekten und gezielter Beratung (Überblick: Wildt 2003; Handbuch: Berendt, Voss und Wildt 2001).

Eine hochschuldidaktische Qualifizierung beginnt sinnvollerweise mit einer **Klärung des didaktischen Handlungsspielraums:**
- An welchen Stellen können Lehrende ansetzen, um ihre Lehre zu verbessern?
- Und wo liegen die Grenzen der individuellen Möglichkeiten?

An die Analyse der Handlungsmöglichkeiten schließt die **Frage nach Handlungsempfehlungen** an:
- Welche Hinweise auf praktische Konsequenzen lassen sich aus dem gegenwärtigen Forschungsstand ableiten?

Antworten ergeben sich aus einer Analyse des didaktischen Handlungsspielraums und seiner Grenzen.

3.1.2 Der didaktische Handlungsspielraum

3.1.2.1 Voraussetzungen und Ziele der Lehrenden

Lehrende bewegen sich in ihrer Lehre in einem Spielraum, der nicht nur durch äußere Rahmenbedingungen, sondern auch durch eigene Voraussetzungen und Ziele begrenzt wird. Zu den wichtigsten Voraussetzungen der Lehrenden gehört zweifellos ihr **Fachwissen:** Nur wer das eigene Fachgebiet kennt, kann Wichtiges von Unwichtigem unterscheiden – typische Probleme benennen, aktuelle Debatten beurteilen usw. – und auf dieser Grundlage Inhalte auswählen, Aufgaben formulieren und Lernwege strukturieren. Die entscheidende Rolle des Fachwissens soll an dieser Stelle ebenso wenig vertieft werden wie das insgesamt thematische didaktisch-methodische Wissen und Können. Vielmehr werden drei grundlegende Faktoren ausgeführt, die über Wissen und Können hinausgehen: die Persönlichkeit der Lehrenden, ihr Selbstverständnis als Lehrende (subjektive Lehrkonzeptionen) sowie ihre Motivation, die eigene Lehre zu verbessern.

➤ Persönlichkeit der Lehrenden

Die Lehrenden sind mit ihrer Persönlichkeit ein wesentliches Element ihrer Lehre. Sie treten vor die Studierenden als **leibhafte Individuen** mit eigener Geschichte, und noch vor aller Expertise und Kompetenz hinterlassen sie einen Gesamteindruck, der sich möglicherweise stärker auf Lehr-Lern-Prozesse auswirkt, als das bisherige Forschungsinteresse vermuten lässt. Üblicherweise wird diese Ganzheit der Persönlichkeit nach Eigenschaften differenziert. Studierende wünschen sich engagierte, fachlich und sozial kompetente Lehrende, die sich für ihr Fach begeistern und diesen fachlichen Enthusiasmus mit den Studierenden teilen. Entsprechende Eigenschaften der Lehrenden werden bei Einschätzungen der Lehrqualität mitbewertet – zu Recht, denn sie sind von Bedeutung für das Lernklima, die Strukturiertheit und Interessantheit der Lernangebote, das Anspruchsniveau, das Lerntempo, den Vortragsstil oder auch für den Umgang mit den Studierenden über die jeweilige Veranstaltung hinaus.

An dieser Stelle soll kein Katalog von Kriterien guter Lehre aufgeführt werden (vgl. dazu Helmke und Schrader, 1998; Webler 1991 sowie den Beitrag zur Evaluation an Hochschulen in diesem Band). Es geht auch nicht darum, eine ideale Persönlichkeit mit bestimmten Eigenschaften wie Kompetenz, Enthusiasmus oder Kontaktfreudigkeit zum Modell zu erheben (zur unbefriedigenden Suche nach Eigenschaften „idealer" Lehrer vgl. Rheinberg et al. 2001). Weitaus sinnvoller erscheint es nach derzeitigem Forschungsstand, Lehrende zum Nachdenken darüber anzuregen, wie sie ihre je eigene Persönlichkeit optimal in die spezifischen Gegebenheiten ihrer Lehre einbringen können. Dies bedeutet für die Lehrenden vor allem, sich **Klarheit über sich selbst** zu verschaffen: Klarheit über die eigenen fachlichen, sozialen und didaktisch-methodischen Voraussetzungen und Ziele, Klarheit aber auch über die eigene Persönlichkeit mit ihrer individuellen Struktur und Dynamik. Zu den strukturellen Aspekten der eigenen Persönlichkeit gehören im Kontext von Lehren und Lernen vor allem lehrbezogene Selbstkonzepte und Erklärungsmuster (vgl. dazu den folgenden Punkt „Subjektive Lehrkonzeptionen"); demgegenüber beziehen sich die dynamischen Aspekte insbesondere auf charakteristische Muster im Erleben und Handeln in unterschiedlichen Situationen sowie auf Potenziale lebenslanger Entwicklung. Nach der hier vertretenen Position kann die Frage, wie Lehrende sich mit ihrer Persönlichkeit optimal in ihre Lehre einbringen, prinzipiell nicht zu generalisierbaren, konkreten Handlungsempfehlungen führen.

> **Beispiel**
> Bei einer Diskussion mit Studierenden ist die entscheidende Frage nicht, wie Lehrende sich idealerweise in Diskussionen verhalten sollten, ob sie also beispielsweise als überzeugungsstarke Wissende oder aber als bescheidene Mitlernende auftreten sollten – und ob sie sich dabei als Vorbilder verstehen müssen. Die Frage lautet vielmehr, wie in der je aktuellen Situation (unter diesen Rahmenbedingungen, mit diesen Studierenden, diesen Inhalten, diesen Zielen usw.) die eigene Person als Katalysator von Lernprozessen fungieren kann.

Eine so verstandene **situativ variable Selbstkompetenz** der Lehrenden ist auch in Beratungs- sowie in Prüfungssituationen von zentraler Bedeutung (vgl. Gudjons 2003a, S. 235 ff.). Sie entspricht in etwa dem Merkmal der **Echtheit bzw. Kongruenz,** das der Begründer der Gesprächspsychotherapie, Carl Rogers, als die grundlegendste Einstellung für das Miteinander von Therapeut und Klient postuliert und auf das soziale Miteinander generell ausgeweitet hat (Rogers 2002, S. 30). Ergebnisse der Psychotherapieforschung bestätigen die entscheidende Bedeutung des Merkmals Echtheit (Kongruenz): Das möglichst uneingeschränkte Erleben aktueller (auch „negativer") Gefühle, Einstellungen, Empfindungen und der freie Zugriff auf angemessene Handlungsoptionen wirkt sich günstig auf den Aufbau tragfähiger Beziehungen und den Therapieerfolg insgesamt aus. Dabei geht das Merkmal der Echtheit (Kongruenz) im Idealfall einher mit den beiden weiteren von Rogers als zentral erachteten Merkmalen **Wertschätzung** (bedingungsfreies Akzeptieren des Gegenüber) sowie **einfühlendes Verstehen (Empathie)**. Im Bereich der didaktischen Forschung haben vor allem Reinhard und Anne-Marie Tausch an die Arbeiten von Rogers angeknüpft (Tausch und Tausch 1979). Sie haben bereits früh auf die Bedeutung positiver Selbstkonzepte hingewiesen und drei **Dimensionen förderlicher Interaktionsformen** unterschieden (zusammenfassend: Kron 2000, S. 216 ff.):

1. Achtung – Wärme – Rücksichtnahme
2. Einfühlendes, nicht wertendes Verstehen
3. Echtheit

Wie auch immer sich das Bild einer lernförderlichen Persönlichkeit konkretisiert, ob in Listen günstiger Eigenschaften, Einstellungen, Selbstkonzepte oder in immer wieder neuen Zusammenstellungen von (Schlüssel-)Kompetenzen: Letztlich bleibt zumeist die entscheidende praktische Frage offen, wie diese Ziele erreicht werden können, oder allgemeiner: was Persönlichkeitsentwicklung für Lehrende praktisch bedeuten kann. Die Gesprächspsychotherapie setzt auf eine anhaltende Erfahrung echter, akzeptierender und empathischer Interaktionen. Vorstellbar sind jedoch auch gezielte Trainings, wie sie beispielsweise in der Verhaltenstherapie mit Erfolg praktiziert werden (für eine Übersicht über Konzepte zum Erwerb von Handlungskompetenz in pädagogischen Arbeitsfeldern vgl. Pallasch, Mutzeck, und Reimers 2002).

An dieser Stelle sei die These vertreten, dass Persönlichkeitsentwicklung im Kern auf einem einfachen, aber nicht immer leichten Prinzip beruht: der Erweiterung des Gewahrseins in Richtung auf eine **umfassende Selbstwahrnehmung** (Deikman 1982). Dieses Prinzip wird in verschiedenen Therapieformen mit unterschiedlichem Fokus und unterschiedlicher Intensität realisiert, beispielsweise indem dazu angeleitet wird, sich von einem maskenhaft präsentierten, idealen Selbstbild zu lösen, den Körper in die Selbstwahrnehmung mit einzubeziehen, innere Konflikte anzuerkennen, das bewusste Selbstkonzept weiter zu differenzieren, Unbewusstes bewusst zu machen oder sogar mit dem erlebenden Bewusstsein über das Alltags-Ich hinaus zu gelangen (Moore, J. 1999). Dieses einfache Prinzip – die Erweiterung des Gewahrseins – ist trainierbar. Vor allem in östlichen Weisheitstraditionen, beispielsweise im Yoga oder im Zen, aber auch in vergleichbaren Wegen der abendländischen Tradition finden sich zahlreiche praktische Anleitungen, die inzwischen auch in der Pädagogik aufgegriffen werden, und dies nicht nur als Entspannungstechnik, sondern auch als eine Form der Selbstsupervision (Pallasch und Pallasch 1998).

3 Didaktik der Hochschulen verstehen

▶ Subjektive Lehrkonzeptionen

Wie Lehrende lehren, hängt wesentlich davon ab, was sie unter Lehren und Lernen verstehen, also von ihren subjektiven Lehrkonzeptionen. Lehrkonzeptionen enthalten **Überzeugungen** bezogen auf die grundlegenden Prozesse des Lehrens und Lernens, die Bedingungen und Kriterien erfolgreicher Lehre sowie die Möglichkeiten, Lehren und Lernen zu verbessern. Subjektive Lehrkonzeptionen leiten das Handeln im Lehralltag, sind den Lehrenden jedoch nicht notwendigerweise bewusst.

Die meisten Lehrkonzeptionen lassen sich auf einem Kontinuum zwischen „dozentenzentrierter Informationsvermittlung" und „studentenzentrierter Lern-Unterstützung" verorten (Rheinberg et al. 2001, S. 336 f.). Im einen Extrem – der **dozentenzentrierten Informationsvermittlung** – sind die Lehrenden davon überzeugt, dass Lehren in der einseitigen Übermittlung von Fachwissen an die Studierenden besteht und die Studierenden vor allem die Aufgabe haben, das präsentierte Wissen entgegenzunehmen und zu behalten. Im Unterschied zu dieser Konzeption ist das andere Extrem – die **studentenzentrierte Lern-Unterstützung** – durch die Überzeugung gekennzeichnet, dass die Studierenden selbst für ihr Lernen insgesamt, nicht nur für das Behalten präsentierter Fakten, verantwortlich sind; demnach konstruieren Studierende in einem selbstgesteuerten Prozess individuelles Wissen, wobei sie von der Lehrperson angeregt und unterstützt werden.

Gemessen am aktuellen Stand der Lehr-Lern-Forschung sind dozentenzentrierte Konzeptionen, die Lernen auf ein passives Speichern von Fakten reduzieren, für das Lehren und Lernen an Hochschulen eindeutig inadäquat. Lernen – das hat die neuere Forschung klar belegt – ist ein aktiver Prozess der Wissenskonstruktion, bei dem neue Informationen in vorhandene Wissensstrukturen integriert werden. Gute Lehre fordert die Studierenden daher zu einer **aktiven Auseinandersetzung** mit den jeweiligen Lehr-Lern-Inhalten heraus und fördert die dazu erforderlichen Kompetenzen selbstgesteuerten Lernens (Wild 2000).

Viele Lehrende beginnen mit einer stärker dozentenzentrierten Lehrkonzeption und verändern diese im Laufe ihrer Lehrtätigkeit in Richtung auf eine stärker studentenzentrierte Sichtweise: Der Fokus verlagert sich vom Lehren zum Lernen. Hochschuldidaktische Weiterbildung forciert diesen **„shift from teaching to learning"** (Wildt 2001, S. 37), ohne dabei allerdings das Extrem einer völligen Individualisierung des Lernens zu propagieren. Für die Praxisrelevanz studentenzentrierter Lehrkonzeptionen sprechen Ergebnisse einer internationalen Studie an 23 Universitäten, bei der Teilnehmer/-innen hochschuldidaktischer Trainingsprogramme jeweils zu Beginn sowie am Ende der Trainings mehrere Fragebögen bearbeiteten (Gibbs und Coffey 2002). Lehrende mit ausgeprägter Studentenzentrierung (aus studentischer Sicht z.B. belegt durch höhere Bewertungen bezogen auf Enthusiasmus und Organisation) wiesen ein größeres Repertoire an Lehrmethoden auf; sie erhielten bessere Bewertungen durch ihre Studierenden bezogen auf Klarheit von Zielen, Standards und Prüfungen; wie die Überprüfung der studentischen Lernstrategien ergab, animierten studentenzentrierte Lehrende ihre Studierenden offenbar erfolgreich dazu, ihr Lernen weniger auf das oberflächliche Memorieren von Fakten auszurichten.

▶ Motivation, die eigene Lehre zu verbessern

Vielen Lehrenden ist gute Lehre wichtig, und viele wissen durchaus, wie sie ihre eigene Lehre verbessern könnten; aber wie steht es um die Motivation, die Verbesserung der eigenen Lehre tatsächlich anzupacken? Eine eigene Untersuchung – durchgeführt unter den Lehrenden der Universität Paderborn (Flender und Mürmann 2002) – kommt zu dem Schluss, dass die meisten Lehrenden durchaus motiviert sind, ihre Lehre zu verbessern (90% der teilnehmenden 102 Lehrenden gaben konkrete Optimierungsziele an), zugleich jedoch eher nicht bereit sind, dafür didaktische Beratung oder Weiterbildung in Anspruch zu nehmen. Die Verbesserung der eigenen Lehre – so eine Interpretation – wird eher als **Aufgabe,** nicht aber als ein **Problem** wahrgenommen. Zumindest hat die Teilnahme an hochschuldidaktischer Weiterbildung unter den vielfältigen beruflichen Anforderungen keine hohe Priorität, was auch damit zusammenhängt, dass viele Lehrende hochschuldidaktische Weiterbildung nicht aus eigener Erfahrung kennen und den Nutzen entsprechender Angebote offenbar unterschätzen. Dies zeigt sich daran, dass Lehrende, die bereits hochschuldidaktische Beratung und Weiterbildung in Anspruch genommen haben, deren Nutzen für ihre eigene Lehre deutlich höher einschätzen. Allerdings reicht der spürbare Nutzen für die eigene Lehrpraxis als Weiterbildungsanreiz allein nicht aus: Gefragt sind **Rahmenbedingungen,** die das Engagement für gute Lehre in unterstützender Weise honorieren.

3.1.2.2 Voraussetzungen und Ziele der Studierenden

Der didaktische Handlungsspielraum wird nicht nur von den Voraussetzungen und Zielen der Lehrenden bestimmt – von dem, was diese als Person sind, glauben, wissen, können bzw. wollen –, sondern auch von den Studierenden und deren Voraussetzungen und Zielen. Gute Lehre berücksichtigt die Voraussetzungen und Ziele der Studierenden, beispielsweise durch eine gezielte Adressaten-Analyse; zur Entlastung der Lehrenden können Teile der Adressaten-Analyse auf Fach- oder Studiengangsebene durchgeführt werden.

Zu den wichtigsten Voraussetzungen der Lernenden gehört – wie bei den Lehrenden auch – ihr fach- und themenbezogenes Vorwissen. Gute Lehre knüpft daran an und leitet Studierende dazu an, ihr **Vorwissen** zu überprüfen, ggf. neu zu strukturieren und systematisch auszubauen. Dabei kommen weitere Merkmale der Lernenden ins Spiel (vgl. dazu Wild 2000 sowie den Beitrag Lernvoraussetzungen in diesem Band):

- **Subjektive Lernkonzepte:** Einstellungen und Überzeugungen bezogen auf Lernen generell (Beispiel „tiefenorientiertes" vs. „oberflächenorientiertes" Lernen: Lernen, mit dem ein tiefer gehendes Verstehen angestrebt wird vs. Lernen, das auf kurzfristiges Behalten zielt)
- **Selbstwirksamkeitserwartungen:** Erwartungen bezogen auf den Erfolg eigener (Lern-)Anstrengungen
- **Themenbezogenes Interesse**

- **Lernstrategische Kompetenz:** Fähigkeit zum selbstgesteuerten Lernen; speziell: Metakognition: Wissen über das eigene Wissen sowie Fähigkeiten zur Planung, Überwachung und Bewertung des eigenen Lernens; Kenntnis und Verfügbarkeit von Lernstrategien und Wissen über deren effektiven Einsatz (z.B. Strategien zum effektiven Lesen von Texten, Strategien zur Strukturierung und Verarbeitung von Lernmaterial oder auch Strategien zur Aufrechterhaltung der Lernmotivation)
- **Intrinsische vs. extrinsische Lernmotivation:** Lernen aus Interesse an der Sache selbst (intrinsisch) vs. Lernen, um positive Folgen zu erreichen (z.B. Bonuspunkte) oder negative Sanktionen zu vermeiden (z.B. Studienverzögerung).

3.1.2.3 Lehr- und Studienbedingungen

Der didaktische Handlungsspielraum wird in erheblichem Maße durch allgemeine Lehr- und Studienbedingungen bestimmt und begrenzt (vgl. den Beitrag Vom Leidbild zum Leitbild – Fachbereiche als Lernende Organisation in diesem Band). Zu nennen sind beispielsweise die folgenden Faktoren:

- Anzahl der Studierenden in Lehrveranstaltungen,
- Studien- und Prüfungsordnungen,
- Leitlinien der Hochschule,
- fachspezifische Lehr-Lern-Kultur,
- Art und Relevanz von Maßnahmen zur Überprüfung der Lehrqualität,
- zeitliche Ressourcen von Lehrenden und Studierenden,
- finanzielle und personelle Ressourcen, z.B. für tutorielle Begleitung von Studierenden,
- technische und räumliche Ressourcen, z.B. für die Integration Neuer Medien,
- unterstützende Ressourcen, z.B. kollegialer Austausch, hochschuldidaktische Weiterbildung und Beratung.

Motivierte Lehrende unterschätzen nicht selten den Einfluss solcher Rahmenbedingungen und den Aufwand, der mit der Umsetzung innovativer didaktischer Konzepte einhergehen kann.

> **Beispiel**
> Effektive Kleingruppenarbeit lässt sich mit Hilfe von Lernplattformen auch für überfüllte Präsenzveranstaltungen realisieren. Dies erfordert allerdings nicht nur ein genau zu planendes, teilvirtualisiertes Gesamtkonzept, sondern in aller Regel auch technische Unterstützung, zusätzliche Betreuungskapazitäten sowie veränderte Kriterien der Leistungsüberprüfung – all dies in Abstimmung auf die bestehende Lehr-Lern-Kultur sowie geltende Studien- und Prüfungsordnungen.

An diesem Beispiel lässt sich ersehen, dass es in aller Regel nicht ausreicht, Lehrende hochschuldidaktisch zu qualifizieren; es empfiehlt sich, Personalentwicklung durch Curriculums- bzw. Studiengangsentwicklung zu ergänzen und in übergreifende Maßnahmen der **Organisationsentwicklung** einzubetten (Wildt 2001).

3.1.2.4 Gesellschaftliche Anforderungen

Der didaktische Handlungsspielraum wird schließlich auch durch gesellschaftliche Anforderungen bestimmt. Beispiele sind Forderungen nach internationaler Exzellenz, flexibleren Studienangeboten, kürzeren Studienzeiten, stärkerer Praxisorientierung oder auch Ansprüche bezüglich der Förderung allgemeiner Schlüsselqualifikationen. Lehrende, die ihr eigenes Selbstverständnis klären, sollten dazu auch den Auftrag der Hochschule reflektieren, denn die gesellschaftlichen Forderungen reichen in ihren Konsequenzen bis zur Planung und Gestaltung der eigenen Lehrveranstaltungen. Eine Frage, die in diesem Zusammenhang in der Allgemeinen Didaktik besonders kontrovers diskutiert worden ist, ist die Frage, ob Lehrende lediglich für das (fachbezogene) Lernen der Studierenden Sorge zu tragen haben oder ob sie darüber hinaus einen – wie auch immer zu konkretisierenden – **Bildungsauftrag** haben (zur Kontroverse zwischen lerntheoretischer und bildungstheoretischer Didaktik vgl. z.B. Peterßen 2001).

3.1.3 Ebenen und Modelle des didaktischen Handlungsspielraums

Für die Erschließung des didaktischen Handlungsspielraums ist zunächst die Unterscheidung von drei Ebenen hilfreich:
1. die unterste Ebene der Lehr-Lern-Episoden,
2. die mittlere Ebene der Lehrveranstaltung sowie
3. die veranstaltungsübergreifende Ebene von Modulen, Studiengängen und Studiengangs-Systemen (für eine differenziertere Beschreibung vgl. Wildt 2001).

3.1.3.1 Lehr-Lern-Episoden

Mit dieser untersten Ebene sind **konkrete Handlungen** der Lehrenden und Studierenden in zeitlich begrenzten Phasen des gemeinsamen Lehrens und Lernens angesprochen. Im Mittelpunkt steht dabei die Begegnung von Lehrenden und Lernenden in konkreten Interaktionen, beispielsweise in Blickkontakten und Gesprächen, aber auch in Diskussionen, Referaten, Rollenspielen oder Formen der Kleingruppenarbeit. Auf dieser Ebene konkretisiert sich Didaktik in besonderer Weise als Kunst, Lehren auf Lernen zu beziehen (vgl. 3.1.1.1). Hier kommen zum einen die von Tausch und Tausch (1979) benannten Merkmale förderlicher Interaktionen zum Tragen (vgl. 3.1.2.1); zum anderen erweist sich auf dieser Ebene das Geschick in der Steuerung lernbezogener Aktivitäten.

Empirische Untersuchungen haben sich vor allem mit Merkmalen des erfolgreichen Lehrerverhaltens im Schulunterricht befasst. Sofern als Maßstab der messbare Lernerfolg der Schüler/-innen gewählt wird, ist Erfolg besonders dann zu erwarten, wenn die Lehrenden
- klare Ziele angeben,
- die Struktur des Unterrichts transparent machen,
- den Ablauf methodisch variabel und flüssig gestalten,
- mögliche Störungen rechtzeitig erkennen und abfangen,
- bei Bedarf individuelle Unterstützung anbieten und
- den Lernenden Erfolgszuversicht vermitteln.

Dabei wird das Handeln der Lehrenden durch verschiedene Faktoren unterstützt oder eingeschränkt; zu nennen sind vor allem Einstellungen, Ziele, Erwartungen, Maßstäbe sowie Wahrnehmungs- und Erklärungsmuster, aber auch emotionale Faktoren wie Angst (besonders in Form von Versagens- oder Konfliktangst) oder (Berufs-)Zufriedenheit (Übersicht und Kritik: Rheinberg et al. 2001). Diese Ergebnisse lassen sich zwar nicht pauschal auf die besonderen Bedingungen der Hochschullehre übertragen, aber zumindest dazu anregen, die genannten Faktoren in solchen Phasen zu beachten, in denen der/die Lehrende das Lerngeschehen steuert.

Unabhängig davon, welche Faktoren sich empirisch als besonders wichtig für die Hochschullehre erweisen werden, lässt sich das didaktische Handeln auf Ebene der Lehr-Lern-Episoden bereits jetzt durch Trainings gezielt fördern. Dabei kann der Fokus auf allgemeine Entspannung gerichtet sein, darüber hinaus aber auch auf die Klärung von erlebten Konflikten oder auch auf die praktische Einübung kompetenten Handelns in simulierten Lehrsituationen (Übersicht über Trainings: Pallasch, Mutzeck und Reimers 2002; speziell zum Konfliktmanagement vgl. den Beitrag in diesem Band).

3.1.3.2 Lehrveranstaltungen

Lehrveranstaltungen bilden die mittlere und für die Lehrenden zentrale Ebene des didaktischen Handlungsspielraums. Mit der Planung, Durchführung und Auswertung von Lehrveranstaltungen stehen Lehrende vor der **Herausforderung,** den gegebenen Handlungsspielraum zu erkennen, im Sinne der eigenen Lehr-Lern-Ziele optimal zu nutzen und ggf. zu erweitern. Auf dieses „Kerngeschäft" der Lehre konzentriert sich der vorliegende Beitrag.

3.1.3.3 Module, Studiengänge, Studiengangs-Systeme

Einzelne Lehrveranstaltungen sind in neueren Studienstrukturen inhaltlich mit anderen Lehrveranstaltungen vernetzt und in gemeinsame Module integriert, welche die modulare Grundstruktur übergeordneter Studiengänge bilden (Welbers 2001). Sind Studiengänge ebenfalls inhaltlich miteinander **vernetzt,** wie dies beispielsweise in der Lehrerbildung der Fall ist, dann liegen Studiengangs-Systeme vor. Strukturen und Ordnungen dieser Ebene setzen wichtige Rahmenbedingungen für das didaktische Handeln auf Ebene der Lehrveranstaltungen (vgl. 3.1.2.3 sowie den Beitrag Vom Leidbild zum Leitbild – Fachbereiche als Lernende Organisation in diesem Band).

Über die beschriebenen Ebenen hinaus bieten sich mehrere klassische Modelle zur Strukturierung des didaktischen Handlungsspielraums an.

3.1.3.4 Klassische Modelle des didaktischen Handlungsspielraums

> **➤ Didaktisches Dreieck**

Ein klassisches Beschreibungsraster für Lehr-Lern-Prozesse stellt das so genannte didaktische Dreieck dar (vgl. folgende Abbildung). Es benennt Lehrende, Lernende und Wissen als zentrale Elemente von Lehren und Lernen und weist auf **die wechselseitige Bezogenheit** dieser Elemente hin.

DIDAKTIK DER HOCHSCHULEN VERSTEHEN | 3

➤ Das Berliner Modell

Ein weiteres klassisches Modell ist das so genannte Berliner Modell von Heimann, Otto und Schulz (1965; vgl. Abbildung). Es stellt das Kernstück der lerntheoretischen Didaktik dar und wird bis heute zur Analyse und Planung von Lehr-Lern-Prozessen verwendet. Das einfache Raster ist als **Entscheidungshilfe für Lehrende** konzipiert. Es unterscheidet vier Entscheidungs- sowie zwei Bedingungsfelder.

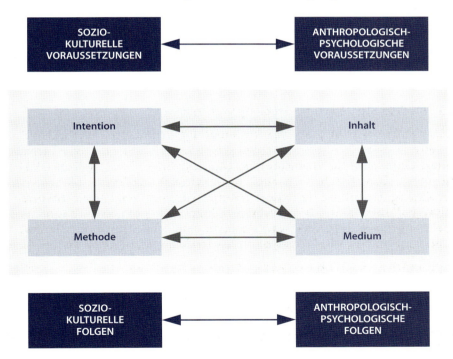

183

Das Berliner Modell lässt sich in **sechs Grundfragen** umformulieren:

1. Wozu (mit welchen Zielen) lehre ich?
2. Was lehre ich?
3. Wie (mit welchen Methoden) lehre ich?
4. Wie (mit welchen Medien) lehre ich?
5. Wen lehre ich?
6. In welcher Situation lehre ich?

Didaktisches Dreieck und Berliner Modell benennen die zentralen Grundkonstanten von Lehr-Lern-Prozessen. Für die Praxis der Lehre stellen sie **hilfreiche Grundraster** dar, die in Modellen des Instruktionsdesigns weiter konkretisiert werden (Reigeluth 1999a; praxisbezogen: Morris, Ross und Kemp 2004; vgl. auch 3.1.9 und 3.1.10).

3.1.4 Lehr-Lern-Ziele

Lehrende sind immer wieder mit der Frage konfrontiert, welche Ziele sie mit ihrer Lehre erreichen wollen. Sei es bei der Konzipierung eigener Lehrveranstaltungen oder der Diskussion um neue Studiengänge: Stets stellt sich die Frage, wozu und woraufhin die Lernenden (aus-)gebildet werden sollen, und dabei sind stets beide Perspektiven – die Lernziele der Studierenden und die Lehrziele der Lehrenden – eng miteinander verbunden. Auf der Ebene der Lehrveranstaltungen ist die **Klärung** der Lehr-Lern-Ziele entscheidend für die Festlegung von Inhalten, Aufgaben, Methoden und Lernerfolgskriterien. Bei der Klärung der Lehr-Lern-Ziele können zunächst grundlegende Motive und Werthaltungen bedacht werden (zur grundlegenden Normproblematik der Didaktik vgl. z.B. Jank und Meyer 2002, S. 116–127).

> ➤ **Grundlegende Motive und Werthaltungen**

Für Lehrende, die Lehr-Lern-Ziele festlegen, können Motive wie das Streben nach Leistung, Macht oder nach sozialem Anschluss (Rheinberg 2002), aber auch Werte wie Toleranz, Verantwortungsbewusstsein oder Eigenständigkeit entscheidungsrelevant werden, beispielsweise wenn Lehrende vor der Frage stehen, wie viel Raum sie dem selbstständigen Erarbeiten und gemeinsamen Diskutieren einräumen (zur Bedeutung von Werthaltungen für schulisches Lernen: Rheinberg et al. 2001).

Die Lernenden bringen ebenfalls Motive und Wertvorstellungen mit, die mit denen der Lehrenden nicht übereinstimmen müssen. Zu rechnen ist beispielsweise mit hoch anschlussmotivierten Studierenden, also solchen Studierenden, die in Lehrveranstaltungen vor allem den Kontakt mit anderen Studierenden suchen, oder auch mit Studierenden, für die der Scheinerwerb einen wichtigeren Anreiz darstellt als das Verstehen der Fachinhalte. Zu Problemen können solche Motive dann führen, wenn Lehrende ein motiviertes, selbstgesteuertes Lernen erwarten. Um Probleme aufgrund unterschiedlicher Erwartungen zu vermeiden, empfiehlt es sich, die gegenseitigen Erwartungen und Verpflichtungen zwischen Lehrenden und Studierenden von Beginn an transparent zu machen; dazu können explizite **Lehr-Lern-Kontrakte** abgeschlossen werden (mit Beispielen aus der Lehrpraxis: Anderson, Boud und Sampson 1996).

Sind grundlegende Motive und Werte reflektiert, können im nächsten Schritt die eigentlichen Lehr-Lern-Ziele bestimmt werden.

> **Lehr-Lern-Ziele**

Aus der lernzielorientierten Didaktik der 1960er Jahre stammen detaillierte Taxonomien (Bloom 1974; Gagné 1965). Darin werden Lernziele inhaltlich unterschieden nach kognitiven, affektiven und psychomotorischen Lernzielen, die weiter nach ihrem Abstraktionsgrad in Richt-, Grob- und Feinziele eingeteilt werden. Darüber hinaus ist die Unterscheidung von fachlichen und allgemeinen Lehr-Lern-Zielen bedeutsam geworden (Übersicht: Peterßen 2000, S. 363 ff.). Bezüglich der kognitiven Lernziele hat Bloom (1974) **sechs Komplexitätsstufen** unterschieden:

1. **Kenntnisse:** Wissen reproduzieren können
2. **Verständnis:** Wissen erläutern können
3. **Anwendung:** Wissen anwenden können
4. **Analyse:** Zusammenhänge analysieren können
5. **Synthese:** Eigene Problemlösestrategien angeben können
6. **Beurteilung:** Eigene Problemlösestrategien beurteilen können

Nach dem gleichen Prinzip ansteigender Komplexität unterscheidet Gagné (1965) **fünf Kategorien kognitiver Lernziele:** 1. Unterscheidungsfähigkeit, 2. Anschauliche Begriffe, 3. Abstrakte Begriffe, 4. Einfache Regeln, 5. Regeln höherer Ordnung (Problemlösen).

Die Taxonomien von Bloom (1974) und Gagné (1965) verdeutlichen den Spielraum, der sich bei der Festlegung von Lehr-Lern-Zielen und der Konzeption von Lernaufgaben eröffnet. Die Taxonomien illustrieren das Spektrum zwischen einem „oberflächenorientierten", auf die Reproduktion von Fakten gerichteten Lernen einerseits, und einem **„tiefenorientierten" Lernen** andererseits, das über Verstehen und Anwenden hinaus auf eine Kritikfähigkeit gegenüber dem eigenen Wissen und Können zielt (zum Konzept der Verarbeitungstiefe und entsprechenden Lernstrategien vgl. zusammenfassend Wild 2000).

In der aktuellen didaktischen Diskussion ist umstritten, wie detailliert Lehr-Lern-Ziele von Lehrenden festgelegt werden sollten. Vertreter des **Instruktionsdesigns** heben die Bedeutung einer sorgfältigen Planung des Lehr-Lern-Prozesses durch die Lehrenden hervor. Ihrer Auffassung nach ist die Formulierung präziser Lehr-Lern-Ziele eine entscheidende Voraussetzung für die Auswahl geeigneter Inhalte und Aufgaben sowie für die Überprüfung des Lernerfolgs. Demgegenüber betonen Vertreter einer **konstruktivistischen Didaktik** stärker die Eigenständigkeit der Lernenden, auch im Hinblick auf die Festlegung von Lernzielen, Aufgaben und Lernerfolgskriterien (für eine Gegenüberstellung vgl. Reinmann-Rothmeier und Mandl 2001). Wie Hoops (1998) jedoch überzeugend belegt hat, basieren auch konstruktivistische Lernumgebungen auf Lehrzielen, die jedoch nur selten so explizit wie im Folgenden formuliert werden: Lernende explorieren erfolgreich die bereitgestellte Wissensbasis, wenden verfügbare Werkzeuge und Hilfsmittel kompetent an, finden relevante Informationen, lernen verschiedene Standpunkte kennen, entwickeln eigene Ideen, lösen „authentische" Aufgaben usw. Unausweichlich wird die Formulierung von Lehr-Lern-Zielen spätestens bei der Überprüfung des Lernerfolgs. Insofern ist die Formulierung von Lehr-LernZielen Teil einer rationalen Planung. Eine Gängelung der Lernenden – wie von konstruktivistischer Seite gerne unterstellt – ist damit nicht impliziert (zur berechtigten Kritik an älteren Modellen einer lernzielorientierten Didaktik vgl. Kron 2000, S. 157 ff.).

▶ Lehr-Lern-Funktionen

Die Zielplanung steht in engem Bezug zu grundlegenden Lehr-Lern-Funktionen. Dabei handelt es sich um Voraussetzungen für wirksame Lernprozesse, die im **selbstgesteuerten Lernen** ebenso zu realisieren sind wie im klassischen Frontalunterricht. Klauer (1985) unterscheidet die folgenden sechs Funktionen (zusammenfassend: Strittmatter und Niegemann 2000, S. 9–11):

1. **Motivierung:**
   Wirksames Lernen setzt motivierte Lernende voraus. Die Motivierung kann von den Lehrenden oder der Lernumgebung ausgehen, kann aber auch von den Lernenden selbst übernommen werden (zu motivationalen Lernstrategien vgl. Wild 2000).

2. **Informationsverarbeitung:**
   Wirksames Lernen setzt voraus, dass die Lernenden ihre Aufmerksamkeit auf relevante Informationen richten, ihr Vorwissen aktivieren und – ohne ihre Gedächtniskapazität zu überlasten – Beziehungen herstellen, Lücken und Widersprüche bemerken usw. Seitens der Lernenden sind hier vor allem kognitive Lernstrategien gefragt (Wild 2000).

3. **Sichern des Verstehens:**
   Wirksames Lernen setzt voraus, dass aufgenommene Informationen tatsächlich verstanden werden. Mit entsprechenden metakognitiven Strategien, vor allem durch ein adäquates „monitoring", können Lernende selbst feststellen, was sie verstanden bzw. noch nicht verstanden haben (zu effizienten Rezeptionsstrategien vgl. zusammenfassend Christmann und Groeben 1999).

4. **Sichern des Behaltens und Erinnerns:**
   Für wirksames Lernen reicht es in den meisten Fällen nicht aus, Informationen nur zu verstehen; sie müssen – mindestens bis zur Prüfung! – auch behalten werden und erinnerbar sein. Behalten und Erinnern werden durch eine gut strukturierte Präsentation bzw. Aufnahme der Informationen sowie durch gezielte Wiederholung unterstützt (zu Wiederholungs- sowie Organisationsstrategien vgl. Wild 2000). Für ein mechanisches Behalten können Lernende auf bewährte Mnemo-Techniken zurückgreifen (praxisorientiert: Metzig und Schuster 2003).

5. **Sicherung des Wissenstransfers (Anwenden von Wissen):**
   Die Wirksamkeit von Lernprozessen erweist sich in besonderem Maße daran, dass erworbenes Wissen nicht als „träges Wissen" isoliert bleibt, sondern erfolgreich auf andere Kontexte übertragen wird. Dies setzt zumeist eine systematische Unterstützung voraus (praxisorientiert: Besser 2002; zu Schwierigkeiten von Transfer-Trainings vgl. Hesketh 1997).

6. **Regulation und Anleitung:**
Wirksames Lernen setzt voraus, dass die Aktivitäten der Lernenden koordiniert, reguliert und bei Bedarf angeleitet werden. Nur dann können die genannten Lehrfunktionen realisiert werden. Solange Lernende noch nicht in der Lage sind, ihr eigenes Lernen kompetent selbst zu steuern, sind Hilfen seitens der Lehrenden oder der Lernumgebung unvermeidbar (vgl. Konrad und Traub 1999; Niegemann und Hofer 1997).

3.1.5 Inhalte

Lehrenden und Lernenden stehen in der Wissensgesellschaft unermessliche Informationsquellen zur Verfügung. Diese Vielfalt wird auch durch curriculare Vorgaben oder eingeführte Lehrbücher nur bedingt eingeschränkt, und Lernende sind aufgrund fehlender Vorkenntnisse häufig noch nicht in der Lage, Wichtiges von Unwichtigem zu unterscheiden; umso wichtiger wird daher die kompetente **(Vor-)Auswahl relevanter Informationen** durch die Lehrenden. Aber welche Informationen sind für die Lernenden im Hinblick auf die aktuellen Lehr-Lern-Ziele relevant?

Wolfgang Klafki, wichtigster Vertreter der bildungstheoretischen Didaktik, hat in seinem klassischen Aufsatz „Didaktische Analyse als Kern der Unterrichtsvorbereitung" (Klafki 1958) fünf Grundfragen für eine begründete Auswahl von Inhalten formuliert:

1. **Gegenwartsbedeutung:** Welche Bedeutung hat der betreffende Inhalt bereits für die Lernenden? Welche Bedeutung sollte er haben?
2. **Zukunftsbedeutung:** Worin liegt die Bedeutung des Themas für die Zukunft der Lernenden?
3. **Struktur des Inhalts:** Wie ist der Inhalt strukturiert?
4. **Exemplarische Bedeutung:** Welchen allgemeinen Sachverhalt, welches allgemeine Problem erschließt der betreffende Inhalt?
5. **Zugänglichkeit:** Welches sind die besonderen Fälle, Phänomene, Situationen, Versuche, in oder an denen die Struktur des jeweiligen Inhaltes diesen Lernenden interessant, fragwürdig, zugänglich, begreiflich, anschaulich werden kann?

In einem neueren Modell berücksichtigt Klafki (1985) zusätzlich die Überprüfbarkeit sowie die Prozessstruktur des Lernens. Darüber hinaus benennt Klafki **acht Schlüsselprobleme,** die er als elementare Inhalte einer zeitgerechten Bildung erachtet (ausführlich: Peterßen 2001, S. 70 ff.):

- die Friedensfrage,
- die gesellschaftlich bedingte Ungleichheit,
- die Problematik des Nationalitätsprinzips,
- das Verhältnis der hoch- zu den unterentwickelten Ländern,
- das Umweltproblem,
- die Gefahren neuer Technologien,
- die wachsende Weltbevölkerung,
- die menschliche Sexualität und Geschlechterbeziehung.

Auch wenn das Konzept der Schlüsselprobleme umstritten ist: In der Flut verfügbarer Informationen bleibt die vorgeschlagene Orientierung an elementar bedeutsamen Themen ein überzeugendes Prinzip für die Auswahl geeigneter Inhalte, Beispiele und Aufgaben (zur Theorie des Elementaren bei Klafki vgl. Peterßen 2001, S. 160 ff.).

3.1.6 Sozialformen

Sozialformen regeln die Struktur des Miteinanders während des Lehrens und Lernens. Unterschieden werden vier Sozialformen:
- Frontalunterricht
- Gruppenarbeit (Teamarbeit)
- Partnerarbeit (Lerntandems)
- Einzelarbeit

In Seminaren und Übungen können Lehrende die Sozialform **variabel gestalten,** und selbst in Vorlesungen besteht Spielraum für Phasen der Tandem- oder Gruppenarbeit (buzz groups). Welche Sozialformen gewählt werden, sollte nicht primär von eigenen Präferenzen oder der jeweiligen Fachkultur abhängen, sondern von den konkreten Lehr-Lern-Zielen und auch von **übergreifenden Lehrzielen** wie den folgenden (vgl. Jank und Meyer 2002, S. 79 ff.):
- effektives Lernen mit Berücksichtigung individueller Lernvoraussetzungen,
- inhaltliche Anreicherung durch Einbeziehung vielfältiger Perspektiven,
- inhaltliche Schwerpunktbildung gemäß individueller Lernziele,
- förderung sozialer Kompetenzen,
- effektiver Umgang mit Heterogenität,
- positive Lernatmosphäre,
- Förderung selbstgesteuerten Lernens.

Frontalunterricht ist in die hochschuldidaktische Kritik geraten, weil Lehrende ihn häufig auf das monologe Vortragen von Fakten reduzieren und Studierenden keine ausreichenden Anreize bieten, sich aktiv mit den jeweiligen Inhalten auseinander zu setzen. Dies ist jedoch nicht allein der Sozialform anzulasten: Auch längere Vorträge können zum Mit- und Weiterdenken motivieren, verschiedene Standpunkte offen legen, kritische Stellungnahmen provozieren usw. (Bligh 2000). Entscheidend ist, dass es nicht beim Präsentieren von Inhalten bleibt, sondern Raum bleibt für das Verarbeiten der Informationen, d. h. für die aktive Integration der neuen Informationen in bereits vorhandene Wissensstrukturen. Dies lässt sich durch eine phasenweise Kombination des Frontalunterrichts mit anderen Sozialformen unterstützen (mit einer Fülle methodischer Anregungen bezogen auf schulischen Unterricht: Gudjons 2003b).

Gruppenarbeit bietet gegenüber dem Frontalunterricht eine Reihe struktureller Vorteile, beispielsweise im Hinblick auf die aktive Beteiligung der Lernenden, die Vielfalt der Perspektiven oder auch die Förderung sozialer Kompetenzen. Diese Vorteile sind allerdings nicht automatisch gegeben; sie setzen eine besonders sorgfältige Planung voraus (Forschungsüberblick: Cohen 1994). Zu bedenken sind dabei nicht nur die Zusammensetzung der Gruppen, die Verteilung von Rollen sowie der erforderliche Zeitrahmen, sondern vor allem die Frage, wie die Aufgabe im Hinblick auf die Lehr-Lern-Ziele so gestaltet werden kann, dass die gemeinsame Bearbeitung in der Gruppe als Mehrwert erfahrbar wird (zu Chancen und Risiken von Kleingruppenarbeit am Beispiel virtueller Lehr-Lern-Szenarien vgl. Fischer und Waibel 2002).

3.1.7 Methoden

Die Wahl der Lehr-Lern-Methoden hängt wesentlich von den jeweiligen Zielen und Inhalten und auch von weiteren Faktoren ab, beispielsweise von den Voraussetzungen der Lernenden, dem methodischen Können der Lehrenden oder auch den zeitlich-räumlichen Gegebenheiten. Die folgende Übersicht soll den methodischen Teil des didaktischen Handlungsspielraums strukturieren. Die Systematik orientiert sich dabei an grundlegenden Lehr-Lern-Funktionen (vgl. 3.1.4; für eine ausführliche Beschreibung einzelner Methoden vgl. die Beiträge Grundlagen der Methodik und Aktivierende Methoden in der Hochschullehre: Überblick und Fallbeispiele in diesem Band).

1. **Planung – Planung und Entwicklung von Lehre**
   z. B. Kreativitätsmethoden; Adressaten-, Ziel- und Aufgabenanalyse
2. **Einstieg – Gestaltung von Anfangsphasen**
   z. B. Warming-up-Methoden (z. B. Meier 2003)
3. **Motivation – Gewinnung und Aufrechterhaltung der Lernmotivation**
   z. B. Maßnahmen, mit deren Hilfe Lehrende
   - Aufmerksamkeit erlangen,
   - die Relevanz der Inhalte verdeutlichen,
   - Erfolgskriterien transparent machen,
   - Erfolgszuversicht vermitteln,
   - Autonomie fördern,
   - soziale Einbindung unterstützen,
   - Lernerfolg erfahrbar machen
   (Übersicht über instruktionspsychologische Modelle: Deimann 2004)
4. **Vorwissen – Aktivierung von Vorkenntnissen**
   z. B. Moderationsmethoden wie Brainstorming, Abfrage auf Zuruf oder Kartenabfrage
5. **Information – Darstellung, Erarbeitung, Vertiefung, Anwendung und Problematisierung von Inhalten**
   z. B. Methoden zur Inszenierung von Lerngelegenheiten (vgl. 3.1.9 und 3.1.10)
6. **Meta-Lernen – Erwerb von Schlüsselkompetenzen**
   z. B. Methoden zur Förderung selbstgesteuerten Lernens (vgl. Konrad und Traub 1999)
7. **Rückmeldung – Feedback-Methoden für die Kommunikation zwischen Lehrenden und Studierenden**
   z. B. Spontane, unkommentierte Kurzrückmeldung aller Beteiligten („Blitzlicht") oder anonyme schriftliche Kommentare am Ende einer Veranstaltung

8. **Transfer – Methoden zur Unterstützung des Lerntransfers**
   z. B. Lernkontrakte, Zielvereinbarungen, begleitende Unterstützung und Beratung, Zielerreichungsgespräche (Praxisbeispiele: Besser 2002; Flender 2003)
9. **Evaluation – Evaluation von Lehre**
   z. B. studentische Veranstaltungskritik, kollegiale Hospitation, Supervision (vgl. den Beitrag zur Evaluation an Hochschulen in diesem Band)
10. **Verwaltung und Dokumentation – Persönliches Informationsmanagement**
    z. B. Recherche, Verwaltung und Bearbeitung von Dokumenten und Informationen; Organisation von Terminen, Anmeldungen und Kontakten

3.1.8 Medien

Lehr-Lern-Medien sind Werkzeuge zur Unterstützung von Lehrenden und Lernenden. Ihre Verwendung richtet sich nicht nach ihrer Attraktivität, sondern nach ihrer Funktionalität im Hinblick auf die jeweiligen Inhalte und die daran geknüpften adressatenspezifischen Lehr-Lern-Ziele. Entscheidend ist dabei zum einen die **lernförderliche Gestaltung**, zum anderen die **lernförderliche Verwendung** der Medien als funktionale Elemente eines didaktischen Gesamtkonzepts.

➤ Mediengestaltung

Bezüglich der lernförderlichen Gestaltung von Lehr-Lern-Medien hat die intensive Forschung der letzten Jahrzehnte zu einer Fülle begründeter Praxisempfehlungen geführt; diese beziehen sich vor allem auf die verständliche und anregende Gestaltung von Texten, Charts, Tabellen, Diagrammen und Abbildern (Ballstaedt 1997) sowie auf die Gestaltung elektronischer Medien (Flender 2002; Niegemann et al. 2004; Schulmeister 2002). Zu den wichtigsten Anforderungen gehört die verständliche Gestaltung von Texten.

Die **Verständlichkeit von Texten** bemisst sich an vier zentralen Kriterien, die im Folgenden zusammen mit praktischen Empfehlungen vorgestellt werden (Christman und Groeben 1999):

1. **Sprachliche Einfachheit**
   - Geläufige Wörter verwenden!
   - Wenn Fachausdrücke und Fremdwörter unverzichtbar sind, diese erläutern!
   - Einfacher Satzbau!
   - Konkrete und anschauliche Sprache verwenden!
2. **Gliederung/ Ordnung**
   - Gesamtaufbau transparent machen, z.B. durch prägnante Überschriften, grafische Übersichten, Vorstrukturierungen, Überleitungen oder Zusammenfassungen!
   - Den „roten Faden" deutlich machen, z.B. durch ein einheitliches Sequenzierungsprinzip (vgl. 3.1.9)!
3. **Kürze/ Prägnanz**
   - Auf Wesentliches beschränken!
   - Auf exotische oder inhaltsleere Wörter und überflüssige Floskeln verzichten!

4. **Anregende Zusätze (Motivationale Stimulanz)**
   - Interessant, anregend und abwechslungsreich schreiben, z.B. überraschende Inhalte vorstellen, stimulierende Fragen stellen, widersprüchliche Thesen aufwerfen, Humor einflechten!
   - Unpersönliche Formulierungen vermeiden!

Als wichtigstes Merkmal verständlicher Texte hat sich Dimension 2 (Gliederung/Ordnung) erwiesen: Eine klare und verständliche Strukturierung motiviert zum Lesen und fördert das Verstehen und Behalten (Forschungsüberblick: Christmann und Groeben 1999).

➤ Medienverwendung

Was die **lernförderliche Verwendung** von Medien betrifft, gelten die gleichen Kriterien, die auch bei der Einplanung von Methoden und Sozialformen in den Lehr-Lern-Prozess zu berücksichtigen sind. Die zentrale Frage lautet stets, welchen Beitrag Medien, Methoden und Sozialformen (in ihrer Nutzung durch die jeweiligen Lernenden) leisten können, damit die aktuellen Lehr-Lern-Ziele erreicht werden. Eine besonders sorgfältige Planung erfordert der **Einsatz Neuer Medien,** beispielsweise die Nutzung multimedialer Lernangebote oder virtueller Plattformen (Horton 2000; Issing und Klimsa 2002; Niegemann et al. 2004; Schulmeister 2002). Die bloße Bereitstellung von (attraktiver) Technologie nützt wenig, wenn sie nicht Teil eines durchdachten didaktischen Gesamtkonzepts ist (Tulodziecki und Herzig 2004). Als entscheidend erweist sich immer wieder die curriculare Einbettung Neuer Medien: Erfolgreiche E-Learning-Angebote sind zumeist explizit auf Studien- und Prüfungsanforderungen abgestimmt und in die Lehr-Lern-Kultur des jeweiligen Faches (oder der gesamten Organisation) integriert; sie bieten damit den Lernenden Anreize, die bereitgestellten Möglichkeiten zu nutzen.

> **Beispiel**
> Viele Studierende haben heute Zugang zu virtuellen Foren oder Chat-Räumen, und viele Lehrende verbinden damit die Hoffnung, dass Studierende diese Möglichkeiten nutzen, um Lehrveranstaltungen nachzubereiten oder Prüfungen gemeinsam vorzubereiten. Aber warum sollten Studierende das tun? Worin liegt der didaktische Mehrwert? Für viele Studierende der Wirtschaftsinformatik an der Universität Paderborn stellen sich diese Fragen nicht mehr. Sie treffen sich freiwillig und regelmäßig in virtuellen Kleingruppen, und dies aus drei Gründen: Erstens wird ein Großteil der fachinternen Kommunikation ohnehin über die gemeinsame Onlineplattform abgewickelt. Zweitens sind die studienbegleitenden (freiwilligen!) Übungsaufgaben so konzipiert, dass sie sich erfolgreicher in der Gruppe als alleine bearbeiten lassen; denn zur Lösung der meisten Aufgaben müssen alternative Lösungswege vorgestellt und diskutiert werden, was im virtuellen Forum zeitversetzt möglich ist. Die gemeinsame Aufgabenbearbeitung zahlt sich drittens jedoch nicht nur für das eigene fachliche und soziale Lernen aus, vielmehr wird diese Lernleistung ausdrücklich als Studienleistung honoriert: Mit ihren erfolgreichen Aufgabenlösungen erwerben sich die Studierenden Bonuspunkte für die Bewertung der abschließenden Klausur.

3.1.9 Verlauf

Zur Planung von Lehrveranstaltungen gehören auch Überlegungen zur inhaltlichen Strukturierung und zum zeitlichen Verlauf. Dabei erhebt sich zum einen die Frage, in welcher **Reihenfolge** die Inhalte erarbeitet werden (inhaltliche Sequenzierung), zum anderen die Frage, in welchen **methodischen Schritten** (in welcher spezifischen Abfolge verschiedener Arbeitsphasen, Methoden und Sozialformen) die Erarbeitung geschieht (methodische Sequenzierung/Sichtstruktur). Didaktische „Choreografien" verbinden die verschiedenen Sequenzierungsaspekte im Hinblick auf notwendige Verarbeitungsschritte der Lernenden.

▶ Inhaltliche Sequenzierung

Für eine folgerichtige inhaltliche Sequenzierung stehen mehrere Prinzipien zur Auswahl:
- Vom Bekannten zum Unbekannten,
- Deduktiv: Vom Allgemeinen zum Besonderen,
- Induktiv: Vom Besonderen zum Allgemeinen,
- Differenzierend: Vom Einfachen zum Komplexen,
- Chronologisch: An der Abfolge von Ereignissen orientiert,
- Systematisch: An sachlogischen Aspekten orientiert,
- Elaborative Sequenz: Ausarbeitung einer zentralen Aussage.

In der **elaborativen Sequenz** (Elaborationstheorie: Reigeluth 1999b) werden Themen im Wechsel von Überblick und Detailinformation schrittweise vom Einfachen zum Komplexen hin erarbeitet. Die Veränderung des thematischen Fokus wird dabei mit der **Brennweitenveränderung** einer Kamera verglichen:
1. Orientierender Überblick über Teilthemen und Zusammenhänge („Totale")
2. Fokussierung auf Teilthemen und Details („Naheinstellung")
3. Erneuter Überblick unter Einbeziehung der erarbeiteten Teilthemen

Welches Prinzip im Einzelfall geeignet ist, hängt u.a. von den jeweiligen Inhalten, Zielen und Methoden ab.

▶ Methodische Sequenzierung (Sichtstruktur)

Die Abfolge der verschiedenen Arbeitsphasen mit ihren jeweiligen Methoden und Sozialformen – die Sichtstruktur des Lernverlaufs – lässt sich im Sinne einer lernförderlichen Dramaturgie bewusst gestalten. Dabei kann sich die **Dramaturgie** an grundlegenden Lehr-Lern-Funktionen orientieren (vgl. 3.1.4). Typische Elemente des Ablaufs sind:
- Motivierung (Warming-up),
- Einstieg ins Thema (Anknüpfung an Bekanntes, Vorstrukturierung des Neuen),
- Erarbeitung und Vertiefung des Themas,
- (Selbst-)Kontrolle des Lernfortschritts,
- (Zwischen-)Fazit zum Stand des Erreichten,

- Wiederholung und Übung,
- Anwendung,
- Ausblick,
- Feedback.

Den Lehrenden bzw. den selbststeuernden Lernenden bleibt letztlich überlassen, diese oder weitere Elemente im Hinblick auf die jeweiligen Lernenden sowie die Ziele und Inhalte des Lernens methodisch variabel zu realisieren.

► Choreografie gemeinsamen Lehrens und Lernens

Oser und Patry (1994) beziehen die beobachtbare Sichtstruktur des Lernverlaufs auf fundamentale Schritte des Lernens. Diese Lernschritte machen die **Basisstruktur des Lernverlaufs** aus; sie folgen einer inneren Logik und sind von den Lernenden in der Reihenfolge dieser Logik nachzuvollziehen. Die Autoren unterscheiden **10 Basismodelle** mit einer je spezifischen Abfolge erforderlicher Lernschritte. Basismodelle sind:

1. Lernen durch Eigenerfahrung
2. Strukturtransformierendes/Entwicklungsförderndes Lernen
3. Problemlösen, entdeckendes Lernen
4. Wissensaufbau (Begriffsbildung, Konzeptbildung)
5. Lernen von Strategien
6. Routinebildung und Training von Fertigkeiten
7. Motilitätsmodell (Transformation affektiver Erregung in künstlerisch-kreativen Prozessen)
8. Lernen dynamischer Beziehungen
9. Wert- und Identifikationsaufbau
10. Betrachtendes Lernen (Kontemplation, Meditation)

Oser und Patry erläutern diese Basismodelle als Choreografien von Unterricht. Dabei legen sie jeder Choreografie fundamentale Lernschritte zu Grunde, die z.B. im Fall des zweiten Basismodells lauten:

Strukturtransformierendes/ Entwicklungsförderndes Lernen
1. Verunsicherung des Lernenden in seinen Denkmustern und Wertüberzeugungen
2. Allmähliches Auflösen der bestehenden Strukturen; Erkennen neuer Elemente; Relativierung der bestehenden Position; Pendeln zwischen verschiedenen Meinungen und Lösungsansätzen
3. Integration der neuen Elemente; Änderung von Wertigkeiten; Transformation oder Abbau alter Elemente
4. Erprobung und Festigung der neuen Struktur durch deren Transfer auf andere Gebiete (Oser und Patry 1994, S. 139)

Lehrende, die Lernprozesse nach Choreografien inszenieren, unterrichten nicht im herkömmlichen Sinne; sie agieren auch nicht als Conférenciers. Vielmehr schaffen sie Gelegenheiten, damit die Lernenden die erforderlichen **Lernschritte vollziehen** können (mit erläuternden Beispielen: Niegemann et al. 2004, S. 74–88).

3.1.10 Didaktische Rahmenmodelle und ihre zentralen Dimensionen

Die bisherige Darstellung hat verdeutlicht, dass die Planung von Lehre ein **anspruchsvoller Prozess** ist, der sich mit dem kreativen Lösen komplexer Probleme vergleichen lässt. Angesichts der zu treffenden Entscheidungen orientieren sich viele Lehrende an der Lehrpraxis, die sie selbst als Studierende erlebt haben, und finden so zu einem direktiven Lehrstil, der sich im Wesentlichen auf die Präsentation von Fakten beschränkt und damit einem modernen Verständnis von Lehren und Lernen nicht gerecht wird (Gibbs und Coffey 2002). So wichtig ein solides Faktenwissen ist: Damit es nicht „träges Wissen" bleibt, sondern von den Studierenden flexibel auch auf neue Problemstellungen angewendet werden kann, ist es unverzichtbar, die Studierenden in eine **aktive Konstruktion** und Anwendung ihres Wissens zu verwickeln. Dazu schlagen aktuelle Modelle des Instruktionsdesigns unterschiedliche Wege vor.

> **Instructional-Transaction-Theorie**

Die Instructional-Transaction-Theorie (ITT; Merrill 1999) setzt – wie andere Ansätze auch – auf hoch **interaktive Lernumgebungen,** in denen die Lernenden beispielsweise das Steuern von Maschinen oder Anlagen simulieren. Lernen geschieht dabei jedoch nicht nach dem Prinzip des learning-by-doing, vielmehr basieren die Handlungsmöglichkeiten auf einer akribischen Analyse der zu erreichenden Ziele und der „Transaktionen", die zur Erreichung der Ziele erforderlich sind. Beispiele für Transaktionen sind: das Identifizieren, das Ausführen, das Interpretieren, das Verallgemeinern, das Entscheiden, das Entdecken. Zusammen mit präzisen Hilfestellungen wird damit insgesamt ein zügiges und zielgerichtetes Lernen möglich. Allerdings ist die dafür erforderliche Detailplanung in vielen Wissensgebieten kaum zu leisten und aus Sicht alternativer Ansätze auch nicht wünschenswert.

> **Zielbasierte Szenarien**

Das Modell der zielbasierten Szenarien (Goal-Based Scenarios; Schank, Berman und Macpherson 1999) sieht ebenfalls ein Lernen in hoch interaktiven Lernumgebungen vor, und auch nach diesem Ansatz ist eine genaue Planung der Lehr-Lern-Ziele erforderlich. Anders als ITT setzen zielbasierte Szenarien jedoch bewusst auf ein **learning-by-doing,** das ausdrücklich auch das **Lernen aus Fehlern** mit einschließt. Lernende erhalten eine motivierende Rahmenhandlung (cover story) sowie einen Arbeitsauftrag (mission), den sie in einer fiktiven Rolle bearbeiten. Gefragt sind Argumente, Einschätzungen, Empfehlungen und Entscheidungen unter Nutzung bereitgestellter Informationen und Hilfen (Dokumentationen, Expertenmeinungen usw.). Auch wenn die multimediale Umsetzung finanzstarken Organisationen vorbehalten bleibt (bisherige Realisierungen beziehen sich beispielsweise auf das Training von Verkaufsgesprächen oder die Diagnose von Verhaltensauffälligkeiten bei Kindern und Jugendlichen): Anregend bleiben die (wissenschaftlich begründeten) Prinzipien, Lernen in Geschichten einzubetten, Fehler als Lernchance zu begrüßen und für ein unmittelbares, individuelles und situationsgebundenes Feedback zu sorgen.

➤ Anchored Instruction

Als Anchored Instruction ist ein Ansatz bekannt geworden, der das **explorative Lernen** anhand videobasierter Geschichten in den Mittelpunkt stellt (Schwartz, Lin, Brophy und Bransford 1999). Bei den Geschichten handelt es sich um flexibel anpassbare und motivierende Problemstellungen, beispielsweise um Abenteuer, die nur unter Einsatz mathematischer Rechenoperationen zu bestehen sind. Die narrativ eingebetteten Probleme sind von mehreren Lernenden in Form eines Projektes und unter Berücksichtigung unterschiedlicher Perspektiven zu lösen (problembasiertes bzw. projektorientiertes Lernen). Die typische Abfolge einer Lernsequenz richtet sich nach neun Lehr-Lern-Prinzipien:

1. Vorausschau und rückblickende Reflexion (Klärung von Kontext, Zielen und Aufgaben; erstes Ausprobieren als Einstiegstest; Motivierung; Ermutigung zur Selbstreflexion)
2. Konfrontation mit dem Einstiegsproblem (initial challenge)
3. Sammeln von Lösungsvorschlägen
4. Abgleich unterschiedlicher Perspektiven, z.B. durch Einbeziehung von Experten/-innen
5. Recherchieren, explorieren und verbessern
6. Kontrolle des eigenen Leistungsstands, z.B. anhand von Tests oder Musterlösungen
7. Öffentliche Darstellung der Arbeitsergebnisse
8. Fortschreitende Vertiefung (Bearbeitung einer weiteren, inhaltlich komplexeren Problemgeschichte)
9. Allgemeine Reflexion und Entscheidungen über Dokumentationen (Rückblick auf ursprüngliche Lösungsideen, bewältigte Schwierigkeiten, Dokumentation wichtiger Erfahrungen)

Diese Prinzipien eines **problem- bzw. projektorientierten Lernens** sind nicht an eine multimediale Umsetzung gebunden; auch aus der Hochschullehre liegen inzwischen zahlreiche Beispiele problembasierten Lernens vor (Görts 2003a, 2003b).

➤ Cognitive-Apprenticeship

Die meiste Beachtung hat in den vergangenen Jahren der Cognitive-Apprenticeship-Ansatz gefunden, nicht zuletzt, weil er klare und einfach umzusetzende Praxisempfehlungen enthält. Die Philosophie dieses Ansatzes orientiert sich an der **Praxis der alten Handwerkslehre,** in der die Lernenden vom Meister nach und nach in ein selbstständiges Handeln entlassen werden. In Analogie dazu sieht Cognitive Apprenticeship sechs Lehrschritte vor:

1. **Modeling:**
   Ein Experte/eine Expertin demonstriert eine Vorgehensweise und begründet dabei das eigene Vorgehen; die Lernenden können sich auf diese Weise ein Bild von den erforderlichen Schritten machen.

2. **Coaching:**
   Die Lernenden führen die zuvor beobachteten Handlungen selbst aus; sie werden dabei von einem Experten/einer Expertin betreut; direkte Rückmeldungen, Erinnerungen oder auch erneutes Demonstrieren helfen den Lernenden, mit den einzelnen Schritten vertraut zu werden.
3. **Scaffolding:**
   Die Lehrenden geben den Lernenden so viel Unterstützung wie nötig und so viel Freiraum wie möglich; nach und nach ziehen die Lehrenden ihre Unterstützung zurück (Fading).
4. **Articulation:**
   Die Lernenden sind aufgefordert, ihr Problemverständnis, ihr Wissen und ihre Vorgehensweise in eigene Worte zu fassen und gegebenenfalls eine Neudefinition vorzunehmen (Redefining). Dieser Prozess kann durch gezielte Fragen stimuliert werden.
5. **Reflection:**
   Die Lernenden vergleichen ihre eigene Vorgehensweise mit der von Experten/-innen oder anderen Lernenden. Videoaufzeichnungen können dabei helfen, das eigene Handeln bewusst wahrzunehmen.
6. **Exploration:**
   Die erfolgreiche Begleitung durch die Lehrenden befähigt die Lernenden, Problemstellungen selbstständig zu erkunden, zielführende Fragen zu stellen und auf angemessene Weise vorzugehen.

Neben den aufgeführten Rahmenmodellen liegen aus dem Instruktionsdesign weitere Ansätze vor, die in ihrer Bandbreite von Formen der direkten Instruktion bis hin zu offenen Lerngemeinschaften reichen (**Learning communities:** Bielaczyc und Collins 1999; Übersicht: Reigeluth 1999a). Die meisten Modelle stehen bislang weitgehend unverbunden nebeneinander, was in der Praxis eine begründete Entscheidung für eines der Modelle erschwert. Geläufige Etiketten wie „behavioristisch", „kognitivistisch" und „konstruktivistisch" suggerieren fundamentale Unterschiede, die sich bei genauerer Betrachtung jedoch als unterschiedliche Ausprägungen fundamentaler Prinzipien darstellen. Molz hat in einer Arbeitsgruppe die derzeit wichtigsten Modelle des Instruktionsdesigns als Profile von sechs grundlegenden Dimensionen rekonstruiert (Molz et al. 2004). Die sechs Dimensionen stehen für **strategische Grundentscheidungen,** die bei der Planung von Lehrveranstaltungen zu treffen sind. Im Folgenden sind die sechs Dimensionen jeweils anhand ihrer Extrempole erläutert.

> ▶ **Dimensionen von Instruktionsmodellen nach Molz et al. (2004)**
> 1. **Organisation der Informationsdarbietung: Kanonische vs. problembasierte Darstellung**
>   - **Kanonisch:** Lernen orientiert sich an dem Kanon des Expertenwissens, also an dem Wissen, das unter Fachleuten weitgehend unstrittig ist; aktuelle Bestrebungen laufen darauf hinaus, dieses Wissen in modularen Informationssystemen zugänglich zu machen. Beispiele: Direkte Instruktion, Elaborationstheorie.

- **Problembasiert:** Lernen orientiert sich an komplexen Problemen, die den Lernenden in unterschiedlicher Gestalt im (beruflichen) Alltag begegnen können; die Lösung dieser Probleme erfordert neben allgemeinen Problemlösekompetenzen vor allem eine flexible Nutzung verfügbarer Informationen. Beispiele: Zielbasierte Szenarien, Anchored Instruction, Cognitive Apprenticeship.
2. **Abstraktionsniveau: Dekontextualisierte vs. situativ eingebettete Darstellung**
   - **Dekontextualisierte Darstellung:** Lernen orientiert sich an abstrakten Konzepten, allgemeinen Regeln, grundlegenden Prinzipien usw. Beispiele: Direkte Instruktion, Elaborationstheorie.
   - **Situativ eingebettete Darstellung:** Lernen ist eingebettet in (Anwendungs-)Kontexte; Lernende bearbeiten authentische Fälle oder alltagsnahe Problemstellungen und führen dazu beobachtbare Handlungen aus. Beispiele: Anchored Instruction, Cognitive Apprenticeship.

   Eine Integration von dekontextualisierter und situativ eingebetteter Informationsdarbietung ist möglich und didaktisch geboten, beispielsweise durch ein Lernen an prototypischen Problemstellungen, die im Besonderen das Allgemeine enthalten (ausgearbeitet z.B. in Klafkis Theorie der Kategorialen Bildung; zusammenfassend: Peterßen 2001, S. 158ff.). Beispiel: Zielbasierte Szenarien.
3. **Wissensnutzung: Explikation vs. Anwendung**
   - **Explikation:** Lernen zielt auf eine differenzierte Wissensstruktur der Lernenden; dazu werden Konzepte und Begriffe explizit gemacht, zueinander in Beziehung gesetzt, erläutert, reflektiert, erweitert und differenziert. Beispiel: Direkte Instruktion.
   - **Anwendung:** Lernen zielt auf die Integration von Theorie und Praxis durch die praktische Anwendung von Wissen; wichtige Elemente sind Erkundung, Erprobung und situationsbezogene Rückmeldungen. Beispiel: Cognitive Apprenticeship.

   Eine Integration der beiden komplementären Prinzipien findet sich erneut im Modell der zielbasierten Szenarien.
4. **Steuerungsinstanz (locus of control): Fremdsteuerung vs. Selbststeuerung**
   - **Fremdsteuerung:** Lernen ist durch externe Vorgaben festgelegt, beispielsweise im Hinblick auf den Ort und die Zeit des Lernens, die Organisationsform (z.B. Seminar, Vorlesung), die Lehr-Lern-Ziele, die Informationsquellen, die Kriterien für erbrachte Leistungen usw. Die Festlegungen können als Erleichterung, aber auch als Gängelung empfunden werden. Beispiele: Direkte Instruktion, Instructional-Transaction-Theorie.
   - **Selbststeuerung:** Die Lernenden kontrollieren wichtige Parameter ihres Lernens selbst. Sie wählen Ort und Zeit, Informationsquellen, setzen sich Ziele, überprüfen selbstständig ihren Lernfortschritt und entscheiden über eine Zusammenarbeit mit anderen Lernenden. In dieser ausgeprägten Form stellt selbstkontrolliertes Lernen hohe Anforderungen, denen Experten/-innen am ehesten gewachsen sind. Beispiel: Offene Lerngemeinschaften.

   Eine Balance zwischen Selbst- und Fremdsteuerung realisieren Cognitive Apprenticeship sowie zielbasierte Szenarien.

5. **Kommunikationsrichtung: One-way- vs. two-way-/ multi-way-Kommunikation**
   - **One-way:** Lehrinhalte werden einseitig an die Lernenden kommuniziert; den Lernenden steht kein Kanal für Rückmeldungen zur Verfügung. Beispiel: Direkte Instruktion.
   - **Two-way/ Multi-way:** Lernen schließt beide Richtungen der Kommunikation zwischen Lehrenden und Lernenden ein (two-way), darüber hinaus die Kommunikation zwischen den Lernenden (multi-way). Beispiel: Offene Lerngemeinschaften.
6. **Art der Lernaktivitäten: Rezeptiv vs. Produktiv**
   - **Rezeptiv:** Zentrales Element des Lernens ist die (kognitive) Verarbeitung verfügbarer Informationen, beispielsweise das Lesen und Verstehen abgeschlossener Texte oder die Betrachtung und Interpretation von Kunstwerken. Beispiel: Direkte Instruktion.
   - **Produktiv:** Zentrales Element des Lernens ist die selbstständige Produktion von Informationen, beispielsweise das Erstellen eigener Texte oder Kunstwerke. Beispiel: Offene Lerngemeinschaften.

Die Kombination beider Prinzipien wird durch Neue Medien unterstützt, die beispielsweise das Fortschreiben von Texten oder die Modifikation von Kunstwerken erleichtern. Unter den Instruktionsmodellen verbindet der Cognitive Apprenticeship-Ansatz rezeptive und produktive Lernaktivitäten besonders augenfällig.

3.1.11 Erschließung des didaktischen Handlungsspielraums

Viele Lehrende sind motiviert, ihre Lehre zu verbessern. Was Lehrende unter der Verbesserung ihrer Lehre verstehen, spiegelt sich in den Zielen, die sie sich setzen. Zum besseren Verständnis werden im Folgenden **drei typische Ansatzpunkte** unterschieden, die – in einer Abfolge gedacht – den hochschuldidaktisch wünschenswerten „shift from teaching to learning" illustrieren (vgl. 3.1.2.1).

> ▶ **Die Präsentation von Wissen verbessern!**

Lehrende, die diesen Ansatz zur Verbesserung ihrer Lehre wählen, sehen Ihre Aufgabe als Lehrende typischerweise darin, den **Wissenskanon des Fachs** den Studierenden möglichst umfassend und effizient darzustellen. Unter dem empfundenen Druck, mit „dem Stoff" durchkommen zu müssen, bevorzugen viele ein direktives Vorgehen, das ihnen die höchste Kontrolle über den Lehr-Lern-Prozess bietet und (vermeintlich) sicherstellt, dass die Studierenden das „Richtige" lernen. Zwar wird die Beteiligung der Studierenden nicht ausgeschlossen, sie ist sogar ausdrücklich erwünscht; sie stellt jedoch allenfalls ein unterstützendes, z.B. motivierendes Element dar, das keinesfalls zu viel Zeit in Anspruch nehmen darf, denn Lernen bedeutet nach diesem Verständnis die Übernahme gesicherten Wissens. Als Teil des gemeinsamen Lehrens kommen daher Prinzipien wie Problemorientierung, situativ eingebettetes Lernen, Wissensanwendung oder auch selbstgesteuertes/kooperatives Lernen eher nicht in Betracht. Verbesserung der eigenen Lehre heißt unter diesen Voraussetzungen vor allem, die Darstellung der Inhalte durch die eigene Person und durch geeignete Medien attraktiver zu gestalten. Entsprechend nachgefragt sind Weiterbildungsangebote mit Themen wie Rhetorik und Präsentation, Gestaltung von (elektronischen) Folien usw.

Die Verbesserung der Wissenspräsentation stellt ein wichtiges Ziel dar, bei dem es jedoch aus hochschuldidaktischer Sicht nicht bleiben sollte; denn eine gut strukturierte und ansprechend gestaltete Präsentation bietet noch keine Gewähr, dass die Studierenden die präsentierten Informationen tatsächlich im Sinne der Lehrziele zu Wissen verarbeiten. Bleibt es bei der Präsentation von Fakten, besteht die Gefahr, dass sich Lernen auf das kurzfristige Behalten der Fakten reduziert und damit einem trägen Wissen Vorschub geleistet wird. Viele Lehrende wollen jedoch nicht nur Fakten präsentieren, sondern Lernprozesse in Gang setzen, was zunächst die Frage nach effektiven Vermittlungsmethoden nahe legt.

➤ Die Vermittlung von Wissen verbessern!

Lehrende, die an einer besseren Vermittlung von Wissen arbeiten wollen, stellen ebenfalls das kanonische Fachwissen als Grundlage ihrer Lehre nicht in Frage. Sie fühlen sich jedoch über eine gute Darstellung dieses Wissens hinaus auch dafür verantwortlich, dass die Studierenden die präsentierten **Informationen aktiv verarbeiten.** Diese Lehrenden sind aufgeschlossen für neue Lehr-Lern-Methoden, vor allem für Methoden, die eine stärkere Beteiligung der Studierenden fördern. Gefragt sind dabei vor allem Rezepte bzw. methodische Tricks; kaum im Blick ist die Einbettung der Methoden in ein didaktisches Gesamtverständnis. Beliebt sind Weiterbildungsangebote zu Methoden der Kleingruppenarbeit, zur didaktischen Visualisierung oder generell zur Aktivierung von Studierenden in Lehrveranstaltungen (vgl. den Beitrag zu den aktivierenden Methoden in diesem Band).

Auch dieser Schritt ist aus hochschuldidaktischer Sicht sinnvoll und nützlich, denn die didaktische Grundfrage, wie Lehre auf Lernen zu beziehen ist, kommt – als Vermittlungsproblem – in den Blick; zudem erweitern die Lehrenden ihren didaktischen Handlungsspielraum zum Nutzen der Studierenden. Kritisch bleibt allerdings die Fixierung auf die Vermittlung bzw. Übernahme von Wissen. Die Gefahr besteht dabei nicht mehr darin, dass Präsentiertes mit Gelerntem verwechselt wird, sondern eher darin, dass über dem Einsatz attraktiver Vermittlungstechniken deren Ziel – die Unterstützung individueller Prozesse der Wissenskonstruktion – aus dem Blick gerät. Zur **Krise des Vermittlungsansatzes** kann es kommen, wenn die methodisch hoch engagierten Lehrenden auf die hartnäckige Konsumhaltung vieler Studierender treffen und damit die Frage nach der Eigenverantwortung der Studierenden neu aufbricht.

➤ Die Aneignung von Wissen unterstützen!

Lehrende, die daran interessiert sind, die Aneignung des Wissens durch die Studierenden zu unterstützen, haben sich von der Vorstellung gelöst, sie als Lehrende seien dafür verantwortlich, dass die Studierenden ein bestimmtes (kanonisches) Wissen erwerben. Stattdessen sehen sie ihre Hauptaufgabe darin, **Lerngelegenheiten** zu inszenieren und die Studierenden bei der selbstständigen Nutzung dieser Lernangebote in unterstützender Weise zu begleiten. Dies erfordert von den Lehrenden eine besonders gut durchdachte Planung, beispielsweise hinsichtlich der Rahmenaufgabe, der Lernziele, der Lernstrategien, den Formen der Begleitung oder auch den Kriterien des Lernerfolgs; darüber hinaus sind die Lehrenden während der Umsetzung dazu herausgefordert, das Lernen der Studierenden kompetent und geduldig zu moderieren, beispielsweise indem sie vermeintliche Irrwege tolerieren oder Fehler als Lernchancen integrieren. Relevant für diesen Ansatz sind sämtliche hochschuldidaktischen Weiterbildungsangebote, angefangen von grundlegenden Workshops zum Verständnis von Lehren und Lernen über Workshops zur Planung von Lehrveranstaltungen und zum didaktisch reflektierten Methodeneinsatz bis hin zur Thematisierung der Beratung und Prüfung von Studierenden (vgl. die Beiträge zu den aktivierenden Methoden und zu den Prüfungen in der Hochschullehre in diesem Band).

Auch dieser Ansatz, die Studierenden bei der selbstgesteuerten Aneignung von Wissen zu unterstützen, stößt an Grenzen, zum einen an die **Grenzen mangelnder Voraussetzungen** bei den Studierenden, zum anderen an die Grenzen von Lehrplänen und Fachkulturen; darüber hinaus erkennen viele Lehrende eigene Grenzen, wenn es um die Begleitung individueller Lernprozesse geht. In der Konsequenz führt dies zu der Frage, wie sich der didaktische Handlungsspielraum erweitern lässt.

3.1.12 Erweiterung des didaktischen Handlungsspielraums

Auch die motiviertesten und didaktisch kompetentesten Lehrenden stoßen immer wieder an die Grenzen (vermeintlich) unabänderlicher Rahmenbedingungen; und in der Tat nützt die beste Weiterbildung wenig, wenn sich die gewonnenen Erkenntnisse nicht oder nur unter **Schwierigkeiten im Hochschulalltag** umsetzen lassen. In diesen Fällen geht es also nicht mehr um die Erschließung des didaktischen Handlungsspielraums, sondern um dessen Erweiterung. Drei Hauptziele geraten dabei in den Blick:
1. die Optimierung persönlicher Rahmenbedingungen und Kompetenzen,
2. die Förderung von Schlüsselqualifikationen bei Studierenden sowie
3. die Verbesserung institutioneller bzw. curricularer Rahmenbedingungen.

> ▶ **Persönliche Rahmenbedingungen und Kompetenzen optimieren!**

Vielen Lehrenden ist durchaus klar, wie sie ihre Lehrveranstaltungen besser planen und durchführen und die Studierenden optimal betreuen könnten. Nicht am Wissen mangelt es, sondern an der Zeit, die eigenen Erkenntnisse in die Praxis umzusetzen. Aber trifft diese Einschätzung wirklich zu? In vielen Fällen offensichtlich ja: Mehrere Lehrveranstaltungen, kurze Vorbereitungsfristen, konkurrierende dienstliche Verpflichtungen, hohe Anzahl zu betreuender Studierender usw. – eine ideale Lehre ist unter den gegenwärtigen Rahmenbedingungen nur in Ausnahmefällen möglich, Kompromisse sind notwendig. Angesichts hoher Belastung gewinnen unterstützende Maßnahmen wie Informations-, Zeit-, Stress- oder auch Konfliktmanagement an Bedeutung, möglicherweise im Rahmen weitergehender Maßnahmen der Persönlichkeitsentwicklung (vgl. 3.1.2.1).

▶ Schlüsselqualifikationen bei Studierenden verbessern!

Gute Lehre erfordert die aktive und kompetente Mitarbeit der Studierenden. Ohne soziale Kompetenzen oder auch Fähigkeiten des selbstgesteuerten Lernens sind moderne Formen des Lehrens und Lernens kaum realisierbar. Zwar sind diese Voraussetzungen zugleich Ziele des Lernens, jedoch kann eine Förderung durch einzelne Lehrende allein kaum geleistet werden. Wünschenswert ist eine grundlegende Änderung der Lehr-Lern-Kultur, die gemeinsam von Lehrenden und Studierenden getragen wird. Ausgangspunkt dafür kann eine veränderte Rollenverteilung sein, die den Studierenden eine stärkere **Verantwortung für ihr Studium** und zugleich den Lehrenden eine höhere **Verantwortung für eine professionelle Unterstützung** zuweist. Eine professionelle Unterstützung selbstgesteuerten Lernens impliziert dabei auch eine neue Aufgabenkultur: Erforderlich sind anspruchsvolle (komplexe und motivierende) Aufgaben, die Studierende gezielt herausfordern und zugleich curricularen Ansprüchen gerecht werden. Daraus kann sich eine Kultur des problemorientierten und kooperativen Lernens entwickeln.

▶ Institutionelle und curriculare Rahmenbedingungen verbessern!

Gute Lehre hängt nicht nur von den Lehrenden und Lernenden, sondern wesentlich auch von förderlichen Rahmenbedingungen ab (vgl. 2.3). Lehrende können dazu beitragen, indem sie sich in Gremien engagieren, an Studien-, Prüfungs- und Evaluationsordnungen mitwirken, sich für Entlastungen zugunsten der Lehre einsetzen, beispielsweise für eine effizientere Organisation und Verwaltung der Lehre, oder indem sie beispielhaft die Lehr-Lern-Kultur prägen, sei es durch innovative Lehr-Lern-Konzepte, kollegiale Vernetzung oder auch durch die qualifizierte Beratung und Unterstützung der Studierenden. Insgesamt geht es darum, hochschuldidaktische Personal- und Studiengangsentwicklung an eine entsprechende **Organisationsentwicklung** zu koppeln (vgl. den Beitrag Vom Leidbild zum Leitbild – Fachbereiche als Lernende Organisation in diesem Band).

3.1.13 Zusammenfassung und Ausblick

Unter der Perspektive von Exzellenz in Forschung und Lehre wird Hochschuldidaktik endgültig zu einer professionellen Herausforderung für alle Lehrenden. Im vorliegenden Beitrag ist Didaktik erläutert worden als die Wissenschaft von der Kunst, Lehren auf Lernen zu beziehen. Dazu ist der Handlungsspielraum der Lehrenden anhand verschiedener Modelle strukturiert worden. Zu den wichtigsten Rahmenbedingungen gehören die Voraussetzungen und Ziele der Lehrenden und Lernenden, allgemeine Lehr- und Studienbedingungen sowie gesellschaftliche Anforderungen. Die drei zentralen Ebenen des didaktischen Handlungsspielraums sind Lehr-Lern-Episoden und Lehrveranstaltungen sowie die Ebene der Module, Studiengänge und Studiengangs-Systeme. Klassische Modelle wie das didaktische Dreieck oder das Berliner Modell benennen grundlegende Entscheidungsbereiche. Zu treffen sind **Entscheidungen** bezüglich der Ziele, Inhalte, Sozialformen, Methoden, Medien und Verlaufsformen des Lehrens und Lernens. Ein wichtiges Entscheidungskriterium stellt dabei die Anforderung dar, Lernende bei der aktiven Konstruktion von Wissen zu unterstützen. Aktuelle Modelle des **Instruktionsdesigns** beschreiben dazu unterschiedliche Vorgehensweisen, die sich auf sechs strategische Grundentscheidungen zurückführen lassen.

Anstelle eines abschließenden Fazits sind in der folgenden Abbildung noch einmal die zentralen didaktischen **Entscheidungsbereiche für die Gestaltung von Lehr-Lern-Prozessen** zusammengefasst.

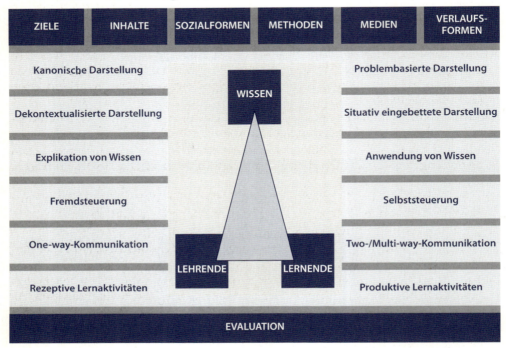

3.1.14 Literatur

Anderson, G., Boud, D. und Sampson, J. 1996: Learning contracts: A practical guide. London

Ballstaedt, S.-P. 1997: Wissensvermittlung: Die Gestaltung von Lernmaterial. Weinheim

Berendt, B., Voss, H.-P. und Wildt, J. (Hrsg.) 2001: NHHL – Neues Handbuch Hochschullehre. Stuttgart (Loseblattsammlung)

Besser, R. 2002: Transfer: Damit Seminare Früchte tragen (2. Aufl.). Weinheim

Bielaczyc, K. und Collins, A. 1999: Learning communities in classrooms: A reconceptualization of educational practice. In C. M. Reigeluth (ed.), Instructional-design theories and models Vol II: A new paradigm of instructional theory (pp. 269–292). Mahwah, NJ

Bligh, D. A. 2000: What's the use of lectures? San Francisco

Bloom, B. S. (Hrsg.) 1974: Taxonomie von Lernzielen im kognitiven Bereich (4. Aufl.). Weinheim

Christmann, U. und Groeben, N. 1999: Psychologie des Lesens. In B. Franzmann, K. Hasemann, D. Löffler und E. Schön (Hrsg.), Handbuch Lesen (S. 145–223). München

Cohen, E. G. 1994: Restructuring the classroom: Conditions for productive small groups. Review of educational research, 64, 1–35

Deikman, A. J. 1982: The observing self: Mysticism and psychotherapy. Boston

Deimann, M. 2004: Dranbleiben und weiterlernen: Nun motiviert mich mal! In H. M. Niegemann, S. Hesse, D. Hochscheid-Mauel, K. Aslanski, M. Deimann und G. Kreuzberger (Hrsg.), Kompendium E-Learning (S. 205–225). Berlin

Fischer, F. und Waibel, M. C. 2002: Wenn virtuelle Lerngruppen nicht so funktionieren wie sie eigentlich sollten. In U. Rinn und J. Wedekind (Hrsg.), Referenzmodelle netzbasierten Lehrens und Lernens: Virtuelle Komponenten der Präsenzlehre (S. 35–50). Münster

Flender, J. 2002: Didaktisches Audio-Design: Musik als instruktionales Gestaltungsmittel in hypermedial basierten Lehr-Lern-Prozessen. Lengerich

Flender, J. 2003: E-Mail-unterstützter Lerntransfer: Ergebnisse aus der empirischen Begleitung der Aus- und Fortbildung der Lehrkompetenz. Das Hochschulwesen, 51, 118–122.

Flender, J. und Mürmann, M. 2002: Hochschuldidaktischer Weiterbildungsbedarf aus Sicht der Lehrenden: Die Paderborner Basiserhebung 2002. Paderborn

Gagné, R. M. 1965: The conditions of learning. New York

Gerstenmaier, J. und Mandl, H. 1995: Wissenserwerb unter konstruktivistischer Perspektive. Zeitschrift für Pädagogik, 41, 867–888

Gibbs, G. und Coffey, M. 2002: The impact of training on university teachers' approaches to teaching and the way their students learn. Das Hochschulwesen, 50, 2002, 50–54

Görts, W. (Hrsg.) 2003a: Projektveranstaltungen in Mathematik, Informatik und Ingenieurwissenschaften. Bielefeld

Görts, W. (Hrsg.) 2003b: Projektveranstaltungen in den Sozialwissenschaften. Bielefeld

Gudjons, H. 2003a: Didaktik zum Anfassen: Lehrer/in-Persönlichkeit und lebendiger Unterricht (3. Aufl.). Bad Heilbrunn

Gudjons, H. 2003b: Frontalunterricht – neu entdeckt: Integration in offene Unterrichtsformen. Bad Heilbrunn

Heimann, P., Otto, G. und Schulz, W. 1965: Unterricht: Analyse und Planung. Hannover

Helmke, A. und Schrader, F.-W. 1998: Hochschuldidaktik. In D. H. Rost (Hrsg.), Handwörterbuch Pädagogische Psychologie (S. 183–187). Weinheim

Hesketh, B. 1997: Dilemmas in training for transfer and retention. Applied Psychology: An International Review, 46, 317–386

Hoops, W. 1998: Konstruktivismus: Ein neues Paradigma für Didaktisches Design? Unterrichtswissenschaft, 26, 230–253

Horton, W. 2000: Designing web-based training. New York

Issing, L. J. und Klimsa, P. (Hrsg) 2002: Information und Lernen mit Multimedia (3. Aufl.). Weinheim

Jank, W. und Meyer, H. 2002: Didaktische Modelle (5. Aufl.). Berlin

Klafki, W. 1958: Didaktische Analyse als Kern der Unterrichtsvorbereitung. Die Deutsche Schule, 50, 450–471

Klafki, W. 1985: Neue Studien zur Bildungstheorie und Didaktik: Beiträge zur kritisch-konstruktiven Didaktik. Weinheim

Klauer, K. J. 1985: Framework for a theory of teaching. Teaching und teacher education, 1, 5–17.

Konrad, K. und Traub, S. 1999: Selbstgesteuertes Lernen in Theorie und Praxis. München

Kron, F. W. 2000: Grundwissen Didaktik (3. Aufl.). München

Meier, R. 2003: Seminare erfolgreich durchführen: Ein didaktisch-methodischer Handwerkskoffer. Offenbach

Merrill, M. D. 1999: Instructional transaction theory (ITT): Instructional design based on knowledge objects. In C. M. Reigeluth (ed.), Instructional-design theories and models Vol. II: A new paradigm of instructional theory (pp. 397–424). Mahwah, NJ

Metzig, W. und Schuster, M. 2003: Lernen zu lernen. Berlin

Meyer, H. 2003a: Unterrichtsmethoden. I: Theorieband (10. Aufl.). Berlin

Meyer, H. 2003b: Unterrichtsmethoden. II: Praxisband (10. Aufl.). Berlin

Molz, M., Eckhardt, A., Schnotz, W., Niegemann, H. M. und Hochscheid-Mauel, D. 2004: Toward an integrative conceptual framework for instructional design research. In Niegemann, H. M., Brünken, R. und Leutner, D. (eds.): Instructional design for multimedia learning. Münster

Moore, J. 1999: Adolescent spiritual development: Stages and strategies. In C. M. Reigeluth (ed.): Instructional-design theories and models Vol II: A new paradigm of instructional theory (pp. 613–629). Mahwah, NJ

Morris, G. R., Ross, S. M. und Kemp, J. E. 2004: Designing effective instruction (4th ed.). New York

Niegemann, H. M. 1998: Lehr-Lern-Forschung. In D. H. Rost (Hrsg.), Handwörterbuch Pädagogische Psychologie (S. 278–282). Weinheim

Niegemann, H. M., Hesse, S., Hochscheid-Mauel, D., Aslanski, K., Deimann, M. und Kreuzberger, G. (Hrsg.) 2004: Kompendium E-Learning. Berlin

Niegemann, H. M. und Hofer, M. 1997: Ein Modell selbstkontrollierten Lernens und über die Schwierigkeiten, selbstkontrolliertes Lernen hervorzubringen. In H. Gruber und A. Renkl (Hrsg.), Wege zum Können: Determinanten des Kompetenzerwerbs (S. 263–280). Bern

Oser, F. und Patry, J.-L. 1994: Choreographien unterrichtlichen Lernens. In R. Olechowski und B. Rollett (Hrsg.), Theorie und Praxis: Aspekte empirisch-pädagogischer Forschung – quantitative und qualitative Methoden. Frankfurt/M.

Pallasch, W. und Pallasch, C. 1998: Schweigen, dann schweigen – sonst nichts: Eine Einführung in die meditative Entspannung für Pädagogen. Weinheim

Pallasch, W., Mutzeck, W. und Reimers, H. (Hrsg.) 2002: Beratung – Training – Supervision: Eine Bestandsaufnahme über Konzepte zum Erwerb von Handlungskompetenz in pädagogischen Arbeitsfeldern (3. Aufl.). Weinheim

Peterßen, W. H. 2000: Handbuch Unterrichtsplanung: Grundfragen, Modelle, Stufen, Dimensionen (9. Aufl.). München

Peterßen, W. H. 2001: Lehrbuch Allgemeine Didaktik (6. Aufl.). München

Reigeluth, C. M. (ed.) 1999a: Instructional-design theories and models Vol. II: A new paradigm of instructional theory. Mahwah, NJ

Reigeluth, C. M. 1999b: The elaboration theory: Guidance for scope and sequence decisions. In Reigeluth, C. M. (ed.), Instructional-design theories and models Vol. II: A new paradigm of instructional theory (pp. 425–453). Mahwah, NJ

Reinmann-Rothmeier, G. und Mandl, H. 2001: Unterrichten und Lernumgebungen gestalten. In A. Krapp und B. Weidenmann (Hrsg.), Pädagogische Psychologie (4. Aufl.) (S. 601–646). Weinheim

Rheinberg, F. 2002: Motivation (4. Aufl.). Stuttgart

Rheinberg, F., Bromme, R., Minsel, B., Winteler, A. und Weidenmann, B. 2001: Die Erziehenden und Lehrenden. In A. Krapp und B. Weidenmann (Hrsg.), Pädagogische Psychologie (4. Aufl.) (S. 271–332). Weinheim

Rogers, C. R. 2002: Klient und Therapeut: Grundlagen der Gesprächspsychotherapie (17. Aufl.). Frankfurt/M.

Schank, R. C., Berman, T. R. und Macpherson, K. A. 1999: Learning by doing. In Reigeluth, C. M. (ed.), Instructional-design theories and models Vol. II: A new paradigm of instructional theory (pp. 161–181). Mahwah, NJ

Schulmeister, R. 2002: Grundlagen hypermedialer Lernsysteme. München

Schwartz, D., Lin, X., Brophy, S. und Bransford, J. D. 1999: Learning by doing. In Reigeluth, C. M. (ed.), Instructional-design theories and models Vol. II: A new paradigm of instructional theory (pp. 183–213). Mahwah, NJ

Strittmatter, P. und Niegemann, H. M. 2000: Lehren und Lernen mit Medien: Eine Einführung. Darmstadt

Tausch, R. und Tausch, A.-M. 1979: Erziehungspsychologie: Begegnung von Person zu Person (9. Aufl.). Göttingen

Tulodziecki, G. und Herzig, B. 2004: Medienverwendung in Lehr- und Lernprozessen: Grundlagen und Beispiele einer handlungs- und entwicklungsorientierten Mediendidaktik. Stuttgart

Webler, W.-D. 1991: Kriterien für gute akademische Lehre. Das Hochschulwesen, 39, 243–249.

Webler, W.-D. 2003: Zur professionellen Vorbereitung auf die Hochschullehre: Ein Blick auf den internationalen Sachstand aus Anlass modellhafter Nachwuchspolitik in Baden-Württemberg. Das Hochschulwesen, 51, 14–24

Welbers, U. (Hrsg.) 2001: Studienreform mit Bachelor und Master. Neuwied

Wild, K.-P. 2000: Lernstrategien im Studium. Münster

Wildt, J. 2001: Ein hochschuldidaktischer Blick auf Lehren und Lernen in gestuften Studiengängen. In U. Welbers (Hrsg.), Studienreform mit Bachelor und Master (S. 25–42). Neuwied

Wildt, J. (Hrsg.) 2003: Hochschuldidaktik in Deutschland. DUZspecial: Beilage zur DUZ – das unabhängige Hochschulmagazin. Berlin

Winteler, A. und Krapp, A. 1999: Programme zur Förderung der Qualität der Lehre an Hochschulen. Zeitschrift für Pädagogik, 45, 45–60

3.2 Grundlagen der Methodik

OStR Dipl.-Kfm. Christian Jaschinski

*Es entsteht also, sprach ich, eine Stadt, wie ich glaube,
weil jeder einzelne von uns nicht sich selbst genügt, sondern vieler bedarf.*

Platon (Politeia)

3.2.1 Einordnung in den Gesamtzusammenhang

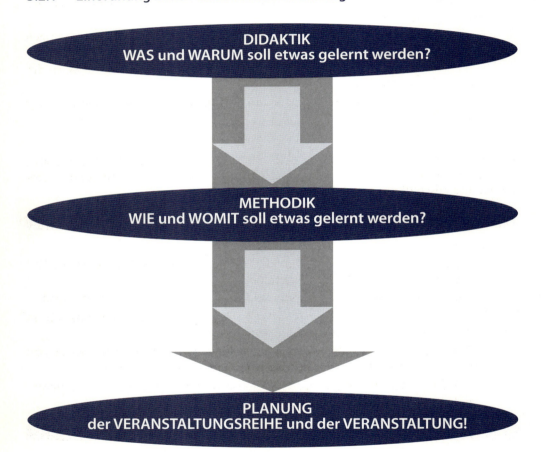

3.2.2 Abgrenzung und Begriffsbestimmung

▶ Problemstellung

Fragen als Mittel zur Lernsteuerung dienen gleichsam als effektives Evaluationsinstrument – und für dieses Kapitel ist eine ehrliche und realistische Selbstevaluation ein notwendiges Ausgangskriterium (in Anlehnung an Sindern 1995).

- War es für meine Studenten heute lohnend, an meiner Veranstaltung teilgenommen zu haben?
- Haben wir die Zeit in Vorlesung, Übung, Praktikum effektiv für einen Wissenszuwachs genutzt oder
- wäre es besser gewesen, die Studenten wären zu Hause geblieben und hätten sich einen DVD-Film angesehen oder ein Buch gelesen?
- Habe ich jemals darüber nachgedacht, den Lernprozess aus der Sichtweise der Studierenden zu strukturieren oder
- habe ich sie je gefragt, wie sie in das Veranstaltungsgefüge eingebunden werden möchten?

...

Ehrliche Antworten machen zunächst betroffen und anschließend hoffentlich sensibel für die Frage, wie denn nun eine attraktive und lernerfolgsunterstützende Lernumgebung geschaffen werden kann.

▶ Abgrenzung Didaktik und Methodik

Während sich

- didaktische Überlegungen (s. 3.1) mit der Frage beschäftigen, WAS und WARUM etwas gelernt werden sollte (Sinnhaftigkeit),
- wird in der Methodik nach dem WIE und WOMIT gefragt (Instrumentarium).

Beispiel
Für viele Studierende der Wirtschaftswissenschaften stellt im Grundstudium der Mathematik-Schein eine recht große Hürde dar.
DIDAKTIK: Welchen Stoff wählt der Lehrende aus und welchen Nutzen ziehen die Studierenden z.B. aus der Kenntnis der linearen Optimierung?
METHODIK: Welche Möglichkeiten bieten sich dem Lehrenden, den Studierenden den teilweise abstrakten Stoff näher zu bringen?

▶ Definition

Diese recht eng gefasste, sehr plakative Sichtweise ist nun um die Komponente des Lernenden zu erweitern, sodass als Ausgangspunkt für dieses Kapitel die folgende Definition (in Anlehnung an Meyer 1994, S. 45) gelten soll:

> **Definition:**
> Methoden in der Hochschullehre sind diejenigen Formen und Verfahren, in und mit denen sich Lehrende und Studierende natürliche, gesellschaftliche und wirtschaftliche Wirklichkeit unter institutionellen Rahmenbedingungen aneignen.

Daraus ergibt sich die Notwendigkeit, dass nicht nur derjenige über methodische Handlungskompetenz verfügen muss, der den Lernprozess initiiert, moderiert und organisiert, sondern auch diejenigen, die als Lernende daran beteiligt sind.

Grundsätzlich muss sich die Entscheidung für eine Methode immer aus den didaktischen Entscheidungen ergeben, die sich ihrerseits an Vorgaben eines Curriculums, der Wissenschaft und der Lebenswirklichkeit orientieren.

3.2.3 Entwicklung von beruflicher Handlungskompetenz

▶ Einschätzung der Ausgangssituation

Was sollen die Studierenden während ihres Studiums eigentlich lernen?

Vordergründig betrachtet geht es zunächst um Faktenwissen als Basis für die spätere berufliche bzw. wissenschaftliche Tätigkeit. Dieser Anspruch greift aber sicher zu kurz – selbst bei einem stringent vorangetriebenen Hochschulstudium einschließlich aller Abschlussprüfungen, Praktika, Auslandsaufenthalte etc. ist es doch wahrscheinlich, dass das zu Anfang des Studiums erworbene Wissen nach dem Abschluss nicht mehr aktuell und somit nutzlos geworden sein kann.

Außerdem wird in nur wenigen Fällen genau das während des Studiums Gelernte Gegenstand der zukünftigen Tätigkeit sein. Vielmehr muss der Absolvent in der Lage sein, sich schnell auch in komplexe neue Sachverhalte einarbeiten zu können, diese zu aggregieren und anzuwenden bzw. in knapper verständlicher Form weiterkommunizieren zu können. Hinzu kommt eine Vielzahl von Anforderungen, wie man sich als Mitarbeiter in dem neuen Sozialgefüge verhalten sollte, welche ungeschriebenen Regeln zu beachten sind etc.

Also müssen während des Studiums weitere Fähigkeiten und Fertigkeiten (her)ausgebildet werden, die den Studierenden auch nach Verlassen der Hochschule in die Lage versetzen, sich in einem neuen Kontext schnell zurechtzufinden.

Zugegeben – die Kernveranstaltung eines jeden Faches heißt „Vorlesung". Per Definition handelt es sich dabei um eine stark lehrerzentrierte, darbietende, also verbal-abstrakte Form des Lernstoffes, die von den Studierenden eine hohe Rezeptionsbereitschaft und -fähigkeit fordert. Von den Lernenden wird also verlangt, dass sie „in der Lage sind, konzentriert zuzuhören, den dargebotenen Lernstoff überlegt aufzunehmen, einzuspeichern und erfolgreich zu behalten" (Klippert 1999, S. 25). Das beschreibt die Anforderung recht gut, die wir an unsere Studierenden während der Vorlesung haben. Leider bleibt dabei unberücksichtigt, dass bereits für die Sekundarstufe I festgestellt wurde, dass nur ca. 10% aller Schüler als verbal-abstrakte Lerner einzustufen sind. Dass diese Gruppe nicht mit allen Studierenden deckungsgleich sein kann, ist mehr als einleuchtend.

Hinzu kommt die sehr unterschiedliche Vorbildung und Sozialisation der Lernenden:
- Studierende mit Berufsausbildung (Allgemeine Hochschulreife + Berufsausbildung/Fachhochschulreife durch schulischen Teil + Abschluss der Berufsausbildung)
- Studierende ohne Berufsausbildung (Allgemeine Hochschulreife)

Studierende mit Berufsausbildung haben während ihrer Ausbildung i.d.R. bereits Erfahrungen mit einfachen Problemlösungsstrategien gesammelt, und zwar
- einerseits, weil das System der dualen Ausbildung dies naturgemäß bedingt;
- andererseits, weil in einer Reihe von Ausbildungsberufen der praktische Prüfungsteil bereits auf anspruchsvollem Niveau stattfindet.

Beispiel: Industriekaufleute müssen nach Ablegen der schriftlichen Abschlussprüfung innerbetrieblich ein umfangreiches selbst gewähltes Projekt bearbeiten und dokumentieren, das unter kommunikativen Aspekten von der Berufsschule begleitet wird. In der Prüfung muss dieses Projekt präsentiert werden.

Auch diese Situation sollte bedingungsanalytisch bei der Planung einer Lehrveranstaltung berücksichtigt werden, da die Notwendigkeit zur Entwicklung beruflicher Handlungskompetenz als Leitziel in der Berufsbildung weitgehend als Konsens anzusehen ist.

▶ Der Handlungsbegriff im Wandel der Zeit

- In der **Antike** wird die Handlung in einer engen Definition als Ableitung von „Hand" und somit als reines körperliches Tun verstanden. Dieses wird i.S.d. aristotelischen Philosophie als Ursprung der Sklaverei gesehen, „denn was mit dem Verstand vorauszuschauen vermag, ist von Natur das Regierende und Herrschende, was aber mit seinem Körper das Vorgesehene auszuführen vermag, ist von Natur das Regierte und Dienende" (Koslowski 1993, S. 52). **Aristoteles** geht dabei so weit, alle Handwerke als „banausisch" anzusehen, „die den Körper in eine schlechte Verfassung bringen [...] Denn sie machen das Denken unruhig und niedrig" (Aristoteles 1981, S.251).
- **Kerschensteiner** beschreibt Anfang des 20. Jahrhunderts mit der Begründung seiner „Arbeitsschule" völlig neue Wege, da er hier bereits die positiven Auswirkungen aus der Verbindung von Hand- und Kopfarbeit auf das Lernvermögen sieht. „Je inniger die Entwicklung der geistigen Fertigkeiten mit der Entwicklung der manuellen Fertigkeiten im Fachunterricht verbunden werden kann, [...] desto ungezwungener und sicherer entwickeln sich auch die geistigen Fähigkeiten" (Kerschensteiner 1969, S. 25).
- **Gaudig** stellt die Schülerpersönlichkeit in den Mittelpunkt, um die „dominante Stellung des Lehrers zurückzudrängen" (Kratochwil 1992, S. 47). „Unser freitätiger Schüler [...] kennt Zweck und Ziel der Arbeit, er selbst entwirft den Plan, er kommandiert sich selbst, aus eigenem Vermögen hilft er sich über Schwierigkeiten hinweg; er ist ein ‚Wesen, welches will'. [...] Weil er aber freitätig schafft, [...] ist

sein Arbeiten auch nicht an die Schule gebunden. [...] Die Schulkunst der Arbeit begleitet ihn in sein Leben [...]" (Gaudig 1969, S. 12). Damit hat Gaudig schon früh die Begriffe der beruflichen Handlungsfähigkeit und des **lebenslangen Lernens** dargestellt.

- Für **Leontjew** ist „die Tätigkeit des Menschen [...] die Substanz seines Bewusstseins" (Leontjew 1977, S. 61), wobei unter Tätigkeit der Gesamtzusammenhang verstanden werden muss, in dem sich der Mensch die objektive Welt (z.B. Gebrauchsgegenstände, Technik Wissenschaft, Kultur) in subjektive Formen (z.B. Vorstellungen, Bewusstsein, Sprache) umwandelt. Diese Tätigkeit realisiert sich in den Handlungen, die in ihrer Gesamtheit einen Prozess bilden, der sich einem bewussten Ziel unterordnet, sodass stets eine Umwandlung äußerer Handlungen in eine innere geistige Handlung erfolgt.
- **Aebli** sieht in „Handlungen [...] mehr als Fertigkeiten: es sind zielgerichtete, in ihrem inneren Aufbau verstandene Vollzüge, die ein fassbares Ergebnis erzeugen" (Aebli 1994, S. 182).

Somit ist die Handlung in ihrer Begrifflichkeit nun nicht mehr auf ihren reinen Wortstamm und die Beschränkung auf reines Tun mit der Hand bezogen, sondern vielmehr auf ein komplexes und ganzheitliches System von Abfolgen und Effekten, in dem „Kopf- und Handarbeit [...] in ein ausgewogenes Verhältnis zueinander gebracht werden können" (Meyer 1994, S. 214).

> **Die vollständige Handlung**

Dem Begriff der beruflichen Handlungskompetenz liegt für die Lernprozesse der Gedanke der vollständigen Handlung zugrunde, der von Aebli geprägt und vielfach fortentwickelt und variiert wurde.

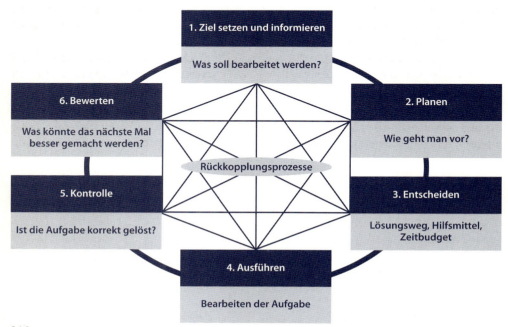

▶ Definitionsansatz

Abhängig von der jeweiligen Präferenz des einzelnen Pädagogen und Wissenschaftlers orientieren sich bei der Unterteilung bzw. Klassifizierung von Kompetenzen jene entweder stärker in Richtung beruflicher Arbeitsfähigkeit (z.B. Reinhard Czycholl) oder sie beziehen sich stärker auf das Persönlichkeitskonzept (z.B. Frank Achtenhagen). Da das Studium i.d.R. fachsystematisch aufgebaut ist, orientiert sich die Abbildung auf S. 212 eher am ersteren Ansatz, stellt aber insgesamt eine Aggregation der Ansätze dar (in Anlehnung an Speth 2004, S. 162; Kompetenzdefinitionen Bader 1994).

Dabei gelten folgende Definitionen:
- **Berufliche Handlungskompetenz**
    - → „Fähigkeit und Bereitschaft des Menschen, in beruflichen Situationen sach- und fachgerecht, persönlich durchdacht und in gesellschaftlicher Verantwortung zu handeln, d.h. anstehende Probleme zielorientiert auf der Basis von Wissen und Erfahrung sowie durch eigene Ideen selbstständig zu lösen, die gefundenen Lösungen zu bewerten und seine Handlungsfähigkeit weiterzuentwickeln" (Bader 1994);
- **Schlüsselqualifikation**
    - → „relativ lange verwertbare Kenntnisse, Fähigkeiten, Fertigkeiten, Einstellungen und Werthaltungen zum Lösen gesellschaftlicher Probleme" (Beck 1993, S. 17).

▶ Konsequenzen für die Gestaltung von Lernprozessen

Für die Gestaltung von Lehrveranstaltungen zur Initiierung von Lernprozessen begründen zwei Ebenen die Notwendigkeit zur Abkehr einer „Mono"-Methode:
- Durch eine „mehr-methodische" Veranstaltungsorganisation wird den Anforderungen Rechnung getragen, die Studierenden in ihrer beruflichen Handlungskompetenz zu fördern.
- Auch die Studierenden selbst müssen über Methodenkompetenz verfügen, damit sie nachfolgend in der Lage sind, dies in weiteren Lernprozessen in und außerhalb der Hochschule anwenden zu können.

Häufig haben jedoch auch die Studierenden monokulturelle Methodenerfahrungen, sodass es veranstaltungsinternen Interaktions-, Reflexions- und Evaluationsprozessen obliegt, ein gutes *Miteinander-Lehren-und-Lernen* zu entwickeln.

LERNZIELE
= fach- und berufsspezifische Qualifikationen

SCHLÜSSELQUALIFIKATIONEN
= fach- und berufsübergreifende Qualifikationen

Fachkompetenz
Fähigkeit und Bereitschaft, Aufgabenstellungen selbstständig, fachlich richtig und methodengeleitet zu bearbeiten und das Ergebnis zu beurteilen. Hierzu gehören auch „extra-funktionale Qualifikationen" wie logisches, analytisches, abstrahierendes, integrierendes Denken sowie das Erkennen von System- und Prozesszusammenhängen.

Human-/Wertekompetenz
Fähigkeiten und Bereitschaft des Menschen als Individuum die Entwicklungschancen, Anforderungen und Einschränkungen in Beruf, Familie und öffentlichem Leben zu klären, zu durchdenken und zu beurteilen, eigene Begabungen zu entfalten sowie Lebenspläne zu fassen und fortzuentwickeln. Hierzu gehören insbesondere auch die Entwicklung durchdachter Wertvorstellungen und die selbstbestimmte Bindung an Werte.

Sozialkompetenz
Fähigkeit und Bereitschaft, soziale Beziehungen und Interessenlagen, Zuwendungen und Spannungen zu erfassen und zu verstehen sowie sich mit anderen rational und verantwortungsbewusst auseinander zu setzen und zu verständigen. Hierzu gehören insbesondere auch die Entwicklung sozialer Verantwortung und Solidarität.

Methodenkompetenz
Fähigkeit und Bereitschaft zu zielgerichtetem, planmäßigem Vorgehen bei der Bearbeitung beruflicher Aufgaben und Probleme (Planung der Arbeitsschritte). Hierbei werden gelernte Denkmethoden und Arbeitsverfahren bzw. Lösungsstrategien zur Bewältigung von Aufgaben und Problemen selbstständig ausgewählt, angewandt und ggf. weiterentwickelt. Methodisches Arbeiten umfasst selbstständiges Gestalten und Bewerten; es erfordert Eigeninitiative und Kreativität.

Lernkompetenz
Fähigkeit und Bereitschaft, Informationen über Sachverhalte und Zusammenhänge selbstständig und gemeinsam mit anderen zu verstehen, auszuwerten und in gedankliche Strukturen einzuordnen. Zur Lernfähigkeit gehört insbesondere auch die Fähigkeit und Bereitschaft, im Beruf und über den Berufsbereich hinaus Lerntechniken und Lernstrategien zu entwickeln und diese für die Weiterbildung zu nutzen.

Σ

BERUFLICHE HANDLUNGSKOMPETENZ

3.2.4 Methodische Grundbegriffe

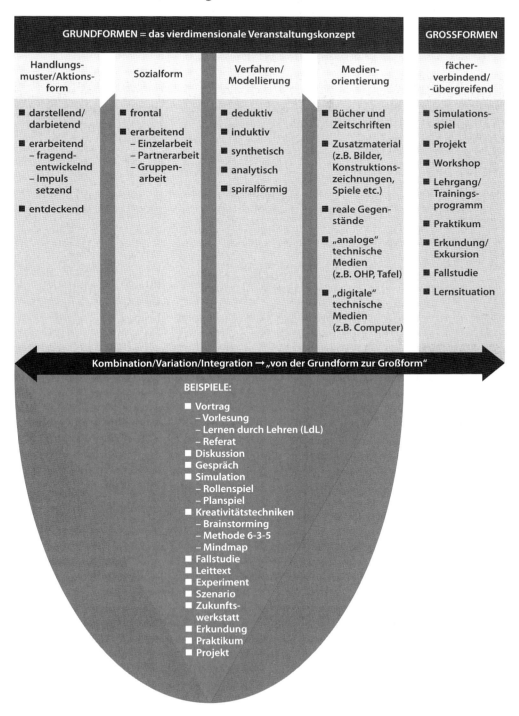

Es gibt eine sehr große Auswahl an Methoden, die ihren Ursprung größtenteils in den Schulformen der Primarstufe und Sekundarstufe I haben oder für militärische (z.B. Planspiel) oder wirtschaftliche (z.B. Kreativitätstechniken) Zwecke entwickelt wurden. Erst nach und nach wurden diese Methoden für die Sekundarstufe II, die Erwachsenenbildung und Managementtrainings angepasst und rezipiert.

Für Veranstaltungen an einer Hochschule gilt die gleiche Regel wie für Unterricht in der ersten Klasse oder für ein hochwertiges Managementtraining. Die Wahl einer Unterrichtsmethode oder einer Kombination aus verschiedenen Unterrichtsmethoden ist ebenso eine didaktische Entscheidung wie die Auswahl des Unterrichtsstoffes und ergibt sich aus derselben. Eine Entscheidung kann aber nur der treffen, der die Wahl zwischen mindestens zwei Alternativen hat. Die Kenntnis und das Wissen um die Vorgehensweise bei einer Vielzahl von Methoden ist daher unerlässlich.

Nur so kann sich im Zeitablauf eine Lehrpersönlichkeit herausbilden: mit der Kenntnis von vielen Methoden und dem Anwenden-Können von für das jeweilige Fach- und Lehrgebiet passgenauen Methoden, die sich durch Versuch und Übung als sinnvoll und zielführend herausgestellt haben.

3.2.4.1 Handlungsmuster und Aktionsformen

Handlungsmuster und Aktionsformen beschreiben die Art, wie die Beteiligten des Lernprozesses (Lernende und Lehrende) sich in das Lernarrangement einbringen. Dabei muss der Lehrende nicht immer die Professorin oder der Professor sein – dies können bei einem Rollenspiel oder einer Präsentation genauso auch die Studierenden sein, z.B. sind ja bei LdL (Lernen durch Lehren) die Rollen zwischen Dozent und Student „vertauscht".

Insbesondere soll Aktionsform so verstanden werden, dass es nicht einen Aktiven und viele Passive gibt. Es agiert zwar z.B. bei der Vorlesung nur der Dozent, die Studierenden sollten aber in der Veranstaltung mit der Aufnahme und Verarbeitung des Präsentierten (Sehen, Hören, Fühlen etc.) befasst sein.

> **darstellend/darbietend**

Bei der darstellenden Aktionsform dominiert eine Lehrperson oder mehrere Agierende das Geschehen, z.B. Vorlesung, Rollenspiel. Dies geschieht frontal (Sozialform), weil der Lehrende

- die Lernenden nicht „herumraten" lassen will,
- davon ausgeht, dass der Erfahrungshintergrund der Lernenden für eine eigenständige Bearbeitung nicht ausreicht,
- die gewählte Methode nur für einen Themeneinstieg verwenden will.

> **erarbeitend – fragend-entwickelnd**

Im Mittelpunkt dieser Methode steht die Frage. Nun gibt es kaum ein unterrichtliches Steuerungsmittel, das mehr Chancen bietet, aber auch gleichzeitig Risiken birgt. Es ist nur sinnvoll, solche Fragen zu stellen, bei denen der Lernende auch die Möglichkeit hat, zumindest eine richtige Vermutung zu äußern. Andernfalls wirkt die Situation als sehr unnatürlich und demotivierend, denn der Wissensvorsprung des Lehrenden ist selbstverständlich und sollte keinesfalls als Machtfaktor im Rollenkontext zwischen Lehrer und Lerner eingesetzt werden. Dies kann auch unbewusst geschehen, sodass eine immanente Evaluation des eigenen Lehrverhaltens – nicht nur in diesem Zusammenhang – für eine positive Entwicklung einer attraktiven Lehrpersönlichkeit notwendig ist.

Die Frage räumt dem Lernenden einen wesentlich geringeren Denkspielraum ein, als dies andere Impulse (siehe S. 216) ermöglichen. „Diesem Mangel kann dadurch entgegengetreten werden, dass direkte, kurzphasige und auf abfragbares Wissen zielende Fragen vermieden werden" (Speth 2004, S. 201).

FRAGEFORMEN					
nach der Art der Antwortvorgabe			nach der Art der Frageformulierung		
offene Fragen	geschlossene Fragen	Alternativ-fragen	direkte Fragen	indirekte Fragen	schwierige Fragen
Die Antwortformulierung erfolgt durch den Befragten, wobei die Kategorien, in denen geantwortet werden kann, offen bleiben.* Häufigste Form: die W-Frage (= mit W beginnende Fragewörter, z.B. was, wie ...) TIPP: Grundelemente (Begrifflichkeiten) der intendierten Antwort mit in die Frage aufnehmen.	Die Antwortalternativen sind bereits durch die Frage bzw. durch vorformulierte Antwortmöglichkeiten vorgegeben.*	Die Antwortalternativen werden auf zwei eingeschränkt (z.B. ja und nein).* Diese Frageform „passiert" dem ungeübten Frager relativ häufig; dies fällt leider zunächst nicht auf, da viele Studierende aufgrund der Sozialisation in der Schule daran gewöhnt sind, trotzdem mit vollständigen Sätzen zu antworten. TIPP: Ist die Antwort nicht gewollt, sollte auf W-Fragen zurückgegriffen werden.	Direkte Ansprache der Studierenden, wenn es z.B. um ein eigenes Meinungsbild oder die persönliche Einschätzung einer bestimmten Situation geht.*	Das Antwortziel entspricht dem der direkten Frage. Die Formulierung der indirekten Frage lässt dem Befragten die Möglichkeit, eine Aussage über andere oder allgemeinerer Natur zu machen.*	Schwierige Fragen sind Fragen, die sich auf Themen beziehen, zu denen nicht gern Stellung genommen wird.*

(Quelle: * Definitionen in Anlehnung an Kromrey 1991, S. 279–281)

Dem Begriff „fragend-entwickelnd" wohnt die Intention bereits inne: Der Frager möchte mit dem Befragten bestimmte Sachverhalte erst erarbeiten. Dies geschieht meist auf der Basis grundlegender Informationen, die dann z.B. durch eine Transferleistung einen neuen Lernbereich erschließen.

> **erarbeitend – Impuls setzend**

Didaktisch ist ein Lernprozess immer dann am fruchtbarsten, wenn der Lernende von sich heraus tätig wird. „Voraussetzung hierfür ist, dass er die Fremdbestimmung in sachbezogene Eigenaktivität umpolt" (Speth 2004, S. 193). Dafür fehlt dem Lerner jedoch häufig der Antrieb, sodass er zu einer Handlung aktiviert werden muss. Neben sinnvoll eingesetzten Fragen dienen dazu Impulse, d.h. extrinsische Anstöße, zur Aktivierung von Selbstständigkeit und Eigeninitiative.

IMPULSARTEN nach					
der Medialität			dem Aktionsraum der Lernenden	der Wirkungsweise	der agierenden Person
verbal	nicht (non-)verbal		■ offener (weiter) Impuls = dem Lernenden wird ein breiter Handlungsspielraum gelassen ■ enger Impuls = nimmt dem Lernenden die Möglichkeit, von dem vorhergesehenen Weg abzuweichen	■ direkter Impuls ■ indirekter Impuls	■ Impuls durch den Lehrenden ■ Impuls durch den Lernenden
■ Frage ■ Befehl ■ Behauptung ■ Zweifel ■ Aufforderung	Lehrerausdruck ■ Mimik ■ Gestik ■ Pause ■ Gebärde	medienbedingt ■ Folie (OHP/Computer) ■ Tafel ■ Chart ■ Pfeile ■ Karten ■ Film			

(Quelle: in Anlehnung an Speth 2004, S.199)

Durch Impulse kann eine angestrebte Gesprächssituation leichter erreicht werden als durch eine reine Frage-Antwort-Kette. Insbesondere bei einer Gesprächsgestaltung mit offenen Impulsen muss der Impulsgeber neben den vorbereiteten Impulsen häufig auch spontan Impulse setzen, um den Gesprächsfluss beibehalten zu können und das fachkompetenzorientierte Lernziel nicht aus den Augen zu verlieren.

▶ entdeckend

Für den Einsatz der entdeckenlassenden Aktionsform wird i.d.R. nicht vorausgesetzt, dass die Studierenden von selbst auf das zu lösende Grundproblem stoßen. Vielmehr wird ihnen dieses vorgegeben und nur nachfolgende Schwierigkeiten und Problemstellungen müssen sie selbst erkennen und auf dem Transferweg für eine Bearbeitung bzw. Lösung formulieren.

PHASENSCHEMA

Phase I
Die Ausgangsproblemstellung erfolgt darbietend/erarbeitend.
Lehrerzentriert.

Phase II
Konkretisierung/Formulierung der Problemlage und auf dieser Basis eines Lösungsansatzes durch die Studierenden.
Coaching/Moderation durch Lehrenden.

Phase III
Lösungsfindung durch die Studierenden durch Selbsttätigkeit (Einzel-, Partner-, Gruppenarbeit, Projekt, Experiment etc.).
Lehrender zur Unterstützung (Lernhilfen).

Phase IV
Sichtung und Überprüfung der Arbeitsergebnisse.
Evtl. nochmalige Selbsttätigkeit oder erneute Problemstellung durch Studierende

Phase V
Erfolgssicherung und Erfolgskontrolle.

(Quelle: in Anlehnung an Speth 2004, S. 213)

3.2.4.2 Sozialform

Bei der Betrachtung der Sozialformen geht es um Kommunikation und soziale Interdependenzen zwischen
- Lehrendem und Plenum (Studierende als Gruppe),
- Studierenden und Studierenden,
- Studierenden und Plenum.

➤ Frontalunterricht

Dem Frontalunterricht haftet in der pädagogischen Literatur ein sehr negatives Image an, da durch die starke Lehrerzentrierung davon ausgegangen wird, dass den Lernenden kaum Möglichkeiten geboten werden,
- selbst initiativ zu werden bzw.
- sozial und sprachlich (der sprachliche Anteil des Lehrenden am Geschehen beträgt ca. 60–80%) zu agieren.

Diese Sichtweise greift aber im Sinne einer hochschuldidaktischen Betrachtung viel zu kurz. Frontalunterricht findet immer als darbietende Aktionsform statt. Aber es geht nicht immer nur um die Vorlesung selbst.
- Es muss nicht zwangsläufig der Lehrende (Professor) sein, der als Vortragender aktiv wird. Auch die Studierenden können Frontalunterricht gestalten (z.B. LdL, Referat, Präsentation etc.).
- Frontalunterricht kann als eine Veranstaltungsphase betrachtet werden und muss nicht zwingend den Rahmen der klassischen 90 Minuten umfassen.
- Auch eine Vorlesungsphase in dieser Form muss umfassend vorbereitet sein. Ein guter, ansprechender, aktivierender und mitreißender Vortrag muss ebenso intensiv vorbereitet sein wie eine impulsgesteuerte Lernphase (der schlechte Ruf ergibt sich nicht aus der Grundform der Vorlesung selbst, sondern vielmehr aus der schlechten Ausgestaltung der Agierenden).

➤ Einzelarbeit

Bei der Einzelarbeit bearbeitet ein Lernender eine durch den Lehrenden vorbereitete und weitgehend vorstrukturierte Aufgabe. Dabei kann diese Form in jeder Unterrichtsphase und auf jeder Unterrichtsstufe stattfinden:
- vorbereitend, z.B. Erkundung des zu Lernenden,
- verarbeitend bzw. erarbeitend, z.B. Anwendung des Gelernten,
- nachbereitend, z.B. Vertiefung des Gelernten,
- weiterführend, z.B. Transfer des Gelernten auf neue Lerngebiete.

Partnerarbeit

Die Partnerarbeit erweitert durch die Beteiligung von zwei Personen am Lernprozess das methodische Spektrum des Lehrenden beträchtlich, da sie wesentlich mehr Einsatzmöglichkeiten bietet als die Einzelarbeit. Die an der Partnerarbeit beteiligten Studierenden können sich so gegenseitig auf Fehler aufmerksam machen oder Fehler durch die gegenseitige Hilfestellung weitgehend vermeiden.

- **Gleichberechtigte Partner** = die Studierenden weisen nur einen geringen Niveauunterschied in Bezug auf Leistungsstärke und Wissensstand auf und arbeiten gemeinsam an dem Arbeitsauftrag, der durch den Lehrenden vorgegeben wurde.
- **Partnerarbeit als Helfersystem** = die Studierenden operieren nachweisbar auf unterschiedlich hohem Niveau, sodass dem Besseren die Rolle eines „Hilfslehrers" zukommt, mit dem Ziel, den Schwächeren zu unterstützen. Das Helfersystem dient somit verstärkt der Förderung von Human- und Sozialkompetenz.

Damit eignet sich die Partnerarbeit als flexibles Instrument in den unterschiedlichen Veranstaltungsphasen sowohl zur Motivation als auch zur Erarbeitung und Lernerfolgssicherung bzw. Wiederholung.

Gruppenarbeit

Während die Ergebnisse der Partnerarbeit i.d.R. nur den persönlichen Lernzielen, nicht aber denen der gesamten Gruppe dienen, können die erarbeiteten Ergebnisse der Gruppenarbeit als Basis für eine gemeinsame Weiterarbeit, z.B. des gesamten Seminars, dienen.

Dabei ist die Zusammensetzung der Gruppe für jede Lernaufgabe wieder neu zu überdenken und somit meist zeitlich befristet. Dadurch kommen nicht nur Gruppen zustande, bei denen sich die Teilnehmer untereinander gut kennen und verstehen, sondern auch solche, bei denen sich die Gruppenmitglieder mit anderen Beteiligten völlig neu auseinander setzen und im Aufgabenbearbeitungsprozess arrangieren müssen.

Die Gruppenleistung wird u.a. von folgenden Faktoren bestimmt:
- Gruppendefinition (einschl. Abgrenzung zu anderen Gruppen),
- Gruppenführung,
- Emotionen und Einstellungen der Gruppenmitglieder
  - zum Führenden,
  - zueinander,
  - zu der zu lösenden Aufgabe,
- Gruppendisziplin/-moral,
- Ablauf von Kommunikationsprozessen,
- Erwartungshaltung und Erfüllungsgrad der jeweiligen Bedürfnisse.

Optimalerweise verfügt eine Arbeitsgruppe in Seminar oder Übung über vier Mitglieder. Bei umfangreicheren Projekten können größere Gruppen gebildet werden, die jedoch wieder in Untergruppen aufgeteilt werden müssten.

In fast jeder heterogen zusammengesetzten Gruppe wird es Teilnehmer geben, die nur wenig motiviert sind und als „Trittbrettfahrer" oder „Störer" auftreten.

- Die **„Trittbrettfahrer"** schaden durch ihr Nichtstun der Gruppe eher passiv, weil sie somit über einen Denker bzw. Arbeiter weniger verfügt. Dieser kann aber positiv beeinflusst werden, indem ihm durch die Gruppe eine Aufgabe übertragen wird. Ein weiteres Steuerungsinstrument ist die abschließende Bewertung des Gruppenarbeitsergebnisses durch den Lehrenden, der entweder die gesamte Gruppenleistung oder aber einzelne Teilleistungen bewerten kann. Im zweiten Fall wird das Nichtstun z.B. spätestens bei der Präsentation auffallen, weil der „Trittbrettfahrer" nicht über das entsprechende Wissen verfügt.
- Den **„Störern"** muss von Seiten des Lehrenden in seiner Funktion als Lernmoderator in der Gruppenarbeitsphase aktiv entgegengetreten werden, indem er entweder selber aktiv wird oder aber die Gruppenteilnehmer bereits über Erfahrung verfügen und den „Störer" gruppenintern sanktionieren können. Den „Störer" als solchen zu entlarven ist häufig recht schwierig, weil er sich erst im Bearbeitungsprozess „outet", z.B. durch
  – extreme Ideen,
  – Streit um die besten Ideen,
  – ständiges (lautes) Sprechen,
  – Blockade von anderen Ideen,
  – Abweichen von Gruppenzielen.

Gruppenanalytisch gilt es nun herauszufinden, ob der Teilnehmer stört, weil es ihm an Kompetenz fehlt, oder ob es sich möglicherweise um ein Intra-Gruppen-Problem handelt.

Je nach Themenstellung kann die Gruppenarbeit *arbeitsgleich* oder *arbeitsteilig* durchgeführt werden.

FORMEN DER GRUPPENARBEIT	
arbeitsteilig	arbeitsgleich
Jede Gruppe erhält nach dem Prinzip der Arbeitsteilung eine Teilaufgabe eines komplexen Gesamtthemas. Der Kooperationsaspekt ist nunmehr nicht nur auf der Intra-Gruppen-Ebene relevant, sondern auch auf der Inter-Gruppen-Ebene von Bedeutung, da jede Gruppe darauf angewiesen ist, dass die jeweils anderen Gruppen hochwertige Präsentationen und Hand-Outs generieren, um sich gegenseitig über die Teilaspekte zu informieren. Erst dann kann die gesamte Gruppe auf dieser Basis weiterarbeiten.	Alle Gruppen bearbeiten dasselbe Thema. Da die Ergebnisse von allen Gruppen präsentiert werden müssen und identische Ausgangsvoraussetzungen (z.B. Arbeitsmaterial, Informationsstand) bestehen, erhöht das Konkurrenzdenken in den Gruppen die Qualität der Ergebnisse i.d.R. positiv. Gleichzeitig muss in der Präsentationsphase auf das Sozialverhalten geachtet werden, da einerseits jede Gruppe das Thema ja bereits bearbeitet hat und andererseits die Motivation nach erfolgter eigener Präsentation ebenfalls sinkt.

PHASENSCHEMA FÜR DEN GRUPPENUNTERRICHT

Phase I – Zielvereinbarung = Klärung und Vereinbarung von Arbeitsaufgaben

Phase II – Bildung der einzelnen Gruppen

Phase III – Bearbeitung der Arbeitsaufträge in den Gruppen / Lehrender als Moderator

Phase IV
Präsentation der Arbeitsergebnisse und Integration in den gesamten Lernzusammenhang einschließlich Feedback von Plenum und Lehrenden

3.2.4.3 Modellierung der Veranstaltung

> **Methodischer Gang**

Nachdem die grundsätzliche didaktische Frage geklärt wurde, welchen Inhalt die Veranstaltung haben soll, muss nun die Entscheidung für den methodischen Gang getroffen werden, für den es vielfältige Planungsmöglichkeiten gibt (Jank/Meyer 1991, S. 396–397).

HINWEIS: Hierbei ist entscheidend, dass nicht die Planung des methodischen Gangs der Veranstaltung mit der Gliederung des zu lehrenden Stoffes in einzelne Teilgebiete bzw. Sacheinheiten verwechselt wird (Jank/Meyer 1991, S. 397).

Der methodische Gang kann sein:
- **analytisch:** das Ganze in seine Teile zergliedernd,
- **synthetisch:** viele Teile zu einem Ganzen zusammensetzend,
- **deduktiv:** vom Allgemeinen zum Besonderen,
- **induktiv:** vom konkreten Fall zur allgemeinen Gesetzmäßigkeit,
- **spiralförmig:** immer wieder gleiche Themenstellungen werden auf jeweils höherem Kompetenzniveau abgearbeitet.

Er kann führen:
- vom **Einfachen** zum **Komplizierten** (und umgekehrt); HINWEIS: Das logisch Einfache ist nicht zwingend auch das psychologisch Einfache!
- vom **Vertrauten** zum **Fremden** (und umgekehrt),
- vom **Eindeutigen** und Gewissen zum **Zwei-/Mehrdeutigen** und Ungewissen, Widersprüchlichen, Paradoxen (und umgekehrt vom Staunen, Zweifeln und Verwirrtsein zur Sicherheit und Klarheit),
- von **materiellen,** konkret ausgeführten Tätigkeiten zu **geistigen**, verinnerlichten Tätigkeiten (und umgekehrt),
- von hoher **Lehrendendominanz** (z.B. Vortrag als Themeneinstieg) zu hoher **Studierendenaktivität** (z.B. Gruppenarbeit) oder umgekehrt von hoher Selbsttätigkeit der Studierenden zur lehrerzentrierten Ergebnissicherung,
- von **gefühlvoller, ganzheitlicher Einbindung** der Studierenden in das Thema zu einer **rational-begrifflichen Klärung** (und umgekehrt).

➤ Veranstaltungsschritte

Jede Veranstaltung besteht aus mehreren Teilen, die sowohl zeitlich als auch methodisch geplant werden müssen, damit die sich aus der didaktischen Entscheidung ergebenden Ziele auch erreicht werden können und somit überprüfbar sind.

PHASENSCHEMA FÜR DEN ABLAUF EINER VERANSTALTUNG BZW. VON VERANSTALTUNGSTEILEN

Phase I – Motivation, Einstieg, Einleitung, Ziel-/Problemformulierung, Themenfindung, Aufgabenstellung

Phase II – Erarbeitung, Verarbeitung, Vertiefung

Phase III – Ergebnissicherung, Anwendung, Übung, Problemlösung, Transfer, Zusammenfassung

Phase IV – Kontrolle, Auswertung, Überprüfung

Phase V – Wiederholung, Anknüpfung – kann auch wieder mit Phase I identisch sein

(Quelle: in Anlehnung an Meyer 1994, S. 129)

Natürlich hat der Lehrende alle Freiheiten bei der Reihung der einzelnen Phasen:
- Jede dieser einzelnen Phasen kann pro Veranstaltung einfach oder mehrfach vorkommen.
- Das Phasenschema kann sich insgesamt wiederholen.
- Es kann dieselbe Phase mehrfach hintereinander geplant werden, dies ist insbesondere bei kleinschrittiger Vorgehensweise notwendig, da es dann z.B. mehrere Erarbeitungsphasen geben kann.
- Innerhalb eines „großen" Schemas können mehrere „kleine" Abfolgen eingebaut werden.

Beispiel

Phase I – EINSTIEG DURCH ANKNÜPFUNG AN DIE VORANGEGANGENE VERANSTALTUNG

Phase II – ERARBEITUNG 1

Phase II.1 – Aufgabenstellung

Phase II. 2 – Erarbeitung der Aufgabenstellung durch die Gruppen

Phase II. 3 – Präsentation der Gruppenarbeitsergebnisse

Phase II. 4 – Bearbeitung und Auswertung von vertiefenden Aufgaben

Phase III – ERARBEITUNG 2

Phase IV – ANWENDUNG DES GELERNTEN IN EINER FALLÜBUNG

> **TIPP**

Bei jeder Veranstaltung gibt es bestimmte neuralgische Punkte, an denen der Lehrende berücksichtigen muss, dass

- bestimmte Lerninhalte für die Studierenden nur schwer zu durchdringen sind und der Zugang durch die entsprechende Methodenwahl, gezielt gesetzte Impulse oder zentrale Fragen vereinfacht werden sollte;
- an dieser Stelle besonders langsam und dementsprechend meist interagierend vorgegangen werden muss (z.B. Kombination aus darbietender und fragend-entwickelnder Aktionsform);
- im Anschluss besonders sensibel auf Fragen eingegangen werden bzw. den Studierenden überhaupt die Möglichkeit gegeben werden muss, Fragen stellen zu können. Besonders ungeeignet sind hier Formulierungen wie „Haben Sie noch Fragen?", „Hat noch jemand eine Frage?" etc. Besser ist es in diesen Situationen, durch Impulse eine kurze Wiederholung zu steuern, die den Studierenden die Möglichkeit gibt, das zuvor Gehörte in eigenen Worten zu formulieren und sich ggf. durch den Lehrenden korrigieren zu lassen.

Den Mut dazu gewinnen die Studierenden natürlich nur dadurch, dass der Lehrende vorher bereits eine Atmosphäre geschaffen hat, die eine solche Vorgehensweise auch ermöglicht.

3.2.4.4 Medieneinsatz

Der aus dem Lateinischen stammende Begriff Medium kann wörtlich mit *Mitte* oder *Mittelpunkt* übersetzt werden. „In der Pädagogik wird als Medium ein *Mittel* oder ein *Mittler* bezeichnet, mit dessen Hilfe der Unterrichtsinhalt [...] vermittelt werden kann" (Meyer 1994, S. 148).

Der Einsatz von Medien in der Lernprozessgestaltung setzt wie alle methodischen Überlegungen voraus, dass die Entscheidung für ein Medium als didaktische Entscheidung dem Ziel folgt, den Studierenden den Lerninhalt auf bestmögliche Art und Weise nahe zu bringen. Damit darf die Medienwahl nicht zum Selbstzweck werden.

Beispiel

Der Einsatz einer Präsentationssoftware fällt vielen Lehrenden leicht, sodass sie einen Großteil (oder sogar alle) ihrer Vorlesungen damit bestreiten. Hier besteht die Gefahr der Medienmonotonie.

Das andere Extrem liegt darin, möglichst viele verschiedene Medien (und Methoden) einzusetzen. Nur weil ein Medium oder eine Methode noch nicht zum Einsatz gekommen ist, muss dies nicht zwingend in jedem Semester in jeder Veranstaltungsreihe auch passieren.

Außerdem nehmen die Studierenden „die eingesetzten Medien auf verschiedene Weise wahr und codieren und verarbeiten sie auch unterschiedlich" (Speth 2004, S. 319). Damit gibt es kein Medium, das besser als das andere ist. Es gibt nur Medien, die für den methodischen Einsatz bei einem bestimmten Thema besser geeignet sein können als andere.

3.2.4.5 Methodische Großformen

Bei den methodischen Großformen handelt es sich „um historisch gewachsene, institutionell und auch im Alltagsbewusstsein von [Lehrenden und Studierenden] mehr oder weniger fest verankerte typische Lehr-/Lernwege mit unterschiedlichen Zielsetzungen und erkennbaren methodischen Gestaltungselementen" (Meyer 1994, S. 143). Dabei setzen sich diese Großformen natürlich wiederum aus den methodischen Grundelementen zusammen.

Der gesamte Studieninhalt wird im Rahmen der curricularen Stoffplanung in einzelne Fächer aufgebrochen. Dadurch wird die Komplexität des Stoffes zwar reduziert, es besteht jedoch die Gefahr, dass die Studierenden den Gesamtzusammenhang aus den Augen verlieren. Die methodischen Großformen dienen nun dazu, einen großen Teil dieses Zusammenhangs wieder herzustellen.

Beispiel

Studierende in wirtschaftsorientierten Studiengängen müssen sich mit einer Vielzahl von Einzelfächern in Grund- und Hauptstudium auseinander setzen, z.B. Buchführung, Kostenrechnung, Marketing, Controlling, Management und Personalführung, Produktionsmanagement, Mathematik, Wirtschaftsrecht etc.

Bei einem Unternehmensplanspiel müssen die Studierenden in Gruppen, die meist ein Unternehmen abbilden, in all diesen Bereichen Entscheidungen treffen: Ware muss eingekauft, Personal eingestellt oder entlassen werden, Werbeentscheidungen werden getroffen usf. Auf dieser Basis simuliert meist ein DV-gestütztes Programm eine Marktsituation für alle Gruppen, da die Entscheidung der einen Gruppe sich auf das eigene und das Ergebnis der anderen Gruppen auswirkt.

Anschließend werten die Gruppen die aufgrund der Entscheidungen entstandenen Ergebnisse aus. In diesem Zusammenhang müssen unternehmerische Kennzahlen analysiert und die Folgeperiode geplant werden. Außerdem kann der Spielverlauf und das Teilnehmerverhalten reflektiert werden.

Diese Phasen wiederholen sich, bis eine Reihe von Spielphasen durchlaufen worden ist und eine Gesamtreflexion der Gesamtgruppe einschließlich Spielleitung vorgenommen werden kann.

Dadurch erhalten die Studierenden die Gelegenheit, bereits erworbenes Wissen anwenden und die Zusammenhänge zwischen den einzelnen Fachgebieten herstellen zu können.

Die Durchführung des Planspiels kann zu verschiedenen Zeiten des Studiums vorgenommen werden: Es eignet sich sowohl als Einstieg im Grundstudium, wobei allerdings einige Bereiche noch als Black-Box angesehen werden müssen, als auch auf anspruchsvollerem Niveau mit fortgeschrittenen Studierenden, mit denen die einzelnen Entscheidungen bereits fundiert betriebs- und marktwirtschaftlich diskutiert werden können.

3.2.5 Literatur

3.2.5.1 Quellen und Hinweise

Achtenhagen, F. u.a.: Lernhandeln in komplexen Situationen, Wiesbaden, Gabler 1992

Aristoteles: Politik, übersetzt und im Anhang kommentiert von Olof Gigon, München, 4. Aufl., 1981

Bader, R.: Handlungskompetenz – Ziel der pädagogischen Arbeit. Referat vom 09. Januar 1994 auf der Hegge

Beck, H.: Schlüsselqualifikationen – Bildung im Wandel, Darmstadt, 1993

Berner, H.: Didaktische Kompetenz, Bern/Stuttgart/Wien, Haupt, 1999

Gaudig, H.: Die Schule der Selbsttätigkeit, Bad Heilbrunn, Klinkhardt, 2. Aufl., 1969

Jank, W.; Meyer, H.: Didaktische Modelle, Frankfurt am Main, Cornelsen Scriptor, 1. Aufl., 1991

Kerschensteiner, G.: Theorie der Bildung, Berlin, G.G. Teubner, 1926

Kerschensteiner, G.: Begriff der Arbeitsschule, München, Oldenbourg, 17. Aufl., 1969

Koslowski, P.: Politik und Ökonomie bei Aristoteles, Tübingen, J.C.B. Mohr, 3. Aufl., 1993

Krachtowil, L.: Pädagogisches Handeln bei Hugo Gaudig, Maria Montessori und Peter Petersen, Donauwörth, Auer, 1992

Kromrey, H.: Empirische Sozialforschung, Opladen, Leske + Budrich, 1991

Leontjew, A. N.: Tätigkeit, Bewußtsein, Persönlichkeit, Berlin (DDR), 1977

Meyer, H.: Unterrichtsmethoden – I. Theorieband, Frankfurt am Main, Cornelsen Scriptor, 6.Aufl., 1994

Platon: Politeia, übersetzt von Friedrich Schleiermacher, herausgegeben von Otto, Grassi und Plamböck, Hamburg, 1982

Sindern, K. H.: Handlungsorientierung ist eine wunderbare Vision – Ein Plädoyer für mehr Ehrlichkeit, in: Der berufliche Bildungsweg, 3/1995

3.2.5.2 Vertiefende Literatur und Links

Aebli, H.: Zwölf Grundformen des Lehrens, Stuttgart, Klett Cotta, 8. Auflage, 1994

Klippert, H.: Methodentraining – Übungsbausteine für den Unterricht, Weinheim und Basel, Beltz Verlag, 10. Auflage, 1999

Lindemann, M.: Kreative Bausteine für den kaufmännischen Unterricht, Rinteln, Merkur Verlag, 1. Auflage, 2000

Speth, H.: Theorie und Praxis des Wirtschaftslehreunterrichts – Eine Fachdidaktik, Rinteln, Merkur Verlag, 8. Aufl., 2004

Zur Methode LdL (Lernen durch Lehren) von Prof. Jean-Pol Martin s. www.ldl.de

3.3 Aktivierende Lehrmethoden in der Hochschullehre: Überblick und Fallbeispiele

Prof. Dr. Tobina Brinker
Prof. Dr. Jan Jarre

Aktivierende Lehrmethoden sind nicht immer das, was erwartet wird:

Nasreddin Hodscha, der Türkische Eulenspiegel des 13. Jahrhunderts, bestieg beim Gottesdienst am Freitag den Predigerstuhl. Neugierig sahen die Gläubigen zu ihm hinauf, gespannt, welche Weisheiten er ihnen zu lehren habe.

„Wisst ihr, was ich euch sagen will?" fragte der Hodscha.

„Nein", rief die Menge.

„So seid ihr zu bedauern", sagte Nasreddin, „denn ich werde es euch nicht sagen." Und er stieg von der Kanzel und ging heim.

In der nächsten Woche aber war er wieder da und fragte: „Wisst ihr, was ich euch sagen will?"

„Ja!" rief die Menge, denn die Leute wollten Nasreddin einen zweiten Triumph nicht gönnen.

„So seid ihr glücklich zu preisen", sagte Nasreddin, „und ich brauche es euch nicht zu sagen." Und er stieg von der Kanzel und ging heim.

Als er aber am dritten Freitag wieder seine Frage tat: „Wisst ihr, was ich euch sagen will, oder wisst ihr es nicht?" – so war die Versammlung diesmal vorbereitet: „Einige wissen es, einige wissen es nicht!"

„Wohlan!" sagte Nasreddin. „So sollen diejenigen, die es wissen, ihr Wissen denen mitteilen, die es nicht wissen!" Und ging nach Hause.

(Köhler 2003, S. 54 f.)

Der folgende Text beschreibt die **Vorzüge aktivierenden Lehrens** und vermittelt einen Überblick über einige erprobte Lehrmethoden. Für Lehrende wie für Studierende erfordert es Mut, Neugier und Offenheit, sich auf aktivierende Methoden einzulassen. Zusätzlich aber bedarf es hochschulpolitischer und hochschulinterner Rahmenbedingungen, die neue Lehrformen fördern und nicht behindern.

3.3.1 Aktivierende Lehrmethoden – aktives Lernen

In irgendeiner Weise bedeutet Lernen immer: Verhalten ändern. Dies heißt zugleich: Aktiv sein! Wenn Aktivität von Beginn an in Lernprozesse integriert wird, dann steigt die Wahrscheinlichkeit für gelingendes Lernen im Sinne einer Initiierung neuer Handlungsweisen.

„Shifting from Teaching to Learning" (Wildt 2003 im ersten hochschuldidaktischen Newsletter unter www.hd-on-line.de) oder „Der Lerner ist der Mittelpunkt" (Heister 2004, in Brinker & Rössler, S. 205) sind aktuelle Überschriften, die u.a. aufrufen, das aktive Lernen zu fördern. Lehren ist nicht gleich lernen, es reicht nicht, das Wissen von einem Kopf (Lehrende/-r) in den nächsten Kopf (Lernende/-r) zu transferieren, so als würde man zwei Festplatten aneinander koppeln. „Lernen heißt: Lernstoff aufnehmen und **AKTIV verarbeiten!**" (Lehner & Ziep 1997, S. 5). In jedem Lernprozess entscheiden zum einen die Lehrenden, was wichtig ist und was deshalb den Lernenden als Schwerpunkt präsentiert wird. Zum zweiten entscheiden die Lernenden, was wichtig und für sie relevant ist: kurz gesagt, was sich lohnt zu lernen. Selbst gut aufgebaute Referate mit brillanten Rednern tragen nicht zur langfristigen Behaltensleistung bei, sondern das, was man sich selbst erarbeitet hat, bleibt im Gedächtnis haften.

Aktivierende Lehre, warum? Aktivierende Lehre ist entdeckende und motivierende Lehre. Entdeckend auf Seiten der Studierenden mit Blick auf die eigenen Fähigkeiten und Möglichkeiten, Probleme zu lösen und damit Zukunft gestalten zu können. Entdeckend auch auf Seiten der Lehrenden mit Blick auf das mobilisierbare studentische Kreativitäts- und Leistungspotenzial sowie die damit verbundenen Motivationseffekte für die Lehrenden selbst: Über studentische Fragen, Kommentare, Erfahrungsschilderungen und Fundstücke in Presse und Alltag wird nicht nur das Interesse der Lehrenden gestärkt, sondern darüber hinaus bei ihnen auch ein Assoziationswissen und ein pädagogisches Sympathiefeld aktiviert, das wiederum der Lehr- und Lernsituation insgesamt zugute kommt. In der Folge kann sich eine fruchtbare pädagogische Wechselbeziehung zwischen Lehrenden und Lernenden entwickeln, die zugleich eine positive **Motivationsspirale** in Gang setzt, von der beide Gruppen profitieren.

Schon lange ist bekannt, dass aktives Lernen, individuelle Wissenskonstruktion und die eigene Erfahrung viel mehr Lernerfolg bringen als rezeptives Lernen. Andererseits benötigt aktives Lernen mehr Zeit, intensives Betreuen und Anleiten und daraus folgend geringere Teilnehmerzahlen. In der Regel ist auch eine wohl überlegte inhaltliche **Stoffreduktion** erforderlich (vgl. z.B. Arbeitsgruppe Hochschuldidaktische Weiterbildung 1998; SKILL-Autorenteam 2001).

Bei Übungen, in denen sich Lehrende an ihre eigenen Lernerfahrungen in Schule, Studium und Ausbildung erinnern, werden immer wieder die Lehrmethoden als besonders gewinnbringend für den eigenen Lernerfolg genannt, die aktives Lernen fördern: Projekte, Rollen-/Fallbeispiele, Planspiele, Praktika und andere Lernsituationen, bei denen man aktiv gelernt, d.h. sich zumindest teilweise das Wissen selbst angeeignet hat. Den so genannten Nachhilfeeffekt, bei dem man den Lerninhalt deshalb so gut begreift, weil man ihn mit eigenen Worten jemand anderem erklären muss, hat fast jede/-r schon mal selbst erlebt. Aktives Lernen motiviert nicht nur viel mehr, sondern fördert auch das **Behalten** und die **Dauerhaftigkeit** der Lernergebnisse.

Lehrende sollten vorrangig nicht die Ergebnisse ihrer Forschung vermitteln, sondern Prozesse und Handlungen initiieren, die aktives Lernen ermöglichen. Das Schema Referat oder Lehrervortrag, Fragen stellen und diskutieren muss unterbrochen werden, weil es kein selbstständiges und aktives Lernen und erst recht nicht ein aktives Auseinandersetzen mit forschungsrelevanten Fragestellungen und wissenschaftlichen Inhalten fördert, sondern den Lernenden über weite Strecken zu einer weitgehend passiven und rezeptiven Haltung verurteilt (Arbeitsgruppe Hochschuldidaktische Weiterbildung 1998, Heft 3, S. 5).

Mit aktivierenden Methoden schaffen die Lehrenden Raum für studentische **Selbstständigkeit** und **Eigenaktivität.** Mit der Selbstständigkeit wächst die individuelle Verantwortung für das (Seminar-) Geschehen. Mit der Selbstverantwortung entsteht Ernsthaftigkeit. In der Ernsthaftigkeit wachsen die Ressourcen der Beteiligten, die affektive Anteilnahme und das studentische Engagement. In der Konsequenz ernten Lehrende und Studierende gemeinsame Erfolge u.a. in Form von vorzeigbaren Arbeitsergebnissen, überraschenden Entdeckungen, Selbstbestätigungen und einem kooperativen Arbeitsklima, das auch kommende Seminare positiv beeinflussen wird. Erfolgserlebnisse vermitteln Vertrauen in die eigene Problemlösungskompetenz („in mir steckt mehr, als ich selbst vermutet habe"). Erfolge bestärken die Studierenden in ihrem Selbstwertgefühl und ihrer Eigenaktivität. Erfolge fördern die praktizierte Eigenverantwortung für weitere Lernprozesse und ermutigen zur aktiven Verwendung der Erkenntnisse auch in hochschulexternen Arbeits- und Alltagszusammenhängen.

Wie kommen wir dahin? Vielleicht fällt Ihnen selbst etwas ein! Aber um Sie mit diesem Appell nicht ganz allein zu lassen, im Folgenden ein paar Anregungen, Hinweise und Fallbeispiele, wie Hochschullehre so gestaltet werden kann, dass über ein Mehr an aktivem Miteinander auch ein Mehr an zukunftsorientiertem Wissen vermittelt und entwickelt werden kann. Die hier formulierten Anregungen orientieren sich in erster Linie an eigenen **Lehrerfahrungen** und methodischen **Experimenten,** die nach mehrfacher Erprobung von uns als Erfolg versprechend und übertragbar eingestuft wurden. Unsere Vorschläge sind u.E. ohne größere Vorerfahrungen umsetzbar und entfernen sich nicht zu weit von gewohnten Lehr-Lern-Arrangements.

3.3.2 Überblick über aktivierende Lehr-Lern-Methoden

Der Einsatz aktiver Lehr- und Lernmethoden sollte sich aus der inhaltlichen Planung der Lehreinheit heraus entwickeln, sinnvoll und erkennbar mit den zu vermittelnden Inhalten verzahnt sein und keineswegs als Selbstzweck betrieben werden. Entscheidend ist das Ziel der Lehreinheit. Sollen die Lernenden z.B. auf ihr **Berufsleben** vorbereitet werden, in dem niemand mehr das neue Wissen für sie aufbereitet und darbietet, dann müssen die Lernenden **selbst erfahren,** wie sie sich neues Wissen aneignen können. Daraus ergeben sich die nächsten Planungsschritte: Inhalte, Methoden und Medien (siehe Abb. auf S. 230). Eine ungünstige Methodenwahl wäre in diesem Fall ein Vortrag über die Aneignung neuen Wissens, weil die Lernenden nicht selbst aktiv das Wissen aufbereiten und Erfahrungen mit dem eigenen Lernen machen können.

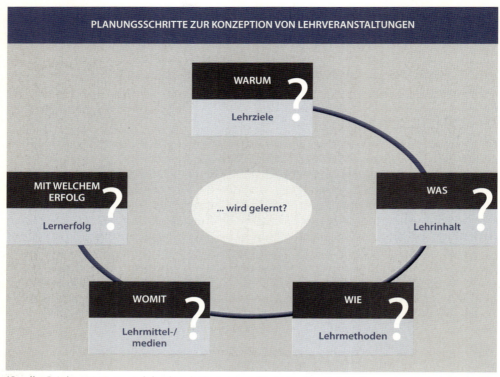

(Quelle: Brinker 2003, www.lehridee.de, Lernen und Lehren, Konzipieren)

Methoden lassen sich nach dem Kriterium der Aktivität der Lehrenden und Lernenden in der eigentlichen Lehrsituation folgendermaßen einordnen:

➤ Darbietende Methoden

Darbietende Methoden, bei denen Lehrende sehr aktiv sind und die Lernenden eine rein rezeptive und passive Haltung einnehmen (siehe Abb. auf S. 231), sind folgende Methoden: Vortrag, Referat, Film-/Videovorführung, Darbietung, Demonstration, Erklärung usw.

➤ Aktivierende Methoden

Aktivierende Lehrmethoden sind dagegen die Methoden, bei denen die Lehrenden Prozesse initiieren, selbst in der Lernsituation im Hintergrund bleiben und als Lernberater/-in zur Verfügung stehen. Die Lernenden übernehmen die Aktivität und Initiative. Sie bestimmen – je nach Methode – weitgehend selbst ihr Lernen, ihren Lernprozess und das Vorgehen. Beispiele für diese Methoden sind Planspiele, Rollenspiele, Fallstudien, Gruppen-, Partner- und Einzelarbeit, Experimentiergruppen, Projekte.

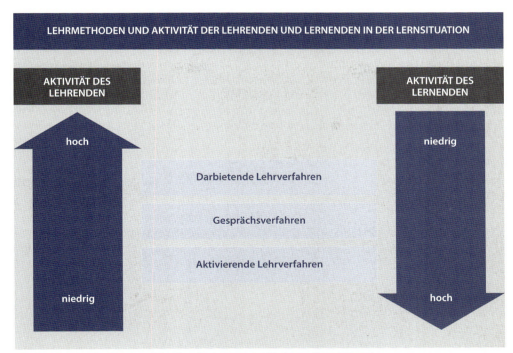

(Quelle: Brinker 2003, www.lehridee.de, Lernen und Lehren, Konzipieren)

▶ Gesprächsverfahren

Die Gesprächsmethoden sind in der Abbildung in der Mitte angeordnet, weil Lehr- und Unterrichtsgespräche vom Lehrenden sehr stark gelenkt werden können, z.B. die Abfrage in der Schule, bei der ein Schüler und ein Lehrer kommunizieren und die anderen nur passiv zuhören können. Dieses Gespräch wäre in der Abbildung unter darbietende Lehrverfahren einzuordnen. Dagegen kann ein Gespräch aber auch ganz frei ablaufen wie beispielsweise in einer Gruppenarbeitsphase, bei der die Lehrenden gar nicht anwesend sind. Dann wäre dieses Gespräch eine aktivierende Lehrmethode. Je nach Lenkung der Lehrenden lässt sich ein Gespräch beiden Bereichen zuordnen.

Aktivierende Lehr- und Lernmethoden können als in sich geschlossene **komplette Lehreinheit** eingesetzt werden, sie können aber didaktisch auch sehr sinnvoll mit darbietenden Methoden kombiniert werden. Der Aufbau einer rein aktivierenden Lehreinheit wird in Kapitel 3.3.2.2 aufgezeigt, den Einsatz von aktivierenden Methoden innerhalb von darbietenden Lehreinheiten zeigt Kapitel 3.3.3.

3.3.2.1 Rolle Lehrender – Rolle Lernende

Die Rollen und Aktivitäten der Lernenden und Lehrenden sind in aktivierenden und darbietenden Lehrmethoden andere: Bei sehr aktiven Lehrmethoden nehmen die Lernenden das Lernen, d.h. den Lernprozess, das Lernvorgehen, die Lernorganisation und den Lerninhalt selbst in die Hand. Ausgangspunkt ist der/die erwachsene Lernende, der/die selbstverantwortlich und selbstständig lernt. Dazu ist ein Umdenken in beiden Rollen und ein Aneignen von Lern- und Arbeitstechniken zum selbstständigen Lernen Voraussetzung. Lernende, die nicht gewohnt sind, selbstständig und eigenverantwortlich zu lernen, müssen mit dieser Art des Lernens erst **vertraut werden** und die positive Wirkung des aktiven Lernens erfahren. Auf den ersten Blick wirken aktivierende Lehrmethoden für Lernende, die noch keine Erfahrung damit haben, sehr arbeitsintensiv. Erst die positive Erfahrung und der Lernerfolg zeigen den Lernenden, wie wichtig und motivierend aktives und selbstständiges Lernen sein kann.

Die Lehrenden entwickeln Lern- bzw. Problemsituationen, in denen solche aktivierenden Lehrmethoden möglich sind. Ihre Aufgabe ist es, die Lern- und Rahmenbedingungen zu schaffen, die Probleme und Projekte zu initiieren, als **Moderatoren** und **Lernberater** im Lernprozess zur Verfügung zu stehen und nur noch bei großen Fehlern und Irrtümern einzugreifen.

DARBIETENDE UND AKTIVIERENDE LEHRMETHODEN IM VERGLEICH		
	Darbietend Lehren	Aktivierend Lehren
Grundverständnis	Darstellen, Erläutern und Veranschaulichen eines Sachverhalts, Problems, Modells, Verfahrens ...	Erarbeiten oder Verarbeiten eines Sachverhalts, Problems, Modells ... in Gruppen
Lehrende	Bereiten den Lehrinhalt selbst didaktisch auf und stellen den Inhalt selbst dar	Initiieren didaktisch vorbereitete selbstständige Lern- und Entdeckungsprozesse
Lernende	Bemühen sich, das Dargebotene mit- und nachzuvollziehen	Bemühen sich, das Betreffende selbstständig zu erarbeiten bzw. zu verarbeiten und anzuwenden

Die Lehrenden sind nicht nur Inhaltsexperten, sondern auch **Prozessbegleiter** (SKILL-Autorenteam 2001, S. 37). Sie haben bei den aktivierenden Lehr-Lern-Methoden eine ganz andere Rolle als bei den darbietenden Methoden: Wenn die Lernenden ihr Lernen selbst in die Hand nehmen, sind die Lehrenden keine Wissensvermittler mehr, sie sind vielmehr Lernmoderatoren, stehen für prozessorientierte und ergebnisorientierte Hilfestellung zur Verfügung, sind aber nicht – wie bei darbietenden Methoden – der Mittelpunkt des Lehr-Lern-Geschehens. Der Einsatz von aktivierenden Lehrmethoden bedeutet **Mut zum Loslassen,** weil die Lehrenden nicht mehr direkt alle Aspekte des Lernprozesses selbst steuern können.

Der Lenkungs- und Führungsanteil bei darbietenden Lehrmethoden ist dadurch, dass Lehrende den gesamten Lehrinhalt selbst strukturieren und darbieten, erheblich höher als bei aktivierenden Lehrmethoden. Aber: „Lehrerängste verhindern neue Lernmethoden" und „zu viel Lenkung lähmt die Teilnehmer" (SKILL-Autorenteam 2001, S. 42). Für den Einsatz aktivierender Methoden muss die Verantwortung für das Lernen in die Hände der Lernenden gegeben werden. Das erfordert von den Lehrenden Mut zum Auszuprobieren, zum Abgeben von Verantwortung und Lenkung. Lehrende werden zum Lernberater und Lernpartner bis hin zum Lern-Coach (Schumacher 2004, in Brinker & Rössler, S. 227).

Eine Skizze aus dem Schulbereich zur Gruppenarbeit verdeutlicht die neue Rolle des Lehrenden (Meyer 1987, S. 268). Eine notwendige Qualifikation für Lehrende besteht nicht zuletzt darin, sich zurücknehmen zu können.

Abb.: Die Rolle des Lehrers bei einer Gruppenarbeit (Quelle: Meyer 1987, S. 268)

3.3.2.2 Aufbau einer aktivierenden Lehreinheit

Bereits der Anfang einer Lehrveranstaltung sollte möglichst aktiv gestaltet werden: Es gibt keine zweite Chance für den ersten Eindruck!

Als **Einstieg** kann völlig unabhängig vom Thema ein Bezug zu persönlichen Lernerfahrungen hergestellt werden. Bereits im Rahmen einer Vorstellungsrunde lassen sich z.B. folgende Fragen stellen: Was haben Sie in der letzten Zeit für sich persönlich Wesentliches gelernt? Wie bzw. wodurch haben Sie dies gelernt? Bei Studierenden kann darüber hinaus auch eine Reflexion eigener Schulerfahrungen aufschlussreich sein (wie haben Sie in der Schule gelernt: prüfungsorientiert, unter Druck, selbst motiviert; allein, in einer Gruppe usw.? Fragen dieser Art initiieren erfahrungsgemäß eine lebhafte Diskussion über persönliche Schul- und erste Studienerfahrungen zum

Thema „Lernen" und machen sensibel für die nahe liegende Anschlussfrage: Wie wollen wir gemeinsam lernen, welche Möglichkeiten haben wir und was würde „aktivierende Lehre" für das Miteinander in unserer Semestergemeinschaft bedeuten? Auf diese Weise kann „aktivierende Lehre" als ein Konzept vorgestellt werden, das neue Lernchancen eröffnet und dabei mehr studentische Selbstverantwortlichkeit und Eigenaktivität, mehr Selbstbestätigung und Lernfreude mit sich bringen kann. Zugleich lassen sich bereits an dieser Stelle eventuell vorhandene studentische Vorbehalte und Ängste thematisieren.

Eine andere Möglichkeit für einen Einstieg, der erfahrungsgemäß im weiteren Veranstaltungsverlauf emotional und kognitiv präsent bleibt, besteht darin, Menschen und Dinge buchstäblich **in Bewegung** zu bringen (Heckmair 2000):

> **Beispiel**
>
> Die Studierenden bilden einen Stuhlkreis, stellen sich hinter ihre Stühle, greifen mit der linken Hand die Lehne und kippen den Stuhl auf die zwei hinteren Beine. Dann drehen sich alle um 90 Grad nach rechts und halten weiterhin den Stuhl mit der linken Hand. Jetzt sollen alle Beteiligten den Stuhlkreis gegen den Uhrzeigersinn umrunden (nur die linke Hand darf genutzt und jeweils nur eine Stuhllehne berührt werden). Kein Stuhl darf aus der labilen Gleichgewichtslage auf seinen vier Beinen landen, sonst muss neu begonnen werden. Wenn alle Personen wieder auf ihrer Ausgangsposition stehen, ist die Aufgabe gelöst.

Die Studierenden werden bei diesem Einstieg feststellen, dass
- ihre Aufgabe nicht ohne kommunikative Lösungselemente zu erfüllen ist,
- bestimmte Spielregeln festgelegt und eingehalten werden müssen,
- ein gemeinsamer Rhythmus zu finden ist,
- es hilfreich sein kann, wenn eine Person als Moderator tätig wird,
- ein verständnisvoller und fairer Umgang untereinander erforderlich ist, um die Aufgabe zu lösen, und dass
- aus eigenen Fehlern gelernt werden muss.

Dies alles sind Strukturelemente, die auch im weiteren Umgang miteinander im Seminar und generell in Lehr- Lern-Zusammenhängen unverzichtbar sind. Ein Gespräch zwischen Lehrenden und Lernenden über die Frage der gemeinsamen Zusammenarbeit, über Zielsetzungen, Spielregeln und Regelverstöße ist ohne Alternative, erhält aber häufig einen gezwungenen und autoritären Charakter. Die vorgestellte Einstiegsübung erleichtert ein Gespräch über diese Fragen sehr, weil alle hautnah erlebt haben, dass **Kommunikation** für die erfolgreiche Problemlösung unverzichtbar ist. Nach dieser Übung wird eine Ziel- und Regeldiskussion in der Regel als hilfreich und bedeutsam angesehen und im besten Fall kann gemeinsam herausgefunden werden, dass Lehre keine Einbahnstraße darstellt, sondern dass Studierende Verantwortung für den eigenen Lernprozess übernehmen müssen.

Der Einstieg in das Themengebiet und die Aufgabenstellung für die Lehreinheit kann durch einen kurzen Informationsvortrag, z.B. ein Impulsreferat, durch eine Vorführung oder ein Gespräch, ein Interview usw. erfolgen. Wichtig ist, dass bei den Lernenden das Interesse und die Motivation geweckt werden, sich mit dem Thema und der Aufgabe zu beschäftigen. Also sollte auch die Frage beantwortet werden: Was bringt es mir, wenn ich mich jetzt und hier mit diesem Thema/dieser Aufgabe/diesem Problem auseinander setze?

Eine motivierende und integrative Hochschullehre sollte versuchen, angewandte **Forschungsfragen** in die Lehreinheiten zu integrieren und in Teilschritten zu bearbeiten. In der Hochschullehre bietet es sich beispielsweise an, einfachere Praxisprobleme aus Betrieben in Seminaren vorzustellen und den Studierenden bereits in unteren Semestern forschungsbezogene Teilaufgaben zu übertragen (vergleichbare Problemlösungen recherchieren, Beobachtungsplanung, Markterhebungen, Befragungen und Interviews vorbereiten, durchführen oder bei der Auswertung mitwirken usw.). Der Praxisbezug kann auf diese Weise anschaulich und nachvollziehbar vermittelt werden. Motivierend sind für Studierende die Begegnungen mit Praxisvertretern und die Chance, praxistaugliche Ergebnisse zu entwickeln und zu präsentieren, aus denen sich handfeste Konsequenzen ergeben können. Und nicht zuletzt: Die Motivation zum Studium der Theorie kommt aus den Projekten und der Frage „Wie können wir noch bessere, gut fundierte und kritikresistente Lösungen für die Praxis finden?".

In einer ersten **Erarbeitungsphase** wird die Aufgabe/das Problem/der Sachverhalt analysiert und erste Hypothesen zur Herangehensweise, zur (Kurz-)Recherche oder sogar schon zu Lösungsansätzen im Gespräch z.B. in der Groß- oder Kleingruppe entwickelt und im Anschluss vor allen Beteiligten präsentiert.

Die **zweite Erarbeitungsphase,** in der die Hypothesen bzw. Lösungsansätze/-alternativen auf ihre Tauglichkeit und Zielführung hin geprüft und beurteilt werden, kann zumeist in einem kleineren Kreis, d.h. in Einzel-, Partner- oder Gruppenarbeit erfolgen. Je nach verfügbarer Zeit können Rechercheaufgaben, Gespräche mit Praktikern, Besuche bei Betrieben usw. in diese Phase integriert werden.

Die **Vorstellung der Ergebnisse** aus der zweiten Erarbeitungsphase geschieht in der Phase der Ergebnisdarstellung: Lösungswege bzw. Lösungsvergleiche werden im Gespräch bzw. im Anschluss an den Vortrag in der großen Gruppe diskutiert und festgehalten. Bei diesen Diskussionen und (Teil-)Präsentationen können problemerfahrene Praktiker aus Praxiseinrichtungen hinzugebeten werden. Die Studierenden erleben dadurch Gesprächspartner, die die erörterten Probleme als reale Praxisprobleme verkörpern. Die Ernsthaftigkeit lösungsorientierter Diskussionen wird auf diese Weise nachhaltig betont und gestärkt.

Als **Abschluss** einer aktivierenden Lehreinheit muss unbedingt die Phase der Ergebnissicherung folgen: Wo werden die Ergebnisse aus der Arbeit integriert, welchen Gewinn bringen sie für die Praxis bzw. den Fortgang des Lernens. Die Motivation der Lernenden sich erneut auf eine aktive Lehrmethode einzulassen und aktiv mitzuarbeiten, hängt sehr stark von der Gestaltung der letzten Phase ab! Wenn die Lernenden hier erleben und erfahren, dass ihre Ergebnisse in die weitere Arbeit einfließen und tatsächlich mit den Ergebnissen weiter gearbeitet wird, sind sie auch motiviert, sich wieder im Rahmen von aktiven Lehreinheiten zu engagieren, aktiv und selbstständig zu lernen und zu arbeiten.

3.3.2.3 Vorbereitung, Durchführung und Nachbereitung

Zur Vorbereitung einer aktivierenden Lehreinheit gehören zunächst alle Schritte, die traditionell bewährt und immer empfehlenswert sind (vgl. Abb. auf Seite 230): Das Wissensgebiet muss gründlich durchgearbeitet und didaktisch strukturiert werden. Ebenso müssen das Vorwissen der Studierenden in Hinblick auf den Lehr-Lern-Inhalt und das **Vorwissen** in Bezug auf die Lehrmethoden bedacht werden. Studierende, die selten mit aktivierenden Lehrmethoden gelernt haben, müssen zunächst eingeführt werden. Dazu sind mehr Zeit und vorgeschaltete kleinere Übungen einzukalkulieren. Zudem ist Denkflexibilität nötig, die Lehrenden sollten nicht nur einen Lösungsweg vorplanen (nicht nur den, den sie sich selbst vorgestellt hätten). Aktive Lehrmethoden initiieren verschiedene Lösungsmöglichkeiten, die zur **Diskussion** gestellt werden müssen. Besonders wichtig ist in jedem Fall der Einstieg in das Themengebiet, hier eignen sich aktuelle Ereignisse, ein Konflikt, eine Überraschung, ein Beispiel aus der Praxis usw.

Bei der Durchführung der aktivierenden Lehreinheit sollte grundsätzlich nichts vorgegeben werden, was selbst entdeckt werden kann. Ein Hauptziel der aktivierenden Lehreinheit ist, dass die Studierenden er-/verarbeiten, dass nötiges Wissen vom Lehrenden mitgeteilt und eine Auseinandersetzung mit dem Thema ermöglicht wird. Daraus folgt, dass die Studierenden zunächst ausreichend informiert werden müssen, damit sie die Aufgabe/das Problem lösen können. Die Lehrenden sollten unbedingt die Phasen der Lehreinheit einhalten, d.h., wenn eigenständige Arbeit (wie Gruppenarbeit) angesagt ist, sollten sie nicht immer wieder in die Gruppe hineinkommen und Fragen stellen, sondern das selbstständige Arbeiten nicht stören. Für die Bearbeitung der Aufgabe sind **klare und verständliche Anweisungen** notwendig. Genauso wichtig ist das Einhalten der vorab festgelegten Zeiten von allen Beteiligten. Die Lehrenden müssen darauf achten, die Rolle als Lernhelfer und Berater einzuhalten, d.h., im Hintergrund zur Verfügung zu stehen und ansprechbereit zu sein, aber nicht das Lerngeschehen zu bestimmen.

Zur **Nachbereitung** muss von Beginn an Zeit eingeplant werden. Nachbereitung ist erforderlich, denn Erfahrungen sind den Studierenden bewusst zu machen. Erfahrungen müssen wahrgenommen und reflektiert, müssen auf die Zielsetzungen, das eigene Handlungskonzept, das persönliche Wissen und eine eigene Entwicklungsperspektive bezogen werden. Dadurch gewinnen die persönlichen Erfahrungen erst die experimentelle Dimension, die zu weiteren begründeten Aktivitäten und Problemlösungsversuchen führen kann.

Aussagekräftige empirische Untersuchungen über die Wirkung aktivierender Lehre auf das Lernverhalten und das Lernergebnis von Studierenden gibt es u.W. bisher nicht. Erste Untersuchen auf die **Wirksamkeit aktiven Lernens** stellt Spitzer (2001) vor. An dieser Stelle kann deshalb lediglich auf eigene Erfahrungen verwiesen werden, die aber sind durchweg positiv.

Die vorgestellten Methoden grenzen sich im Folgenden als „Alternative" gegen traditionelle Lehrformen ab, die unter „Ausgangspunkt" kurz skizziert werden. Unter „Konsequenzen" werden die Vorzüge der beschriebenen aktivierenden Lehrmethode noch einmal zusammengefasst.

3.3.3 Elemente aktivierender Lehrmethoden

3.3.3.1 Impulse

> **Ausgangspunkt**

Der typische Einstieg in eine Lehrveranstaltung besteht meist in einem einführenden Referat des Lehrenden. Die Studierenden hören zu und versuchen, die Gedankengänge nachzuvollziehen. Dabei stehen die Überlegungen des Lehrenden im Vordergrund, die Studierenden bleiben passiv, ihre Vorkenntnisse werden nur indirekt angesprochen.

> **Alternative**

Das eigene Denken und damit auch das Anknüpfen an eventuell vorhandene eigene Vorkenntnisse der Zuhörerinnen und Zuhörer wird durch Impulse angeregt. Impulse sind Denkanreize, d.h. Tätigkeiten, die von den Lehrenden ausgehen und das problembezogene, zusammenhängende Denken und Sprechen der Lernenden anregen. Denkanreize können indirekt oder direkt erfolgen, d.h., sie können direkt auf das Thema hinführen oder auch nur indirekt den Themenkreis anschneiden. Führen Lehrende beispielsweise ein Experiment vor und die Studierenden müssen Hypothesen aufstellen, warum das Ergebnis so herauskommt, dann führt der Impuls direkt zum Thema hin. Wird ein Zeitungsartikel ausgeteilt, in dem das Thema zwar gestreift wird, aber nicht der Schwerpunkt des Artikels ist, so ist das ein indirekter Impuls, der eher darauf zielt, den weiteren Themenbereich zu beleuchten, **Assoziationen** zum Thema zu wecken und dabei eine individuelle Akzentsetzung der Lernenden zu ermöglichen.

Prinzipiell werden nonverbale und verbale Impulse unterschieden. Ein **nonverbaler Impuls** schafft den Denkanreiz beispielsweise durch Visualisierung ohne Worte.

Ein **verbaler Impuls** ist eine Aussage, ein Zitat, die Beschreibung eines Problems, Sachverhalts usw., also alles, was Lehrende mit Worten beschreiben, um zum Thema einen Denkanreiz zu schaffen.

Abb.: Nonverbale Kommunikation: Beispiel für den Einstieg (Quelle: Tomaschoff, SZ v. 25./26.01.1986)

In der Lehrpraxis lassen sich z.B. folgende Impulsarten anwenden (Döring & Ritter-Mamczek 2001, S. 237):
- Hinweise (z.B. auf einen bedeutsamen Textteil),
- Aufträge, Arbeitsanweisungen,
- Weiterleitende Äußerungen (Weiter! Genauer! Usw.),
- Gestik und Mimik (Aktive nichtverbale Impulse),
- Schweigen und Warten (Passive nichtverbale Impulse),
- Impulse durch spezifischen Methoden- oder Medieneinsatz.

> **Konsequenzen**

Impulse können das eigene Nachdenken über den Lehrinhalt schon frühzeitig anregen, sie schaffen damit Verknüpfungsmöglichkeiten zum eigenen Vorwissen und zu evtl. vorhandenen Vorerfahrungen und erleichtern so das Integrieren des Lehr- bzw. Lerninhalts in die individuelle Wissensstruktur. **Impulse** können dazu beitragen, dass Lernende ihr eigenes Lern- und Handlungsfeld erweitern und eigenständig Vernetzungen zwischen ihren persönlichen Wissensbereichen herstellen.

3.3.3.2 Fragen

> **Ausgangspunkt**

An verschiedenen didaktisch sinnvollen Stellen einer Vorlesung bzw. eines Seminars fassen Lehrende in der Regel den Stoff bzw. die wichtigsten Punkte zusammen, um den Zuhörerinnen und Zuhörern das Behalten zu erleichtern und ihnen auch eine Pause bei Mitschrift und Aufnahme neuen Stoffes zu gönnen. Dabei werden die Leitgedanken der Lehrenden wiederholt, die Hauptpunkte des bisher Gelernten werden erneut nachvollzogen.

> **Alternative**

Eine Zusammenfassung muss nicht unbedingt von den Lehrenden vorgetragen werden. Mit Hilfe gezielter Fragen lässt sich diese Aufgabe auf die Studierenden übertragen. Eine Frage fördert das eigene Denken über das zuvor Dargestellte. Aktivierende Lehre ist nicht zuletzt **überlegtes, systematisches Fragen.** Jede Frage weist einen Impulscharakter auf. Fragen können offen oder eng formuliert werden, je nachdem, ob Lehrende die Kommunikation fördern möchten oder aber eine kurze Antwort (z.B. ja, nein oder einen Begriff) bevorzugen. Die verbreitete, enge Frage „Gibt es noch Fragen?" trägt nicht dazu bei, dass Studierende sich öffnen. Sie wirkt in dieser Form bereits abgeschlossen und die Wahrscheinlichkeit ist gering, dass dadurch Aktivität erzeugt wird. Offen formuliert könnte dieselbe Frage lauten: „Welche Fragen gibt es noch?" Hier ist die Wahrscheinlichkeit höher, dass Studierende mit einer Frage reagieren.

Alle **Problemfragen** (warum, weshalb, wieso, inwiefern usw.) mobilisieren Vorkenntnisse und initiieren den Vergleich mit den Sachverhalten, die vom Lehrenden angesprochen werden. In der Folge ermutigen diese Fragen individuelle Meinungsäußerungen. Ein Beispiel: „Warum können Sie als Studierende nach traditionellen Vorlesungen nur sehr wenig des vorgetragenen Stoffes wiedergeben?"

Eine eingespielte Routine des Fragens und Antwortens wird die Studierenden dazu anleiten, Fragen auch in der studentischen Eigen- und Weiterarbeit als Hilfsmittel zur Erschließung von Sachverhalten zu nutzen (Fragen beim Selberlernen, Fragen an Texte und an Experten).

Eine verbreitete Systematisierung von Fragetypen unterscheidet (Weidenmann 1995, S. 73 ff.)

- **Abruffragen:** Welche Erfahrungen, Erlebnisse, Meinungen haben Sie im Zusammenhang mit unserem Thema? Diese Fragen sind insbesondere in der Einstiegsphase hilfreich, weil sie persönliche Zugänge zum Thema aktivieren und den Studierenden bewusst machen.
- **Denkfragen:** Sie sollen zur Verarbeitung der Informationen anregen, Vor- und Nachteile, Stärken und Schwächen unterscheiden lernen, die praktische Bedeutung der Lerninhalte bedenken usw.
- **Kontrollfragen:** Sie dienen am Ende einer Lerneinheit dazu zu prüfen, ob wesentliche Lehrinhalte auch nachhaltig verankert worden sind.
- **Blitzlichtfragen:** „Wie geht es Ihnen in diesem Moment?" Sie zielen auf momentane Stimmungen und Meinungen, die für den Fortgang der Veranstaltung von Interesse sein können.

Dass manchmal auch eine einfallsreiche Frage, die lediglich mit einem Handzeichen zu beantworten ist, Aktivierungsfunktionen erfüllt und die affektive Auseinandersetzung mit dem Thema initiieren kann, zeigt die folgende Anekdote (Köhler 2003, S. 153). Nicolai Hartmann kündigte den Hörern seiner Vorlesung über Ethik das Thema an:

> „Heute, meine Damen und Herren, wollen wir über das Wesen der Lüge sprechen. Bevor ich beginne, möchte ich gern wissen, wer von Ihnen mein Buch ‚Die verschiedenen Kategorien der Lüge' gelesen hat?" Einige Studenten hoben die Hand. „Ich danke Ihnen," sagte Hartmann. „Allerdings habe ich kein Buch dieses Titels geschrieben. Sie sehen, wie wichtig es ist, dass wir dieses Thema heute behandeln."

➤ Konsequenzen

Das **Denken** der Studierenden wird angeregt, indem sie selbst Antworten oder auch Fragen formulieren. Erst wenn das Gelernte mit eigenen Worten wiedergegeben und beschrieben werden kann, wird auch tatsächlich verstanden und behalten. Durch verschiedene Möglichkeiten des Fragens und Antwortens erfolgt Lehren und Lernen mittels zweiseitiger Kommunikation und nicht allein durch einseitiges Zuhören und Aufnehmen.

3.3.3.3 Bilder

➤ Ausgangspunkt

Lehrende führen in aller Regel verbal in die Thematik ein. Das gesprochene oder geschriebene Wort ist dabei nur eine Möglichkeit zu lehren. Es spricht vor allem die Lerntypen an, die auditiv bzw. visuell-verbal angebotene Lehrinhalte vorziehen.

➤ Alternative

Der Einstieg bzw. die Vertiefung eines Hauptpunktes kann auch durch Bilder erfolgen. Bilder aktivieren. Bilder können die Kraft haben, neue Realitäten zu schaffen:

"Ein Steinhaufen hört auf, ein Steinhaufen zu sein, sobald ein einziger Mensch ihn betrachtet, der das Bild einer Kathedrale in sich trägt." (A. de Saint-Exupéry)

Auch Lehrende sollten Bilder nutzen und bilderreich lehren (Ditko & Engelen 2001), um Studierende zu aktivieren. Studierende sind „sich Bildende", die sich ein Bild machen wollen und zugleich auf der Suche sind nach einer für sie neuen Sicht der Dinge. Aktivierende Lehre ist die Fähigkeit in anderen Menschen Bilder entstehen zu lassen, die diese als **„einleuchtende" Bilder** annehmen und bewahren können. Dazu gehört immer auch der Versuch, über den Bildkern zentraler (Fach-)Begriffe zusätzliche Schichten des Verständnisses zu mobilisieren, die Verknüpfung mit inneren Bildern und mit (individuellen) Gefühlen zu ermöglichen.

Beispielhaft sei auf das Fachwort „Problemlösung" verwiesen, das man mit dem bildhaften Interpretationshintergrund „Knoten lösen" oder „Rätsel lösen" so verstehen kann, dass Probleme richtig gelöst ein für alle Mal zum Verschwinden gebracht werden können. Nutzt man dagegen als bildhafte Interpretationshilfe die chemische Metapher „in Flüssigkeit auflösen", dann wird für Lernende augenfällig nachvollziehbar, dass eine Problemlösung in bestimmten Zusammenhängen immer nur vorläufiger Natur ist. Das Problem kann wieder auftauchen, wenn z.B. eine Temperaturänderung der Flüssigkeit zum Ausfällen der ursprünglichen Substanz führt. Derartige **bildhafte Unterstützungen** des Verständigungsprozesses sind in der Regel einleuchtender und dauerhafter im Gedächtnis verankert als eine auswendig gelernte Begriffsdefinition. Bilder dieser Art sind es wahrscheinlich, die der Pädagoge Georg Kerschensteiner im Blick hatte, als er „Bildung" prägnant definierte als das, „was zurückbleibt, nachdem man das Gelernte wieder vergessen hat."

➤ Konsequenzen

Bilder prägen sich dauerhaft in unser **Gedächtnis** ein und sie erleichtern das **Verständnis**. Wir nutzen Bilder, wenn wir gezielt vereinfachen und das für uns Wesentliche scheinwerferhaft herausheben wollen, z.B. wenn wir von der Wirtschaft als Kreislauf sprechen, vom Gehirn als Festplatte, von Europa als gemeinsamem Haus oder von der Stadt als Organismus. Wir nutzen Bilder um Einzelerkenntnisse aufeinander zu beziehen und einzuordnen, etwa wenn wir einen Evolutionsstammbaum vom Menschen entwerfen und ihn als Baum darstellen. Wir nutzen Erfahrungen und Bilder der individuellen wie der kollektiven Vergangenheit, um zu integrieren und uns zu orientieren, z.B. mit Hilfe antiker Mythen oder Märchen. Wir nutzen Bilder um zu motivieren: „Das Glas ist halb voll und nicht halb leer". Aus unvollständigen Bildern versuchen wir etwas Ganzes zu machen, etwas Bekanntes zu formen (vgl. visuelle Illusionen, optische Täuschungen). Dabei können wir uns irren; auch und gerade Bilder können in die Irre führen. Deshalb muss zugleich eine kritische Distanz zu Bildern vermittelt werden. Trotzdem aber sollten Lehrende vermehrt Bilder, „Vorstellungen" und Imaginationen nutzen um zu aktivieren, zu motivieren und Lernprozesse zu verstärken. Dies ist ein Appell dafür, Metaphern, Geschichten, Anekdoten, Karikaturen und Bilder aller Art in die Lehre zu integrieren und sie mit den zu vermittelnden Fachinhalten sachgerecht zu verknüpfen.

3.3.3.4 Gespräche

> **Ausgangspunkt**

Nach einer Erklärung, Hinführung zum Thema oder einer Informationseinheit möchten die Lehrenden wissen, ob der Inhalt verstanden wurde, was noch unklar ist etc. Oder aber es knüpfen sich nach einer Informationsphase Fragen, Meinungen, Überlegungen zur Umsetzung, Anwendung usw. an. Das übliche, zumeist aus der Schule schon bekannte Muster ist das, dass eine Frage vom Lehrenden gestellt wird und ein Studierender antwortet. Das gleiche Muster wird dann noch ein- oder zweimal durchgespielt. Es entsteht aber kein echtes Gespräch, sondern es unterhalten sich immer nur zwei Personen, der Rest hört mehr oder weniger gut zu (s. Abb.).

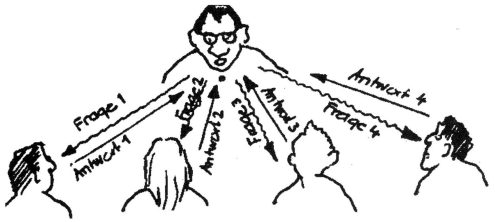

Abb.: Lehrerfrage und Schülerantwort (Quelle: Meyer 1987, S. 204)

> **Alternative**

Gespräche können sehr aktivierend sein und zu verschiedenen Zwecken eingeplant werden: zur Motivation und Information zu Beginn einer Lehreinheit, zum Problematisieren und Begründen in der Erarbeitungsphase, zur Moderation, zum Strukturieren, zur Ergebnissicherung sowie durchgehend in der gesamten Lehreinheit. Wichtig ist in jedem Fall, dass möglichst viele Lernende **in die Kommunikation mit einbezogen** werden.

Gespräche werden je nach Aufgabe in Partner, Klein- (3–5) oder Großgruppen (6–10) sowie im Plenum geführt. Ein **Unterrichtsgespräch** ist nach Meyer (1987, S. 280) ein Gespräch, das zum Zwecke des Lehrens und Lernens veranstaltet wird und das deshalb einer Reihe von Einschränkungen unterliegt, die es im alltäglichen Gebrauch nicht gibt. Dabei lassen sich auch innerhalb der Unterrichtsgespräche große Unterschiede im Lenkungsgrad und in den Aktivitätsanteilen von Lehrenden und Lernenden feststellen:

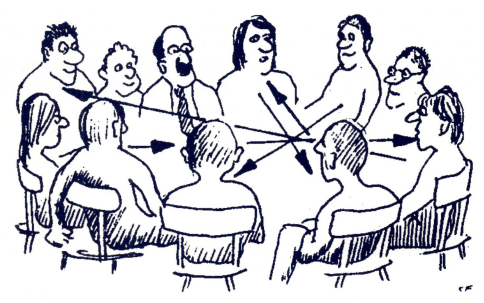

Abb.: Ein richtiges Gespräch mit gleichen Kommunikationsanteilen (Quelle: Meyer 1987, S. 204)

- In einem **gelenkten Unterrichtsgespräch** (Thiele 1981, zit. nach Meyer 1987, S. 281) bzw. einem Lehrgespräch (Gaudig 1963, zit. nach Meyer 1987, S. 280 f.) hat der Lehrende das Ziel klar vor Augen und gibt den Gesprächsgegenstand vor: Zum Beispiel „Welche Elemente sollte eine spannende Rede enthalten?" Im Gesprächsverlauf bringen die Lernenden ihre Vorkenntnisse und evtl. Erfahrungen ein, der Lehrende sammelt die einzelnen Antworten der Lernenden und fasst zum Abschluss des Gesprächs das Ergebnis zusammen.
- Im **fragend-entwickelnden Gespräch,** dessen Vorläufer der sokratische Dialog ist, steht das Ziel noch nicht so fest wie beim Lehrgespräch. Der Lenkungsaspekt des Lehrenden ist erheblich kleiner und auch die Aktivität des Lehrenden ist niedriger, die Aktivität der Lernenden dagegen höher.
- Im **Gespräch,** das vom Lehrenden nur noch **initiiert** wird, dessen Ergebnis aber offen ist, beispielsweise im Rahmen einer Gruppenarbeit, in dem die Lernenden unter sich etwas erarbeiten müssen, ist der Lenkungsaspekt und die Aktivität des Lehrenden niedrig, die der Lernenden aber sehr hoch.
- Im Rahmen von Rollen- und Planspielen können **Streitgespräche und Debatten initiiert** und durchgeführt werden. Dort gelten ähnliche Kriterien wie bei Gruppenarbeiten: eine hohe Aktivität der Lernenden und eine niedrige Aktivität sowie ein niedriger Lenkungsgrad der Lehrenden.

Die Lehrenden können die **Gespräche moderieren,** sollten aber nicht zu sehr die Lenkung übernehmen, damit alle Beteiligten aktiviert werden und kein Zweier- oder Dreiergespräch zwischen Lehrendem und ein paar Lernenden entsteht, während die anderen nur passiv zuhören. Wichtig, besonders bei Gesprächen im Rahmen von Gruppenarbeiten, ist, dass die Ergebnisse festgehalten und später im Plenum präsentiert werden. Hier ein Beispiel für Gespräche in Gruppenarbeiten:

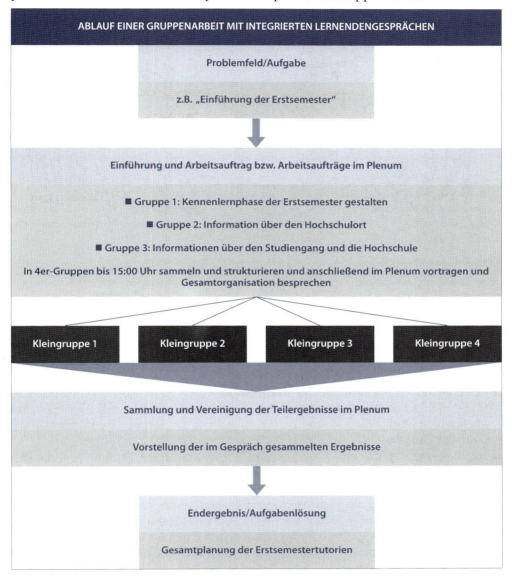

> **Konsequenzen**

Gespräche in der fragend-entwickelnden Art sowie Gespräche unter Lernenden, bei denen der Lehrende das Gespräch initiiert und das Ergebnis offen ist, aktivieren die Studierenden überdurchschnittlich. Jeder Lernende hat die Chance, eigene Gedanken und Meinungen einzubringen und an andere Gedankengänge anzuknüpfen. Nicht die eine, vom Lehrenden angedachte und vorgestellte Struktur des Lehrgegenstandes steht im Vordergrund, sondern die Lernenden können andere Gedankengänge bevorzugen, eigene Lernwege beschreiben und beschreiben sowie gemeinsam entwickeln und durchdenken.

Zudem werden in Gesprächen **die allgemeinen Kommunikationsfähigkeiten** gefördert, z.B. sich auf andere einstellen, sich verständlich ausdrücken, zuhören und ausreden lassen usw., Anwendung und Vertiefung von Gesprächstechniken und sozialen Kompetenzen (siehe Kapitel 3.3.4.3 – Schlüsselqualifikationen).

3.3.3.5 Kartenabfrage

> **Ausgangspunkt**

Nach einem Vortrag oder nach der Vorstellung einer neuen Lehrmethode bitten die Lehrenden die Studierenden häufig um ein Feedback. Typischerweise erhält man Antworten nur von einzelnen Studierenden, zumeist von denen, die sich sonst auch immer gern äußern. Dagegen gehen die Meinungen und Antworten der Studierenden, die sich nicht gern oder nicht so schnell melden, verloren.

> **Alternative**

Bei einer schriftlichen kurzen Abfrage hat jede/-r Lernende die Chance, seine Antwort zu geben bzw. seine Meinung zu äußern. Die **Kartenabfrage** kommt aus der Moderationsmethode, deren Ansatz es u.a. ist, alle Beteiligten zu aktivieren und ins Geschehen mit einzubeziehen. Eine Kartenabfrage innerhalb der Moderation ist sehr zeitaufwendig und nur in einer Gruppe von max. 25 Teilnehmern durchführbar (vgl. Dauscher 1998). Im Rahmen einer Lehrveranstaltung ist aber eine Kartenabfrage in vereinfachter Form in ca. 5 Minuten möglich. Eine einzige Frage wird am Ende der Veranstaltung formuliert, z.B. „Welcher Begriff ist Ihnen im Seminar unklar geblieben?" Alle Studierenden werden aufgefordert, nur einen einzigen Begriff auf einen Zettel bzw. eine Karte zu schreiben und beim Herausgehen auf einen bestimmten Tisch zu legen. So muss jeder Lernende für sich nachdenken, welcher Begriff unklar war und diesen notieren. Das hat den Vorteil, dass nicht nur diejenigen, die immer mitreden, zu Wort kommen, sondern alle die Chance haben sich zu äußern.

Die Lehrenden sammeln die Karten/Zettel ein, werten sie zum nächsten Termin aus und können auf die meist genannten Begriffe gezielt eingehen. Natürlich kann die Frage auch lauten: „Was haben Sie für sich aus dieser Veranstaltung als wesentliche Information mitgenommen?" oder Ähnliches. Wichtig ist, dass es nur eine einzige Frage ist, dass die Studierenden auch nur einen Begriff auf der Karte notieren und die Lehrenden auf jeden Fall in der nächsten Veranstaltung darauf eingehen.

> **Konsequenzen**

Die Lehrenden erhalten einen schnellen Überblick über die Antworten und damit über Verständnisschwierigkeiten bzw. über **Lernhöhepunkte** aus der Sicht aller Studierender. Bei mehrfacher Anwendung sehen die Studierenden, dass ihre Antworten ernst genommen werden und sie das Lehrgeschehen damit beeinflussen können, wenn die Lehrenden auf die Antworten eingehen und die Ergebnisse beim nächsten Termin einfließen lassen.

3.3.3.6 Entscheidungsspiel

➤ Ausgangspunkt

Der geplante Lehrinhalt sollte im Idealfall gemeinsam erarbeitet werden, aber die studentischen Gruppen sind meist zu groß und die Zeit ist zu knapp dafür. Die Lehrenden stellen die Informationen deshalb selbst vor und behandeln anschließend ein paar Fragen der Studierenden.

➤ Alternative

Eine Variante, die zum eigenständigen Denken anregt und alle Lernenden aktiv beteiligt, ist das **Entscheidungsspiel**. Dafür bereiten die Lehrenden eine Tabelle vor, in die die Lernenden in Gruppen vorbereitete Fragen oder Aussagen einordnen müssen. Diese Einordnung ist zu begründen (vgl. Arbeitsgruppe Hochschuldidaktische Weiterbildung 1998, Heft 2, Kombination aus den dort vorgestellten Methoden Entscheidungsspiel und Glückstopf).

Beispiel

„Was gehört in ein Erstsemestertutorium"			
Das gehört in ein Erstsemestertutorium		Zusatzinformationen im Erstsemestertutorium	Das gehört nicht in ein Erstsemestertutorium
Als schriftliche Information	Sollte im Gespräch erarbeitet werden	Sollte im Gespräch hinzugefügt werden	Gar nicht
...	...	...	...

Die Fragen (oder Aussagen) werden auf Papieren oder Karten vorzugsweise in studentischen Arbeitsgruppen vorbereitet z.B.:
- Wo finde ich Studentenwohnheime?
- Wie melde ich mich dort an?
- Wo finde ich das Einwohnermeldeamt?
- Wo gibt es Hochschulsport?
- Wie stelle ich mir meinen Stundenplan zusammen?
- Einführung in das Ausleihsystem der Bibliothek
- Welcher Professor teilt mit geringem Aufwand Scheine aus?
- Wo kann ich am leichtesten meine Klausur bestehen?
- Tipps für das Zeitmanagement im Studium
- usw.

Die Lehrenden stellen die Aufgabe und die Tabelle vor, verteilen die Karten mit den Vorschlägen an die einzelnen Lernenden (bei wenigen Teilnehmenden) oder an Gruppen (bei vielen Teilnehmenden). Nach kurzer Bedenk- bzw. Diskussionszeit werden die Lernenden aufgefordert, die Vorschläge in die Tabelle einzuordnen und die Entscheidung zu begründen. Jede/-r hat über eine der Fragen intensiv nachgedacht und eigene Überlegungen dazu angestellt. Der Überblick über das ganze Thema entsteht dadurch, dass die verschiedenen Fragen vor den Augen der ganzen Gruppe **zusammengeführt und erörtert** werden.

➤ Konsequenzen

Der Vorteil dieser Methode besteht darin, dass alle Aspekte eines Themas durch die vorbereiteten Stichworte abgedeckt sind, sich die Lernenden mit einem Aspekt intensiv beschäftigen, aber im Verlauf der Lehreinheit die ganze Thematik vorgestellt wird. Wichtige Informationen und Gedanken können auf diese Weise nicht verloren gehen und es wird sichergestellt, dass alle Studierenden mit den relevanten Inhalten konfrontiert werden.

3.3.3.7 Zweiergruppen und Lernpartnerschaften

➤ Ausgangspunkt

Vielfach wird angenommen, dass sich eine Vorlesung mit ca. 150 Studierenden nur in der traditionell bekannten Form durchführen lässt. Eine Aktivierung erscheint unmöglich. Lehrende wie Lernende scheinen sich damit abfinden zu müssen, dass eine Vorlesung abläuft wie die Nahrungsaufnahme: Servieren – Schlucken – Verdauen – Vergessen. Gleichwohl existieren Aktivierungsmethoden, die ohne viel Aufwand und Zeitverlust mit Gewinn für Lehrende wie Lernende praktiziert werden können.

➤ Alternative

Eine große Vorlesungsgruppe kann für kurze Zeit (fünf Minuten sind bereits ausreichend) in **Zweiergruppen** aufgeteilt werden. In der Folge sind verschiedene Arbeitsaufträge denkbar:

- Ein zentraler Begriff oder mehrere Grundbegriffe, die inhaltlich bereits in der Veranstaltung erläutert wurden, müssen von bestimmten Studierenden den neben ihnen sitzenden Personen im Zweiergespräch erklärt, ggf. mit Hilfe eines Beispiels erläutert werden. Nach dem Zufallsprinzip ausgewählte Studierende, denen der Begriff erklärt wurde, stellen ihn nun im Plenum vor. Das Plenum hat anschließend die Möglichkeit, Ergänzungen und ggf. notwendige Korrekturen vorzunehmen, ebenso die Lehrperson.
- Die **Vorlesung** wird an geeigneter Stelle unterbrochen. Die Studierenden erhalten jetzt den Auftrag, eine Frage an die Vorlesung und das bisher Gehörte zu stellen. Die Frage wird individuell auf einer Karte notiert und der Nachbarperson vorgetragen. Diese Person soll versuchen die Frage zu beantworten, ggf. kommt man im gemeinsamen Zweiergespräch einer Lösung näher. Anschließend kann die

Frage des/der anderen Studenten/-in zum Zuge kommen. Danach werden einige Fragesteller nach dem **Zufallsprinzip** aufgerufen, um ihre Frage vorzustellen und zu berichten, welche Antwort ihnen gegeben wurde und ob die Antwort für sie hilfreich war. Je nach zeitlichen Rahmenbedingungen kann sich hieran eine kurze Plenumsaussprache anschließen.

Diese Grundmuster lassen sich beliebig variieren. So können die Studierenden auch zu Beginn der Vorlesung die Aufgabe erhalten, sich ihre Vorlesungsnotizen vom letzten Mal vorzunehmen, individuelle Ungereimtheiten zu identifizieren und zu formulieren, was für sie unklar geblieben ist. Eine andere Möglichkeit besteht darin, die Studierenden nach einer Vortragseinheit der Lehrperson aufzufordern, schriftlich, kurz und prägnant den Begriff zu erklären, der im Zentrum der Ausführungen stand, aber bisher noch nicht definiert wurde. Nach der Verlesung einiger Definitionen visualisiert die Lehrperson ihre Definition und erörtert mit den Studierenden auffällige Unterschiede oder Übereinstimmungen.

Diese Lehrformen werden an anderer Stelle (Lehner & Ziep 1997, S. 60 ff.) **Methoden des geistigen Durchatmens** oder **Denk- bzw. Schreibstopps** genannt. Sie zeichnen sich dadurch aus, das Vortragsgeschehen an bestimmten Stellen bewusst zu unterbrechen und gedankliche Tätigkeiten der Studierenden zu initiieren, die auf Erinnerung, auf Heraushebung und aktive Formulierung des kurz zuvor Gehörten hinauslaufen.

▶ Konsequenzen

Die Studierenden können mit Hilfe dieser Methode gerade auch innerhalb einer (Groß-)Vorlesung aktiviert werden. Sie suchen in einer zeitlich überschaubaren Einheit selbstständig nach individuellen Bezügen zum Lernstoff ebenso nach sachgerechten Lösungen und Antworten auf die Fragen von Lehrenden wie Mitstudierenden. Antworten und Lösungen werden mündlich vorgetragen und/oder aufgeschrieben. Das eher passive Hören wird durch aktives Denkhandeln, Reden und Schreiben ergänzt. Die Konzentration wird geschärft, wenn man weiß, dass gleich Fragen an die Vorlesung gestellt werden sollen. Soziale Beziehungen zwischen den Studierenden werden zusätzlich aktiviert.

Hinzu kommt, dass diese Methode flexibel als Zäsur einzusetzen ist, wenn Einheiten inhaltlich abgeschlossen wurden oder die **Aufmerksamkeit der Studierenden** nachlässt, sodass ein **Methodenwechsel** für neuen Schwung sorgen kann. Gerade auch zu Beginn einer Vorlesung wirkt diese Methode konzentrationsfördernd und führt die Studierenden schneller zum fachbezogenen Mitdenken und Präsentsein als ein konventioneller Einstieg in die Veranstaltung. Ein frageorientierter Vorlesungsbeginn, der sich auf die Vorlesungsnotizen bezieht, könnte zudem die Disziplin und Sorgfalt des Mitschreibens erhöhen, die Vorlesungsnacharbeit anregen oder zumindest das Mitbringen der Unterlagen sicherstellen. Aus den in diesem Zusammenhang initiierten Zweiergemeinschaften können sich **Lernpartnerschaften** entwickeln, die über die spezifische Veranstaltung hinaus Bestand haben und die Studieneffizienz verbessern helfen.

3.3.3.8 Schneeballreferate

➤ Ausgangspunkt

In Seminarveranstaltungen ist es üblich, Referate an die Studierenden zu verteilen und diese allein oder in einer Gruppe vorbereiten und vortragen zu lassen. Meist steht genügend Zeit zur Verfügung, um eine umfassende inhaltliche Vorbereitung zu ermöglichen. Derartige Referate ahmen in der Regel die studentische Erfahrungswelt der Vorlesung nach, sodass der Vortrag als Methode dominiert. Die Auseinandersetzung mit einem in der Regel allgemeinen Thema, das in seiner Komplexität von Studierenden erschlossen werden soll, führt zeitlich zu längeren studentischen Ausführungen, die mangels rhetorischer und anderer methodischer Erfahrungen häufig alle bekannten Schwächen frontaler Vermittlung aufweisen. In der Folge erlahmt die Aufmerksamkeit der Zuhörerinnen und Zuhörer schnell und den Vortragenden geht es zunehmend nur noch darum, „über die Runden zu kommen". Die anschließende Aussprache wird meist von den Lehrenden und ihren ergänzenden Ausführungen beherrscht. Eine Diskussion ergibt sich selten, häufig geht es in erster Linie um die Frage nach einem Skript. Ein Feedback der Lehrenden ist ebenso selten, da die Zeit zum Ende der Veranstaltung knapp wird und die Lehrenden sich in Richtung auf methodische Verbesserungs- oder Alternativvorschläge auch nicht für besonders kompetent halten. In der Folge ist wenig gelernt worden und es bleibt die Hoffnung auf ein gutes Skript, das im Nachhinein prüfungsorientiert im stillen Kämmerlein durchgearbeitet werden kann.

➤ Alternative

Der kleine methodische Kunstgriff, der verschiedene Schwächen vermeidet und zusätzliche Vorzüge mit sich bringt, besteht darin, die Aufgabe für die Studierenden inhaltlich einzugrenzen und methodisch auszuweiten. Genauer: Zwei Studierende erhalten den **Teamauftrag,** einen mit Blick auf das Seminarthema zentralen Aufsatz zu lesen und mit dem Ziel durchzuarbeiten, den Argumentationsgang und die Kernaussagen zu extrahieren. Dies wird verbunden mit der Perspektive, ihre Erkenntnisse einer Gruppe von vier Studierenden in maximal 20 Minuten so vortragen und vorstellen zu sollen, dass diese als Gruppe ihrerseits in der Lage sind, dem studentischen Plenum den **Aufsatzextrakt** in einem Zeitfenster von 10 bis 15 Minuten zu vermitteln. Derartige Kleingruppenaufgaben können mit Blick auf verschiedene für das Seminar bedeutsame Aufsätze auf mehrere Zweierteams verteilt werden. Aufgrund der Zeitbegrenzung von 20 bzw. 15 Minuten können im Anschluss an die parallel instruierenden Zweierteams im Plenum in einer zweistündigen Lehreinheit noch zwei bis drei Kurzreferate vorgetragen werden. In aufeinander folgenden Seminareinheiten lässt sich eine beachtliche Zahl von Kurzreferaten integrieren, die ein hohes Maß an interner Aktivierung ermöglichen und je nach Wunsch der Lehrenden um Aussprache- und Diskussionseinheiten ergänzt werden können. Als Expertinnen für inhaltliche Rückfragen stehen die Zweierteams während der Veranstaltung zu Rede und Antwort bereit, wenn der fragliche Text noch näher erläutert werden muss.

➤ Konsequenzen

Das Wichtigste, was diese Schneeballmethode zu erreichen vermag, ist die Vermittlung eines **Verantwortungsgefühls** für das Seminargeschehen bei den Studierenden. Wenn man diese Methode anwendet, ist eines spürbar: Das große Interesse der Zweiergruppen „ihren" Studierenden den Inhalt so darzustellen, dass es diesen gelingt, die Kerngedanken **klar und verständlich** dem Plenum zu vermitteln. Methodisch wird dabei fast immer mit Mindmaps, Strukturdiagrammen oder anderen Visualisierungsformen gearbeitet, die als „roter Faden" und Gliederungsgerüst dienen, um Referierbarkeit, Nachvollziehbarkeit und Verständlichkeit sicherzustellen. Auffällig ist darüber hinaus das Bemühen der Referierenden, Fallbeispiele zu finden und beispielhafte Erläuterungen zu nutzen, die die Verständlichkeit abstrakter Gedankengänge erleichtern. Lehren erweist sich wieder einmal als eine besonders geeignete Form des Lernens. Die Vorbereitung der Zweierteams orientiert sich an der klaren Zielsetzung „ihre" Studierenden referats- und auskunftsfähig zu machen. Vor diesem Hintergrund wird das Gelesene von ihnen gezielt ausgewählt, aufbereitet und zusammengefasst. Die Zielklarheit ist ein wesentlicher Vorteil dieser Methode gegenüber einer eher diffusen Zielvorgabe bei den üblichen Referaten.

Die Aussagen der Studierenden im Plenum machen dabei deutlich, dass aus ihrer Sicht die Verständlichkeit besser ist als bei traditionellen studentischen Referaten. Die Reduktion auf „das Wesentliche" und das Weglassen von Randinformationen ergibt sich aus dem „Zwang", in der nur begrenzt zur Verfügung stehenden Zeit sich auf das subjektiv Verständliche zu konzentrieren. Genau diese **Konzentration** ist die entscheidende Voraussetzung für die allgemeine Nachvollziehbarkeit des vorgetragenen Stoffes. Nur selten geschieht es dabei, dass wesentliche Aspekte des referierten Aufsatzes unter den Tisch fallen und von den Experten/-innen bzw. Lehrenden nachgetragen werden müssen.

Insgesamt sind **Aufmerksamkeit, Aktivität und Beteiligung** der Studierenden in dem beschriebenen Lernarrangement deutlich höher als im traditionellen Seminargeschehen. Dies gilt sowohl für die Zweiergruppen wie für die nachfolgenden Referierenden, denen im Übrigen Fehler von den Anderen erkennbar nachgesehen werden, bemerken doch alle, wie knapp das Zeitbudget zur Vorbereitung tatsächlich ist. Die Studierenden, die vor dem Plenum referieren, stehen unter einem hohen Erwartungs- und Erfolgsdruck. Sie müssen die ihnen vermittelten Informationen in kurzer Zeit aufnehmen, strukturieren, eine referatsorientierte Arbeitsteilung vereinbaren und diese anschließend umsetzen. Gleichwohl betonen die Studierenden, dass die Gesamtsituation selbstverständlicher, entspannter und stressfreier erlebt wird als eine traditionelle Referatsituation, die sich aus ihrer Sicht offenbar nicht ganz so selbstverständlich in das Seminargeschehen integriert. Die Zuhörerinnen und Zuhörer im Plenum sind in dieser Konstellation aufmerksamer, frage- und diskussionsbereiter. Die Schwierigkeit der Aufgabe ist für alle Beteiligten nachvollziehbar und erfahrbar. Die **Neugier,** wie ihre Kommilitonen/-innen mit diesen Schwierigkeiten zurechtkommen, ist spürbar. Dem **sozialen Klima,** der **emotionalen Beteiligung** und Anteilnahme am Geschehen kommt dies ebenfalls zugute.

3.3.4 Institutionelle Unterstützung aktivierender Lehrmethoden

Neben den Workshops und Beratungen, die die Hochschuldidaktik zur Einführung in aktivierende Lehrmethoden anbietet, sind es sicherlich vor allem die eigenen positiven Erfolge der Lernenden und Lehrenden mit aktivierenden Methoden, die den Einsatz in der Hochschullehre fördern. Die Verantwortung für die Integration aktivierender Methoden in das Lehrgeschehen wird derzeit beinahe ausschließlich auf Seiten der Lehrenden verortet. Dabei wird übersehen, dass manche Initialzündung und mancher Aktivierungsimpuls von der Seite der **Hochschulpolitik** im weitesten Sinne ausgehen muss. Die eine oder andere fachbereichsinterne Festlegung kann aktivierende Lehre ebenfalls entscheidend begünstigen oder erschweren. Aktivierende Rahmenbedingungen des Lehrens und Lernens sind von nicht zu unterschätzender Bedeutung für den Erfolg aktivierender Lehrmethoden. Dazu gehören zweifellos auch vordergründig „banale" Aspekte wie die **Studierendenzahlen** in Vorlesungen und Seminaren, die **Raumgrößen,** die Ausstattungen bis hin zur Frage einer flexiblen Bestuhlung und der problemlosen Verfügbarkeit von Moderationsmaterialien, Pinnwänden oder Flipcharts.

3.3.4.1 Prüfungen

Prüfungen sind im traditionellen Hochschulalltag häufig sowohl Ausgangspunkt als auch Endpunkt studentischen Lernens. Prüfungsinhalte wie Prüfungsformen beeinflussen in hohem Maße das Lehr- und Lernverhalten an Hochschulen. Prüfungsfragen sollten deshalb die Ergebnisse und Erkenntnisse aktivierenden Lernens nicht ausklammern. Insbesondere die Erkenntnis der Offenheit und der Vorläufigkeit von Wissen, das immer auch auf Dialogbereitschaft, auf reflektierende wie differenzierende Gedankenführung ausgerichtet sein sollte. Andernfalls werden Lernprozesse honoriert, die sich vorrangig an den Kategorien „richtig" oder „falsch" ausrichten und das in vielen Fällen richtigere „Sowohl-als-auch" ignorieren. Bleibt aktivierende Lehre ohne erkennbare **Folgen für die Prüfungspraxis,** macht sie sich selbst und ihr eigenes Anliegen unglaubwürdig. Unverzichtbar sind deshalb z.B. in Klausuren offene Prüfungsfragen, die nicht mit einer Definition oder mit der einen richtigen Lösung allein zu beantworten sind, die vielmehr kreative und differenzierende Antworten sowohl fordern als auch ermöglichen. Prüfungsfragen, die sich auf das faktische Wissen und ein Abfragen spezialisierter Sachverhalte beschränken, begünstigen tendenziell die Einengung und Begrenzung der studentischen Perspektive auf enge Fachlichkeit. Solche Fragen fördern weder das Bewusstsein für vernetzte Zusammenhänge noch den Sinn für interdisziplinäre Problemanalysen und Lösungsansätze.

Prüfungsordnungen tragen häufig ihren gewichtigen Teil dazu bei, ein Experimentieren mit Prüfungsformen, die einer aktiven Lehre gerecht werden könnten, zu erschweren oder gar unmöglich zu machen. In manchen Prüfungsordnungen findet sich der Satz: „Fachprüfungen finden außerhalb der Lehrveranstaltung statt." Diese Formulierung ist häufig genug Argument und Ursache dafür, dass in der Prüfungspraxis beinahe ausschließlich Klausuren oder mündliche Prüfungen vorkommen. Präsentationen, Hausarbeiten oder Referate sind als eigenständige Prüfungsleistungen nicht vertreten. Es bleibt dem individuellen Wohlwollen der Lehrenden überlassen, derartige Seminararbeiten „irgendwie" in der entscheidenden mündlichen Prüfung zu Semesterende zur Geltung kommen zu lassen. Ehrlicher und konsequenter wäre es, studentische **Präsentationen im normalen Seminarbetrieb** als offizielle Prüfungsform zuzulassen. Aktivierungsbemühungen im Seminar wären dann glaubwürdiger und überzeugender, weil die Ergebnisse aktivierender Lehre auch als Prüfungsleistung für alle erkennbar akzeptiert würden.

3.3.4.2 Stundenplanung und Kreditpunkte

Erschwert werden kann aktivierende Lehre dadurch, dass Stundenplanungen häufig keinerlei Rücksicht nehmen auf eine didaktisch sinnvolle Quantität und Abfolge der täglichen Veranstaltungen. Werden Studierende z.B. am Vormittag mit zwei mal zwei Stunden Frontalunterricht und passiven „Hörübungen" in inhaltsintensiven Fächern konfrontiert und am Nachmittag um 14 Uhr soll plötzlich auf „Aktivierung" umgeschaltet werden, so ist es nicht verwunderlich, wenn dieser **„Kulturschock"** bei den Studierenden nicht ohne Anpassungsprobleme und auch Widerstände ablaufen wird. Die Stundenplanung sollte sich verstärkt über die Grenzen studentischer Aufnahmefähigkeit und Synergieeffekte von Veranstaltungen sowohl im inhaltlichen wie im methodischen Bereich Gedanken machen. Der Erfolg aktivierender Lehre ist nicht zuletzt davon abhängig, wie das zeitliche und methodische Umfeld gestaltet ist.

Aktivierende Lehre erfordert zeitliche Flexibilität. Diese Flexibilität ist vorrangig im Blockunterricht aber auch in Lehrveranstaltungen gegeben, die nicht ins Korsett der Zwei-Semesterwochenstunden gezwängt werden. Die Standardlehreinheit „Zwei-Semesterwochenstunden" ist an deutschen Hochschulen aber immer noch weit verbreitet. Eine drei- oder vierstündige Lehreinheit am Stück verschafft **mehr methodische Möglichkeiten.** Zugleich ist bei derartigen zeitlichen Rahmenbedingungen Lehrenden wie Lernenden klar, dass jenseits traditioneller Vorlesungsveranstaltungen neue Lehrformen entwickelt und praktiziert werden müssen. Die Einführung von Bachelor- und Masterstudiengängen, die Modularisierung und die Berücksichtigung studentischer Eigenarbeit außerhalb der Kontaktstunden in Form von „creditpoints" weist über die bisherige Fixierung auf zweistündige Lehreinheiten hinaus und wird – so ist zu hoffen – zu verschiedenartigen Lehr- und Lernexperimenten ermutigen.

Aktivierende Lehre darf aber in diesem Zusammenhang nicht so verstanden werden, dass wesentliche Aktivierungselemente nunmehr vorrangig außerhalb der eigentlichen Lehrveranstaltungen erbracht werden (Textstudium, Vorbereitung von Präsentationen und langen Referaten usw.). Die Lehrveranstaltung selbst könnte dann durchaus so aussehen wie bisher. Neben die üblichen Vorlesungseinheiten von Lehrenden würden längere Referate oder Gruppenpräsentationen treten, ohne dass im Methodenrepertoire eine nennenswerte Erweiterung zu erkennen wäre. **Aktivierung** muss in erster Linie in den **Lehrveranstaltungen** selbst erfolgen und darf nicht in die Phasen der Eigenarbeit ausgelagert werden. Einer derartigen Interpretation des Kreditpunkte-Modells gilt es entgegenzuwirken.

Mit Hilfe von Kreditpunkten können zusätzliche Aktivierungsimpulse vermittelt werden. Eine bestimmte kleinere Anzahl von ihnen könnte z.B. losgelöst von bestimmten Lehrveranstaltungen für Sonderaktivitäten der Studierenden vergeben werden. Denkbar wäre die Vergabe für

- die organisatorische Vorbereitung von Diplomfeiern,
- die Arbeit als Tutor oder Tutorin mit Erstsemestern,
- die Vermittlung eigener Praktikumserfahrungen an jüngere Semester,
- die Moderation von Praxissemestertreffen zur Reflexion der individuellen Erfahrungen,
- die Begleitung und Betreuung von ausländischen Studierenden usw.

In Einzelfällen wäre eine Verknüpfung einzelner dieser Aufgaben mit bestimmten Seminarveranstaltungen wie etwa der Aufgabe **„Vorbereitung der Diplomfeier"** mit einer Veranstaltung „Projektmanagement" oder der Arbeit als Tutor/Tutorin mit der Veranstaltung „Teamarbeit und Gruppenprozesse" o. Ä. empfehlenswert. Aktivitäten dieser Art bedeuten die Übernahme von Verantwortung mit Blick auf das menschliche Klima und die Einbeziehung jüngerer Semester in eine gelebte Kultur des Studiengangs. Die Identifikation der Studierenden mit dem Studium und dem Fachbereich kann dadurch positiv beeinflusst werden.

3.3.4.3 Schlüsselqualifikationen

Menschen müssen in Zukunft gut vorbereitet einem schnellen gesellschaftlichen Wandel in Alltag und Beruf begegnen können. Sie sollten in der Lage sein, sich Informationen und Fähigkeiten zur Bewältigung des gesellschaftlichen und fachlich-beruflichen Wandels selbst anzueignen. Die Schaffung institutionalisierter Lehr-Lern-Arrangements zur Aneignung und Förderung von **Schlüsselkompetenzen** ist deshalb eine wesentliche Voraussetzung erfolgreicher **Zukunftsgestaltung.**

Aktivierende Lehrmethoden fördern die so genannten Schlüsselqualifikationen, d.h., diejenigen Zusatzqualifikationen, die neben den Fachkenntnissen für alle Berufszweige relevant sind: personale Kompetenzen, soziale und methodische Kompetenzen. Schlüsselqualifikationen sind für den Berufsalltag unverzichtbar und müssen bereits in den Lehrveranstaltungen entwickelt und gefördert werden. Das geht allerdings nur, wenn Lehrmethoden eingesetzt werden, die die Studierenden zu aktiver Mitarbeit, Engagement und der Bereitschaft führen, vielfältige Methoden im **„Schonraum Hochschule"** für sich auszuprobieren. Nur wenn die Lernenden gefordert werden Vorträge zu halten und Präsentationen zu gestalten, in Gruppen Teamarbeit und Konflikte erfahren und austragen können usw., bilden sich die Schlüsselqualifikationen heraus, die später im beruflichen Leben erfolgsrelevant sind (Brinker 2004, S. 214 ff.).

(Quelle: Brinker 2004, S. 215)

Eine Förderung von Schlüsselkompetenzen, wie die Schlüsselqualifikationen zutreffender genannt werden müssten, sollte sich durch das ganze Studium hinziehen, beginnend mit kleinen didaktisch-methodischen Übungen im ersten Semester und endend mit einer Projektarbeit, in der verschiedenste Kompetenzen erprobt und didaktisch-methodische Elemente eingesetzt werden sollten in einem der letzten Semester. Gerade in diesem Zusammenhang sind aktivierende Lehr- und Lernmethoden gefragt, nur durch ihren Einsatz können Schlüsselkompetenzen wirklich weiterentwickelt werden. Wichtig dabei ist, dass die Vermittlung von Schlüsselkompetenzen in möglichst vielen fachlichen Veranstaltungen verankert wird und nicht als Sonderereignis, getrennt von den Lerninhalten und Anforderungen der Studienfächer, ein isoliertes Dasein fristet. In den **Fachveranstaltungen** müssen Schlüsselkompetenzen ihre eigentliche **Bewährungsprobe** bestehen, erst hier können sie alltagstauglich angewandt, routinisiert und verinnerlicht werden. Diese Aussage ernst zu nehmen, bedeutet nichts weniger als z.B. für einen Fachbereich ein Konzept zu entwickeln, wie in möglichst vielen Veranstaltungen von möglichst vielen Lehrenden Schlüsselkompetenzen systematisch trainiert werden. Dazu gehört zuallererst die Sensibilisierung und Schulung der Lehrenden in Richtung auf eine neue Lernkultur. Der Wandel der Lernkultur, der notwendig ist, wird in der nachstehenden Abbildung überblicksartig aufgezeigt.

VOM TOTEN ZUM LEBENDIGEN LERNEN – WANDEL DER LERNKULTUR

	Totes Lernen	Lebendiges Lernen
Paradigma	Mechanistisches Bild des Lernens	Systembild des Lernens
Grundsichtweise von Lernprozessen	■ Lineare Prozesse ■ Schwache Wechselwirkung zwischen Lehrenden und Lernenden (sowie zwischen den Lernenden) ■ Programmierte Handlungsweisen ■ Evolution durch Fremdorganisation	■ Nicht-lineare Prozesse ■ Starke Wechselwirkungen zwischen Lehrenden und Lernenden (sowie zwischen den Lernenden) ■ Situativ-flexible Handlungsweisen ■ Evolution durch Selbstorganisation
Didaktische Folgerungen	Erzeugungsdidaktik = Stellvertretende Erschließung von Bildungsinhalten über Lehrermethoden Planungsdenken: Unterricht = Realisierung von geplanten Lehrschritten	Ermöglichungsdidaktik = Selbsterschließung von Bildungsgehalten über studentische Kompetenzen und Lernmethoden Operatives Denken: Unterricht = Realisierung von studentischen Lernprojekten
Professionalität des „Lehrers", Pädagogen usw.	Förderung von: ■ Lehren ■ Vermitteln ■ Führen	Förderung von: ■ Lernen ■ Aneignung ■ Selbsttätigkeit
Vorrangiges Ziel	Vermittlung geforderten Wissens	Entwicklung von Methoden- und Sozialkompetenz

(Quelle: http://www.uni-kl.de/paedagogik/10Jahre/node6.html)

3.3.5 Literatur

Arbeitsgruppe Hochschuldidaktische Weiterbildung an der Albert-Ludwigs-Universität Freiburg i.B. 1998: Methodensammlung, Heft 2, und Methoden zur Förderung aktiven Lernens in Seminaren, Heft 3. Besser Lehren. Weinheim

Berendt, B., Voss, H.-P. & Wildt, J. (Hrsg.) 2002: Neues Handbuch Hochschullehre. Berlin

Brinker, T. 2003: Konzipieren von Lehrveranstaltungen. www.lehridee.de (7.1.2004)

Brinker, T. 2003: Lehre aktivierend gestalten. www.lehridee.de (7.1.2004)

Brinker, T. 2004: Angemessene Veranstaltungsformen zur Vermittlung von Schlüsselqualifikationen. In Brinker, T. & Rössler, U. Hochschuldidaktik an Fachhochschulen, S. 217–222. Bielefeld.

Dauscher, U. 1998: Moderationsmethode und Zukunftswerkstatt. Neuwied

Ditko, P. H. & Engelen, N. Q. 2001: In Bildern reden. München

Döring, K. W. & Ritter-Mamczeck, B. 2001: Lehren und Trainieren in der Weiterbildung. Ein praxisorientierter Leitfaden. Weinheim

Heckmair, B. 2000: Konstruktiv lernen. Projekte und Szenarien für erlebnisintensive Seminare und Workshops. Weinheim

Knoll, J. 2001: Kurs- und Seminarmethoden. Weinheim

Köhler, P. 2003: Geh mir aus der Sonne! Anekdoten über Philosophen und andere Denker. Stuttgart

Lehner, M. & Ziep, K.-D. 1997: Phantastische Lernwelt. Vom „Wissensvermittler" zum „Lernhelfer". Weinheim

Lehner, M. 2006: Viel Stoff – Wenig Zeit. Wege aus der Vollständigkeitsfalle. Bern/Stuttgart/Wien

Meyer, H. 1987: Unterrichtsmethoden. Band II: Praxisband. Frankfurt a. M.

Pukas, D. 2005: Lernmanagement. Rinteln

SKILL-Autorenteam 2001: Seminare lebendig gestalten. Offenbach

Siebert, H. 2003: Vernetztes Lernen. München

Spitzer, M. 2001: Lernen. Heidelberg/Berlin

Weidenmann, B. 1995: Erfolgreiche Kurse und Seminare. Professionelles Lernen mit Erwachsenen. Weinheim

4

Lehren und Lernen an Hochschulen

Was ist ein Professor/eine Professorin?

Grundlagen der Hochschullehre aneignen
- Kenntnis der Lerntheorie
- Lernvoraussetzungen der Studierenden
- Grundlagen der Kommunikation
- Grundlagen des Konfliktmanagements

Didaktik der Hochschulen verstehen
- Grundlagen der Didaktik
- Grundlagen der Methodik
- ausgewählte aktivierende Methoden

Umsetzung bewältigen
Erfahrungen: Beispiele von Lehrveranstaltungen

Erfolge nachweisen
- Prüfungen in der Hochschullehre
- Evaluation der Lehre

Gemeinsames Lernen ermöglichen
Hochschule als Lernende Organisation

Reflektieren, Entscheidungen überdenken und gegebenenfalls neu treffen!

Lehren und Lernen an Hochschulen

Umsetzung bewältigen

Überblick zu Kapitel 4

Das folgende Kapitel hat eine besonders wichtige Funktion. Bisher wurden eine Vielzahl von Ideen vermittelt, die der Leser in seinen eigenen Veranstaltungen mehr oder weniger punktuell einbauen und umsetzen konnte. Die Schwierigkeit besteht jedoch häufig darin, dass es schwer fallen kann, ein vollständiges Konzept einer Veranstaltung zu gestalten, das auf den Ideen einer sehr auf Aktivität der Lernenden ausgerichteten Lehre fußt.

Aus diesem Grund wird der Leser in den drei folgenden Kapiteln sehr konkrete Beispiele für Lehrveranstaltungen vorfinden, die aus der Sicht unterschiedlicher Fächer besonders innovativ erscheinen. Sie sollen ganz bewusst zur Diskussion anregen und auch Widerspruch hervorrufen. Auf den ersten Blick mag das eine oder andere nur schwer umsetzbar erscheinen. Die Autoren verbürgen sich jedoch, die dargestellten Inhalte und Methoden, wie beschrieben, erfolgreich durchgeführt zu haben, und machen Mut, das Dargestellte auszuprobieren.

Wie immer gilt jedoch, dass die Methode nicht nur zu den Lernenden, sondern auch zum Lehrenden passen muss. Das bedeutet, dass er die ihm im Prozess zugedachte Rolle authentisch ausfüllen können muss und die notwendige Umsetzungskompetenz braucht. Dies ist einmal mehr der Hinweis darauf, dass möglicherweise ein gestuftes Verfahren bei der Umsetzung neuer Ansätze notwendig ist. Schritt eins könnte sein, in der Veranstaltung zu hospitieren, um zunächst nur mitzuerleben, wie die Ideen von anderen in der Praxis umgesetzt werden. Erst in einem zweiten Schritt oder nach weiteren Besuchen und Gesprächen ist dann daran zu denken, die Veranstaltung selbst durchzuführen. Wer negative Lehrerfahrungen ausschließen will, sollte sich ein wenig Zeit lassen, da die beschriebenen Beispiele sicher anspruchsvollerer Natur sind.

4 Umsetzung bewältigen

4.1 Die Evaluation der Mietrechtsberatung der Verbraucher-Zentrale Nordrhein-Westfalen

Prof. Dr. Jan Jarre

4.1.1 Einleitung

Mark Twain beschreibt in seinem „Tom Sawyer" die bekannte Episode, in der es Tom gelingt, seine Freunde zu aktivieren, einen Gartenzaun anzustreichen (Twain, M.: Die Abenteuer des Tom Sawyer, München/Zürich o.J., S. 16–19):

> *Da erschien Tom auf der Bildfläche. In der einen Hand trug er einen Eimer voll Tünche, in der anderen einen langen Pinsel. Er überschaute den Gartenzaun, und da schien es ihm auf einmal, als wäre aller Glanz aus der Natur verschwunden. Über seiner Seele lag tiefe Schwermut. Fünfzehn Meter Zaunbreite und neun Fuß Höhe! – Fürwahr, das Leben war öde und das Dasein eine Last! […]*
>
> *In diesem düstern, hoffnungslosen Augenblick kam ihm plötzlich ein Einfall – ein großer, wahrhaft glänzender Einfall! Er nahm seinen Pinsel wieder auf und machte sich still und emsig an die Arbeit, denn dahinten sah er Ben Rogers auftauchen […]*
>
> *„Ach du bist´s, Ben! Ich hab dich gar nicht bemerkt." – „Du, ich geh´ schwimmen! Willst du mit? Aber nee, du arbeitest ja lieber, was? Kann mir´s lebhaft vorstellen!" Tom sah erstaunt auf „Was verstehst du eigentlich unter arbeiten?" – „Na, ist das vielleicht keine Arbeit?" Tom tauchte seinen Pinsel ein und sagte nachlässig: „Vielleicht ist´s ´ne Arbeit – vielleicht auch nicht! Ich weiß nur, daß es mir Spaß macht!" – „Nanu, du willst mir doch nicht einreden, daß du´s zum Vergnügen tust?" Der Pinsel war ununterbrochen in Bewegung. „Zum Vergnügen? Ja, warum denn nicht? Meinst du vielleicht, ´s gibt jeden Tag so´n Zaun anzustreichen?" Das ließ die Sache allerdings in ganz anderem Licht erscheinen. Ben hörte auf, an seinem Apfel zu knabbern, und Tom fuhr indessen mit seinem Pinsel schwungvoll auf und nieder, trat von Zeit zu Zeit zurück, um die Wirkung zu prüfen, tupfte hier und da verbessernd nach, überschaute den Eindruck von neuem, während Ben kein Auge von ihm wandte und all seine Bewegungen mit fieberhaftem Interesse verfolgte. Endlich sagte er: „Du, laß mich doch mal ´n bisschen streichen."*

Wenn es nur immer so leicht wäre, Menschen zu aktivieren!

Der folgende Text beschreibt die wesentlichen Elemente eines durchgehend aktivierend gestalteten Seminars zum Thema „Beratungsevaluation". Nach der Darstellung der wichtigsten Rahmenbedingungen werden die Ziele der Lehreinheit vorgestellt. Anschließend folgt die ausführliche Darstellung der im Verlauf des Seminars nach und nach eingesetzten Aktivierungsmethoden. Eine besondere Rolle spielt dabei die aktive Einbindung der Studierenden in die Entwicklung eines praxisorientierten Evaluationsdesigns für einen externen Auftraggeber.

Auf Zitate wird in diesem Artikel verzichtet, weil es in der Regel nicht mehr möglich war, die eingesetzten Methoden auf eine konkrete Quelle zurückzuführen. Es gibt viele Mütter und Väter. In der Seminarpraxis wurden verschiedene Funde und Anregungen den jeweiligen Bedingungen und Bedürfnissen angepasst. Dank gebührt insbesondere den Kolleginnen und Kollegen aus dem Kreis der „Hochschuldidaktischen Weiterbildung der Fachhochschulen Nordrhein-Westfalens" für zahlreiche Hinweise, Anregungen und nicht zuletzt Ermutigungen, hochschuldidaktische Experimente zu wagen.

4.1.2 Aktivierende Lehre und seminarspezifische Rahmenbedingungen

Das Wort „lernen" gehört etymologisch zur Wortgruppe von „leisten" und bedeutet ursprünglich „einer Spur nachgehen, nachspüren". Damit bezeichnet die frühe Bedeutung des Wortes „lernen" bereits einen ausgesprochen aktiven Vorgang, der eng verbunden ist mit indivduellen Eigenschaften wie erhöhte Aufmerksamkeit, Bewegung und Zielorientierung.

Aktivierende Lehre ist kein Selbstzweck. Aktivierende Lehre trägt vielmehr dazu bei, dass

- Lernende ermutigt und in die Lage versetzt werden, eigenständig und systematisch „einer Spur nachzugehen";
- neues Wissen handelnd ausprobiert werden kann (Probehandeln);
- mit Hilfe handlungsorientierter Lernarrangements Wissen verfestigt und dauerhafter verankert wird;
- den Studierenden Möglichkeiten und Situationen angeboten werden, Erfahrungen von Eigenverantwortung, Selbstständigkeit und Erfolgsorientierung hautnah und fachbezogen machen zu können;
- dadurch die Lernmotivation, aber auch die Lehrmotivation, erhöht wird;
- durch eigenverantwortliche Problembearbeitungen und Problemlösungen kurzfristig handlungsorientierte Erfolgserlebnisse begründet werden können;
- Studierende durch Erfolgserlebnisse in ihrem Selbstwertgefühl und in Richtung auf die Entfaltung von Eigenaktivitäten gestärkt werden;
- Studierende fähig werden, sich gesellschaftlichen und fachlichen Wandlungsprozessen in autonomer Entscheidung anzupassen.

Aktivierende Lehre setzt Erfolg versprechend dort an, wo in der Hochschule die zwei wichtigsten Aufgaben zu erfüllen sind: in der Lehre und in der Forschung.

- Docendo discimus: Durch Lehren lernen wir. Diese alte Weisheit des Seneca gilt es ernst zu nehmen und Studierende aktiv – gerade auch als Lehrende – in Lehr-Lern-Arrangements zu integrieren. Dies ist in Form von Projektbearbeitungen, Gruppenarbeiten, Teamaufgaben, Präsentationen usw. möglich.
- Studierende sollten bei der Wissensproduktion in der angewandten Forschung und bei der Lösung von Praxisproblemen in Unternehmen und Institutionen aktiv beteiligt und dort eigenverantwortlich mit (Teil-)Aufgaben betraut werden.

Aufgabe der Lehrenden muss es dabei sein, die Lehr- ebenso wie die Wissenswelt so zu präsentieren, dass beide offen sind für studentische Beiträge sowie für die Möglichkeit eigene Erfahrungen machen und verarbeiten zu können.

Eine aktivierende Lehreinheit ist immer eine sehr singuläre Angelegenheit, weil sie nicht allein von vorgegebenen Inhalten, sondern vor allem von den beteiligten Individuen, ihren Interessen, ihrem Vorwissen, ihren Assoziationen und ihrer Kreativität geprägt wird. Eine individuelle Veranstaltung dieser Art ist nicht kopierbar und nur ansatzweise wiederholbar. Sie ist lediglich in Grundlinien planbar, denn sie muss offen sein für individuelle Beiträge und Akzentsetzungen. Sie lebt von Überraschungen. Warum schreibt man dann über eine solche Lehreinheit? Vor allem um zu zeigen:

- Aktivierende Lehre mit all ihren Vorzügen ist möglich. Dies ist bekannt, aber in der Hochschulpraxis werden die Möglichkeiten noch viel zu selten genutzt. Und wenn sie genutzt werden, wird kaum darüber berichtet.
- Bestimmte Strukturelemente und Methoden sind übertragbar und können, flexibel eingesetzt, in anderen Veranstaltungen nützlich sein.

Und schließlich soll dieser Beitrag Appetit und Mut machen, ähnliche Erfahrungen zu suchen.

Das im Folgenden beschriebene Seminar ist im Sommersemester 2003 im Fachbereich Oecotrophologie der Fachhochschule Münster als dreistündige, vierzehn Wochen umfassende Veranstaltung durchgeführt worden. Das Seminar befasste sich inhaltlich mit der Evaluation von Beratungstätigkeiten am Fallbeispiel der Verbraucherberatung und im Besonderen der Mietrechtsberatung der Verbraucher-Zentrale Nordrhein-Westfalen. Das Seminar wurde von 24 Studierenden besucht. Vier Studierende waren bereit, das Seminarthema auch in ihrer Projektarbeit zu behandeln, die im Rahmen des Studiums als eigenständige Leistung abgeprüft und benotet wird. Projektarbeiten können im Team erstellt werden und sind als „kleine" Diplomarbeiten anzusehen, in denen die Studierenden alle Herausforderungen einer größeren schriftlichen Arbeit zu meistern haben.

Inhaltlich stand in diesem Seminar die Frage im Mittelpunkt: Wann sind Beratungstätigkeiten erfolgreich? Beratung verfolgt das Ziel, problemlösenden Wandel bei Menschen zu ermöglichen und zu unterstützen. Beratung ist eine erfolgsorientierte Tätigkeit. Der Blick auf den Erfolg wird zunehmend von Beratungsorganisationen aller Art und ihren Geldgebern eingefordert. Die systematische Suche nach Erfolg (Evaluation) ist heute unverzichtbarer Bestandteil beraterischen Tuns und Kenntnisse darüber gehören zum notwendigen Rüstzeug jeder Berufsanfängerin und jedes Berufsanfängers. Beratungsfachleute müssen wissen, mit Hilfe welcher Methoden Beratungserfolge sichtbar gemacht werden können.

Der Blick auf den Erfolg kann theoretisch und abstrakt vorbereitet werden, sollte aber an einem Beispiel aus der Praxis erprobt werden. Das Beispiel ergab sich in unserem Seminar aus der berufspraktischen Zusammenarbeit mit der Verbraucher-Zentrale Nordrhein-Westfalen (VZ NRW), die auch als zukünftiger Arbeitgeber für unsere Studierenden von Bedeutung ist.

Die Verbraucher-Zentrale führt seit 2001 als Spezialgebiet eine Mietrechtsberatung für Verbraucherinnen und Verbraucher durch. Auf der Grundlage einer Rahmenvereinbarung mit dem „Deutschen Mieterbund, Landesverband der Mietervereine in NRW" wurden mit 28 örtlichen Mietervereinen Kooperationsverträge abgeschlossen.

Auf deren Grundlage wird zurzeit in 43 Beratungsstellen der VZ NRW eine Mietrechtsberatung angeboten.

Die Beratung wird durch von den örtlichen Mietervereinen benannte Mietrechtsjuristen durchgeführt. Teils handelt es sich um freie Rechtsanwälte, teils um Juristen der Mietervereine. Die Mietrechtsberatung findet in Verantwortung der VZ NRW und unter ihrer Regie statt.

Die Mietrechtsberatung ist als persönliche, einmalige Beratung konzipiert. Innerhalb von 15 Minuten persönlicher Beratung nach vorhergehender Terminvereinbarung werden aktuelle Mietrechtsprobleme der Ratsuchenden im Rahmen der Rechtsberatungsbefugnis der Verbaucher-Zentrale beraten. Die Mietrechtsberatung kostet pro Beratungseinheit (= 15 Minuten) 12,50 EUR. Bei absehbar komplizierten Fragen können auch zwei Beratungseinheiten (zum doppelten Entgelt) vereinbart werden. Das Entgelt deckt die Kosten der Spezialberater samt Gemeinkosten ab.

Die Mietrechtsberatung sollte im Jahre 2003 in allen Beratungsstellen evaluiert werden. Ziel der Evaluation sollte es sein, für interne Zwecke die Beratung auf den Prüfstand zu stellen und ggf. Schlussfolgerungen für deren Weiterentwicklung und Verbesserung zu ziehen. Der Wunsch der VZ NRW an unser Seminar bestand darin, so weit wie irgend möglich hierbei behilflich zu sein. Ein Versuch schien für alle Beteiligten lohnend und so wurde diese praxisorientierte Zusammenarbeit vereinbart.

4.1.3 Ziele der Lehreinheit

Auf die Ziele kommt es an! Werden Lehrziele vorab auch für die Studierenden nachvollziehbar wie überzeugend formuliert und gemeinsam festgelegt, dann erzeugt diese Klarheit in der Regel einen positiven Lenkungseffekt. Allen Beteiligten bietet sie Schutz vor Abschweifungen und überflüssigen Details.

Ein durch Ziele vorgegebener „roter Faden" ist dauerhaft sichtbar und erinnert alle Beteiligten daran, sich im Seminar auf „das Wesentliche" zu konzentrieren, Veranstaltungsinhalte wie -methoden von den Zielen aus festzulegen, einzuordnen und zu bewerten. Lehrzielklarheit ist die Voraussetzung dafür, dass Studierende Verantwortung für den Lernprozess übernehmen und dass sie eigenständige Handlungsziele formulieren können. Die Lehrzielformulierung sollte sich nicht auf die übergeordnete, allgemeine Ebene der Leitziele beschränken. Gerade die konkreten Feinziele dürfen nicht vergessen werden. Erst sie liefern einen Erfolgsmaßstab, an dem sich messen lässt, ob und inwieweit Lehre und Lernen erfolgreich waren. Um notwendige Planungsflexibilitäten und Handlungsspielräume zu erhalten, ist die Festlegung von Muss-, Soll-, und Kannzielen oder auch von Zielbandbreiten möglich. Feinziele sollten spezifisch und beobachtbar sein und sich am Könnenspotenzial der Studierenden orientieren.

Die Studierenden sollen in diesem Seminar aktiv bei den Beobachtungen und Befragungen beteiligt werden. Sie gewinnen dadurch konkrete Einblicke in die Vor-Ort-Arbeit der Verbraucher- und Mietrechtsberatung und damit in ihre eigene potenzielle Berufspraxis.

Auf einer allgemeinen Leitzielebene geht es in dem beschriebenen Seminar darum, den Studierenden Evaluationswissen zu vermitteln sowie am Beispiel der Evaluation der Mietrechtsberatung dieses Wissen anzuwenden und zu vertiefen. Die Studierenden sollen am Ende des Semesters in der Lage sein, die evaluative Leitfrage „Wann sind Beratungsprozesse erfolgreich?" zu beantworten, und zwar
- auf einer theoretisch-abstrakten Ebene und
- anwendungsorientiert mit Blick auf ein selbst erdachtes Fallbeispiel.

Auf der Ebene der Feinziele soll es den Studierenden gelingen, die wesentlichen Chancen und Risiken von Evaluationen aufzuzählen und mit Hilfe von Fallbeispielen aus der Beratungspraxis zu verdeutlichen.

Die Studierenden sollen im Verlauf des Seminars über die Fähigkeit verfügen,
- die verschiedenen Evaluationsschritte benennen, beschreiben und an Fallbeispielen erläutern zu können;
- die wichtigsten Methoden zur Messung von Beratungserfolgen nennen und anwendungsorientiert erklären zu können;
- Fragebögen u.Ä. zur Evaluation der Mietrechtsberatung der VZ NRW so zu formulieren, dass ihre Vorschläge im Rahmen der tatsächlichen Befragungen/Beobachtungen Anwendung finden.

Ziele wie geplanter Ablauf des Seminars wurden auf Flipchartbögen notiert und dauerhaft im Seminarraum auf einer Pinwand ausgehängt.

4.1.4 Seminarablauf und Einsatz von aktivierenden Methoden

Das Seminar fand einmal wöchentlich am Freitagvormittag mit 24 Studierenden aus dem vierten und dem sechsten Semester als dreistündiger Veranstaltungsblock über 14 Wochen hinweg statt. Die Studierenden nahmen kontinuierlich an der Veranstaltung teil, so dass der Informationsfluss und der Gruppenzusammenhalt nicht durch auffällige Fluktuationen gestört wurden. Die Studierenden waren inhaltlich sehr engagiert und diskussionsfreudig. Sie beteiligten sich ausnahmslos auch an den empirischen Erhebungen vor Ort in den Beratungsstellen der Verbraucher-Zentrale.

4.1.4.1 Einstiegssituation: Partnerinterview

Die Veranstaltung begann mit einem längeren themenbezogenen Einstieg, der vor allem den Zweck verfolgte, Motivation und Neugier bei den Studierenden zu wecken („Der eigene Weg zum Erfolg").

Die Studierenden wurden aufgefordert in einem Partnerinterview sich wechselseitig folgende Fragen zu stellen und zu beantworten:
1. Was waren die ein bis zwei größten Erfolgserlebnisse, die du im Rahmen deiner Schulzeit/Studienzeit oder ersten Berufstätigkeit persönlich erfahren hast?
2. Was hast du persönlich dazu beigetragen, um dieses Erfolgserlebnis zu ermöglichen?
3. Was oder wer hat die Entstehung des Erfolgs mit verursacht bzw. unterstützt?

4. Welche Qualität deiner Einstellung/deines (Lern-)Verhaltens wird auch für die Zukunft Erfolge ermöglichen?

Dieser Einstieg sollte dazu beitragen die sehr persönliche Dimension des Seminarleitbegriffs „Erfolg" hautnah zu verdeutlichen und den Studierenden klar zu machen, dass eine „Erfolgskontrolle" immer auch ganz persönliche und tiefere Schichten des eigenen Selbst anspricht und sensibilisiert. Wenn es um Erfolg geht, ist das Selbstwertgefühl von Menschen angesprochen. Nicht nur Hochgefühle, sondern auch Ängste vor Misserfolg, Kritik und Sanktionen werden wach. Diese Gefühlshintergründe müssen allen bewusst sein, die als externe Beratungspersonen den Erfolg von anderen Menschen überprüfen wollen und sollen.

Zugleich wird mit den oben genannten Fragen ein Zugang zur eigenen Lerngeschichte geschaffen: Wie habe ich gelernt? Erfolgsorientiert? Nur unter Druck oder nach externen Interventionen? Was habe ich schnell, was habe ich mit Freude gelernt? Was hat mich beim Lernen gestört oder behindert? In der Regel wird beim Gespräch über diese Fragen deutlich, dass Eigenaktivität, Tun und Handeln bessere Voraussetzungen für lustvolles Lernen wie für Lernerfolge liefern als eine rein passive und rezeptive Lernhaltung und -umgebung.

Diese Annäherung an das Thema „Lernen" ermöglicht eine ungezwungene Aussprache über die Fragen „Wie wollen wir hier in unserem Seminar lernen? Welche Rahmenbedingungen sind für uns wichtig und welche Spielregeln wollen wir vereinbaren?" In diesem Zusammenhang wurde vom Lehrenden das Konzept der aktivierenden Lehre (vgl. Brinker/Jarre in diesem Band) kurz vorgestellt.

„Nachhaltiges Lernen durch mehr Eigenaktivität" wird als Lehr-Lern-Konzept von Studierenden in der Regel offen und positiv aufgenommen. Mehr Eigenaktivität im Studium wird begrüßt und mit mehr Möglichkeiten zur Selbstbestätigung wie mit mehr Lernfreude assoziiert; dass damit zugleich mehr Selbstverantwortung und Selbstbewertung, ja Selbstkritik, verbunden sind, muss allerdings häufig zusätzlich thematisiert, erläutert und diskutiert werden. In der Folge kann sich bei den Studierenden ein bewusster und selbstkritischer Blick auf das eigene Lernverhalten entwickeln.

Die selbstkritische Reflexion des eigenen Lernverhaltens lässt sich zusätzlich dadurch anregen, dass mit Blick auf die Gruppe der Studierenden eine Unterscheidung von
- Besuchern,
- Klagenden und
- Kunden/Mitproduzenten

vorgenommen wird.

Besucher zeichnen sich dadurch aus, dass sie zunächst nur „einmal schauen" wollen und sich noch nicht endgültig zur aktiven Teilnahme entschlossen haben. Klagende betonen vor allem ihre vielen anderen Verpflichtungen im Semester, die Notwendigkeit, arbeiten zu müssen, und nicht immer präsent sein zu können. Kunden (besser noch „Mitproduzenten" von Lern- und Seminarerfolg) dagegen sind zur Mitarbeit bereit und wollen sich aktiv im Seminar engagieren. Studierende erkennen sich in dieser Einteilung wieder und sehen in der Regel ein, dass der Kunde bzw. Mitproduzent und seine aktive Mitwirkung für das Gelingen des Seminars unverzichtbar sind. Ein Rollenwechsel, z.B. vom unverbindlich schauenden Besucher hin zum aktiv und verantwortungsvoll handelnden Kunden, ist allerdings nicht immer leicht und vor allem nicht auf Knopfdruck gestaltbar. Vielmehr muss bei den Studierenden eine Sensibilität für das eigene Lernverhalten geweckt sowie Motivation erzeugt werden, das eigene Lernverhalten selbstkritisch und eigenverantwortlich zu reflektieren und auch zu verändern.

4.1.4.2 Motivation durch Verantwortung: Merksätze und Projektaufträge

Selbstverantwortung ist zunächst nur eine Worthülse, unter der sich kaum jemand Konkretes und auf die eigene Person Bezogenes vorstellen kann. Insofern gerät ein Appell an die Selbstverantwortung, an selbst gesetzte Lernziele und den eigenen Lernerfolg um seiner selbst Willen häufig schnell aus dem Blick. Deutlich wird immer wieder: Die Prüfung als Ausgangspunkt wie als Endpunkt studentischen Lernens dominiert die Blickrichtung und die Lernhaltung der Studierenden. Was ist dagegen zu tun?

Nützlich ist zweifellos der dauerhafte und permanente Hinweis an die Studierenden auf die eigene Verantwortung für ihren Lernerfolg. Dies könnte ständig verbalisiert allerdings sehr schnell als penetrant empfunden werden und kontraproduktiv wirken, ähnlich wie der aus Schulzeiten bekannte Spruch („Nicht für die Schule, für das Leben lernen wir!"). Besser ist deshalb eine schriftliche Form der Erinnerung: Ein DIN-A4-Blatt wird in der Länge mittig gefaltet und auf der einen Seite als Namensschild genutzt. Auf der anderen, also der den Studierenden zugewandten Seite werden z.B. folgende Merk- und Leitsätze notiert bzw. stehen dort bereits in getippter Form:

- **Nutzen Sie ihre Zeit.** Nur wenn Sie aufmerksam und konzentriert präsent sind, haben Sie etwas von dieser Veranstaltung.
- **Setzen Sie sich Ziele.** Was wollen Sie in dieser Veranstaltung lernen?
- **Hören Sie aktiv zu. Denken Sie mit.** Notieren und vermerken Sie für sich verbleibende Unklarheiten.
- **Formulieren Sie Fragen.** Notieren Sie diese und bringen Sie sie ein.
- **Beteiligen Sie sich.** Bringen Sie Ihre Ideen und Ihr Vorwissen ein.
- **Haben Sie Geduld.** Hören Sie Anderen aufmerksam zu und versuchen Sie, Ansichten anderer Personen nachzuvollziehen und (als andere Auffassung) zu respektieren.
- **Setzen Sie sich weitere Ziele.** Entscheiden Sie, was Sie mit Blick auf die Veranstaltung weiter tun wollen (Lektüre, Gespräche, auf Zufallsfunde achten usw.) und wie Sie diese vertiefen können.

Diese Merksätze sind dauerhaft präsent, sofern das Namensschild Verwendung findet. Der Lehrende kann in gewissen zeitlichen Abständen auf obigen Katalog zurückkommen, indem er z.B. mit Hilfe eines Blitzlichtes fragt: Welchen der Merksätze setzen Sie Ihrer Meinung nach bereits recht gut um und welchen Merksatz wollen Sie in Zukunft noch konsequenter beachten?

Noch besser aber ist ein zusätzliches Element von Verbindlichkeit, das z.B. über die Integration von externen Aufgaben realisiert werden kann. Steht am Ende des Seminars nicht nur die Prüfung sondern auch die Notwendigkeit ein bestimmtes „Produkt" erstellt haben zu müssen, wie z.B. eine Präsentation oder im beschriebenen Seminar eine Gruppenleistung in Form eines Evaluationsbeitrages für einen externen Auftraggeber – dann ergibt sich eine eigene soziale Dynamik.

Die externe Auftraggeberin erscheint als Praxispartnerin persönlich im Seminar. Sie stellt die Institution „Verbraucher-Zentrale" vor, beschreibt die Bedeutung der Evaluationsaufgabe für die laufende Arbeit der Institution, bittet die Studierenden um Mitarbeit, erläutert genauer was im einzelnen zu leisten ist und steht für eine längere Aussprache zur Verfügung. Der Lehrende macht deutlich, wie gut die beschriebene Aufgabe in das Seminarkonzept passt, welche Evaluationselemente nunmehr praxisbezogen erprobt und umgesetzt werden können und dass die erforderlichen, fachlichen Anforderungen nach angemessener Vorbereitung im Seminar keine unüberwindliche Hürde darstellen.

Wird der „Auftrag" des Praxispartners unter diesen Bedingungen angenommen, kann davon ausgegangen werden, dass die große Mehrheit der Studierenden sich mit der Aufgabe identifiziert, am Erfolg interessiert ist, Eigenaktivität entwickelt und sich vor allem auch für das Gelingen verantwortlich fühlen wird.

Mit Blick auf eine weiter unterstützende Motivationslage kommt hinzu, dass die Verbraucher-Zentrale als Praktikumsstelle und potenzieller Arbeitgeber bekannt und beliebt ist. Auch das Thema „Mietrecht", Probleme mit Vermietern, mit ihrer eigenen Mieterrolle und die Frage „Wo kann ich mir im Konfliktfall kostengünstig Rat holen?" sind den Studierenden aus ihrem persönlichen Lebensalltag vertraut. Mietrechtliche Fragen berühren in hohem Maße die Interessen von Studierenden. Es ist deshalb davon auszugehen, dass viele von ihnen beinahe ein „natürliches" Interesse daran haben, ein wenig hinter die Kulissen der Verbraucher- wie der Mietrechtsberatung zu schauen. Die Thematik lässt sich also problemlos mit persönlichen Alltagsbezügen und dem Vorwissen der Studierenden verknüpfen. Alles gute Voraussetzungen, um nun auch den durchaus anspruchsvollen und sperrigen Stoff der „Beratungsevaluation" lehrend und lernend zu vertiefen. Bekanntermaßen kommt die beste Motivation für das Studium der Theorie ja aus klar umrissenen Aufträgen und Herausforderungen der Praxis. Erkennbare Verbindungen zur Lebenswelt liefern den „Motivationsrückhalt aller Theorie" (Hans Blumenberg).

Nach dieser für das Gesamtprojekt zentralen Phase der Motivation dominierte zunächst die Vermittlung von Kenntnissen zu den Begründungen, den Vorzügen und Nachteilen von Evaluationen sowie den verschiedenen Interessengegensätzen im Evaluationskontext. Wichtig ist dabei, dass der Anspruch der aktivierenden Lehre – „selbst entdeckt werden soll, was selbst entdeckt werden kann" – in dieser Phase der Wissensvermittlung glaubhaft aufrechterhalten wird.

4.1.4.3 Pro-und-Kontra-Debatte

Methodisch wurde deshalb bereits zu Beginn des Abschnittes „Wissensvermittlung" eine Pro-und-Kontra-Diskussionsrunde zum Thema „Wir sind dafür/dagegen, dass die Beratung evaluiert wird" durchgeführt.

Pro-und-Kontra-Diskussionen ermöglichen
- die Aktivierung aller Studierenden;
- die individuelle Erfahrung von begründetem und gruppengestütztem Widerspruch;
- die Sichtbarmachung der Begrenztheit eigener Positionen;
- eine emotionale Vertiefung kognitiver Argumente durch den Einsatz bzw. die Beobachtung von Gruppendynamik, Schlagfertigkeit und Humor;
- die Aktivierung von Vorwissen und Erfahrungswissen der Studierenden.

In der Sache sollte diese Diskussion durch rollengerechtes Argumentieren und Agieren verdeutlichen, welche Befürchtungen, Ängste, Widerstände und welches Konfliktpotenzial mit Evaluationsankündigungen und deren Durchführung durch externe Fachleute verbunden sind. Im Dialog mit anderen Menschen kann die Realität von Interessenkonflikten und die Relativität des eigenen Denkens erfahren werden.

Das Diskussionsszenario lautete wie folgt:

> **Szenario**
>
> Eine Gruppe externer Evaluationsfachleute erhält von der Geschäftsführung einer Beratungsinstitution den Auftrag, den Erfolg der Beratungsarbeit zu überprüfen. Auf einer Mitarbeiterversammlung bekommen die Fachleute Gelegenheit, ihre Vorstellungen und ihre Argumente „Pro" Evaluation vorzutragen.
>
> Sie werden diese zur Diskussion stellen und um Vertrauen für ihre zukünftige Evaluationsarbeit werben. Die Beraterinnen und Berater formulieren ihre Vorbehalte, Bedenken, Ängste und Widerstände. In der wechselseitigen Diskussion geht es darum, die Ängste und Bedenken zu klären, den Versuch zu machen, Konfliktpotenziale aufzuzeigen, Sicherheit und Vertrauen zu vermitteln und die Vorzüge der Evaluation für die zukünftige Beratungsarbeit plausibel zu machen.
>
> Überraschend war bei dieser Diskussionsrunde die argumentative Stärke der skeptischen Beraterinnen und Berater. Diese betonten nachdrücklich und emotional nachfühlbar, dass sie den Missbrauch der Evaluationsergebnisse von Geldgebern oder Vorgesetzten für disziplinarische bzw. arbeitsplatzrelevante Maßnahmen befürchteten und deshalb diese Evaluation nicht uneingeschränkt befürworten und unterstützen könnten. Die Evaluationsseite musste demgegenüber immer wieder versuchen glaubhaft zu machen, dass sie neutral und unabhängig agieren würde und allein im Interesse der Verbesserung der Beratungsarbeit selbst tätig wäre. Auch am Ende der Diskussion verblieb eine gehörige Portion Skepsis bei den betroffenen Beratungspersonen.

Methodisch lässt sich die Pro-und-Kontra-Diskussion als offene Diskussionsrunde gestalten, dies allerdings mit dem Risiko, dass nur einige wenige in der eigentlichen

Diskussion aktiv sind. Alternativ können immer abwechselnd quasi im Reißverschlussverfahren alle Personen der beiden Gruppierungen z.B. mit jeweils einem Argument zu Worte kommen. Dies geht häufig zu Lasten der Lebendigkeit und Spontaneität, sodass die offene Diskussionsrunde im Seminaralltag in der Regel Vorteile aufweist. Die Auswertung erfolgt durch zwei hierfür ausgewählte Studierende, die die Pro-und-Kontra-Argumente zeitgleich visualisieren.

4.1.4.4 Anekdoten und Zitate

Die weitere inhaltliche Arbeit zur Evaluationstheorie und -praxis wurde in bestimmten Rhythmen durch den Einsatz aktivierender Elemente aufgelockert, um neue Aufmerksamkeit zu gewinnen, um das Lehr- und Lernklima zu beleben oder um bestimmte Aspekte besonders zu betonen und hervorzuheben. Beispielhaft sei der Einsatz von Anekdoten bzw. fachbezogenen Zitaten beschrieben, die Aufmerksamkeit, Überraschung, ggf. Heiterkeit und die Frage bei den Zuhörerinnen und Zuhörern erzeugen: Was hat das mit unserem Thema zu tun? Die gemeinsame Auflösung dieser Frage ist meist mit erkennbarer Neugier und Aktivität verknüpft. Beispielhaft sei unsere selbst konstruierte Anekdote aus der entwicklungspolitischen Beratung angeführt:

> **Beispiel**
>
> *Es war einmal ein Entwicklungshelfer, der hatte eine gute Idee, als er ein abgelegenes Dorf in einem asiatischen Entwicklungsland besuchte. Er stellte fest, hier fehle eine Schule. Er setzte sich für ein Schulprojekt in diesem Dorf ein und hatte Erfolg. Sein Ministerium bewilligte die notwendigen Gelder. Die Schule wurde gebaut und mit einem Fest eingeweiht. Die ausländischen Helfer reisten nach einiger Zeit ab. Am Tag nach ihrer Verabschiedung räumten die Dorfbewohner die Schule aus und funktionierten sie in ein Teehaus um. Wie man hört, befindet sich dort noch heute ein gut besuchtes Teehaus.*

Die sich nach kurzer Reflexionszeit anschließende fachbezogene Frage lautete: War dies ein erfolgreiches Beratungsprojekt? Hierzu schloss sich eine längere und zum Teil kontroverse Aussprache zwischen den Studierenden an.

Eine Aktivierung, die sich auf Zitate oder Anekdoten bezieht, sollte anschließend mit einem oder mehreren griffigen Merksätzen auf den Punkt gebracht werden. In diesem Fall z.B. mit folgenden Feststellungen:

- Auf die Ziele kommt es an, aber manche Ziele sind bedeutsamer als andere!
- Erfolg kann aus der Sicht verschiedener Interessen definiert und gemessen werden!
- Ohne die aktive Mitarbeit der Zielgruppe wird Beratung erfolglos bleiben müssen!

Diese Sätze bleiben im besten Fall zusammen mit dem einprägsamen „Bild" der Geschichte im Gedächtnis haften und können als „Anker" dienen um weitere Informationen daran zu „befestigen" oder aber um diesen Anker in späteren Stadien der Informationsaufnahme oder -verwendung als Bild- bzw. Wissensreservoir aufzurufen und z.B. als Erinnerungsstütze erneut nutzen zu können.

Die zweite „Geschichte" ist ein Zitat aus einem Fachartikel unter dem Titel „Erfolgskontrolle" (Michelsen, G. [Hrsg.]: Umweltberatung. Grundlagen und Praxis, Bonn 1997, S. 408):

> **Beispiel**
>
> *Ein Aktionstag wurde mit einer Erfolgskontrolle durch ein Gutachterbüro verknüpft. Die Gutachter kamen zu dem Ergebnis, dass „[...] die Veranstaltung zum Schadstoffbereich als ein voller Erfolg zu werten" [ist]. Obwohl der Besucherandrang mit ca. 300 Personen hinter den Erwartungen des Stadtreinigungsamtes zurückblieb, ist dies laut Ansicht der Autoren nicht bedeutend für den Erfolg der Veranstaltung. „Entscheidend war der Kommunikationsanlass, der durch den ‚Tag der offenen Tür´ geschaffen wurde. Dies wurde in den Tageszeitungen und Rundfunksendezeiten hervorragend gut kommuniziert." Insbesondere wird die Live-Sendeberichterstattung durch das Radio Bielefeld als hervorragendes Medium gewertet, das Anliegen des Stadtreinigungsamtes in der Öffentlichkeit publik zu machen. Die Autoren merken an, dass beim Kauf von Anzeigenplätzen für diese Information (Tageszeitung bzw. Sendestunden) sicherlich das Zehnfache des aufgewendeten Betrages in Höhe von 43.000 DM (ohne Personalkosten) hätte eingesetzt werden müssen.*

Die Frage lautete ähnlich wie eben: War dies ein erfolgreicher Aktionstag? Die meisten Studierenden bejahten dies und nutzten entsprechende Argumente aus dem obigen Zitat. In diesem Fall aber kann nicht von „Erfolg" gesprochen werden, denn:

- Hier handelt es sich weniger um Erfolg, sondern lediglich um Glück!
- Erfolg unterscheidet sich von Glück durch aktive Planung!
- Nicht der Weg ist das Ziel, sondern ausschließlich das Ziel bestimmt den Weg!

Die Diskussion um das Zitat und diese Merksätze verdeutlichten den Studierenden die Bedeutung der Zielklarheit für Evaluationsprozesse. Ohne Zielklarheit lässt sich manches im Nachhinein als Erfolg verkaufen, das ohne gezieltes Tun der Beratungskräfte zufällig zustande gekommen ist.

4.1.4.5 Vorbereitung von Teamarbeit: „Der schwebende Stab"

Zur Vorbereitung und Reflexion von Gruppen- und Teamarbeit im Seminar bieten sich verschiedene Aufgaben oder auch Spielarrangements an. Mit ihrer Hilfe können die Studierenden durch erste (spielerische) Erfahrungen vor dem Beginn der eigentlichen Gruppenarbeit auf mögliche Schwierigkeiten eingestimmt und für gruppendynamische Prozesse sensibel gemacht werden. Hierzu lassen sich am besten Übungen verwenden, die den Rahmen einer sonst eher kognitiv orientierten Seminarveranstaltung sprengen und den Studierenden z.B. deutlich machen, dass Bewegung eine das Denken, die Emotionen sowie das Gedächtnis beflügelnde Tätigkeit ist und nachhaltig wirkende Erfahrungen freisetzen kann.

Als Hilfsmittel für unsere Übung des „Schwebenden Stabes" wird ein möglichst langer, dünner Bambusstab benötigt. Sechs bis acht Studierende stellen sich in zwei Dreier- bzw. Vierer- Gruppen gegenüber auf, strecken die Hände in senkrechter Haltung vor den Körper und spreizen den Daumen nach oben ab. Die Hände werden abwechselnd mit dem gegenüberstehenden Partner verschränkt. Nun wird der Bambusstab vom Lehrenden auf den Zeigefingern der Studierenden abgelegt. Als Spielregel wird nachdrücklich deutlich gemacht, dass alle Zeigefinger ständigen Hautkontakt zum Stab halten müssen, der Daumen den Stab aber nicht berühren darf. Zwei Studierende werden als Schiedsrichter benannt, die Regeleinhaltung zu kontrollieren. Die Aufgabe besteht nun darin, den Stab unter den genannten Bedingungen gleichzeitig auf dem Boden abzulegen. Die Aufgabe ist nicht leicht zu lösen, da in aller Regel der Stab zunächst nach oben „entschwebt".

Den Studierenden wird im Verlauf dieser Übung deutlich, dass Kommunikation für Problemlösungen unverzichtbar ist. Nur in wenigen Gruppen stellt sich nach einiger Zeit ein nonverbales Verständnis ein, das auf einem gemeinsam gefundenen Rhythmus beruht und die Aufgabenlösung ermöglicht. Dieser Rhythmus entwickelt sich bei den Teammitgliedern durch Versuch und Irrtum im Verlauf verschiedener – anfangs durchaus erfolgloser – Versuche der Problemlösung.

Bei anderen Gruppen bildet sich eine Führungsstruktur heraus, in der z.B. eine Moderationsperson konsensorientiert strukturierend und steuernd tätig wird oder aber eine Person auch einmal kommandierend autoritär versucht, die Steuerung zu übernehmen. Nicht immer gelingt dieser Versuch, eine schnelle Aufgabenlösung zu ermöglichen. Häufig gibt es Auseinandersetzungen um das methodische Vorgehen. „Kommandos" werden von den anderen meist nicht akzeptiert.

Erfahrungen dieser Art („Eine Gruppe macht noch kein Team!") führen mitten hinein in ein Gespräch über Voraussetzungen für erfolgreiche Gruppen- und Teamarbeit über den Sinn von Spielregeln und über Möglichkeiten, wie aus individuellen und Gruppenfehlern gelernt werden kann. Ein Katalog von nützlichen Regeln zur Gruppenarbeit und zur Gesprächsführung (etwa die Regeln der „Themenzentrierten Interaktion" [TZI]) können diese Einheit abschließen.

4.1.4.6 Lernpartnerschaften und Gruppenarbeit

Im Rahmen der Wissensvermittlung in diesem ersten Seminarabschnitt werden verschiedene Fachbegriffe aus der Evaluationstheorie vom Lehrenden eingeführt und erläutert. Um diese Begriffe zu verfestigen, zu wiederholen und nachhaltig verfügbar zu machen, bietet sich die aktivierende Methode der Zweiergruppen als Lernpartnerschaften an:

Fachliche Grundbegriffe müssen von ausgewählten Studierenden den neben ihnen sitzenden Personen im Zweiergespräch erklärt und mit Hilfe eines Beispiels erläutert werden. Die wichtigsten Fachbegriffe werden danach von Studierenden kurz dem Plenum vorgestellt. Hier kann – wenn erforderlich – von anderen Studierenden oder vom Lehrenden das eine oder andere ergänzt oder richtig gestellt werden.

Eine fachgerechte Evaluationsarbeit basiert auf der Formulierung von klaren und eindeutigen Beratungszielen. Ohne vorab hergestellte Zielklarheit gibt es keine sinnvolle Evaluation, denn „Wenn man nicht weiß, wohin man geht, führt jeder Weg ans Ziel" (Sprichwort). Diese Erkenntnis gilt es, bei den Studierenden dauerhaft zu verankern, z.B. mit Hilfe des obigen Merkzitats. Wichtig ist zudem, dass die Studierenden in der

Lage sind, operationalisierte Beratungsziele zu formulieren. Ziele also, die festlegen, an welchen beobachtbaren und messbaren Kriterien (vorrangig Handlungen) man erkennen kann, ob das Ziel (und damit der Erfolg) zu einem bestimmten Zeitpunkt auch erreicht wurde. Diese Notwendigkeit leuchtet den meisten Studierenden sofort ein, in der Umsetzung aber ergeben sich regelmäßig Realisierungsprobleme, sodass es unverzichtbar ist, die Operationalisierung in Gruppenarbeit zu trainieren. Die Beachtung der Messbarkeitsregel bereitet dabei die größten Schwierigkeiten. Die Operationalisierung von Beratungszielen muss bei zukünftigen Beraterinnen und Beratern in Fleisch und Blut übergehen und dies geschieht am besten durch Üben und nochmals durch Üben.

Dreier- und Vierergruppen erhielten den Auftrag mit Blick auf ihnen bekannte Beratungsprojekte, operationalisierte Feinzielvorgaben zu erarbeiten und dem Plenum vorzustellen. Dies geschah für

- die Abfallberatung und das Leitziel „Müllvermeidung",
- die Ernährungsberatung und das Leitziel „gesunde Ernährung",
- die Umweltberatung und das Leitziel „nachhaltiger Konsum",
- die Schuldnerberatung und das Leitziel „mit dem Einkommen auskommen",
- die Energieberatung und das Leitziel „Energieeinsparung" sowie
- die Mietrechtsberatung und das Leitziel „zufriedene Rat Suchende".

Für die Mietrechtsberatung schloss sich eine umfassende Diskussion der Zielformulierungen mit der Mitarbeiterin der Verbraucherzentrale an, um gemeinsam herauszuarbeiten, welche Feinziele den Evaluationsabsichten der VZ NRW am besten Rechnung trügen.

Beratungsevaluationen liegen in der Regel folgende erfolgsbezogene Leitfragen zugrunde:

- Wird das problemrelevante Wissen der Rat Suchenden nachweisbar erhöht?
- Hat die Beratung Folgen für das tatsächliche Verhalten derjenigen, die beraten werden?
- Welche konkreten Konsequenzen ziehen die Rat Suchenden aus der Beratung?
- Sind die Rat Suchenden mit der Beratung zufrieden?
- Würden die Rat Suchenden die Beratung noch einmal in Anspruch nehmen oder weiterempfehlen?

Mit Blick auf diese Fragen lassen sich Erfolge z.B. über Wissenstests ermitteln, durch verdeckte bzw. teilnehmende Beobachtungen erkennen, mündlich oder mit Hilfe von Fragebögen abfragen. Die Methodenauswahl muss sich in erster Linie daran orientieren, wie im konkreten Fall gesicherte Daten zur Beantwortung der evaluativen Ausgangsfrage „Werden die angestrebten Feinziele durch die Beratung tatsächlich erreicht?" erhoben werden können.

4.1.4.7 Mitarbeit in der angewandten Forschung

An dieser Stelle mussten sich die Studierenden Wissen über die einschlägigen sozialwissenschaftlichen Forschungsmethoden aneignen. Verschiedene Gruppen recherchierten zu konkreten Erhebungsmethoden (Telefoninterview, mündliche Kundenbefragung, Fragebogen, verschiedene Beobachtungsmethoden) und stellten ihre wichtigsten Erkenntnisse im Plenum vor. Zusammen mit der Mitarbeiterin der Verbraucher-Zentrale wurden dann jene Methoden ausgewählt, die in Hinblick auf Zielsetzung, Zeithorizont und Praktikabilität geeignet waren, die gewünschten Informationen über die Mietrechtsberatung zu beschaffen. Festgelegt wurde, dass für die Evaluation ein Beobachtungsbogen und vier Fragebögen entwickelt und eingesetzt werden sollten.

> 1. **Beobachtungsbogen zur Protokollierung einer offenen, standardisierten Beobachtung der Mietrechtsberatung**
> Mit Hilfe dieser Erhebung sollten Erkenntnisse über Beratungsinhalte (Verständlichkeit, Lösungsorientierung), die Beratungsmethodik (Gesprächsbeteiligung des Rat Suchenden), die Beratungsdauer (Zeitlimit von 15 Minuten), die Beratungsatmosphäre (freundlich, sachlich distanziert) und räumliche Rahmenbedingungen (Raumgröße, Nebengeräusche) gewonnen werden.
>
> 2. **Fragebogen zur Befragung der Rat Suchenden**
> Hierdurch sollten Informationen über die Zufriedenheit der Verbraucherinnen und Verbraucher mit der Beratung, dem Beratungsergebnis und der Organisation des Beratungsangebotes gesammelt werden.
>
> 3. **Fragebogen für die Mietrechtsberaterinnen und -berater**
> Mit den Fragen sollten das organisatorische Umfeld und Wünsche an die Organisation der Beratung sowie an die Zusammenarbeit zwischen Mieterverein und Verbraucher-Zentrale erfasst werden.
>
> 4. **Fragebogen für die Mitarbeiterinnen und Mitarbeiter der Beratungsstelle**
> Der Bogen umfasste organisatorische, inhaltliche und methodische Aspekte der Beratungsarbeit in den konkreten Beratungsstellen und sollte dazu dienen, Wünsche und Ideen zur weiteren Verbesserung des Beratungsangebotes zu sammeln.
>
> 5. **Fragebogen für eine halbstandardisierte Telefonbefragung der Rat Suchenden ca. vier Wochen nach der Beratung**
> Es sollten die Themen Zufriedenheit mit der Beratung, Umsetzbarkeit der Beratungsempfehlungen und eine mögliche Veränderung der persönlichen Bewertung ermittelt werden. Diese Befragung wurde von den zwei Projektarbeitsstudentinnen während der vorlesungsfreien Zeit im Anschluss an das Sommersemester durchgeführt und ausgewertet.

Erarbeitet wurden die Frage- und Beobachtungsbögen nicht durch alle Studierenden des Seminars, sondern durch jene vier Studentinnen, die die Evaluationsaufgabe zum Thema ihrer Projektarbeit gemacht hatten. Sie stellten ihre Entwürfe im Seminar vor, im Plenum wurde dann über einzelne Beobachtungsaufgaben und Fragen diskutiert. Die Diskussion führte zu verschiedenen Verbesserungsvorschlägen, die wiederum von den vier Studentinnen umgesetzt wurden. Idealerweise wäre dies ebenfalls Aufgabe von einzelnen Studierendengruppen aus dem Seminar gewesen. Eine derartige Arbeit überstieg aber die im Rahmen des Seminars zur Verfügung stehenden Zeitressourcen.

Die Befragungen und die Beobachtung in den relevanten Beratungsstellen wurden von den 24 Studierenden und zusätzlich von Praktikantinnen der Verbraucher-Zentrale in Zweiergruppen durchgeführt. Die Studierenden vereinbarten mit der ihnen von den für die Organisation zuständigen Projektarbeitsstudentinnen zugeteilten Beratungsstelle zwei Termine zur Durchführung der verschiedenen Evaluationsaufgaben. Diese bestanden
- in der teilnehmenden Beobachtung der Beratungsgespräche und der Erfassung des Gesprächsverlaufs, der Atmosphäre usw. mit Hilfe eines Beobachtungsbogens.
- anschließend in der Durchführung der Verbraucherbefragung mit Hilfe eines Fragebogens nach der Beratung, um die Zufriedenheit der Rat Suchenden zu ermitteln.
- Die Fragebögen drei und vier (siehe oben) wurden vor Ort an die betreffenden Personen verteilt, von diesen ausgefüllt und an die Fachhochschule Münster zur Auswertung weitergeleitet.

In der nachfolgenden Seminarveranstaltung wurden die Eindrücke und verschiedenen Erfahrungen der Studierenden während der Erhebungsarbeiten besprochen und reflektiert. Insbesondere die Beobachtungsaufgabe führte zu der Erkenntnis, dass z.B. die skalierende Einordnung bestimmter Beobachtungen (Berater ermutigt Rat Suchende, Berater spricht verständlich, stellt sich auf Rat Suchende ein u.a.) subjektiv zwischen den beteiligten Studierenden z.T. sehr unterschiedlich ausfiel. Dies gab Anlass, noch einmal selbstkritisch die gewählten Beobachtungsaufgaben zu hinterfragen und zur Herstellung einer besseren intersubjektiven Vergleichbarkeit eindeutigere Formulierungen vorzuschlagen.

Die Frage „Was hätte rückblickend besser gemacht werden können?" ermöglichte eine konstruktiv- kritische Rückschau und die erfahrungsgestützte Diskussion von Verbesserungsvorschlägen. Die Studierenden konnten aus ihren Erfahrungen in der Vorbereitungs- und Durchführungsphase die Erkenntnis gewinnen, dass nicht alles, was „am Schreibtisch" erdacht wurde, in der Evaluationspraxis auch buchstabengetreu umgesetzt werden konnte.

Örtliche Besonderheiten (Nebengeräusche, Enge), Informationsdefizite des Personals der Beratungsstelle, die Persönlichkeit der Beratungsperson oder auch die Bedürfnisse bzw. Eigenschaften der Rat Suchenden (z.B. Eile, Sprachschwierigkeiten) erschwerten oder erleichterten die jeweilige Aufgabenerfüllung und prägten den Merksatz: „Man soll nicht überrascht sein, überrascht zu werden." Die Studierenden erlebten hautnah die Schwierigkeiten und die Erfolge der empirischen Feldarbeit und konnten besser nachvollziehen, dass z.B. empirische Beobachtungsdaten manchmal auch durchaus subjektiven Einschätzungen beruhen und bei weitreichenden Schlussfolgerungen deshalb immer besondere Vorsicht geboten ist. Zudem wurde deutlich, dass angewandte Forschung stets neue Fragen und (Folge-)Probleme entdeckt, die erneute und weitergehende Auseinandersetzungen mit der Thematik initiieren.

4.1.4.8 Seminarevaluation

Zur aktivierenden Lehre gehört auch die Auseinandersetzung mit der Frage: War unser Seminar erfolgreich? Ist gelernt worden, was gelernt werden sollte? Was müsste in einem Folgeseminar verändert werden? Evaluation ist damit keineswegs allein eine Sache des Abschlusses am Ende der Seminarveranstaltung. Evaluation beginnt bereits mit dem Einstieg und der Motivationsphase, vor allem mit der Festlegung von Lernzielen und dem Gespräch über Spielregeln für den gemeinsamen Lernprozess.
- Evaluation klärt Ziele und Ergebnisse.
- Evaluation vergleicht Ziele mit Ergebnissen.
- Evaluation gibt ihrerseits Anlass für Lernprozesse und Veränderungen.

Für die Seminarevaluation sind folgende Leitfragen an die Studierenden von besonderer Bedeutung:
- Welche Inhalte habe ich nachdrücklich in Erinnerung?
- Welche Inhalte konnte ich bereits mit Vorwissen und eigenen (Lebens-)Erfahrungen verknüpfen?
- Was hat mich während des Seminars im Hinblick auf meinen persönlichen Lernprozess gestört oder beeinträchtigt?
- Wie habe ich mich während des Seminars gefühlt?
- Wo bin ich neugierig geworden auf mehr?

Manche dieser Fragen sollte man nicht am Seminarende, sondern bereits im Verlauf der Veranstaltung zum kurzen (Blitzlicht-)Thema machen. Dann werden Kurskorrekturen, organisatorische, methodische oder inhaltliche Veränderungen oder gezielte Begründungen bzw. Erläuterungen möglich. Auch lässt sich noch einmal der rote Faden des Seminars in Erinnerung rufen.

Am Ende der Veranstaltung „Beratungsevaluation" wurde eine abschließende Kurzevaluation durchgeführt, die sich in ihrer Kürze wie in ihrer Aussagefähigkeit bewährt hat: Die Studierenden werden gebeten, ihre Hand auf ein weißes Blatt Papier zu legen und den Umriss der Hand mit einem Stift nachzuzeichnen.
- **Der Daumen** steht für die Frage: Was hat mir gefallen? Was habe ich positiv in Erinnerung?
- **Der Zeigefinger:** Was habe ich inhaltlich gelernt?
- **Der Mittelfinger:** Was hat mir nicht gefallen?
- **Der Ringfinger:** Wie habe ich mich gefühlt?
- **Der kleine Finger:** Wo bin ich neugierig auf mehr? Was kam im Seminar zu kurz?

Den Studierenden wird die Bedeutung der einzelnen Finger erklärt (siehe oben) und sie werden gebeten, kurze Antworten in die jeweiligen Finger (oder daneben) zu schreiben.

Nicht verwunderlich ist, dass meist das zuletzt Gehörte und Erlebte am häufigsten von den Studierenden genannt wird. D.h. die aktive Phase der Befragung vor Ort in den Verbraucherberatungsstellen wird sowohl positiv erinnert als auch mit inhaltlichen Lerneffekten verbunden. Dazu gehören die verschiedenen empirischen Erhebungsmethoden und der systematische Ablauf eines Evaluationsprozesses.

Deutlich seltener wurden die Aktivierungselemente aus der Anfangsphase des Seminars genannt, wie z.B. die Pro-und-Kontra-Diskussion oder der Einstieg über den persönlichen Erfolg. Drei Studierende allerdings wiesen besonders auf dieses „Erfolgsinterview" hin und betonten, dass es für sie zu Beginn des Seminars zu persönlich war und sie (ein wenig) irritiert habe. Fakt ist, dass die Ansprache persönlicher Gefühle und Empfindungen in Seminaren eher unüblich ist. Über den eigenen Erfolg zu sprechen, berührt tiefere Schichten der Persönlichkeit. Lässt man sich auf ein solches Gespräch ein, ist es häufig nicht auf eine emotionslos-sachliche Ebene zu begrenzen. Vielmehr berührt das Thema persönliche Empfindsamkeiten, das eigene Selbstbild, aber auch individuelle Schwächen und frühere „Niederlagen" in Schule oder Studium. Zugleich macht dieses Evaluationsergebnis deutlich, dass dort, wo Emotionen aktiviert werden, die Befragung selbst nachhaltig in Erinnerung bleibt.

Fachlich gesehen sollte genau dieses auch im Auswertungsgespräch im Anschluss an das Partnerinterview vermittelt werden: Evaluationen verursachen Ängste und diverse Befürchtungen über Konsequenzen für die eigene Person. Emotionen und ihre Folgen müssen deshalb bei allen Evaluationsprozessen vorrangig bedacht und evaluationsmethodisch reflektiert werden.

Die hier beschriebene Kurzevaluation weist mit der Frage „Wie habe ich mich gefühlt?" eine Dimension auf, die in sonst üblichen Evaluationsbögen selten oder gar nicht auftaucht. Unter Lerngesichtspunkten aber ist es durchaus bedeutsam, ob in der Veranstaltung ein positives, angstfreies Lernklima und ein gutes atmosphärisches Grundgefühl vorherrscht und über eine Evaluation rückgemeldet wird.

Es ist für die Lehrenden wichtig zu erfahren, dass
- die große Mehrheit der Studierenden sich wohlgefühlt hat,
- im Verlauf der Veranstaltung ein Zusammenwachsen und in der Folge ein Teamgeist spürbar war,
- die Studierenden das Gefühl hatten, auch Fehler machen zu dürfen und
- das Gefühl vorherrschte, jederzeit alles sagen, vorschlagen und einbringen zu können.

Die Studierenden beklagten in der Seminarevaluation („Was hat mir nicht gefallen?") die zeitliche Enge der Befragungs- und Beobachtungsphasen in den Beratungsstellen zu den Prüfungswochen am Fachbereich. Die Endphase der Seminararbeit wurde als zu zeit- (zusätzlicher Zeiteinsatz aufgrund der Besuche der Beratungsstellen) und arbeitsintensiv (Aneignung von Befragungs- bzw. Beobachtungswissen und Vorbereitung der Arbeit vor Ort) angesehen. In der Konsequenz ist es für weitere Seminare sicherlich empfehlenswert, die angewandte Feldforschung um ein paar Wochen vorzuverlegen und zum Seminarende mehr Zeit für die gemeinsame Auswertung und die Nacharbeit einzuplanen.

Selbstkritisch muss gesagt werden, dass der Zeiteinsatz aller Studierenden (insbesondere auch der Projektarbeitsstudentinnen) in der letzten Seminarphase über die vorgegebenen Stunden z.T. deutlich hinausging. Eine wichtige Herausforderung für aktivierende Lehre besteht deshalb auch darin, derartige Seminare als „ganz normale" Seminare zu gestalten und durchzuführen und bei den Studierenden keinen Sonderstatus zu beanspruchen. Mit Blick auf den zu erbringenden Arbeitseinsatz darf sich ein aktivierendes Seminar nicht unangemessen von dem sonstigen Seminarbetrieb abheben. Hier wird eine sich hoffentlich einstellende Routine aktivierender Lehre in möglichst vielen Veranstaltungen eines Fachbereichs für die notwendige Abhilfe sorgen.

Der zusätzliche Zeiteinsatz für den Lehrenden bestand vor allem in der Vorab-Organisation der Zusammenarbeit mit der Verbraucher-Zentrale und verschiedenen begleitenden Gesprächen während des Semesters. Ein eingespielter Praxiskontakt erleichtert eine derartige Seminargestaltung sehr. Da aber genau die konkrete Zusammenarbeit immer einmalig ist, muss in folgenden Semestern immer wieder neu ein inhaltlicher Kern der Zusammenarbeit gefunden und vereinbart werden. Dieser zusätzliche Arbeits- und Organisationsaufwand verbleibt, zahlt sich allerdings auch in Form einer fundierten und wechselseitig für alle Beteiligten nützlichen Zusammenarbeit zwischen Hochschule und Praxisinstitution aus.

Die Realisierung der Lernziele des Seminars durch die Studierenden konnte im Rahmen der anschließenden mündlichen Prüfungen überprüft werden. Danach verfügte die übergroße Mehrzahl der Studierenden über gute Kenntnisse und Fähigkeiten der geforderten Art. Auch die von den Studierenden formulierten Fragen sind in großem Umfang in den tatsächlich verwendeten Fragebögen genutzt worden. Die wichtigsten Ergebnisse der Mietrechtsevaluation sind von der VZ NRW in einer Broschüre („Evaluation der Mietrechtsberatung in 39 Beratungsstellen der Verbraucher-Zentrale NRW", Düsseldorf 2004) veröffentlicht worden und waren Ausgangspunkt für verschiedene interne Veränderungsmaßnahmen.

4.1.5 Zusammenfassung: Mehr Motivation und Lernerfolg durch aktivierende Lehre

Der Merksatz „Man soll nicht überrascht sein, überrascht zu werden" gilt nicht nur für die angewandte Forschung, sondern im Besonderen auch für die aktivierende Lehre selbst. Die Planung der Lehreinheit ist wichtig, um den roten Faden aufzeigen zu können und um den idealtypischen Ablauf vor Augen zu haben. Aber genau so wichtig ist die Bereitschaft, Anregungen der Studierenden und der beteiligten Praxisvertreter nachzugehen, Neues flexibel zu integrieren, Studierende spontan mit der klärenden Ausarbeitung weiterer Aspekte zu beauftragen und Planungen zu revidieren. Es ist nicht erforderlich und eher kontraproduktiv, alles „im Griff" zu haben. Ein fester Griff verhindert Offenheit, Lebendigkeit und bedürfnisaktuelle Veränderungen. Ein Seminar kann nicht scheitern, wenn es konsensorientiert aktuellen Bedürfnissen und Veränderungswünschen der beteiligten Menschen Rechnung trägt.

Aktivierende Lehre eröffnet neue Chancen für eine motivierende Zusammenarbeit zwischen Lernenden und Lehrenden. Insbesondere die Einbeziehung in die angewandte Forschungsarbeit ermöglicht praxisbezogene Einsichten, begünstigt die verantwortliche Mitarbeit der Studierenden und erzeugt eine zusätzliche Lernmotivation über die Erarbeitung ein- und umsetzbarer Erkenntnisse, aus denen sich im besten Fall handfeste Verbesserungen in der Arbeit des Praxispartners ergeben können. Studierende werden auf diese Weise am Produktionsprozess von Wissen aktiv beteiligt und dafür sensibilisiert, dass Wissen in erster Linie durch kommunikative Interaktion und die gemeinsame Suche nach Lösungen entsteht.

Aktivierung ist ein bewusster und zielgerichteter Steuerungsprozess zur Herstellung von Dezentralität in Lehr- und Lernsituationen mit dem Ziel einer Verbesserung der Lernergebnisse. Kommunikationsvielfalt und -dichte werden dadurch spürbar erhöht. Die Zentrierung aller Aufmerksamkeit auf eine „Bühne" mit frontaler Präsentation kann durch Gruppenaktivitäten, verschiedene Beteiligungsmöglichkeiten, Rollenspiele, Diskussionsphasen usw. vermieden werden.

Manches geschieht nie, wenn man nicht ein wenig nachhilft: Aktivierende Lehre als kleine „Nachhilfe"
- begünstigt ein kooperatives und motivierendes Lernklima,
- entwickelt komplexe Lehr-Lern-Arrangements, die die Eigenaktivität, die Selbstverantwortung, die Selbstständigkeit und die Kreativität von Studierenden fordert und die studentische Aufmerksamkeit auf diese sonst in der Lehre weniger beachteten Aspekte lenkt,
- schafft damit wichtige Grundlagen für nachhaltige Gedächtnisleistungen und die emotionale Verankerung des Lernstoffs,
- beteiligt die Studierenden aktiv am Geschehen auf der Baustelle „Wissensproduktion".

Aktivierende Lehre initiiert bei Studierenden über ein Mehr an aktivem Miteinander begründetes Selbstvertrauen und erfahrungsgestützte Kompetenzen eigenständigen und selbstgesteuerten Handelns. Damit entstehen zugleich wichtige Voraussetzungen dafür, dass junge Menschen zur verantwortungsbewussten Mitwirkung bei der Gestaltung gesellschaftlichen und fachlichen Wandels ermutigt und befähigt werden.

4.2 Teamgesteuerte, projektorientierte Lehrveranstaltung mit Total Quality Management – ein Erfahrungsbericht über Theorie und Realität

Prof. Dr. Sibylle Planitz-Penno

4.2.1 Grundlegung

Dies ist ein Bericht über ein wunderbares Experiment zu einer Lehrveranstaltung in der Ingenieursausbildung. Er beschreibt, wie nach einer ersten Phase der Euphorie eine Anpassung an die Realität stattfand und wie die kontinuierliche Überführung in die Härte des normalen Studienalltags über längere Zeit zu weiteren Abstrichen am Konzept führte. Und er beschreibt, welche Teile sich trotz Knappheit an Zeit, Personal und Geld langfristig gehalten haben und die Lehrveranstaltung für Studierende und Lehrende zu einem besonders positiven Erlebnis machten.

4.2.2 Die Ausgangsbedingungen

In dem neuen Studiengang Materialtechnik der Fachhochschule Gelsenkirchen wurde im Wintersemester 99/2000 **erstmalig** die Lehrveranstaltung „Verbundwerkstoffe" für das 7. Studiensemester, das letzte Veranstaltungssemester vor der Diplomarbeit, angeboten. Die Rahmenbedingungen haben sich seither nicht geändert: Sie ist die einzige **gemeinsame Pflichtvorlesung** für die Studierenden und wird geblockt in jeweils 4 Stunden pro Woche im Wintersemester durchgeführt. Da der Studiengang insgesamt nicht stark nachgefragt wird, sind die Gruppen klein (8 bis 22 Personen). Die Veranstaltung endet mit einer Fachprüfung.

Verbundwerkstoffe – das Thema der Veranstaltung – sind eine sehr junge Gruppe von Materialien. Sie entstehen aus der Kombination verschiedener Werkstoffe (Metalle, Polymere und Keramiken). Zu ihnen gehören zum Beispiel die Faserverbundwerkstoffe, hochfeste Leichtbauwerkstoffe, die im Flugzeugbau eingesetzt werden oder pulvermetallurgisch hergestellte Metalllegierungen mit besonderer Härte und Festigkeit. Auch die Natur liefert zahllose Beispiele, ein häufig verwendeter biologischer Verbundwerkstoff ist Holz.

Es lag also nahe, auch die zugehörigen Fächer (Metallische Werkstoffe, Kunststofftechnik) und die Personen, die diese inhaltlich vertreten, zusammenzuführen. So ergab sich die Mitwirkung von zwei Lehrenden und drei wissenschaftlichen Mitarbeitern. Inhaltlich bestanden außerdem starke Verbindungen zu den benachbarten Lehrgebieten Polymerchemie und Prüftechnik.

Durch die hohe Entwicklungsgeschwindigkeit des Themengebiets ändert sich der Stand der Technik sehr schnell. Dadurch war zunächst wenig ausgearbeitetes Lehrmaterial verfügbar – dies hat sich zwischenzeitlich allerdings geändert.

Die Ausgangsituation war für ein Experiment denkbar gut geeignet: In einem neuen Studiengang wurde für eine kleine Gruppe fortgeschrittener Studierender eine neue

Lehrveranstaltung konzipiert – in neu eingerichteten Räumen, mit guter technischer Ausrüstung. Gleichzeitig konnte die Lehrveranstaltung in ein Projekt zur Qualität der Lehre des Landes NRW eingebracht werden. Damit war auch die personelle Situation ausgesprochen gut. Engagierte Personen in der Aufbruchstimmung eines Neuaufbaus, rege didaktische Diskussionen in der Projektgruppe und persönliche Erfahrungen von Teammitgliedern in den Bereichen Hochschuldidaktik, Management- und Moderationstechniken boten eine qualitativ hervorragende Basis.

Die Lehrveranstaltung wurde während eines **Verbund-Projektes** konzipiert, das den Titel trug „**Total Quality Management** von ingenieurwissenschaftlichen Lehrveranstaltungen". In ihm sollten Instrumente des TQM, insbesondere die Regelkreise, auf Lehrveranstaltungen angewendet werden (vgl. Henning, Grobel und Raue o.J.). Zusätzlich wurden verschiedene didaktische Instrumente in die Veranstaltung eingebaut. Im Laufe der Jahre wurden diese Verfahren ausprobiert, gegebenenfalls aussortiert oder modifiziert und den Notwendigkeiten angepasst. Im Folgenden sind insbesondere die Instrumente dargestellt, die sich in den 4 Jahren seit Projektende bewährt haben.

Abb.: Studierende tragen Arbeitsergebnisse zusammen

Lehrteam (+++)

- **Vorteil:** höhere Kreativität und Verbindlichkeit, problemlose Vertretung
- **Nachteil:** Organisationsaufwand, Persönliches muss geklärt sein
- **Wichtig:** regelmäßige Treffen, klare Verantwortlichkeiten

Dem Lehrteam gehörten zunächst zwei Professoren und drei wissenschaftliche Mitarbeiter an. 5 Personen sind eine optimale Teamgröße. Im Team wurden auch Theorieblöcke zu Kommunikation und Teamarbeit gemeinsam bearbeitet. In der Anfangszeit wurde viel an der inneren Struktur des Teams gearbeitet, diese wurde mittels der Teamuhr von Francis und Young verfolgt (1992). Dabei gibt jedes Teammitglied mit einer Uhrzeit zwischen 1 (Unsicherheit) und 12 (Kreativität und Vertrautheit) eine persönliche Stellungnahme ab, die Zahlen wurden gemittelt und notiert. Es ergab sich ein für Teambildung typischer Start bei niedrigen, stark gestreuten Werten, gefolgt vom Anstieg und einer Plateaubildung bei 9 Uhr. Wöchentlich fanden Teamsitzungen zur Vor- und Nachbereitung der Lehrveranstaltung und zur Besprechung der internen Zusammenarbeit statt. Bei der Lehrveranstaltung waren jeweils mehrere Teammitglieder anwesend und betreuten nach Absprache unterschiedliche Teile. Lehr-/Informationsteile wechselten sich ab mit Moderationsteilen zur Arbeit der Studierenden (z.B. Projektfindung, Berichte, Entscheidungsprozesse) und mit praktischen Arbeitsphasen.

Zahlreiche, meist äußere, Faktoren störten die Arbeit des Teams: andere Projekte und Krankheit führten zu Zeitmangel und sogar zum Ausfall von Teamsitzungen. Die Teamstruktur ermöglichte aber insgesamt ein flexibles Reagieren, sodass die Lehrveranstaltung wenig beeinflusst wurde. Interne Schwierigkeiten betrafen die immer vorkommenden unterschiedlichen Arbeitsstile und Schwerpunktsetzungen der einzelnen Teammitglieder.

In der Folge war der **hohe zeitliche Einsatz** nicht mehr zu realisieren. Die Zahl der Teambesprechungen wurde mit Ende des Projekts deutlich zurückgeführt, heute finden ca. 5 Treffen pro Semester statt: zur Vorbereitung des Semesters, bei Übergabe, kurz vor Ende und nach Abschluss des Semesters. In der täglichen Arbeit war dabei immer die intensive erste Teamphase spürbar – es klappte einfach vieles wie geschmiert ohne viele Worte. Besonders deutlich wurde dies, als durch Mitarbeiterwechsel Personen ersetzt wurden und bislang nicht gekannte Reibungsverluste auftraten. Die Durchführung der einzelnen Lehrveranstaltungen wurde im Verlauf jeweils zunehmend klarer zugeordnet. Heute werden nur die erste und die letzte Stunde regelmäßig gemeinsam durch beide Professoren durchgeführt.

Es ist hochschuldidaktisches Allgemeingut, dass gute Lehre die **Definition von Lehr- und Lernzielen,** die Planung der Lehreinheiten in Grob- und Feinablauf und die gründliche Vor- und Nachbereitung voraussetzt. Dennoch gehen diese Dinge in der Hektik des Alltags gerne verloren – **Teamarbeit aber erzwingt sie.** Gleichzeitig erleichtert Teamarbeit den kreativen Gestaltungsprozess: Nicht der vereinzelte Professor, sondern mehrere Personen mit ähnlicher Motivation und Interessenslage wirken an Konzeption und Formulierung mit.

Das Lehrteam bietet auch ein gutes Forum um zusätzliche Qualifikationen zu erwerben. Dazu gehören fachliche Qualifikationen in der gemeinsamen Vorbereitung und vor allem persönliche Qualifikationen, die in einem Teamzusammenhang eher zur Sprache kommen als in den üblichen, meist sehr sachbezogenen Gesprächen zwischen Professor und Mitarbeiter. Soweit möglich und sinnvoll, wurden z.B. Moderationstechniken besprochen und geübt aber auch die Teilnahme an Weiterbildungsveranstaltungen für die wissenschaftlichen Mitarbeiter wurde ermöglicht.

4 Umsetzung bewältigen

Kritisch für das Gelingen eines Lehrteams sind die Personen, deren Beziehungen zueinander oder im Teamprozess geklärt werden müssen. Die Beteiligten müssen nicht befreundet sein, aber mit Konkurrenz, Neid, grundsätzlich negativen Einstellungen dem anderen gegenüber ist keine gute Teamarbeit möglich. Wichtig sind auch klare Verantwortlichkeiten: wenn keiner eine Teambesprechung einberuft, findet auch keine statt. Insgesamt hat sich die Einrichtung eines Lehrteams gut bewährt.

TQM-Regelkreise (+)

- **Vorteil:** unterstützt Zieldefinition, positive Rückmeldung
- **Nachteil:** sehr aufwendig

Die Anwendung der Regelkreise sollte helfen, das anspruchsvolle und komplexe System einer Lehrveranstaltung zu strukturieren und eine gute Qualität sicherzustellen. Es war zunächst sehr **schwer, Regelkreise zu identifizieren** und diese dann noch überschaubar zu gestalten (Beispiel in Abbildung unten). In der Anwendung waren sie dann allerdings recht hilfreich, weil sie den Blick schärften für das Wesentliche bzw. für die angestrebten Ziele. Besonders deutlich wurde an ihnen, welche **positiven Fortschritte** erreicht wurden – dies ist ein sehr angenehmer Effekt, wird doch normalerweise die Aufmerksamkeit immer auf das negative gezogen. In der längerfristigen Praxis waren die Regelkreise zu umständlich in der Handhabung.

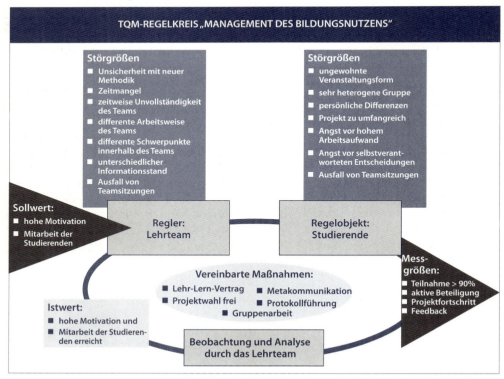

► Lernziele (+++)

- **Vorteil:** entscheidend bei der Selektion des Lehrstoffs und der Lehrmethodik
- **Nachteil:** keiner

Die **Lernzieldefinition erfolgte iterativ** – den Grundstein bildeten die ursprünglichen Überlegungen des Lehrteams, später flossen Erfahrungen aus den Regelkreisen und insbesondere Rückmeldungen der Studierenden ein. Noch stärker als in anderen Lehrveranstaltungen muss hier der Bezug zur aktuellen Werkstoffentwicklung und zur Berufspraxis hergestellt werden. Der derzeitige Stand ist:

- Die Studierenden können ihr bisher erarbeitetes Wissen über die einzelnen Werkstoffgruppen aktivieren und auf die Behandlung „neuer" Werkstoffe übertragen, die durch Kombination von „alten" Materialien entstehen.
- Sie erarbeiten an einem hochaktuellen Thema Inhalte und bringen sie zur Anwendung.
- Die **Arbeitsformen** stehen in Nähe zur bald eintretenden Berufspraxis. Die Studierenden arbeiten projektmäßig, selbstständig und teamorientiert. Sie lernen dafür hilfreiche Techniken kennen.

Bei der Akkreditierung von Bachelor- und Master-Studiengängen werden Lernziele in den Modulbeschreibungen inzwischen generell nachgefragt.

► Lehr-Lern-Vertrag (+++)

- **Vorteil:** schafft gemeinsame Basis, führt zu selbstverantworteter Mitarbeit
- **Nachteil:** evtl. einengend, auch Lehrende sind daran gebunden

In der ersten Stunde mit den Studierenden wird jeweils ein Lehr-Lern-Vertrag erarbeitet. Dazu werden in **Metaplantechnik die Erwartungen** (positiv und negativ) der Studierenden und des Lehrteams an die Veranstaltung abgefragt und nach Diskussion die wesentlichen Dinge sortiert und als Vertrag ausgearbeitet (siehe Beispiel in Abb. auf S. 282). Enthalten sind jeweils Dinge wie pünktlicher Beginn, keine Terminverschiebungen durch das Lehrteam, Abmeldung bei Verhinderung, Protokollführung durch die Studierenden etc. Der Lehr-Lern-Vertrag wird auf Flipchartpapier festgehalten, **von allen unterschrieben** und ist bei den Lehrveranstaltungen präsent. Die Auswirkungen dieser Maßnahme – in Verbindung mit zeitweiser Kontrolle (machen wir noch alles so, wie vereinbart?) waren überzeugend. Beispielsweise waren meist mehr als 90% der Studierenden anwesend und fast immer erfolgte eine Abmeldung bei Abwesenheit.

> **LEHR-LERN-VERTRAG (WS1999/2000)**

1. **Allgemeine gegenseitige Verpflichtungen**
   - Pünktliche und regelmäßige Teilnahme
   - Abmelden bei Verhinderung
   - Absprachen einhalten
   - gemeinsam festgelegte Umgangsregeln einhalten
   - sachliches Feedback
   - physische und geistige Präsenz
   - Fragen stellen, wenn etwas unklar ist

2. **Besondere Verpflichtungen der Studierenden**
   - Aktive Mitarbeit und Teilnahme
   - Eigeninitiative und Engagement
   - Austausch von Informationen zwischen den Studierenden
   - Lernergebnisse sichtbar machen, z.B. durch Feedback, aktive Beteiligung etc.

3. **Besondere Verpflichtungen des Lehrteams**
   - Veranstaltungen regelmäßig und pünktlich
   - angemessener Zeit- und Arbeitsaufwand
   - Aufgaben werden gleichmäßig auf die Studierenden verteilt
   - praxisbezogene Vermittlung des notwendigen Wissens
   - ständige Ansprechbarkeit des Teams
   - Bewertungskriterien im Vorfeld festlegen
   - Offenlegen und Einhalten der Rahmenbedingungen

4. **Sonstige, ergänzende Rahmenbedingungen**
   - ständige Kommunikation über Kommunikation (Metakommunikation)
   - ständige Überprüfung des Arbeitsklimas in der Gruppe und im Team
   - Führen eines Veranstaltungstagebuchs

➤ Selbstlerneinheiten (++)

- **Vorteil:** selbsterarbeitetes Lernen ist nachhaltiger
- **Nachteil:** nur möglich mit gut vorbereiteten Materialien

Die Studierenden sollten wesentliche Teile der Theorie aus der Literatur selbst erarbeiten und in der Lehrveranstaltung darstellen, zusammenführen und bewerten. Generell stellte sich heraus, dass viele Studierende ohne gut vorbereitete Anleitung, bzw. Materialhinweise dazu nicht in der Lage sind.

Häufige Probleme sind:
- Die Suche erfolgt nur im Internet.
- Zu wenige Stellen werden gefunden.
- Englischsprachige Literatur wird ausgegrenzt.
- Die Fundstellen werden nicht kritisch hinterfragt und ausgewertet.
- Es wird viel Zeit aufgewendet, aber diese wird nicht effektiv genutzt.
- Informationen von Firmen werden nicht gezielt genug eingeholt.

Dies sind Anzeichen, dass das Thema **„Arbeiten mit Literatur"** im Studium bislang zu kurz kommt und insbesondere der **kritische Umgang** mit Veröffentlichungen jeder Art schwer fällt. Es gilt die Regel „Was irgendwo steht, wird wohl schon richtig sein ...".

Neben diesen Problemen bei der Erarbeitung von neuem Material bestehen auch erhebliche Schwierigkeiten beim **Reaktivieren von bereits gelerntem Wissen.** Es ist wohl keine neue Erkenntnis, dass konzentriert auf Prüfungen hin gelernt wird und das erworbene Wissen anschließend verfällt. Ursachen dafür sind neben dem Nichtbenutzen auch die mangelnde Einsicht in die Praxisrelevanz von Grundlagenwissen.

Von allen angesprochenen Themen fällt dieses den Studierenden am schwersten. Daher ist dieser Teil um Umfang deutlich reduziert worden und wird inzwischen stark durch Vorgaben angeleitet. Besonders wichtig sind hier Einzelgespräche, um spezifische Hilfestellung zu geben. Für einen Großteil der Theorievermittlung wird jetzt wieder der seminaristische Unterricht eingesetzt mit Vortragsteilen der Professoren.

➤ Praktisches Arbeiten im Projekt (+++)

- **Vorteil:** nachhaltiges intensives Lernen, praxisnahe Arbeitsform, der gesamte Prozess wird erfasst, hohe Motivation
- **Nachteil:** aufwendig in Vor- und Nachbereitung

Die Arbeit an einem praxisbezogenen Projekt ist der wichtigste und ausschlaggebende Bestandteil der Lehrveranstaltung. Auch hier ist im Verlauf der Jahre die Entwicklung **von einem völlig frei gewählten zu einem angeleiteten Projekt** gegangen. Dadurch ist die Motivation der Studierenden zwar etwas weniger groß, dies wird aber mehr als wettgemacht durch die wesentlich **bessere Handhabbarkeit** und den Gewinn in der Klarheit der erreichbaren Lernziele.

In der ersten Veranstaltung sollte durch komplett freie Wahl eines Projektes eine hohe Motivation und durch Bearbeitung in einer größeren Gruppe ein neues, höheres Niveau der persönlichen Fähigkeiten erreicht werden. Durch Brainstorming wurden Themen gesammelt, diskutiert und mittels Mehrpunktabfrage ausgewählt (Edmüller und Wilhelm 1999). Die Wahl fiel auf das Thema „Bau einer Rakete mit Antrieb durch überkritisches Wasser". Auf Initiative der Studierenden wurden zu speziellen Themen Fachleute aus Hochschulen und Industriebetrieben befragt. Besonders diese Informationen und die zum Teil kontroversen Diskussionen zwischen den Studierenden sorgten für die Kontinuität des Interesses auf sehr hohem Niveau.

Allerdings stellte sich bald heraus, dass das Thema zu viele Nebenthemen berührte, von rechtlichen Fragen (wo und wie kann eine Rakete ausprobiert werden) bis hin zu konstruktiven Fragen (Fallschirmsystem für die Landung? – wenn ja, welches?). Außerdem wurde die Arbeit dadurch behindert, dass bereits getroffene Entscheidungen wiederholt in Frage gestellt wurden. Grund war meist die Angst der Studierenden vor der eigenen Courage. Zum Ende des Semesters war die Konstruktion festgelegt und mit dem Bau des Raketenkörpers begonnen worden. Wenngleich die Arbeit für die Studierenden sehr spannend war, fehlte doch das Erfolgserlebnis zum Abschluss. Auch das eigentliche Ziel, nämlich ein Bauteil aus Verbundwerkstoffen herzustellen, wurde nicht erreicht.

Nach einigen weiteren Iterationsschritten ist das **Praktikumsprojekt** entstanden, wie es heute zur Zufriedenheit aller durchgeführt wird: Gewebe aus hochfesten Fasern wird mit einem Harz-/Härter-Gemisch getränkt und lagenweise bis zur gewünschten Dicke aufgebaut. Das Harz wird in der Presse ausgehärtet und aus dem jetzt festen Verbundwerkstoff Prüfkörper für die Bestimmung unterschiedlicher Eigenschaften herausgesägt. Die Prüfungen werden durchgeführt und ausgewertet (vgl. Abbildung unten).

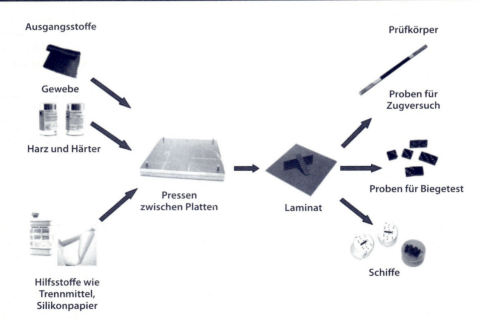

Der Unterschied zur Gestaltung eines „normalen" Praktikums mit vorgeschriebenen Versuchen liegt zum einen im Gesamtzusammenhang der Aufgabenstellung. Das wesentliche ist aber die Art der Durchführung. Ausgehend von der Problemstellung **erarbeiten die Studierenden** die Planung und die Durchführungsbedingungen in weiten Teilen **selbstständig.** Dazu wird zunächst mit der gesamten Gruppe eine Planung erarbeitet (s. Abbildung). Es wird bestimmt, welche Informationen zur Berechnung der Mischung und

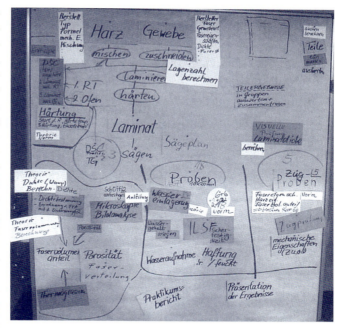

der Verarbeitungsbedingungen benötigt werden, welche Parameter über die Qualität des entstandenen Bauteils Auskunft geben und auf welche Weise diese bestimmt werden können. Die Studierenden besorgen die notwendigen Informationen einschließlich der Prüfnormen. Der zeitliche Ablauf ist grob vorgegeben, die Einzelheiten wie auch Vereinbarungen über spezielle Prüfungen in anderen Laboren klären die Studierenden selbstständig. Zum Abschluss berichtet jede Gruppe über ihre **Untersuchungsergebnisse in einer Präsentation** und in einem schriftlichen Bericht. Dabei wird besonderer Wert auf die **kritische Betrachtung der Ergebnisse** und den Vergleich mit theoretisch erwarteten Werten gelegt. Insgesamt ist das Praktikumsprojekt der Teil, der in Evaluationen immer besonders positiv hervorgehoben wird.

4.2.3 Evaluation und Resumee

Eine Lehrveranstaltungskritik wird jeweils in der letzten Stunde, manchmal auch zusätzlich etwa in der Semestermitte durchgeführt. Dazu wird mittels **Kartenabfrage** nach den positiven und negativen Punkten und nach Anregungen gefragt. Die Anmerkungen der Studierenden werden unmittelbar gruppiert und diskutiert. Dabei wird auch wieder intensiv der Lehr-Lern-Vertrag herangezogen.

Die Studierenden loben die **Praxisnähe,** das **Praktikumsprojekt,** das **selbstständige und lebendige Arbeiten** und die **Erkenntnisse zum eigenen Arbeitsstil.** Kritisiert werden das Fehlen eines einzigen Ansprechpartners und die für einige schwierigere Struktur der Veranstaltung. Zur besseren Durchschaubarkeit der Struktur wurden inzwischen Maßnahmen ergriffen.

Die Erprobung von neuen Lehrformen führt zu verbesserten Lernbedingungen und zu angenehmerem Lehren. Aber ohne die Freiräume, die durch das Projekt zur Qualität der Lehre eröffnet wurden, wären diese Experimente kaum möglich gewesen.

4.2.4 Literatur

Edmüller, A.; Wilhelm, T. 1999: Moderation. Planegg

Francis, Dave; Young, Don 1992: Mehr Erfolg im Team. Essen

Henning, K.; Grobel, K.; Raue, I. (Hrsg.) o.J.: Total Quality Management – Regelkreissystem für ingenieurwissenschaftliche Lehrveranstaltungen an Hochschulen. Aachen

4.3 Unternehmensgründung im Team – ein neuer Ansatz zur Einführung in die BWL

Prof. Dr. Katrin Hansen

4.3.1 Konzept-Überblick

Die „Einführung in die Betriebswirtschaft" ist häufig genug eine Lehrveranstaltung, die weder Lehrenden noch Studierenden viel Freude bereitet. In der Vergangenheit hatte die Autorin Elemente des Selbstmanagements und eine Reihe von externen Vorträgen integriert, um den Studierenden einen praktischen Zugang zum Fach zu eröffnen (vgl. Hansen 2000). Bei der Evaluation wurde deutlich, dass der Vortrag eines Absolventen, welcher noch im Studium sein Unternehmen gegründet hatte, besonders positiv beurteilt wurde. Dieser brachte die Autorin auf die Idee, die Einführung in die **BWL anhand von Gründungsvorbereitungen** zu gestalten, eine Idee, die mit den damaligen Erstsemestern besprochen wurde und die sie gut fanden.

Der Stoff wurde neu anhand der folgenden Phasen der Gründungsvorbereitung strukturiert:
- Die Idee und ein Team finden,
- Markt- und Konkurrenzanalyse,
- Strategie-Entwicklung,
- Marketing-Mix,
- Prozesse gestalten, organisieren,
- Betriebsform und Standortwahl,
- Kostenstrukturen und Finanzierung,
- Erfolgsfaktoren von Wirtschaftsunternehmen und
- Präsentation Ihres Unternehmens.

Bereits von Anfang an konnten die Studierenden im Team arbeiten, ab der zweiten und dritten Woche wurde die Teamarbeit verpflichtend. Nachrücker wurden problemlos integriert. Die **Lehrveranstaltung** wurde nicht in der klassischen Form (2 Stunden Vorlesung, 2 Stunden Übung) durchgeführt sondern **flexibel** in Impulsreferate der Professorin, Gruppenarbeit und Berichte vor dem Plenum aufgeteilt. Dabei wurde die Autorin von einer Studentin aus dem 7. Semester unterstützt, die bereits als Tutorin bei einem „Schülerwettbewerb Gründung" der Kreissparkasse einschlägige Erfahrungen gesammelt hatte. Ihr Einsatz wurde seitens der Studierenden immer wieder positiv hervorgehoben. In den Folgejahren konnten qualifizierte Studierende gewonnen werden bzw. es ergab sich die Chance einer Kooperation mit G.i.T. („Gründen im Team").

In der letzten Veranstaltung vor Weihnachten hatten alle Teams die Aufgabe, in einer 10-minütigen PowerPoint-Präsentation ihre Geschäftsidee und die wesentlichen Planungen dem gesamten Semester und einer kleinen Expertenrunde (IHK, RKW, Gründer, Forschungsassistentin, Tutorin und Professorin) zu präsentieren. Sie er-

Im Januar wurde das Feld der Unternehmensgründung verlassen, um den Studierenden **einen systematischen Überblick** über die Betriebswirtschaftslehre zu geben. Im Mittelpunkt standen hier Modelle der Unternehmensentwicklung und der klassische Bereich „BWL als Wissenschaft". Insgesamt konnten so die wesentlichen Inhalte, welche für eine Einführungsveranstaltung vorgesehen sind, abgedeckt werden.

4.3.2 Lernziele

Zielgruppe der Lehrveranstaltung sind Studierende im ersten Semester des Fachs Wirtschaft an der Fachhochschule. Hierbei handelt es sich üblicherweise um eine sehr **heterogene Gruppe** von 80 bis 100 Teilnehmenden. Einige Studierende kommen direkt vom Gymnasium oder Wirtschaftsgymnasium, andere haben nach dem Abitur bereits berufliche Erfahrungen gesammelt oder eine Berufsausbildung absolviert. Auch vom Alter und kulturellen Hintergrund sind die Studierenden heterogen. So lag in dem hier betrachteten Jahrgang der Anteil von Studierenden, die aus dem Ausland gekommen waren, bei knapp 10 Prozent.

Die Lernziele für diese Studierenden umfassen **fachliche, methodische, soziale und persönliche Entwicklungsziele.** Zu den letzteren zählt auch die unternehmerische Haltung der Studierenden. Diese erfordert einerseits eine Orientierung an Chancen, die Bereitschaft zu Umsetzung und Verantwortungsübernahme („Commitment to opportunity") nicht nur im eigenen Unternehmen (Stevenson 1999), welche auch erfolgreiche Führungskräfte auszeichnet. Zum Anderen ist damit das In-Betracht-Ziehen der Selbstständigkeit als eine berufliche Perspektive angesprochen, nicht aber erwünscht, dass dies durch alle Studierenden ausschließlich oder primär angestrebt würde. Vielmehr ist damit die Fähigkeit gemeint, selbst beurteilen zu können, ob die

Ziehen der Selbstständigkeit als eine berufliche Perspektive angesprochen, nicht aber erwünscht, dass dies durch alle Studierenden ausschließlich oder primär angestrebt würde. Vielmehr ist damit die Fähigkeit gemeint, selbst beurteilen zu können, ob die Selbstständigkeit eine realistische und attraktive Perspektive zum jeweiligen Entwicklungsstand der Person ist. Diese bewusste Ausweitung des Karriere-Spektrums erscheint dringend notwendig angesichts der Arbeitsplatzunsicherheit, der zurzeit viele Absolventinnen und Absolventen und auch hochqualifizierte ältere Personen in Deutschland ausgesetzt sind. Arthur und Rousseau prägten bereits 1996 den Begriff der „Boundaryless Career", dessen charakteristisches Merkmal die Autoren sehen in „[...] independance from, rather than dependence on, traditional organizational career arrangements" (Arthur/Rousseau 1996, S. 6). Damit ist auch ein Wechsel von abhängiger Beschäftigung und Selbstständigkeit gemeint, den angesichts der „Gläsernen Decke" Moore insbesondere Frauen empfiehlt: „Many have left a former organizational environment of opportunities not available in the massively bureaocratic and structured systems. They intended to be their own bosses, to exercise their educational and technical skills, and, not incidentally, to make money. [...] Their careers model the way for women in the next generation" (2000, S. XI f.).

Den **Bezugsrahmen** bildet das in der folgenden Abbildung dargestellte Modell, welches fachliche und überfachliche Qualifikationen integriert.

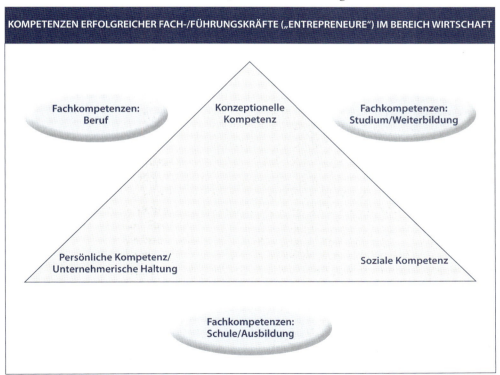

In fachlicher Hinsicht geht es darum, allen Studierenden einen Überblick über die **Teildisziplinen der Betriebswirtschaftslehre** zu geben und Zusammenhänge transparent zu machen. Studierende, die direkt von der allgemeinbildenden Schule kommen, müssen in Grundbegriffe eingeführt und an betriebswirtschaftliche Fragestellungen herangeführt werden. Dies erfolgte durch kurze Vorträge, deren Inhalte in Folien visualisiert waren, die den Studierenden bereits im September auf dem Server zur Verfügung standen. In der **Eröffnungsveranstaltung** wurden sie darüber informiert und erhielten damit den ersten Arbeitsauftrag, sich bis zur Vorlesung einen Ausdruck inkl. Notizenseiten zu beschaffen, wobei ihnen Tutoren/-innen in der ersten Woche halfen. Dieses Stichwort-Skript nutzten fast alle Studierenden zum Mitschreiben der Erläuterungen und ihrer Erfahrungen aus den Gruppenarbeiten. Als Nachschlagewerk und zum Vertiefen wurde ein ABWL-Buch (Pepels 2003) und die Go!-Broschüre „Gründen in NRW" (MWA 2003) empfohlen und auch durch einen Teil der Gruppen intensiv genutzt. So gaben bei der Abschlussevaluation im Januar von 41 Rückläufen 12 Studierende an, diese Angebote nicht genutzt zu haben, 6 nutzten sie regelmäßig und 23 manchmal. Überwiegend wurden sowohl Literatur- als auch Internethinweise als hilfreich beurteilt. Weitere Fachbücher zur Vertiefung wurden in den Semester-Apparat eingestellt.

Idealerweise sollten die Inhalte mit anderen Lehrveranstaltungen abgestimmt sein, damit die Studierenden den **Zusammenhang** zwischen den Fächern direkt nachvollziehen können und den Überblick aus den Einführungsveranstaltungen durch detailliertere Einsichten in den Spezialveranstaltungen (Kostenrechnung, Recht, Finanzierung, Marketing, VWL) ergänzen. Dies konnte zunächst in dem hier dargestellten praktischen Fall eines ersten Durchgangs allenfalls im Ansatz realisiert werden, sodass erhebliche Verbesserungspotenziale offen blieben.

Bei der Entwicklung von betriebswirtschaftlichen Fragestellungen und Lösungsansätzen können Kommilitonen, welche bereits über eine einschlägige Berufsausbildung oder sogar über Praxiserfahrungen verfügen, ihr Wissen direkt weitergeben, wenn Raum für „Peer-Learning" gewährt wird. Heidack hat hierfür den Begriff der **„Kooperativen Selbstqualifikation"** geprägt, den er als die Möglichkeit ansieht, „[...] miteinander, voneinander und sogar füreinander zu lernen bzw. zu lehren, um Probleme, neue Aufgaben und neue/alte Konflikte zu bewältigen und dabei die unterschiedlichen fachlichen Wissensbestände wie persönlichen Erfahrungen zur Geltung zu bringen. [...] Kooperative Selbstqualifikation kennzeichnet Lernsituationen als ein wechselseitiges Geben und Nehmen in einem förderlichen Klima, in dem jeder seine Fähigkeiten einbringen und weiterentwickeln kann. [...] Ein solcher Prozess macht Spaß, wenn er nicht durch allerlei Konflikte gestört wird" (Heidack 2001, S. 13).

Eine „diverse" Zusammensetzung der Lerngruppen stellt geradezu einen Erfolgsfaktor dar, wie im Laufe des Semesters zu bemerken war. Gruppen, in denen Studierende mit betrieblichen Vorerfahrungen fehlten, taten sich doch recht schwer mit der praktischen Umsetzung der Aufgabenstellung, während die „Praktiker" schnell mit Lösungen bei der Hand waren, das Potenzial der angebotenen Modelle und Management-Tools aber nicht immer voll ausschöpften. Insofern war eine enge **Betreuung der Gruppenarbeit** unerlässlich und noch besser umzusetzen gewesen, wenn ein zweiter Tutor über die ersten Wochen hinweg finanzierbar gewesen wäre.

Die Studierenden sollen mit dem dargestellten Konzept in die Lage versetzt werden, betriebswirtschaftliche Problemstellungen zu erkennen und einige Modelle und Management-Methoden verstehen und zumindest im Ansatz anwenden zu können. Diese Methoden dürfen nicht nur dargestellt werden, sondern ihre Einsatzbedingungen sind mit den Studierenden kritisch zu diskutieren, um die darin enthaltenen Potenziale, aber auch die Grenzen beurteilen zu können. Dabei wird einerseits Bezug auf wissenschaftstheoretische Kategorien und Konzepte genommen. Andererseits wird die **Transferproblematik** durch die praktische Anwendung ausgewählter Techniken erfahrbar gemacht und die dabei abgelaufenen Prozesse reflektiert. Im Idealfall erfolgt dabei eine Synchronisierung von Lernfeld, Interaktionsfeld und Funktionsfeld (Heidack 2001, S. 23 ff.), was aufgrund fehlenden Praxisbezuges der Lerner vor allem im Grundstudium kaum realisierbar ist. Als Surrogat wird daher das zu gründende Unternehmen eingesetzt, um so zumindest ein virtuelles Funktionsfeld zu schaffen. Nicht zuletzt wird in diesem Zusammenhang der Umgang mit Unsicherheit geübt, ein Bereich, den Arnold zu den wesentlichen Elementen der Kompetenz-Entwicklung zählt (Arnold 1999, S. 24).

Die Tutorin bzw. der Tutor und die Autorin schaffen es immer wieder, sich in Gruppenprozesse einzubringen, forderten Zwischenergebnisse ab und gaben Feedback. Zum Abschluss jeder Übung stellten ein oder zwei Gruppen ihre Ergebnisse zur Diskussion. Die Tutorin und die Autorin wiesen auf fachliche und gruppendynamische Probleme hin, die uns in den **Teamarbeiten** aufgefallen waren, gaben Hinweise auf Lösungsmöglichkeiten und zur weiterführenden Bearbeitung. In diesem Sinne dient das Veranstaltungs-Design auch der Aneignung konzeptioneller Kompetenz, die darin besteht, zu erkennen, welche Informationen zur Problemlösung benötigt werden, diese zu beschaffen, dabei Methoden situativ angemessen anwenden zu können und insgesamt Arbeiten professionell zu planen, im Team termingerecht zu Ende zu bringen und die Ergebnisse zu präsentieren.

Letzteres ist natürlich ein extrem hoher Anspruch, den die meisten Erstsemester nur unter Anstrengung erfüllen können. Unser Ansatz wurde in der Praxis tatsächlich auch nicht von allen Studierenden geteilt. In der Dezember-Evaluation wurden neben zustimmenden Anmerkungen auch Stimmen laut, die **Unter- und Überforderung** signalisierten; in einem Fall wurde extremes Gelangweilt-Sein durch die Team-Übungen und der Wunsch nach einer traditionellen Überblicksveranstaltung in Form einer Vorlesung geäußert. Von einem großen Teil der Erstsemester wurde das Konzept einer kombinierten Vorlesung-Übung jedoch verstanden und als motivierend angesehen. Das Anforderungsniveau bezeichneten 18 Studierende als eher hoch, 14 als eher gering und 42 Studierende (57%) als angemessen.

Die **Rückmeldungen** weisen eine große Bandbreite von: „Die Gruppenarbeit ist reine Zeitverschwendung!" über „Es macht zwar Spaß, in Gruppen zu arbeiten, aber das effektive Lernen von Neuem bleibt auf der Strecke." bis „BWL gehört zu den wenigen Fächern, in denen man nicht vor Langeweile stirbt!" und „Ich finde die Idee, die BWL-Teilgebiete anhand der Entwicklung einer Geschäftsidee zu verdeutlichen, sehr gut! Das gestaltet die Vorlesung wesentlich praxisorientierter und interessanter!"

Besonders gefreut hat eine spontane E-Mail nach der Abschlusspräsentation: „[...] ich denke, dass der heutige Tag und die damit verbundene Möglichkeit, sich und sein Team in der Vorlesung zu präsentieren, uns sehr viel gebracht hat."

Die **Evaluations-Ergebnisse** wurden in der Lehrveranstaltung offen gelegt und diskutiert, wie das Vorgehen für alle noch besser gestaltet werden könne. Im Januar wurde eine Abschlusspräsentation durchgeführt, in der sich 39% der Beteiligten in einer offenen Abfrage ungestützt dafür aussprachen, Gruppenarbeit beizubehalten, 27% forderten für die Zukunft wiederum und explizit eine Gründung in Gruppenarbeit und weitere 15% sprachen sich generell für das Gründungskonzept aus. Insgesamt finden sich in der offenen Frage danach, was unbedingt beibehalten werden sollte, bei 71% eine positive Haltung zu diesem Konzept, die ungestützt geäußert wurde. Eine generelle Ablehnung wurde in einem einzigen Fragebogen geäußert; drei Studierende sprachen sich dafür aus, mit der Unternehmensgründung später zu beginnen und die theoretischen Grundlagen vorzuziehen.

➤ Selbst-Lern-Kompetenz

Neben betriebswirtschaftlichen Methoden kommt dem Selbst-Management und dem Beherrschen von Lerntechniken besondere Bedeutung zu. Mit Heidack kann man hier von der Entwicklung von **„Selbst-Lern-Kompetenz"** sprechen, die er zu den Kernkompetenzen zählt (Heidack 2001, S. 28). Dabei geht es nicht nur darum, Methoden zu kennen, sondern darum, sie sich selbst anzueignen und immer besser beherrschen zu lernen bzw. den Wissenstand zu kommunizieren. Im ersten Semester werden die Studierenden durch das Führen eines „Lerntagebuchs" angeregt, ihren eigenen Wissenstand zu analysieren und Lernstrategien zu entwickeln. Bereits in der ersten Lehrveranstaltung wurden Funktion und Struktur eines solchen Lerntagebuchs eingeführt.

STRUKTUR DES LERNTAGEBUCHES

Inhalte:
- Welche Themen haben Sie bearbeitet?
- Welches waren die wichtigsten Erkenntnisse?
- Mit welchen Methoden waren Sie erfolgreich?

Quellen:
- In welchen Büchern finden Sie weitere Informationen?
- Welche Personen oder Institutionen können Ihnen weiterhelfen?

Offene Fragen:
- Welche weiteren Informationen benötigen Sie?
- Was haben Sie noch nicht so ganz verstanden?
- Wie könnten Ihre Ergebnisse noch verbessert werden?

Das Führen des **Lerntagebuchs** wurde nicht kontrolliert, da es sich um ein Angebot an die Studierenden handelt, das sie selbstverantwortlich nutzen sollten. Allerdings wurde immer wieder mit den Studierenden abgeglichen, welche Mindestinhalte dort enthalten sein sollten und gleichzeitig der Bezug zur Klausurvorbereitung hergestellt. Dem „Lerntagebuch" der Autorin folgten die Studierenden mit großem Interesse. Viele glichen die Stichworte mit ihren Aufzeichnungen ab und fragten nach, wenn sie etwas nicht genau erinnern konnten. Bei der Abschlussevaluation im Januar gaben 27% der Studierenden an, das Lerntagebuch regelmäßig geführt zu haben, 37 % führten es punktuell und 36 % gar nicht. 61% der Studierenden planen für die Zukunft, ein Lerntagebuch zu führen, 12% lehnen dies als zeitaufwendig, überflüssig oder aufgrund persönlicher Inkonsequenz ab. 10% überlegen es sich noch und 17 % beantworteten diese Frage nicht.

Die Gründe für das Führen eines Lerntagebuches konzentrieren sich auf die Aspekte:
- leichtere Erinnerung, was man gemacht hat,
- bessere Prüfungsvorbereitung,
- Selbstkontrolle,
- Methoden und Modelle schneller greifbar,
- hilfreich, spart Arbeit.

Diese Argumente wurden vor allem von den Studierenden angeführt, die das Lerntagebuch punktuell geführt hatten, aber auch einige Studierende, die darauf verzichtet hatten, begründeten ihre Absicht, dies zukünftig zu ändern, mit entsprechenden Argumenten. Zu vermuten ist, dass hier ein **Erfahrungsaustausch** zwischen den Studierenden stattgefunden hat.

Der Wert eines solchen Lerntagebuchs wird sich nicht im ersten Semester erschließen können und wird auch sehr begrenzt sein, wenn die Arbeit damit nicht über das Studium hinweg fortgesetzt wird. Um dieses Instrument tatsächlich effektiv nutzen zu können, darf es nicht isoliert in einer Veranstaltung eingesetzt, sondern muss von mehreren Lehrenden befürwortet bzw. eingefordert werden. Dies sollte nicht auf das erste Semester beschränkt sein, sondern mindestens über das erste Studienjahr hinweg immer wieder angestoßen werden.

➤ Soziale Kompetenz im Team erproben

Um die Gruppen zum zielorientierten Handeln zu befähigen, wurden sie gleich in der zweiten Woche in der Arbeit mit der „Zielscheibe" unterwiesen, die sie dann über das Semester hinweg begleiten sollte. Mit diesem Instrument werden Teams in die Lage versetzt, ihre Ziele umfassend zu bestimmen und dabei Restriktionen und Ressourcen bereits in einem frühen Stadium systematisch in die Planung zu integrieren. Gleichzeitig wird hier dokumentiert, welches die ursprünglichen Arbeitsziele waren, sodass bei **Zieldifferenzen** und **Orientierungsschwierigkeiten** immer wieder darauf zurückgegriffen und eine Klärung im Team herbeigeführt werden kann. Verändern sich die Rahmenbedingungen, soll die Zielscheibe überarbeitet werden.

4 Umsetzung bewältigen

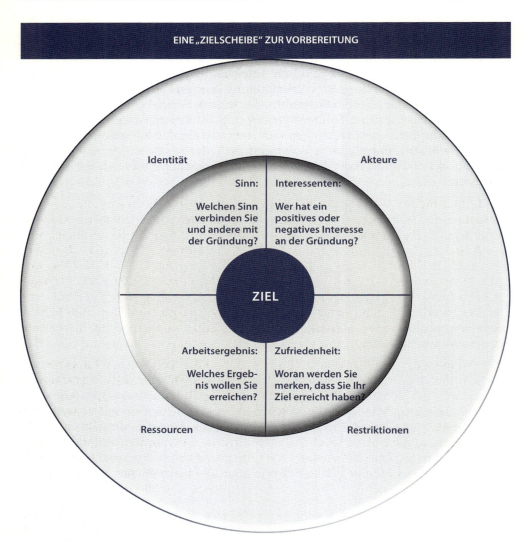

EINE „ZIELSCHEIBE" ZUR VORBEREITUNG

In **sozialer Hinsicht** stehen Teamfähigkeit und kommunikative Kompetenzen im Vordergrund. Die Betreuung der Gruppen bezog daher auch die Betrachtung von Gruppenprozessen mit ein. Dabei wurde nicht die Illusion aufgebaut, auf diesem Weg alle bis zum Ende mitnehmen zu können. Auch hier wurden einige Studierende verloren, die merkten, dass das Studium oder der Studienort sie nicht zufrieden stellten. Auch war die Beteiligung der Studierenden an der Lehrveranstaltung und vor allem an den dazwischen zu erledigenden Vorbereitungsarbeiten nicht gleichmäßig hoch, sodass einige sich in Randpositionen wieder fanden, wenn die Gruppe in der Zwischenzeit weiter vorangeschritten war. Dies lösten die Gruppen aber selbst und überwiegend erfolgreich, sodass alle Gruppen zur Präsentation antraten.

Die Teamarbeit wurde von 68 % der Studierenden als hilfreich bei der Entwicklung der Geschäftsidee bezeichnet, 21 % lehnten dies ab. Einen noch höheren Wert erreichen die Erleichterung des Einstiegs in das Studium durch die Teamarbeit (81 % Zustimmung, 10 % Ablehnung) und die Erleichterung bei der Aufnahme sozialer Kontakte (86 % Zustimmung, 10 % Ablehnung). Interessant ist in diesem Zusammenhang, dass 10 % der Studierenden angaben, das Team habe sich bereits vorher gekannt, 33 % kannten manche ihrer Teamkollegen und 58 % kannten vorher niemanden im Team. Die Gruppenzugehörigkeit galt nicht nur im Rahmen der Lehrveranstaltung, sondern hatte auch darüber hinaus Bestand. 38 % der Studierenden arbeiten auch außerhalb der BWL mit ihren Teamkollegen zusammen, 45 % tun dies zumindest manchmal.

Die **Teilnahme** an der Veranstaltung lag vergleichsweise hoch und auch an der Evaluation im Dezember nahmen 74 von 95 im Studiengang eingeschriebenen Studierenden teil. Ende Januar war diese Zahl allerdings auf 41 zurückgegangen, was laut Aussage mancher Studierender auf den „ungünstigen Zeitpunkt" der Lehrveranstaltung (Montagmorgen, 8:30 Uhr) zurückzuführen war und auf die nahenden Klausuren in anderen Fächern. Die EBWL wird erst nach dem 2. Semester abgefragt. Zu vermuten war aber auch, dass der nunmehr veränderte, traditionelle Stil einer Überblicksvorlesung eine Ursache für die geringere Teilnahme bildet. Fünf Studierende bemängelten diesen veränderten Stil auch explizit und ungestützt im Rahmen der Abschlussevaluation.

Viele Studierende arbeiteten die Lehrinhalte anhand der empfohlenen **Literatur** parallel auf (15 % regelmäßig, 56 % punktuell) und bereiteten sich auch darüber hinaus gut vor, um ihre Geschäftsidee voran zu treiben. In den besonders gut funktionierenden Arbeitsgruppen wurde die Arbeit gezielt aufgeteilt und so mit vertretbarem Aufwand ein vorzeigbares Ergebnis erzielt. Andere mussten in der letzten Woche vor dem Präsentationstermin noch viel nacharbeiten. Hier machten die Studierenden Erfahrungen in der Zusammenarbeit unter Zeitdruck, die sie insgesamt sehr positiv bewältigten. Allen Gruppen gelang es, überzeugende Präsentationen ihrer Geschäftsidee vorzustellen.

Das gewählte Design hatte auch Auswirkungen auf das **Klima** der Veranstaltung. Die Anwesenheit der Tutorin in allen Lehrveranstaltungen vor Weihnachten wurde seitens der Studierenden auch dazu genutzt, ihre Sorgen, Fragen und Studienprobleme im Team mit der erfahrenen Studentin zu besprechen, die ihnen „sehr gut weitergeholfen" und die Gruppenarbeit unterstützt hat, wie in der Evaluation immer wieder betont wurde. Die permanente Betreuung der Teams über Stunden hinweg brachte auch die Autorin in direkten Dialog mit den Erstsemestern. Arbeitsschwierigkeiten und Frustrationserscheinungen wurden frühzeitig bekannt und konnten direkt bearbeitet werden. Die permanenten Zwischenpräsentationen und die Möglichkeit, an den Gruppendiskussionen teilzunehmen, boten die Chance zu erkennen, inwieweit der Stoff verstanden wurde und ggf. korrigierend einzugreifen bzw. Wiederholungen oder Erläuterungen im Plenum durchzuführen. Überwiegend wurden diese Interventionen durch die Studierenden als hilfreich empfunden und positiv aufgenommen. Vereinzelt kam aber auch der Vorwurf der Bevormundung, was zur Thematisierung des Lehrenden-Lernenden-Verhältnisses genutzt wurde.

> ▶ „Trust the Class!"

Die **Herausforderung** an die Studierenden, sich aktiv einzubringen und der permanente Kommunikationsprozess in der Lehrveranstaltung führten dazu, dass ich immer wieder mit den Erwartungen, Fragen, aber auch Widerständen der Studierenden konfrontiert wurde. Für mich war es sehr lehrreich erkennen zu können, wie gut oder schlecht meine Ausführungen von den Studierenden verstanden und erinnert wurden. Ich erhielt immer wieder die Chance, Missverständnisse aufzulösen, Erklärungen zu vertiefen und vor allem zu erfahren, welche Kenntnisse und Erfahrungen bei den Studierenden bereits vorhanden waren und mit anderen geteilt werden können.

„**Trust the class**" ist eine Forderung, die die Autorin von einer Weiterbildung am Babson College mitgebracht hat. Dies bezieht sich in den USA vor allem auf Studierende in Master-Studiengängen. Doch kommt die Autorin immer mehr zu der Überzeugung, dass das auch für „Undergraduates" zutrifft, wenn das Lernarrangement darauf zugeschnitten ist, diese am Lernprozess aktiv zu beteiligen. Dies setzt allerdings voraus, dass Bereitschaft zur zeitlichen und inhaltlichen Flexibilität besteht, da manche Prozesse einfach länger dauern und Module vereinzelt in der Reihenfolge verändert werden müssen. Gleichzeitig ist dafür Sorge zu tragen, dass die Studierenden diesen Wechsel nachvollziehen können, damit sie nicht „den roten Faden verlieren". Dies ist in der hier dargestellten Veranstaltung überwiegend gelungen: Ende November gaben 44 Studierende (knapp 60%) an, einen „roten Faden" immer erkennen zu können, 19 gelang dies „teils/teils" und 10 Studierende äußerten sich diesbezüglich ablehnend. Ein Studierender gab an, „kein klares Gesamtbild erkennen" zu können. Da die entsprechende Befragung zwei Wochen vor der Abschlusspräsentation in einer heißen Phase der Detailarbeit durchgeführt wurde, kann das als ein für Erstsemester sehr positives Ergebnis gewertet werden, das aber zukünftig durch noch mehr Erklären und wiederholtes Aufzeigen von Strukturen verbessert werden kann.

4.3.3 Theoretischer Hintergrund von Gründungsprozessen

Bei der Erarbeitung des unternehmerischen Prozesses fand eine Orientierung überwiegend am **„Timmons Model"** (Timmons 1999) statt, das dieser aus seiner praktischen und theoretischen Auseinandersetzung mit Unternehmensgründung und Wachstumsprozessen entwickelt hat. Timmons charakterisiert unternehmerische Prozesse wie folgt:

1. Sie werden von Chancen angetrieben.
2. Ein Unternehmer oder ein unternehmerisches Team treiben sie voran.
3. Sie sind ressourcensparsam und kreativ.
4. Sie bedürfen einer Ausbalancierung der erstgenannten drei Kräfte.
5. Sie sind integrierend und ganzheitlich.

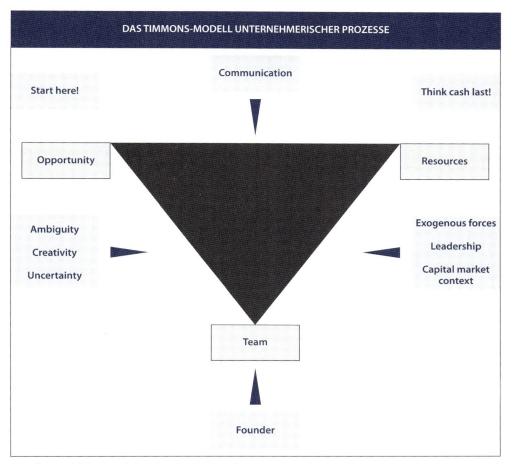

(Quelle: modifiziert nach Timmons 1999, S. 38)

Timmons fordert, den **unternehmerischen Prozess** bei der Chance („Opportunity") zu beginnen, um sich einerseits nicht durch persönliche und Teamrestriktionen einschränken und andererseits finanzielle Aspekte nach hinten treten zu lassen und damit das Prinzip der „Schlankheit" zu fördern („Think cash last", „Minimize and control"). Dieser Gedanke ist auch vom didaktischen Standpunkt aus zu begründen. Tatsächlich erkannten einige Studierende im Laufe der Arbeit, dass angesichts der beschränkten Ressourcen das Team selbst eine sehr gute Idee auf absehbare Zeit nicht würde realisieren können. Sie stellten daher Überlegungen an, diese Geschäftsidee weiter auszubauen und das Konzept kapitalkräftigen und markterfahrenen Unternehmen anzubieten. Wären sie bei der Kapitalfrage gestartet, wären ihre Ideen sofort wieder verworfen worden und wichtige Erkenntnisse, z.B. über die Funktionsweise oligopolistischer Märkte, wären für die Gruppe verloren gewesen. Andere Teams teilten sich, als sie erkannten, dass sie eigentlich zwei interessante Geschäftsideen entwickelt hatten, und bearbeiteten diese dann getrennt weiter. In der Gruppe hatten wir damit die Chance, Konkurrenzbeziehungen und Kooperationen/Netzwerkbildung zu thematisieren.

4 Umsetzung bewältigen

Bei der Definition von „Opportunitiy" wird ein absatzmarktorientierter Standpunkt (Nachfrage, Marktstrukturen und -größe) eingenommen, der durch Analysen des Ergebnispotenzials ergänzt wird. Die Studierenden werden so an **typische betriebswirtschaftliche Fragestellungen** herangeführt, die sie anhand der von ihnen entwickelten Geschäftsidee konkret, aber theoriegeleitet bearbeiten. In der Vorlesung wurden in diesem Zusammenhang Begriffe wie Bedürfnis – Bedarf – Nachfrage eingeführt und gegeneinander abgegrenzt. Kategorien von Gütern wurden unterschieden und das Thema „Marktsegmentierung" in seiner Bedeutung und in seinen verschiedenen Formen intensiv theoretisch und praktisch bearbeitet. Die Studierenden wurden so in die Lage versetzt, die für sie relevanten Märkte zu erkennen, diese zumindest im Ansatz zu definieren und zu analysieren. Sie entdeckten Wege, wie sie die benötigten

Marktinformationen gewinnen können, und lernten, Aufwand und Gewinn der Informationsbeschaffung gegeneinander abzuwägen.

In diesem Lernabschnitt wurden die Studierenden mit den Grundlagen sekundärer und primärer Marktforschung bekannt gemacht. Ihnen wurden Gütekriterien der empirischen Forschung vermittelt (Validität, Objektivität, Reliabilität, statistische Repräsentanz), die dann anhand der von ihnen entwickelten Marktforschungsinstrumente praktisch erfahrbar wurden. So wurden durch zwei Teams **Fragebögen** erarbeitet, an den Teilnehmenden getestet und ihre Eignung sowie Ansätze zur Verbesserung im Plenum intensiv diskutiert. Die Ergebnisse der durchgeführten Erhebungen flossen in die Geschäftsstrategien ein.

Ein methodisch und praktisch hochinteressanter Bereich ist die **Konkurrenzanalyse.** Dabei fand eine Orientierung am Porter-Modell der fünf Antriebskräfte des Wettbewerbes (Porter 1983) statt, das nicht nur die Rivalität der Wettbewerber in der Branche, sondern auch neu hinzukommende Wettbewerber, Substitutionsprodukte sowie die Verhandlungsmacht von Abnehmern und Lieferanten und damit die Markt-Seiten-Verhältnisse beinhaltet. Hier wurde die Einführung in die BWL anschlussfähig an die Einführung in die VWL, in deren Rahmen Märkte kurz danach behandelt wurden. Die Gruppen erhielten den Auftrag, Konkurrenz-Recherchen über das Internet bzw. vor Ort vorzunehmen. Diese „Hausaufgabe" wurde arbeitsteilig und mit Erfolg durchgeführt, wobei die Gruppen „Szenecafé/Studentenkneipe" ihrer Pflicht besonders motiviert nachkamen. Die Erfahrungen wurden unter methodischen Gesichtspunkten (Vollständigkeit und Richtigkeit der Information, Anforderungen an Beobachtungen als Instrument empirischer Sozialforschung, ethische Grenzen) reflektiert und für die weitere Bearbeitung der Geschäftsidee nutzbar gemacht.

➤ Strategien entwickeln

In einem nächsten Schritt wurden die Studierenden an eine **Stärken-Schwächen-Chancen-Gefahren-Analyse** herangeführt und bei der Erstellung einer TOWS-Matrix eng begleitet, in der sie die zuvor durchgeführten Analysen verdichteten und Normstrategien aus dem spezifischen Bedingungsgefüge ableiteten. Dabei kommt es darauf an, nicht nur die naheliegende Strategie, Stärken zu nutzen, um Chancen zu ergreifen, zu berücksichtigen, sondern sich auch mit den eigenen Schwächen auseinander zu setzen, um sie zu überwinden und Gefahren zu trotzen. Dies ist normalerweise Stoff des Faches Management im Hauptstudium, wurde seitens der Studierenden bei relativ engem Coaching aber gut bewältigt und fand auch Eingang in die Präsentationen. Dies zeigt, dass die Studierenden den Wert dieses Tools erkannt und es in ihre Strategie-Entwicklung integriert haben.

Hierauf baute die Einführung in **Marketingstrategien** auf, mit denen die Studierenden sich, ausgehend von den Anforderungen ihrer spezifischen Märkte an die Geschäftsidee, sehr motiviert und mit großem Verständnis auseinander setzten. Wichtige Schritte waren hier vor allem das Finden eines Namens, die Festsetzung von Preisen und die Standortwahl. Zur methodischen Unterstützung der Namensfindung wurde die Methode des „Brainstorming" eingeführt, die von den Gruppen schnell erfolgreich angewendet wurde. Zur Preisfindung wurden die Prinzipien der Kundenorientierung, der Konkurrenzorientierung und der Kostenorientierung erläutert, die in den Gruppen meist in Kombination genutzt wurden. Gleichzeitig wurde deutlich, welche Lücken hinsichtlich des Umgangs mit Kosten bestanden, die zu einem späteren Zeitpunkt in der EBWL und vor allem in der Vorlesung zur Kostenrechnung würden geschlossen werden, welche parallel lief. Bis zur Präsentation gelang es allen Teams, ihre Kostenstrukturen anhand aus der Literatur entnommener Checklisten (vgl. Collrepp 2000) transparent zu machen und Kostengrößen überwiegend auch realistisch zu quantifizieren bzw. anzugeben, welche Quellen sie später zur Vervollständigung nutzen wollten.

Auch die **Standortwahl** wurde methodisch durch die Einführung der Nutzwert-Analyse hinterlegt. Nach kurzer Erläuterung setzten die Studierenden diese Methode praktisch um, wobei in der Betreuung erheblich nachgearbeitet werden musste, um eine Operationalisierung der Kriterien immer sicherzustellen. Dies wurde dazu genutzt, das Thema „Objektivität" von Entscheidungen zu thematisieren, Manipulationsmöglichkeiten aufzuzeigen und gruppendynamische Prozesse bei der Entscheidungsfindung zu reflektieren.

In der EBWL wurde auf Finanzierung nur relativ oberflächlich eingegangen, da auch hier eine spezielle Veranstaltung parallel lief. Um gründungsspezifische Aspekte herauszuarbeiten, erklärte sich ein Spezialist für Gründungsfinanzierung aus einem örtlichen Kreditinstitut zu einer Gastvorlesung bereit, in deren Rahmen er nicht nur Finanzierungsmöglichkeiten aufzeigte, sondern auch ganz praktische Probleme bei der Antragstellung darlegte. Dieser Aspekt wurde im Januar durch den Vortrag des Geschäftsführers des Gelsenkirchener Inkubators ergänzt, der auf **Finanzierung von Start-ups** über Venture Capital und Business Angels einging. Dieser Vortrag wurde von den Studierenden sehr positiv gewürdigt. Einige Gründungsinteressierte nahmen die Gelegenheit wahr, hier sofort den persönlichen Kontakt zu knüpfen, um eine Unterstützung durch den Inkubator (Beratungsgespräche, Praktikum) in die Wege zu leiten.

Im Rahmen der Strategie-Entwicklung wurden die Orientierungen des **Shareholder-** und des **Stakeholder-Ansatzes** dargestellt und in der Widersprüchlichkeit ihrer Anforderungen an die Unternehmensführung diskutiert. Im Rahmen einer Balanced Scorecard (Kaplan/Norton 1997) lassen sich gleichwohl Ansätze zur Integration beider Konzepte realisieren, wenn von einem kurzfristigen Shareholder Value Ansatz zu Gunsten einer nachhaltigen Steigerung des Unternehmenswertes abgerückt wird. Dies wurde exemplarisch anhand der Bearbeitung der vier Perspektiven der BSC erprobt und damit gleichzeitig ein erster Konsistenz-Test der Konzepte durchgeführt. Gleichzeitig ergaben sich hier Ansatzpunkte zur Diskussion ethischer Fragen, die seitens der Studierenden im Rahmen der Abschlusspräsentation wieder aufgegriffen wurden.

▶ „Rütteltests"

Die Teams arbeiteten mit großer **Begeisterung** an ihren Geschäftsideen, verloren dabei aber manchmal den Bezug zur betriebswirtschaftlichen Realität. Daher mussten ihre Konzepte immer wieder kritisch hinterfragt werden, ohne dass das zu Frustrationen führte. Dies war dann nicht der Fall, wenn die Teams eine neue Lösung entwickeln oder ihre Konzepte spürbar verbessern konnten, was, manchmal nach einem **„Tal der Tränen"**, allen Teams gelang, sodass auch tatsächlich alle Ideen bis zur Abschlusspräsentation reiften. Dabei wurde allerdings auch deutlich, dass so manche gute Idee unter den vorliegenden Rahmenbedingungen (Studienanforderungen, Kapitalmangel, Fehlen von einschlägigen Beziehungen, Größe des Teams) nicht würde realisiert werden können. Diese Teams definierten Bedingungen, unter denen eine Realisierung möglich sein sollte und einige Studierende beabsichtigen, ihre Ideen, ggf. in modifizierter Form, weiter zu verfolgen. Dies spiegelt sich auch in den Ergebnissen der Abschlussevaluation wider: Fünf Studierende sind davon überzeugt, später oder sogar schon während des Studiums ein Unternehmen zu gründen. 34 % sind unentschlossen und 32 % glauben nicht, dass sie in der Zukunft ein Unternehmen gründen werden. 22 % denken, dass sie das vielleicht tun werden, wenn ihre Idee ihnen wirklich durchsetzungsfähig erscheint und die Rahmenbedingungen stimmen, davon sieht eine Person die Gründung als Alternative zu fehlenden Beschäftigungsmöglichkeiten an und ein Studierender überlegt, ein Hobby für eine Gründung zu nutzen.

Bhidé schlägt als gedanklichen Rahmen für die Überprüfung der Realisierbarkeit von Geschäftsideen eine **dreistufige Fragensequenz** vor, die sich mit dem Timmons-Modell gut kombinieren lässt (Bhidé 1999):

1. Sind die Ziele wohldefiniert? Weiß ich, wohin ich will? Kann und will ich notwendige Risiken auf mich nehmen?
2. Stimmt die Strategie? Wie will ich meine Ziele erreichen?
3. Kann ich die Strategie realisieren? Verfüge ich über die notwendigen Ressourcen und Verbindungen? Kann ich meine Rolle spielen?

Diese drei Fragenkomplexe werden in Anlehnung an Gumpert (1996) weiter aufgebrochen. Die Leitfragen sind in der folgenden Übersicht zusammengefasst. Sie wurden durch die Gruppen unter Betreuung bearbeitet. Dabei wurde das Konzept der **Kernkompetenzen** eingeführt und praktisch genutzt.

Ist Ihre Geschäftsidee realisierbar?

- Formulieren Sie Ihre Idee/Ihre Kernkompetenz in knappen Worten!
- Woher stammen Ihre Idee/Ihre Kernkompetenz? (Arbeitserfahrung/eigene Forschung/Veröffentlichungen anderer, ...)
- Welche Informationen benötigen Sie über Ihre Branche/Ihr Forschungsfeld?
- Wer kann Ihre Idee/ Ihre Ergebnisse gebrauchen? (mindestens drei Anwendungsfelder)
- Warum ist Ihre Idee eine Verbesserung der jetzigen Anwendung? (mindestens drei Aspekte)

- Was kann die Realisierung Ihrer Idee verhindern oder erschweren?
- Sind Sie die geeignete Person, um Ihre Idee zu verwirklichen? Nennen Sie drei Gründe dafür!
- Was brauchen Sie, um Ihre Idee zu verwirklichen?
- Welche finanziellen Mittel können Sie zur Verwirklichung Ihrer Idee in den nächsten 2 Jahren mobilisieren? Welche Förderprogramme bestehen oder werden in Zukunft neu aufgelegt?
- Reichen die finanziellen Mittel, um das Projekt zu finanzieren? Ist auch Ihr Risiko damit abgedeckt?
- Welches sind Ihre wichtigsten Lebensziele in den kommenden 5 Jahren? Wie wird Ihre Selbstständigkeit dazu beitragen, diese Ziele zu erreichen? Sind Sie für den Aufbau eines Unternehmens „committed"?

Zur **Konsistenzprüfung** der erarbeiteten Konzepte wurde das bekannte **7S-Modell** der unternehmerischen Erfolgsfaktoren eingeführt, welches die folgenden Bestandteile miteinander vernetzt:

- **Strategie:** Mittel- bis langfristige Ausrichtung des Unternehmens unter Berücksichtigung von Stärken und Schwächen, Chancen und Gefahren, Wachstums-Pfade
- **Struktur:** Arbeitsteilung und Koordination, Aufbau des Unternehmens, Führungsperson oder -team
- **Systeme:** Werkzeuge der Unternehmenssteuerung und des Prozess-Managements, z. B. I- und K-Techniken
- **Skills:** Fähigkeiten der Organisationsmitglieder und die Wege, diese zu steigern bzw. zu erhalten (Personal- und Organisationsentwicklung)
- **Stammbelegschaft:** Profile der Mitarbeitenden, aber auch Quantifizierung in Abgrenzung zu Aushilfskräften, Anreizsysteme
- **Stil:** Führungsgrundsätze, Kultur und Klima, Image nach außen
- **Selbstverständnis:** Ziel- und Wertesystem, Vision, Identität

Die Teams prüften anhand des 7S-Modells ihre Konzepte noch einmal kritisch, ergänzten fehlende Bestandteile und fragten ganz häufig dort nach, wo sich Unklarheiten oder Lücken zeigten. Dies gab uns die Gelegenheit, einige Inhalte der vergangenen Wochen mit den einzelnen Teams zu wiederholen bzw. im Plenum noch einmal aufzugreifen und Zusammenhänge zu verdeutlichen. In einigen Präsentationen wurde dieses Modell genutzt, sodass wir erkennen konnten, dass die Studierenden gelernt hatten, es kompetent anzuwenden.

Die **Formulierung des Selbstverständnisses** bildet die Basis für die Erarbeitung eines unternehmerischen Leitbildes, womit wir die inhaltliche Arbeit an der Geschäftsidee zunächst abschlossen.

▶ Kommunikation/ Präsentation

Bereits frühzeitig im Semester hatten wir allen Studierenden die Aufgabenstellung deutlich gemacht, die darin lag, Mitte Dezember die wichtigsten Bestandteile ihrer

Geschäftsidee in einer 10-minütigen PowerPoint-Präsentation vor dem gesamten ersten Semester und einigen externen Gästen im großen Hörsaal zu erläutern. Dies stellte für die Studierenden eine große Herausforderung, nicht nur inhaltlicher, sondern auch präsentationstechnischer Art dar. Ein großer Teil der Erstsemester hatte keinerlei Vorkenntnisse in PowerPoint und wurde von einem Tutor im November entsprechend geschult. Andere Studierende waren geradezu PowerPoint-„Profis" und teilten ihr Wissen im Team.

Zur **Sensibilisierung der Studierenden** hinsichtlich adressatenorientierter Kommunikation wurde das bekannte Grundmodell der Kommunikation mit den vier Seiten einer Aussage (vgl. Schulz von Thun 1981) vorgestellt sowie die „Treppe des Informationsverlustes", die in der folgenden Abbildung zu sehen ist.

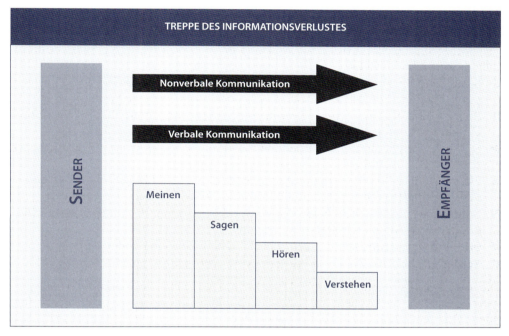

Gefordert waren interessante, aber nicht überladene **Präsentationen**, da an diesem Vormittag 15 Teams präsentieren würden und daher keine Langeweile aufkommen durfte. Daher suchten die Teams mit Liebe und Kreativität passende Hintergrundthemen und Effekte. Alle hatten ein Logo zu ihrer Geschäftsidee entwickelt und viele hatten sich Gedanken zu musikalischer Untermalung gemacht. Eine Gruppe hatte einen „Prototypen" mitgebracht und eine andere sogar ein Give-Away mit Werbebotschaft organisiert. Einige Teams präsentierten sich in einem ihrem Image angemessenen Outfit und entsprechendem sprachlichen Niveau. Alle hielten die Zeit ein und keine Minute war langweilig.

4 UMSETZUNG BEWÄLTIGEN

> **Ausblick**

Die Lehrveranstaltung wurde mit Modifikationen in der beschriebenen Form über drei Jahre hinweg mit großem Erfolg angeboten. In einem Jahr ergab sich die Möglichkeit einer Kooperation mit dem RKW-GiT-Team, welches die Prozesse in der Lehrveranstaltung moderierend begleitete und insbesondere auf den Erwerb sozialer Schlüsselkompetenzen achtete. Unter anderem erhielten die Studierenden hier die Möglichkeit zur Teilnahme an einem psychologischen Test, der auf nachhaltige Begeisterung stieß. Das GiT-Konzept wurde auf die spezifischen Bedürfnisse der Hochschullehre hin angepasst. Gleichzeitig erhielten einige Gründer aus der Region die Möglichkeit, an der Veranstaltung teilzunehmen, was aus Sicht der Hochschule als große Bereicherung erlebt wurde.

Weitere **Verbesserungspotenziale** können durch die bessere Integration des Gründungsgedankens und der Inhalte in den Studiengang durch Absprachen mit anderen Fachkollegen realisiert werden. Einige Studierende setzten die Arbeit an ihrer Gründungsidee fort. In einem Fall erfolgte die Umsetzung noch während des Studiums. Zur weiteren Unterstützung studentischer Gründungsabsichten wurden Wahlpflichtveranstaltungen im Hauptstudium genutzt. So beteiligte sich eine Gruppe von Studentinnen am Projekt „Chefin auf Probe", in dessen Rahmen sie in Betrieben als „Schatten" von Unternehmern bzw. Unternehmerinnen deren Tagesarbeit begleiten und mit ihnen das Erlebte reflektieren konnten. Das Feedback von Studierenden und Unternehmen war ausgesprochen positiv. Daher soll dieses Projekt in der Zukunft einen festen Platz im Pflichtwahlbereich des Bachelor-Studiengangs erhalten.

4.3.4 Evaluationsinstrumente

Im Fachbereich werden schon seit Jahren Befragungen von Studierenden zur Evaluation der Lehrveranstaltungen durchgeführt. Dabei orientieren wir uns an den bekannten zentralen Empfehlungen, führen diese EDV-gestützten Erhebungen aber nicht mehr zum Semesterende durch, sondern befragen die Studierenden aus der Lehrveranstaltung heraus gegen Ende des 2. Semester-Drittels, um die Ergebnisse mit ihnen besprechen zu können. Oft wird deutlich, dass manchen Studierenden zu diesem Zeitpunkt Lernziele, Anforderungen oder auch Spielregeln/Rahmenbedingungen des Studiums noch immer unklar oder in Vergessenheit geraten sind. Dies kann durch Information und in der Diskussion aufgearbeitet werden. Die Erfahrungen zeigen aber auch, dass es fast immer Verbesserungspotenziale für die Veranstaltungen gibt, die normalerweise eine **Verhaltensänderung** von Lehrenden und Lernenden erfordern. Das letzte Semesterdrittel kann für die Entwicklung und Erprobung solcher Ansätze genutzt werden.

Diese standardisierten Befragungen sind wichtig, um Fachbereichsprofile zu erkennen. Sie geben einen ersten Einblick in die Befindlichkeit der Studierenden und grobe Hinweise auf die Notwendigkeit von Veränderungen im Lernarrangement. So tragen sie zur **Reduzierung des „blinden Flecks"** bei Lehrenden bei und fördern durch konstruktiv-kritische Diskussion der Ergebnisse die Dialogfähigkeit beider Seiten. Allerdings ist ihr Aussagewert bei Pilotveranstaltungen, wie es die hier dargestellte eine ist, begrenzt. Die Autorin hat daher einen spezifischen Fragebogen entwickelt und Ende Januar eingesetzt, der auf den folgenden Seiten dokumentiert ist.

FRAGEBOGEN ZUR EVALUATION DER VERANSTALTUNG

Abschluss-Evaluation Einführung in die BWL (EBWL)
Prof. Dr. Katrin Hansen

Hat die Teamarbeit

- Sie bei Entwicklung der Geschäftsidee weitergebracht?

  | - - - - - - - |
  Ja   Nein

- Ihnen den Einstieg ins Studium erleichtert?

  | - - - - - - - |
  Ja   Nein

- Ihnen die Aufnahme von sozialen Kontakten erleichtert?

  | - - - - - - - |
  Ja   Nein

- Arbeiten Sie mit Ihren Teamkollegen auch außerhalb der Einführung in die BWL zusammen?

  Ja ☐   Nein ☐   Mit manchen ☐

- Kannten Sie Ihre Teamkollegen schon vorher?

  Ja ☐   Nein ☐   Manche ☐

- Denken Sie, dass Sie in der Zukunft tatsächlich einmal ein Unternehmen gründen werden?

  Ja ☐   Nein ☐   Vielleicht ☐   Weiß nicht ☐

  Wenn vielleicht: Unter welchen Bedingungen?

  ....

  ....

4   Umsetzung bewältigen

- Haben Sie mit der Literatur und den angegebenen Internetquellen gearbeitet?

    Ja ☐   Nein ☐   Manche ☐

- Waren die Inhalte   der Literatur   im Internet
    - Hilfreich   ☐   ☐
    - Zu knapp in der Darstellung   ☐   ☐
    - Zu schwierig   ☐   ☐
    - Irrelevant für Ihre Geschäftsidee   ☐   ☐
    - Schon bekannt   ☐   ☐
    - Sonstiges: ....

- Haben Sie ein Lerntagebuch geführt?

    Regelmäßig ☐   Punktuell ☐   Gar nicht ☐

- Werden Sie zukünftig ein Lerntagebuch führen?

    Ja, weil ....

    Nein, weil ....

- Was sollte in der EBWL im nächsten Jahr unbedingt beibehalten werden?

    ....

    ....

- Was sollte in der EBWL im nächsten Jahr unbedingt verändert werden?

    ....

    ....

- Ich bin   ☐   weiblich   ☐   männlich

Vielen Dank für Ihre Mitarbeit!

4.3.5 Literaturhinweise

Arnold, R. 1999: Schlüsselqualifikationen aus berufspädagogischer Sicht. In: Arnold, R., Müller, H.-J. (Hrsg.): Kompetenzentwicklung durch Schlüsselqualifizierung. Hohengehren. S. 17–26

Arthur, M. B., Rousseau, D. M. 1996: The Boundaryless Career. A New Employment Principle for a New Organizational Era, Oxford et al. 1996

Bhidé, A. 1999: The Questions Every Entrepreneur Must Answer. In: Sahlmann, W. A. et al. (Edts.). The Entrepreneurial Venture. Boston. p. 6579

Collrepp, F. von 2000: Handbuch der Existenzgründung. Stuttgart

Grass, B. 2000: Einführung in die Betriebswirtschaftslehre. Das System Unternehmung. Herne/Berlin

Gumpert, D. E. 1996: How to Really Start Your Own Business. Boston

Hansen, K. 2000: Selbst- und Zeitmanagement im Wirtschaftsstudium. Berlin

Heidack, C. 2001: Kompetenzentwicklung und Gestaltung des Wandels durch Kooperative Selbstqualifikation. In: Heidack, C. (Hrsg.): Praxis der Kooperativen Selbstqualifikation. München und Mehring. S. 13–29

Kaplan, R. S., Norton, D. P. 1997: Balanced Scorecard. Strategien erfolgreich umsetzen. Stuttgart

Moore, D. P., Careerpreneurs 2000: Lessons from Leading Women Entrepreneurs on Building a Career Without Boundaries. Palo Alto

Pepels W. (Hrsg.) 2003: ABWL. Eine praxisorientierte Einführung in die moderne Betriebswirtschaftslehre. Köln

Porter, M. E. 1983: Wettbewerbsstrategie. Methoden zur Analyse von Branchen und Konkurrenten. Frankfurt

MWA NRW, GfW (Hrsg.) 2003: Gründen in NRW. Düsseldorf

Schulz von Thun, F. 1981: Miteinander reden. Störungen und Klärungen, Hamburg

Stevenson, H.H., 1999: A Perspective on Entrepreneurship. In: Sahlmann, W. A. et al. (Edts.): The Entrepreneurial Venture. p. 7–22

Timmons, J. A. 1999: New Venture Creation. Entrepreneurship For The 21st Century. Boston et al.

4.3.6 Internet-Einstiegsquellen

www.arbeitsamt.de/laa_nrw/services

www.bmwi.de/Navigation/Existenzgruender

5

Lehren und Lernen an Hochschulen

Was ist ein Professor/eine Professorin?

Grundlagen der Hochschullehre aneignen
- Kenntnis der Lerntheorie
- Lernvoraussetzungen der Studierenden
- Grundlagen der Kommunikation
- Grundlagen des Konfliktmanagements

Didaktik der Hochschulen verstehen
- Grundlagen der Didaktik
- Grundlagen der Methodik
- ausgewählte aktivierende Methoden

Umsetzung bewältigen
- Erfahrungen: Beispiele von Lehrveranstaltungen

Erfolge nachweisen
- Prüfungen in der Hochschullehre
- Evaluation der Lehre

Gemeinsames Lernen ermöglichen
- Hochschule als Lernende Organisation

Reflektieren, Entscheidungen überdenken und gegebenenfalls neu treffen!

Lehren und Lernen an Hochschulen

Erfolge nachweisen

Überblick zu Kapitel 5

Von allen Funktionen, die Hochschullehrende einnehmen müssen, ist die des Prüfenden bei vielen mit Vorbehalten versehen. Das mag gelegentlich daran liegen, dass man selbst schon schlechte Erfahrungen mit Prüfungen als Geprüfter gemacht hat. Umso wichtiger ist es, sich mit dem Thema auseinander zu setzen, um die Scheu zu verlieren, unter Umständen etwas verkehrt zu machen. Aus den Erfahrungen von Lehrenden ist erkennbar, dass Studierende sehr viel kritischer geworden sind, was Aufgabenstellungen und Bewertungen von Prüfungen betrifft. Das ist noch ein Grund, aktiv an das Thema heranzugehen und die notwendigen prüfungsdidaktischen und auch prüfungsrechtlichen Fragen zu klären.

Nicht nur der mittlerweile fest verankerten rechtlichen Notwendigkeit, sondern wohl eher der permanenten Verbesserung der Lehre ist das anschließende Kapitel Evaluation an Hochschulen gewidmet, das allerdings mindestens ebenso problembeladen zu sein scheint. Bei dem Thema Evaluation scheiden sich häufig die Geister, was das Verdienstvolle einer geglückten Evaluation verdecken kann. Die bereits oben im Buch (vgl. den Beitrag Lernvoraussetzungen von Martina Stangel-Meseke) gemachten Ausführungen werden im folgenden Kapitel durch eher grundsätzliche Überlegungen zum Thema ergänzt und sollen als Anregung dienen, die in der eigenen Hochschule vorhandenen Systeme der Evaluation zu reflektieren und gegebenenfalls zu verbessern.

5 ERFOLGE NACHWEISEN

5.1 Prüfungen in der Hochschullehre

Prof. Dr. Sighard Roloff

Wie schön wäre es, wenn Prüfungen vor allem Chancen wären.

Thomas Stelzer-Rothe

5.1.1 Prüfungen in der Hochschullehre

Erfragt man bei Studierenden das Idealbild eines Dozenten, so spielt die Merkmalsausprägung „bereitet gut auf die Prüfung vor" eine entscheidende Rolle. Fragt man dagegen Dozenten nach ihrem Idealbild, so werden besonders häufig positive Merkmalsausprägungen bei Kompetenz, Wissenschaftlichkeit und Didaktik genannt. Die gute Vorbereitung auf eine Prüfung wird so gut wie überhaupt nicht genannt. Diese Diskrepanz ist verständlich, wenn man bedenkt, dass für Dozenten die Prüfungszeit bezogen auf die gesamte Lehrtätigkeit eher eine untergeordnete Rolle spielt. Für Studierende ist jedoch das Bestehen der Prüfungen von existenzieller Bedeutung. Obwohl von Dozenten erwartet wird, dass sie aufgrund ihrer eigenen Erfahrungen Experten im Durchführen von Prüfungen sind, gehen die meisten Dozenten doch wohl zumindest in den ersten Jahren der Lehrtätigkeit mit einem unguten Gefühl in die jeweilige Prüfungsperiode. Die Studienkommission für Hochschuldidaktik in Baden-Württemberg hat deshalb schon sehr früh begonnen, (neuen) Dozenten ein Seminar zum Thema Prüfungen anzubieten. Die Inhalte dieses Seminars und die in den Seminaren gemachten Erfahrungen sind Gegenstand dieses Abschnitts. Die Zielsetzungen sind daher:

- den Prüfungsprozess transparenter machen,
- die Prüfungsqualität verbessern und
- den Prüfungsprozess (langfristig) effektiver machen.

5.1.1.1 Prüfungskriterien

Unter Prüfungen werden im Folgenden in erster Linie schriftliche Prüfungen verstanden, da diese im Hochschulbereich auch in Zukunft den Schwerpunkt der Prüfungstätigkeit bilden werden. Die Durchführung mündlicher Prüfungen und das Bewerten schriftlicher Ausarbeitungen wie Seminare, Projektberichte oder Diplomarbeiten werden nur am Rande erwähnt. Weiterhin wird angenommen, dass mit dem hier verwendeten Prüfungsbegriff entweder die Vergabe einer Note oder aber die Aussage „Bestanden" bzw. „Nicht bestanden" verbunden ist. Insofern lässt sich in Analogie zu wissenschaftlichen Tests bzw. sozialwissenschaftlichen Messverfahren eine Prüfung folgendermaßen definieren:

Die **Prüfung** ist ein wissenschaftliches Routineverfahren zur Untersuchung eines abgrenzbaren Merkmals (= Leistung) mit dem Ziel einer möglichst quantitativen Aussage in Form eines Messwertes (= Note) über den relativen Grad der individuellen Merkmalsausprägung (vgl. dazu Lienert 1994, S. 7).

Damit lassen sich die Anforderungen, die an wissenschaftliche Tests in Form von Testgüte-Kriterien gestellt werden, auf Prüfungen übertragen:

1. Objektivität (= Personenunabhängigkeit)

Die Note ist unabhängig von der Person des Dozenten, der die Prüfung durchführt. Dabei kann die **Objektivität** bei der (technischen) Durchführung, der Leistungsmessung (Vergabe von Punkten) und der Interpretation (Vergabe der Noten) verletzt werden. Wie schwierig es ist, eine Prüfung objektiv durchzuführen, zeigt sich immer dann, wenn eine Lehrveranstaltung in einem Semester von mehreren Dozenten oder in aufeinander folgenden Semestern von unterschiedlichen Dozenten angeboten wird. Es wird im Folgenden gezeigt, welche Maßnahmen die Objektivität einer Prüfung besonders gefährden.

2. Reliabilität (= Zuverlässigkeit = Grad der Messgenauigkeit)

Die Note drückt in ihrer absoluten Höhe das aus, was tatsächlich an „Leistungsfähigkeit" vorhanden ist. Bei Prüfungen ist es eigentlich unmöglich, die **Zuverlässigkeit** nachzuweisen. Verfahren wie Parallel-Prüfung (die Studierenden schreiben zwei streng vergleichbare Prüfungen) und Prüfungswiederholung (die Studierenden schreiben zeitlich getrennt die Prüfung erneut – Test/Retest) können wegen geltender Prüfungsvorschriften nur probeweise durchgeführt werden und haben wegen mangelnder Motivation bzw. wegen Lern- und Vergessenseffekten keine Beweiskraft. Einzig die Prüfungshalbierung (die Prüfung wird in gleichwertige Hälften geteilt – Split-Half-Test) könnte bei hoch korrelierenden Noten in den beiden Prüfungsteilen ein Beweis für Reliablität sein.

3. Validität (= Gültigkeit = Messung der Lernleistung)

Die Note misst genau die Leistung, die gemessen werden soll und nichts anderes. Validität wird weiter in Inhalts-, Konstrukt- und Kriteriumsvalidität unterteilt.

- **Inhaltsvalidität** bedeutet, dass die Leistung in hoher Übereinstimmung zu den Inhalten und Lernzielen der Lehrveranstaltung steht. Auf die damit geforderte Lernzielorientierung wird im nächsten Abschnitt genauer eingegangen.
- **Konstruktvalidität** bedeutet, dass das Prüfungsergebnis in einem engen Zusammenhang zu einem theoretischen Merkmal steht, das die durch die Prüfung angesprochenen Eigenschaften oder Fähigkeiten gemäß einer Theorie verkörpert. Da es bisher keine Prüfungstheorie gibt, lässt sich dieses Kriterium nicht testen.
- Bei der **Kriteriumsvalidität** wird getestet, ob das Prüfungsergebnis in Übereinstimmung zu anderen bereits vorliegenden Kriterien (früher erzielte Noten) oder zeitlich später erfüllten Kriterien (Studien- oder Berufserfolg) steht. Es gibt genügend Erfahrungsberichte, die zeigen, dass Aussagen wie „einmal gut – immer gut" gerade bei sehr unterschiedlichen Lehrveranstaltungen (fehlende Übereinstimmung) und völlig anderer Berufstätigkeit (unsichere Erfolgsprognose) keine Gültigkeit haben.

Es werden an späterer Stelle (siehe Kapitel 5.1.6.4) Möglichkeiten aufgezeigt, die Einhaltung der Gütekriterien für sich zu überprüfen und den Messfehler der eigenen Prüfungen zu ermitteln.

5.1.1.2 Störfaktoren

Da Objektivität notwendig für Reliabilität (nicht hinreichend) und Reliabilität notwendig für Validität (nicht hinreichend) ist, kommt der **Objektivität von Prüfungen** eine besondere Bedeutung zu. Im Schulbereich existieren zu diesem Kriterium eine Vielzahl von Untersuchungen. So gibt es Prüflings-, Prüfungs- und Prüfermerkmale, die als **Störfaktoren** für die Objektivität nachgewiesen sind. Die folgenden Aussagen sind sehr absolut formuliert und sollen verdeutlichen, wann besondere Vorsicht angebracht ist. Sie entstammen unterschiedlichen empirischen Untersuchungen im Schul- und/oder Hochschulbereich.

➤ Prüflingsmerkmale

- weibliche Prüflinge werden besser bewertet,
- Klausuren mit schlechter oder unleserlicher Handschrift werden schlechter bewertet,
- Klausuren mit vielen grammatikalischen und/oder orthografischen Fehlern werden schlechter bewertet,
- beliebte bzw. sympathische Prüflinge werden besser bewertet,
- Prüflinge mit guten Noten in anderen Fächern werden besser bewertet,
- Prüflinge mit gutem Betragen, großer Kooperationsbereitschaft und/oder sichtbarem Respekt gegenüber dem Prüfer/der Prüferin werden besser bewertet,
- bei Prüflingen mit guten Leistungen werden Fehler eher übersehen,
- Prüflinge aus der sozialen Unterschicht werden schlechter bewertet und
- Prüflinge mit negativen Vorabinformationen werden schlechter bewertet.

➤ Prüfungsmerkmale

- je länger die Aufgabenstellung, desto weniger objektiv,
- je größer der Erfahrungsbezug der Aufgabenstellung, desto weniger objektiv,
- je wichtiger das Prüfungsfach in den Augen von Prüfer und Prüfling, desto objektiver und
- je genauer die Durchführungsbestimmungen und je besser die Durchführung, desto objektiver.

➤ Prüfermerkmale

- weibliche Prüfer urteilen milder,
- müde Prüfer urteilen milder,
- Prüfer in schlechter körperlicher Verfassung urteilen milder,
- Prüfer halten in der Regel an einmal gegebenen Noten fest (Nachkorrektur führt nur zu geringen Änderungen),
- ein guter Prüfling folgend auf einen schlechten Prüfling wird besser als gerechtfertigt bewertet (Kontrasteffekt),
- Semester mit niedrigem (hohem) Leistungsniveau werden relativ besser (schlechter) bewertet,

- Prüfungen am Anfang der Prüfung bzw. Prüfungskorrekturen werden strenger bewertet und
- Tief-, Zentral- und Hochbeurteiler bewerten kontinuierlich mit der jeweiligen Tendenz.

Das (ironische) Fazit für eine Klausur könnte dann sein:

„Ein Studierender ohne besonderes Wissen, der eine leserliche Handschrift hat und in fehlerlosem Deutsch recht geordnet schreibt, hat bei einer Prüferin, die müde und grippig ist und personenbezogen korrigiert, die besten Chancen, bei der Klausur gut abzuschneiden."

Das Bewusstwerden des Einwirkens von Störfaktoren führt häufig zu einer entgegengesetzten Überreaktion in der Bewertung. Es ist daher wichtig, Vorkommnisse mit (einzelnen) Studierenden während des Semesters bzw. Studiums objektiv zu bewerten. Stellvertretend verdeutlicht der Autor dies mit folgender studentischen Aussage: „Ihre Note in dem Fach XY wird vermutlich die einzige Note im Schwerpunkt sein, bei der keine 1 vor dem Komma steht." Der Autor war geneigt, bei der Klausur in diesem Fach allen eine bessere Note als angemessen zu vergeben, hat dann aber bei Bewusstwerden der „Überreaktion" seinen Maßstab nicht verändert.

5.1.2 Prüfungsvorbereitung

„Je früher ich mit der Prüfungsvorbereitung beginne, desto weniger stressig wird die Prüfungszeit." Eigentlich sollte die Durchführung von Prüfungen eine Art **Kreislauf** (Regelkreis) bilden: Der Prüfungsabschluss bildet bereits wieder den Anfang der nächsten Prüfungsperiode.

5.1.2.1 Lernzielorientierung

Wie schon bei der Behandlung der Gütekriterien angesprochen wurde, ist die Inhaltsvalidität eines der wichtigsten Gütekriterien. Mit einer Klausur, in der Fragen gestellt werden, die an keiner Stelle der Vorlesung inhaltlich behandelt wurden, kann nicht die Leistung gemessen werden, die die Kenntnisse in dem Vorlesungsgebiet widerspiegeln. Es ist daher unbedingt notwendig, in einer Lehrveranstaltung **Lernziele** vorzugeben und dann auch die Prüfungsfragen darauf zu beziehen. Insofern geben die (operationalisierten) Lernziele der Lehrveranstaltung Struktur und Umfang der Prüfungsfragen vor (a-priori-Vorgehen). Werden keine Lernziele vorgegeben, so werden die Studierenden versuchen, aus Beispielen, Übungs- und Klausuraufgaben auf Art und Umfang der Lernziele zu schließen (a-posteriori-Vorgehen). Sie werden jedoch immer dann schlecht(er) abschneiden oder scheitern, wenn der Dozent in der Klausur (aus einer Laune heraus) völlig „neuartige" Aufgaben stellt.

In einer klassischen Taxonomie der Lernziele werden die Lernziele nach Dimension und Hierarchie geordnet (vgl. dazu Bloom u.a. 1972, S. 54 ff.). Für Klausuren zählt in der Regel nur die kognitive Dimension. Es gibt aber sicher Lehrveranstaltungen, in denen die affektive und psychomotorische Dimension eine Rolle spielt. Diese beiden Dimensionen sollen hier nicht weiter verfolgt werden. Die kognitiven Lernziele werden bei Bloom (siehe S. 217 ff.) folgendermaßen hierarchisch geordnet:

1. **Wissen**
   Wissen liegt immer dann vor, wenn rein auswendig gelernte Fakten/Sachverhalte zur Lösung der Aufgabe wiedergegeben werden müssen („die Antwort wie aus der Pistole geschossen").

2. **Verstehen**
   Verstehen verlangt, dass das Wissen auf andere Bereiche, Situationen oder Gegebenheiten übertragen werden muss.

3. **Anwenden**
   Anwendung liegt vor, wenn Wissen und Verstehen zur Lösung der Aufgabe verwendet werden muss.

4. **Analysieren**
   Analyse bedeutet, dass von den Prüflingen eine Untersuchung des Sachverhalts nach vorgegebenen Kriterien erwartet wird.

5. **Synthetisieren**
   Synthese beinhaltet die Möglichkeit, mehr als eine (kreative/neuartige) Lösung für die Aufgabenstellung zu finden.

6. **Evaluieren**
   Evaluation als schwierigstes Lernziel erfordert von den Prüflingen die Bewertung abgeleiteter oder vorgegebener Tatbestände.

Es gibt sicher nicht die richtige Lernzielhierarchie. Wichtig ist jedoch, dass Lernziele benützt und vorgegeben werden. Am besten geschieht dies bereits in der Gliederung der Vorlesung. In einer Statistik-Vorlesung stellt sich das dann (im Ausschnitt) z.B. folgendermaßen dar.

Datenanalyse mit Hilfe von Parametern

Lernziele:
- Voraussetzungen (inkl. Skalenniveau) zur Anwendung der einzelnen Parameter nennen können *(Wissen)*,
- Vor- und Nachteile der einzelnen Parameter angeben können *(Wissen)*,
- Transformationsregeln für die einzelnen Parameter rechnemäßig anwenden können *(Anwendung)*,
- Formel des jeweiligen Parameters umstellen und in einzelne Bestandteile auflösen können *(Verstehen)*,
- Parameter bei Hinzufügung und Herausnahme einzelner Merkmalsausprägungen neu berechnen können *(Anwendung und Verstehen)*,
- bei vorgegebenen Daten in ungruppierter oder gruppierter Form die statistisch sinnvollen Parameter berechnen können *(Anwenden, Analyse und Synthese)* und
- von anderen vorgenommene Datenauswertungen bewerten können *(Evaluation)*.

(In Klammern kursiv gedruckt die Zuordnung des Lernziels zur Lernzielhierarchie hinzugefügt.)

Bei der Formulierung von Lernzielen ist es wichtig, dass das Erreichen des Lernziels auch tatsächlich in der Klausur überprüft werden kann. Dazu ist einmal eine verständliche Formulierung und zum anderen das Wort „können" notwendig. Erst dann spricht man von **operationalisierten Lernzielen.** Studierende, die im Semester teilweise 30 Semesterwochenstunden an Lehrveranstaltungen haben, arbeiten wesentlich effektiver und ökonomischer, wenn sie sich nicht überlegen müssen, was sie (noch) alles für die Prüfung lernen sollen. Weiterhin ist die Lernbereitschaft während des Semesters wesentlich höher. Ohne Lernziele fühlen sich die Studierenden häufig führungslos und schieben das Lernen für die Klausur immer wieder vor sich her.

Die Lernziele 2. bis 6. der Lernzielhierarchie setzen neuartige Situationen voraus, sonst bleibt es bei einer reinen Wissensabfrage. Man muss sich erfahrungsgemäß davor hüten, dass das in der Klausuraufgabe angesprochene Lernziel höher angesiedelt ist, als es in der Lehrveranstaltung vorgegeben worden ist. So ist die Wiedergabe einer Definition eine reine Wissensabfrage (1. Lernziel). Verlangt man in der Aufgabe aber „die Definition der Statistik einem Mitarbeiter in der Personalabteilung verständlich zu erläutern", so setzt man die Definition als Wissen voraus und verlangt zusätzlich das Lernziel Verstehen.

Eine Überprüfung des Erreichens der Lernziele wird dort schwierig, wo Allgemeinbildung und gesunder Menschenverstand zur Lösung der Aufgabe ausreichen. Studierende sollten in Klausuren auch nicht nur als Reproduzierer, sondern auch als Lieferant von Ideen gesehen werden, d.h., man sollte durchaus auch Aufgaben mit kreativem Potenzial stellen.

5.1.2.2 Klausurschwierigkeit

Die Lernzielorientierung von Klausuren und die damit verbesserte Inhaltsvalidität löst aber noch ein weiteres Problem, das mit der **Einschätzung der Schwierigkeit** von Klausuren und damit sehr viel mit der Bewertung von Klausuren zu tun hat. Wie schafft man es, bezogen auf eine Lehrveranstaltung, Klausuren zu stellen, die kontinuierlich gleich schwierig sind und daher eine Aussage über die „Qualität" der jeweiligen Prüflinge (Semester) erlauben. Bezogen auf die eingangs vorgestellten Gütekriterien setzt dies eine reliable (zuverlässige) Prüfung voraus. Fällt eine Klausur sehr schlecht (sehr gut) aus, gibt es als Gründe sowohl die zu hohe (zu niedrige) Schwierigkeit als auch die zu schlechte (gute) Qualität der Prüfungsteilnehmer (Semester). Befragungen zeigen, dass einige Dozenten bei „zu schlecht" („zu gut") ausgefallenen Klausuren die Noten heben (senken), weil sie den Grund für das Ergebnis eher bei einer zu schwer (zu leicht) gestellten Klausur als bei überwiegend schlechten (guten) Prüflingen sehen.

Im Folgenden wird eine **Vorgehensweise** vorgestellt, die es erlaubt, die Schwierigkeit von Prüfungen lernzielorientiert besser steuern zu können. Der hierarchische Aufbau von Lernzielen beruht darauf, dass mit höherem Lernziel auch die Anforderungen an den Lernenden steigen. Ein Klausur, die nur Wissen verlangt, ist leicht, da der Prüfling das (auswendig) gelernte Wissen nur wiedergeben muss und damit nicht nachweist, dass er den Wissensstoff auch verstanden hat und anwenden kann. Eine Klausur, in der nur das Bewerten vorgegebener Tatbestände verlangt wird, ist sehr schwer, da die Lernziele Wissen, Verstehen, Anwendung, Analyse und Synthese vorausgesetzt werden. Damit kann man die **Schwierigkeit einer Klausur** über die in der Klausur angesprochenen Lernziele steuern: Je mehr Aufgaben auf Lernzielen der unteren (oberen) Lernzielhierarchie aufbauen, desto leichter (schwerer) wird die Klausur sein und auch so von den Prüflingen empfunden werden. Geht man einmal von der Annahme aus, dass in einer Klausur maximal 100 Punkte zu erreichen sind, und hat man dann die einzelnen Punkte in der Musterlösung eindeutig den verschiedenen Lernzielen zugeordnet, so zeigt sich die Schwierigkeit einer Klausur an den Anteilen, mit denen die einzelnen Lernziele punktemäßig vertreten sind.

1. Beispiel:						
Wissen	Verstehen	Anwendung	Analyse	Synthese	Bewertung	Summe
40 %	20 %	15 %	10 %	10 %	5 %	100 %

2. Beispiel:						
Wissen	Verstehen	Anwendung	Analyse	Synthese	Bewertung	Summe
5 %	10 %	10 %	15 %	20 %	40 %	100 %

Die hinter dem 2. Beispiel stehende Klausur ist wesentlich schwieriger als die erste Klausur. Wenn also reliable (zuverlässige) Klausuren gestellt werden sollen, muss die Klausur so angelegt werden, dass die verschiedenen Lernziele immer in etwa im einmal gewählten Verhältnis zueinander stehen. Dieses Verhältnis symbolisiert aber gleichzeitig auch das Anspruchsniveau, das an die Prüflinge gestellt wird. Wenn in einer Klausur z.B. Vorlesungsmitschriften erlaubt sind, macht es keinen Sinn, in der Klausur Wissen abzufragen. Damit wird die Klausur „automatisch" schwerer. Erläutert man Studierenden diesen Sachverhalt und stellt sie vor die Wahl, Unterlagen in die Prüfung mitzunehmen, so ist die Reaktion sehr uneinheitlich. Eine durch Lernen von Wissen erworbene Punkte-Basis wird jedoch sehr wohl befürwortet. Ein „Zuviel" an Wissen findet ebenfalls keine einhellige Zustimmung, denn dann befürchten die guten Studierenden, dass sie sich notenmäßig nicht ausreichend „profilieren" können. In jedem Lehrfach gibt es ein Basiswissen, das im Rahmen einer Klausur abgefragt werden sollte. Wir benötigen ja auch fleißige Absolventen und nicht nur „Überflieger".

Wie gelingt es nun, die Schwierigkeit einer Klausur auf die Lehrveranstaltung bezogen festzulegen und kontinuierlich zu gewährleisten? Hier wird vorausgesetzt, dass für die Lehrveranstaltung Lernziele existieren. Hilfreich ist die Erstellung von Lernmatrizen (vgl. Wendeler 1981, S. 21 f.).

▶ Beispiel für eine Lernmatrix:

Lerninhalt	Wissen	Verstehen	Anwendung	Analyse	Synthese	Bewertung
Statistischer Parameter Meridian	Formel und Skalenniveau	Eignung als Lageparameter	Berechnung gerade bzw. ungerade	Berücksichtigung der Form der Verteilung	Integration in eine Datenauswertung	Beurteilung von Ergebnissen und Erkennen von Fehlanwendungen

Aus Gesprächen mit Kollegen zeigt sich, dass die Vergabe von Lernzielen erst im Lauf der Lehrtätigkeit entsteht. Damit hat man in der Regel schon Klausuren ohne Lernzielorientierung gestellt. Es bietet sich nun ein **a-posteriori-Vorgehen** an. Man „misst" bei bereits gestellten Klausuren die Schwierigkeit (Lernziel-Anteile). Einen wichtigen Hinweis bekommt man über die in den Aufgaben verwendeten Tätigkeitsworte.

Beispiel

1. Aufgabe:
Welches Skalenniveau sollte das Datenmaterial mindestens haben, damit ich den Median berechnen kann? (1 Punkt)

Lösung:
Ordinalskalenniveau bei ungeradem Stichprobenumfang
(Lernzielebene Wissen)

→ s. Übersicht „Lernziele Wissen, Verstehen und Anwendung" (S. 318)

Beispiel

2. Aufgabe:
Bei der Bewertung von Bewerbern hat jeder Teilnehmer der Berufungskommission die Bewerber in eine Rangordnung gebracht (Bester, Zweitbester usw.). Für eine anschließende Bewertung wurden die Rangzahlen jeden Bewerbers mit dem arithmetischen Mittel gemittelt und dann miteinander verglichen. Wie bewerten Sie dieses Vorgehen und wie hätten Sie den besten Bewerber ausgewählt? (4 Punkte)

Lösung:
Das Vorgehen ist falsch, da die Daten nur Ordinalskalenniveau haben und daher kein arithmetisches Mittel berechnet werden darf. (2 Punkte)
Es muss für jeden Bewerber der Median berechnet werden. Dann können die Bewerber miteinander verglichen werden. (2 Punkte)
(Lernzielebenen Bewertung und Synthese)

→ s. Übersicht „Lernziele Analyse, Synthese und Bewertung" (S. 319)

Die zweite Aufgabe zeigt, dass es nicht immer eindeutig ist, welche Lernzielebene zugeordnet wird. Der erste Teil der Aufgabe könnte auch unter Analyse eingeordnet werden (logische Fehler entdecken). Bedenkt man jedoch die gewählte Formulierung und die Prüfungssituation, so empfinden Studierende die gestellten Aufgaben meistens etwas schwieriger als der Dozent, der beim Stellen der Aufgabe ja schon die „Lösung im Kopf hat". Im Zweifelsfall empfiehlt es sich, die höhere Lernzielebene anzunehmen und für die Lösung der Aufgabe mehr Punkte vorzusehen.

5 Erfolge nachweisen

LERNZIELE WISSEN, VERSTEHEN, ANWENDUNG

WISSEN	VERSTEHEN	ANWENDUNG
anführen	Abgrenzen	anwenden
angeben	anordnen	anfertigen
aufführen	begreifen	ausführen
aufsagen	beschreiben	bedienen
aufzählen	bestimmen	benutzen
benennen	charakterisieren	berechnen
berichten	demonstrieren	bilden
bezeichnen	deuten	darstellen
darstellen	einordnen	durchführen
definieren	erkennen	erstellen
erinnern	erklären	gestalten
kennen	extrapolieren	handhaben
kennzeichnen	gegenüberstellen	konstruieren
nennen	identifizieren	machen
wiedergeben	interpretieren	rechnen
wissen	klassifizieren	umsetzen
zitieren	neu ordnen	umwandeln
Was ist ... ?	Schlüsse ziehen	verwenden
... sind ... ?	überführen	zeichnen
	übersetzen	zusammenstellen
	übertragen	
	unterscheiden	
	vergleichen	
	vorhersagen	
	Wesentliches erkennen	
	zuordnen	

LERNZIELE ANALYSE, SYNTHESE UND BEWERTUNG		
ANALYSE	**SYNTHESE**	**BEWERTUNG**
ableiten	ableiten	abschätzen
analysieren	begründen	abwägen
auswählen	beweisen	beurteilen
auswerten	einordnen	bewerten
Aussagen auf Richtigkeit überprüfen	entdecken	diskutieren
Bedeutung ermitteln	entwerfen	einschätzen
Beziehungen klarlegen	entwickeln	entscheiden
gliedern	erzeugen	evaluieren
implizite Annahmen erkennen	folgern	gewichten
in wesentliche Teile auflösen	konstruieren	kommentieren
logische Fehler entdecken	konzipieren	meinen
Prüfen	kreieren	Stellung nehmen
Überprüfen	planen	urteilen
Zergliedern	Problem lösen	werten
Zusammenhänge aufdecken	verallgemeinern	

Beispiel

3. Aufgabe:

Berechnen Sie für die nachfolgenden Daten [fehlen hier] sinnvolle statistische Parameter.

Bei Bewertung dieser Aufgabe wird eine weitere Schwierigkeit bei der Zuordnung der angesprochenen Lernziele deutlich. Man muss bei Anlage der Musterlösung entscheiden, ob bereits die Verwendung der richtigen Formeln als Wissen bewerten werden soll. In diesem Fall werden trotz des Tätigkeitswortes „berechnen" (Lernzielebene Anwendung) Punkte für Wissen vergeben. Es hängt also vom Prüfer ab, ob bei der Ansprache höherer Lernzielebenen Punkte für die Erfüllung niedrigerer Lernziele gegeben werden. Es wird damit verständlich, dass die Schwierigkeit einer Aufgabe von den „Gepflogenheiten" der Korrektur abhängt. Dies „lernen" die Studierenden aber auch nur dann, wenn bei der Besprechung von Übungsaufgaben darauf hingewiesen wird. In Seminaren des Autors „Schriftliche Prüfungen" werden die Teilnehmer gebeten, jeweils zu zweit oder zu dritt die Schwierigkeit ihrer mitgebrachten Klausuren anhand der Musterlösungen und der identifizierten Lernziele (gemäß den Beispielen 1 und 2) zu ermitteln. Vielen Teilnehmern sind dann die Reaktionen ihrer Studierenden in und nach Klausuren verständlich geworden.

5.1.2.3 Hinweise zur Prüfungsvorbereitung

Aus den vorherigen Ausführungen ergibt sich eine direkte Folgerung für die Vorbereitung auf Prüfungen. Je besser die Studierenden über die Prüfung informiert sind, desto weniger Prüfungsstress bzw. Prüfungsangst wird entstehen.

So ist es wichtig, möglichst zu Beginn der Lehrveranstaltung anhand der Studienprüfungsordnung die zeitliche Dauer, die Form, die zugelassenen Hilfsmittel und das Notenmodell (Zuordnung von Punkten und Noten) zu erläutern. Dies nimmt den Studierenden die **Angst vor dem Ungewissen** und führt in der Regel zu einer besseren Vorbereitung während des Semesters.

Weiterhin sollten ehemalige Klausuraufgaben als **Übungsaufgaben** (in einem Tutorium) und/oder als Hausaufgaben für die nächste Stunde der Lehrveranstaltung gestellt werden. Wenn nur ein Teil der Studierenden diese Aufgaben bearbeitet hat, sollte man sich nicht entmutigen lassen. Die Studierenden werden mit der Zeit die Vorteile dieser Form der (zeitaufwendigen) Vorbereitung zu schätzen wissen. Für den Prüfer geben diese Übungen ein wichtiges Feedback darüber, inwieweit die Studierenden den Lehrstoff bereits verstanden haben und wo noch Lehrbedarf besteht. Lässt man sich die Lösungszeiten angeben, bekommt man ein besseres Gefühl für die Schwierigkeiten der Aufgaben. Hierbei ist aber zu berücksichtigen, dass die Studierenden bei der Lösung von Übungsaufgaben in der Regel nicht wie in einer Klausur auf „Hochtouren laufen" und daher zu Hause oder in der Übungsstunde mehr Zeit als in einer Klausur benötigen.

Die Studierenden können sich aber nur dann auf eine Prüfung „richtig" vorbereiten, wenn auch genügend **Übungsmaterial** zur Verfügung steht. Der Autor plädiert daher dafür, dass Hochschullehrende ihre Klausuren bzw. Prüfungsfragen offen legen und den Studierenden zugängig machen (Fachschaft oder ASTA). Das Ziel ist es doch, dass die Studierenden etwas lernen. Wer viele Aufgaben bearbeitet, sollte dann auch dafür belohnt werden. Trotzdem ist die Verwendung „alter" bzw. bekannter Aufgaben in einer Klausur möglich, denn die Studierenden müssen ja auch wieder neu lernen, aber nicht jeder kann alles behalten und nicht jeder lernt alles. Die Studierenden erreichen so die gesetzten Lernziele. Wer nicht weiß, was er lernen soll, vergeudet unnötige Energie.

Aber nicht nur die Studierenden sollten möglichst frühzeitig mit dem Lernen anfangen. Auch die Dozenten sollten bereits während der Vorlesungszeit zumindest Ideen für zukünftige Klausuraufgaben sammeln. So entstehen vorlesungsbezogene Prüfungen. Weiterhin kann durchaus daran gedacht werden, Vorlesungsstunden vorzuziehen, um den Studierenden mehr Zeit für die Vorbereitung auf die Prüfung zu geben und damit den Prüfungsdruck zu entzerren. Dies sollte aber in Absprache mit dem Prüfungsamt und den anderen Kollegen erfolgen.

Es ist an dieser Stelle noch anzumerken, dass **Vorkommnisse** in der Lehrveranstaltung wie z.B. kritische Äußerungen des Dozenten kein Grund für einen späteren Antrag auf Befangenheit des Dozenten rechtfertigen. Auch kann eine Befangenheit nicht durch gezielte Beleidigung des Dozenten seitens Studierender erzeugt werden.

5.1.3 Prüfungserstellung

Die folgenden Abschnitte laufen meistens parallel, trotzdem erfolgt hier eine getrennte Behandlung der einzelnen Schritte. Es beginnt mit Hinweisen zur Erstellung von Klausuraufgaben, aufbauend auf der bereits angesprochenen Lernzielorientierung. Zu den Klausuraufgaben wird von den meisten Dozenten eine Musterlösung erstellt, in der auch die Zuordnung von Punkten und den einzelnen Bestandteilen der Aufgabenlösung erfolgt. Zum Abschluss sollte das Notenmodell gewählt werden. Die Zuordnung von Punkten wird dabei als Leistungsmessung und die Zuordnung von Noten als Leistungsbewertung bezeichnet.

5.1.3.1 Erstellung von Klausuraufgaben

Es erleichtert die Erstellung von Prüfungsaufgaben erheblich, wenn bereits während des Semesters Ideen für Prüfungsaufgaben gesammelt werden. **Ideen** können aufgrund aktueller Ereignisse entstehen. Es ist aber auch sinnvoll, den Inhalt ausführlicher Diskussionen, die während der Lehrveranstaltung mit den Studierenden geführt wurden, als Ausgangspunkt zu wählen. Der Autor hat deshalb am Ende des Vorlesungsskripts, das er in die Lehrveranstaltung mitnimmt, ein Blatt, auf das Ideen notiert werden, die ihm während der Lehrveranstaltung einfallen.

Bei der **Formulierung einer Aufgabe** achtet der Autor zuerst darauf, dass die Aufgabe zu den angegebenen Lernzielen passt. Wurde diese Aufgabe bereits in ähnlicher Form in einer früheren Klausur verwendet, so können die Ergebnisse früherer Prüfungsstatistiken bzgl. Aufgabenschwierigkeit und Aufgabentrennschärfe (siehe Kapitel 5.1.6) berücksichtigt werden.

Innerhalb einer Aufgabe kann es sinnvoll sein, die Aufgabenschwierigkeit (Lernzielhierarchie) durch Unterteilung in Unteraufgaben zu steigern. Das ermöglicht ein langsames „Warmlaufen" der Studierenden und gestattet ein realistisches Vorgehen zur Problemlösung.

Die Aufgaben sollten verständlich formuliert werden. Hierbei hilft die Berechnung einer Kennzahl, die manchmal auch als **Fog-Faktor** bezeichnet wird:

> „Ich zähle in meinem Aufgabentext die Zahl der Wörter mit drei und mehr Silben und teile das Ergebnis durch die Zahl der Sätze."

Liegt die so berechnete Kennziffer zwischen 4 und 8, ist die Aufgabe in der Regel gut verständlich. Die Gefahr besteht weniger in einem zu kleinen (unter 4) als in einem zu großen Wert (über 8). Dann sind die Sätze meistens zu lang (Nebensätze) und mit sehr vielen Fremd- bzw. Fachwörtern „gespickt". Der Text der 2. Aufgabe erhält einen Wert von 6,3 (gut verständlich).

Verständlich formulierte Klausuraufgaben führen bei den Prüflingen zu weniger Leseaufwand, weniger Stress und einem schnelleren Erfassen des Inhalts. Hierbei ist auch eine übersichtliche Schreibweise (Formatierung) der Aufgabe sehr hilfreich.

Viele Kollegen lassen direkt nach dem Aufgabentext Platz für die Lösung, sodass keine weiteren (separaten) Lösungsblätter ausgegeben werden müssen. Die **Vorteile** sind:

- Beim Korrigieren der Klausur entfällt das (lästige) Suchen von eventuell im gesamten Lösungstext verstreuten Lösungsteilen. Damit werden bei der Korrektur auch seltener Lösungsteile übersehen.
- Der Prüfling erkennt an dem vorgesehenen Platz, wie umfangreich die Lösung ausfallen soll.
- Der Prüfling hat weniger Möglichkeiten, vorbereitete Unterlagen in den Lösungsblättern zu „verstecken".

Diesen Vorteilen stehen aber auch **Nachteile** gegenüber:

- Es ist eventuell zu wenig Platz vorgesehen, denn Prüflinge schreiben unterschiedlich viel und unterschiedlich groß.
- Eventuell wird nur gewertet, was an der „richtigen" Stelle steht.
- Der Aufgabentext muss abgegeben werden und steht für eine persönliche „Nachbearbeitung" nicht zur Verfügung.

Eine weitere wichtige Frage bei der Erstellung von Prüfungsaufgaben betrifft die **Zahl der Aufgaben pro Klausur** und damit indirekt die Bearbeitungszeit pro Klausuraufgabe. Die Lösung lässt sich anhand der Extreme verdeutlichen. Eine große Zahl von Aufgaben pro Klausur bedeutet für den Prüfling, dass er sich während der Klausur sehr oft in immer wieder neue Aufgabenstellungen hineindenken muss. Eine sehr geringe Zahl von Aufgaben pro Klausur (einige wenige „Mammutaufgaben") kann dazu führen, dass der Prüfling mit einer der wenigen Aufgaben nicht zurechtkommt und dann kein sehr gutes Ergebnis mehr erreichen kann. Ein Fehler zu Beginn einer solchen Aufgabe provoziert Folgefehler und dies kann zu einem höheren Korrekturaufwand führen, wenn bei inhaltlich richtiger Fortführung der Aufgabe Folgefehler nicht als Fehler gezählt werden. Die (statistische) Analyse von Prüfungen zeigt, dass eine **Bearbeitungszeit von etwa 15 bis 20 Minuten pro Aufgabe** ein sinnvoller Kompromiss zwischen den beiden Extremen ist.

Im Kapitel 5.1.2.2 wurde bereits die Verwendung von Unterlagen in der Klausur unter den Aspekten der Lernzielorientierung und der Klausurschwierigkeit diskutiert. Um nun Hilfsmittel zulassen zu können, ohne auf das Prüfen von Wissen zu verzichten, kann man die Klausur in zwei Teile teilen. Im **ersten Teil A** werden (ohne Zulassung von Unterlagen) die Lernziele Wissen und Verstehen geprüft. Im **zweiten Teil B** werden dann die Lernziele Anwenden, Verstehen, Synthetisieren und Evaluieren unter Zulassung von Unterlagen geprüft. Organisatorisch lässt sich das so regeln, dass der Prüfling den Teil A der Klausur abgibt, wenn er glaubt, mit der Bearbeitung fertig zu sein, und dann den Teil B bekommt und die (autorisierten) Unterlagen benutzen darf.

Das folgende **Prüfungsparadoxon** ist häufig der Auslöser für eine Diskussion über den Einbau von „Sockelbeträgen".
- Prüfung erzeugt Stress!
- Stress mindert die Leistungsfähigkeit!
- Prüfung misst Leistung!

Mit Sockelbeträgen ist gemeint, dass die Prüfung so angelegt ist, dass der Prüfling, auch wenn er etwas nicht löst (Prüfling hat ein bestimmtes Stoffgebiet nicht [ausreichend] gelernt), noch eine gute (bessere) Note erreichen kann. Verbunden ist dieses Vorgehen mit der Zielsetzung, den Prüfling für seine Leistung zu belohnen und nicht für fehlende Leistung zu bestrafen.

a) Mehr Aufgaben anbieten, als notwendig sind.

TIPP: Zahl der gewerteten Aufgaben jedoch beschränken – z.B. 4 von 5

Bei einer so gestellten Prüfung kann der Prüfling Lerndefizite, Schwierigkeiten und/oder Fehler ausgleichen bzw. bereits bei der Prüfungsvorbereitung mit **„Mut zur Lücke"** lernen.

Allerdings muss er mehr Lesen und er hat das Entscheidungsproblem, die „richtigen" Aufgaben auszuwählen. Weiterhin müssen alle angebotenen Aufgaben vergleichbar schwierig sein, sonst können mehrere leichte Aufgaben eine schwierige Aufgabe (höhere Lernzielebene) ersetzen und damit wäre die Note nicht mehr zuverlässig und valide. Zusätzlich wird der Aufwand für das Stellen der Prüfung größer.

b) Für „suboptimale" Lösungen volle Punktzahl geben.

TIPP: Punkte für zusätzliche Lösungsteile vergeben – z.B. 20 %

Bei dieser Vorgehensweise können Prüflinge **„Schwierigkeiten" ausgleichen.** Zusätzliches Wissen wird belohnt und das Prüfungsparadoxon wird berücksichtigt. Häufig schreibt ein Prüfling dann aber alles auf, was er weiß, in der Hoffnung, Zusatzpunkte zu bekommen. Zusätzlich wird der Aufwand für die Korrektur der Prüfung etwas größer.

5.1.3.2 Erstellung der Musterlösung

Werden in der Prüfung Aufgaben verwendet, die in ähnlicher Form schon in früheren Prüfungen verwendet worden sind, so kann die bereits früher erstellte Musterlösung als Anhalt dienen bzw. wieder verwendet werden. Es sollte aber überprüft werden, ob sich nicht angesprochene Vorlesungsinhalte und damit auch die Lösung verändert haben. An dieser Stelle spielt auch die Prüfungsstatistik (siehe Kapitel 5.1.6) eine wichtige Rolle. So ist die Aufgabenschwierigkeit bei dem Aufgabenumfang und die Aufgabentrennschärfe bei der Formulierung des Aufgabentextes zu berücksichtigen.

Wird eine völlig neue Aufgabe gestellt, sollten Lösungsgedanken und Lösungswege (unter Verwendung realistischer Zahlen) skizziert und die angesprochenen Lernziele notiert werden. Wird dann die eigentliche **Musterlösung** erstellt, sollte für die nachfolgende Punktvergabe die Zeit zur Erstellung gestoppt werden. Es empfiehlt sich weiterhin, Platz zu lassen, um neue oder andere Lösungen bzw. immer wiederkehrende Fehler eintragen zu können. Dies erleichtert die spätere Korrektur und erlaubt Hinweise bei einer Klausurbesprechung bzw. bei der Verwendung als Übungsaufgabe.

5.1.3.3 Zuordnung von Punkten (Leistungsmessung)

Nach einer Statistik (vgl. Biegert u. Kellerhals o.J., S. 85 ff.) arbeiten etwa 85 % der Dozenten bei der Bewertung von Prüfungen mit einem **Punktesystem.** Die Leistungsmessung erfolgt also über die Zuordnung von Punkten zu einzelnen Aufgabenteilen oder Lösungsabschnitten. Wie schon im vorherigen Abschnitt aufgezeigt, sollte bei Verwendung früherer Aufgaben auch die Punktvergabe an den aktuellen Vorlesungsinhalten und den Ergebnissen der Prüfungsstatistik überprüft werden.

Bei der **Vergabe von Punkten** in Prüfungen sind zwei Dinge zu beachten:

- Wenn für einzelne Aufgaben einer Prüfung unterschiedlich viele Punkte vergeben werden, ist es zwingend notwendig, die Zahl der Punkte je Aufgabe im Aufgabenblatt oder gesondert auszuweisen. Werden keine Punkte für einzelne Aufgaben ausgewiesen, kann der Prüfling davon ausgehen, dass alle Aufgaben gleichgewichtig sind, d.h. gleiche Punktzahl erbringen.
- Wenn für einzelne Unteraufgaben (a, b, c, ...) einer Aufgabe unterschiedlich viele Punkte vergeben werden, ist es zwingend notwendig, in der Prüfung die Zahl der Punkte je Unteraufgabe im Aufgabenblatt oder gesondert auszuweisen. Werden keine Punkte für die Unteraufgaben ausgewiesen, kann der Prüfling davon ausgehen, dass alle Unteraufgaben gleichgewichtig sind, d.h. gleiche Punktzahl erbringen.

Bei neuen Aufgaben (und indirekt damit natürlich immer) wird bei der Zuordnung von Punkten von der Annahme ausgegangen, dass „Punkt gleich Punkt" ist. Bezogen auf die unterschiedlichen Lernziele ist ein Punkt damit eine Einheit, die die Leistung des Prüflings in normierter Form wiedergibt. Die Lösung einer Aufgabe mit einem höheren Lernziel kann nur dadurch mit einer Aufgabe mit niedrigerem Lernziel verglichen werden, wenn je nach angesprochener Lernzielebene mehr oder weniger Punkte vergeben werden. Ein Punkt wird somit zu einem **zeitbezogenen Indikator:** Je länger ich für eine Aufgabe zur Lösung benötige, desto mehr Punkte muss ich für die Aufgabe vorsehen. Das Zeichnen einer Tabelle (Lernziel Anwendung) und die Bewertung eines komplizierten Sachverhalts (Lernziel Evaluieren) werden nur über die jeweils benötigte Lösungszeit vergleichbar. Eine mögliche Vorgehensweise zur Vergabe von Punkten besteht darin, die eigene Lösungszeit je nach Lernziel mit einem Faktor zu multiplizieren. Wenn man jedoch eine Aufgabe stellt, weiß man ja in der Regel schon, wie die Lösung auszusehen hat. Die Lösungszeit ist daher sicher nicht mit der Lösungszeit der Prüflinge vergleichbar. Aus Befragungen von Studierenden zum zeitlichen Aufwand beim Lösen von Übungsaufgaben hält der Autor folgende Faktoren für sinnvoll:

- Wissen und Verstehen: Faktor 1,0 bis 1,5
- Anwenden: Faktor 2,0 bis 2,5
- Analysieren: Faktor 2,5 bis 3,0
- Synthetisieren und Evaluieren: Faktor 3,0 bis 4,0

Jeder Dozent hat nun wiederum eine eigene Vorstellung über die **Entsprechung von Punkt und Lösungsumfang.** Ist die Gesamtpunktzahl einer Klausur bezogen auf die gesamte Klausurzeit (Punktzahl durch Zeit) eher gering (z.B. 6 Punkte gesamt und 60 Minuten Dauer), müssen bei der Bewertung von Einzellösungen sehr wahrscheinlich sogar 1/8-Punkte vergeben werden. Mit der Zuordnung „1 Punkt pro Minute" lässt sich dieses Problem sicher vermeiden. Weiterhin haben die Prüflinge bei einer solchen 1:1-Zuordnung auch einen sehr guten Anhalt für den zeitlichen Aufwand, der mit der Lösung der Aufgabe verbunden sein sollte. Ein Prüfling, der für eine Aufgabe mit 20 Punkten nur eine Minute zur Lösung benötigt, hat sehr wahrscheinlich nur einen geringen Teil der Aufgabe gelöst. Ein Prüfling, der an einer Aufgabe mit 15 Punkten bereits 30 Minuten sitzt und noch kein Ende sieht, sollte sich einer anderen Aufgabe zuwenden, sonst vergeudet er seine Zeit.

Bei der Zuordnung von Punkten muss der Dozent die Behandlung von **Folgefehlern** regeln. Man kann dabei Abzüge bei Rechenfehlern vorsehen, aber das „richtige" Weiterrechnen mit „falschen" Zahlen als richtig bewerten. Führt jedoch das Weiterrechnen mit „falschen" Zahlen zu unrealistischen Ergebnissen (Kirchturmhöhe 24,36875 km), kann auch wieder etwas abgezogen werden. Vermerkt der Prüfling, dass sein Ergebnis offensichtlich falsch oder unrealistisch ist, ist dies sehr wohl positiv zu bewerten. Der Autor empfiehlt den Studierenden in diesem Fall, mit selbst gewählten Zahlen weiterzurechnen (bei der Lösung aber vermerken).

Die **Zuordnung von Punkten** sollte auch für die Bewertung von Teillösungen bzw. Teilergebnissen vorgenommen werden. Es ist nämlich bei der Korrektur nicht genau festzustellen, ob der Prüfling den Rest der Aufgabe nicht lösen oder aus Zeitgründen nicht mehr bearbeiten konnte. Grundsätzlich darf man einen Prüfling nicht dafür bestrafen, dass er etwas nicht gelöst oder bearbeitet hat, denn sonst wäre die Gleichbehandlung mit dem Prüfling nicht gegeben, der die Aufgabe gar nicht bearbeitet hat. Die häufig geübte Praxis, einem Prüfling für eine völlig falsche Darstellung Punkte abzuziehen (negative Punkte), erscheint unter diesem Hintergrund ebenfalls nicht gerechtfertigt und wird wohl auch juristisch keinen Bestand haben (vergleiche Fliegauf 1996, S. 64). Folgerichtig sollten daher auch richtige Teillösungen bzw. Teilergebnisse gewertet werden, selbst wenn die Aufgabe insgesamt falsch gelöst wurde. Punktabzüge sind daher immer nur dann möglich, wenn in der Musterlösung Punkte dafür vorgesehen sind.

Da die Vergabe von Punkten unter dem Aspekt der Leistungsmessung zu sehen ist, ist es grundsätzlich möglich, für besonders gute Lösungen oder Komplettlösungen einer Aufgabe zusätzliche Punkte zu vergeben. Diese Praxis muss den Prüflingen aber vorher bekannt sein.

5.1.3.4 Notenvergabe (Leistungsbewertung)

Während früher die Umsetzung von Punkten in Noten ein rein mathematischer Rechenvorgang gemäß dem gewählten Notenmodell war, liegt nach heutiger Rechtsprechung die Zuordnung von Punkten zu Noten wieder in dem Ermessensspielraum des Prüfers. So kann es durchaus auch zu nichtlinearen Notenskalen (Notenbäuche, Sockelbeträge) kommen (vergleiche Fliegauf 1996, S. 38f.). Der Gleichbehandlungsgrundsatz muss jedoch immer gewahrt sein. Es ist zulässig, sowohl einen **Sockelbetrag** bei „sehr gut" als auch bei „nicht bestanden" vorzusehen. Zu beachten ist jedoch, dass das Bestehen einer Prüfung nicht mit mehr als 50 % der vergebenen Punkte erreicht werden darf, d.h., bei einer Gesamtzahl von 100 Punkten kann der Prüfling sehr wohl mit 50 Punkten oder weniger bestanden haben.

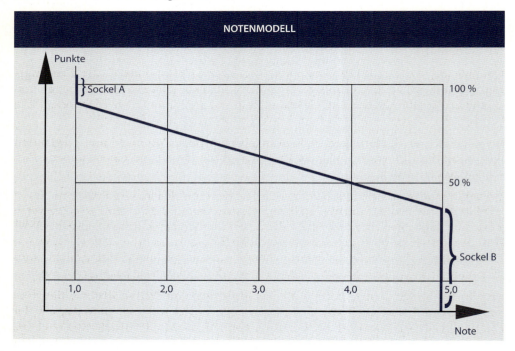

Abschließend ist anzumerken, dass es sinnvoll ist, den Studierenden vor der Prüfung (auf dem Aufgabenblatt) das Notenmodell offen zu legen. Dies führt zu weniger Unsicherheit bei den Prüflingen und verdeutlicht das Ziel einer lernzielbezogenen Prüfung.

5.1.4 Prüfungsdurchführung

Es gibt im Prüfungsbereich wohl kaum so viele Unterschiede zwischen einzelnen Hochschulen wie bei der Durchführung von Prüfungen. Vieles basiert auf Traditionen und ist wohl kaum zu ändern. Der Autor beschränkt sich daher auf Hinweise, die in erster Linie der Sicherung der **Objektivität von Prüfungen** dienen.

5.1.4.1 Prüfungsorganisation

Immer wiederkehrende Probleme bei der Organisation von Prüfungen sind folgende:
- Prüfungsüberschneidungen bei Wiederholern,
- unbekannte Zahl von Prüfungsteilnehmern und damit unbekannte Zahl von Kopien der Prüfungsunterlagen und schwierige Planung der Belegung der Prüfungsräume und
- zeitlich sehr dicht beieinander liegende Prüfungstermine bzw. mehrere Prüfungen an einem Tag.

Eine Pflicht zur **Prüfungsanmeldung** würde einige dieser Probleme weitestgehend lösen. An vielen Hochschulen sind die Studierenden jedoch gemäß Studienprüfungsordnung automatisch an den Prüfungen angemeldet und müssen die Nichtteilnahme (in der Regel mit einem ärztlichen Attest) begründen. Der damit verbundene finanzielle und organisatorische Aufwand ist enorm. Hier wäre ein Umdenken sehr willkommen.

Unabhängig von diesen Problemen und ihrer Lösung ist es sinnvoll, den **Prüfungsraum** rechtzeitig vor der Prüfung zu überprüfen. Sind genügend Tische mit ausreichendem Abstand vorhanden? Sind die Tische bereits namentlich oder codemäßig belegt, um „Zweckgemeinschaften" bei freier Sitzwahl zu verhindern?

Bei kurzfristigen Änderungen im Prüfungsbereich (Ort, Zeit und Raum) sollte sich der Prüfer das Einverständnis aller Prüflinge geben lassen, um einen späteren Einspruch zu vermeiden.

Bei der **Prüfungsaufsicht** empfiehlt es sich, „fachfremde" Personen einzusetzen. Dann wird in der Regel die Prüfungszeit besser eingehalten und die Prüflinge bekommen keine sachdienlichen Hinweise (siehe dazu aber im nächsten Kapitel). Auf dem Deckblatt der Prüfungsunterlagen sollten alle (auch für die Aufsicht) wichtigen Hinweise stehen (siehe Abb. auf S. 328). Weiterhin können gekennzeichnete Lösungsblätter und „Schmierpapier" (gegen einfache Verwendung von Spickzetteln) ausgegeben werden.

Im Kapitel 5.1.2.2 wurde bereits die **Verwendung von Hilfsmitteln** unter dem Aspekt der Schwierigkeit von Prüfungen angesprochen. Unter dem Aspekt der Chancengleichheit spielt die Verwendung von Hilfsmitteln ebenfalls eine wichtige Rolle. So sollten nur solche Hilfsmittel zugelassen werden, die für jeden Prüfling zur Verfügung stehen und kein Finanz-, Zugriffs- und/oder Rechercheproblem beinhalten. Eigentlich wird diese Einschränkung nur von den Vorlesungsumdrucken und -mitschriften erfüllt. Nur so ist zu berücksichtigen, dass bei den Prüflingen die Finanzkraft, das Organisationstalent, die Suchmöglichkeiten und die Verbindung zu früheren Semestern sehr unterschiedlich ausgeprägt sein kann. Ist die Gleichheit der Hilfsmittel nicht gewahrt, entstehen Validitätsprobleme, d.h., die Note misst nicht mehr nur die eigentliche Lernleistung. Der Autor ist sich bewusst, dass diese Forderung in der Realität nur sehr schwer zu erfüllen ist. So kann bereits die Verwendung unterschiedlicher Taschenrechner zu einem Problem führen. Der erfahrene Dozent hat übrigens einige Exemplare der zugelassenen Hilfsmittel (Umdrucke, Formelsammlung) für vergessliche Prüflinge in Reserve.

5 ERFOLGE NACHWEISEN

BEISPIEL/MUSTER FÜR EIN DECKBLATT

HOCHSCHULE ....   Semester ....

Fachbereich ....   WS/SS ....

Prof. ....

LEISTUNGSNACHWEIS im FACH ....

Code (Matrikelnummer): ....

Bearbeitungshinweise:
1. Der Aufgabensatz, der aus ... Seiten besteht, ist auf Vollständigkeit zu überprüfen.
2. Der Aufgabensatz ist mit den Lösungsblättern abzugeben, wenn er Lösungen oder Teile von Lösungen enthält.
3. Bei Rechenaufgaben muss der Lösungsweg ersichtlich sein, sonst erfolgt keine Bewertung der Aufgabe oder des Aufgabenteils. Formeln brauchen nicht erneut aus der Formelsammlung abgeschrieben zu werden. Halten Sie sich aber an die in der Vorlesung vereinbarten Bezeichnungen.
4. Die Bearbeitungszeit beträgt ... Minuten.
5. Es wird hiermit darauf hingewiesen, dass vom Prüfungsamt nicht vorher geprüft wurde, ob Sie das Recht bzw. die Pflicht zur Teilnahme an dieser Klausur haben. Die Teilnahme erfolgt auf eigene Gefahr, gleichzeitig bekundet die Teilnahme die Zustimmung zu diesem Passus.
6. Hilfsmittel:
   Zugelassen sind:
   – Taschenrechner
   – Formelsammlung (ohne zusätzliche Anmerkungen)
   Nicht zugelassen sind:
   programmierbare (Taschen-)Rechner mit alphanumerischer Ein- und Ausgabe.
7. Bewertung:
   Gesamtpunktzahl   =   ... Punkte
   Zusatzpunkte   =   ... Punkte
   Note 1,0   =   ... Punkte
   Note 4,0   =   ... Punkte

Eine wichtige Regelung betrifft die **Anonymisierung** der Prüfungsteilnehmer und damit die Gewährleistung einer anonymen Korrektur. Während häufig die Matrikelnummer als Code gewählt wird, was aber an vielen Hochschulen wegen ausgegebener

Semesterlisten keine echte Anonymisierung darstellt, ist es zur Einhaltung der Objektivität wünschenswert, dass vom Prüfungsamt sowohl der Platz in der Klausur als auch die Prüfungsunterlagen mit einem für jede Prüfung neu erstellten Code versehen werden, der zwar dem Prüfling nicht aber dem Korrektor bekannt ist.

Ein durchaus ernst zu nehmender Hinweis kann bzgl. der **Wahl des Schreibgerätes** erfolgen. Um dem Vorwurf vorzubeugen, der Korrektor hätte Lösungsteile aus der Klausur „weggekillert", sollten als Schreibgeräte nur dokumentenechte Kugelschreiber empfohlen werden.

5.1.4.2 Prüfungsabnahme

Um zu verhindern, dass nicht berechtigte Personen an einer Prüfung teilnehmen („intelligente" Vertreter), sollte zu **Beginn der Prüfung** von der (fremden) Aufsicht ein Sitzplan mit Unterschrift und gleichzeitiger Ausweisüberprüfung erstellt werden. Dabei kann auch darauf bestanden werden, dass alles, was nicht zur Durchführung der Prüfung benötigt wird (Taschen, Jacken, ...), außerhalb des Prüfungsraumes oder weit weg vom Prüfungsplatz deponiert werden muss. Danach kann eine Frage bzgl. psychischer und physischer Gesundheit gestellt werden: „Fühlen Sie sich körperlich und geistig in der Lage, an der Prüfung teilzunehmen?" Bei einer Prüfungsteilnahme trotz bereits erfolgter Krankmeldung hat der Prüfling bei Nichtbestehen kein Rücktrittsrecht.

Anschließend werden die Prüfungsunterlagen verdeckt verteilt. Dann erst werden die Prüfungsunterlagen (Aufgabentext, Lösungs- und Schmierblätter) „auf Kommando" aufgedeckt. Nur so kann ein **einheitlicher Beginn** der Prüfung gewährleistet werden. Dieses Vorgehen spielt jedoch dann keine so entscheidende Rolle, wenn den Prüflingen Zeit gegeben wird, die Prüfungsaufgaben vor Beginn der eigentlichen Prüfungszeit in Ruhe durchzulesen. Dies kann dann von Vorteil sein, wenn die Prüfungsaufgaben sehr viel Text beinhalten. Viele Prüflinge nutzen diese Zeit auch dazu, über die Reihenfolge der Bearbeitung der einzelnen Aufgaben zu entscheiden. Aus vielen Klausurbesprechungen weiß der Autor jedoch, dass es trotzdem immer Studierende geben wird, bei denen eine schlechte Note auf zu schnelles und unkonzentriertes Lesen zurückzuführen ist.

Beginn und Ende der Prüfung (zeitliche Dauer per Studienprüfungsordnung vorgeschrieben) sollten für die Prüflinge deutlich sichtbar angeschrieben sein. Eine willkürliche Kürzung oder Verlängerung der Prüfungszeit ist aus Gründen der Chancengleichheit und zur Sicherung der Objektivität (bezogen auf andere Prüfungen) nicht erlaubt. Bei Störungen von außen (Lärm) oder durch andere Prüflinge (Geräusche, Ausrufe, Heulen, ...) kann man die verlorene Zeit (mindestens im Verhältnis 1 : 1) nachschreiben lassen. Für solche Störungsfälle ist eine zweite Aufsichtsperson sehr hilfreich. Im Zeitalter der Handys lassen sich solche Störungen aber auch durch den Anruf bei einer vorher festgelegten Person (z.B. Prüfungsamt) abstellen. Sollte eine Zeitverlängerung notwendig sein, ist dies wiederum deutlich sichtbar für alle Prüflinge anzuschreiben.

Die Aufsicht bei Prüfungen ist eine sehr verantwortungsvolle Tätigkeit, denn sie soll die Durchführungsobjektivität sicherstellen. Folgende Anweisungen erscheinen dafür wichtig:

▶ Keine Einzelfragen beantworten!

Es wird immer Prüflinge geben, die versuchen, durch Fragen wertvolle Informationen zur Lösung der Aufgaben zu bekommen. Andere Prüflinge trauen sich jedoch nicht und sind deshalb benachteiligt. Dies ist eine Verletzung der geforderten Chancengleichheit und Objektivität. Man könnte jedoch daran denken, Frage und Antwort auf dem Aufgabenblatt zu vermerken und bei der Korrektur zu berücksichtigen – sprich die Lösung nicht zu zählen. Bei dieser Vorgehensweise werden sicher viele Fragen unterbleiben. Da so erhaltene **Tipps** auch Einfluss auf die weitere Lösung der Prüfungsaufgabe haben können, hält der Autor das Geben von Antworten grundsätzlich nicht für sinnvoll.

▶ Während der Prüfung keine Fragen von allgemeinem Interesse beantworten!

Die Erfahrung zeigt, dass nur ein Teil der Prüflinge bei der Frage bzw. Antwort zuhört. Viele sind mit der Lösung einer Aufgabe so beschäftigt, dass sie nichts um sich herum wahrnehmen. Damit wird ebenfalls die Chancengleichheit und die Objektivität verletzt.

▶ Während der Prüfung nicht herumgehen und/oder bei Prüflingen stehen bleiben bzw. über den Rücken schauen!

Dieses Verhalten erzeugt erwiesenermaßen erheblichen Stress bei (einzelnen) Prüflingen. Die Aufsicht sollte sich deshalb ruhig an einem Platz aufhalten, der die (normale) Beobachtung der Prüflinge erlaubt, aber die Intimdistanz der Prüflinge nicht verletzt. Sich im Rücken der Prüflinge zu platzieren, wird ebenfalls als Stress erzeugend erlebt.

▶ Täuschungsversuche erkennen, abstellen, protokollieren und sanktionieren (bestrafen)!

Prüflinge, die vorhaben zu täuschen, machen sich eigentlich immer durch unruhiges Verhalten verdächtig. Meistens reicht dann schon ein etwas längerer Blickkontakt seitens der Aufsichtsperson, um (geplante) Täuschungen im Keim zu ersticken. Sollte es trotzdem zu einem **Täuschungsversuch** kommen, ist der Tatbestand zu protokollieren und die Beweismittel sind sicherzustellen. Der Prüfling ist bei begründetem Verdacht auf Täuschung verpflichtet, an der Aufklärung des Verdachts mitzuwirken und eine entsprechende Untersuchung zu dulden. Bei einem eindeutigen Verstoß kann der Prüfer die Prüfung beenden. Bei einem nicht eindeutigen Verstoß sollte die bis dahin erbrachte Leistung isoliert werden (z.B. durch Kopieren). Der Prüfling kann dann weiterarbeiten. Bei Abschreibeversuchen dürfen keine Sanktionen gegen den Helfer ergriffen werden (geringer Unrechtsgehalt beim Helfer wegen Mitleid). Die endgültige Entscheidung über die Folgen eines Täuschungsversuchs liegt beim Prüfungsausschuss.

> **Zusätzlich verteilte Lösungsblätter auf dem Deckblatt oder dem Aufgabenblatt vermerken!**

Der Prüfling kann dann später (bei der Prüfungseinsicht) nicht behaupten, es würden Lösungsblätter fehlen.

> **Klausurende rechtzeitig (5 bis 10 Minuten vor Schluss) ankündigen!**

Die Prüflinge sollen sich auf das Ende der Prüfung einstellen. Viele Prüflinge vergessen über dem Lösen der Aufgaben die zeitliche Kontrolle.

> **Protokoll führen!**

Für jede Prüfung ist ein Protokoll zu führen, in dem Prüfungsbeginn und -ende, Austreten von Prüflingen, Störungen, Täuschungsversuche und sonstige wichtige den Prüfungsablauf betreffende Begebenheiten vermerkt werden.

Prüflinge, die vorzeitig ihre **Prüfung beenden,** können bis zu einem vorher vereinbarten Zeitpunkt den Raum verlassen. Dann darf aber kein anderer Prüfling mehr „austreten". Ist die Klausur zu Ende, ist es sehr schwierig, alle Prüflinge zum (gleichzeitigen) Aufhören und Abgeben zu bewegen. Es gibt immer wieder Prüflinge, denen man die Prüfungsunterlagen geradezu „abnehmen" muss. Hier hat sich folgende Vorgehensweise bewährt: Man bittet alle Prüflinge bis auf einen, den Prüfungsraum für kurze Zeit zu verlassen. Nun sammelt man unter der „Aufsicht" des verbleibenden Prüflings in Ruhe alle Klausuren ein, hakt das Vorliegen auf dem Sitzplan ab und kontrolliert die Anzahl. Wenn jetzt etwas fehlt, kann man die fehlende Klausur problemlos identifizieren. Dann lässt man die Prüflinge zum Abholen ihrer Schreibmittel und anderen Unterlagen wieder herein. Wird erst später bemerkt, dass eine oder mehrere Klausuren fehlen, könnte dies der Aufsicht oder dem korrigierenden Dozenten angelastet werden.

Werden diese Anweisungen befolgt, hat die Prüfung eine hohe Durchführungsobjektivität. Die Chancengleichheit zwischen den Prüfungen verschiedener Semester kann dann als gesichert gelten.

Besondere Probleme können dann auftreten, wenn ein Prüfling vor, während oder nach einer Prüfungsleistung **krank** ist. Die folgenden Hinweise helfen Ihnen prüfungsrechtlich richtig damit umzugehen:

- Wenn sich ein Prüfling vor Beginn der Prüfungsleistung so krank fühlt, dass er seine Leistungsfähigkeit nachhaltig beeinträchtigt sieht, sollte er die Prüfungsleistung keinesfalls antreten, sondern unverzüglich einen Arzt aufsuchen, der die Prüfungsunfähigkeit attestiert. Das Attest ist dem Prüfungsamt unverzüglich vorzulegen. Dabei müssen auch die wichtigen Gründe konkretisiert werden, damit dem Prüfungsamt eine möglichst zeitnahe Prüfung möglich ist.
- Es ist zulässig, eine Prüfungsleistung trotz Krankheit anzutreten, allerdings müsste ein nachträglich eingereichter Antrag auf Rücktritt bzw. ein Härteantrag mit der Begründung auf die leistungsmindernden Krankheitsumstände abgelehnt werden,

da der Prüfling sich ja in Kenntnis dieser Umstände der Prüfungsleistung unterzogen hat und damit bewusst das Risiko des Versagens in Kauf genommen hat.
- Wenn ein Prüfling nach Beginn jedoch noch vor Ende einer Prüfungsleistung so erkrankt, dass er seine momentane Leistungsfähigkeit beeinträchtigt sieht, sollte er dies sofort der Prüfungsaufsicht mitteilen und seinen Rücktritt erklären. Danach muss er sofort einen Arzt aufsuchen, der ein eingehendes ärztliches Gutachten ausstellt, das die plötzlich aufgetretene Prüfungsunfähigkeit bestätigt. Unter Vorlage dieses Gutachtens ist dann eine Annullierung beim zuständigen Prüfungsausschuss zu beantragen. Ein Prüfling, der plötzlich krank wird, sollte entweder von einer zweiten Aufsichtsperson oder einem anderen Prüfling hinausgeführt werden.
- Wenn ein Prüfling innerhalb des Zeitraums, für den er krankgeschrieben ist, eine Prüfungsleistung antritt, wird diese voll gewertet und er gilt ab diesem Zeitpunkt als gesund – die **Krankmeldung** verliert ab dann ihre Gültigkeit. Falls er bei der nächsten Prüfungsleistung wieder/noch krank sein sollte, muss er eine neue Krankmeldung vorlegen. Dies gilt analog für die Geltendmachung anderer Gründe.
- Ein nachträglicher Rücktritt von Prüfungen ist nur möglich, wenn der Prüfling nicht prüffähig war und in einem Gutachten (ärztliches Attest) nachweist, dass er selbst nicht wusste, dass er nicht prüffähig war. Bestehen Bedenken zur Annahme eines ärztlichen Attestes, kann der Amtsarzt eingeschaltet werden. **Soziale Gründe** (Beziehungsprobleme) sind kein ausreichender Grund für den nachträglichen Rücktritt von einer Prüfungsleistung.
- Der Rücktritt von einer Prüfung ist als rechtsgestaltende Willenserklärung unwiderruflich. Ein „Rücktritt vom Rücktritt" ist mithin ausgeschlossen.

5.1.5 Prüfungskorrektur

Die Prüfungskorrektur besteht meistens aus zwei Schritten. Im ersten Schritt werden Punkte für die Lösungen der einzelnen Aufgaben vergeben (Leistungsmessung). In einem zweiten Schritt werden den Punkten Noten zugeordnet (Leistungsbewertung). Für beide Schritte ist es unter dem Aspekt der Sicherung der Objektivität von Vorteil, wenn die Prüfung anonym korrigiert wird.

5.1.5.1 Punktvergabe (Leistungsmessung)

Unabhängig von der Zahl zu korrigierender Prüfungen sollten die folgenden Hinweise beachtet werden, da ihre Einhaltung zusätzlich zur Sicherung der Objektivität beiträgt. Die **Korrektur** sollte aufgabenbezogen durchgeführt werden, d.h., man korrigiert eine Aufgabe bei allen Prüflingen und nicht alle Aufgaben bei einem Prüfling. Man hat so die Lösung mit den Sonderregelungen, die sich im Lauf der Korrektur ergeben, besser im Kopf und korrigiert somit schneller. Durch das Einlesen in eine jeweils neue Schrift eines Prüflings geht von diesem Vorteil jedoch wieder etwas verloren. Zu Beginn der Korrektur einer Aufgabe sollte man einfach einige Lösungen nur lesen ohne zu korrigieren. Man merkt nach kurzer Zeit, ob man sich bei der Anlage der Musterlösung vertan hat. Jetzt kann man noch problemlos Änderungen vornehmen.

Die korrigierten (Unter-)Aufgaben werden abgehakt, so werden keine Aufgabenteile übersehen. Vor jeder neuen Aufgabe sollte man die Klausuren mischen oder die jeweilige Prüfungsarbeit zufällig aus dem Stapel ziehen. Korrigiere man immer wieder die selben Prüfungsarbeiten am Anfang, werden sie schärfer korrigiert als bei den Prüfungsarbeiten am Ende (siehe Kapitel 5.1.1.2). Weiterhin verringert dies einen möglichen Kontrasteffekt und schaltet einen Reihenfolgeeffekt aus. Bei einer größeren Anzahl von Klausuren sollte man nicht alles in „einem Rutsch" korrigieren. Der Autor hat sich angewöhnt, eine Aufgabe komplett zu korrigieren und sich dann mit einer Pause zu „belohnen".

Bei der **Korrektur von Prüfungen** ist zu berücksichtigen, dass der Prüfer die tragenden Erwägungen darlegen muss, die zur Bewertung der Prüfungsleistung geführt haben, sodass der Prüfling in die Lage versetzt wird, seine Rechte sachgemäß zu verfolgen (vgl. dazu Fliegauf 1996, S. 19). Allein auf der Grundlage der vergebenen Note ist das nicht möglich. Man kann nun einmal die Prüfungsarbeit mit entsprechenden Kommentaren am Rand versehen, man kann aber auch für jeden Prüfling ein Protokoll anlegen. Der Autor empfiehlt aus folgenden Gründen ein prüflingbezogenes Protokoll:

- Man findet sehr schnell, wie ähnliche Lösungen bei anderen Prüflingen bewertet wurden (eine Durchsicht der Prüfungsarbeiten ist wesentlich mühsamer).
- Man gewährleistet die Unabhängigkeit einer Zweitkorrektur.

Wenn man Teile einer Musterlösung mit Kürzeln versieht, so ist die Protokollführung sehr einfach durchführbar. Der immer wieder vermutete höhere Aufwand gegenüber dem **Schreiben von Randbemerkungen** wird nach der Erfahrung des Autors durch die geringere Zeit bei der Suche von Sonderregelungen überkompensiert. Parallel dazu vermerkt man die vergebenen Punkte entweder direkt im Protokoll oder in einem Tabellenkalkulationsprogramm, über das die Note und die Notenstatistik berechnet werden kann.

Nach Abschluss der Korrektur wird eine Endkontrolle jeder Prüfung vorgenommen, um sicherzustellen, dass keine Aufgabenteile übersehen worden sind. Jetzt erst wird die gesamte Punktzahl (inkl. Zusatzpunkte für Komplettlösungen, ...) für jede Prüfung ermittelt. Es könnte sonst passieren, dass ein Prüfling, der am Anfang der Korrektur schlecht (gut) war, für die weitere Korrektur als schlecht (gut) eingestuft wird. Dies würde zu einer geringeren Objektivität führen.

Entdeckt man beim Korrigieren, dass zwei (oder mehr) Prüflinge identische Lösungen haben und damit der Verdacht nahe liegt, dass voneinander abgeschrieben wurde, so muss der Abschreibende für Sanktionen zweifelsfrei zu bestimmen sein. Eine Sanktion gegen beide (mehrere) Prüflinge ist nicht zulässig.

5.1.5.2 Notenvergabe (Leistungsbewertung)

Nach Erfahrung des Autors verändern bis zu zwei Drittel der Dozenten die Note im Abhängigkeit vom Ergebnis. Die häufig geübte Praxis sieht so aus: Man berechnet die mittlere Punktzahl über alle Prüfungsarbeiten und ordnet diesem Mittelwert die Note 3,0 zu („1 + 5 = 6 durch 2 gleich 3"). Dabei wird indirekt die Annahme gemacht, dass die Leistungen in einer Prüfung (in einem Semester) mit einem Mittelwert 3,0 und einer bestimmten Streuung (meistens 1,0) normalverteilt sind.

Verbale Note	Note	Intervall	Häufigkeit gemäß Normalverteilung
Sehr gut	1,3 und besser	besser als < 1,50	6,6 %
Gut	1,7 bis 2,3	$1{,}50 \leq x < 2{,}15$	24,2 %
Befriedigend	2,7 bis 3,3	$2{,}50 \leq x < 3{,}15$	38,3 %
Ausreichend	3,7 bis 4,0	$3{,}50 \leq x < 4{,}15$	15,0 %
Nicht bestanden	4,3 und schlechter	4,15 und schlechter	15,9 %

An den prozentualen Häufigkeiten sieht man, dass wenig sehr gute Studierende, viele Studierende in der Mitte und mehr Durchfaller als sehr gute Studierende erzeugt werden. Gegen die Annahme der **Normalverteilung** sprechen neben der Tatsache, dass einzelne Semester meist eine zu kleine Stichprobengröße haben und nicht repräsentativ sind:
- die Wahl des Studiums aufgrund individueller Neigungen,
- die unterschiedliche Art des Prüfungsfaches und
- die zeitliche Lage der Prüfung innerhalb des Studiums.

Bei dieser Vorgehensweise wird deshalb ein schlechtes (gutes) Semester bestraft (belohnt). Studierende in einem guten (schlechten) Semester schneiden bei gleicher Leistung schlechter (besser) ab als in einem schlechten (guten) Semester. Damit werden „Versager" teilweise unabhängig von der Leistung produziert. Dies verringert die Reliabilität (Zuverlässigkeit) der Prüfung. Hier werden die Vorteile einer **lernzielorientierten Prüfung** besonders deutlich:
- Jede Anstrengung der Studierenden wird durch eine bessere Note belohnt.
- Die gegenseitige Hilfe (Lernteams) führt bei den Studierenden zu besseren Noten.
- Wiederholer bestehen nach Beseitigung der vorhandenen Schwächen die Wiederholungsprüfung.

Die Anwendung der Normalverteilungshypothese führt zwangsläufig dazu, dass die Studierenden sich nicht mehr gegenseitig helfen, da mit jedem, der besser wird, relativ alle schlechter werden.

Die Objektivität und Reliabilität von Noten sind zusätzlich durch eine **persönlichkeitsorientierte Notengebung** gefährdet, die sich darin äußert, dass die Notenskala nicht völlig ausgeschöpft wird. So gibt ein Hochzensierer grundsätzlich keine sehr schlechten Noten. Ein Tiefzensierer gibt grundsätzlich keine sehr guten Noten. Der

Zentralzensierer gibt nur mittlere Noten. In allen drei Fällen wird die **Lernmotivation** nicht besonders hoch sein. Es lohnt sich erst dann zu lernen, wenn sich die Leistung in der Note widerspiegelt.

Ein einmal gewähltes und vor der Prüfung bekannt gegebenes **Notenmodell** sollte (bei einem „Fehler" bzgl. der Schwierigkeit) nur zum Vorteil der Prüflinge verändert werden. Um Noten nach aussen transparent zu machen, ist es sinnvoll, zusätzlich zur erzielten Note die durchschnittlich von allen in der Prüfung erzielte Note oder den erreichten Rang anzugeben. Dies sollte im Zuge der häufig kritisierten Noteninflation besonders bei Diplomarbeiten und Diplomnoten bezogen auf die Absolventen in einem Semester, eines Studiengangs oder eines Fachbereichs praktiziert werden.

Aus der kontinuierlichen Analyse von (kumulierten) **Notenverteilungen** zeigte sich immer wieder, dass im Grundstudium und in Grundlagenfächern so genannte rechtsschiefe Notenverteilungen (viele Durchfaller) und im Haupstudium und in Vertiefungsfächern linksschiefe Notenverteilungen (viele sehr gute Noten) dominieren. Während im Grundstudium noch einige Studierende fehl am Platz sind, können im Hauptstudium die individuellen Neigungen und Stärken besser zur Geltung gebracht werden. Besonders deutlich zeigt sich diese Tendenz in den Noten von Projekt-, Studien- und Diplomarbeiten.

Bei der Vergabe von Noten sollte man sich jedoch immer vor Augen halten, dass die Noten unter dem Aspekt der Lernzielorientierung auch eine **„inhaltliche" Bedeutung** haben:

Sehr gut	=	eine Leistung, die erheblich über den durchschnittlichen Anforderungen liegt
Gut	=	eine Leistung, die über den durchschnittlichen Anforderungen liegt
Befriedigend	=	eine Leistung, die durchschnittlichen Anforderungen entspricht
Ausreichend	=	eine Leistung, die trotz Mängel noch den durchschnittlichen Anforderungen entspricht
Mangelhaft	=	eine Leistung, die wegen erheblicher Mängel den durchschnittlichen Anforderungen nicht mehr genügt

Abschließend ist darauf hinzuweisen, dass in den Fällen, in denen eine Prüfungsleistung von mehreren Prüfern bewertet wird oder eine Prüfung aus mehreren einzelnen Prüfungsleistungen besteht, bei der Bildung der (gewichteten) Endnote nur die erste Dezimalstelle hinter dem Komma berücksichtigt werden darf, d.h., alle weiteren Stellen werden ohne Rundung gestrichen.

5.1.6 Prüfungsstatistik

Eine Prüfungsstatistik (nach Abschluss der Korrektur) soll etwas über die Qualität der Prüfung insgesamt, die Qualität der Aufgabenstellung und die Art der Notenvergabe aussagen. Als Vorarbeit sollten die pro Prüfling und pro Aufgabe vergebenen

Punkte und die Note erfasst werden. Der Autor möchte an dieser Stelle nicht auf die zahlreichen Auswertungsprogramme eingehen, sondern die aus seiner Erfahrung wichtigen **Parameter der Prüfungsstatistik** vorstellen. Dabei werden folgende Definitionen zu Grunde gelegt:

- n = Zahl der Prüfungsteilnehmer
- m = Zahl der Punkte, die für die zu analysierende Aufgabe (gemäß Aufgabenblatt) vorgegeben sind (ohne eventuelle Zusatzpunkte)
- p_i = Punktzahl, die der i-te Studierende in der Aufgabe bekommen hat
- P_i = Gesamtpunktzahl, die der i-te Studierende in der Prüfung bekommen hat
- P = Gesamtpunktzahl der Prüfung (gemäß Aufgabenblatt)

5.1.6.1 Aufgaben- bzw. Prüfungsschwierigkeit

Berechnet man den Anteil der Punkte, die alle Studierenden in einer Aufgabe bekommen haben (Summe der p_i), an der insgesamt möglichen Punktzahl (n mal m), so erhält man die Aufgabenschwierigkeit = AS (mit dem Faktor 100 als Prozentzahl).

- **AS = 100 %** bedeutet, dass alle Studierenden die Aufgabe richtig gelöst haben.
- **AS = 0 %** bedeutet hingegen, dass kein Studierender die Aufgabe gelöst hat.

1. Beispiel:

- 83 Studierende
- 10 Punkte für die Aufgabe
- 435 Punkte als Summe der vergebenen Punkte in der Aufgabe
- AS = 52,4 % (mittlere Aufgabenschwierigkeit)

Bei der Interpretation der Aufgabenschwierigkeit ist Folgendes zu beachten:
- Die Aufgabenschwierigkeit ist semesterabhängig, d.h., dieselbe Aufgabe ist in einem „schlechten" Semester schwieriger als in einem „guten" Semester.
- Bei mehrmaliger Verwendung derselben Aufgabe kann man eine kumulierte Aufgabenschwierigkeit berechnen, die dann weitgehend unabhängig von einem Semester ist und somit verallgemeinert werden kann.

Berechnet man den Anteil der Punkte, die alle Studierenden in der Prüfung bekommen haben (Summe der P_i), an der insgesamt möglichen Punktzahl (n mal P), so erhält man die Prüfungsschwierigkeit KS, die wie schon AS auch semesterabhängig zu sehen ist.

2. Beispiel:

- 83 Studierende
- 60 Punkte für die Prüfung
- 2.090 Punkte als Summe der vergebenen Punkte in der Prüfung
- KS = 42,0 % (etwas schwierigere Prüfung)

Insgesamt zeigen diese Analysen immer wieder deutlich den Zusammenhang zwischen Aufgaben- bzw. Klausurschwierigkeit und den in den Aufgaben angesprochenen Lernzielen. Je höher die Lernziele der Prüfung in der Lernzielhierarchie angesiedelt sind, desto schwieriger wird die Aufgabe bzw. die Prüfung sein.

5.1.6.2 Aufgabentrennschärfe

Sollen Studierende zum Lernen motiviert werden, so sollten die Studierenden wissen, dass sich Lernen lohnt. Dies lässt sich unter anderem dadurch erreichen, dass die Prüfungsaufgaben zwischen guten und schlechten Studierenden trennen. Die hiermit angesprochene Aufgabentrennschärfe ist das Maß für die Fähigkeit einer Aufgabe, die Prüflingen in gute und schlechte Studierende bezogen auf die Prüfungsnote zu trennen. Dabei gilt wohl generell, dass eine geringe Aufgabenschwierigkeit für gute und eine hohe Aufgabenschwierigkeit für schlechte Studierende kein besonderer Anreiz zum Lernen ist. Dieser sehr grob dargestellte **Zusammenhang zwischen Trennschärfe einer Aufgabe und der Aufgabenschwierigkeit** führt bei mathematischer Analyse zu der einfachen Aussage: Eine hohe Aufgabentrennschärfe ist nur mit einer mittleren Aufgabenschwierigkeit erreichbar. In Ergänzung zum vorherigen Abschnitt sollte man daher in seinen Aufgaben eine mittlere Aufgabenschwierigkeit anstreben. Man kann allerdings in der Klausur eine Aufgabe mit niedriger Aufgabenschwierigkeit als Erfolgserlebnis bewusst einbauen.

Statistisch ist die Aufgabentrennschärfe die **Korrelation** zwischen der Zahl der Punkte, der Aufgabe und der Gesamtpunktzahl bzw. Prüfungsnote der Studierenden. Die Korrelation ist ein statistischer Parameter, mit dem der Zusammenhang zwischen zwei verschiedenen Merkmalen gemessen werden kann. Dabei kann eine Korrelation die Werte von −1 bis +1 annehmen. Bei einer positiven Korrelation gilt die vereinfachte Aussage: je höher (niedriger) desto höher (niedriger). Im Falle einer negativen Korrelation gilt: je höher (niedriger) desto niedriger (höher). Graphisch lässt sich die Korrelation in Form eines Streudiagramms darstellen. Der Zusammenhang ist bei der Aufgabentrennschärfe kausaler Natur, denn je mehr Punkte ein Prüfling in einer Aufgabe hat, desto besser ist seine Gesamtnote (alles andere bleibt gleich).

Eine Aufgabentrennschärfe von +1 bedeutet, dass die Aufgabe optimal zwischen guten und schlechten Prüflingen trennt. Dieser optimale Wert kann nur mit einer Aufgabenschwierigkeit von 50 % erreicht werden. In der Prüfungsstatistik ist eine Aufgabentrennschärfe von über 0,5 schon durchaus zufriedenstellend.

Bei einer Aufgabentrennschärfe von 0 (ein reales Ergebnis zwischen 0,0 und +0,5) besagt dann, dass die Aufgabe gleichermaßen von guten wie auch schlechten Prüflingen gelöst wurde. Dieses Ergebnis stellt sich häufig dann ein, wenn die Aufgabe mit einem Wissen bearbeitet werden konnte, das keinen besonderen Vorlesungs- bzw. Lernzielbezug hatte. Dies liegt dann vor, wenn individuelle Erfahrungen und Kenntnisse oder Zufallswissen zur Lösung ausgereicht haben, eine unklare Fragestellung vorlag oder der Vorlesungsstoff nicht ausreichend behandelt wurde.

Eine negative Aufgabentrennschärfe tritt dann auf, wenn die schlechten Prüflinge die Aufgabe besser als die guten Prüflinge gelöst haben. Dies wird immer dann auftreten, wenn die **Aufgabenformulierung** missverständlich gewesen ist. Die guten Prüflinge haben Probleme gesehen, wo keine waren, und die schlechten Prüflinge haben einfach angefangen. In einem solchen Fall ist zu überlegen, ob die Aufgabe überhaupt gewertet werden soll. Praktisch bedeutet das dann, dass sich die Gesamtpunktzahl der Prüfung erniedrigt, aber kein Prüfling seine in dieser Aufgabe erworbenen Punkte verliert (verlieren darf).

Man kann diesen Parameter übrigens auch einsetzen, um die Trennschärfe von Leistungsnachweisen wie z.B. Klausuren, Seminaren, Laborveranstaltungen und Diplomarbeiten zu berechnen. Die **Diplomnote** bildet dann das Trennkriterium. Statistisch gesprochen korreliert man die Ergebnisse von Leistungsnachweisen mit der Diplomnote. In Untersuchungen in verschiedenen Studiengängen wurde für die mündliche Diplomprüfung eine Trennschärfe von über 0,8 beobachtet. Bei Diplomarbeiten war (wohl aufgrund der Noteninflation) die Trennschärfe wesentlich geringer (zwischen 0,6 und 0,7). Bei Pflichtvorlesungen sind aus bereits früher angesprochenen Gründen so hohe Werte nicht zu erreichen.

5.1.6.3 Notenverteilungsanalyse

Zusätzlich zur Aufgabenschwierigkeit und -trennschärfe sollte nach jeder Prüfung und über die Zeit kumuliert eine **Analyse der Notenverteilungen** durchgeführt werden. Eine Notenverteilung ist die tabellarische und graphische Darstellung der Häufigkeiten einzelner Noten. Zur Darstellung sind die Noten dem Rang nach mit den dazugehörigen Häufigkeiten darzustellen (Notenrangliste).

Aus der Häufigkeitsverteilung lassen sich sehr gut die Beurteilungstendenzen (Hoch-, Tief-, Mittel- und Normalzensierer) ablesen. Kumuliert über mehrere Semester erkennt man beispielsweise sehr gut, ob bestimmte Noten eher zu häufig oder zu selten auftreten. Aus der Prozentrangdarstellung lässt sich ablesen, wie viel Prozent der Prüflinge mindestens die Note x gehabt haben.

Neben dieser eher graphischen Analyse gehört zu einer Notenverteilungsanalyse aber auch die Berechnung verschiedener **statistischer Parameter.** Die Berechnung kann wie schon bei der Trennschärfe mit Hilfe eines Tabellenkalkulationsprogramms durchgeführt werden. Die Parameter sollen daher im Folgenden nur inhaltlich und in ihrer Aussagekraft dargestellt werden.

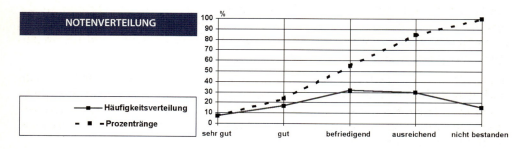

NOTENVERTEILUNG

Note	Absolute Häufigkeit	Prozentuale Häufigkeit	kumulierte Häufigkeit (in %)
sehr gut	13	6,7 %	6,7 %
gut	32	16,7 %	23,4 %
befriedigend	61	31,8 %	55,2 %
ausreichend	57	29,7 %	84,9 %
nicht bestanden	29	15,1 %	100,0 %
gesamt:	192	100,0 %	

Der einfachste Mittelwert einer Notenverteilung ist der **Modus** (=häufigster Wert). Im Beispiel ist dies die Note befriedigend. Der Modus gibt aber nur einen sehr groben Überblick über die Mitte der Verteilung.

Der **Median** ist die Note, die ausgehend von einer Notenrangliste in der Mitte liegt, d.h., links und rechts vom Median liegen gleich viele Noten, wobei mehrfach auftretende Noten auch mehrfach gezählt werden müssen. Im Beispiel beträgt der Median ebenfalls befriedigend (96. und 97. Note). Man erhält mit dem Median einen Überblick über die mittlere Leistung der Prüflinge.

Die **mittlere Note** (arithmetisches Mittel) ist ein Maß für die durchschnittliche Leistung der Prüflinge. Hier werden alle Noten addiert und durch die Anzahl der Prüflinge geteilt. In Pflichtfächern liegt die mittlere Note erfahrungsgemäß zwischen 2,0 und 3,5. Im Beispiel beträgt die mittlere Note 3,3 (633 geteilt durch 192).

Die **Spannweite,** hier definiert als Differenz zwischen schlechtester und bester Note, im Beispiel 4,0 (5 minus 1) ist einmal ein Maß für die Homogenität (Heterogenität) der Prüflinge. Zum anderen zeigt der Wert aber auch Beurteilungstendenzen auf. Je kleiner die Spannweite, desto weniger wird die Notenskala in ihrer Breite ausgeschöpft.

Die **Standardabweichung** der Noten ist definiert als die „mittlere Abweichung" der Noten von der mittleren Note. Dieser Parameter ist wesentlich schärfer als die Spannweite, erlaubt aber die gleiche Aussage bzgl. Homogenität der Prüflinge und Beurteilungstendenz. Hier liegen die Erfahrungswerte zwischen 1,0 und 1,5. Im Beispiel beträgt die Standardabweichung 1,1.

Sollen Noten in unterschiedlichen Prüfungsfächern verglichen werden, so sollte man noch den **Variationskoeffizient** (Verhältnis von Standardabweichung und mittlerer Note) berechnen. Bei nahezu gleichem Variationskoeffizient sind die Notenverteilungen in ihrer Form nicht allzu unterschiedlich. Im Beispiel beträgt der Variationskoeffizient aufgerundet 0,3.

5.1.6.4 Gütekriterien

Unabhängig von der statistischen Analyse von Prüfungen sollte man versuchen, die Güte der eigenen Prüfungen zu bestimmen (siehe Kapitel 5.1.1.1).

Die **Messung der Objektivität** scheitert generell daran, dass dieselbe Prüfung ja nicht unter verschiedenen Bedingungen durchgeführt werden kann. Bittet man jedoch einen Fachkollegen, mal eine Klausur zu korrigieren, so kann man bei einer Korrelation der so erhaltenen Notenpaare (Punktepaare) feststellen, inwieweit die Noten unabhängig vom Prüfer übereinstimmen und damit bzgl. Auswertung und Interpretation objektiv sind. Der Prüfer kann mit sich zufrieden sein, wenn er Korrelationen über 0,9 erreicht.

Zur **Messung der Reliabilität** empfiehlt es sich, Prüfungen, die bereits vor mehreren Semestern korrigiert worden sind, erneut zu korrigieren und dann die neuen und alten Noten (paarweise) miteinander zu korrellieren. Auch hier zeigen Werte über 0,9 an, dass die Noten in ihrer Höhe zuverlässig sind. Bei der jeweiligen Lehrveranstaltung sollten jedoch keine besonderen Veränderungen vorgenommen worden sein. Hier ist es für die Unabhängigkeit wichtig, dass in den Prüfungen keine Korrekturbemerkungen stehen.

Zur **Messung der Validität** könnte man vor Beginn der Lehrveranstaltung eine Prüfung schreiben und diese Note mit der eigentlichen Prüfungsnote korrelieren. Eine hohe Korrelation lässt auf eine geringe Validität schließen (Wozu dient denn dann noch die Lehrveranstaltung?). Diesen Versuch hat der Autor aber bisher nicht gewagt.

Jede Notengebung ist sicher mit einem mehr oder weniger großen Zufallsfehler behaftet.

Definiert man

> **gegebene Note = „wahre" Note + Zufallsfehler,**

so kann man mit Hilfe der Statistik den Zufallsfehler annähernd berechnen. Bei einer Reliabilität über 0,9 ergibt sich ein Zufallsfehler zwischen ±0,2 und ±0,3 bezogen auf einen Notenschritt. Damit zeigt sich, dass es sinnvoll war, die frühere Notenskala mit Zehntel hinter dem Komma auf Abstände von 0,3 und 0,4 Zehntel zu vergröbern.

5.1.7 Prüfungsabschluss

Auf die Frage von Studierenden nach der Prüfung: „Welche Note habe ich bekommen?" hilft nur eine Antwort: „Ich habe noch nicht korrigiert!".

Diese Frage berührt aber ein Problem, das sinnvoller Weise grundsätzlich im Fachbereich oder im Studiengang geregelt werden sollte. Hängt nämlich jeder Dozent seine Noten sofort aus, wenn er mit der Korrektur fertig ist, kommt er den Wünschen der meisten Studierenden sicher sehr entgegen. Dabei werden besonders die guten Noten für die noch zu absolvierenden Prüfungen **motivieren.** Die Studierenden werden jedoch die anderen Prüfer drängen und unter Druck setzen, ebenfalls ihre Noten auszuhängen. Weiterhin hat der Autor häufig erlebt, dass schlechte Noten (speziell bei Nichtbestehen) die betroffenen Studierenden bei den nachfolgenden Prüfungen demotivieren. Deshalb sieht der Autor mehr Vorteile darin, die Noten erst dann auszuhängen, wenn der Prüfungsprozess abgeschlossen ist. So kann der Prüfer in aller Ruhe korrigieren. Unbekannte Noten können nicht demotivieren (allerdings auch nicht motivieren) und die Studierenden konzentrieren sich auf die vor ihnen liegenden Prüfungen und nicht auf den Notenaushang. Es gibt allerdings auch Studierende, die unter der Ungewissheit bei einer vermeintlich schlecht verlaufenen Prüfung leiden.

Der Prüfungsabschluss ist eigentlich schon wieder die Vorbereitung auf die nächste Prüfungsperiode. Die Prüfungsstatistik hat gezeigt, wie die gestellten Aufgaben bzgl. Schwierigkeit und Trennfähigkeit abgeschnitten haben und ob sie eventuell wiederverwendet werden können. Dabei sollten auch die Lernziele der Lehrveranstaltung einer **Reflexion** unterzogen werden. Dies führt sicher zu besseren Prüfungen in der Zukunft.

Um den Studierenden ein Feedback über die Prüfung zu geben, eignet sich eine **Prüfungsbesprechung** zu Beginn des Folgesemesters. Man sollte jedoch nicht enttäuscht sein, wenn bei weitem nicht alle Studierenden von diesem Angebot Gebrauch machen. Es führt aber dazu, dass sich die Transparenz der Prüfungen erhöht und die Studierenden weniger Gebrauch von einer Klausureinsicht machen.

Studierende haben ein Recht auf **Einsichtnahme** in ihre schriftlichen Prüfungsunterlagen. Die Handhabung von Klausureinsichten wird in den Fachbereichen und Studiengängen jedoch sehr unterschiedlich gehandhabt. Wenn der Dozent persönlich die Klausureinsicht mit einer Klausurbesprechung verbindet, juristisch hat der Prüfling jedoch kein Anrecht auf die Anwesenheit und die Erklärungen des Dozenten, so empfiehlt der Autor, dem Prüfling eine Kopie seiner Prüfungsunterlagen auszuhändigen. Eine Kopie ist deshalb sinnvoll, damit der Prüfling nicht nachträglich (unbemerkt) Eintragungen in das Original vornehmen kann. Bei einer solchen Klausureinsicht sollten die Stärken und Schwächen erläutert werden. Es sollte jedoch deutlich zum Ausdruck kommen, dass eine nachträgliche Veränderung der Note nur erfolgt, wenn ein formaler Fehler begangen wurde (Übersehen eines Teils der Klausur, falsches Addieren von Punkten, falsche Punktvergabe usw.).

5.1.8 Fazit

Alle hier geschilderten Maßnahmen verbessern die Güte der Prüfung, erleichtern die Durchführung kommender Prüfungen und machen die Prüfungen für Studierende transparent und glaubwürdig. Jeder Dozent sollte seine Prüfungspraktiken immer wieder analysieren und eine objektive Beurteilung anstreben. Nur so können Studierende davon überzeugt werden, dass Noten etwas bedeuten und gute Leistungen der Mühe wert sind.

5.1.9 Literaturverzeichnis

Biegert, W. u. Kellerhals, G. o.J.: Bemerkungen zur Notengebung durch Punktbewertung, Report 23. S. 85–117

Bloom, B.S. (Hrsg.) 1972: Taxonomie von Lernzielen im kognitiven Bereich. Weinheim und Basel

Fliegauf, H. 1996: Prüfungsrecht – Leitfaden für die Praxis anhand der neueren Rechtsprechung. Stuttgart Berlin Köln

Handbuch Hochschullehre 1994: Informationen und Handreichungen aus der Praxis für die Hochschullehre. Prüfungen: F1.1; F1.2; F3.1; F3.2;

Ingenkamp, K. (Hrsg.) 1995: Die Fragwürdigkeit der Zensurengebung. Texte und Untersuchungsberichte. Weinheim

Ingenkamp, K. 1989: Diagnostik in der Schule. Beiträge zu Schlüsselfragen der Schülerbeurteilung, Weinheim

Ingenkamp, K. 1985: Lehrbuch der pädagogischen Diagnostik. Weinheim

Lienert, G.A. 1994: Testaufbau und Testanalyse. Weinheim

Rumpf, O. 1994: Studienbegleitende Leistungskontrollen unter Prüfungsbedingungen – Novum ohne Zukunft? Frankfurt

Schröder, H. 1988: Leistungsmessung und Schülerbeurteilung. München

Wendeler, J. 1981: Lernzieltests im Unterricht. Weinheim

5.2 Evaluation an Hochschulen

Prof. Dr. Thomas Stelzer-Rothe

Dr. Heike Thierau-Brunner

Tadeln ist leicht – deshalb versuchen sich so viele darin.
Mit Verstand loben ist schwer – darum tun es so wenige.

Anselm Feuerbach

5.2.1 Warum ist Evaluation so wichtig?

Die Hochschul- und Bildungspolitik ist in den letzten Monaten wieder verstärkt in den Fokus der öffentlichen und politischen Diskussion geraten. Abwandern von Spitzennachwuchskräften von deutschen Universitäten in das Ausland, Mangel an qualifizierten Hochschulabsolventen, die den aktuellen Bedarf in der Wirtschaft nicht mehr decken, zu lange Studienzeiten deutscher Hochschüler, die die Wettbewerbsfähigkeit gegenüber dem Ausland mindern, allgemein mangelnder Wettbewerb zwischen den Hochschulen sind nur einige Themen, die sich hier nennen lassen. Schnell sind in diesem Zusammenhang „**Lösungsrezepte**" an der Hand, die z.B. unter den Stichwörtern Eliteuniversitäten, Studiengebühren, spezielle finanzielle Förderprogramme für ausgesuchte Universitäten oder Personalbeurteilung von Hochschullehrern durch Fragebogenerfassungen, diskutiert werden.

Dabei fehlt es der Diskussion im allgemeinen an wissenschaftlicher Struktur – Pauschalbeurteilungen aus unterschiedlichen politischen und gesellschaftlichen Richtungen sind schnell bei der Hand (z.B. Studenten sind unmotiviert und studieren zu lange, Professoren arbeiten nicht leistungsorientiert und machen Lehre aus dem Elfenbeinturm heraus, Politiker bringen die Diskussion um Bildung nur in Gang um von anderen Themen abzulenken). Vor allem aber ist der **Mangel an fachkundigem Wissen** zum Thema Evaluation bemerkenswert, obwohl viele Argumente in der öffentlichen Diskussion gerade unterschiedlichsten Evaluationsstudien dem Zweck entsprechend passend entnommen werden.

In diesem Kapitel wird versucht, die Kennzeichen und **Einteilungsgesichtspunkte** wissenschaftlicher Evaluation herauszuarbeiten um eine Grundlage dafür zu schaffen, Evaluationsstudien besser planen und durchzuführen zu können sowie einen wissenschaftsgestützten Umgang mit den Ergebnissen der Evaluation sicherzustellen. Auch dürfte es nach Kenntnis der Kriterien und Einteilungsgesichtspunkte wissenschaftlicher Evaluation besser gelingen, Evaluationsstudien einzuschätzen oder miteinander zu vergleichen (Metaevaluation). Wenn uns das Thema Bildung und Hochschulpolitik ernsthaft am Herzen liegt, dürfte es wohl unumgänglich sein, sich mit dem Thema Evaluation auch ernsthaft auseinander zu setzen.

5.2.1.1 Begriffliche Einordnung

Die **Bewertung von Objekten** oder Handlungsalternativen ist eine wesentliche Voraussetzung zielgerichteten, menschlichen Handelns und somit Bestandteil unseres täglichen Lebens. Wir beurteilen ständig Menschen, ihr Aussehen, ihre Verhaltensweisen, wir bewerten Produkte, Situationen, Meinungen usw. Diese Bewertungen entstehen mehr oder weniger unbewusst als Resultat innerer Entscheidungsprozesse.

Erfolgt eine derartige Bewertung explizit mit Hilfe systematisch angewandter, wissenschaftlicher Techniken und Methoden und ist sie ziel- und zweckorientiert, so spricht man im Allgemeinen von **wissenschaftlicher Evaluation** (vgl. Wittmann 1985, Wottawa 1986, Rossi und Freeman 1999).

Eine **einheitliche Definition** des Begriffs Evaluation ist in der Literatur jedoch **nicht nachweisbar**. Auch tauchen unterschiedliche Begriffe im Kontext von Evaluation auf: Controlling, Wirkungsforschung, Qualitätskontrolle, Qualitätssicherung, Effizienzforschung, Ergebniskontrolle u.Ä. werden teils nebeneinander benutzt, teils synonym mit dem Begriff der Evaluation.

Wottawa und Thierau (2003, S. 14) stellen folgende allgemeine Kennzeichen wissenschaftlicher Evaluation heraus:

> **KENNZEICHEN WISSENSCHAFTLICHER EVALUATION**
>
> - Evaluation dient als Planungs- und Entscheidungshilfe und hat deshalb immer etwas mit der Bewertung von Handlungsalternativen zu tun.
> - Evaluation ist ziel- und zweckorientiert. Sie hat primär das Ziel, praktische Maßnahmen zu überprüfen, zu verbessern oder über sie zu entscheiden.
> - Evaluationsmaßnahmen sollten dem aktuellen Stand wissenschaftlicher Techniken und Forschungsmethoden angepasst sein.

Neben der wissenschaftlichen Evaluation ist natürlich **die nicht wissenschaftliche Evaluation** von großer, oft auch in der Praxis für den Entscheidungsträger von größerer Bedeutung. So sind für einen Politiker etwa Rückmeldungen über die Presse, Reaktionen der gegnerischen Parteien oder die Stimmung auf Wahlkampfveranstaltungen sehr entscheidende Informationen. Ebenso ist für einen Professor oder eine Professorin die direkte Rückmeldung seiner/ihrer Studierenden oder eine Information aus der Wirtschaft über zukünftig benötigte Absolventenzahlen eines Faches eine wichtige Entscheidungsgrundlage. Die Vorteile einer wissenschaftlichen Evaluation sind demgegenüber in einer höheren Objektivität, besserem Expertenwissen, Unabhängigkeit von hierarchischen und politischen Strukturen sowie einer höheren Glaubwürdigkeit zu sehen.

Im folgenden Abschnitt wird nun beschrieben, durch welche gesetzlichen Rahmenbedingungen die wissenschaftliche Evaluation an Hochschulen gekennzeichnet ist.

5.2.1.2 Evaluation an Hochschulen und gesetzliche Rahmenbedingungen

Das Thema Evaluation an Hochschulen wird in Gesetzestexten zum Beispiel durch das Hochschulgesetz NRW (HG NRW) vom 14. März 2000 explizit als **Aufgabe der Hochschulen** genannt. Der genaue Gesetzestext ist im Folgenden wiedergegeben:

> **§ 6 Evaluation**
>
> (1) Die Erfüllung der Aufgaben nach § 3 und § 7 insbesondere in Forschung und Lehre, bei der Förderung des wissenschaftlichen Nachwuchses und der Gleichstellung von Frauen und Männern wird zum Zweck der Sicherung und Verbesserung ihrer Qualität regelmäßig bewertet. Alle Mitglieder und Angehörigen der Hochschule haben die Pflicht, dabei mitzuwirken. Insbesondere die Studierenden werden zu ihrer Einschätzung der Lehrveranstaltungen und Studiengänge befragt. Auch hochschulauswärtige Sachverständige sollen an der Bewertung beteiligt werden.
>
> (2) Die Ergebnisse der Bewertungen werden veröffentlicht.
>
> (3) Das Bewertungsverfahren regelt die Hochschule in einer Ordnung, die auch Bestimmungen über Art, Umfang und Behandlung der zu erhebenden, zu verarbeitenden und zu veröffentlichenden personenbezogenen Daten der Mitglieder und Angehörigen enthält, die zur Bewertung notwendig sind. Das Datenschutzgesetz Nordrhein-Westfalen ist zu beachten.

Dies ist sicher ein wichtiger Schritt zur Verbesserung und Aufrechterhaltung von Qualitätsstandards in Forschung und Lehre. Allerdings enthält das Gesetz keine weitere Spezifizierung zu **Standards der Evaluation** (Wer soll was, wann bzw. wie oft mit welchen Methoden ermitteln, wer nimmt die abschließende Bewertung der Ergebnisse vor ...).

Etabliert haben sich mittlerweile so genannte „Lehrberichte", die Informationen über die Struktur von Fakultäten/Lehrstühlen enthalten (Ausbildungsziele und angebotene Studiengänge, personelle, räumliche und finanzielle Rahmenbedingungen für Lehre und Studium, Zahlen und Merkmale zu Studenten, die Realisierung der Ausbildungsziele und des Lehrangebots, Informationen zu den einzelnen Studienphasen, etwa Anmerkungen zu Arbeitsmarkt und Berufstätigkeit, zukünftige Veränderungen). Andere häufig gebrauchte **Evaluationsinstrumente** sind der Einsatz von Expertenkommissionen sowie die Beurteilung von Lehrveranstaltungen durch die Studierenden, was schon durch den gezeigten Gesetzestext nahe liegt.

Das Bundesministerium für Bildung und Forschung geht noch einen Schritt weiter als das Hochschulgesetz NRW (HG) vom 14. März 2000, indem es einen unmittelbaren Bezug zwischen der Leistung von Professoren und der Evaluation von Lehre und Forschung herstellt.

In einer Pressemitteilung des Bundesministeriums für Bildung und Forschung sowie des Bundesministeriums des Inneren vom 30.05.2001 heißt es (vgl. Aktenzeichen 80/2000):

> „Kabinett beschließt neues Dienstrecht für Professoren [...] mit ausgeprägtem Leistungsbezug."

Demzufolge soll die Bezahlung nach Leistung eingeführt werden. Eine Kombination aus einem Mindestgehalt und einem variablen Anteil, der sich unter anderem aus der Bewertung von Leistung in Lehre und Forschung oder der Studienbetreuung zusammensetzen soll. Als Folge dieser Reform stünden dann in Zukunft wahrscheinlich **regelmäßige Bewertungen** von Lehr- und Forschungsleistungen an.

Dieser Beschluss hat u.a. die heftige Diskussion über die **Sinnhaftigkeit** des Einsatzes von Fragebögen zur Erfassung der Qualität von Lehrveranstaltungen noch verstärkt (vgl. Kromrey 2001, Rindermann 2001, Spiel 2001, Staufenbiel 2000; zum Stand der Diskussion um die Erfassung der Güte der Lehre durch Fragebogen-Verfahren vgl. auch Hiltmann 2001).

Auch diese Diskussion führt uns letztendlich auf die grundsätzliche Fragestellung zurück, ob es klar definierte und sinnvolle Standards für Evaluation gibt. Wie bereits beim vorangehenden Versuch der Definition von Evaluation, ergibt sich auch bei der Analyse verschiedenster Evaluationsstudien das Problem einer starken **Heterogenität.**

Statt hier **idealtypische Klassifikationsraster** und Standards zu erstellen, macht es jedoch Sinn, Evaluationsstudien zunächst nach generellen Einteilungsgesichtspunkten zu beschreiben und herauszuarbeiten, was bei den einzelnen Gesichtspunkten zu berücksichtigen ist (vgl. Wottawa und Thierau 2003, S. 55ff.). Zu allgemeinen Evaluationsstandards gibt Kapitel 5.2.3 darauf aufbauend einen kurzen Einblick.

5.2.2 Einteilungsgesichtspunkte für Evaluationsstudien

Die Einteilungsgesichtspunkte für Evaluationsstudien bzw. -projekte werden zunächst in der folgenden Abbildung kurz genannt und anschließend im Einzelnen näher erläutert.

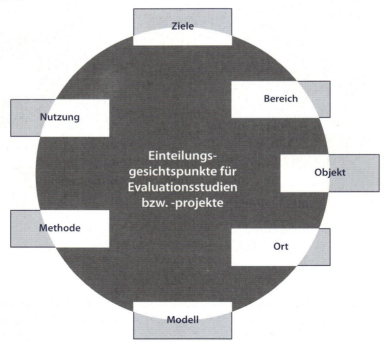

Dabei sind in der Ausgestaltung der einzelnen Aspekte sicher noch eine Vielzahl hier nicht genannter Varianten möglich. Die Autoren konzentrieren sich vorwiegend auf die **Evaluation der Lehre** und nicht etwa ganzer Hochschulen.

5.2.2.1 Evaluationsziele

Hier stellt sich als Erstes die Frage:

> „Welche **Ziele** verfolgt die Evaluation der Lehre?"

Vor der Beantwortung dieser Frage sollte man sich bewusst machen, welche Personengruppen im Einzelnen von den Ergebnissen eines Evaluationsprojektes betroffen sind. In der Regel sind dies mehrere Betroffene, die unterschiedliche, ja zum Teil auch einander widersprechende Ziele haben können. Für die Evaluation an Hochschulen dürften dies im Wesentlichen folgende Betroffene sein (vgl. Abbildung).

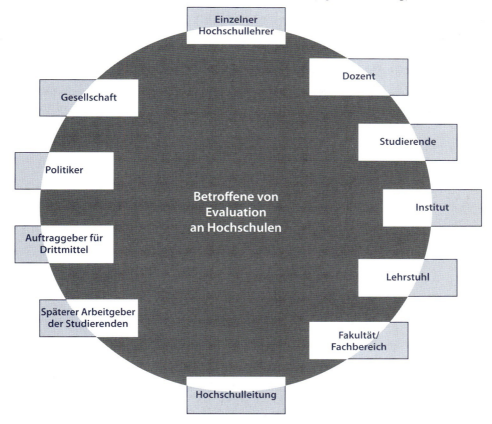

Die Ziele der einzelnen Gruppen haben sicher eine unterschiedlich starke Bedeutung für die Ausgestaltung der konkreten Evaluationsstudie, dennoch dürfte bereits aus der Aufzählung klar werden, dass nicht nur der eigentliche Auftraggeber einer solchen Studie (z.B. ein Landesministerium oder eine Hochschule) die Evaluationsziele und somit auch den Verlauf des Evaluationsprozesses bestimmen. Die folgende Tabelle gibt wieder, welche **Ziele im Einzelnen** von den Betroffenen verfolgt werden könnten.

MÖGLICHE ZIELE DER EINZELNEN BETROFFENENGRUPPEN BEI DER EVALUATION AN HOCHSCHULEN	
Betroffenengruppen	Ziele
Studenten	Bessere Möglichkeit zu lernen: schneller, verständlicher, bessere Lernatmosphäre, gezielter auf Klausuren/Prüfungen vorbereitet sein, Rückmeldung über die Lehre geben können, am Lehrprozess beteiligt sein.
Hochschullehrer	Positives Außenbild abgeben; Erfolg dokumentieren, eigene Lehre verbessern, mit Studierenden ins Gespräch kommen; höheres Gehalt bei guter Bewertung bekommen bzw. Karriereaussichten verbessern.
FB-/Hochschulleitung	Wettbewerbsfähigkeit innerhalb und außerhalb der Uni erhöhen; Mittelzuweisung erhöhen; Stellen sichern; Notwendigkeit für besondere Betreuung (Führung) von problematischen Kollegen erkennen und begründen können; Leistungsbemessungsgrundlage für Hochschulleitung.
Politiker	Durch summative Evaluation Missstände/Fehler (parteipolitischer Gegner) aufdecken; durch Reformen und/oder Vorschläge Verbesserungen bewirken (formative Evaluation); Parteiideologie nach außen dokumentieren; Kosten senken; Geld effizienter einsetzen bei gleichzeitiger Verbesserung/Niveauhaltung der Lehre; Material für die politische Diskussion zur eigenen guten Außendarstellung nutzen; das gesellschaftliche Bildungsniveau positiv beeinflussen.
Drittmittelgeber	Ausbildung praxisorientierter, guter Absolventen, praxisorientierte Lehre versus weltfremde Theorievermittlung ohne Anbindung an die Berufswelt vermeiden; eigene Projekte wissenschaftsgestützt vorantreiben.
Gesellschaft	Bildungselite fördern, Chancengleichheit (Randgruppen) für alle ermöglichen, soziale Aufstiegschancen schaffen durch Hochschulabschlüsse; Innovationspotenzial durch wissenschaftlichen/technischen Fortschritt (Anzahl von Erfindungen/Patenten) nutzen und erhöhen; Wissen und Hochschulausbildung als wesentliche Existenzgrundlage der Gesellschaft fördern (Bedeutung wächst, wenn andere Ressourcen nicht vorhanden sind, Wettbewerbsfähigkeit gegenüber anderen Ländern wird so gesteigert); Vorurteilsmuster bestätigen (Professoren und Professorinnen sind faul, sitzen im Elfenbeinturm; Studierende sind unmotiviert und studieren zu lange).

Der genauen Klärung der Evaluationsziele (insbesondere des Auftraggebers) zu Beginn der Evaluationsstudie kommt eine äußerst wichtige Aufgabe zu, die immer wieder vernachlässigt wird. Dabei muss der Evaluator damit rechnen, dass dem Auftraggeber nicht alle Ziele immer konkret bewusst sind und ihm auch nicht immer alle tatsächlich relevanten Ziele mitgeteilt werden. Die **Transparenz der Ziele** ist im Übrigen sicherlich wesentlich direkt mit der **Akzeptanz der Evaluation** und indirekt mit den aus ihr folgenden Konsequenzen verbunden. Mangelnde Transparenz oder bewusst falsch benannte Ziele von Evaluation können den gesamten Prozess in Frage stellen und die Bereitschaft, sich mit dem Thema und den Konsequenzen auseinander zu setzen langfristig konterkarieren.

5.2.2.2 Evaluationsbereich

Unter Evaluationsbereich ist das **Praxisfeld** zu verstehen, in dem evaluiert werden soll. Dies könnten z. B. die freie Wirtschaft, das Gesundheitswesen, die Familienpolitik oder wie in unserem Fall der Hochschulbereich sein.

> ➤ **Wieso ist der Evaluationsbereich aber von Bedeutung?**

Man könnte zunächst unterstellen, dass in allen genannten Praxisfeldern die gleichen Evaluationsstandards, etwa im Hinblick auf die verwendeten Methoden, gelten. Dies ist grundsätzlich auch vollkommen richtig. Allerdings wird der Evaluator jeweils auf andere organisatorische sowie systemische Strukturen und damit verbundene **Spielregeln** stoßen, sowie andere Arbeitsmöglichkeiten und rechtliche Rahmenbedingungen vorfinden. So ist es etwa ein wesentlicher Unterschied, ob der Evaluator als Externer eingesetzt wird oder ob er als Interner in einen organisatorisch-institutionellen Kontext eingebunden ist.

> ➤ **Welche Besonderheiten lassen sich nun im Praxisfeld „Hochschule" herausstellen?**

Für den Evaluationsbereich Hochschule gilt, dass hier ein grundgesetzlicher Rahmen der **Freiheit von Forschung und Lehre** zu beachten ist. Das bedingt, dass bei aller sofort einsehbaren Notwendigkeit, Evaluationen durchzuführen, das Grundgesetz die Grenze des Vorgehens markiert. Allerdings soll hier kein „Killerargument" in die Diskussion eingebracht werden. Freiheit von Forschung und Lehre darf nicht jeden ernsthaften Versuch, den Dingen genauer auf den Grund zu gehen, von vornherein verhindern, weil sich beim Thema Evaluation der Hochschullehrer einer kritischen Betrachtung stellen muss.

Jedoch ist zu bedenken, dass das deutsche Hochschulsystem von dem historisch gut begründeten Gedanken der Freiheit von Forschung und Lehre getragen wird, die Unabhängigkeit des Hochschullehrers grundgesetzlich zu verankern. Das entzieht die Hochschule nicht nur einfachen Kosten-Nutzen-Kalkülen, die in Zeiten knapper Kassen sehr leicht ins Spiel gebracht werden können, sondern grundsätzlich auch der externen **Einflussnahme** auf die Forschung und Lehre von Professorinnen und Professoren. Evaluationsprozesse, die dazu führen, dass Professorinnen und

Professoren die Freiheit von Forschung und Lehre verlieren, wären insofern nicht grundgesetzlich gedeckt. Hochschule lebt davon, Unabhängigkeit praktizieren zu können und daraus neue, noch nicht beschrittene Wege zu gehen. Sollte Evaluation dazu führen, diese Wege in Zukunft einem Einheitsbild zu opfern, wäre das Wesen der Hochschule berührt.

Mit anderen Worten läuft der Hochschullehrer, der sich in Folge von Evaluationsbemühungen (insbesondere der studentischen Veranstaltungskritik) immer wieder dem Druck externer oder interner Urteile beugen soll/muss, latent Gefahr, z.B. die Freiheit in seiner Lehre zu verlieren. Erste erschreckende Beispiele, die aus der Betreuung von Professorinnen und Professoren im „pädagogischen Eignungsjahr" an Fachhochschulen entnommen werden konnten, lassen befürchten, dass eigentlich sinnvolle Instrumentarien der **Evaluation missbraucht** zu werden drohen. Das Problem könnte sich verschärfen, wenn sich in Zukunft Besoldungsfragen mit Evaluationsfragen vermischen. Die ketzerische Frage sei erlaubt, ob Albert Einstein 11 Jahre über seine Relativitätstheorie nachgedacht hätte oder hätte nachdenken können, wenn er immer wieder evaluiert worden wäre. Andererseits muss Raum für Entwicklungen möglich sein. Das hängt aber wesentlich mit der Akzeptanz von Evaluation zusammen, worauf bereits hingewiesen wurde.

Hier kann weder die grundgesetzliche Diskussion detailliert weitergeführt werden, noch eine schnelle Antwort auf die Frage nach einer Lösung von Evaluation im Zusammenhang mit Freiheit von Forschung und Lehre gegeben werden. Ganz so unverfänglich wie vielleicht auf den ersten Blick ist jedoch der Evaluationsbereich Hochschule nicht. Wichtig erscheint, diese Fragen an anderer Stelle einer weiteren Prüfung zu unterziehen und sie in Zukunft zu klären, um nicht unbemerkt das Gesamtsystem Hochschule mit seinen sehr spezifischen Rahmenbedingungen zu verändern. Insbesondere die **schleichende Veränderung** könnte zu Überraschungen führen, die erst dann sichtbar werden, wenn bereits erhebliche Wirkungen im System eingetreten sind, die nur schwer wieder rückgängig gemacht werden können.

5.2.2.3 Evaluationsobjekt

Das Evaluationsobjekt ist jeweils als Oberbegriff für die zu bewertenden Alternativen zu sehen (vgl. Wottawa und Thierau 2003, S. 59). Im Hochschulbereich sind verschiedene Arten von „Evaluationsobjekten" denkbar (vgl. Tabelle auf S. 351).

BEISPIELE FÜR EVALUATIONSOBJEKTE IM HOCHSCHULBEREICH

Evaluationsobjekte	Inhalte
Personen	Hochschullehrer (Beurteilung der didaktischen Aufbereitung der Lehrveranstaltungen einer bestimmten Person; Beurteilung der Anwesenheits- und Sprechzeiten eines Hochschullehrers); Studenten (durchschnittliche Studienzeiten, Abbrecherquoten, Absolventenzahlen, Prüfungsergebnisse); Dekane; Rektor; Prorektoren; Kanzler, Mitarbeiter der Hochschulverwaltungen.
Zielvorgaben	Umsetzung der Agenda 2010 für die Hochschulen NRW (Auslastung der Studiengänge, Absolventenzahlen, Drittmitteleinwerbung).
Programme/Projekte	E-Learning, E-Education an Hochschulen.
Umwelt-/ Umgebungsfaktoren	Räumliche Gegebenheiten an der Hochschule wie Anzahl und Ausstattung der Seminar- und Vorlesungsräume, soziales Klima an der Hochschule.
Techniken/Methoden	Überprüfung unterschiedlicher Lehrmethoden.
Produkte	Anzahl der Erfindungen/Neuentwicklung von Produkten an einer Hochschule.
Systeme/Strukturen	Untersuchung von Prozessabläufen und Zusammenarbeit zwischen Verwaltungs- und Lehrapparat, Ministerium, Hochschulleitung, Gremien und Studenten.
Forschungsergebnisse/ Evaluationsstudien	Zusammenfassende Bewertung der Forschungsergebnisse zur Wettbewerbsfähigkeit deutscher Hochschulen (Meta-Evaluation).

Werden einzelne Personen oder Personengruppen bewertet, ist in hohem Maße auf die Information, Akzeptanz bzw. Zustimmung der Personen zu achten. Häufig führt auch schon das Wissen der Beteiligten über die Evaluation zu einer Veränderung ihres Verhaltens und so zu einer verzerrten Bewertung **(Konfundierung von Effekten)**, was schon bei der Planung des Untersuchungsdesigns zu berücksichtigen ist. Die Überprüfung dieser Effekte wird häufig vernachlässigt, ist aber unter wissenschaftlichen Gesichtspunkten auf keinen Fall außer Acht zu lassen.

Leider werden Evaluationsprozesse in deutschen Hochschulen nicht immer als Chance zur Organisationsentwicklung aufgefasst, sondern zumindest teilweise als Bedrohung gesehen. Aus dieser Erkenntnis ist es sicher angeraten, Evaluationsprozesse und ihre Zuverlässigkeit **professionell zu begleiten,** wenn sie von Erfolg gekrönt sein sollen. Es reicht nicht, die Notwendigkeit von Evaluation ins Gesetz zu schreiben und anschließend auf die Akzeptanz zu hoffen. Formelle und stetige Evaluationen verändern Hochschulen nachhaltig und sind komplexe und komplizierte Veränderungen im

System Hochschule. Aus diesem Grunde ist es erstaunlich, dass insbesondere aus den Reihen der ministeriellen und politischen Entscheider nicht noch mehr **Unterstützung für die Hochschulen** angeboten wird.

So bleibt es häufig mehr oder weniger dem Zufall überlassen, ob es einem Rektorat und den Fachbereichen einer Hochschule gelingt, zu einer professionellen Umsetzung der Thematik zu kommen. Das verheerende ist, dass **missratene Evaluationsbemühungen** die Akzeptanz an den einzelnen Hochschulen deutlich reduzieren können und Strategien begünstigen, sich „elegant" den Evaluationsbemühungen zu entziehen. Damit wird das Instrument ad absurdum geführt. Es wäre dann nur noch geeignet, Ressourcen unnötig zu binden.

Wie aus der obigen Tabellen ersichtlich ist, stellt sich an Hochschulen nicht nur die Frage danach, Professorinnen und Professoren zu evaluieren. Grundsätzlich ist selbstverständlich auch an die Evaluation von Dekan, Rektor bzw. Prorektor und Kanzler bzw. Mitarbeitern aus der Hochschulverwaltung zu denken. Dies hört sich unabhängig von rechtlichen Fragen, die in diesem Zusammenhang zu klären sind, provokativ an, weil die allgemeine Diskussion mehr in Richtung einer Evaluation von Professorinnen und Professoren drängt.

Da die Hochschule als System allerdings nachhaltig von dem Zusammenwirken der beschriebenen Personen abhängig ist, stellt sich die Frage, warum nicht auch die für den Gesamterfolg einer Hochschule beteiligten Personen aus den Rektoraten oder Verwaltungen evaluiert werden sollen. Schließlich hängt der Erfolg, den Hochschullehrende in der Hochschule haben, nicht unerheblich von dem reibungslosen **Zusammenwirken** mit den angesprochenen Personen ab. Es ist kein Argument ersichtlich, warum die Professorinnen und Professoren einer Hochschule evaluiert werden, andere Personen, die das System wesentlich tragen, jedoch bisher nicht in gleichem Maße.

5.2.2.4 Ort der Evaluation

Die Evaluation im Hochschulbereich ist grundsätzlich an den unterschiedlichsten Orten möglich. Zunächst denkt man hier sicher an verschiedene Hochschulen etwa in jeweils anderen Bundesländern, aber auch ganz konkret an die **Räumlichkeiten,** in denen evaluiert werden kann (z.B. Ausfüllen eines Fragebogens zur Beurteilung einer Lehrveranstaltung in einem Seminarraum oder Vorlesungssaal).

In der Evaluationsforschung unterscheidet man grundsätzlich die Evaluation im Labor und die Evaluation im Feld. Bortz (1984, S. 33ff.) definiert Felduntersuchung wie folgt:

> „Felduntersuchungen finden ‚im Felde' statt, d.h. in einer vom Untersucher möglichst unbeeinflussten, natürlichen Umgebung, wie beispielsweise einer Fabrik, einer Schule, einem Spielplatz, einem Krankenhaus usw. Der Vorteil dieser Vorgehensweise liegt darin, dass die Bedeutung der Ergebnisse unmittelbar einleuchtet, weil diese ein Stück unverfälschter Realität charakterisieren (hohe externe Validität). Dieser Vorteil geht allerdings zu Lasten der internen

Validität, denn die natürliche Belassenheit des Untersuchungsfeldes bzw. die nur bedingt mögliche Kontrolle störender Einflussgrößen lässt häufig mehrere gleichwertige Erklärungsalternativen der Untersuchungsbefunde zu."

Patry (1982, S. 18ff.) unterscheidet **vier Komponenten,** die für die Definition der Felduntersuchung von Bedeutung sind (vgl. die folgende Tabelle).

BEISPIELE FÜR EVALUATIONSOBJEKTE IM HOCHSCHULBEREICH	
Komponente	Inhalt
Verhalten	Das Verhalten, das mehr oder weniger natürlich sein kann (abhängige Variable). Unter natürlichem Verhalten wird dabei jenes Verhalten verstanden, das in keiner Weise instruiert wurde.
Treatment	Das Treatment, das mehr oder weniger natürlich sein kann (unabhängige Variable), je nachdem, wie stark durch den Versuchsleiter manipuliert wird.
Setting	Das Setting (Ort der Untersuchung) kann mehr oder weniger natürlich sein. Dabei entscheidet die subjektive Wahrnehmung der Probanden darüber, ob ein Setting natürlich ist oder nicht. Bemerken die Probanden die eingeführten Änderungen nicht, oder vergessen sie sie, dann kann das Setting als annähernd natürlich gelten.
Wissen	Das Wissen der Probanden darüber, dass eine Untersuchung stattfindet und welche Hypothese der Untersuchung zugrunde liegt. Ebenso spielen durch Täuschung herbeigeführte, falsche Vermutungen über die Hypothese eine Rolle.

Laboruntersuchungen dagegen werden in Umgebungen durchgeführt, die eine weitgehende **Ausschaltung oder Kontrolle von Störgrößen,** die auch die abhängige (zu untersuchende) Variable beeinflussen, ermöglichen. Sie haben demnach eine hohe interne Validität (vgl. Bortz 1984).

In der Mehrheit der Fälle wird die **Evaluation** an Hochschulen im **Feld** durchgeführt, auch wenn dies in der Regel aufgrund der geringeren Kontrollierbarkeit und dem größeren Einfluss von Störvariablen, eine geringere innere Validität als die Untersuchung im Labor nach sich zieht. Dafür spricht die hohe externe Validität, ein hohes Maß an Praktikabilität und eine weitestgehend natürliche Umgebung für die „Evaluierten". Detailliertere Ausführungen zum Thema Evaluation und Forschungsmethoden finden sich etwa in Trochim (1984), Bortz und Döring (2003) sowie Rossi, Lipsey und Freeman (2004).

5.2.2.5 Evaluationsmodell und Evaluationsmethoden

Innerhalb der Vielzahl der verschiedenen Evaluationsstudien lassen sich unterschiedliche **Evaluationsmodelle** identifizieren. Sie entstammen schwerpunktmäßig der Psychologie, den Sozialwissenschaften und der Betriebspädagogik, der Betriebswirtschaftslehre (insbesondere dem Controlling) sowie dem Qualitätsmanagement.

Die Evaluationsmodelle aus der Psychologie und den Sozialwissenschaften sind im Wesentlichen auf die Ansätze der Schulbegleitforschung und Modelle der Programmevaluation in den USA zurückzuführen. Hervorzuheben sind hier ergebnisorientierte Ansätze sowie prozessorientierte Ansätze der Evaluation. Daran angelehnt entwickelten sich eine Vielzahl von Evaluationskonzepten für die betriebliche Weiterbildung, die auch im Hochschulwesen Verwendung finden.

Ergebnis- bzw. outputorientierte Ansätze konzentrieren sich auf die Erfolgsermittlung in der Output- und Transferphase des Handlungsablaufs (Bsp.: Prüfungsergebnisse von Studierenden, Bewertung von Hochschullehrern durch Fragebögen, Anzahl der Hochschulabsolventen, Anzahl der Absolventen die eine Arbeitsstelle finden). Diese Ansätze versuchen ausschließlich die Qualität der Lehre in Form des Lernerfolgs am Ende des Lernprozesses, d.h. entweder im Lernfeld bzw. an der Hochschule (= Outputevaluation) oder in Form des Anwendungserfolges im Funktionsfeld, z.B. am späteren Arbeitsplatz, zu erfassen (= Transferevaluation). In der (Betriebs-)Pädagogik sind diese Ansätze auch unter dem Begriff summative Evaluation bekannt. Da diese Ansätze weder den Lehrprozess, noch seine gesamten Rahmen- und Kontextbedingungen berücksichtigen, sind sie nur begrenzt aussagefähig.

Prozessorientierte Evaluationsansätze bewerten nicht ausschließlich das Ergebnis bereits stattgefundener Maßnahmen oder Programme, sondern dienen der permanenten Planung, Steuerung und Kontrolle des gesamten Prozessablaufs. Die prozessorientierte oder auch unter dem Begriff formativ bekannte Evaluation stellt vor allem Informationen für noch in der Vorbereitungs- oder Implementierungsphase befindliche Programme bereit, die kontinuierlich verbessert werden sollen (vgl. etwa das Vier-Ebenen-Modell von Kirkpatrick 1996). Entsprechend beinhaltet sie etwa auch eine Kontext- und Inputkontrolle, d.h., es würden z.B. auch die Umgebungsbedingungen des Lernens an der Hochschule oder etwa die dem Dozenten zur Verfügung stehenden Lehrmittel bei einer Evaluation mit einbezogen. Fasst man die Lehre an Hochschulen als Prozess auf und legt ein entsprechendes Evaluationsmodell zugrunde, sind bereits sehr viele weitreichendere Aussagen möglich als bei der reinen Outputevaluation.

Die so genannten **handlungsorientierten Ansätze** versuchen die Vorzüge der prozessorientierten Evaluation mit dem Konzept der Handlungsforschung (vgl. Zedler und Moser 1983) zu verbinden. Die grundlegende These handlungsorientierter Ansätze besteht in der Aussage, dass Evaluation nicht nur zweckorientiertes und systematisches Sammeln und Bewerten von Daten über einzelne Aspekte der Lehre bedeutet, sondern immer auch eine Kommunikation zwischen den sozialen Einheiten, die an der Evaluation und der Lehre beteiligt sind. Eine Evaluationsstudie im Hochschulbereich würde demnach nicht nur etwa den Erfolg eines Studienganges ermitteln, sondern sie hätte selbst auch immer Auswirkungen auf die zu evaluierende Maßnahme (vgl. Will und Blickhan 1987).

Aus der Betriebswirtschaft sind folgende Ansätze zu nennen, die für die Evaluation der Lehre von Bedeutung sind:

BETRIEBSWIRTSCHAFTLICHE EVALUATIONSANSÄTZE

- kostenanalytische Ansätze
- investitionstheoretische Ansätze
- **Kennzahlensysteme**
- Management-by-Ansätze (z.B. Management by objectives)
- Beurteilungsmethoden (Leistungs- und Potenzialbeurteilung)
- **Mitarbeiterbefragung**
- **360°- Befragung**
- **Balanced-Score-Card**

Dabei ist die Grenze zwischen zugrunde liegenden theoretischen Konzepten und verwendeten Methoden fließend. Das **Qualitätsmanagement** hat seinen Ursprung in der industriellen Produktion, die entsprechenden theoretischen Konzepte dazu wurden im Bereich der Arbeitswissenschaften und im Ingenieurwesen entwickelt. Anders als im Produktionsbereich geht es im Hochschulbereich aber um die Verbesserung von Prozessen, die vorwiegend „weiche" Daten liefern. Die Übersetzung der entsprechenden Konzepte ist daher nicht unproblematisch, aber möglich. Grundsätzlich kann die Evaluation an Hochschulen auch nach den Grundsätzen des Qualitätsmanagements für Dienstleistungsorganisationen strukturiert werden. Erwähnenswert seien hier die Inhalte der ursprünglich von der International Standard Organization (ISO) entwickelten und dann vom Deutschen Institut für Normung (DIN) übernommenen Norm DIN-EN-ISO 9000 ff./2 (Deutsches Institut für Normung e.V.), die auch einige interessante Aspekte für die Evaluation enthält (vgl. hierzu Wottawa und Thierau 2003, S. 43 ff.).

Entsprechend der oben aufgeführten Ansätze und Modelle der Evaluation findet sich eine große Vielfalt an Instrumenten und Methoden zur eigentlichen **Datenerhebung,** die überwiegend aus dem sozialwissenschaftlichen Bereich stammen. Eine ausführliche Beschreibung und Einteilung der Methoden würde sicherlich den Rahmen dieses Artikels sprengen. Es sei hier deshalb auf vertiefende Literatur zum Thema am Ende des Artikels (siehe Kapitel 5.2.5) hingewiesen.

5.2.2.6 Evaluationsnutzung und Rolle des Evaluators

Von zentraler Bedeutung für die Evaluation an Hochschulen ist die Fragestellung, was letztlich mit den Ergebnissen der Evaluation geschieht, d.h. wie, wann, wozu und von wem die Ergebnisse genutzt werden, bzw. ob und wie sie umgesetzt werden. Hier sind eine Reihe unterschiedlicher Fälle möglich. Die folgende Tabelle stellt typische Fälle von **Evaluationsnutzung** zusammen.

UNTERSCHIEDLICHE FÄLLE VON EVALUATIONSNUTZUNG	
Evaluationsnutzung	**Inhalt**
Selbstevaluation	Ergebnis bleibt nur bei der Person, die für die Evaluation verantwortlich ist (Selbstevaluation). Beispiel: Fragebögen, die ein Hochschullehrer zur Beurteilung seiner Veranstaltung an die Studenten verteilt, werden später auch nur von ihm selbst eingesehen und ausgewertet. Es bleibt ihm selbst überlassen, welche Schlüsse er daraus auf die eigene Lehrveranstaltung zieht.
Selbstevaluation mit Veröffentlichung	Entscheidung über weiteres Vorgehen bleibt bei der verantwortlichen Person, Evaluationsergebnisse werden aber veröffentlicht. Beispiel: Das oben genannte Beispiel wird dadurch erweitert, dass etwa alle Dozenten eines Studienganges Fragebögen zu ihren Veranstaltungen an die Studenten verteilen müssen, die Ergebnisse dann aber an einem schwarzen Brett veröffentlicht werden und den Studenten zur Auswahl weiterer Veranstaltungen dienen können. Hier bleibt zwar der Aspekt der Selbstevaluation erhalten, doch wird der Druck auf eine Verhaltensänderung durch die Veröffentlichung enorm erhöht.
Transparenz der Ergebnisse im hierarchischen System	Ergebnisse werden auch hierarchisch übergeordneten Personen zur Information mitgeteilt. Beispiel: Im oben genannten Beispiel könnten etwa die Fragebogenergebnisse dazu dienen, Problemfälle zu identifizieren und im Gespräch zwischen Rektor und betroffenem Kollegen zu klären.
Entscheidungen zu Evaluationsergebnissen durch Dritte	Entscheidungen über Evaluationsergebnisse werden von nicht direkt oder indirekt betroffenen Personen gefällt. Beispiel: Entscheidung über die Einführung von E-Learning-Programmen in einem bestimmten Studiengang durch die Fachverantwortlichen aufgrund wissenschaftlich veröffentlichter Ergebnisse zum E-Learning an einer anderen Hochschule.
Veröffentlichung und öffentliche Diskussion	Ergebnisse werden offen gelegt und nach einer öffentlichen, allgemeinen Diskussion in konkrete Handlungen umgesetzt oder in Form von Pilotprojekten erprobt. Beispiel: Einführung von Bachelor- und Masterstudiengängen in Deutschland.

Die **Nutzung der Evaluationsergebnisse** beeinflusst die gesamte Evaluationsstudie von der Zielexplikation bis zur Auswahl des Evaluationsmodells und sollte deshalb früh überdacht werden. Man denke etwa an die Verwendung formativer Evaluationsmodelle, bei denen von vornherein eine positive Beeinflussung des Evaluationsobjektes durch die Ergebnisse der Evaluation intendiert ist.

Generell ist noch einmal hervorzuheben, dass die Ergebnisse einer Evaluationsstudie immer der Verbesserung und Aufrechterhaltung der **Qualität der Arbeit** an Hochschulen dienen sollte und nicht der persönlichen Profilierung, Manipulation von Betroffenengruppen oder etwa der reinen Machtausübung.

Dies macht wiederum die besondere **Rolle des Evaluators** deutlich, der sich ständig in einem starken Spannungsumfeld bewegt. Allein die Integration der oben genannten unterschiedlichen Ziele der Betroffenengruppen macht deutlich, dass hohe soziale Kompetenz, Integrationsfähigkeit, Konfliktfähigkeit und Kommunikationsfähigkeit vom Evaluator gefordert werden um seiner Aufgabe gerecht zu werden. Dies spielt natürlich ebenso bei der Berichtlegung und Nutzenverwertung eine große Rolle.

Ebenso sind gute Methodenkenntnisse aus der Betriebswirtschaft, dem Qualitätsmanagement, den Sozialwissenschaften und der Statistik bzw. EDV-Kenntnisse unabdingbar. Die Möglichkeit bzw. der Spielraum, die späteren Ergebnisse der Evaluation in Form von Verbesserungen umzusetzen, hängt natürlich in ganz erheblichem Maße davon ab, welche Rolle der Evaluator im System Hochschule spielt: Ist er selbst betroffen (Selbstevaluation), zwar nicht selbst betroffen, aber an der Hochschule angestellt oder extern beauftragt – jede Möglichkeit bietet andere **Chancen und Grenzen** zur Beeinflussung des Evaluationsprozesses.

Es würde jedoch an dieser Stelle zu weit führen, die Rollen und Prozesse bei der Veränderung in Organisationen/Systemen zu erläutern. Es sei hier deshalb auf einführende Literatur zum Thema Organisationsentwicklung verwiesen (vgl. Wagner 1995).

Das besondere Umfeld der Hochschule macht die Handhabung nicht einfacher. Die Tatsache, dass die dem Hochschulrecht unterliegenden Professorinnen und Professoren (aufgrund der Freiheit von Lehre und Forschung) keinen Vorgesetzten (wohl aber einen Dienstvorgesetzten) haben, bedingt, dass bei individuellen Rückmeldegesprächen grundsätzlich **keine Weisungsbefugnis** etwa des Rektors oder Dekans besteht. Das macht deutlich, dass die Evaluation in diesem Falle nur zu sinnvollen Veränderungen führen wird, wenn Akzeptanz für das Instrument an sich und für die Kompetenz des Gesprächspartners vorhanden ist. Das wiederum verlangt ein hohes Maß an kommunikativer Kompetenz auf Seiten der Gesprächspartner (insbesondere der Dekane), die man nicht naiver Weise von vorne herein unterstellen sollte. Es wäre sicher sinnvoll, hier für ein entsprechendes Angebot an Weiterbildungsmöglichkeiten im Rahmen der Hochschulweiterbildung zu sorgen. Übrigens wäre eine Überprüfung der aus Evaluationen abgeleiteten Veränderungsbereitschaften und -prozesse in allen Bereichen der Hochschule ein interessantes Feld für Metaevaluationen.

5.2.3 Evaluationsstandards

Mit dem Auszug aus dem Hochschulgesetz NRW (HG) vom 14. März 2000 im einleitenden Kapitel wurde bereits darauf hingewiesen, dass ein wichtiger Schritt zur Verbesserung und Aufrechterhaltung von Qualitätsstandards in Forschung und Lehre gemacht wurde. Es wurde jedoch auch kritisiert, dass **keine weitere Spezifizierung** von allgemein verbindlichen Standards der Evaluation existiert.

Zwar gibt es in Deutschland eine **rege wissenschaftliche Diskussion** über Anforderungen an Evaluationsstudien (vgl. etwa Widmer 1996 oder „strukturelle Gemeinsamkeiten idealer Evaluationsstudien" in Wottawa und Thierau 2003, S. 68 f.) und an den Evaluator. Ebenso wird heftig über die Methodenwahl bei der Durchführung von solchen Projekten diskutiert, doch hat diese Disziplin noch immer nicht den gleichen Professionalisierungsgrad erreicht wie in den USA.

Hier werden durch das „Joint Committee on Standards for Educational Evaluation" ebensolche Standards für die Evaluation von Programmen herausgegeben; die „American Evaluation Association" legt parallel hierzu Leitprinzipien für Evaluatoren vor. Einen guten Einblick in die Entstehungsgeschichte und den Inhalt beider Dokumente geben Beywl und Geiter (1997) sowie Rossi, Lipsey und Freeman (2004) (vgl. auch Joint Committee on Standards for Educational Evaluation 1994). Das Committee fordert die Einhaltung folgender Standards für **sorgfältige Evaluationsstudien** (siehe die folgende Übersicht).

EVALUATIONSSTANDARDS DES „JOINT COMMITTEE ON STANDARDS FOR EDUCATIONAL EVALUATION"

- Nützlichkeitsstandards
- Durchführbarkeitstandards
- Korrektheitsstandards
- Genauigkeitsstandards

Alle vier Kriterien werden jeweils weiter heruntergebrochen und genauer beschrieben, sodass der Evaluator einen verständlichen **Leitfaden** erhält, an den er sich bei der Planung, Durchführung und Bewertung seiner eigenen Evaluationsstudie halten kann.

So werden etwa die **„Genauigkeitsstandards"** durch folgende Kriterien näher gekennzeichnet und im Originaltext auch detailliert beschrieben:

> **GENAUIGKEITSSTANDARDS VON EVALUATIONEN**
>
> - Programmdokumentation
> - Kontextanalyse
> - explizit dargestellte Zielsetzungen und Verfahren
> - abgesicherte Informationsquellen
> - valide Information
> - reliable Information
> - systematische Datenüberprüfung
> - Analyse quantitativer Informationen
> - Analyse qualitativer Informationen
> - begründete Schlussfolgerungen
> - unparteiische Berichterstattung
> - Metaevaluation

Auch in Deutschland hat sich die „Deutsche Gesellschaft für Evaluation" ähnliche Ziele gesetzt. Der geringere Organisierungsgrad professionell tätiger Evaluatoren in Deutschland und die **starke Verquickung mit der Politik** haben jedoch bisher verhindert, dass sich ein ähnlich starker Einfluss des Verbandes wie in den USA herausgebildet hat.

Gleichwohl ist klar, dass eine ideale Durchführung einer Evaluationsstudie auch mit den entsprechenden Standards der Evaluation wohl nie vollständig erreichbar ist, insbesondere dann nicht, wenn der Evaluator selbst Teil des zu bewertenden Systems ist.

5.2.4 Konsequenzen für zukünftige Evaluationsversuche

Was ergibt sich nun für die Zukunft der Evaluation an Hochschulen? Sind die deutschen Hochschulen durch begleitende, wissenschaftliche Evaluationsprojekte erfolgreich reformierbar?

Die vorangehenden Ausführungen haben hoffentlich verdeutlicht, dass es sich hier um ein sehr **komplexes und sensibles Evaluationsfeld** handelt, in dem monokausale, einseitige Lösungen keine Abhilfe schaffen, wohl aber die Aneignung eines entsprechenden Expertenwissens über wissenschaftliche Evaluation, insbesondere auf Seiten der Evaluatoren, der Hochschullehrer und anderer Entscheidungsträger.

So können etwa Fragebögen zur Erfassung der Güte der Lehre immer nur ein Bestandteil in einem ganzheitlich-wissenschaftlichen Evaluationsansatz sein, der bisher fehlt. Auch lassen sich die gängigen Methoden der Personalbeurteilung (vgl. etwa Knebel 1999, Crisand und Stephan 1999) und daran gekoppelte Lohnmodelle aus der freien Wirtschaft nur dann auf die Hochschule übertragen, wenn die hier abweichenden Rahmenbedingungen (Freiheit der Lehre; es gibt keinen direkten disziplinarischen Vorgesetzen, der konkrete, messbare Leistungsziele für den jeweiligen Hochschullehrer erstellt, Angehörige des Hochschulsystems sind häufig nicht an eine Outputevaluation gewöhnt) mit bedacht werden. Gerade diese Rahmenbedingungen machen ja das besondere des deutschen Hochschulwesens aus. Es liegt wohl nahe, die positiven Aspekte zu belassen wie etwa die Lehr- und Forschungsfreiheit und somit auch eines **hohes Maß an Eigenverantwortung.** Auf der anderen Seite müssen auch Hochschulen einer Prozess- und Outputkontrolle zugänglich sein.

Dass komplizierte hierarchische Strukturen und Abhängigkeiten das Maß der Eigenverantwortung nicht gerade erhöhen, umschreibt gut ein Zitat von Sprenger (1996, S. 17):

„Im Unternehmen ist der Kelch der Verantwortung ein Wanderpokal."

Das auf der anderen Seite auch eine Umstellung der Hochschulen von einer lange praktizierten Inputsteuerung auf eine **Outputsteuerung** funktionieren kann, zeigt das unten beschriebene Beispiel von Wottawa (2001).

Häufig lohnt sich der Blick über den Zaun, gerade in die freie Wirtschaft. Die Evaluation an Hochschulen, die sich bisher schwerpunktmäßig auf den Gebrauch pädagogischer und sozialwissenschaftlicher Methoden gestützt hat, wird durch die Verwendung entsprechender Kontrolltechniken, die aus der Betriebswirtschaft und dem Qualitätsmanagement bekannt sind (siehe oben) und in der Wirtschaft seit Jahren eingesetzt werden, bereichert, vorausgesetzt, diese Techniken werden unter Berücksichtigung der entsprechenden Rahmenbedingungen verwendet.

Auch sollten die Erfolge durch Übernahme von Methoden aus der freien Wirtschaft nicht überschätzt werden. Auch das Bildungscontrolling ist in den meisten deutschen Großunternehmen noch immer die schwächste Stelle im Controlling. Einen guten Überblick über die **Literatur zum Thema Evaluation** – Controlling – Qualitätsmanagement in der betrieblichen Weiterbildung geben Beywl und Geiter (1997), Stangel-Meseke und Hohoff (2002), Thierau-Brunner und Stangel-Meseke, Wottawa (1999).

Abschließend sei auf ein **gelungenes Beispiel** von Wottawa (2001) hingewiesen, in dem eben genau diese Aspekte – nämlich die Verwendung zeitgemäßer, Disziplinen übergreifender Evaluationsmethoden unter Einbezug der Besonderheiten des Hochschulwesens – miteinander verknüpft wurden und eben dadurch zu einem positiven Ergebnis des Evaluationsprozesses führten. In dem Praxisbeispiel wird die Einführung eines Qualitätsmanagements durch Zielvereinbarungen an zwei Psychologie-Lehrstühlen beschrieben. Dabei wird sowohl auf betriebswirtschaftliche (Management-by-Ansätze) als auch auf psychologische Ansätze (sozialwissenschaftliche Evaluationsmethoden, wahrnehmungs-, lerntheoretische und sozialpsychologische

Theorien) als auch auf Ansätze des Qualitätsmanagements (DIN-ISO-9000 Norm, s.o.) zurückgegriffen.

Wottawa (2001, S. 162) resümiert:

„Wenn man von den Erfahrungen dieses kleinen Projektes ausgeht, dann kann kein Zweifel daran bestehen, dass bei geschickter Vorgehensweise erhebliche Verbesserungen und prinzipielle Reformen im Konsens mit den (am meisten) Beteiligten zu erreichen sind."

Grundvoraussetzung, um die Lehre und Forschung mit dem Ziel der Sicherung und Verbesserung ihrer Qualität zu bewerten, ist und bleibt also eine wissenschaftsgestützte interdisziplinäre Evaluation nach zeitgemäßen und allgemein verbindlichen Standards. Diese sollten im **Konsens** mit den (am stärksten Betroffenen) stattfinden. Dabei sollte ein Mindestmaß an **Unabhängigkeit** von den äußeren politischen Gegebenheiten gewährleistet sein.

Bezogen auf die hauptsächliche Adressatengruppe dieses Buches ist ganz sicher ihre umfassende Information und eine intensive Auseinandersetzung mit dem Thema gefordert. Dies lässt einerseits die **Akzeptanz** für Evaluationsprozesse steigen und verhindert andererseits, dass Professorinnen und Professoren zum Spielball verschiedenster Interessengruppen werden, womit der guten Sache sicher nicht gedient ist.

5.2.5 Literatur

Beywl, W. und Geiter, C. 1997: Evaluation – Controlling – Qualitätsmanagement in der betrieblichen Weiterbildung. Hrsg.: Berufsinstitut für Berufsbildung – Der Generalsekretär. Bielefeld

Bortz, J. 1984: Lehrbuch der empirischen Forschung. Für Sozialwissenschaftler. Heidelberg

Bortz, J. und Döring, N. 2003: Forschungsmethoden und Evaluation für Human- und Sozialwissenschaftler. Berlin

Bundesministerium für Bildung und Forschung und Bundesministerium des Inneren (30.05.2001). Kabinett beschließt neues Dienstrecht für Professoren (Online). In: Pressemitteilung 80/2001. Available online http://www.bmbf.de/

Crisand, E. und Stephan, P. 1999: Personalbeurteilungssysteme. Heidelberg: Sauer-Verlag

DIN, Deutsches Institut für Normierung e.V.: DIN-ISO-9000 ff. (1997). Beuth

Hochschulgesetz NRW (HG) vom 14.03.2000: Available online http://www.bmbf.de/.

Hiltmann, M. A. 2001: Die Erfassung des Konstruktes „gute Lehre" in Fragebogen-Verfahren, Diplomarbeit an der Fakultät für Psychologie. Bochum

Joint Committee on Standards for Educational Evaluation 1994: The program evaluation standards: how to assess evaluations of educational programs. Thousand Oaks

Karl, K. A. und Ungsrithong, D. 1992: Effects of optimistic versus realistic preview of training programs on self-reported transfer of training. Human resource development Quaterly, 3 (4), S. 373–384

Kaplan, R. S. und Norton, D. P. 1997: The Balanced Scorecard – Strategien erfolgreich umsetzen. Stuttgart

Knebel, H. 1999: Taschenbuch für Personalbeurteilung. Heidelberg

Kirkpatrick, D. L. 1996: Evaluating training programms: the four levels. San Francisco, CA.

Kromrey, H. 2001: Studierendenbefragungen als Evaluation der Lehre? Anforderungen an Methodik und Design. In U. Engel (Hrsg.): Hochschul-Ranking (S. 11–47). Frankfurt a. M.

Lemke, S. G. 1995: Transfermanagement. Göttingen

Patry, J.-L. (Hrsg.) 1982: Feldforschung. Wien

Rindermann, H. 2001: Die studentische Beurteilung von Lehrveranstaltungen – Forschungsstand und Implikationen. In: Spiel, C. (Hrsg.), Evaluation universitärer Lehre – zwischen Qualitätsmanagement und Selbstzweck. Münster

Rossi, P. H., Lipsey, M. W. und Freemann, H. E. 2004: Evaluation. A systematic approach. Thoudand Oaks

Spiel, C. 2001: Der differentielle Einfluß von Biasvariablen auf studentische Lehrveranstaltungsbewertung. In Engel, U. (Hrsg.): Hochschul-Ranking. (S. 61–82). Frankfurt a. M.

Sprenger, R. 1996: Das Prinzip Selbstverantwortung. Wege zur Motivation. Frankfurt

Stangel-Meseke, M. und Hohoff, U. 2002: Psychologische Grundlagen der Personalarbeit. In: Stelzer-Rothe, T. (Hrsg.): Personal-Management für den Mittelstand. Heidelberg

Staufenbiel, T. 2000: Fragebogen zur Evaluation von universitären Lehrveranstaltungen durch Studierende und Lehrende. Diagnostica, 46 (4), S. 169–181

Trochim, W. M. K. 1984: Research Design for Program Evaluation. Beverly Hills

Thierau-Brunner, H., Stangel-Meseke, M. und Wottawa, H. 1998: Evaluation von Personalentwicklungsmaßnahmen (S. 261–286). In: Sonntag, K. (Hrsg.): Personalentwicklung in Organisationen. Göttingen

Wagner, R. H. (Hrsg.) 1995: Praxis der Veränderung in Organisationen. Göttingen

Widmer, T. 1996: Meta-Evaluation. Kriterien zur Bewertung von Evaluationen. Bern

Will, H. und Blickhan, C. 1987: Evaluation als Intervention. In: Will, H., Winteler, A. und Krapp, A. (Hrsg.), Evaluation in der beruflichen Aus- und Weiterbildung. Heidelberg: Sauer

Wittmann, W. 1985: Evaluationsforschung. Aufgaben, Probleme und Anwendungen. Berlin

Wottawa, H. 1986: Evaluation. In: Weidenmann, B., Krapp, A., Hofer, M., Haber, G. L. und Mandl, H. (Hrsg.): Pädagogische Psychologie (S. 703–733). München

Wottawa, H. 2001: Qualitätsmanagement durch Zielvereinbarung. In: Spiel, C. (Hrsg.): Evaluation universitärer Lehre – zwischen Qualitätsmanagement und Selbstzweck. Münster.

Wottawa, H. und Thierau, H. 2003: Lehrbuch Evaluation. Bern

Zedler, P. und Moser, H. (Hrsg.) 1983: Aspekte qualitativer Sozialforschung. Opladen

Lehren und Lernen an Hochschulen

Was ist ein Professor/eine Professorin?

Grundlagen der Hochschullehre aneignen
- Kenntnis der Lerntheorie
- Lernvoraussetzungen der Studierenden
- Grundlagen der Kommunikation
- Grundlagen des Konfliktmanagements

Didaktik der Hochschulen verstehen
- Grundlagen der Didaktik
- Grundlagen der Methodik
- ausgewählte aktivierende Methoden

Umsetzung bewältigen
- Erfahrungen: Beispiele von Lehrveranstaltungen

Erfolge nachweisen
- Prüfungen in der Hochschullehre
- Evaluation der Lehre

Gemeinsames Lernen ermöglichen
- Hochschule als Lernende Organisation

Reflektieren, Entscheidungen überdenken und gegebenenfalls neu treffen!

Lehren und Lernen an Hochschulen

Gemeinsames Lernen ermöglichen

Überblick zu Kapitel 6

Hochschulen müssen mehr denn je „lernende" Organisationen sein, wenn sie dem internationalen Bildungswettbewerb standhalten wollen. Aus diesem Grunde behandelt das abschließende Kapitel die überaus schwere Aufgabe, deutlich zu machen, wie sich Organisationsentwicklung in Hochschulen darstellen kann.

6 Vom Leidbild zum Leitbild – Fachbereiche als Lernende Organisation

Prof. Dr. Wilfried Jungkind
Prof. Dr. Christian Willems

*Lernen ist wie rudern gegen den Strom.
Sobald man aufhört, treibt man zurück.*

Benjamin Britten

6.1 Einführung

Das Umfeld, in dem Fachhochschulen und Universitäten agieren, verändert sich seit einigen Jahren nachhaltig: Kennzeichen der feststellbaren „Instabilität" sind der Rückgang der finanziellen Beweglichkeit durch Mittelkürzungen, Zusammenlegung von Hochschulstandorten und Fachbereichen, laufende Reduzierung von Planstellen und in einigen Bereichen zugleich stark wachsende Studierendenzahlen.

Fixiert wird dies in immer neuen „Abmachungen" zwischen den Wissenschaftsministerien und den Hochschulen: In Nordrhein-Westfalen beispielsweise mit dem **Qualitätspakt,** dem **Hochschulkonzept 2010** oder den hochschulinternen Zielvereinbarungen. Auffällig ist die zunehmende Steuerung der Hochschulen und Fachbereiche mit Kennzahlen, was eine Ausrichtung der Lehre auf einen möglichst hohen Output an Absolventinnen und Absolventen sowie das Einwerben hoher Drittmittelsummen im Bereich der Forschung zur Folge hat. Qualitätsaspekte geraten dabei oft ins Hintertreffen. Außerdem sind Hochschulen und Fachbereiche zzt. übergreifend damit beschäftigt, die bestehenden Diplomstudiengänge auf Bachelor- und Masterabschlüsse umzustellen, verbunden mit z.T. mühsamen und kostenintensiven Akkreditierungsverfahren.

Für weitere Unsicherheit sorgt die neue **W-Besoldung** für Hochschullehrerinnen und Hochschullehrer. Es stellt sich die Frage, ob zu den neuen Konditionen noch qualifizierte Bewerberinnen und Bewerber gefunden werden können; über die Ausgestaltung des variablen Besoldungsanteils herrscht bislang noch Ratlosigkeit.

In diesem sich stark verändernden Umfeld sind Hochschul- und Fachbereichsleitungen gefordert, sehr viel strategischer und managementbezogener zu agieren als dies in der Vergangenheit notwendig war. Im Zuge der sich verstärkenden Delegation der Verantwortung auf die Hochschulen mit dem Ziel der **Selbststeuerung** und Förderung des Wettbewerbs untereinander sind vor allem die Fachbereiche verstärkt gefordert, Chancen frühzeitig zu erkennen und darauf rechtzeitig und konsequent zu reagieren.

Dieser Beitrag legt den Fokus primär auf die Fachbereiche als kleinste Hochschuleinheit und die dort agierenden Menschen. Vor dem Hintergrund der sich stark ändernden Umfeldbedingungen sind Fachbereiche verstärkt mit Fragen der Organisationsentwicklung gefordert – manchmal auch überfordert.

Auf Basis einiger grundsätzlicher Anmerkungen zu Lernenden Organisationen und Veränderungsprozessen soll die Fragestellung aufgegriffen werden, welche **Chancen und Risiken eine gezielte Organisationsentwicklung** in Fachbereichen im Hinblick auf die Entwicklung ihrer Produkte und Dienstleistungen sowie das Fachbereichsklima und die Fachbereichskultur beinhaltet.

Dies integriert die „Hauptakteure" im Hochschulbereich, ihre Rollen und Aufgaben im Veränderungsprozess, und wie sie z.B. durch entsprechende Weiterbildungsmaßnahmen hierauf vorbereitet sein müssen.

Gezielte Veränderungen benötigen die Bestimmung des Ist- und Zielzustands, Festlegung der Verantwortlichkeiten sowie die konsequente Umsetzung geplanter Maßnahmen und deren Ergebniskontrolle.

An Beispielen aus den Fachbereichen der Autoren wird aufgezeigt, wie dies konkret geschehen kann und welche Maßnahmen, auch vor dem Hintergrund knapper Ressourcen, sinnvoll sind. Der Beitrag schließt ab mit Hinweisen zur Evaluation und Sicherstellung der Nachhaltigkeit.

6.2 Lernende Organisation, Veränderungsprozesse, Reaktionen der Akteure

Bei allem, was Menschen tun, lernen sie – lebenslang. Lernen ist ein Prozess, ist Reflexion, Kompetenzerwerb, Innovation und Veränderung (vgl. dazu Spitzer 2002). Innovationsfähige Menschen, Organisationen und Systeme gestalten Veränderungsprozesse gezielt, sie verfügen über die „Kompetenz zur Innovation". Dies beinhaltet nachhaltig innovatives eigenverantwortliches Denken und Handeln. Es berücksichtigt alle sozialen, institutionellen, wissenschaftlich-technischen sowie ökonomisch-ökologischen Aspekte (vgl. dazu Sauer und Kriegesmann 2002).

„Kompetenz zur Innovation" muss lebenslang entwickelt und erworben werden. Lebenslanges Lernen kann nur auf der Grundlage des individuellen Potenzials und in Abhängigkeit von den jeweiligen Bedingungen des sozialen, schulischen oder beruflichen Umfeldes stattfinden. Es umfasst formale, (selbst-)organisierte, zielgerichtete Lernprozesse sowie Erfahrungslernen und informelles Lernen in Arbeits- und Alltagssituationen (vgl. dazu Hartmann und Meyer-Wölfing 2002).

Der Prozess der Veränderung wird in der einschlägigen Literatur (vgl. z.B. von Rosenstiel 2003) mit den „sieben Phasen der Veränderung" beschrieben (s. Abb.).

Die vertikale Achse in der Abbildung steht für die **wahrgenommene Kompetenz** (die horizontale für die Zeit) und beschreibt die erlebte Selbsteinschätzung einer Person oder Organisation hinsichtlich ihrer Handlungskompetenz (Fach-, Methoden-, personale und soziale Kompetenz).

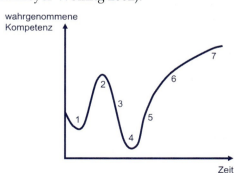

▶ Phase 1 – Schock

Personen oder Organisationen reagieren mit **Schock oder Überraschung,** wenn ihre Erwartungen an die neue Situation nicht mit den tatsächlichen Realitäten übereinstimmen. Je größer der Unterschied, umso stärker der Abfall der wahrgenommenen Kompetenz in der Veränderungskurve. Dieser Schock kann bis zu einer „Lähmung" in der Leistungsfähigkeit führen.

▶ Phase 2 – Verneinung

Die zweite Phase ist gekennzeichnet von der Überzeugung: Das Gleiche oder mehr vom Gleichen führt zum erwarteten und gewohnten Erfolg. Diese Haltung begründet sich in den Argumenten, dass sich die neue Situation im Wesentlichen nicht von der alten unterscheidet („... wäre/-n ich/wir nicht so erfolgreich gewesen, wäre/-n ich/wir heute nicht hier!" oder **„... das haben wir immer schon so gemacht!").** Damit wird die Notwendigkeit für andere Verhaltensweisen verneint, die eigene Entwicklung oder die Veränderung einer Organisation blockiert. Ein Verlassen dieser Phase ist nur möglich, wenn einer Person oder Organisation bewusst wird, dass sie sich selbst und ihr Verhalten ändern muss, um wieder erfolgreich zu sein (nur so ist es z.B. auch möglich, die Gründe für die „Beförderung" in eine neue Situation zu verstehen. Nicht allein die bisherigen Erfolge haben zu dieser „Beförderung" geführt, sondern auch und gerade das persönliche Potenzial, nämlich durch Lernbereitschaft, Flexibilität und Kreativität in der Zukunft neue Praktiken und Routinen zu entwickeln und zu festigen).

▶ Phase 3 – Einsicht

Hier geht es um die **Einsicht, Verhaltens- und Arbeitsweisen,** die noch nicht das gewünschte Maß an Fertigkeiten und/oder Kompetenz erreicht haben, verändern/verbessern zu wollen. Die in dieser Phase verstärkt auftretenden Frustrationsgefühle begründen sich in der Unsicherheit darüber, noch nicht zu wissen, wie die identifizierten Defizite beseitigt werden können.

▶ Phase 4 – Akzeptanz (Tal der Tränen)

Der Tiefpunkt der Selbsteinschätzung in die eigenen Fähigkeiten und Kompetenzen wird mit der vierten Phase erreicht. Die **Andersartigkeit der neuen Situation** wird akzeptiert. Gewohnte Einstellungen und Verhaltensweisen müssen „losgelassen", unbekannte oder unterentwickelte Fertigkeiten und Fähigkeiten ausgebaut werden. Erst jetzt beginnt die eigentliche Veränderung.

▶ Phase 5 – Ausprobieren (Erfahrungen sammeln)

Mit neuen oder vertieften Fertig- und Fähigkeiten wird jetzt experimentiert. Das Ausprobieren verschiedener Verhaltensweisen, Methoden und Techniken geschieht ohne vorheriges Wissen darüber, ob dieses Verhalten der jeweiligen Situation am ehesten gerecht wird. Jeder Versuch ist begleitet von Feedback und Reflexion. Für Organisationen gilt im Besonderen, hier den **Raum für das Experimentieren** zu schaffen, frei von der Angst vor Sanktionen bei Misserfolg.

▶ Phase 6 – Erkenntnis

Aus dem Feedback und der Reflexion in der fünften Phase erschließt sich die Erkenntnis darüber, warum und wann bestimmte Verhaltensweisen zum gewünschten Erfolg führen. Damit ist die **Grundlage geschaffen,** eigenes Verhalten bewusst und angemessen in der jeweiligen Situation einzusetzen.

▶ Phase 7 – Integration

Die in der sechsten Phase ermittelten neuen **erfolgreichen Verhaltensweisen werden in das eigene aktive Handeln übernommen** und verfestigen sich zu Mustern und Routinen.

Dieser Verlauf gilt für **einen** Prozess, in dem sich **eine** Person oder **eine** Organisation befindet. Im Alltag laufen aber mehrere Prozesse **gleichzeitig** ab, die sich alle in verschiedenen Phasen der Veränderung befinden. D.h., manche Prozesse sind gerade erst am Anfang, manche im Tal der Tränen, wieder andere kurz vor der Integration. Durch diese Überlagerung mehrerer Veränderungskurven wird die Differenzierung bezüglich der wahrgenommenen Einzelkompetenz schwierig, es kommt durch Aufsummierung zu einer wahrgenommenen Gesamtkompetenz. Im Normalfall nehmen Menschen damit eine durchschnittliche Kompetenz für die Bewertung ihrer eigenen Fähigkeiten wahr, es herrscht „Alltagsstimmung". Befinden sich die meisten Prozesse jedoch gerade im Tal der Tränen, geht es der Person oder Organisation „nicht besonders gut", im umgekehrten Fall der Verneinung (Euphorie) oder Integration (echtes Können) bewerten sie die Situation als gut bis sehr gut.

Im Durchschnitt nimmt der gesamte Veränderungsprozess einer Person oder Organisationseinheit bezüglich einer neuen Aufgabenstellung (z.B. Beförderung, größere Projekte) eine Zeitspanne von 18 bis 24 Monaten in Anspruch. Möglichkeiten, diese Zeitdifferenz zu verringern, sind:

- Kenntnis des Modells der Veränderungskurve,
- Verständnis der einzelnen Phasen,
- eigene Erfahrungen mit Veränderungen (Veränderungsprozessen),
- möglichst frühzeitige Akzeptanz der neuen und unbekannten Situation zur Abkürzung der Phasen 1 bis 4,
- Bereitschaft, neue und ungewohnte oder untypische Verhaltensweisen, Methoden und Techniken anzuwenden,
- eine unterstützende Atmosphäre, die einen sanktionsfreien Raum für das Ausprobieren schafft.

In stabilen – auch in sich mit dynamischer Stabilität entwickelnden – Umfeldbedingungen gilt: Solange Menschen, Organisationen und Systeme, wie auch Fachhochschulen und Universitäten, mit ihrem Verhalten und ihren Strukturen Erfolge bzw. die gewünschten Resultate erzielen, besteht für sie kein Grund zur Veränderung dieses

Verhaltens oder ihrer Strukturen. Die bestehenden Regeln und Rituale befriedigen die Grundbedürfnisse der Akteure nach Stabilität und Sicherheit.

Erst wenn durch sich „turbulent" verändernde Umfeldbedingungen diese Verhaltensweisen nicht mehr zu den erwarteten Ergebnissen führen, wird meist erkannt, dass etwas Anderes, Neues gemacht werden sollte. Aus dieser **„Bereitschaft zur Veränderung"** wächst der „Wille zur Veränderung", wenn erkennbar hohe Diskrepanzen zwischen den Erwartungen und den eintretenden Realitäten auftreten.

Idealerweise werden dann, falls die Menschen in dieser Organisation über die „Kompetenz zur Innovation" verfügen, zur Lösung dieser Problematik neue Verhaltensweisen entwickelt, trainiert und ausprobiert. Hierbei treten einerseits Erfolge, Misserfolge, Enttäuschungen und Frustrationen auf, andererseits werden aber durch wiederholtes Feedback und Reflexion der erzielten Ergebnisse angemessene und zum Erfolg führende Verhaltensweisen erkannt. Werden diese nun systematisch angewendet und zu neuen Verhaltensmustern, Routinen und Organisationsstrukturen entwickelt, hat die Organisation gelernt.

Die Realität sieht jedoch häufig anders aus: Auslöser für Veränderungsprozesse einer Person sind meist Anforderungen oder Änderungen im Beruf bzw. Privatleben, die zunächst als Bedrohung empfunden werden. Evolutionär bedingt wird jede noch so geringe Veränderung erst einmal auf ihre Bedrohlichkeit überprüft (vgl. Berner 2004). Erst wenn die Person sicher ist, dass eine Veränderung nicht bedrohlich ist, wendet sie ihre Aufmerksamkeit anderen Aspekten der Veränderung zu, z.B. dem Nutzen für die eigenen Interessen. Wird dagegen eine Bedrohung vermutet, stellt sich die Frage, ob man der Bedrohung gewachsen ist. Wenn ja, wird eine geeignete Strategie aus dem Verhaltensrepertoire gewählt (z.B. Widerstand aufbauen, Verbündete suchen, Munition zum Gegenangriff sammeln), wenn nein, reicht die Reaktion von Angst bis Panik. Dieser Prüfprozess läuft blitzschnell, weitgehend unbewusst und damit kaum wahrnehmbar ab, bestimmt jedoch das gesamte weitere Verhalten.

Da Organisationen aus Einzelpersonen bestehen, die alle für sich individuell die organisationale Veränderung bzw. Entwicklung mit den entsprechenden Ängsten und Widerständen durchleben müssen, sind Veränderungen nur zu bewirken, wenn diese Personen durch offene Kommunikation über ausreichende Informationen in Bezug auf den gesamten Veränderungsprozess und seine individuellen Auswirkungen sowie über Flexibilität und Lernfähigkeit in Bezug auf den Veränderungsprozess verfügen bzw. diese im Prozess geweckt und gelernt werden können.

Oft leiden Organisationen darunter, dass der persönliche **Wunsch nach Stabilität und Sicherheit** die alten Verhaltensweisen bewahren hilft. Widerstände, seien sie nun sachlich, durch Angst oder durch Eigeninteressen begründet, sorgen dafür, dass Signale aus dem Umfeld der Organisation (z.B. Veränderungen am Markt durch Einführung neuer Technologien, Dienstleistungen oder Produkte beim Wettbewerber, Fusionen oder auch gesellschaftspolitische Veränderungen) aufgrund von Wahrnehmungsverzerrungen einiger Menschen oder Gruppen innerhalb der Organisation entweder gar nicht oder erst sehr spät erkannt werden. Dann ist es meistens „Fünf vor Zwölf" und durch den zunehmenden Leidensdruck entstehen enormer Veränderungs- und

Leistungsdruck sowie Konflikte zwischen widerstreitenden Parteien, was das Überleben dieser Organisation gefährdet.

6.3 Chancen und Risiken gezielter Organisationsentwicklung in Fachbereichen

Hochschulen haben den gesetzlichen Auftrag, Studierende durch Lehre und Studium auf berufliche Tätigkeiten vorzubereiten, die die Anwendung wissenschaftlicher Erkenntnisse und Methoden oder die Fähigkeit zu künstlerischer Gestaltung erfordern (vgl. § 32 Abs. 2 HG 2000). Veränderungsprozesse in Fachbereichen müssen sich bezüglich ihrer Dienstleistungen (Qualität der Lehre) und Produkte (Qualität und Aufbau des Studiums, Abschlüsse) an diesem **gesetzlichen Auftrag** und folgenden Randbedingungen orientieren, die als **„Controllinginstrumente"** in immer stärkerem Maße herangezogen werden, wie etwa

- Anzahl der Stellen wissenschaftlichen Personals,
- Normstudienplätze,
- Lehrangebot,
- Lehrnachfrage,
- Auslastung,
- Lehrerfolg,
- Anzahl der Neueinschreibungen,
- Anzahl der Studierenden,
- Anzahl der Absolventen/-innen innerhalb der Regelstudienzeit,
- Drittmittel,
- Forschungserfolg.

Ein Fachbereichsentwicklungsprozess sollte sich u. a. an den wesentlichen Kennzahlen orientieren, um den Erfolg der Bemühungen messbar zu machen. Auf diesen Aspekt wird im Kapitel 6.7 näher eingegangen. Hierdurch bietet sich die Chance, die Evaluierung von Beginn in die Gesamtüberlegungen einzubeziehen und zu definieren, welche Ergebnisse man primär erzielen möchte und wie der Aspekt der Nachhaltigkeit im Sinne eines dynamisch stabilen kontinuierlichen Verbesserungsprozesses verankert wird.

Risikoreicher stellen sich innerhalb solcher Veränderungsprozesse in aller Regel die „weichen" Randbedingungen bezüglich Fachbereichsklima und gelebter Fachbereichskultur dar, da man es in einem solchen Prozess mit Menschen zu tun hat, die in einem sehr „einzigartigen Kosmos" agieren. Auf diesen Aspekt soll im Folgenden näher eingegangen werden, da im Gegensatz zu industriellen Strukturen Veränderungsprozesse im Hochschulbereich wegen der relativ großen „Freiheitsgrade" oft schwieriger umzusetzen sind.

Der Rahmen für das Agieren im Hochschulbereich wird durch das Hochschulgesetz und primär durch den **Status der Akteure** vorgegeben. Das Gesetz lässt Fachbereichsentwicklungsprozesse zu und bestärkt Fachbereiche ausdrücklich zur Weiterentwicklung (§§ 7, 81 HG 2000).

Ein hochschulinterner Prozess sollte von Seiten der Rektorate angestoßen werden. Die Realität zeigt jedoch, dass die Rektorate damit häufig überfordert sind, da sie sich mit jeder Menge Formalia, Trouble Shooting und Verwaltung des Mangels beschäftigen müssen.

Als kleinste Einheiten in Hochschulen sind daher die Fachbereiche gefordert, innerhalb des vorgegebenen formalen und finanziellen Rahmens eigene Profile zu entwickeln. Und genau an dieser Stelle beginnen die Probleme. Eine Kollegenschaft in einem Fachbereich ist in aller Regel so zusammengesetzt, dass auch dort ein **„typischer" Bevölkerungsquerschnitt** vertreten ist, was z.B. Alter, Engagement, Beharrungsvermögen, Befindlichkeiten, Ängste und Widerstände, fehlende Kenntnisse bezüglich Methoden der Organisationsentwicklung sowie Prozessabläufen usw. betrifft. Hinzu kommt, dass das Hochschulsystem durch besondere Eigenschaften gekennzeichnet ist, so z.B. durch:

- den Beamtenstatus, der eine weitgehende existenzielle Absicherung sicherstellt,
- das Hochschulgesetz, das den Hochschullehrerinnen und Hochschullehrern Freiheit in Forschung und Lehre ermöglicht,
- die Selbstverwaltung der Hochschulen und Fachbereiche, die relativ viele Spielräume in der Besetzung der Gremien, der Berufung neuer Hochschullehrerinnen und Hochschullehrer und neuerdings in der Mittelverteilung zulässt,
- die Amtsbezeichnung „Professorin/Professor" mit dem damit verbundenen gesellschaftlichen Ansehen,
- oft ausgeprägte Charaktere mit mancherlei Eigenarten,
- fachbereichsinterne Regeln und Rituale,
- oft nicht zu durchschauende Allianzen, um bestimmte Ziele durchzusetzen (Stellen, Mittel, Räume, Ausstattung).

Solche Randbedingungen, die sicher im gesamtgesellschaftlichen Beschäftigungsumfeld mit den relativ hohen „Freiheitsgraden" einmalig sein dürften, bergen sowohl Risiken wie Chancen.

Sicherlich kann sich eine Kollegenschaft zurücklehnen und Akteure „am langen Arm verhungern lassen". Für initiierende Dekaninnen/Dekane und Prodekaninnen/Prodekane gibt es trotz der vom Hochschulgesetz zugestandenen größeren Kompetenzen kaum eine Handhabe, den Prozess – wie etwa in Industrieunternehmen – mit Macht und **Konsequenzen für „Verweigerer"** durchzusetzen. Meist ist das Klima innerhalb eines solchen Fachbereichs geprägt von Einzelaktionen und heißen oder kalten Konflikten zwischen Gruppen oder Einzelpersonen. In der durch Blockadehaltung geprägten völligen Handlungsunfähigkeit liegt das größte Risiko eines Fachbereichs hinsichtlich seiner Entwicklung bzw. seines Überlebens.

Jedoch zeigt sich, bestätigt durch zahlreiche Gespräche mit Hochschullehrerinnen/Hochschullehren, dass eine **Mehrheit** der Fachbereichsmitglieder nach erfolgten offenen Gesprächen zu **Veränderungsprozessen** bereit ist und sie aktiv mittragen will. Dabei muss nicht zwingend ein Damoklesschwert, wie z.B. stark zurückgehende Studierendenzahlen, über einem Fachbereich schweben. Oft reizt das Neue und vor allem die Möglichkeit, sein Umfeld aktiv mitgestalten zu können. Dies ist der Schlüssel zum Erfolg.

Rollenträger im Veränderungsprozess sind im Wesentlichen die Fachbereichsmitglieder, die Hochschulleitung und die Hochschulverwaltung, aber auch „Externe", wie Ministerien, lokale/regionale Organisationen und ggf. Unternehmen.

In erster Linie muss ein Veränderungsprozess von den unmittelbar Betroffenen initiiert, weiterverfolgt und umgesetzt werden. Im Fachbereich sind dies Hochschullehrer/-innen, Mitarbeiter/-innen und die Studierenden. Die **Ziele** und die wesentlichen Schritte sind im **Fachbereichsrat** zu verabschieden, eine regelmäßige Berichterstattung zum Status wird ebenfalls in diesem Kreis erfolgen.

Die ersten Moderatoren eines solchen Prozesses werden in aller Regel Dekan/-in/Prodekan/-in (Machtpromotoren) sein. Da sie aber auch fachlich und inhaltlich betroffene Personen (Fachpromotoren) in Bezug auf das Geschehen im Fachbereich sind, stellt sich die Frage, ob sie den jeweiligen Rollen in dieser Doppelfunktion gerecht werden können. Besser ist, zu Beginn des eigentlichen Veränderungsprozesses über zusätzliche, **speziell ausgebildete Organisationsentwickler** als Prozessmoderatoren (Prozesspromotoren) zu verfügen, die die Begleitung des Fachbereichs und die Verantwortung für den Gesamtprozess übernehmen.

Die Hochschullehrer/-innen und Mitarbeiter/-innen sind von den eingeleiteten Maßnahmen am stärksten betroffen. Sie vereinbaren die Ziele des Prozesses, die Vorgehensweise und stimmen sich über notwendige Ressourcen ab.

Studierende werden eher am Rande berührt, zielen doch die meisten Veränderungsprozesse auf Studierende späterer Jahrgänge. Dennoch sollten **Studierende** faktisch als deren Stellvertreter, etwa die studentischen Fachbereichsratsmitglieder, in Arbeitsgruppen und in **Entscheidungsfindungen** mit einbezogen werden, vor allem wenn es um ihren Blickwinkel als „Kunden" geht.

Wenn von Seiten der Hochschulleitung, i.d.R. dem Rektorat, keine Strategie- und Veränderungsprojekte aufgesetzt werden, ist eine frühzeitige Information des Rektorats notwendig. Gravierende Maßnahmen sind abzustimmen. Die Rolle des Rektorats wird meist eher als unterstützend für den agierenden Fachbereich und koordinierend zwischen den Fachbereichen gesehen.

Die **Hochschulverwaltung** sollte für sich das **Selbstverständnis des „Dienstleisters"** für die Fachbereiche entwickeln. Denn die Fachbereiche erbringen die primäre Dienstleistung für die Studierenden im Sinne des Hochschulgesetzes. Verwaltungen können sehr gut unterstützen, wenn es beispielsweise darum geht, „Controllingdaten" aufzubereiten oder zur Verfügung zu stellen oder die Evaluierung zu begleiten.

Externe haben eher eine nachgeordnete Rolle in solchen Prozessen. Lokale/regionale Organisationen, wie etwa die Industrie- und Handelskammern, Verbände oder kooperierende Unternehmen können als Informationsträger für zukünftige Entwicklungen und Bedarfe, als Förderer der Ideen oder als Multiplikatoren hinzugezogen werden.

Zusammenfassend kann gesagt werden: Will ein Fachbereich einen **ganzheitlichen Prozess** zur Entwicklung seiner Organisation zielgerichtet beginnen, gilt es,

- gemeinsam den Ist-Zustand zu den Themenkomplexen Produkte, Dienstleistungen, Klima und Kultur im Fachbereich zu ermitteln,
- von Beginn an die Situation durch Versachlichung und Information zu prägen,
- neben den – eventuell gemeinsam zu erarbeitenden – Zielen und wesentlichen Prozessschritten die Beteiligungsmöglichkeiten klar aufzuzeigen,
- die Rollen der Akteure und die Verantwortlichkeiten zu klären,
- geeignete Weiterbildungsmaßnahmen einzuleiten,
- geplante Maßnahmen konsequent umzusetzen,
- die Ergebnisse zu kontrollieren und mit den Zielen zu vergleichen sowie ggf. nachzubessern und
- die betroffenen Menschen in jeder Prozessphase durch offene Kommunikation für den jeweiligen Prozessschritt zu sensibilisieren und zu integrieren.

In Anlehnung an von Rosenstiel (2003) sind weitere Punkte **wichtige Voraussetzungen** für die Organisationsentwicklung in Fachbereichen:

- Die Organisation befindet sich in keiner Existenzkrise.
- Ein starkes Dekanat (Machtpromotor) unterstützt diesen Prozess.
- Die Beziehung zwischen Dekanat und den anderen Mitgliedern des Fachbereichs (Fachpromotoren) ist nicht tief greifend gestört.
- Organisations- und Personalfunktion kooperieren eng miteinander.
- Die einzelnen Organisationseinheiten sind relativ autonom.
- Ein Problembewusstsein hat sich bereits entwickelt.
- Es besteht die Bereitschaft für eine kooperative Vorgehensweise.
- Es besteht die Bereitschaft zum Experimentieren.
- Die Organisationsmitglieder sind bereit, sich auf längerfristige Prozesse einzulassen und nicht unter Erwartungsdruck sofort Sachlösungen erbringen zu müssen.
- Es besteht die Bereitschaft, externe und interne Prozessmoderatoren (Prozesspromotoren) einzusetzen.

Weiterhin nennt von Rosenstiel (2003) **wichtige Führungsprinzipien** für den Umgang mit Fachbereichsmitgliedern während der Veränderungsprozesse:

- rechtzeitig informieren,
- notwendigkeiten erklären,
- zuhören und diskutieren,
- Stabilität im Wandel betonen,
- zur Veränderung motivieren,
- für neue Anforderungen qualifizieren,
- Betroffene in Entscheidungen einbeziehen,
- Veränderungsbereitschaft vorleben,
- Erfolge auf dem Weg feiern.

Die **Prozessmoderatoren** sollten durch eine umfassende Ausbildung über Kompetenzen in folgenden Feldern verfügen:

- Kenntnisse in Persönlichkeits- und Organisationsentwicklung (z.B. psychologische Grundlagen, Wahrnehmung, Kommunikation, Gehirn-Lernen-Gedächtnis, soziales Lernen, radikaler und sozialer Konstruktivismus, Gruppendynamik, Transaktionsanalyse, themenzentrierte Interaktion, Gestaltarbeit, neurolinguistisches Programmieren, systemische Beratung, Coaching, Supervision),
- Kenntnisse in der Moderation von Gruppen (Moderations- und Fragetechniken, Visualisieren und Medieneinsatz, Präsentationstechnik, Kreativitätstechniken, Methoden der Problemlösung und Entscheidungsfindung, Feedback, Seminargestaltung),
- Kenntnisse in Ziel-, Zeit- und Selbstmanagement, Zeitplanungssysteme,
- Kenntnisse in Projektmanagement, Gruppenarbeit, Teamentwicklung, Teamführung und Konfliktbewältigung.

Die größte Chance, die ein solcher Prozess bietet, ist, in einem Fachbereich zu arbeiten, dessen Mitglieder hohe Innovationsbereitschaft mit hohem Engagement im Alltagsgeschäft verknüpfen und dadurch große Arbeitszufriedenheit erreichen.

6.4 Ermittlung von Ist- und Zielzustand, Fragestellungen

Da Fachbereiche in vielen Fällen unter chronischem Finanzmangel leiden, dürfen Methoden zur Organisationsentwicklung nicht sehr kostenintensiv sein. Im Folgenden sollen einige Beispiele vorgestellt werden, wie sich mit einfachen „Bordmitteln" bereits gute Ergebnisse erzielen lassen. Vorteilhaft bei allen Beispielen ist, dass viele Fachbereichsmitglieder in den Prozess mit einbezogen werden können und somit eine breite Akzeptanz zu erreichen ist. Zudem können die Veränderungspotenziale der Mitglieder genutzt werden. Notwendige Hilfsmittel sind der Teilnehmerzahl angepasste Räumlichkeiten, Moderationsmaterial, Pinnwände, Stuhlkreis (Plenum) und Arbeitstische (Gruppenarbeit) sowie Getränke und Verpflegung.

6.4.1 Moderierter Workshop

Der moderierte Workshop verläuft nach den klassischen Regeln des Moderationszyklus (vgl. Seifert 1994 und Freimuth 2000). Er ist in sechs Phasen aufgeteilt und kann von mehreren Stunden bis zu zwei Tagen dauern.

> ► **Einstieg**

In diesem Moderationsschritt wird der Workshop eröffnet, ein positives Arbeitsklima geschaffen, Erwartungen werden abgefragt, eine Kennenlernrunde (bei externem Moderator) durchgeführt und die Orientierung (Zielsetzung, Zeitplanung, Regeln, Methodik, Dokumentation) für die gemeinsame Arbeit gegeben.

> **Themen sammeln**

Dies ist der erste inhaltliche Arbeitsschritt. Durch gezielte Fragestellung werden Themen gesammelt und visualisiert, die konkret bearbeitet werden können.

> **Themen auswählen**

Hier wird anhand des Themenspeichers durch „Punktvotum" festgelegt, welche Themen in welcher Reihenfolge bearbeitet werden.

> **Thema bearbeiten**

In diesem Arbeitsschritt werden die Themen entsprechend der festgelegten Rangfolge mit der dafür vorher festgelegten Methodik bearbeitet. Mögliche Inhalte sind: Informationssammlung/-austausch, Problemanalyse/-lösung, Entscheidungsvorbereitung und Entscheidung.

> **Maßnahmen planen**

Hier wird in einer Matrix festgelegt, welche Maßnahmen/Aktivitäten aufgrund der Ergebnisse aus der Themenbearbeitung durchgeführt werden sollen, wer verantwortlich ist, bis wann die Maßnahme durchgeführt werden soll und wie sie kontrolliert wird.

> **Abschluss**

Reflexion des Gruppenprozesses, Erwartungen, Effektivität und Effizienz, Zufriedenheit mit dem Ergebnis, Gruppen- und Arbeitsklima.

6.4.2 Zukunftswerkstatt

Basierend auf einem gemeinsamen „Problem" der Akteure verläuft eine Zukunftswerkstatt über zwei bis drei Tage in drei Phasen (vgl. Sohr 2004):

> **Kritikphase**

In der ersten Phase geht es darum, alle zu dem ausgewählten Problem relevanten Kritikpunkte zu bewerten, in diesem Fall also eine kritische Bestandsaufnahme des aktuellen Zustandes des Fachbereichs aus der Problemperspektive (was nicht ausschließt, dass es auch positive Charakteristika gibt!). In zufällig ausgewählten Kleingruppen werden Problemfelder identifiziert, die im Plenum zu Clustern zusammengefasst und im Hinblick auf ihre Problematik bewertet werden. Aus dem Ranking ergeben sich größere und kleinere Problembereiche.

> **Utopiephase**

In der anschließenden Utopiephase wird versucht, einen Idealzustand zur Lösung des Problems zu phantasieren. Diese Phase steht ganz im Zeichen der Entwicklung von Visionen, z. B. Fachbereich 2010 oder 2015 – was könnte, sollte, müsste sich alles verändert haben, damit keine Wünsche mehr offen bleiben. In dieser Phase, die mit einem komprimierten Kreativitätstraining beginnt, geht es bewusst um Ideale – unabhängig von ihrer Realisation. Hier sind den zufällig ausgewählten Arbeitsgruppen und ihrer Phantasie keine Grenzen gesetzt! Die Präsentation der Ideen sowie die Bewertung und Zuordnung der besten Ideen zu den Problemfeldern erfolgt im Plenum.

➤ Praxisphase

In der abschließenden Praxisphase wird der **Ist-Zustand (Kritikphase)** dem **Soll-Zustand (Utopiephase)** gegenübergestellt und nach konkreten Praxisprojekten gesucht, die nach Abschluss des Workshops in einer „permanenten Werkstatt" verwirklicht werden können. Dazu werden in einer Matrixanalyse die Faktoren „Attraktivität" und „Umsetzbarkeit" der Visionen miteinander abgewogen, um konkrete Projektansätze zu entwickeln. In mehreren Expertenteams, die sich nach persönlicher Kompetenzabwägung zusammenfinden, werden praktische Projektvorschläge kreiert, die Ergebnisse anschließend im Plenum vorgestellt, diskutiert und weiterentwickelt. Ergebnis ist ein Projektkatalog zur Umsetzung in der „permanenten Werkstatt", der in der Nachbereitungsphase Verantwortung und Marketing für die Projekte erfordert, aber auch eine gründliche Nachprüfung zur Trennung der utopischen von den tatsächlich realisierbaren Projekten.

6.4.3 SWOT-Analyse

Eine gute Möglichkeit, um schnell und mit wenig Aufwand die Ausgangslage eines Fachbereichs zu erfassen, bietet die SWOT-Analyse (vgl. Jungkind, Vieregge und Schleuter 2004). Hiermit wird einerseits die Gegenwartssituation mit den Strength (Stärken) und Weaknesses (Schwächen) erfasst, andererseits die Zukunftsperspektive mit den Opportunities (Chancen) und Threats (Risiken). Alle Beteiligten erhalten Blanko-Blätter, die anonym ausgefüllt und zentral abgegeben werden. Es ist darauf zu achten, dass nicht mehr als 10 Aspekte je Feld eingetragen werden, um die Auswertung einfach und überschaubar zu halten. Die Einträge sollen kurz und prägnant formuliert werden. Ähnliche Antworten werden anschließend zusammengefasst. Das Ergebnis ist ein Fachbereichs-SWOT-Vordruck mit einer Rangfolge der Einzelaspekte je Feld. In der folgenden Abbildung ist beispielhaft ein SWOT-Vordruck dargestellt.

AUSGEFÜLLTER VORDRUCK SWOT-ANALYSE (VERKÜRZT)	
Stärken	**Schwächen**
■ interdisziplinär zusammengesetztes Dozententeam ■ gutes „Betriebsklima" ■ sehr gute Ausstattung (Laborgebäude, Rechner) ■ engagierte Mitarbeiter/-innen ■ innovative Studienmethoden ■ z.T. sehr gute Industriekontakte ■ werbewirksamer FB-Name	■ fehlende Identifizierung von Kollegen mit den einzelnen Studiengängen ■ schlechte Vermarktung des FB ■ z.T. schlechte Zuordnung von Mitarbeitern zu Laboren (Qualifikation, Führungsprobleme, ...) ■ „Zergliederung" des FB (2 Standorte: Hauptgebäude, Laborneubau) ■ schlechte interne Kommunikation ■ einige Kollegen tragen das inhaltliche und methodische Gesamtkonzept nicht mit ■ für Studierende unattraktiver Standort
Chancen	**Risiken**
■ Dipl.-Ing., Dipl.-Wirtsch.-Ing., Dipl.-Betriebswirt/-in ■ Bachelor/Master ■ Campusidee im/um das Laborgebäude	■ zu starke Diversifizierung der Produkte ■ Kollegenschaft, die das Gesamtkonzept nicht trägt (inhaltlich, Ressourcenverteilung) ■ schlechtes Fachbereichsmanagement

6.4.4 Fragestellungen und Ziele

Die folgende Checkliste skizziert, wie sich z. B. für den Macht- oder Prozesspromotor im Vorfeld der Initiierung eines Entwicklungsprozesses im Fachbereich wichtige **Basisinformationen erfassen** lassen und was mögliche Ziele sein könnten:

- Wie sieht die Organisationsstruktur des Fachbereichs aus? Ist das sinnvoll?
- Welche Rollen, Aufgaben und Funktionen haben die Mitglieder des Fachbereichs?
- Welche Aufgaben und Funktionen sind innerhalb der Organisationsstruktur nicht besetzt?
- Über welche Kompetenzen verfügen Professoren/-innen und Mitarbeiter/-innen?
- Sind alle personellen Potenziale genutzt?
- Wie verhalten sich die einzelnen Mitglieder im Fachbereich?
- Gibt es Regeln, Verhaltensmuster, Rituale?
- Welche sozialen Bindungen existieren im Fachbereich?
- Gibt es Allianzen, Seilschaften oder Kooperationen?
- Gibt es Einzelgänger?

- Gibt es Konflikte? Wenn ja, wie äußern sie sich und in welchem Stadium sind sie?
- Wie ist die Erreichbarkeit der einzelnen Mitglieder?
- Wodurch können die einzelnen Mitglieder aktiviert werden?
- Wie sehen Studierende den Fachbereich?
- Wie sind Studierende im Fachbereich eingebunden?
- Haben Studierende nur sozialen Bezug zum eigenen Semester oder darüber hinaus?
- Arbeiten Studierende freiwillig in fachbereichsbezogenen Projekten mit?
- Wie ist der Status des Fachbereichs innerhalb der Hochschule?
- Gibt es Konflikte mit dem Rektorat?
- Wie ist die Stellung des Fachbereichs im Vergleich zu anderen Fachbereichen?
- Wie ist das Verhältnis zur Verwaltung?
- Wie ist das Verhältnis zu anderen Dienstleistern an der Hochschule?
- Wie ist das Verhältnis zu lokalen, regionalen und überregionalen Institutionen?
- Wie ist das Verhältnis zu Ministerien?
- Welche sächlichen Ressourcen werden nicht genutzt oder verschwendet?
- ...

Mögliche Ziele können sein:
- Steigerung der Anfänger/-innenzahlen,
- Verbesserung der Qualität der Ausbildung,
- Verbesserung des Lehrangebotes,
- Integration studentischer Projekte in die Fachbereichsentwicklung,
- Verbesserung der Zusammenarbeit im Fachbereich,
- Internationalisierung,
- Verstärkung der Forschungsaktivitäten,
- Verstärkung der Weiterbildungsaktivitäten,
- Spaß an der Arbeit,
- ...

6.5 Organisationsentwicklung mit Hilfe des Szenariomanagements

Am **Beispiel eines Organisationsentwicklungsprozesses** des Fachbereichs Produktion und Wirtschaft der Fachhochschule Lippe und Höxter soll gezeigt werden, mit welchen Maßnahmen die Fachbereichsentwicklung konkret initiiert und vorangetrieben werden kann und welche Erfahrungen damit gemacht worden sind.

6.5.1 Ausgangssituation

An der Fachhochschule Lippe und Höxter mit den Standorten Lemgo, Detmold und Höxter sind zurzeit etwa 5.000 Studierende in 9 Fachbereichen eingeschrieben. Der Fachbereich Produktion und Wirtschaft FB 7 ist neben dem Fachbereich Architektur und Innenarchitektur die größte Einheit der Hochschule mit knapp 1.000 Studierenden. Der Fachbereich bietet bislang die vier Studiengänge Produktionstechnik (Dipl.-Ing.), Holztechnik (Dipl.-Ing.), Logistik (Dipl.-Wirt.-Ing.) und Wirtschaft (Dipl.-Betriebwirt/-in) an. In der studentischen Ausbildung sind 23 Professoren/-innen und 14 Mitarbeiter/-innen tätig.

Mitte 2002 stellte sich im Rahmen der Zielvereinbarungen mit dem Rektorat die Frage, ob die derzeitige Positionierung und Zukunftsausrichtung des Fachbereichs sinnvoll ist, ob diese ggf. verändert werden muss und wie die Vermarktung künftig zu gestalten ist. In der Vergangenheit hat sich der Fachbereich eher aus dem „Bauch heraus", entsprechend den zur Verfügung stehenden personellen Ressourcen oder durch „Einwirkung von außen" weiterentwickelt. Da die Unsicherheit der richtigen Positionierung jedoch blieb, reifte der Entschluss, diese Fragen systematisch zu beantworten.

Mit Unterstützung der Scenario Management International AG (ScMI AG) aus Paderborn wurde im August 2002 ein Strategie-Projekt aufgesetzt, dessen Abschlussbericht Ende November 2002 vorlag. Im Wesentlichen wurde dabei das **Szenario-Management als leistungsfähiges Instrument** zum Umgang mit Instabilität und Unsicherheit eingesetzt (vgl. Fink, Schlake und Siebe 2001).

Es berücksichtigt drei wesentliche Anforderungen des modernen Managements:
- **Zukunftsoffenes Denken:** Angesichts der vielfältigen Unsicherheiten ist es notwendig, mehrere denkbare „Zukünfte" zu ermitteln und bei der Entscheidungsfindung ins Kalkül zu ziehen.
- **Vernetztes Denken:** Hochschulen und deren Fachbereiche dürfen ihre Entscheidungen nicht auf der isolierten Betrachtung einzelner Faktoren aufbauen, sondern müssen die Zusammenhänge zwischen dem Umfeld und den eigenen Lenkungsmöglichkeiten analysieren und berücksichtigen.
- **Strategisches Denken:** Solange sich das Umfeld der Hochschulen nicht wesentlich veränderte, reichte vielfach die Konzentration auf eine kurz- bis mittelfristige Detailsteuerung. Heute müssen die Hochschulen und deren Fachbereiche eine Vision davon entwickeln, wie angesichts der zukünftigen Möglichkeiten ihre eigene wünschenswerte Zukunft aussieht und mit welchen Strategien sie dieses Ziel erreichen wollen.

Im Szenariomanagement werden diese drei Anforderungen miteinander verknüpft: Ein Szenario ist hier eine mögliche Situation in der Zukunft, die auf einem Netzwerk von Einflussfaktoren beruht und mit dem die **vier wesentliche Fragen** beantwortet werden können:
- Welche Ausgangssituation liegt vor?
- Auf welche Umfelder könnten Hochschulen und deren Fachbereiche in der Zukunft stoßen?
- Wie können sich Fachbereiche überhaupt strategisch aufstellen?
- Wie sieht der Prozess aus, mit dem Fachbereiche ihre Zukunft planen können, bzw. wie ist das Szenariomanagement anzuwenden?

In zwei ganztägigen Workshops mit Fachbereichsmitgliedern aller Statusgruppen und externen Fachleuten sind auf der Basis einer umfangreichen strategischen Analyse zunächst so genannte **„Umfeldszenarien"** erarbeitet worden (siehe Abb.; vgl. auch Jungkind und Siebe 2003). Das sind kaum beeinflussbare zukünftige Rahmenbedingungen, die auf die gesamte Hochschule zutreffen können.

Die Teilnehmer schlossen sich in Bezug auf den Fachbereich Produktion und Wirtschaft einhellig dem Szenario „Spezialisierte Angebote im Kampf um wenige Studierende" an. Kennzeichen für dieses Szenario sind z. B.:
- eher langfristig abnehmende Studienanfängerzahlen,
- zunehmende Wettbewerbsintensität,
- Druck zur Profilbildung durch Spezialisierung,
- unzureichende staatliche Grundfinanzierung,
- Spezialistendominanz.

Weiterhin sind so genannte „Strategieszenarien" erarbeitet worden, Szenarien, die der Fachbereich voll beeinflussen und damit auch verfolgen kann. Aus dem vorliegenden Spektrum der Strategieoptionen ist einstimmig „Alles aus einer Hand oder komplette Prozesse in einem Fachbereich" ausgewählt worden (vgl. Abbildung). Dieses Szenario wird später beispielhaft erläutert.

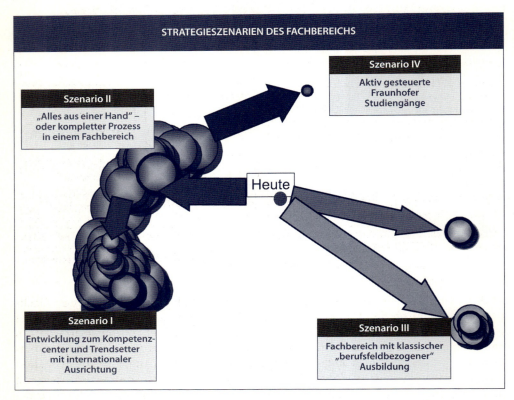

Der Fachbereich kann mit den Ergebnissen des Projektes seine vier Studiengänge bestens in ein schlüssiges und vermarktbares Konzept integrieren. Die vier Studiengänge tragen als Säulen nicht nur den Fachbereich, sondern sie bauen konsequent aufeinander auf, wie die folgende Abbildung zeigt.

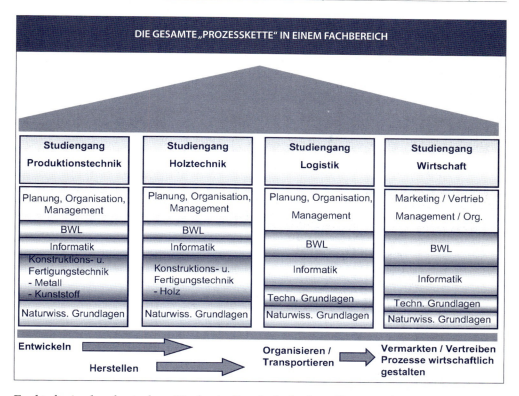

Es dürfte in der deutschen Hochschullandschaft einmalig sein, dass in einem **Fachbereich die komplette „Prozesskette" eines Produktionsunternehmens** abgebildet wird: In der „Produktionstechnik" steht der industrielle Herstellungsprozess nach neuesten Technologien und Managementmethoden im Vordergrund. Die „Holztechnik" beschäftigt sich neben der Planung und Steuerung von industriellen Produktionsprozessen für Möbel, Häuser und dgl. auch intensiv mit der Entwicklung und Konstruktion von Holzprodukten. Schwerpunkt der „Logistik" ist der innerbetriebliche Materialfluss, die Lagerung/Kommissionierung von Teilen und Produkten sowie das dazugehörige Informationsmanagement. Im relativ neuen Studiengang „Wirtschaft" geht es um das Vermarkten und Vertreiben von Produkten sowie um die Optimierung der gesamten Prozesskette nach ökonomischen Gesichtspunkten.

Die Prozesshaftigkeit entlang der vier Studiengänge bildet sich auch innerhalb jedes Studienganges ab. Überall fließen Schwerpunkte aus Naturwissenschaft, Technik, Gestaltung, Informatik, neuen Medien, Wirtschaft und Management ein, jedoch mit unterschiedlicher Ausprägung. Dies führt zu einer breit angelegten Ausbildung und sichert eine bestmögliche Einsatzfähigkeit in der Berufspraxis.

Ein erster Schritt zur Bündelung der Ressourcen einerseits und der Verbreiterung der Wahlmöglichkeiten für Studierende andererseits ist parallel zum Projekt „Szenariomanagement" bereits unternommen worden: Alle Studienangebote des Fachbereichs sind modularisiert und in eine Diplomprüfungsordnung integriert.

Auf der Basis der Projektergebnisse wurde ein **Fachbereichsleitbild** erarbeitet, aus dem erste notwendige Maßnahmen abgeleitet werden konnten. **Schwerpunkte** bildeten dabei z.B.
- die Steuerung der notwendigen Aktivitäten mittels des Projektmanagements,
- die Veränderung der internen Organisation,
- die Optimierung des Informationsmanagements.

Diese drei Schwerpunkte werden im Weiteren näher erläutert. Zudem wurden als erste Schwerpunkte zur Umsetzung herausgearbeitet:
- die Etablierung eines auf die „Produkte" (Studiengänge) und die Prozesskette bezogenen Vermarktungskonzepts,
- der weitere Ausbau des bereits seit Jahren beschrittenen Weges der Projektarbeiten (interdisziplinär über die vier Studiengänge angelegt, prozessorientiert),
- der Ausbau eines Alumni-Netzwerks,
- die Erarbeitung und Umsetzung eines Raumkonzeptes für den Fachbereich (Auflösen von Einzellabors, Bildung von Kompetenzteams, gemeinsame Laborräume),
- die gezielte Weiterbildung aller Fachbereichsmitglieder, vor allem in den Bereichen Methoden- und Medienkompetenz.

Mit der professionellen Begleitung durch die ScMI AG ist für den Fachbereich eine klare Zukunftsstrategie mit konkreten Handlungsschritten erarbeitet worden. Aus heutiger Sicht sind die wesentlichen Vorteile dieses Prozesses:
- Konsens zu einem Umfeldszenario, dem der Fachbereich sich aktiv stellen muss,
- Erarbeitung einer klaren Zukunftsstrategie mit konkreten Handlungsschritten.

Durch die **Integration aller Statusgruppen** in den Prozess, die stete Information und Kommunikation zu Zwischenergebnissen wurden die erarbeiteten Ergebnisse von Allen mitgetragen. Besonders die beiden von ScMI AG moderierten Workshops und die Darstellung in Form von Portfolios haben dazu beigetragen, dass sachlich über Zukunft gesprochen und schließlich Konsens erreicht wurde. Dies hat dazu geführt, dass sich bei den Mitgliedern des Fachbereichs der „Geist" verändert hat: Jeder weiß, in welche Richtung die Entwicklung erfolgen wird.

6.5.2 Leitbild und Verpflichtung

Wie sieht nun der Prozess aus, mit dem Fachbereiche ihre Zukunft planen können bzw. das Szenariomanagement anwenden?

In der fünften Phase der Strategieformulierung lag schließlich im November 2002 bereits ein erster **Entwurf eines Leitbildes** vor, der in den folgenden Wochen mit allen Fachbereichsmitgliedern intensiv diskutiert und Ende des ersten Quartals 2003 verabschiedet wurde. Alle Professoren/-innen und Mitarbeiter/-innen haben das Leitbild unterschrieben; jedes neu eingestellte Fachbereichsmitglied tut dies ebenso. Damit haben sich alle Fachbereichsmitglieder auf die „formulierten Grundaussagen" verpflichtet. So finden strategische Entscheidungen, Ressourcenverteilung oder auch die Austragung von Meinungsverschiedenheiten ihre Grundlage und Orientierung in diesem Leitbild. Die folgende Abbildung zeigt einen Ausschnitt des Fachbereichsleitbilds, das vollständig unter www.fh-luh.de/fb7 („Wir über uns") veröffentlicht ist.

> **AUSSCHNITT AUS DEM „LEITBILD FACHBEREICH PRODUKTION UND WIRTSCHAFT"**
>
> - Wir – der Fachbereich Wirtschaft und Produktion der Fachhochschule Lippe und Höxter – sind ein Anbieter anspruchsvoller, modular gegliederter Ausbildungsgänge.
> - Wir sehen uns im Leistungswettbewerb vergleichbarer Hochschulen.
> - Unsere besondere Stärke liegt darin, dass wir mit unseren Studiengängen Produktionstechnik, Holztechnik, Logistik und Wirtschaft vollständige Prozess- und Wertschöpfungsketten von Unternehmen branchenübergreifend von der Entwicklung/Konstruktion über die Fertigung/Transportwesen bis zum Marketing/Vertrieb abbilden.
> - Trotz immer knapper werdender Ressourcen streben wir eine bestmögliche Ausbildung unserer Studierenden an und sichern dies vor allem durch
>   - die inhaltliche Qualität der Lehre, d.h. ein fachlich anspruchsvolles und inhaltlich zeitnahes Lehrangebot,
>   - Praxisnähe und Vernetzung der Studieninhalte
>   - Evaluation der Lehrenden, Studierenden, des gesamten Ausbildungskonzeptes und der Organisationsstruktur des Fachbereiches
>   - moderne Lehrkonzepte, mit denen unsere Studierenden auf Basis einer fundierten Fachkompetenz unter anderem über die Vermittlung von Sprach-, Methoden- und Sozialkompetenz zu verantwortlichen Leistungsträgern und Problemlösern entwickelt werden,
>   - die Pflege von Auslandskontakten innerhalb eines Netzes internationaler Bildungseinrichtungen.

Die sechste Phase, die Strategieumsetzung, erfolgte Anfang 2003 auf Basis des Leitbilds in Form der Ableitung konkreter Konsequenzen und Umsetzung von Maßnahmen.

6.5.3 Projekte

Auf Basis der Ergebnisse des Szenariomanagement-Prozesses und des Leitbildes konnten nun konkrete Maßnahmen erarbeitet werden. Verantwortlich für diesen Prozess müssen, wie bereits angemerkt, Dekan/-in und Prodekan/-in sein. Für eine Fachbereichsentwicklung ist ein **professionelles Projektmanagement** unerlässlich. Einen hohen Stellenwert nimmt dabei die Methodik ein. Gemeint ist damit vor allem die Verwendung standardisierter Vordrucke, der laufende Abgleich des Projektstands und eine gute Moderation in den Abstimmungssitzungen.

Die folgende Abbildung zeigt einen Ausschnitt des Übersichtsblatts zu allen gestarteten Maßnahmen. Die Projekte sind nummeriert, bezeichnet und mit **einem/-r** Verantwortlichen, vereinbartem Termin und Bearbeitungsstatus versehen. Die Projekte, die im Zusammenhang mit der Zielvereinbarung mit dem Rektorat bestehen, sind besonders gekennzeichnet.

PROJEKT-ÜBERSICHTSBLATT

Projektübersicht — Stand: 19.03.2004

Nr.	Aktivität	verantwortlich	Termin	Status 1	2	3	4
7	DV-Infrastruktur BWL, Informatik, Planung	Seitz	kontinuierlich	x	x	x	
8	Interne Evaluation	Krause	19. KW	x	x	x	
9	Raumplanung Laborgebäude (abgestimmtes Konzept)	Meier	16. KW	x	x	x	
10	CI Laborgebäude	Schulze	48. KW	x	x		
12	Internetauftritt	Hartmann	kontinuierlich	x	x	x	
13	Marketing/Werbematerial	Binder	kontinuierlich	x	x	x	
15	Künftige Stellenplanung	Kurz	kontinuierlich	x	x	x	
19	Konsolidierung Studiengang Wirtschaft	Fischer	kontinuierlich	x	x	x	
20	3D-Symposium 2004 - Technik und Design	Becker	33. KW	x	x	x	
29	Ausbau der Produktionstechnik (Konzept/Statusbericht)	Groß	kontinuierlich	x	x	x	
30	Internationalisierung	Meier	35. KW	x	x		
31	Forschungsaktivitäten	Franke	35. KW	x	x		
32	SAP	Siebert	25. KW	x	x	x	
37	BA/MA (Konzept)	Ackermann	40. KW	x	x		

Legende:
1 definiert
2 in der Bearbeitung
3 ausgearbeitet
4 umgesetzt

➤ Zielvereinbarung mit dem Rektorat

Zusammen mit jedem/-r Projektverantwortlichen ist ein Einzel-Projektblatt erarbeitet worden, in dem – entsprechend dem Szenariomanagement-Ergebnis und Leitbild – die konkreten Ziele und Einzelaktivitäten formuliert sind. Die nächste Abbildung zeigt ein solches Hilfsmittel.

EINZEL-PROJEKTBLATT

Projekt: Evaluierung des FB — Stand: 19.03.2004 — Nr. 8
Verantwortlich: Krause
Ziele:
- ☐ Umsetzung der Vorgaben des WiMi
- ☐ Permanente Sicherung der Qualität der Lehre
- ☐ Definition von Qualitätszielen, Stärken- /Schwächenanalyse
- (Was wollen wir? Wo stehen wir? Wodurch wird die Qualität unserer Produkte beschrieben?)
- ☐ Durchführung einer internen Evaluation
- Maßnahmen definieren

Schritte:

	Aktivität	Termin / KW	Unterstützung durch
1.	Auswertung bereits vorhandener Daten	38. KW 03	
2.	Definition von Zielen entsprechend der Zielvorgaben des WiMi und Rektorats	40. KW 03	Schulze
3.	Interne Evaluation	11. KW 04	Beier
4.	Evaluationsbericht / Maßnahmenkatalog	30. KW 04	

= erledigt

Sowohl die Projektauswahl als auch die Einzel-Projektblätter sind in Besprechungsrunden mit allen Fachbereichsmitgliedern abgestimmt und verabschiedet worden.

Alle Projektblätter wurden und werden an einem Informationsboard im Dekanat für alle sichtbar ausgehängt und von einer Fachbereichsmitarbeiterin aktualisiert. Zudem werden alle Unterlagen regelmäßig per Mail versendet.

In den regelmäßigen Besprechungen seit Etablierung der Projekte wurde ein Projekt nach dem anderen mit allen Fachbereichsmitgliedern diskutiert, z. T. modifiziert oder auch aus der Liste herausgenommen und abgeschlossen.

Die Erfahrungen mit dem beschriebenen Projektmanagement sind positiv. Zu Beginn gab es von einigen Professoren erhebliche Bedenken; das Ganze sei zu „aufgeblasen und formalistisch". Andere wollten sich nicht festlegen lassen. Diejenigen, die im Szenarioprozess jedoch aktiv beteiligt waren, hatten eine andere Sicht. Für sie stellte es sich als absolut notwendig dar, Maßnahmen so konkret wie möglich zu formulieren und den Bearbeitungsstand permanent nachzuhalten. Durch Beharrlichkeit des Dekans und Prodekans und mit Unterstützung der „aktiven" Kollegen/-innen wurde das System nach einigen Wochen etabliert und schließlich von den meisten ohne Einschränkungen angenommen.

6.5.4 Veränderung der Aufbauorganisation

Als ein erhebliches Problem im Fachbereichsentwicklungsprozess hatte sich das Thema „Außendarstellung/Vermarktung" herausgestellt.

Der Fachbereich erreichte die möglichen interessierten Schüler/-innen nur sehr schlecht. Es hatte sich u.a. durch Befragungen bei Neuimmatrikulierten herausgestellt, dass Außenstehende mit dem Fachbereich als Einheit nichts anfangen können, mit Studiengängen und Berufsbildern jedoch deutlich mehr.

Der Fachbereich reagierte wie folgt: Zunächst sind alle Fachbereichsmitglieder aufgefordert worden, sich **einem** der vier Studiengänge zuzuordnen. Bei einigen Mitgliedern ging dies sehr schnell, da sie fast ausschließlich in einem bestimmten Studiengang tätig waren. Andere hatten damit mehr Probleme, da sie Lehrveranstaltungen in mehreren Studiengängen durchführten. Mit dem Hinweis, dass es eine temporäre Zuordnung sei, haben sich schließlich fast alle Mitlieder zugeordnet. Jedes Team wählte eine/-n Sprecher/-in, der/die folgende Aufgaben hat:
- Produktmanagement des „Produkts" Studiengang,
- Koordination nach innen und außen,
- Kommunikation nach innen und außen,
- „Anwalt/Anwältin" der Interessen des Studiengangs im Fachbereich und innerhalb der Hochschule,
- Marktbeobachtung (Schüler/-innen, Verbände, Trends, Wirtschaft, ...), um Studiengangsanpassungen anzustoßen.

Diese organisatorische und auch deutlich nach außen kommunizierte **Veränderung der Aufbauorganisation** hat im Fachbereich einen deutlichen positiven Schub erzeugt.

Als wesentliche **Vorteile** sind zu nennen:
- Konzentration der Personalressourcen auf das „Produkt" Studiengang, mit dem Erfolg, dass die Zahl der Neueinschreibungen im folgenden Wintersemester in allen Studiengängen erheblich gestiegen ist (Zuwachs um durchschnittlich 60 %),
- spürbare Verbesserung der Kommunikation untereinander (innerhalb der Teams), z. B. durch regelmäßige Termine,
- deutliche Verbesserung der Studiengangvermarktung und Beratung der Studierenden.

Nach etwa zwei Jahren Erfahrung mit dieser neuen Struktur zeigt sich auch die **Kehrseite** der Medaille. Die Teams entwickeln z. T. ein Eigenleben und neigen dazu, sich abzugrenzen. Dies widerspricht dem Gedanken des Fachbereichs, sich als „ein Unternehmen" darzustellen. Dem wird inzwischen durch ein recht aufwendiges Informationsmanagement gegengesteuert.

6.5.5 Informationsmanagement

Bei derart gravierenden Veränderungen, wie sie im Fachbereich Produktion und Wirtschaft in den vergangenen zwei Jahren stattgefunden haben, ist eine **permanente Information aller Fachbereichsmitglieder,** die Kommunikation untereinander und die Abstimmung mit der Hochschulleitung notwendig. Zu Beginn des Gesamtprozesses ist in dieser Hinsicht von Seiten des Dekanats eindeutig zu wenig geschehen. Zusammen mit den Statusgruppen wurde ein entsprechendes Konzept erarbeitet.

Neben den etwa alle vier Wochen stattfindenden Fachbereichsratssitzungen, in denen im Wesentlichen wichtige Entscheidungen getroffen werden, fanden ca. alle drei Wochen Sitzungen aller Professoren/-innen statt, in denen primär die Projekte besprochen wurden. Ein vergleichbarer Kreis wurde mit den Mitarbeitern/-innen eingerichtet, der auch vom Dekan/Prodekan moderiert wurde. Die Mitarbeiter/-innen äußerten ausdrücklich den Wunsch nach einem regelmäßigen Termin ohne die anderen Professoren/-innen, um ohne Vorbehalte alle Dinge offen diskutieren zu können.

Eine wesentliche Kommunikationsplattform stellten die **regelmäßigen Zusammenkünfte der Studiengangsteams** (Professoren/-innen, Mitarbeiter/-innen, Studentenvertreter/-innen) dar, in denen statusgruppenübergreifend gearbeitet wurde. Schließlich kamen die vier Studiengangssprecher/-innen in unregelmäßigen Zeitabständen zu Abstimmungen mit dem Dekan/Prodekan zusammen. Parallel sind alle wesentlichen Arbeitspapiere an alle Fachbereichsmitglieder einschließlich der studentischen Vertreter per E-Mail verteilt worden.

6.6 Weitere Beispiele für Produkt-, Fachbereichsklima- und Fachbereichskulturentwicklung

Idealerweise entwickeln zukunftsfähige Fachbereiche gezielt extern vermarktbare und zukunftsfähige Produkte und Dienstleistungen. Interne Grundlage hierfür ist ein gesundes und stabiles, auf die Anforderungen der Zukunft ausgerichtetes Arbeitsklima, resultierend aus einer sich ganzheitlich entwickelnden Fachbereichkultur. Produkt- und dienstleistungsbezogene Beispiele sind die durch den Bologna-Prozess angestoßenen Bachelor- und Masterstudiengänge, die Weiterentwicklung dualer Studiengänge sowie die Möglichkeit, Teile des Curriculums zukünftig auch Nichthochschulangehörigen in Form fachbezogener Fort- und Weiterbildung anzubieten. Weitere bewährte Beispiele, die sowohl produkt- und dienstleistungsbezogen als auch klima- und kulturfördernd sind, werden im Folgenden beschrieben.

6.6.1 Schlüsselqualifikationen und die AG SQ

Der Fachbereich Angewandte Naturwissenschaften der Fachhochschule Gelsenkirchen legt speziell im Hinblick auf nachhaltige Berufsfähigkeit besonderen Wert auf die zusätzliche Vermittlung und den Erwerb außerfachlicher Kompetenzen – den so genannten Schlüsselqualifikationen (SQ). Dies erfolgt studienbegleitend und/oder studienintegriert direkt an Aufgabenstellungen des Fachstudiums. Ziel ist es, durch ein breites Angebot eine **vielschichtige außerfachliche Kompetenzentwicklung** zu ermöglichen, die zum eigenständigen Erarbeiten und Erhalten der Berufsfähigkeit und Lebensqualität dient. Zielgruppen sind Studierende aller Semester am Standort Recklinghausen sowie bei Interesse Mitarbeiter/-innen, Tutoren/-innen und Alumnis. Das studienbegleitende Angebot erfolgt fachbereichsübergreifend im freien Wahlbereich. Die Veranstaltungsformen sind Seminare, Moderationen, Workshops, Zukunftswerkstätten, Foren und Open-space-Veranstaltungen. Das dazu notwendige Equipment wie Metaplanwände, Moderatorenkoffer, Beamer usw. wurde mit Unterstützung des Fördervereins fan.aktiv e.V. (Kapitel 6.6.3) beschafft bzw. selbst gebaut. Die Veranstaltungen finden bisher ausschließlich in den Räumen der Fachhochschule Gelsenkirchen, Abteilung Recklinghausen, vorzugsweise wöchentlich am Freitagnachmittag oder bei zeitintensiveren Themen als Wochenendseminar von Freitagnachmittag bis Samstagabend statt. Freiwilligkeit und persönliches Engagement wird von allen Beteiligten eingefordert, um sinnvolle Arbeitsergebnisse zu erzielen. Jede Veranstaltung schließt mit einer Feedbackrunde zur Evaluation und Weiterentwicklung ab (vgl. Willems 2004 a).

Eine Besonderheit innerhalb dieses Systems stellt die AG SQ dar, eine **Arbeitsgruppe** von Studierenden mit besonderem Interesse am Erwerb von **Schlüsselqualifikationen.** Diese Gruppe rekrutiert sich auf freiwilliger Basis aus ca. 8 bis 10 Studierenden pro Jahrgang. Durch eine dreijährige intensive Vermittlung (wöchentlich bis zu drei Stunden, auch in der vorlesungsfreien Zeit und einmal monatlich als Wochenendseminar) werden zusätzliche Inhalte gelernt, um Veranstaltungen zu organisieren, Seminare und Workshops zu gestalten sowie mit Gruppen und Einzelpersonen zu arbeiten. Diese Art „Trainerausbildung" dient dazu, die Veranstaltungen zu den Schlüsselqualifikationen für untere Jahrgänge (z.B. Erstsemestertutorien, Kapitel 6.6.2) eigenständig in Einzel- und Doppelmoderation unter Supervision und Begleitung durch den Autor und die anderen Gruppenmitglieder durchzuführen. Weitere Aktivitäten der AG SQ sind die Geschäftsführung des Fördervereins fan.aktiv e.V. sowie die Organisation von Exkursionen und Studienreisen, des Alumni-Netzwerkes und der Jahresabschlussfeier inkl. Absolventenverabschiedung im Fachbereich.

Das System der Rekrutierung neuer AG SQ-Mitglieder ist so aufgebaut, dass jedes Jahr nach den Erstsemestertutorien neue Gruppenmitglieder gewonnen werden sollen, um die Gruppe zu verstärken und den Weggang der höheren Semester auszugleichen.

6.6.2 Orientierungseinheit (OE)

Ein wesentliches Element zur Einführung von Studierenden in das erste Semester ist die zweiwöchige **Orientierungseinheit zu Beginn des Semesters,** wie sie seit sechs Jahren im Fachbereich Angewandte Naturwissenschaften der Fachhochschule Gelsenkirchen, Abteilung Recklinghausen, entwickelt und angeboten wird (vgl. Willems 2004 b). Es bewirkt bei Erstsemesterstudierenden Motivation für das Studium und Identifikation mit dem Leben in der Fachhochschule. Unerlässlich ist ein hohes Engagement der beteiligten studentischen Tutoren/-innen, Mitarbeiter/-innen und Professoren/-innen. Da die Orientierungseinheit am Ende der „Sommer-Semesterferien" zwei Wochen vor der Vorlesungszeit zeitgleich zum Prüfungszeitraum beginnt, muss sie bereits früh im Sommersemester mit Tutoren (vorzugsweise Studierende der AG SQ des zweiten Semesters) vorbereitet werden. Inhalte der Orientierungseinheit sind:

- Vorkurs „Mathematik und Physik in den Naturwissenschaften" inkl. Übungstutorien,
- Workshop „Ziele und Zeitmanagement im Studium",
- Informationen zum Studium durch Professoren/-innen,
- Erstsemestertutorien, Kennenlernen durch Präsentation der eigenen Person, Stadtführung, Kneipenbesuch, Erstsemesterparty, Evaluation der OE.

Der Bezug der Erstsemester zu den Tutoren/-innen bleibt auch während der Studieneingangsphase erhalten. In wöchentlich parallel stattfindenden dreistündigen Seminaren mit Gruppen bis zu jeweils 15 Personen werden folgende sechs Themen bearbeitet:

- Lernen lernen,
- Protokolle und Literatur,
- Grundlagen der Kommunikation,
- Gesprächsführung,
- Zeitmanagementsysteme und Zeitplanung,
- Prüfungsvorbereitung mittels Mindmapping.

Die **Orientierungseinheit** hat sich **bewährt.** Die Erstsemester-Studierenden sind bereits nach kurzer Zeit in das Leben im Fachbereich integriert und haben gelernt, dass sie bei höheren Semestern, Mitarbeitern/-innen und Professoren/-innen auf „offene Ohren" für ihre Fragestellungen treffen. Die vorgelebte Offenheit und Nähe zu den anderen Mitgliedern im Fachbereich führt zu einer guten Grundstimmung. Ein erster Indikator hierfür ist das hohe Engagement der Erstsemester-Studierenden bei der Vorbereitung und Durchführung der OE-Party, an der regelmäßig auch höhere Semester sowie nahezu alle Mitglieder des Fachbereichs teilnehmen, um die Erstsemester-Studierenden gebührend zu feiern und „willkommen zu heißen".

6.6.3 fan.aktiv-Förderverein und Alumni-Netzwerk

Zur Organisation und Finanzierung der Aktivitäten auf dem Gebiet der Schlüsselqualifikationen wurde im Sommersemester 2003 ein **eingetragener und gemeinnütziger Verein** gegründet, der ein Netzwerk von Kooperationspartnern über alle Statusgruppen im Fachbereich Angewandte Naturwissenschaften bilden soll. Auch hier werden in Arbeitsgruppen und Teams vielfältige Möglichkeiten geschaffen, Schlüsselkompetenzen durch Zusammenarbeit zu vermitteln und zu erwerben. Diese integrative Form soll dazu dienen, die fachliche und kulturelle Entwicklung des Fachbereichs im Sinne einer lernenden Organisation zu forcieren.

fan steht für Fachbereich angewandte Naturwissenschaften und **aktiv** für die Begriffe
- Arbeitsgemeinschaften (z.B. AG SQ) und Alumni-Netzwerk (fan.club),
- Kontakte und Kooperation,
- Training und Transfer,
- Innovation,
- Veranstaltungsmanagement.

6.6.4 Professoren/-innen- und Mitarbeiter/-innen-Workshops

Jährlich über zweieinhalb Tage stattfindende Professoren/-innen-Workshops gegen Ende der Wintersemester-Vorlesungsperiode dienen der **Abstimmung der Jahresziele** und der **Fortschreibung der Fachbereichsentwicklung** über die nächsten Jahre. Diese Workshops finden immer außerhalb der Hochschule in Häusern statt, die neben Seminarräumen auch ausreichend Abwechslung bieten, um neben der Arbeit in guter atmosphärischer Umgebung „Geist und Seele baumeln" zu lassen, Gespräche zu führen und Geselligkeit im Kollegenkreis zu erleben. Anschließend im Hochschulbereich stattfindende eintägige Mitarbeiterworkshops dienen der Information bezüglich der erarbeiteten Zielsetzungen und Diskussion der Umsetzung.

6.6.5 Personal- und Persönlichkeitsentwicklung, Beratung und Coaching

Ein zentrales Thema, Professoren/-innen und Mitarbeiter/-innen für die Zukunft „fit zu machen", ist die **gezielte Personal- und Persönlichkeitsentwicklung**. Auch für diese Statusgruppen gilt, in den sich ändernden Umfeldbedingungen, ihre „Berufsfähigkeit" zu erhalten, um nicht nur sich selbst, sondern auch ihrem Auftrag gerecht zu werden. Selbstmanagement, persönliche Entwicklungsplanung, lebenslanges und selbstorganisiertes Lernen oder Konfliktfähigkeit sind Schüsselqualifikationen für die „Kompetenz zur Innovation". Eigeninitiative, Beratung und Begleitung durch die Hochschuldidaktische Weiterbildung an Fachhochschulen in Nordrhein-Westfalen, fachbereichsinterne Fortbildung oder Coaching durch ausgebildete Fachkräfte können helfen, den Anforderungen der Zukunft stabil gegenüber zu stehen.

6.7 Evaluation und Nachhaltigkeit

Die Erfüllung des Auftrags einer Hochschule und der Fachbereiche soll lt. § 6 HG regelmäßig bewertet werden; alle Mitglieder der Hochschule haben dabei die Pflicht mitzuwirken. Die Ergebnisse der Bewertungen sollen veröffentlicht werden.

Wie in Kapitel 6.3 bereits ausgeführt, werden Fachbereiche in immer stärkerem Maße mit Kennzahlen konfrontiert. Mit der Bildung von Quotienten dieser Kennzahlen kann dann ein **Benchmark** zwischen Fachbereichen oder Hochschulen erfolgen.

Eine wesentliche **„Messgröße"** ist dabei die **Anzahl der Neueinschreibungen** und die Anzahl der Absolventen/-innen innerhalb der Regelstudienzeit. Daran orientieren sich u.a. die jährlichen Mittelzuweisungen. Im zuvor beschriebenen Beispiel des Entwicklungsprozesses des Fachbereichs Produktion und Wirtschaft konnte die Zahl der Anfänger/-innen von 164 (Wintersemester 2002/2003) auf 256 (Wintersemester 2003/2004) gesteigert werden. Dies macht, wie bereits erwähnt, einen Sprung von ca. 60 % aus. Im Wintersemester 2004/2005 konnte eine Anfängerzahl von 265 realisiert werden.

Neben den „harten" Fakten geht es bei der Beurteilung des gesetzlichen Auftrags auch um Aspekte der „Qualität der Lehre" und die Beurteilung des Studienangebots im Hinblick auf die Berufsvorbereitung der Studierenden.

Als Instrumentarium greift hier die **Fachbereichsevaluierung.** Wenn Fachbereiche beschließen, sich zu evaluieren bzw. evaluieren zu lassen, sollten die Aspekte, die zur Fachbereichsentwicklung herangezogen worden sind, integriert werden. Daher sind neben der „Qualität der Lehre" insbesondere auch die „Dienstleistungen" des Fachbereichs zu betrachten. Denn diese spüren die „Kunden", also die Studierenden und die Externen (Projektgeber, Unternehmen usw.). Zum Evaluierungsumfang zählen u.a. folgende Aspekte:

- Studienangebot,
- Ziele und Organisation der Studiengänge,
- Rahmenbedingungen (Personal, Sachmittel, Haushaltssituation, räumliche Ausstattung usw.),
- Zahlen und Merkmale zu Studierenden und Absolventen/-innen,
- Studium und Lehre in der Beurteilung der Studierenden und Lehrenden (u.a. die studentische Lehrveranstaltungskritik).

Den Abschluss des Evaluierungsprozesses bildet ein **Maßnahmenkatalog.** Dieser wird sich i.d.R. auf die bereits eingeleiteten Projekte (vgl. Kapitel 6.5.3) beziehen und es werden neue Projekte hinzukommen. Somit ist die Verzahnung zu den vorangegangenen Aktivitäten zur Fachbereichsentwicklung sichergestellt.

Mit einer solchen Fachbereichevaluation, der Fortführung bestehender Projekte, deren Modifizierung und der Definition neuer Projekte ist die **Kontinuität** über einen längeren Zeitraum sichergestellt. Oft ist ein Veränderungsprozess sehr stark durch das Engagement Einzelner (Dekan/-in/Prodekan/-in) oder engagierter Fachbereichsmitglieder geprägt. Mit der Neubesetzung des Fachbereichsrates kann es sehr schnell zu einem Kurswechsel und damit zur Prioritätenveränderung kommen.

Hilfreich ist, wenn die verwendeten **Hilfsmittel**, wie Vordrucke, immer wieder verwendet werden. Es entwickelt sich ein „Gewöhnungseffekt", der allen Beteiligten Sicherheit gibt. Routinen, z.B. die Berichte zum Projektstand, müssen in den regelmäßigen Sitzungen über einen längeren Zeitraum eingeübt werden. Auch dies unterstützt die Entwicklung von Vertrauen in den Gesamtprozess.

Um Kontinuität sicherzustellen, sollte der „alte" Fachbereichsrat, in dessen Amtszeit der Fachbereichsentwicklungsprozess angestoßen wurde, per Beschluss festlegen, dass dies im nachfolgenden Gremium weiterverfolgt wird. Dazu zählen neben der Orientierung am Leitbild, das übrigens auch verändert werden kann, vor allem das Projektmanagement und weitere förderliche Aspekte, z.B. die Planung eines jährlichen Budgets für solche Aktivitäten (externes Coaching).

6.8 Literatur und Quellen

Berner, W. 2004: Angst: Die wichtigste Emotion im Veränderungsprozess. In: Psychologie der Veränderung, Die Umsetzungsberatung, http://www.umsetzungsberatung.de/psychologie/angst.php.

Fink, A.; Schlake, O.; Siebe, A. 2001: Erfolg durch Szenario-Mangement, Frankfurt; New York

Freimuth, J. 2000: Moderation in der Hochschule: Konzepte und Erfahrungen in der Hochschullehre und Hochschulentwicklung, Hamburg

Hartmann, T.; Meyer-Wölfing, E. 2002: Lernen im sozialen Umfeld und Innovation. In: QUEM-Bulletin 5/2002, Berlin, S. 11–16

Hochschulgesetz des Landes Nordrhein-Westfalen, Ausgabe vom 14.03.2000

Jungkind, W.; Siebe, A. 2003: Szenariomanagement für die Hochschule. In: Die neue Hochschule 2, S. 11–14

Jungkind, W.; Vieregge, G.; Schleuter, D. 2004: Praxisleitfaden Produktionsmanagement, Rinteln

Rosenstiel, L. v. 2003: Change Management – Mitarbeiter für Veränderungen motivieren. In: Leadership Meets University: Unternehmen zum Erfolg führen, München, 26. Juni 2003

Sauer, J.; Kriegesmann, B. 2002: Innovation: Von der Weiterbildung zur Lernkultur. In: QUEM-Bulletin 5/2002, Berlin, S. 1–4

Seifert, J. W. 1994: Visualisieren, Präsentieren, Moderieren, Bremen

Sohr, S. 2004: Die Zukunftswerkstatt als kreative Lehr- und Lernmethode. In: Hochschuldidaktik an Fachhochschulen, Bielefeld, S. 89–94

Spitzer, M. 2002: Lernen: Gehirnforschung und Schule des Lebens, Heidelberg; Berlin

Willems, C. 2004 a: Studienbegleitende Entwicklung von Schlüsselqualifikationen. In: Hochschuldidaktik an Fachhochschulen, Bielefeld, S. 33–39

Willems, C. 2004 b: Schritte ins Studium – die Orientierungseinheit. In: SQ-Forum – Schlüsselqualifikationen in Lehre, Forschung und Praxis, Fachhochschule Bochum, IZK, 1/2004, Bochum, S. 31–40

7 Erkenntnisse und Handlungsempfehlungen für die Hochschullehre im Überblick: Abschließende Thesen für einen produktiven Dialog

Prof. Dr. Thomas Stelzer-Rothe

„Alles zu sagen, ist das Geheimnis der Langeweile."

Unbekannter Verfasser

Der Versuch, Erkenntnisse und Handlungsempfehlungen eines mehrere hundert Seiten umfassenden Buches auf wenige Zeilen zu reduzieren, ist von vornherein zum Scheitern verurteilt. Es gibt Problemstellungen, die sich nicht auf wenige Sätze reduzieren lassen. Das ist der Grund, warum dieses Buch nicht nur ein- oder zweihundert Seiten umfasst, sondern wesentlich mehr und die Autoren noch viel mehr hätten schreiben können.

Die folgenden Thesen sollen deshalb nicht im Einzelnen die Inhalte der einzelnen Kapitel zusammenfassen. Das wäre, wie gerade erwähnt, **eine unzulässige Verkürzung** der Aussagen und vielleicht sogar langweilig. Sie gehen einen anderen Weg. Sie sind einerseits auf den vorliegenden Artikeln begründet, also sozusagen eine pointierte aber nicht auf Vollständigkeit ausgerichtete Quintessenz dieses Buches. Sie sollen aber andererseits bewusst darüber hinaus Stoff für Diskussionen und produktiven Streit bieten und dazu anregen, die Dinge weiterzudenken.

Die Thesen sind also so zu verstehen wie Thesen gemeint sind, nämlich als **Anregung,** den Dingen nachzugehen, und eignen sich bestens, um mit dem Herausgeber dieses Buches oder innerhalb eines Kollegiums in einen produktiven Dialog einzutreten. Die Thesen sind naturgemäß angreifbar, was der Verfasser allerdings bewusst zu Gunsten der hoffentlich anregenden Wirkung in Kauf nimmt.

These 1: Forschung und Lehre müssen frei bleiben

Freie Forschung und Lehre sind **konstitutive Bestandteile** der Hochschule. Sie begründen die Möglichkeit, durch Unabhängigkeit, Individualität und Originalität Qualität in der Hochschullandschaft Deutschlands zu erzeugen. So sind Hochschulen Organisationen, in denen auch in Zukunft das noch nicht Gedachte gedacht und das noch nicht Gemachte gemacht werden kann. Einschränkungen der grundgesetzlich geregelten Freiheit führen zu verhängnisvollen Abhängigkeiten, die die Qualität des Hochschulstandortes Deutschland massiv gefährden. Dabei sind die verdeckten und schleichenden Verluste der Freiheit besonders gefährlich, weil sie möglicherweise erst bemerkt werden, wenn nur noch schwer eine Revision der Entwicklung möglich ist.

Die Forderung nach der Einwerbung von Drittmitteln zur Finanzierung von Hochschulhaushalten sind nicht nur eine Möglichkeit der Selbstfinanzierung von Hochschulen und damit ein Instrument, öffentliche Haushalte elegant zu entlasten, sondern können auch die wissenschaftliche Unabhängigkeit einschränken. Das gleiche gilt für Lehrveranstaltungen, deren Freiheitsgrad subtil durch Kritik beeinflusst werden kann, wenn **Kritik als Machtinstrument** eingesetzt wird und eben kein Qualitätsfortschritt bewirkt werden soll.

These 2: Hochschullehrer benötigen umfassende Lehrkompetenzen

Wer lehrt, braucht umfassende **anthropologische und methodisch-didaktische Kenntnisse** und die Fähigkeit, diese im Lehr-Lern-Prozess erfolgreich anzuwenden. Jeder Hochschullehrer ist gehalten, seine Kompetenzen zu reflektieren. Die Reflexion dieser Kompetenzen ist eine Aufgabe, die sich über das ganze Berufsleben erstreckt. Die studentische Veranstaltungskritik eignet sich besonders, (subjektive) Faktoren wie etwa die Lernatmosphäre zu betrachten, die sicher auf den Lernerfolg Einfluss hat und, um mit den Studierenden darüber in ein produktives Gespräch zu kommen, an dessen Ende ein optimierter Lehr-Lern-Prozess steht.

These 3: Kommunikative und Konfliktlösungs-Kompetenzen treten im Hochschulalltag verstärkt in den Vordergrund

Mehr denn je sind von allen Beteiligten in der Hochschullehre **kommunikative Kompetenzen** und Kompetenzen im Bereich der Konfliktlösung gefordert. Die Art und Weise, wie von allen Beteiligten Kommunikation und der Umgang mit Konflikten praktiziert wird, hat einen wichtigen Einfluss auf die spätere berufliche Tätigkeit. Dabei kann eine Kultur des Zusammenlebens erlernt werden, deren fruchtbare Fortsetzung im Beruf sehr sinnvoll erscheint.

These 4: Lernen kommt beim Studierenden durch einen aktiven Gestaltungsprozess der Lerninhalte zustande

Die Erkenntnisse der Lernforschung legen nahe, **aktivierende und zur Selbstständigkeit führende Methoden** in die Hochschullehre zu integrieren. (Richt-)Ziel einer Hochschullehre soll die Fähigkeit der Studierenden sein, autonome Lernprozesse zu vollziehen. Wie jede andere Methode ist auch die ausschließliche und damit überzogene Anwendung aktivierender Elemente für Studierende problematisch. In der Mischung liegt die Würze.

So hat auch die Vorlesung ihre Bedeutung. Lerntheoretisch ist sie jedoch vor allem dazu geeignet, einen affektiven Impuls vom begeisternden und begeisterten Professor auf die Studierenden zu übertragen und „großräumige" Strukturen deutlich zu machen. Der Lerneffekt von Vorlesungen außerhalb affektiver Prozesse ist eher gering.

These 5: Prüfungen sind auf langfristig vorhandene Kompetenzen anzulegen

Nachhaltiges Lernen fordert die Fähigkeit, Gelerntes langfristig abrufen bzw. anwenden zu können. Prüfungen, die sich auf die vermittelten Kompetenzen mehrerer Semester beziehen, sind dabei besser als die punktuelle Abfrage von Detailwissen.

Punktuelle Prüfungen, die lediglich den Stoff eines Semesters abfragen und dann keine oder kaum noch Relevanz im Studium haben, konterkarieren die Bemühungen langfristiger Lernstrategien.

These 6: Hochschullehre muss evaluiert werden

Hochschullehrer sollen sich entwickeln. Die Gesellschaft hat darüber hinaus ein Recht darauf, zu erfahren, wie erfolgreich Hochschulen sind. Deshalb ist auch die Lehre professionell zu evaluieren. Dazu gehört die Betrachtung der Lehrenden und der Lernenden.

Evaluation hat nur dann dauerhaft eine Chance, positive Veränderungen zu bewirken, wenn sie in der Organisation **verstanden und akzeptiert** ist und damit aktiv an ihr mitgewirkt wird. Dazu ist es notwendig, dass die Ziele der Evaluation bekannt sind und die Evaluation professionell vorbereitet, durchgeführt und ausgewertet wird.

These 7: Hochschulen brauchen Konsens

Hochschulen leben zwar von der Originalität und Individualität der Professorinnen und Professoren, sind aber auch Organisationen, bei denen mehr den je das produktive Zusammenwirken der einzelnen Beteiligten gefordert ist. Ein Erfolgsfaktor für Hochschulen wird deshalb in Zukunft die Fähigkeit sein, in angemessener Zeit **Konsens** über die zu entscheidenden Fragen der Fachbereiche und der Hochschulen insgesamt herzustellen und die Organisation weiterzuentwickeln. Hochschulen brauchen dazu ein effizientes Management auf der Ebene von Fachbereichen, Rektoraten sowie in der Verwaltung und müssen langfristig zu Lernenden Organisationen werden.

These 8: Erfolgreiche Hochschullehre ist schwer, aber erlernbar und macht ein ganzes Berufsleben lang Freude!

Stichwortverzeichnis

Abruffragen 239
Aktionsform 213 ff.
– darstellend 214
– erarbeitend 214
– entdeckend 217
– erarbeitend – Impuls setzend 216
Aktivierungsimpulse 252
Aktivierungsmethoden 258
Allgemeinbildung 75
Allgemeinwissen 59
Alltagskommunikation 116 ff.
Alternativfragen 215
Alumni-Netzwerk 391
Anchored Instruction 195
Anekdoten 267
Angst 52, 182, 263, 320
Anonymisierung 328
Anschauungs-Konstellationen 131
Anstrengungsbereitschaft 62
Anwendung 197
Appellohr 127
Arbeitsschule 45, 209
Arithmetisches Mittel 339
Articulation 196
Assoziationswissen 228
Attribution
– externale 68
– internale 68
Aufgabenschwierigkeit 336
Aufgabentrennschärfe 337 f.
Aufmerksamkeit 53, 247, 249
Ausbildung 21
Auswahltest der Studienstiftung (ATS) 78
Autodidaktik 55
Axon 47

Basiskompetenzen 66
Begabung 68
Behaviorismus 34, 41, 46, 120, 133
Benchmark 392
Beratung 391
Beratungsevaluation 258, 265, 273
Beratungstest für das Studienfeld
      Wirtschaftswissenschaften 80
Beratungstest für den Studiengang
      Rechtswissenschaften 80
Berliner Modell 183 f., 201
Berufsfähigkeit 140, 151, 391
Berufsvereinbarung 23
Beteiligung 99
Bilder 239 f.
Bildung 21
Bildungsauftrag 181
Bildungsforschung 60
Bildungspolitik 60
Bildungssystem 62, 104
Bildungsvoraussetzungen 75
Bildungsziel 60
Blended Learning 115
Blitzlichtfragen 239
Bossing 150
Brainstorming 213, 283
Burn-out-Prophylaxe 33
Burn-out-Syndrom 33, 148

Coach 44, 151
Coaching 123, 150 f., 196, 391, 393
Coachingkompetenz 151
Cognitive-Apprenticeship 195
– Ansatz 198
Controllinginstrumente 371

Cortisol 52
Curriculum 208

Darstellend/darbietend 213
Deckblatt 328
Deduktion 213
Induktion 213
Dendrit 47
Denken 239
– intuitives 42
– strategisch 380
– vernetzt 380
– zukunftsoffen 380
Denkfragen 239
Dialektik 120
Didaktik 33, 94, 170 ff., 184 ff., 201, 207, 310
– bildungstheoretische 172
– handlungsorientierte 55
– konstruktivistische 172, 185
– lerntheoretische 172
Didaktisches Dreieck 182, 184, 201
Dienstaufgaben 22
Diskussion 213, 236
Dokumentation 190
Dopamin 43, 52
Dreistufige Fragensequenz 301
Durchführungsobjektivität 330

E-Learning 115, 118, 191
Edutainment 63
Eigenaktivität 263
Einsichtnahme 341
Einzelarbeit 188, 218
Eltern-Ich 130
Empathie 131, 177
Entscheidungsspiel 245
Entwicklungsziele 288
Epochenunterricht 45
Erarbeitungsphase 235
Erfolgskontrolle 263
Ergebnissicherung 235
Erkundung 213
Erwachsenen-Ich 131
Ethnomethodologie 121
Evaluation 27, 31, 79, 90 ff., 190, 215, 260, 262, 273, 285, 287, 292, 309, 343 ff., 389, 391
– Akzeptanz 349
– Fragebogen 305
– Genauigkeitsstandards 359
– Standards 345
– wissenschaftliche 344
– nicht wissenschaftliche 344
– Konfundierung von Effekten 351
– Ansätze (betriebswirtschaftliche) 355
Evaluationsarbeit 269
Evaluationsbereich 349
Evaluationsdesign 258
Evaluationsfeld 359
Evaluationsforschung 352
Evaluationsinstrument 207, 304, 345
Evaluationsmethoden 354
Evaluationsmodell 354
Evaluationsnutzung 356
Evaluationsobjekt 350 f.
Evaluationsort 352
Evaluationsprozess 274
Evaluationsschritte 262
Evaluationsstandards 358
Evaluationsstudien 79, 346
Evaluationsziele 347 f.

Evaluator, Rolle 356 f.
Evaluierung 123, 371
Examensklausur 56
Exemplarische Bedeutung 187
Experiment 213
Explikation 197
Exploration 196
Exzellenz in der Lehre 201

Fachbereich 366
– Informationsmanagement 388
– Kultur 388
– Projekte 386
– Prozesskette 383
Fachbereichsentwicklung 392
Fachbereichsentwicklungsprozess 371, 387, 393
Fachbereichsevaluierung 392
Fachbereichsklima 371
Fachbereichsleitbild 384
Fachhochschule, virtuelle 103 f.
Fachkommunikation
Fachkompetenz 116, 212
Fachpromotoren 373
Fachwissen 175
Fähigkeiten 99
Faktenwissen 194
Fallstudie 213
Familientherapie, systemische 133
Feedback 94, 116, 128, 189, 193, 248, 389
Feedbackgespräche 123
Feedbackprozess 38
Fehlzeiten 100
Feinziele 185, 261 f.
Fleiß 99
Fog-Faktor 321
Folgefehler 325
Förderverein 391
Forschung 22, 27
Fragebögen 299
– zur Evaluation von Lehrveranstaltungen 91
Frageformen 215
Fragen 238
– Alternativfragen 215
– direkt 215
– geschlossene 215
– indirekt 215
– offene 215
– schwierige 215
fragend-entwickelnd 213 f.
Fremdsteuerung 197
Frontalunterricht 188, 213, 218, 251
Führungsprinzipien 374
Funktionsfeld 291

Gedächtnis 228, 240
– Ultrakurzzeit- 50
– Kurzzeit- 50
– Langzeit- 50
Gedächtnisleistung 276
Gegenwartsbedeutung 187
Gehirn 33 f., 46, 50, 59, 240
Gehirnforschung 46
Gespräch 213, 241
Gesprächsführung 150
Gesprächspsychotherapie 177
Geste, vokale 120
Gestik 114, 120, 122, 129
Graduate Management Admission Test (GMAT) 82
Graduate Record Examination (GRE) 81

Stichwortverzeichnis

Großform 213
– methodische 225
Gruppenarbeit 151, 188, 219, 233, 242f., 269, 287, 290
– arbeitsgleich 220
– arbeitsteilig 220
– Formen 220
– Phasen 221
Gruppenprozesse 252
Gütekriterien 340

Halb-Test 84
Handlungskompetenz 146, 208, 367
– berufliche 208ff.
– methodische 208
Handlungsmuster 213f.
Handlungsorientierung 46, 50
Heidelberger Inventar zur Lehrveranstaltungs-Evaluation (HILV) 94f., 98
Hippocampus 49, 51
Hirnforschung 32, 49
Hochschul Didaktik Zentrum (HDZ) 96
Hochschuldidaktik 31, 123, 174, 201, 278, 310
Hochschulpolitik 250, 343
Hochschultypen 27
Hochschulverwaltung 27
Hörer 24
Humankompetenz 212

Impuls
– direkt 216
– eng 216
– indirekt 216
– nonverbal 216, 237
– offen 216
– verbal 216, 237
Impuls setzend 213
Impulsarten 216
Indexikalität 122
Information 189
Informationsmanagement 388
Informationsverarbeitung 186
Inhaltsvalidität 311
Innovationsmanagement 153
Instruktion 46, 54
Instruktionsdesign 185, 202
Instruktionsmodelle 196
Intelligenz 62
Intelligenzkonstrukt 63
Intelligenzquotient 62f.
Intelligenztest 37
Interaktionsfeld 291
Interaktionsformen 177
Interaktionssequenz 127
Interferenz
– proaktive 54
– retroaktive 54
Internet 64
Intuition 42
Inventar zur Erfassung der Lernstrategien im Studium (LIST) 88

Juniorlehrer 103

Kartenabfrage 244
Kernkompetenzen 301
Kindheits-Ich 130
Klausur 56
Klausurangst 52
Klausuraufgaben 321
Klausurende 331
Klausurschwierigkeit 315f.
Kognition 68
Kognitivismus 41, 44

Kommunikation 31, 114ff., 189, 269, 278, 302, 387f., 390
– Chatroom- 118
– E-Mail 118
– Definition 116
– Formen 116
– Funktionen 124
– gestörte 123
– Konflikt 135
– konfliktfreie 149
– mündliche 117
– multi-way 198
– nonverbale 118, 135
– one-way 198
– Paradoxien 134
– pathologische 123
– schriftliche 117
– Sinnhaftigkeit 117
– two-way 198
– ungestörte 122
– verbal 118
Kommunikationsfähigkeit 116
Kommunikationsform 121
Kommunikationskompetenz 115f.
Kommunikationsplattform 388
Kommunikationsprozess 38, 114, 121
Kommunikationsstörungen 114ff., 127, 133
– chronische 123
Kommunikationstheorie (Watzlawick) 133
Kommunikationstheorien 118ff.
Kommunikationskonzepte 136
Kompetenz 66, 101, 158, 200, 211, 310, 389
– fachliche/Fachkompetenz 289, 367
– interpersonale 66
– intrapersonale 66
– kommunikative 114, 136, 294
– konzeptionelle 289
– lernstrategische 180
– metakognitive 87
– personale/persönliche 289, 367
– soziale 289, 293, 367
– zur Innovation 367
Konditionierung 36
– klassische 35ff., 52
– operante 35, 41, 54
Konfliktanalyse 145
Konfliktarten 140, 144
Konfliktbewältigung 140, 142, 145
Konfliktdefinitionen 144
Konflikte 135, 140ff., 150
– Erscheinungsbilder 145
– intrapersonelle 144
– interpersonelle 144
Konfliktentstehung 144
Konflikterleben 158
Konfliktfähigkeit 141, 142, 391
Konfliktformen 144
Konfliktklassen 144
Konfliktlösung 131, 133
Konfliktmanagement 31, 140ff., 146, 149, 157
Konfliktpartner 144
Konfliktpotenziale 141
Konfliktprävention 145f.
Konfliktstrategien 145
Konflikttheorien 140
Konfliktursachen 140
Konfliktverlauf 140, 144
Konfliktverständnis 144
Konfliktwahrnehmung 144
Konstruktion 46, 54
Konstruktivismus 44, 46, 54, 154
Konstruktvalidität 311
Kontiguität 36, 38
Kontrasteffekt 333
Kontrollfragen 239
Konzentration 249

Körpersprache 129, 135
Korrektur 333
Kortex 51
Kreativitätstechniken 213
Kriteriumsvalidität 311
Kritikphase 377
Kurzevaluation 274

Langzeitgedächtnis 50
Law School Admission Test (LSAT) 82
Leading 132
Learning and Study Strategies Inventory (LASSI) 88
Learning communities 196
learning-by-doing 194
Lehr-Lern-Episoden 181, 201
Lehr-Lern-Funktionen 186, 281f.
Lehr-Lern-Kontrakte 184
Lehr-Lern-Konzepte 201
Lehr-Lern-Kultur 191
Lehr-Lern-Prozess 202
Lehr-Lern-Vertrag 186, 281f.
Lehr-Lern-Ziele 185f.
Lehraufgaben 23
Lehrberichte 345
Lehre 21, 23, 27
– aktivierende 154, 251, 259f., 273, 275f.
– problemorientiert 170
Lehreinheit, aktivierende 236
Lehren 26, 33, 46, 64, 154
Lehrende 102
Lehrerfolg 97
Lehrevaluation 66, 74, 89, 91, 94ff.
Lehrgang 213
Lehridee 102
Lehrkonzeption 178
Lehrmethoden 102, 170, 231
– aktivierende 227, 231f.
– darbietende 232
Lehrqualifikation 95
Lehrqualität 176
Lehrstuhl 25
Lehrteam 278ff.
Lehrveranstaltung 23, 31, 181f., 201
Lehrverfahren 157, 231
Lehrverhalten 96
Lehrziel 188, 261, 279
Leistungsbereitschaft 61
Leistungsbewertung 326, 332f.
Leistungsmessung 324f., 332
Leistungsmotiv 67
Leistungsrückmeldung 72
Leistungsüberprüfung 77
Leitbild 48, 366, 385
Leittext 213
Leitziele 261
Leitzielebene 262
Lern- und Leistungsbereitschaft 76
Lern-Unterstützung, studentenzentrierte 178
Lernaktivität
– produktiv 198
– rezeptiv 198
Lernarrangement 63, 104
Lernbedarf 100
Lernbedingungen 101, 286
Lernberater 232
Lernbereitschaft 67
LernCoach 159
Lerndimensionen 68, 74
Lernen 25f., 32ff., 39, 41, 44, 46, 49, 55f., 59, 64, 67, 69, 96, 104, 132, 142, 148, 155, 170, 179, 201, 234, 263
– am Projekt 45
– akademisches 101
– akustisches 85f.

398

Stichwortverzeichnis

– Ausdauer beim 69
– bildliches 86
– durch Lehren (LdL) 213
– durch Versuch und Irrtum 38
– entdeckendes 41, 43, 45, 49, 52, 54
– exemplarisches 42
– exploratives 195
– fremdbestimmt motiviertes 72 f.
– handelndes 85 f.
– handlungsorientiertes 46
– informelles 156
– instrumentelles 35
– kanonisch 196
– kognitives 41, 45
– konstruktivistisches 50
– kooperatives 69
– lebenslanges 48, 210
– lesendes 85 f.
– motiviertes 100
– nachhaltiges 263
– offenes 64
– problembasiertes 197
– problemorientiertes 195
– projektorientiertes 195
– selbstorganisiertes 391
– selbstgesteuertes 100, 186
Lernende Organisation 366 ff.
Lerner/Lernende 67 f., 102
Lernerfolg 61, 181, 275
Lernfähigkeit 62 f.
Lernfeld 291
Lernformen 71
Lernforschung 25, 33 f., 38, 41, 46, 56
Lernfreude 32
Lernhaltung 264
Lernhemmer 53
Lernklima 176
Lernkompetenz 212
– individuelle 60
Lernkonzepte 179
Lernkultur 253 f.
Lernleistung 70 ff., 87
Lernmatrix 317
Lernmethoden 87
– aktive 229
Lernmilieu 63
Lernmotivation 67 ff., 72 f., 335
– intrinsische 71 f., 180
– extrinsische 71 f., 180
Lernorganisation 231
Lernorientierung 71
Lernort 53
Lernpartnerschaften 246 ff., 269
Lernprozess 32, 41, 43, 45, 54, 56, 65, 87, 208, 231
– aktiver 50
– formalisierter 156
– selbstgesteuerter 87
Lernpsychologie 40, 96
Lernressourcen 100
Lernschritte 193
Lernsequenz 195
Lernsituation 213
Lernstil 71
Lernstoff 208, 276
Lernstrategie 41, 71 f., 88 f., 100 f.
– Inventar 84
Lernstudios 63
Lernsystem 51
– interaktives 64
– multimediales 64
Lerntagebuch 157, 292, 293
Lerntechnik 64
Lerntempo 176
Lerntheorie 26, 31, 33 f., 55
Lerntyp 87

Lernumgebung 187
– interaktive 194
Lernvarianten 73
Lernverhalten 66 f., 83, 87, 96
Lernverhaltens-Diagnose 89
Lernvoraussetzungen 31, 52, 59 f., 65 f., 75, 95 f., 103 f., 179
Lernzeit 70
Lernziel 54, 70, 88, 100, 185, 275, 279, 281, 288, 313 ff.
– Definition 281
– Formulierung 315
– kognitives 185
– Komplexitätsstufen 185
– operationalisiertes 315
– Schlüsselqualifikationen 212
Lernzielebene 317, 323 f.
Lernzielhierarchie 314
Lernzielorientierung 313
Locitechnik 103
locus of control 197
Lösungsblätter 322
Lösungswege 324

Machtpromotoren 373
Magnetresonanztomographie 32, 47
Mandelkern 52
Massenkommunikation 115, 118
Massenveranstaltungen 50
Median 339
Mediator 130, 159
Medical College Admission Test (MCAT) 82
Medien 170, 190, 201
– neue 191, 198
Medieneinsatz 224
Merksätze 264
Messverfahren, psychometrische 65
Meta-Lernen 189
Metaevaluation 343
Metakommunikation 129
Metaplantechnik 281
Methode 189, 201 f., 208
– aktivierende 56, 230, 262
– darbietende 230
– Definition 208
– Medien 202
– Methode 6-3-5 213
– Verlaufsform 202
Methodenkompetenz 212, 367
Methodenrepertoire 251
Methodenwahl 229
Methodenwechsel 247
Methodik 206 ff.
Methodischer Gang 221
Mimik 114, 120, 122, 129
Mindmap 213
Mitarbeiter, wissenschaftliche 23
Mnemotechnik 103
Mobbing 148, 150
Modeling 196
Modell der Lehrveranstaltungsqualität 99
Modellierung 213
Moderation 152
Moderationstechniken 152, 279
Moderator 152, 232, 234, 304, 373
Moderierter Workshop 375
Modul/Modularisierung 181, 201, 251
Modus 339
Motiv 67 f.
Motivated Strategies for Learning Questionnaire (MSLQ) 89
Motivation 36, 40, 88, 104, 142, 147, 155, 175, 234 f., 264 f., 275, 390
– extrinsische 53, 87
– intrinsische 25, 43
Motivationseffekte 228

Motivationslage 265
Motivationsphase 273
Motivationsspirale 228
Motivationszustände 71
Motive 155, 184
Motivierung 101, 186, 192
Musterlösung 323 f.

Nachbereitung 236
Nachhaltigkeit 391
Nachholpflicht 24
Nachricht
– Appell 124
– Appellebene 124
– Beziehungsebene 124
– inkongruent 128
– nonverbal
– Selbstoffenbarungsebene 124
Nebentätigkeiten 23
Neurobiologie 46
Neurodidaktik 33, 63
Neuroimaging 47
Neurolinguistic Programming (NLP) 131
Neuron 46 f.
Neuroplastizität 47
NLP/NLP-Konzept 132 f., 136
Normalverteilung 334
Normalverteilungshypothese 334
Notenmodell 335
Notenrangliste 338
Notenskala 326, 334
Notenvergabe 326, 333
Notenverteilung 335, 339
– Analyse 338
– Mittelwert 339

Oberkellner-Prinzip 51
Objektivität 311, 334, 340
– Störfaktoren 312
Online-Materialien 104
Open-space-Veranstaltungen 389
Organisation, Lernende 140, 182
Organisationsentwicklung 27, 180, 201, 366, 372, 374
– Chancen 371
– Methoden 375
– Risiken 371
– Voraussetzungen 374
Organisationsstrukturen 370
Orientierungseinheit 390

Pacing 132 f.
Partnerarbeit 188, 219
Partnerinterview 262
Peer-Learning 290
Persönlichkeitsentwicklung 391
Phasenschema 217
PISA 61 ff.
PISA E 61
Planspiel 213, 242
Positronenemissionstomographie 47
Pragmatismus 120
Praktikum 24, 213, 285
Präsentation 302
Pro-und-Kontra-Diskussion 266, 274
Problemlösen 66
Problemlösungsfähigkeit 42
Problemlösungsstrategien 209
Professor 22 ff.
Professorenamt 22
Projekt 213, 283
Projektarbeit 271
Projektgruppe 278
Projektmanagement 153, 252
Projektstudium 158

Protokoll 331
Prozess der Veränderung 367
Prozessbegleiter 232
Prozessmoderation 152
Prozessmoderator 159, 375
Prozesspromotoren 373
Prüfermerkmale 312
Prüflingsmerkmale 312
Prüfung 27, 51, 310
– Beginn 329
– Ende 329
– Hilfsmittel 327
– integrative 51
– Korrektur 332f.
– Krankmeldung 332
– lernzielbezogene 326
– lernzielorientierte 334
– Objektivität 326
– Protokoll 333
– Schreibgerät 329
Prüfungsabnahme 329
Prüfungsabschluss 340
Prüfungsanmeldung 327
Prüfungsaufsicht 327
Prüfungsausschuss 330
Prüfungsdurchführung 326
Prüfungserstellung 321
Prüfungskorrektur 332
Prüfungskriterien 310
Prüfungsleistung 332
Prüfungsmerkmale 312
Prüfungsordnungen 250
Prüfungsorganisation 327
Prüfungsparadoxon 323
Prüfungspraxis 250
Prüfungsraum 327
Prüfungsschwierigkeit 336
Prüfungsstatistik 335f.
Prüfungsunterlagen, Einsichtnahme 341
Prüfungsvorbereitung 313
Psychometrie 62f.
Psychotherapieforschung 177
Punkte
– Vergabe von 324, 332
– Zuordnung 325
Punktesystem 324

Qualifikationen 158
Qualitätsmanagement 153
Qualitätspakt 366
Queensland Core Skills Test (QCS) 81

Rahmenbedingungen
– institutionelle 201
– curriculare 201
Rapport 132f.
Raumgrößen 250
Reaktion 36
– unkonditioniert 35
Referat 99, 213
Reflection 196
Reframing 132
Reihenfolgeeffekt 333
Reihungstests 78f.
Reiz
– konditioniert 35
– unkonditioniert 35
Reiz-Reaktions-Lernen 34, 37
Reizüberflutung 50
Reliabilität 311, 334, 340
Ressourcen-Anker 132
Rhetorik 119f.
– sophistische 119
– Wirkung (Arten) 120

Richtziel 185
Rollenspiel 213
Rollenträger 373

SAT I („Reasoning Test") 81
SAT II („Subject Test") 81
Scaffolding 196
Schlüsselkompetenzen 115, 140, 146, 252f.
Schlüsselprobleme 187
Schlüsselqualifikationen 31, 59, 65, 146, 181, 200f., 211, 252f., 389, 391
Schneeballreferate 248
Scholastic Aptitude Test (SAT) 77, 80
Schulqualitätsforschung 60
Selbst-Lern-Kompetenz 292
Selbstevaluation 207
Selbstkompetenz 176
Selbstlerneinheiten 282
Selbstmanagement 142
Selbstoffenbarungsohr 127
Selbstqualifikation 290
Selbststeuerung 197, 366
Selbstsupervision 177
Selbstwahrnehmung 177
Selektionsinstrument 96
Seminarevaluation 273f.
Sequenzierung 192
shift from teaching to learning 178, 198
Sichern 186
Signallernen 35, 37f.
Simulation 213
Skinner-Box 39
Sockelbetrag 326
Sozialform 188, 201, 213, 218
Sozialisation 209
Sozialkompetenz 212
Spannweite 339
Sprachregeln 119
SQ3R-Methode 103
Standardabweichung 339
Stimme 114
Stimulus 36
Stoffreduktion 228
Störer 220
Störungen 25, 99
Strategie der Rollengestaltung 121
Strategieentwicklung, szenariobasiert 381
Strategieszenarien 382
Struktur des Inhalts 187
Students Evaluation of Educational Quality (SEEQ) 91
Studienerfolg 71
Studienplan 24
Studierendenzahlen 250
Studierfähigkeit 75f., 97
Studierfähigkeitstests 77f., 81, 96
– allgemeine 77
– Brauchbarkeit 82
– englische Sprache 80
– Fairness 83
– für wirtschaftswissenschaftliche Studiengänge an Fachhochschulen 80
– Gültigkeit 83
– Objektivität 82
– spezifische 77, 82
– Trainierbarkeit 83
– Zuverlässigkeit 83
Supervision 151
Supervisor 159
Suppenkoma 54
SWOT-Analyse 377f.
Synapse 47, 51
Synapsenstärke 47

Szenarien, zielbasierte (Goal-Based-Szenarios) 194
Szenario 213
Szenariomanagement 379f., 384

Täuschungsversuch 330
Taxonomie 185, 313
Teamarbeit 151, 252, 268, 278, 279, 291, 295
Teamfähigkeit 142, 294
Teamführung 151
Teamstruktur 279
Teilnehmerzahl 24
Tele-Learning 115, 118
Test der akademischen Befähigung (TAB) 78
Teststandards 98
Themenzentrierte Interaktion (TZI) 131
Theorie des kommunikativen Handelns 122
Theorie des Symbolischen Interaktionismus 120
Timmons Model 296, 297
TIMSS-Studie 64
Total Quality Management 277f.
TQM-Regelkreise 280
Transaktionsanalyse 130
Transfer 42, 190
Transferproblematik 62, 291
Trennschärfe 313
Treppe des Informationsverlustes 303
Trierer Inventar zur Lehrevaluation (TRIL) 94
Trittbrettfahrer 220
Tutor 44

Unterrichtsgespräch 241
– gelenkt 242
– fragend-entwickelnd 242
Utilaterismus 120
Utopiephase 377
Übung 24

Validität 311, 340
Variationskoeffizient 339
Veranstaltung, Phasen 222
Veranstaltungsschritte 222
Veranstaltungstypen 24
Verfahren 213
Vermittlungsdidaktik 54
Verständlichkeit 190
Verständnis 240
Vier-Ohren-Modell 126
Vorinteresse 99
Vorlesung 24, 56, 208, 213, 246
Vorstellungsphase 235
Vortrag 213
Vortragsstil 176
Vorwissen 99, 179, 189, 236

W-Besoldung 366
Wertekompetenz 212
Wissen, träges 62
Wissenschaftsfreiheit 22
Wissensgesellschaft 60
Wissenstransfer 186
Work-Life-Balance 148
Workshop 213

Zugänglichkeit 187
Zukunftsbedeutung 187
Zukunftswerkstatt 213, 376
Zweiergruppen 246